ESPAGNE ATLANTIQUE

Nom officiel : Royaume d'Espagne
Nom local : Espagne
Capitale : Madrid
Superficie : 505 182 km^2 avec les Baléares et les Canaries
Population : 45 millions d'hab.
Monnaie : Euro
Langues officielles : espagnol (castillan), catalan, basque, galicien

Collection sous la responsabilité d'Anne Teffo

Ont contribué à l'élaboration de ce guide :

Édition	Béatrice Brillion
Rédaction	Alexandra Forterre, Claire Nillus, Sarah Sergent, Delphine Talvat
Cartographie	Michèle Cana, Dominique Defranchi, Géraldine Deplante, Fabienne Renard, Thierry Rocher, APEX Cartographie, DzMap Algérie
Conception graphique	Laurent Muller (couverture), Agence Rampazzo (maquette intérieure)
Relecture	Juliette Dablanc
Régie publicitaire et partenariats	michelin-cartesetguides-btob@fr.michelin.com *Le contenu des pages de publicité insérées dans ce guide n'engage que la responsabilité des annonceurs.*
Remerciements	Jaime-Axel Ruiz, directeur de l'Office national espagnol du tourisme à Paris.
Contacts	Michelin Cartes et Guides Le Guide Vert 46, avenue de Breteuil 75324 Paris Cedex 07 ☏ 01 45 66 12 34 – Fax : 01 45 66 13 75 LeGuideVert@fr.michelin.com www.cartesetguides.michelin.fr www.ViaMichelin.com

Parution 2008

Note au lecteur

L'équipe éditoriale a apporté le plus grand soin à la rédaction de ce guide et à sa vérification. Toutefois, les informations pratiques (prix, adresses, conditions de visite, numéros de téléphone, sites et adresses Internet…) doivent être considérées comme des indications du fait de l'évolution constante des données. Il n'est pas totalement exclu que certaines d'entre elles ne soient plus, à la date de parution du guide, tout à fait exactes ou exhaustives. Elles ne sauraient de ce fait engager notre responsabilité.

Le Guide Vert,

la culture en mouvement

Vous avez envie de bouger pendant vos vacances, le week-end ou simplement quelques heures pour changer d'air ? Le Guide Vert vous apporte des idées, des conseils et une connaissance récente, indispensable, de votre destination.

Tout d'abord, **sachez que tout change**. Toutes les informations pratiques du voyage évoluent rapidement : nouveaux hôtels et restaurants, nouveaux tarifs, nouveaux horaires d'ouverture... Le patrimoine aussi est en perpétuelle évolution qu'il soit artistique, industriel ou artisanal... Des initiatives surgissent partout pour rénover, améliorer, surprendre, instruire, divertir. Mêmes les lieux les plus connus innovent : nouveaux aménagements, nouvelles acquisitions ou animations, nouvelles découvertes enrichissent les circuits de visite.

Le Guide Vert **recense** et **présente ces changements** ; il réévalue en permanence le niveau d'intérêt de chaque curiosité afin de bien mesurer ce qui aujourd'hui vaut le voyage (distingué par ses fameuses 3 étoiles), mérite un détour (2 étoiles), est intéressant (1 étoile). Actualisation, sélection et évaluation sur le terrain sont les maîtres mots de la collection, afin que Le Guide Vert soit à chaque édition le reflet de la réalité touristique du moment.

Créé dès l'origine pour **faciliter et enrichir vos déplacements**, Le Guide Vert s'adresse encore aujourd'hui à tous ceux qui aiment connaître et comprendre ce qui fait l'identité d'une région. Simple, clair et facile à utiliser, il est aussi idéal pour voyager en famille. Le symbole signale tout ce qui est intéressant pour les enfants : zoos, parcs d'attractions, musées insolites, mais également animations pédagogiques pour découvrir les grands sites.

Ce guide vit pour vous et par vous. N'hésitez pas à nous faire part de vos remarques, suggestions ou découvertes ; elles viendront enrichir la prochaine édition de ce guide.

Anne Teffo
Responsable de la collection
Le Guide Vert Michelin

ORGANISER SON VOYAGE

QUAND ET OÙ PARTIR

À FAIRE AVANT DE PARTIR

ESPAGNE ATLANTIQUE PRATIQUE

À FAIRE ET À VOIR

POUR PROLONGER LE VOYAGE

COMPRENDRE LA RÉGION

NATURE ET PAYSAGES

HISTOIRE

ART ET ARCHITECTURE

CULTURE

ARTS ET TRADITIONS POPULAIRES

ESPAGNE ATLANTIQUE AUJOURD'HUI

VILLES ET SITES

À l'intérieur du premier rabat de couverture, la carte générale intitulée « **Les plus beaux sites** » donne :

- une **vision synthétique** de tous les lieux traités ;
- les **sites étoilés** visibles en un coup d'œil ;
- les **circuits de découverte**, dessinés en vert, aux environs des destinations principales.

Dans la partie « **Découvrir les sites** » :

- les **destinations principales** sont classées par région ;
- les **destinations moins importantes** leur sont rattachées sous les rubriques « Aux alentours » ou « Circuits de découverte » ;
- les **informations pratiques** sont présentées dans un encadré vert dans chaque chapitre.

L'**index** permet de retrouver rapidement la description de chaque lieu.

SOMMAIRE

DÉCOUVRIR LES SITES

NAVARRE

PAYS BASQUE

LA RIOJA

CANTABRIE

ASTURIES

GALICE

CASTILLE ET LEON

Pour bien comprendre les régions de ce guide, reportez-vous à la carte du découpage administratif de l'Espagne p. 80.

Les bâtons des pèlerins du chemin de Saint-Jacques.

A. Felix / hemis.fr

ORGANISER SON VOYAGE

QUAND ET OÙ PARTIR

Au fil des saisons

QUAND VOYAGER ?

La bonne période

L'Espagne Atlantique se caractérise par un climat relativement doux toute l'année. La meilleure saison pour la découvrir, mer, montagne et campagne confondues, reste cependant le **printemps**. Les températures sont généralement clémentes, les paysages verdoyants, du sud de la Navarre au cap Finisterre (Galice), et le soleil alterne avec les giboulées.

L'**été**, un climat océanique règne sur la côte, offrant une agréable alternative à la chaleur étouffante des terres. L'altitude, dans les Pics d'Europe et les Monts cantabriques, permet aussi de vivre un séjour à l'abri de la canicule. Attention toutefois à la forte amplitude thermique entre le jour et la nuit.

Douceur et pluie caractérisent enfin le littoral en **automne** et en **hiver**. L'arrière-saison peut être très ensoleillée, propice aux randonnées et à la cueillette des champignons, notamment dans l'arrière-pays.

Renseignements météo – *www.meteoconsult.fr/previsions-meteo/europe/espagne/*(en français) ; *www.inm.es* (en espagnol).

Une ville et ses environs

PAMPELUNE

S'il est une occasion à ne pas manquer pour visiter Pampelune, ce sont bien les fêtes de la St-Firmin organisées chaque année du 6 au 14 juillet ! Vous découvrirez alors l'importance des traditions et le sens inné de la fête qui animent la capitale navarraise pendant ces quelques jours.

En 3 jours

Les deux premiers jours, profitez pleinement de l'animation des rues : chorales, danses et *peñas* (échoppes-tavernes). Le 7 juillet, tous les notables et les habitants suivent la procession des reliques de St-Firmin. Chaque matin, un lâcher de taureaux a lieu. Les bêtes suivent un tracé précis de 800 m, appelé *encierro*, qui les mène directement aux arènes où elles combattront l'après-midi. Assister à l'un de leur combat est un « must ».

Le troisième jour, entre deux bières et quelques tapas, n'hésitez pas à visiter le Musée diocésain, celui de Navarre ou encore à faire un tour à la citadelle pour profiter de ses pelouses.

En une semaine

Après la visite de Pampelune, dirigez-vous plein sud vers Tudela, pour voir sa magnifique cathédrale, puis remontez vers Sangüesa pour admirer le portail de Sta María la Real. Faites un détour par le château de Javier et le monastère de Leyre avant de filer plus au nord voir les surprenants défilés de Lumbier et d'Arbayún. Prenez ensuite la direction des Pyrénées et de la vallée de Roncal. Enchaînez avec Roncevaux, à l'ouest, en découvrant au passage la forêt d'Iraty. De Roncevaux, vous reviendrez facilement à votre point de départ par la N 135.

BILBAO

Jeune et dynamique, Bilbao n'en finit pas de savourer les fruits de son renouveau. Ici, cœur historique et quartiers contemporains vivent au même rythme.

Tableau des températures

	Janv.	Fév.	Mars	Avr.	Mai	Juin	Juil.	Août	Sept.	Oct.	Nov.	Déc.
Bilbao	13	15	16	17	20	23	25	26	24	21	16	14
	5	6	6	7	10	13	15	15	13	11	8	6
Burgos	7	9	12	13	17	22	26	27	23	17	11	8
	-1	-1	1	2	6	8	11	11	9	5	2	0
Pampelune	9	11	14	16	20	24	28	28	24	19	13	8
	1	2	3	5	8	11	14	14	12	8	4	2
St-Jacques	11	12	14	15	18	21	24	24	22	18	14	12
	4	4	5	6	8	11	13	13	12	9	6	5
Santander	13	14	15	16	19	21	23	24	23	20	16	14
	6	6	7	8	11	13	16	16	14	11	8	7

En 3 jours

Le premier jour, plongez dans l'animation du quartier historique, encore très populaire avec des sites comme le marché couvert de Ribera. L'après-midi, visitez le Musée diocésain ou le Musée basque puis montez à la basilique de Begoña. En redescendant par les jardins de l'Etxebarria, vous aboutirez non loin de la plaza Nueva. Quant à votre soirée, passez-la dans ce même quartier de l'Arenal : les bonnes adresses et les bars à tapas ne manquent pas.

S. Sauvignier / MICHELIN

Bilbao.

Le deuxième jour, visitez le musée Guggenheim, symbole du nouveau Bilbao, puis flânez le long de la berge aménagée de façon futuriste. De là, le tramway vous permettra de visualiser toute la transformation de l'ancien port de Bilbao, sans vous fatiguer.

Le troisième jour, dirigez-vous vers la côte, à Getxo (16 km au nord-ouest le long de l'estuaire) pour profiter de ses belles plages et de son vieux port.

En une semaine

Consacrez les deux premiers jours à la visite de Bilbao. Puis partez vers l'est à la découverte de Guernica et de son musée de la Paix. Suivez la côte de façon à voir le sanctuaire de Gaztelugatxe sur son rocher ou la réplique d'un baleinier du 17e s. à Bermeo. N'hésitez pas non plus à arpenter la ría de Guernica de façon à découvrir le parc naturel d'Urdaibai. Descendez ensuite à Durango pour admirer, entre autres, la basilique de Sta María et profiter du parc naturel d'Urkiola. Après cela, roulez plein ouest vers la capitale des Encartaciones, Balmaseda. Poussez au-delà pour découvrir la vallée de la Karrantza et revenez enfin à Bilbao par la côte. En chemin, vous vous arrêterez à la forge d'El Pobal.

SANTANDER

La capitale de la Cantabrie vous séduira par son centre historique, son dynamisme culturel et les belles plages qui l'entourent.

En 3 jours

Le premier jour, commencez par le musée de l'Archéologie, puis déambulez dans le centre-ville. Repartez ensuite vers la plage de Los Peligros puis visitez le musée maritime. En sortant, rendez vous sur la presqu'île de la Magdalena pour admirer la beauté du site et la vue sur les plages du Sardinero. Puis remontez vers les plages et profitez du front de mer illuminé à la tombée de la nuit.

Le deuxième jour, allez à pied jusqu'au Cabo Mayor *(4,5 km AR - env. 2h)*. Retournez ensuite vers les plages du centre pour musarder un peu. L'après-midi, prenez la direction du parc de Cabarceno *(30mn en voiture, dir. Bilbao)*.

Le troisième jour, pour les amateurs d'églises romanes, Muriedas (7 km au sud en direction des grottes) et Castaneda (à proximité des grottes) peuvent se combiner avec la visite des grottes de Puente Viesgo le matin. Revenez ensuite par le parc naturel des Dunes de Liencres doté d'une admirable plage *(à l'ouest de Santander)*.

En une semaine

Une fois Santander visité sous toutes ses coutures, prenez la direction de Castro Urdiales et revenez par la côte (ou prenez un bateau à Castro Urdiales) pour visiter les villes et les baies de Laredo et Santoña. Arrêtez-vous aussi sur la très belle plage de Langre (commune de Ribamontan al Mar). Dépassez la capitale cantabrique et poursuivez votre circuit côtier avec la visite de Santillana de Mar et le musée d'Altamira. Rejoignez ensuite San Vicente de la Barquera et son joli port tranquille en passant par Comillas et la belle plage de Oyambre. Dans l'arrière-pays, ne ratez pas les grottes El Soplao. Terminez par une incursion dans les terres, vers Reinosa et la retenue de l'Èbre. Ne manquez pas non plus le panorama splendide du pic de Tres Mares et l'ancienne collégiale de Cervatos.

BURGOS

Burgos est une ville à vivre. Arpenter les rives de l'Arlanzón, profiter des animations du paseo del Espolón et de la plaza Mayor et faire du shopping rue de la Virgen de la Paloma complètent agréablement une découverte historique et culturelle.

En 3 jours

Le premier jour, rendez-vous à la cathédrale pour visiter le monument le plus emblématique de la ville. Les photographes apprécieront différents angles de prises de vue, depuis la place du roi San Fernando, la place Llana de Aluera et la place de Santa María. Empruntez cette dernière pour accéder à la ville haute, entrez dans l'église de San Nicolás, puis dans l'église de San Esteban et poursuivez jusqu'au musée d'Art contemporain. Terminez votre journée par le tour de la ville en petit train, en marquant un arrêt au Castillo.

Le deuxième jour, visitez le musée de Burgos, rive gauche. Promenez-vous rue de Valladolid et rue de la Merced, en jetant un œil à l'église de la Merced ainsi qu'à l'Institut Cardenal Lopez de Mendoza. Traversez le pont jusqu'au palais de justice et longez la rivière jusqu'à la place de Mío Cid. Rue de Santander, admirez la façade de la Casa del Cordón. Rejoignez la rue de San Juan jusqu'à l'église de San Gil, passez devant l'arc éponyme et achevez cette journée au pied de la muraille, devant l'arc de San Esteban.

Le troisième jour, prenez votre voiture pour aller visiter les deux centres religieux incontournables du sud de la ville : le monastère de Las Huelgas et la chartreuse Santa María de Miraflores.

En une semaine

Combinez la découverte de Burgos avec un séjour dans La Rioja, à l'est. Commencez par la cathédrale de Santo Domingo de la Calzada, puis filez vers Nájera et le monastère de Santa Maria la Real. Descendez plein sud, en vous arrêtant à la basilique de Tricio, pour visiter les monastères Huso et Yuso de San Millán de la Cogolla, ainsi que le site du monastère de Nuestra Señora de Valvanera, et remontez au nord-est pour flâner dans le cœur historique de Logroño. Rentrez par la cité médiévale de Laguardia, Briones et la fondation Dinastia Vivanco et enfin Haro, avec son musée du Vin.

SAINT-JACQUES-DE-COMPOSTELLE

Ce haut lieu de pèlerinage s'appréhende facilement en deux jours, la majorité de ses monuments se concentrant dans la vieille ville. La troisième journée peut être dédiée aux alentours.

En 3 jours

Le premier jour, commencez par le joyau de la ville : la cathédrale et son musée. L'après-midi, vous pouvez faire le tour du centre historique depuis la praza do Obradoiro jusqu'au collège de Fonseca.

Le deuxième jour, visitez le musée des pèlerinages et celui du peuple galicien (éventuellement le centre galicien d'Art contemporain, en face). L'après-midi, promenez vous dans le parc de l'Alameda puis poursuivez jusqu'à la collégiale de Santa María del Sar.

Le troisième jour, avant de quitter St-Jacques pour ses alentours, ne manquez pas de vous rendre au marché, praza de Abastos. Prenez ensuite la direction d'Ourense et visitez le Pazo de Oca le matin puis le monastère de Carboeiro l'après-midi.

En une semaine

Après la visite de St-Jacques, dirigez-vous vers Noia et le plus septentrional des estuaires des Rías Bajas. De là, suivez la route côtière jusqu'au cap Finisterre en passant par Muros. Redescendez ensuite toute la côte vers la frontière portugaise, et prenez plein est la direction d'Ourense. Ne manquez pas une excursion dans les majestueuses gorges du Sil (à pied ou en bateau) avant de revenir à votre point de départ par la N 525 puis l'AP 53.

Propositions d'itinéraires

LE PAYS BASQUE ET LA NAVARRE

Circuit de 500 km au départ de Saint-Sébastien

Ce parcours combine la côte du Guipúzcoa et celle de Biscaye avant de vous entraîner vers les pittoresques villages de l'intérieur, les localités du chemin de St-Jacques et de belles capitales provinciales. Ce voyage présente également de grands attraits pour les gastronomes.

La magnifique baie de **St-Sébastien** est considérée comme l'un des plus beaux sites d'Espagne, et ses tapas comme les meilleures du pays. Après avoir bien profité de l'une et des autres, suivez la côte basque, ponctuée d'innombrables petits ports, jusqu'à **Guernica** et son musée de la Paix, puis **Bilbao**. Là, après l'incontournable visite du musée Guggenheim, descendez en Álava par l'AP-68, non sans vous arrêter au passage au Monte Santiago pour voir le **mirador del Nervión**, et un peu plus bas, les vautours fauves du **parc de Valderejo**. Filez ensuite plein est en passant par les **salines d'Añana** pour rejoindre **Vitoria-Gasteiz**, capitale administrative du Pays basque. Une fois visités son centre historique et ses musées, prenez la direction de la Rioja alavese, au sud. Les

Le port de Cudillero sur la Costa Verde.

bodegas de **Labastida** et le splendide portail de l'église de Sta María de los Reyes de **Laguardia** satisferont tous les appétits.
Poursuivez vers l'est et retrouvez en Navarre le chemin de St-Jacques, à **Viana**. La N 111 vous conduira à Pampelune par des étapes incontournables comme **Estella** et **Puente-la-Reina**. Parvenu dans la capitale navarraise, flânez dans le quartier médiéval qui entoure la cathédrale, voyez le musée de Navarre, et reprenez la route en direction de la frontière française par la N 121^{A}. Elle passe à proximité du **parc de Bertiz** et par la **vallée de la Bidassoa**, qui mène à **Fontarrabie**, agréable station balnéaire et port de pêche *guipúzcoan*, qui conserve un joli quartier ancien. La magnifique **route du Jaizkibel** vous ramènera à St-Sébastien.

LA CORDILLÈRE CANTABRIQUE

Circuit de 550 km au départ de Santander

La cordillère Cantabrique constitue la frontière naturelle entre le littoral cantabrique et asturien au nord, et la Castille-et-León au sud. Son massif le plus impressionnant correspond aux Pics d'Europe.
Après l'élégante **Santander**, située dans une baie magnifique, partez plein sud vers **Reinosa** de façon à profiter du magnifique panorama offert par le **pic de Tres Mares**. Passez ensuite en Castille-et-León, à **Aguilar de Campóo**, pour en admirer la collégiale et le monastère, et retournez en Cantabrie en suivant la direction de Cervera de Pisuerga puis de Potes. De là, montez au **Fuente Dé**. Revenez à Potes et faites le tour du parc naturel des **Pics d'Europe** par le sud et le **col de San Glorio**, avant de remonter au nord par le magnifique **défilé de los Beyos**. Une fois à **Cangas de Onis**, prenez à l'est la **route de Covadonga et des lacs**, avant de suivre, encore plus à l'est, celle des **gorges du Cares**. Panes marque l'extrémité nord-est du massif. Au sud du village, ne manquez pas le **défilé de la Hermida** en direction de Potes. Pour revenir à Santander, rejoignez la côte à hauteur de **San Vicente de la Barquera**, en vous arrêtant auparavant à la grotte **El Soplao**. La route littorale vous mènera ensuite à celle d'**Altamira** et au village de **Santillana del Mar**, avant d'atteindre la capitale de Cantabrie.

LA GALICE

Circuit de 550 km au départ de La Corogne

Ce parcours vous donnera l'occasion de découvrir cette province qui, pour les anciens, était le *Finis Terra* : ses villes magnifiques, ses paysages verts, son littoral jalonné de **rias** et ses villages pittoresques. Ne manquez pas de profiter de votre passage en Galice pour goûter ses savoureux fruits de mer.
Après la visite de **La Corogne**, de sa muraille antique et de son avenida da Marina bordée de hautes maisons à galeries de verre, prenez la route en direction de **St-Jacques-de-Compostelle**, l'une des plus belles villes d'Espagne, où vous ne pourrez résister à l'émotion qui vous envahira, à l'instar des pèlerins, lorsque vous découvrirez l'impressionnante cathédrale sur la praza do Obradoiro. Le voyage se poursuit vers **Ourense**. Après avoir admiré sa belle cathédrale, offrez-vous une excursion aux impressionnantes **gorges du Sil** toutes proches. Remontez ensuite vers **Lugo**, au nord-est, en faisant étape en chemin au **monastère Sta María la Real de Oseira**, à **Portomarin**, pour son église sauvée des eaux, à **Vilar de Donas** dont l'église conserve d'intéressantes fresques. Une fois à Lugo, le tour des murailles s'impose, ainsi qu'un tour à la cathédrale, avant de reprendre la route vers la côte des **Rías Altas** et **Ribadeo**. Non loin de la station balnéaire, à l'ouest, s'étend la belle **plage des Cathédrales**. En continuant le long du littoral, vous passerez par **Viveiro** et son cœur historique, par la **pointe de l'Estaca de Bares**, aux multiples points de vue, par **Ortigueira** puis par le sanctuaire de **San Andrés de Teixido**, connu pour son pèlerinage. Vous parviendrez ainsi à **Ferrol** et à ses plages avant de regagner La Corogne.

À FAIRE AVANT DE PARTIR

Où s'informer

RENSEIGNEMENTS TOURISTIQUES

Pour organiser son voyage et rassembler la documentation nécessaire, il faut s'adresser en premier lieu à l'**Office du tourisme espagnol** :

À Paris – 43 r. Decamps ,75016 - ✆ 01 45 03 82 50 - www.spain.info/fr - lun.-jeud. 11h-17h., vend. 11h-14h.

À Bruxelles – R. Royale 97, 1000 - ✆ 32/2 280 19 26 - fax 32/2 230 21 47 - www.tourspain.be - sur place lun.-vend. 9h-14h, permanence téléphonique lun.-jeu. 9h-17h, vend. 9h-15h.

À Genève – 15 r. Ami-Lévrier, 1201 - ✆ 41/22 731 11 33 - fax 41/22 731 13 66 - ginebra@tourspain.es -lun.-vend. 9h-17h.

À Toronto – 2, Bloor Street West, M4W 3E2 - ✆ 1/416 961 3131 - fax 1/416 961 1992 - www.tourspain.toronto.on.ca - lun.-vend. 9h-15h.

ORGANISMES OFFICIELS

Ambassade d'Espagne – 22 av. Marceau, 75008 - ✆ 01 44 43 18 00 - fax 01 47 23 59 55 - www.amb-espagne.fr.

Consulat général d'Espagne – 165 bd Malesherbes, 75017 Paris - ✆ 01 44 29 40 00 - fax 01 40 54 04 74 - www.cgesparis.org.

CENTRES CULTURELS

Institut Cervantes – 7 r. Quentin-Bauchart, 75008 Paris - ✆ 01 40 70 92 92 -- www.paris.cervantes.es.

Bibliothèque Octavio-Paz (Institut Cervantes) – 11 av. Marceau, 75016 Paris - ✆ 01 47 20 70 79.

Librairie espagnole – 7 r. Littré, 75006 Paris - ✆ 01 43 54 56 26.

SITES INTERNET

Tourisme

Galice – www.turgalicia.es, www.xunta.es.

Asturies et Cantabrie – www.infoasturias.com, www.cantur.com.

Pays Basque et Navarre – www.euskadi.net, www.cfnavarra.es, www.turismopaisvasco.com, www.paisvasco-turismo.net, www.turismonavarra.com, www.navarra.net/turismo.

Rioja et Castille-et-León – www.lariojaturismo.com, www.larioja.gov.ar/turismo/home.htm, www.turismo-castillayleon.com.

www.france.diplomatie.fr – Pour la rubrique « Conseils aux voyageurs ».

Actualités

www.elpais.es, **www.elmundo.es** (en espagnol) – Les sites Internet des quotidiens les plus lus en Espagne.

Quotidiens régionaux – www.diariodenavarra.es, www.noticiasdenavarra.com, www.elcorreodigital.com (Biscaye, Álava), www.eldiariomontanes.es (Cantabrie), www.diariodeburgos.es, www.nortecastilla.es, www.lne.es (Asturies), www.lavozdeasturias.es, www.lavozdegalicia.es.

www.elcomerciodigital.com – Portail d'information sur les Asturies.

www.noticiasgalicia.com – Ce portail fournit des brèves sur chacune des grandes villes de la province.

S. Sauvignier / MICHELIN

Borne routière de la province d'Alava.

AGENCES DE VOYAGES

Généralistes

Donatello – 20 r. de la Paix, 75008 Paris - ✆ 01 44 58 30 60 - www.donatello.fr.

Go Voyages – 22 r. d'Astorg, 75008 Paris - ✆ 0 899 651 951 (vols secs) ou 0 899 650 242 (séjours) - www.govoyages.fr.

Voyageurs en Europe – 55 r. Ste-Anne, 75002 Paris - ✆ 0 892 235 656 - www.vdm.com. Séjours à la carte uniquement.

Spécialistes de l'Espagne

Flamenco – 12 r. Bégand, 10000 Troyes - ✆ 03 25 83 10 27 - www.flamenco-tours.com. Cette agence très pointue propose des réservations d'hôtels et organise des circuits de découverte personnalisés, du plus traditionnel au plus insolite.

Iberica – 26 bd Beaumarchais, 75011 Paris - ✆ 01 49 29 48 48 - www.iberica.fr. Les prestations habituelles, avec des circuits à la carte uniquement.

www.nohaybilletes.com – Le spécialiste du voyage taurin propose également des voyages en fonction des fêtes locales.

Voyages culturels

Clio – 27 r. du Hameau, 75015 Paris - ✆ 0 826 10 10 82 - www.clio.fr. Circuits culturels avec conférencier, dont le chemin de St-Jacques de Compostelle (8 jours) et le musée Guggenheim à Bilbao (2 jours). Mieux vaut prendre rendez-vous.

Intermèdes – 60 r. de la Boétie, 75008 Paris - ✆ 01 45 61 90 90 - www.intermedes.com. Circuits de découverte (de 4 à 8 j.) avec conférenciers. Possibilité de séjours à la carte.

Formalités

DOCUMENTS IMPORTANTS

Carte d'identité, passeport

La carte nationale d'identité en cours de validité ou le passeport (même périmé depuis moins de 5 ans) sont valables pour les ressortissants des pays de l'Union européenne, de l'Andorre, du Liechtenstein, de Monaco et de la Suisse. Les mineurs voyageant seuls ont besoin d'un passeport en cours de validité ou d'une carte d'identité accompagnée d'une autorisation parentale sous forme d'attestation délivrée par la mairie ou le commissariat de police. Les Canadiens devront présenter leur passeport en cours de validité.

Permis de conduire

Pour les ressortissants de l'Union européenne et de la Suisse, le permis de conduire national (permis rose à trois volets pour la France) suffit. Les Canadiens doivent avoir leur permis de conduire provincial et se procurer un permis de conduire international (PCI) auprès de l'Association canadienne des automobilistes (CAA – ✆ (613) 247 0117, poste 2025 - www.caa.ca/indexm.asp).

Les ressortissants de l'Union européenne et de la Suisse doivent posséder une attestation d'assurance nationale, les Canadiens doivent faire la demande d'une assurance frontière (assurance temporaire de responsabilité civile).

Le conducteur doit être en possession d'une autorisation écrite du propriétaire si celui-ci n'est pas dans la voiture, ainsi que de l'accord de la compagnie d'assurances.

En outre, il est obligatoire d'être équipé de deux triangles de danger ou de présignalisation ainsi que d'un gilet

Patier / Prensa de Renfe

Un train de la RENFE.

de sécurité réfléchissant (celui-ci est à garder à l'intérieur de la voiture et non dans le coffre).

ASSURANCES SANTÉ

Afin de profiter de la même assistance médicale que les Espagnols, les Français doivent se procurer, avant le départ, la **carte européenne d'assurance maladie**, qui permet la prise en charge d'éventuels soins médicaux. Elle s'obtient en 2 à 3 semaines sur simple demande auprès de la Caisse primaire d'assurance maladie ou par téléphone au ✆ 0820 904 175. Si votre départ est précipité, vous pouvez retirer dans votre centre une attestation provisoire.

Renseignez-vous aussi auprès de votre banque, car vous pouvez bénéficier de certaines assurances par l'intermédiaire de votre carte bancaire.

TOURISME ET HANDICAP

Il existe plusieurs organismes en France qui proposent des voyages adaptés aux personnes à mobilité réduite. On peut en trouver la liste sur Internet : www.unat.asso.fr/f/org/handicape.html.

Vous pouvez également vous renseigner auprès du Centre de prévention et d'aide aux personnes handicapées - C. Serrano, 140 - 28006 Madrid - ✆ 917 45 24 53 et auprès de la Fondation Once - www.fundaciononce.es.

DOUANES

Vous pouvez rapporter jusqu'à 5 cartouches de cigarettes (1 kg de tabac), 10 l d'alcool fort, 20 l d'alcool intermédiaire (type xérès), 90 l de vin (dont 60 l de vin mousseux) et 110 l de bière. Renseignements : www.douane.gouv.fr.

ANIMAUX DE COMPAGNIE

Pour voyager en Espagne, les chiens et les chats doivent posséder un **passeport européen**. Délivré par le vétérinaire, il

prouve que l'animal a été vacciné contre la rage et qu'il est identifiable (tatouage, puce électronique).
Attention, sur place, les animaux ne sont admis ni dans les restaurants ni dans les trains.

Se rendre en Espagne Atlantique

EN VOITURE

Le principal poste-frontière se trouve à l'extrémité ouest des Pyrénées : à Irún (pont international de Béhobie). Pour définir l'itinéraire entre votre point de départ en France et votre destination en Espagne du Nord, consultez la carte Michelin n° **734** couvrant l'ensemble du réseau routier espagnol ou les cartes régionales Michelin (voir p. 22 « Se déplacer »).

Itinéraires par Internet

Vous pouvez obtenir des feuilles de route personnalisées, des adresses d'hôtels et de restaurants, ainsi que des informations pratiques et touristiques sur les lieux traversés en vous connectant à www.viamichelin.fr.

EN AVION

Compagnies régulières

Des vols directs assurés par plusieurs compagnies aériennes relient Paris aux aéroports de l'Espagne Atlantique (voir liste p. 23). Pour un départ de province, il faudra emprunter une correspondance par Paris, Barcelone ou Madrid (certains charters font des vols directs ; vous les trouverez sur Internet). En s'y prenant longtemps à l'avance (au moins 1 mois), on peut trouver des allers-retours à des prix très intéressants. Chaque compagnie possède un comptoir aux aéroports Charles-de-Gaulle et Orly.

Air Europa – 174 bd Haussmann, 75008 Paris - ✆ 01 42 65 08 00 - www.air-europa.com.

Prensa Nacional Iberia

Avion Iberia.

Air France – Agence Opéra, 49 av. de l'Opéra, 75002 Paris (60 agences en France) - ✆ 36 54 - www.airfrance.fr.

Iberia – ✆ 0 825 800 965 - www.iberia.com.

Vols économiques

Certains sites Internet proposent des vols à tarifs négociés, variables selon les dates et les heures de vol. N'oubliez pas de vérifier si les prix affichés comprennent les taxes d'aéroport (elles peuvent doubler le prix du billet).

www.anyway.com – ✆ 0 892 302 301.
www.bourse-des-vols.com – ✆ 0 899 650 649.
www.ebookers.fr – ✆ 0 892 893 892.
www.govoyages.fr – ✆ 0 899 651 951.
www.fr.lastminute.com – ✆ 0899 785 000.
www.opodo.fr – ✆ 0 892 230 682.
www.vivacances.fr – ✆ 0 899 654 000.
www.voyages-sncf.com – ✆ 0892 308 308.
www.vueling.fr – ✆ 0800 905 461.

EN TRAIN

On peut se rendre en train jusqu'à Vitoria ou Burgos par le train de nuit ELIPSOS. Avec un départ quotidien de Paris-Austerlitz à 19h43, le Trainhôtel Francisco de Goya 409 arrive à Vitoria à 4h05 et à Burgos à 5h20 le lendemain matin. Il prend des voyageurs à Orléans-les Aubrais, Blois, Poitiers. Pour le retour, le Trainhôtel Francisco de Goya 407 effectue quotidiennement la liaison Burgos (départ : 22h21) ou Vitoria (départ : 23h39) et Paris-Austerlitz (arrivée à 8h27) en desservant les gares de Poitiers, Blois, et Orléans-les Aubrais.
Les « Trainhôtel » ELIPSOS sont composés d'une voiture restaurant, d'une voiture bar, et de différents espaces proposés aux voyageurs : cabine individuelle ou double (standard ou équipée d'une douche et d'un W.C privé), cabine à 4 lits, ou sièges super-inclinables. Les prix sont variables : de 69 € à 450 € le trajet simple, selon la classe et la saison, et de nombreux tarifs spéciaux sont proposés. Vous pouvez acheter vos billets Train hôtel ELIPSOS par le réseau de vente SNCF ou encore directement sur internet www.voyages-sncf.com. Pour plus d'informations : **www.elipsos.com**.
On peut aussi aller jusqu'à Madrid, par le même train (arrivée à 9h13) et prendre les correspondances.
Vous pouvez aussi emprunter le TGV qui relie Paris à Irún. De là, la RENFE

Le spectacle d'Euskadi,
un pays incroyable.
PAYS BASQUE
avec plaisir
www.paysbasquetourisme.net

prend le relais vers les principale villes de l'Espagne Atlantique. Dans ce cas, les changements sont nombreux et le temps d'attente entre les correspondances parfois long.

Informations et réservations

SNCF – Ligne directe : ✆ 3635 (0,34 €/mn) - 3615 SNCF - www.voyages-sncf.com.

Iberail France (représentation des chemins de fer espagnols « RENFE ») - 57 r. de la Chaussée-d'Antin - 75009 Paris - ✆ 01 40 82 63 60 - www.renfe.es.

Les réductions de la RENFE

La RENFE propose d'office 20 % de réduction sur tous les trajets nationaux. Sur présentation d'une pièce d'identité ou de toute autre preuve, les enfants de –12 ans ont droit à des réductions allant jusqu'à 40 %.

EN AUTOCAR

C'est une façon de voyager assez fatigante (plus de 22h de trajet depuis Paris pour rejoindre St-Jacques de Compostelle), mais qui permet une liaison directe depuis un certain nombre de villes. Selon l'endroit où vous résidez en France, l'autocar est donc un moyen de transport qui peut s'avérer plus économique en évitant la correspondance à Paris (dans le cas de l'avion ou du train). La compagnie Eurolines dessert les principales villes de l'Espagne du Nord. Comptez de 100 à 180 € par personne.

Pour plus de renseignements :

Eurolines – Gare internationale de Paris-Gallieni - 28 av. du Gén.-de-Gaulle, BP 313, 93541 Bagnolet Cedex - ✆ 0 892 89 90 91 - www.eurolines.fr.

Réserver son hébergement

Vous pouvez contacter directement les hôtels, campings ou pensions *(coordonnées dans les carnets pratiques de chaque localité)* ou passer par une centrale de réservation. *Pour les différents types d'hébergement, voir aussi p. 24.*

Le **tourisme rural** est de plus en plus plébiscité par un grand nombre de voyageurs à la recherche d'authenticité, de charme et de calme. Renseignements sur les sites spécialisés d'hébergements ruraux (choisissez votre province) : www.ecoturismo.com.

Fédération unie des auberges de jeunesse – 27 rue Pajol, 75018 Paris - www.fuj.org. Cette organisation délivre une carte valable dans 81 pays, permettant non seulement de bénéficier d'un hébergement parmi les 4 000 auberges de jeunesse, mais aussi d'obtenir des prix préférentiels sur l'entrée de nombreux musées et attractions diverses. Il existe également une carte « famille » valable pour 2 adultes et 1 ou plusieurs enfants âgés de moins de 14 ans. Pour des renseignements sur les auberges de jeunesse de l'Espagne Atlantique, rendez-vous sur le site : **www.reaj.com**.

Décalage horaire

L'Espagne a la même heure légale que la France, été comme hiver., c'est à dire GMT + 1h en hiver et GMT + 2h en été. Les changements d'heure s'effectuent en même temps.

Argent

DEVISES

L'Espagne fait partie de la zone **euro**. Les ressortissants de la zone euro peuvent en théorie utiliser leur chéquier. Mais, en pratique, le **chèque** est très peu répandu en Espagne et de nombreux commerçants ne l'acceptent pas. Les **chèques de voyage** sont sûrs en cas de vol mais ne sont pas non plus d'une grande maniabilité. Mieux vaut payer en liquide ou par carte de crédit. Les principales **cartes de crédit internationales** (Visa, Eurocard/Mastercard) sont acceptées dans presque tous les commerces, hôtels et restaurants. Elle permettent de réaliser des retraits d'espèces.

Attention cependant, la plupart des bars à tapas, les parkings et certaines pensions ne sont pas équipés de systèmes de paiement par carte de crédit. Veillez à conserver toujours un peu de liquide.

En cas de perte ou de vol de carte, téléphonez immédiatement à :

Visa – ✆ 900 991 124 (n° Vert composable uniquement depuis l'Espagne).

American Express – ✆ 00 33 1 47 77 72 00 (numéro en France, 24/24).

Diners Club – ✆ 00 33 1 49 06 17 76 (numéro en France, 24h/24).

Eurocard/Mastercard – ✆ 900 97 12 31 (n° Vert composable uniquement depuis l'Espagne).

Pensez à noter votre numéro de carte dans un endroit de celui où vous la gardez.

BUDGET

Hébergement-restauration

Afin de vous aider à préparer votre voyage, voici des budgets indicatifs calculés en fonction des différentes catégories d'établissements que nous vous proposons. Chaque prix indiqué

Le parador de Baiona

(par jour et par personne) comprend la nuit en chambre double et les repas.
Petits budgets (environ 55 €) : une chambre dans un petit hôtel ou une pension, un repas léger (tapas ou menu) et un repas complet dans un restaurant.
Budgets moyens (environ 85 €) : une nuit dans un bon hôtel ou une pension dans une grande ville, un repas léger (tapas ou menu) et un autre dans un restaurant de niveau moyen.

Transports

Comptez 5-6 € pour un trajet en **taxi** en ville, 0,80 € pour un ticket de **bus** (variable selon les villes) et 150 à 300 € selon le loueur pour la location d'une **voiture** pour une semaine. Une assurance jeune conducteur (21-25 ans) pourra être ajoutée au prix de base.

Visites

Certains **musées** sont gratuits pour les ressortissants des pays de l'Union européenne sur présentation d'une pièce d'identité, les autres vous coûteront 2-4 € (jusqu'à 8 € pour certains).
Il faut s'acquitter d'un droit d'entrée pour quelques cathédrales, mais la plupart des **églises** sont gratuites.

Réductions

La **carte d'étudiant internationale ISIC** (International Student Identity Card) coûte 12 € et offre des réductions dans de nombreux pays du monde. Elle est réservée aux collégiens, lycéens et étudiants. Liste des établissements où se la procurer sur www.carteisic.com. De nombreux monuments et musées acceptent aussi la carte d'étudiant française. Pour les étudiants et non-étudiants de moins de 26 ans, la carte **IYTC** (International Youth Travel Card) offre le même genre d'avantages (un peu moins bien) au même prix. On peut se la procurer dans toutes les agences OTU Travel – ☏ 0 820 817 817 - www.otu.fr.
Les plus de 65 ans ont droit à d'importantes réductions dans les transports, les accès aux monuments, aux musées et aux spectacles.
La RENFE accorde des réductions qui varient en fonction de la destination et de la période pour les plus de 60 ans munis de la « Tarjeta Dorada », la « carte dorée », que l'on peut se procurer dans les gares et les agences de voyages pour 5 €.

Qu'emporter ?

Même si le climat est moins chaud en été en Espagne Atlantique que dans les autres régions espagnoles, il est recommandé d'emporter des vêtements légers, une bonne crème solaire et des lunettes de soleil. En soirée, un pull sera le bienvenu dans les régions montagneuses.
En automne et en hiver, il est fortement recommandé de se munir d'un imperméable et d'un parapluie, d'un coupe-vent et d'une polaire.
Pensez aux chaussures de marche. Le relief des villes est souvent escarpé, de nombreuses rues sont pavées et le piétinement engendré par les visites réclame un confort approprié.

ESPAGNE ATLANTIQUE PRATIQUE

Adresses utiles

OÙ S'INFORMER

Office de tourisme à Madrid (Secretaría General de Turismo) – Calle José Lázaro Galdiano, 6, 28036 - ✆ 913 43 35 00 - www.spain.info.
Junta des Asturies – Renseignements sur le site www.jgpa.es.
Junta de la Cantabrie – Renseignements sur le site www.gobcantabria.es.
Junta de Castille-et-León – Renseignements sur le site www.jcyl.es.
Xunta de Galice – Renseignements sur le site www.xunta.es.
Junta de Navarre – Renseignements sur le site cfnavarra. es.
Junta du Pays Basque – Renseignements sur le site www.euskadi.net.
Junta de la Rioja – Renseignements sur le site www.larioja.org.
Renseignements touristiques nationaux – ✆ 901 30 06 00 (8h-22h).
Sur les plans de villes de ce guide, les offices de tourisme sont signalés par le symbole **i**. Vous trouverez leurs adresses et numéros de téléphone dans les carnets pratiques de chaque localité.

AMBASSADES ET CONSULATS

Ambassade de France – Calle Salustiano Olozaga, 9, 28001 Madrid - ✆ 914 23 89 00 - www.ambafrance-es.org.
Consulats de France
À Madrid – Calle Marqués de la Ensenada, 10, 28004 - ✆ 917 00 78 00 - www.consulfrance-madrid.org.
À Bilbao – Calle Iparraguirre, 26 - 5° Dcha, 48011 - ✆ 94 425 51 80 - www.consulfrance-bilbao.org.
Ambassade de Belgique – Paseo de la Castellana, 18, 28046 Madrid - ✆ 915 77 63 00 - www.diplomatie.be/madrid.
Consulats de Belgique
À Bilbao – Paulino Mendívil, 8 - 1 - 48930 Las Arenas - ✆ 944 644 840.
À La Corogne – Avda. del Ejército, 10 - 1° A - 15006 - ✆ 981 170 000.
Ambassade de Suisse – Edificio Goya, calle Núñez de Balboa, 35, 28001 Madrid - ✆ 914 36 39 60 - www.eda.admin.ch/madrid.
Consulat de Suisse – Calle de Telésforo Aranzadi, 3 - 3° B - 48008 Bilbao - ✆ 944 704 360.
Ambassade du Canada – Edificio Goya, c. Núñez de Balboa, 34, 28001 Madrid - ✆ 9142 33 50 - www.canada-es.org.

EN CAS D'URGENCE

Police – ✆ 091
Pompiers – ✆ 112
Urgences médicales – ✆ 061

MISE EN GARDE

Comme dans tous les lieux touristiques, il vous faudra faire attention aux pickpockets. Ne gardez pas d'argent ni de papiers dans des poches extérieures et ne laissez rien en vue dans votre voiture. Si vous devez garder des affaires dans le coffre, évitez de l'ouvrir une fois stationné. Si vous avez une voiture de location, vous pouvez y laisser un journal espagnol pour faire «couleur locale».

Se déplacer

EN VOITURE

Location de voitures

Vous pouvez louer une voiture dans les aéroports, les gares, les grands hôtels et les agences de location. Si vous partez durant la pleine saison touristique, mieux vaut réserver votre voiture à l'avance et depuis la France pour bénéficier de tarifs intéressants. Attention : même si en Espagne l'âge minimal légal pour conduire est de 18 ans, la plupart des agences refusent de louer aux -21 ans.
Autoescape – ✆ 0 800 920 940 (appel gratuit) - www.autoescape.fr.
Avis – ✆ 0 820 050 505 - www.avis.fr.
Budget – ✆ 0 825 003 564 - www.budget.fr.
Europcar – ✆ 0 825 358 358 - www.europcar.fr.
Hertz – ✆ 01 39 38 38 38 - www.hertz.fr.

Limitations de vitesse

En Espagne, la vitesse est limitée à 50 km/h dans les villes et agglomérations, 100 km/h sur les routes nationales et 120 km/h sur les autoroutes et voies rapides. Les changements de limitation sont fréquents sur un même tronçon (notamment en cas de virages), soyez donc attentif aux différents panneaux.

Taux d'alcoolémie

Il est comme en France de 0,5 g d'alcool/litre de sang ou 0,25 mg d'alcool/litre d'air expiré. Pour les **nouveaux conducteurs** (moins de 2 ans), il est de 0,3 g d'alcool/litre de sang ou 0,15 mg d'alcool/litre d'air expiré.

COMMUNAUTÉ EUROPÉENNE
Fonds Européen
de Développement Régional
SOURIEZ!
VOUS ÊTES EN
ASTURIES
ESPAÑA
S'abandonner au Patrimoine culturel. Découvrir son côté le plus cosmopolite dans des villes modernes et accueillantes.
GOBIERNO DEL PRINCIPADO DE ASTURIAS
Asturias paraíso natural
www.infoasturias.com
www.spain.info

Signalisation routière

La signalisation routière est sensiblement la même qu'en France : priorité à droite, interdiction de stationner (« No aparcar ») signalée par des bandes jaunes. Dans les rues à sens unique, le stationnement se fait du côté pair les jours pairs, et du côté impair les jours impairs.
Le téléphone portable est toléré en formule mains libres uniquement. L'utilisation de détecteurs de radars est interdite.
Les Espagnols sont très respectueux des passages piétons – veillez à vous arrêter avant même que le piéton ne soit engagé. Faites aussi attention aux distances de sécurité qui séparent deux véhicules.

Numérotation routière

Certaines des provinces de l'Espagne Atlantique sont en train de modifier leur numérotation routière. La mise à jour des informations directionnelles figurant dans les circuits de la partie « Découvrir les sites » a été réalisée selon les modifications disponibles au moment de la mise à jour de ce guide. Vous trouverez donc parfois une inédaquation entre texte et « terrain ».

État du réseau routier

Le réseau routier de la Cantabrie et des Asturies s'est nettement amélioré ces dernières années, tant au niveau de l'état des routes que de la signalisation. Il en est de même pour le Pays basque, la Navarre, la Rioja et le nord de la Castille et León, surtout en ce qui concerne les grands axes de circulation et les zones montagneuses.
En revanche, si en Galice une autoroute relie La Corogne à Vigo, en passant par St-Jacques-de-Compostelle, l'intérieur de la région a encore des efforts à faire pour améliorer ses axes routiers.
D'un point de vue général, la circulation est généralement très fluide, excepté l'été où les embouteillages sont courants dans les grandes villes. Néanmoins, l'automobile demeure le meilleur moyen de locomotion pour ceux qui disposent d'un peu de temps pour visiter les différentes localités.
Information routière – Pour obtenir des informations sur l'état des routes, consultez la Dirección General de Tráfico – ✆ 900 12 35 05 (appel gratuit, en espagnol) et www.dgt.es.

Cartes et Via Michelin

L'**atlas routier Michelin Espagne & Portugal** et la **carte Michelin National 734** couvrent l'Espagne et le Portugal à l'échelle de 1/1 000 000. Ils vous serviront pour gagner l'Espagne Atlantique. Une fois sur place, vous pourrez utiliser les cartes régionales Michelin n° **572** (Asturies et Cantabrie), n° **573** (Pays basque - Navarre - Rioja), au 1/250 000, n° **571** (Galice) et n° **575** (Rioja et Castille-et-León) au 1/400 000.
Pour étudier vos itinéraires d'accès, nous vous conseillons d'aller sur le site **www.viamichelin.com**.

Stationnement

Il est très difficile de stationner dans les centres anciens des grandes villes, véritables enchevêtrements de ruelles étroites et coudées. Le mieux est de se garer dans un parking souterrain en périphérie et de rejoindre le centre en taxi ou en bus. De même, pour les petits villages, garez-vous à l'entrée pour éviter des manœuvres compliquées et continuez à pied.

Assistance automobile

RACE – ✆ 902 40 45 45 - www.race.es.

Carburant

À titre indicatif, en juillet 2007, le prix de l'essence était en moyenne de 1,10 € pour le 95 sans plomb, 1,21 € pour le 98 sans plomb et 0,99 € pour le gazole. Il n'existe pas de distributeurs GPL en Espagne.

EN TAXI

Le taxi est le meilleur moyen pour rejoindre les curiosités un peu excentrées dans les grandes villes (pour le reste, la marche à pied suffit amplement). En général, on en trouve assez facilement (lumière verte : taxi libre) et la course n'est pas très chère (5-6 €). Il existe un tarif de jour et un tarif nuit, week-end et jours fériés. Le taxi peut se réserver depuis l'hôtel.

EN TRAIN

C'est la compagnie **RENFE**, société nationale des chemins de fer espagnols (renseignements et réservations 24h/24 – ✆ 902 24 02 02 - www.renfe.es), qui gère le réseau ferroviaire.
Les tarifs sont relativement avantageux. De plus, la RENFE propose des réductions spéciales (plus ou moins applicables selon le train choisi).
Le Talgo est un train de haute technologie (200 km/h) qui a bénéficié de l'infrastructure de l'AVE (l'équivalent de notre TGV). Il relie Madrid aux prin-

PROVINCE	GARE VERTE	LIGNE
Guipúzcoa	Andoain	Madrid-Hendaye
Vizcaya	Orduña	Madrid-Hendaye
Álava	Agurain/Salvatierra de Álava	Madrid-Hendaye
Navarra	Uharte-Arakil	Saragosse-Almansa et Tudela-Tarazona
Logroño	Calahorra	Castejón-Bilbao et Saragosse-Alsasua
Burgos	Pancorbo	Madrid-Hendaye
Palencia	Aguilar de Campóo	Venta de Baños-Santander
Santander	Bárcena	Venta de Baños-Santander
Oviedo	Pola de Lena	León-Gijón
León	Ponferrada	Palencia-La Corogne
La Corogne	Betanzos	Betanzos-Ferrol/Puerto
Lugo	San Clodio-Quiroga	Palencia-La Corogne
Ourense	Laza-Cerdedelo	Zamora-La Corogne
Pontevedra	Tui	Monforte-Vigo-Santiago

cipales villes de l'Espagne Atlantique. Pour les très longues distances comme Madrid-St-Jacques, sachez qu'il y a des trains de nuit.

Réductions

Chez les **jeunes**, les enfants de moins de 4 ans voyagent gratuitement à condition de ne pas occuper de siège. De 4 à 14 ans, ils bénéficient d'une réduction de 40 %. Et jusqu'à 25 ans, avec la carte ISIC *(voir p. 19)*, ils ont 20 % de réduction sur certains trajets.
Les **seniors** âgés de plus de 60 ans et les personnes présentant une invalidité à plus de 65 % peuvent demander la « Tarjeta Dorada » (« carte dorée », *voir p. 19*), qui leur donne droit à une réduction de 40 % sur les trajets du lundi au jeudi et de 25 % sur les trajets du vendredi au dimanche (sous réserve de disponibilités).
Sachez aussi que si vous effectuez un trajet **aller-retour**, vous bénéficiez automatiquement d'une réduction de 20 % sur le prix de l'aller simple.
La **Tarjeta Interrail** (carte Interrail) permet une libre circulation sur les réseaux de chemin de fer d'Espagne, du Portugal et du Maroc en 2e classe pendant 16 jours (286 € ; - de 26 ans : 195 €).

Gares vertes

Les gares vertes se trouvent à proximité de différents sites naturels. Haltes idéales pour les amateurs de randonnée, de VTT et pour tous ceux qui souhaitent partir à la découverte de la beauté de l'Espagne Atlantique rurale. Renseignements horaires dans les gares des chefs-lieux de province *(voir le tableau ci-dessus)*.
Renseignements touristiques sur www.renfe.es/empresa/mundo/medio_ambiente.

Trains touristiques

La FEVE (Ferrocarriles españoles de vías estrechas) est une société privée gérée par les provinces, dont le réseau complète celui de la RENFE. Elle propose de rejoindre Bilbao à Ferrol en passant par Santander et Oviedo. Renseignements sur www.feve.es.

EN AUTOCAR

Les autocars sont un moyen pratique et économique pour se déplacer. Plusieurs lignes relient les grandes villes de l'Espagne du Nord entre elles et il existe également de nombreuses liaisons avec les autres villes espagnoles.
Vous pourrez vous informer des compagnies, des lignes, des horaires et des prix dans la gare routière (*estación de autobus*) des principales localités.

EN AVION

L'Espagne Atlantique compte 12 aéroports qui la relient aux autres parties de l'Espagne et à certaines villes étrangères : St-Jacques-de-Compostelle, La Corogne, Vigo, St-Sébastien, Bilbao, Vitoria, Pampelune, Oviedo (*aeropuerto de Asturias*), Santander, Logroño, Burgos, León.
Pour avoir des renseignements sur les vols et les horaires, un seul numéro centralisé : **AENA** (Aeropuertos Españoles y Navegación Aérea) - ✆ 902 404 704 - www.aena.es.
Principales compagnies aériennes :
Air Europa – ✆ 902 401 501 - www.air-europa.com.
Iberia – ✆ 0 825 800 965 - www.iberia.com.
Spanair – ✆ 902 13 14 15 - www.spanair.com.

Se loger

NOS CATÉGORIES DE PRIX

Notre sélection d'hôtels et de pensions est présentée sur la base du prix d'une chambre double en basse et haute saison hors Semaine sainte et toutes taxes comprises. Lors de la **Semaine sainte**, les prix peuvent doubler. Il est donc impératif de se renseigner sur le montant lors de votre réservation. De plus, pour cette période, il vous faudra réserver votre hébergement au moins deux mois à l'avance (deux ou trois semaines suffisent le reste du temps en saison haute). À Pampelune (en juillet) et à St-Sébastien (en juillet et août), tenez aussi compte des **férias** et autres **fêtes locales** qui remplissent les hôtels à l'avance.

LES DIFFÉRENTS TYPES D'HÉBERGEMENT

L'office du tourisme espagnol de Paris vous fournit un guide des hôtels. Ceux-ci sont classés de une à cinq étoiles. Les prix varient selon les saisons, mais aussi selon les localités.

Les hôtels

Nous vous proposons une sélection d'adresses dans les carnets pratiques de chaque localité.

Certaines chaînes hôtelières et certains hôtels proposent des tarifs réduits le week-end. Il est également possible d'obtenir des coupons pour une ou plusieurs nuits à des prix très intéressants. Renseignez-vous à l'avance auprès des agences de voyages ou directement :

NH Hoteles – ✆ 902 11 51 16 (24h/24) - www.nh-hoteles.com. Offres spéciales le week-end.

Bancotel – ✆ 902 877 877 - www.bancotel.com. Chéquiers de coupons d'une valeur globale de 150 et 250 € valables pendant deux ans dans plusieurs pays dans des hôtels 3, 4 et 5 étoiles. Réductions très intéressantes par rapport aux prix affichés (jusqu'à - 65 %). La TVA est à régler séparément dans les hôtels.

Halcón Viajes – ✆ 902 30 06 00 - www.halconviajes.com. Coupons individuels (une nuit pour une ou deux personnes) à prix réduit. L'agence propose aussi des vols et des locations de voitures.

Hoteles Meliá – ✆ 902 14 44 40 - www.solmelia.com. Carte de fidélité gratuite MAS (avec avantages immédiats) et nombreuses offres spéciales.

Les paradors

Le luxe « à l'espagnol ». Anciens couvents, châteaux ou palais, devenus la plupart du temps propriété de l'État et transformés en hôtels de grand confort, ils occupent en général des sites idéalement placés en centre-ville ou sur des hauteurs avec vues imprenables. Comptez entre 80 et 170 € pour une chambre double (TVA en sus).

Réductions spéciales : « Días Dorados », pour les plus de 60 ans (-35 %) ; carte « 5 nuits » (96,50 € la nuit pour 2) ; deux nuits ou plus consécutives dans un même établissement (-20 % en demi-pension) ; « Escapada Joven » pour les 20-30 ans (51,50 € la nuit pour une personne avec petit-déjeuner). Avec la « Tarjeta Amigos de Paradores » (« carte des amis des paradors », gratuite), vous pouvez cumuler des points pour avoir des nuits gratuites et bénéficier de certains avantages. Enfin, depuis 2007, « la route des Paradors » propose un circuit pré-établi de 3 ou 7 nuits, à partir de 133 € (hébergement et petit-déjeuner).

Réserver depuis la France – Iberrail France - ✆ 0 825 07 92 00.

Réserver depuis l'Espagne – Requena, 3 - 28013 Madrid - ✆ 915 16 66 66 - www.parador.es. Soyez attentifs, en Espagne les prix sont indiqués hors taxe et ne comprennent pas toujours le petit-déjeuner.

Les « hostales »

Les *hostales* sont de petits hôtels de type familial, assimilables à des pensions. La salle de bains est parfois sur le palier (se renseigner), le paiement par carte de crédit n'est pas toujours possible, et en général ils ne proposent pas de petit-déjeuner. Mais ils sont souvent très bien situés, bien tenus et un peu plus personnels que les hôtels habituels. On a parfois vraiment l'impression de loger chez l'habitant.

NOS CATÉGORIES DE PRIX

	Se restaurer (prix d'un repas)	Se loger (prix de la chambre double sans petit-déjeuner)
●	moins de 15 €	moins de 60 €
●●	de 15 à 30 €	de 60 à 100 €
●●●	plus de 30 €	Plus de 100 €

Les gîtes ruraux

L'**Asociación de las Empresas Turísticas** (AEMTUR) gère et propose de nombreux hébergements dans toute l'Espagne, situés en zone rurale. Ces hébergements se déclinent en « casas rurales » (maison rurale), « hoteles rurales » (hôtels ruraux), « posadas » (hôtels de charme), « centros de turismo rural » (centres de tourisme ruraux, généralement des fermes), « apartamentos rurales » (appartements ruraux) et « albergues » (auberges). Cette association possède un portail internet : www.guiascasasrurales.com, où il vous suffira de cliquer sur le lieu de villégiature de votre choix pour obtenir une large sélection d'hébergements, avec photos et commentaires.

AEMTUR – Pso. Carlos III, 24, 28200 San Lorenzo de El Escorial, Madrid - ✆ 918 961 196.

Vous trouverez également de précieuses informations sur le site www.turismorural.com.

Les auberges de jeunesse (albergues juveniles)

La **Red Española de Albergues Juveniles** (R.E.A.J) gère un large réseau d'auberges de jeunesse à travers toute l'Espagne et organise un grand nombre d'activités sportives, culturelles et touristiques. Pour se loger dans l'une de ces auberges, il faut posséder la carte des auberges de jeunesse (individuelle ou de groupe) que l'on peut se procurer dans toutes les auberges du réseau ou auprès de la centrale de réservation, ou présenter la carte de la Fédération internationale des auberges de jeunesse (IYTC, *voir p. 18*). Les tarifs sont variables selon l'âge et la saison (9,50/15 € pour les - de 26 ans, 13/20 € pour les + de 26 ans, pour lese enfants jusqu'à 6 ans tarif unique 5 € ; petit-déjeuner 1,50 €, repas 5,50 €). Informations complémentaires sur **www.reaj.com**.

Le camping

Le **Guide Camping Michelin France** propose tous les ans une sélection de terrains visités régulièrement par nos inspecteurs. On y trouve des renseignements pratiques, le niveau de confort, prix, l'agrément ainsi que les possibilités de location de bungalows, de mobile homes ou de chalets.

LE GUIDE ROUGE MICHELIN ESPAÑA & PORTUGAL

Mis à jour chaque année, il recommande un large choix d'établissements avec indication de leur classe et de leur confort, de leur situation, de leur agrément, de leur équipement (piscine, tennis, golf, jardin...) et de leur prix. Ce choix a été établi après visites et enquêtes sur place. Les établissements qui se distinguent par leur agrément et leur tranquillité (décor original, site, vue exceptionnelle) sont indiqués par des symboles rouges. Les localités qui disposent de tels hôtels sont repérées sur plusieurs cartes dans les pages d'introduction du guide.

Le Guide Rouge Michelin propose également une large sélection de restaurants qui vous permettront de découvrir et de savourer les meilleures spécialités d'Espagne. Les établissements remarquables pour la qualité de leur cuisine sont signalés par des étoiles de bonne table (une à trois étoiles).

B. Brillion / MICHELIN

Poisson frais au marché de St- Jacques.

Se restaurer

Nous vous proposons une sélection de restaurants pour tous budgets dans les carnets pratiques de ce guide.

Le prix indiqué pour les restaurants dans les carnets pratiques avec les piécettes, dont on retrouve la définition dans le tableau des catégories de prix (p. 24), correspond à un repas comprenant entrée, plat principal et dessert. La boisson n'est pas comprise.

La plupart des petits restaurants sont aussi des **bars à tapas**. Les Espagnols s'y retrouvent en groupe à l'heure de l'apéritif et écument ainsi plusieurs lieux, ce qui s'appelle **ir de tapeo** (« aller de tapas en tapas »).

En général, au comptoir, vous pourrez déguster diverses assiettes de **tapas** (en moyenne 2-3 € l'assiette), qui sont des amuse-gueules ou des plats cuisinés en petite quantité, allant des olives aux calamars et du jambon cru aux pommes de terre à la mayonnaise.

En salle, vous aurez le choix entre des **raciones** et des **1/2 raciones** (*media raciones*), qui reprennent les plats pro-

Escalier du musée du peuple galicien à St-Jacques -de-Compostelle.

posés en tapas, mais version grande assiette. Un plat en *1/2 ración* suffit en général pour une personne (compter 6-12 € pour un plat, jusqu'à 18 € pour du jambon cru) ; vous êtes confortablement installé, mais vous perdez le bénéfice de la variété.

Selon les restaurants, les prix sont annoncés **hors taxes** (« mas IVA ») ou TTC (« IVA incluido »). Vérifiez sur le menu (hors taxes, il faut ajouter 7 % au prix initial).

Attention, les plats sont servis sans **accompagnement**. Si vous commandez une *1/2 ración* de fromage ou de jambon, vous n'aurez rien d'autre dans votre assiette. Si, à table, on vous apporte **du pain ou des olives**, sachez qu'ils vous seront facturés (environ 1,50 € chacun) à moins que vous ne les refusiez immédiatement.

Les **desserts** (postres) dans les petits restaurants ne sont pas très variés, voire inexistants, à moins qu'il n'y ait une spécialité de la ville, qu'il vous faudra goûter absolument. On vous proposera toujours du **flan**, c'est-à-dire de la crème caramel, le dessert le plus courant en Espagne, et parfois comme dessert un jus d'orange (*zumo de naranja*). Il y a plus de choix dans les restaurants luxueux.

Santé

Il n'y a pas de maladies particulières en Espagne Atlantique mais pensez quand même à la trousse de pharmacie.

URGENCES

Pour appeler les urgences médicales, composez le 061 ou le 112 (numéros nationaux gratuits).

PHARMACIES

Les pharmacies sont généralement ouvertes de 9h30 à 13h30 et de 16h30 à 20h. Dans les grandes villes, elles peuvent rester ouvertes toute la journée. Pour les gardes de nuit et du week-end, la liste des pharmacies ouvertes est affichée en vitrine et publiée dans la presse.

Espagne Atlantique pratique de A à Z

ÉLECTRICITÉ

Le voltage est le même qu'en France : 220 V.

HORAIRES

Repas

La matinée (*mañana*) dure jusqu'à 14h, heure à laquelle on prend le déjeuner (*almuerzo ou comida*). Ensuite c'est la sieste et l'après-midi (*tarde*) commence vers 17h. Vers 20h on pense à l'apéritif qui entame la soirée (*noche*). Le dîner (*cena*) est servi à partir de 21h et la soirée peut se poursuivre fort tard.

Visites

La plupart des **musées** ferment entre 14h et 17h, à part les grands musées qui ouvrent toute la journée. Le jour de fermeture est généralement le lundi.

Les conditions de visite des **églises** ne sont spécifiées que si l'intérieur présente un intérêt particulier. Les cathédrales et églises réputées pour leur intérêt touristique sont ouvertes une bonne partie de la journée, les autres se visitent durant les messes (en général, l'église ouvre une demi-heure avant et ferme une demi-heure après la messe). Dans ce cas, il convient d'observer une attitude respectueuse.

Horaires d'hiver, horaires d'été : l'Espagne Atlantique comprend en général deux types d'horaires qui diffèrent selon la période de l'année. Les horaires d'hiver et les horaires d'été sont fixés à des dates qui varient. Le plus souvent, les horaires d'été s'étendent de début juin à fin septembre, mais ils peuvent aussi ne concerner que les mois de juillet et août. Il faut donc vous renseigner dès votre arrivée auprès de l'office du tourisme de

Horaires de visite

En Espagne, la **notion de matin et après-midi** n'est pas la même qu'en France. Ainsi quand on dit «ouvert le matin» cela signifie en général de 10h à 13h30 ou 14h, «ouvert l'après-midi» étant de 16h ou 17h à 19h ou 20 h et «ouvert toute la journée» indiquant des horaires de 10h à 19h ou 20h.

la localité qui vous fournira une liste des monuments à visiter avec leurs horaires d'ouverture pour la période en cours.

Banques

Elles sont ouvertes du lundi au samedi de 8h30-9h à 13h-14h et ferment le samedi en été et dans les petites villes.

Shopping

Les magasins sont généralement ouverts de 9h30-10h à 13h30-14h et de 17h à 20h-21h, parfois 22h dans les grandes villes. Cependant, de plus en plus de commerces (grands magasins ou hypermarchés) restent ouverts à midi. Ils sont fermés le dimanche, parfois même le samedi après-midi.

INTERNET

Vous trouverez des cybercafés dans toutes les grandes villes à un prix très raisonnable (à partir de 0,75 € la 1/2h, 1 à 3 € l'heure). La recherche devient plus problématique dans les villages et les petites villes.

JOURNAUX ET TÉLÉVISION

Les principaux **quotidiens** sont *ABC, Diario 16, El Mundo, El País* et *La Vanguardia,* et les **hebdomadaires** *Cambio 16, El Siglo, Época, Tiempo.*
En ce qui concerne la presse locale, on peut par exemple citer *La Voz de Galicia* en Galice, *Berria* et *El Correo* au Pays basque, *Diario de Navarra* et *Diario de noticias* en Navarre et *La Alerta* en Asturies. L'Espagne compte 6 chaînes de **télévision** nationales : 2 chaînes publiques (TVE 1 et la *2*) et 4 chaînes privées (Antena 3, la Quatro, Tele 5 et la Sexta). On trouve aussi Canal + (l'équivalent du Canal + français) avec décodeur.

JOURS FÉRIÉS

Établir une liste exhaustive se révèle difficile, car chaque localité a ses propres jours fériés. Aussi citerons-nous seulement les jours fériés communs à toute l'Espagne :
1er janvier (Nouvel An), 6 janvier (Épiphanie), Jeudi et Vendredi saints, 1er mai (fête du Travail), 15 août (Assomption), 12 octobre (fête nationale d'Espagne), 1er novembre (Toussaint), 6 décembre (fête de la Constitution), 8 décembre (fête de l'Immaculée Conception) et 25 décembre (Noël).
Les **monuments** sont en général fermés les 25 décembre, 1er janvier, 6 janvier, Vendredi saint et 1er mai. Pour les autres jours fériés, renseignez-vous auprès du monument en question ou de l'office du tourisme de la localité.

POSTE

Les bureaux de poste, signalés par le nom **Correos**, sont généralement ouverts du lundi au vendredi de 8h30 à 20h30 (14h30 pour les petites villes) et le samedi de 9h30 à 14h. Les timbres *(sellos)* sont également en vente dans les bureaux de tabac *(estancos)*. L'envoi d'une carte postale pour l'Union européenne vous coûtera 0,57 €. Pour plus de renseignements : www.correos.es.

POURBOIRE

Même si le service est compris, il est de bon usage de laisser un pourboire dans les bars, les restaurants, les hôtels ainsi qu'aux chauffeurs de taxi.

TÉLÉPHONE

Les numéros de téléphone espagnols comptent 9 chiffres et sont aujourd'hui le plus souvent présentés 3 par 3.
Pour les appels locaux et nationaux composez les 9 chiffres.
Pour appeler l'Espagne depuis la France, la Belgique, la Suisse et le Canada – composez le 00 suivi du 34 (l'indicatif du pays) et du numéro du correspondant à 9 chiffres.
Pour appeler l'étranger depuis l'Espagne – composez le 00 suivi de l'indicatif du pays de destination (33 pour la France, 32 pour la Belgique, 41 pour la Suisse et 1 pour le Canada) et du numéro du correspondant (sans le 0 initial pour la France).
Service de renseignements – ✆ 11 888 ou 11 811 ou 11 824.
Renseignements internationaux – ✆ 11 825.
Les cabines téléphoniques fonctionnent avec des pièces ou des cartes téléphoniques (*tarjetas telefónicas*) en vente dans les bureaux de poste (*correos*) et les bureaux de tabac *(estancos)*.

Téléphones portables

Les opérateurs français de téléphonie mobile proposent souvent des formules spéciales pour les appels de l'étranger. Attention, ces appels comptent pour du hors-forfait et restent donc très chers ; de plus, en règle générale, vous payez aussi lorsque vous êtes appelé.

À FAIRE ET À VOIR

Activités et loisirs de A à Z

BAIGNADE EN MER

Les plages du littoral atlantique sont en proie au vent et aux vagues. Il convient donc de faire attention aux déferlantes du fait de leur puissance et des courants qui entraînent le nageur loin des côtes. La côte est découpée - les *rías* formant parfois de hautes falaises qui se jettent dans la mer - et ponctuée de petites plages et de criques. Si la beauté de ces paysages sauvages est incontestable, il convient aussi d'être extrêmement prudent, ces endroits n'étant par définition pas surveillés.
Évitez également de nager après un repas ou une longue station au soleil.

CORRIDA

La corrida est très peu répandue en Espagne Atlantique, mis à part au Pays basque et à Pampelune.

COURSES DE TAUREAUX

Les plus célèbres se pratiquent à Pampelune, à l'occasion de la **St-Firmin**, début juillet. Les taureaux qui combattent dans l'arène l'après-midi sont lâchés dans la rue et suivent un parcours très précis de 800 m appelé l'**encierro**. Des jeunes gens courent devant eux pour les exciter et leur montrer la voie. L'exercice peut se révéler dangereux. On ne saurait donc trop recommander de rester prudent et seulement spectateur lors d'un tel spectacle.

GOLF

Très verdoyante, l'Espagne Atlantique est devenue une terre d'élection pour la pratique du golf. On recense plusieurs parcours en Castille-et-León, en Cantabrie, en Navarre et au Pays basque. La Real Sociedad de Golf de Neguri, en Biscaye, figure d'ailleurs parmi les terrains les plus renommés de la péninsule. Pour tout connaître de ces golfs, nous vous invitons à vous rendre sur le site www.alquiler-directo.com/golf-fr/parcours-de-golf-espagne.htm.
Vous pouvez également vous renseigner directement auprès des fédérations.
Federación Española de Golf – C/Provisional Arroyo del Fresno Dos, 5 - 28035 Madrid - ✆ 915 552 682 - www.golfspainfederacion.com.

Coruña

Club de golf.

PÊCHE

Les Pyrénées et les Monts Cantabriques offrent aux pêcheurs un grand choix de rivières, lacs et étangs. Généralement, le cours des rivières est classé en 1re catégorie (salmonidés dominants comme la truite, l'ombre ou l'omble chevalier) ou en 2e catégorie (cyprinidés dominants comme la carpe, la brème ou l'ablette, et carnassiers comme le brochet, le sandre et le black-bass).

Bon à savoir – Quel que soit l'endroit choisi, il convient d'observer la réglementation en vigueur et d'être affilié à une association de pêche et de pisciculture agréée. Il vous faudra même demander un permis de pêche aux services d'Agriculture et de Pêche de la communauté autonome (Euskadi ou Navarre) où vous avez décidé de pêcher. Pour connaître les conditions de pêche, contactez les fédérations espagnoles.
Le permis s'obtient auprès des services officiels d'agriculture de chaque région, sur présentation du passeport.
Federación Española de Pesca y Casting – C. Navas de Tolosa, 3e étage - 28013 Madrid - ✆ 915 32 83 52 - www.fepyc.es.
Federación Vasca de Pesca y Casting – Puerto de Anoeta, 24 - 20014 Donostia-San Sebastian (St-Sébastien) - ✆ 943 46 67 90 - www.fvpyc.org.
Federación Navarra de Pesca – Paulino Caballero, 13 - 31004 Pamplona - ✆ 848 42 78 53.
Federación Cántabra de Pesca – Avda. de Deportes - 39012 Santander - ✆ 942 05 85 80.
Federación Asturiana de Pesca Deportiva – C. Fernando Moran Lavandera, 9 bajo - 33205 Gijón - ✆ 985 393 848.

La pelote basque

Chaussé de tennis et vêtu d'un pantalon et d'une chemisette de couleur blanche, avec pour seule tache de couleur la ceinture, ou *cinta*, le joueur de pelote a le choix entre plusieurs types de terrains différents dont le fronton et le trinquet, ce dernier étant une salle fermée. La **pelote**, plus grosse qu'une balle de tennis, noyau de caoutchouc enrobé de coton et protégé de cuir, est envoyée avec des gants et raquettes. Le **chistera** est une prolongation du gant par une sorte de gouttière courbe en osier. Le **rebot** est une variante plus petite, tandis que la **pala** est une raquette en bois massif.

Il y a différentes sortes de jeux. Depuis 1900, la formule la plus appréciée des touristes est le jeu au grand chistera, très rapide, qui se joue contre le fronton à deux équipes de trois joueurs. Une variante du jeu de chistera, spectaculaire et athlétique, connaît une faveur plus récente : la *cesta punta*, importée d'Amérique latine. Elle se joue sur un fronton espagnol couvert *(jaï-alaï)* à trois murs (devant, derrière, à gauche).

PELOTE BASQUE

Chaque village du Pays basque possède son fronton ou son trinquet, où des parties de pelote ont lieu régulièrement. C'est un véritable sport régional. Vous pouvez tout aussi bien vous y initier qu'encourager les bons joueurs. En **été**, il est facile d'assister à un match.

Federación Vasca de Pelota Pedro Uriarte – Barrio Astola, 26 - 48220 Abadiño - ✆ 946 818 108 - www.euskalpilota.com.

S. Sauvignier / MICHELIN

Pelote basque

RANDONNÉE PÉDESTRE, ÉQUESTRE ET VTT

Dans une région aussi verte que l'Espagne Atlantique, les parcs nationaux et naturels offrent d'innombrables possibilités en matière de randonnée. La dénomination de « parc national » et de « parc naturel » relève uniquement d'une gestion différente : gouvernementale pour la première catégorie et locale pour la seconde. Ces parcs ont été créés pour protéger des zones naturelles privilégiées, appréciées pour leur flore et leur faune, et permettre aux amoureux de la nature de profiter d'un environnement d'exception via l'organisation publique ou privée de randonnées pédestres, équestres et de parcours de VTT.

On citera notamment le **Parque Nacional de los Picos de Europa**, qui s'étale sur 3 provinces (Asturies, Cantabrie et Castille et León). Il possède tous les atouts d'un parc de montagne : un paysage de lacs glaciaires au milieu d'immenses forêts de hêtres (entre 800 et 1 500 m), de châtaigners et de chênes. On peut y voir entre autres, des chamois, des renards, des chats sauvages, des écureuils, des loutres et des aigles royaux.

Pour tous renseignements, vous pouvez consulter les sites des organismes suivants :

Federación española de deportes de montaña y escalada (Fedme) – www.fedme.es.

Federación Hipica Española – C. Monte Esquinza, 28 - 28010 Madrid - ✆ 914 364 200 - www.rfhe.com.

Federación de Ciclismo Español – Ferrza, 16 - 28008 Madrid - ✆ 915 400 841 – www.rfec.com ou www.ciclistas.org.

Le chemin de Saint-Jacques

La randonnée en Espagne Atlantique est bien évidemment indissociable du célèbre chemin de St-Jacques-de-Compostelle. Ce d'autant plus que depuis quelques années, les sportifs les plus aguerris et les plus avides de nature et de patrimoine ont massivement rejoint les pèlerins sur les routes.

Il y a deux itinéraires, le « **camino frances** », de loin le plus fréquenté, dont vous trouverez l'itinéraire p. 79 et celui du Nord, qui suit la côte, et que les Espagnols réhabilitent petit à petit en prévoyant par exemple des hébergements pour les pèlerins.

Reportez-vous à la partie « Comprendre » pour en connaître l'histoire (p. 78).

Site Internet – De nombreux sites sont consacrés au chemin de St-Jacques. Nous vous conseillons **www.caminosantiago .com**. Ce site en plusieurs langues – dont le français et l'espagnol – décrit le chemin en Espagne étape par étape et donne tous les renseignements utiles pour l'hébergement, l'équipement, les formalités etc.

S/Sauvignier / MICHELIN

Le crédential, « passeport » du pèlerin.

Avant le départ

Pensez à voyager léger. Limitez votre bagage au strict nécessaire : affaires de toilette, pharmacie, habillement adapté à la saison, poncho imperméable, chaussettes, chaussures de marche, gamelle et gobelet, duvet, carte internationale de téléphone. Soyez prévoyant et renseignez-vous auprès de votre assurance. Demandez aussi la carte européenne d'assurance maladie pour d'éventuels frais médicaux en Espagne *(voir p. 15)*.

Formalités

Une carte d'identité ou un passeport sont indispensables à tout voyage transfrontalier, mais le vrai pèlerin doit aussi se munir d'une sorte de carte officielle, appelée *creanciale* lorsqu'elle est délivrée par l'évêché (celui dont on dépend ou celui de départ), ou *credencial* lorsqu'elle est émise par une association de pèlerins. Cette carte fait office de passeport, chaque étape du chemin étant tamponnée par une instance officielle (civile ou religieuse). Elle permet parfois d'avoir des réductions sur l'entrée de certains musées ou monuments, mais elle est surtout indispensable, côté espagnol, pour accéder aux gîtes. Enfin, c'est sur sa présentation que sera délivrée la *compostela* à St-Jacques.

Se loger

Les gîtes d'étape jalonnent le chemin, se faisant de plus en plus nombreux aux abords de St-Jacques-de-Compostelle. Il devient parfois plus difficile de trouver une place à ce moment-là, surtout en pleine saison (été-automne) car beaucoup d'Espagnols rattrapent le chemin pour les deux ou trois derniers jours de marche.

www. caminosantiago. org – Site de la fédération espagnole des amis du chemin de Saint-Jacques, il donne la liste des auberges de pèlerins sur la partie hispanique.

www.mundicamino.com – Ce site-centrale de réservation répertorie par catégories et par prix les possibilités de logement sur les chemins espagnols.

www.caminodesantiago. consumer. es – Site recensant les auberges du chemin par tronçons, avec indications des prix. Informations culturelles et patrimoniales.

SPÉLÉOLOGIE

Le nord de la **Castille et León**, la **Cantabrie** et **les Asturies** possèdent des zones montagneuses étendues et creusées de cavités souterraines, qui permettent la pratique de la spéléologie, à mi-chemin entre le tourisme amateur et le tourisme sportif, voire de haut niveau. Bien évidemment, il est important de s'adresser à des organismes professionnels compétents pour encadrer vos expéditions :

Federación española de Espeleología – C. Ayala, 160 - 28009 Madrid - ✆ 913 093 674 - www.fedespeleo.com.

SPORTS D'HIVER

Plus que le ski de descente, on pratique surtout le ski de fond dans les Pyrénées basques et navarraises.

C'est le cas dans la vallée de Salazar ou celle de Belagua versant sud. La station d'**Abodi Salazar**, située au-dessus d'Ochagavia, dispose néanmoins d'une piste verte, de quatre bleues et d'une rouge.

Se renseigner : Carretera de Francia - 31680 Ochagavia (Navarra) - ✆ 948 394 022. Office du tourisme d'Ochagavia - ✆ 948 890 641.

Celle de **Larra Belagua**, surplombant la vallée de Roncal et Isaba, déploie quant à elle 25 km de pistes signalisées, partagées entre deux vertes, quatre bleues, une rouge et deux noires.

Se renseigner : Zona Refugio de Belagua - 31417 Isaba (Navarra) - ✆ 948 893 153.

Les montagnes de la cordillère Cantabrique offrent aussi de superbes domaines skiables ainsi que de nombreuses possibilités de randonnées. Leurs stations de ski sont modernes. Pour n'en nommer que quelques unes : San Isidro et Leitareigos, à León ; Lunada et Valle del Sol, à Burgos.

SITES OU ACTIVITÉS À FAIRE EN FAMILLE

Chapitres du guide	Nature	Musées	Loisirs
Allariz		Musée du cuir	
Bilbao	Grotte Pozalagua	Funiculaire d'Artxanda, musée Guggenheim, forge El Pobal	Parque del Carpin
Burgos			Train touristique
La Corogne		Aquarium Finisterrae	
Côte de Biscaye		Baleinier Aita Guria	
Côte Cantabrique	Plages, grotte El Soplao		
Côte de Guipúzcoa		Ensemble archéologique de Sta-Maria-la-Real	
Côte Verte	Grottes de Tito Bustillo, plages	Musée du milieu marin de Peñas	
Fontarabie		Centre d'interprétation du parc de Bertiz	Le bateau pour aller à Hendaye
Gijón	Jardin botanique	Aquarium, musée du Train	
Laguardia	Centre ornithologique de Los Molinos		
León		Musée de Léon	
Vallée de la Navia		Musée ethnographique	
Olite	Lagunes de Pitillas	Château des rois de Navarre	
Oviedo	Grotte Huerta, Maison des ours	Parc préhistorique de Teverga	
Pampelune	Parc de la Taconera	Planétarium	
Pics d'Europe	Grotte de El Buxu	Centres de Sotama et de Pedro Pidal	Téléphérique de Fuente Dé, funiculaire de Buines
Reinosa		La Domus Julióbriga	
Rías Bajas		Aquarium Galicia	
St-Sébastien		Musée de la Science, Miramon, aquarium, petit train, parc de loisirs du mont Igueldo	Tour de la baie
Sangüesa	Belvédère du défilé d'Arbayún	Château de Javier	
Santander	Plages, grotte du Castillo	Musée de la Préhistoire, Musée maritime	Zoo, parc de Cabárceno
Santillana del Mar	Grotte d'Altamira		
Villaviciosa		Musée du Jurassique-MUJA	
Vitoria-Gasteiz		Musée des Cartes à jouer	

Pour tout renseignement :
Federación Española de Deportes de Invierno – Avenida de los Madroños, 36, 28043 Madrid - ✆ 913 769 930 - www.rfedi.es.

SPORTS NAUTIQUES

Là encore, les Pyrénées et les monts Cantabriques offrent de multiples possibilités en la matière. Canoë-kayak, canyoning, hydrospeed, rafting, etc. y sont à l'honneur.

Le surf

Il est très pratiqué sur la côte basque et principalement sur les plages de Bakio, Mundaka ou Getxo, en Biscaye, ou encore à Orio, Deba ou St-Sébastien, en Guipúzcoa.
EHSF (Euskal Herriko Surfing Federazioa-Basque Country Surfing Federation) – Julian Gaiarre 44 - 48004 Bilbao - ✆ 944 73 51 25 - www.euskalsurf.com.

Voile, planche à voile

La côte basque fait également le bonheur des amateurs de voile et de planche à voile. Les vagues sont belles, les vents sont forts et les sites de pratique, plutôt nombreux.
Voir la rubrique « Sports & Loisirs » dans l'encadré pratique de Biscaye.
Federación Vasca de Vela – Pº de Anoeta, 5 - 20014 Donostia-San Sebastián (St-Sébastien) - ✆ 943 45 37 67 - www.euskalnet.net/semark.
Elle recense les clubs nautiques des côtes guipúzcoane et biscayenne, et fournit le calendrier des régates.

THERMALISME

L'Espagne Atlantique compte un nombre important de stations thermales proposant aux curistes repos, tourisme et remise en forme dans de très beaux cadres naturels. On notera principalement l'abondance des sources dans la région des Pyrénées ainsi qu'au sud de la Galice (dans la région d'Ourense).
Asociación Nacional de Estaciones Termales – Calle Rodriguez San Pedro, 56, 28015 Madrid - ✆ 902 11 76 22 - www.balnearios.org.

VIGNOBLE

Visite des caves viticoles

La Navarre et la Rioja alavesa comptent parmi les vignobles les plus réputés de la péninsule Ibérique. Aussi, n'hésitez pas à vous rendre dans les caves pour découvrir la diversité des crus locaux. Elles sont généralement ouvertes à la visite et proposent quelquefois des dégustations (bien entendu, à pratiquer avec modération). Vous trouverez leurs coordonnées dans les offices de tourisme. Il en va de même avec le vignoble du txakoli (vers Bakio en Biscaye et Getaria en Guipúzcoa).
Consejo Regulador Denominación de Origen Navarra – Rua Romana s/n. - 31390 Olite - ✆ 948 74 18 12 - www.vinonavarra.com.
Consejo Regulador Denominación de Origen Calificada Rioja – Estambrera, 52 - 26006 Logroño (La Rioja) - ✆ 941 50 04 00 - www.riojawine.com.

VU DU CIEL

Il existe plusieurs façons de découvrir les superbes paysages du Pays basque et de la Navarre depuis le ciel.
Vol à voile, voile libre, ULM, montgolfière… autant de moyens de transport aériens, plus ou moins difficiles, dont vous trouverez toutes les références en vous reportant aux adresses indiquées ci-dessous.
Federación Navarra de Deportes Aéreos – C/Paulino Caballero, 13 - 31002 Pamplona - ✆ 848 427 850 - www.deportesdenavarra.com.
Federación Vasca de los Deportes Aéreos – C/Jose Maria Eskuiza, 16 - 48013 Bilbao - ✆ 944 020 893 - www.eakf.net.

Voyager en famille

Pendant vos vacances familiales, évadez-vous quelques heures dans un parc aquatique, un zoo, un aquarium, un parc d'attractions ou un jardin botanique. Ces lieux sont signalés dans la partie « Découvrir les sites » à l'aide du pictogramme 👪.
S'il ne donne pas une liste exhaustive des sites répertoriés en Espagne Atlantique, le tableau de la page précédente, vous aidera à trouver des idées d'activités à faire en famille. Renseignements dans les offices de tourisme.

Que rapporter

Entre gastronomie, vins de la Rioja et artisanat, l'Espagne Atlantique possède de nombreuses richesses qui sauront vous tenter.
Si vous prenez l'avion, attention aux excédents de bagages, les Espagnols sont très pointilleux et vous risquez une amende.

GASTRONOMIE

Les vins, le cidre et l'orujo

Vous l'aurez compris, la **Rioja** est la région du vin par excellence. Elle est réputée pour produire les meilleurs vins d'Espagne.
Cependant la Galice n'est pas en reste avec l'**Albariño** et le **Ribeiro**. Lors de votre passage dans le Pays basque, vous pourrez apprécier la saveur du **Txakoli** (vin blanc).
N'oubliez pas de goûter au célèbre cidre asturien et à l'**Orujo**, eau-de-vie élaborée principalement en Galice et en Cantabrie.

Pâtisseries

Les gourmands pourront se régaler de *sobaos* (biscuits à l'huile) en Cantabrie, de la célèbre tarte de Santiago (à base d'amandes) et celle de Mondoñedo en Galice, des *Galletas* d'Aguilar de Campóo (biscuits traditionnels) et des *Capiruetas* de León (à base de jaune d'œuf, de sucre et d'amandes pilées) en Castille et León et enfin du chocolat de Tolosa et des confiseries de Vitoria.

B. Brillon / MICHELIN

Tarte de Santiago.

Charcuterie

Vous pourrez en goûter dans tous les bars à tapas. Jambon cru, chorizo ou encore *morcilla*, ce boudin noir sec des Asturies. Le jambon cru de montagne *(serrano)* est une spécialité incontournable. Malheureusement, il est assez difficile d'en rapporter, car il se vend rarement au détail (à la pièce, comptez entre 5 et 8 kg en moyenne) et le prix peut grimper très haut (jusqu'à 50 € le kg pour certains, le plus réputé étant le *pata negra de Jabugo*). En Asturies, ne manquez pas le saucisson de sanglier (*salchichón de jabalí*).

Fromages

Chaque région a sa spécialité en la matière et il y en a pour tous les goûts : le *cabrales* (sorte de roquefort) dans les Pics d'Europe, la *tetilla* (fromage de vache doux) en Galice, le fromage d'*Idiazabal* (au lait de brebis) au Pays basque et le fromage de *Roncal* (au lait de brebis également) en Navarre.

Le cabrales, fromage des Pics d'Europe

D'appelation contrôlée, il est l'un des fromages les plus célèbres de la péninsule Ibérique. Son goût intense, piquant dans la bouche, phénomène qui augmente avec le temps de maturation, son aspect vert-bleuté rappellent le roquefort français. Il est encore élaboré de façon artisanale avec le lait des vaches, des brebis et des chèvres alimentées dans les hauts pâturages de la vallée du Cares. Fabriqué par quelque soixante entreprises familiales, il est ensuite affiné dans les grottes naturelles de la montagne, pendant au moins trois mois, au maximum six mois. On le déguste sur du pain, avec du cidre fermier.

Piments et anchois

Contrairement à ce que l'on pourrait croire, les célèbres piments de Padrón (Galice) sont très doux. Ils se dégustent de fin-juin à mi-septembre. Ceux de Lodosa (Navarre) sont également célèbres. Les anchois de Santoña sont quant à eux une spécialité cantabrique.

ARTISANAT

Symbole de la France, **le béret**, originaire du Béarn, est aussi devenu celui du Pays basque. Les plus réputés sont fabriqués à Tolosa, par la **maison Elosegui**. Le béret est porté par les hommes dans de nombreuses occasions notamment pour jouer à la pelote basque.

En Castille-et-León, citons la vannerie de León, les tapis de Val de San Lorenzo et surtout les **couvertures** pure laine de Palencia.
La Galice est quant à elle réputée pour la **céramique** de Sargadelos, les dentelles de Camariñas et le **cuir** d'Allariz.
Depuis le Moyen Âge, St-Jacques de-Compostelle est célèbre pour ses **bijoux en jais** (azabaches en espagnol) souvent travaillés avec de l'argent, qui se vendent dans les boutiques autour de la cathédrale et plus particulièrement près de la façade de la Azabacheria qui doit son nom à cette spécialité.

Événements

Dans cette section, nous ne prétendons pas donner une liste exhaustive de toutes les manifestations en Espagne Atlantique. Nous ne citons que les principales, mais vous trouverez dans les offices de tourisme les calendriers des fêtes régionales.

Janvier

Pontevedra (Galice) – Fête de San Sebastián (20 janv.).

St-Sébastien (Pays Basque) – Fêtes patronales (20 janv.).

Février

Santoña (Cantabrie) – Carnaval marin.

Vitoria (Pays basque) – Semaine du cinéma basque (fin fév.-déb. mai).

Mars

Baiona (Galice) – Fête de l'Arribada. 1er week-end de mars.

Avril

Dans toute l'Espagne Atlantique – Semaine sainte. Processions solennelles.

Balmaseda (Pays basque) – Chemin de croix vivant, avec toutes les étapes reconstituées jusqu'à la Crucifixion.

Office Espagnol du tourisme / Paris

Fête de Sanfermines à Pampelune.

San Vicente de la Barquera (Cantabrie) – La Folía.

Ribadavia (Galice) – Fête du vin de Ribeiro (fin avr.- déb. mai).

St-Sébastien (Pays Basque) – Festival du film sous-marin.

Palencia (Castille et León) – Romería de Santo Toribio (30 avr.).

Mai

Bilbao (Pays Basque) – Festival du cinéma fantastique (1re quinz. de mai).

Vitoria (Pays basque) – Festival international de folklore.

Santo Domingo de la Calzada (Rioja) – Fêtes de Santo Domingo de la Calzada (10 au 15 mai).

St-Sébastien (Pays Basque) – Festival publicitaire ibéro-américain de San Sebastian (fin mai).

León (Castille-et-León) – Semaine internationale de la truite et concours gastronomique.

Allariz (Galice) – Festa do Boi (fête du bœuf) (fin mai-début juin).

Juin

Getxo (Pays Basque) – .Festival international de blues de Getxo (déb. juin).

Burgos (Castille-et-León) – Fêtes del Curpillos (à proximité du monastère de Las Huelgas) (15 juin).

La Corogne (Galice) – Fête de la San Juan (feux de la St-Jean). Nuit du 23 au 24 juin.

St-Pierre (Pays basque) – Patron des pêcheurs, saint Pierre est honoré et célébré dans beaucoup de ports de Biscaye chaque 29 juin (Ondarroa, Lekeitio, Mundaka, etc.).

Burgos (Castille-et-León) – Fête de San Pedro y de San Pablo (29 juin).

Haro (Rioja) – Bataille du vin (29 juin).

Juillet

Getxo (Pays basque) – Festival international de jazz (1re sem.).

Castro Urdiales (Cantabrie) – El Coso Blanco. 1er vend.

Gijón (Asturies) – Semana Negra. 1ère ou 2ème sem. pendant 10 j.

Vitoria (Pays basque) – Festival de jeux dans la rue (fin juin-déb. juil.) et festival de jazz (3e sem).

Pampelune (Navarre) – Fêtes de Sanfermines : courses de taureaux et concours de chant (2e sem.).

O Grove (Galice) – Fêtes de la Virxe do Carmen (mi-juil.).

Ribadavia (Gaiice) – Fête internationale du théâtre (mi-juil.).

Anguiano (Rioja) – Danzadores sobre Zancos (danseurs sur échasses) (22 juil.).

Ortigueira (Galice) – Festival du monde celte (2e quinz. de juil.).

St-Jacques-de-Compostelle (Galice) – Fête de saint Jacques. 2e quinz. de juillet. Temps fort dans la nuit du 24 au 25.

Tudela (Navarre) – Fêtes patronales de Ste-Anne (24-30 juil.).

Santander (Cantabrie) – Fêtes de la St-Jacques (courses de taureaux).

St-Sébastien (Pays Basque) – .Festival de jazz (fin juil.).

Août

Cambados (Galice) – Fête du vin d'Albariño. 1er week-end.

Vitoria (Pays Basque) – Nuit de los Faroles, procession du rosaire (4 août) et fêtes de la Vierge Blanche (6 août).

La Corogne (Galice) – Fêtes de María Pita. Du 1er au 31 août.

Semana Grande – Bilbao et St-Sébastien (Pays basque), Gijón (Asturies) (mi-août).

San Roque – Vilagarcia de Arousa et Betanzos en Galice (mi-août).

Pontevedra (Galice) – Fêtes de la Peregrina (15 août).

Ribadavia (Galice) – Fête de l'Histoire. Dernier samedi d'août.

Santander (Cantabrie) – Festival international de théâtre, de musique et de danse.

Laredo (Cantabrie) – Fête des fleurs. Dernier dim. d'août.

St-Sébastien (Pays Basque) – Régates de traînières. Fin août-déb. sept.

Septembre

St-Sébastien (Pays basque) – Euskal Jaiak (1ère quinz . de sept.). et Festival international du cinéma (fin sept.).

Logroño (Rioja) – Fêtes de la Vendimia Riojana (20 au 26 sept.).

Pampelune (Navarre) – Concours international de chant Julian Gayarre (2e et 3e sem. de sept. les années paires) et Concours international de violon Pablo Sarasate (années impaires).

Laredo (Cantabrie) – Fête du débarquement de Charles Quint. Fin sept.

Octobre

León (Castille et León) – Fêtes de las Cantaderas et de San Froilán**.** 5 oct.

Lugo (Galice) – Fêtes patronales de San Froilán (5 au 12 oct.).

La Corogne (Galice) – Fêtes patronales de N.-S. del Rosario (7 oct.).

St-Sébastien (Pays basque) – Festival du film fantastique (oct.-nov.).

Oviedo (Asturies) – Prix du Prince des Asturies. Fin oct.

Novembre

Bilbao (Pays basque) – .Festival de marionnettes.Concours international de chant (années paires) et Zinebi, Festival de cinéma documentaire et de courts-métrages (fin nov.).

Quelques mots à connaître en basque et en galicien

Dans le rabat de couverture, vous trouverez un lexique français-castillan, mais pour se promener dans le Pays basque et en Galice, il est intéressant de connaître quelques mots :

En basque :

Les formules de politesse :

bonjour : **egun on** ; au revoir : **agur** ; bonsoir : **gabon** ; oui : **bai** ; non : **ez**.

Les termes géographiques ou culturels :

église : **eliza** ; hôtel de ville : **udaletxea** ; place : **plaza** ; rue : **kalea** ; château : **gaztelua** ; monastère : **monastegia** ; musée : **museoa** ; plage : **hondartza**.

En galicien :

Les formules de politesse :

Bonjour : **boas días** ; au revoir : **adeus** ; bonsoir : **boas tardes** ; oui : **sí** ; non : **non**.

Les termes géographiques ou culturels :

église : **igrexa** ; place : **praza** ; rue : **rua** ; château : **pazo** ; monastère : **mosteiro** ; musée : **museo** ; plage : **praia** ; restaurant : **casa de xantar**.

Ciel : **ceo** ; eau : **auga** ; feu : **lume** ; homme : **home** ; femme : **muller**, manger : **xantar** ; nuit : **noite** ; nostalgie : **morriña/saudade** ; orange : **laranx**a.

POUR PROLONGER LE VOYAGE

Quelques livres

HISTOIRE ET RELIGION

Origines et histoire des chemins de Compostelle, Jacques Chocheyras, éd. Ouest France, 2004.
La ville de León et sa juridiction, J.-M. Buiguès, éd. Casa de Velazquez, 2005.
Le régionalisme en Espagne : l'exemple de la Cantabrie, E. Simon, éd. L'Harmattan, 2003.
Le Labyrinthe espagnol, G. Brenan, éd. Ivréa, 1984.
L'Archipel basque, C. Dendaletche, éd. Privat, 2005.
Histoire du peuple basque, J.-L. Davant, éd. Elkar, 2000.
Les Morisques et l'Inquisition, L. Cardaillac, éd. Publisud, 1990.
L'Espagne contre Napoléon : la Guerre d'Indépendance 1080-1844, J.- R. Aymes, éd. Nouveau Monde, 2003.
La Guerre d'Espagne, A. Beevor, éd. Calmann-Lévy, 2006.
L'Espagne : De Franco à Zapatero, J. Chalvidant, éd. Atlantica, 2006.

D. R / MICHELIN

Statue du romancier Camilo José Cela.

ART ET ARCHITECTURE

Les maîtres de la sculpture romane dans l'Espagne du pèlerinage à Compostelle, Jacques Lacoste, éd. Sud Ouest, 2006.
Galice romane, M. Chamoso Lamas, éd. du Zodiaque, 1973.
Merveilles des chemins de Compostelle, Patrick Huchet, éd. Ouest-France, 2003.
Images et idées dans la peinture espagnole du 17e s., Jonathan Brown, éd. G. Monfort, coll. Imago Mundi, 1993.
Art préroman hispanique (2 tomes), éd. du Zodiaque.

RÉCITS DE VOYAGES

Le Chemin de St-Jacques en Espagne, de Saint-Jean-Pied-de-Port à Compostelle, Jean-Yves Grégoire et Louis Laborde-Balen, éd. Rando, 2007.
Sur les chemins de Compostelle, Patrick Huchet, éd. Ouest-France, 2006.
Christophe Colomb : Mémoires, avec la complicité de Stephen Marlowe, éd. du Seuil, 1989.
Un voyageur béarnais en Navarre à la fin du 18e s., Jacques Faget de Baure, éd. Cairn.

ROMANS

Téodosio, C. Labat, éd. Elkar, 2005.
Olentzero, C. Labat, éd. Elkar, 2005.
Ces deux ouvrages sont des contes basques adaptés pour petits et grands enfants…
Priscillien de Compostelle, Ramón Chao, éd. Terres de Brume, 2004.
Le Lac de Côme, Ramón Chao, éd. Terre de Brume, 2003.
La Famille de Pascal Duarte, Camilo José Cela, éd. du Seuil, 1997
Le Crayon du charpentier, M. Rivas, éd. Gallimard, 2002.
Vers Compostelle la Galice, M. Gonzalez Lopo, éd. Ouest-France, 2002.
Arantxa, Éric Gonzalez, éd. Cairn, 2001.
Jamais je ne t'oublierai, José Javier Abasolo, librairie L'Atalante, 2001.
Galiciens, corbeaux et parapluies, Álvaro Cunqueiro, Actes Sud, 1992.

Idées CD

La **musique basque** offre un large choix pour le mélomane. En voici quelques exemples.
Euskal Herriko Musika, compilation de musiques basques, éd. Elkar.
Desertore, par Oskorri, éd. L'Autre Distribution.
Hitaz Oroit, par Benito Lertxundi, éd. Ihl/Elkar.
Bizi Bizian, Errobi, éd. Import 3/Elkarlanean.
Haatik, Amaia Zubiria, éd. Elkar.
Les Asturies et la Galice sont, elles, résolument tournées vers la musique celtique :
Cornemuses de Galice, Arc Music, 2001.
Chants et musiques traditionnels de Galice, 2003.
Dance and festive music of Galicia and Asturias, Pan Americana, 2005.

Les Pics d'Europe.

B. Brillion/MICHELIN

L'ESPAGNE ATLANTIQUE

NATURE ET PAYSAGES

Le nord-ouest de l'Espagne présente d'innombrables attraits naturels : un littoral escarpé et des plages rocheuses, des criques retirées et d'abruptes falaises ; un relief accidenté avec de hauts sommets de plus de 2 500 m et de charmantes vallées. Soumis à des influences climatiques différentes, ce pays montagneux, où la mer n'est jamais très loin, est également occupé par l'homme depuis des millénaires. Et celui-ci a, au cours du temps, façonné cet espace pour en faire une fantastique mosaïque de milieux et d'écosystèmes différents.

C. Nillus / MICHELIN

Le Cap Vidio sur la Costa Verde en Asturies.

Aperçu général de l'Espagne

L'Espagne continentale se partage avec le Portugal la péninsule Ibérique, que les Pyrénées séparent du reste du continent européen. Sa superficie – 505 182 km² avec les Baléares et les Canaries – la place au 4e rang européen, après la Russie, l'Ukraine et la France. L'Espagne possède plus de 4 000 km de côtes baignées par trois mers différentes. Sa population approche les 45 millions d'habitants.

C'est un pays montagneux où l'altitude moyenne est de 650 m et dont 1/6 s'élève à plus de 1 000 m d'altitude, avec, pour point culminant, le Mulhacén (3 482 m), qui domine la sierra Nevada.

L'un des traits dominants de la Péninsule est l'existence en son centre de la **Meseta**. Formation géologique la plus ancienne (hercynien) du pays, elle forme un plateau au sol dur, siliceux, légèrement incliné vers l'ouest et encerclé de longues barrières montagneuses qui l'isolent des régions côtières. Toutes sont la conséquence du plissement alpin de l'époque tertiaire : la **cordillère Cantabrique** au nord-ouest, prolongement des Pyrénées, la **cordillère Ibérique** au nord-est et la **sierra Morena** au sud.

À la périphérie se trouvent les massifs les plus élevés : au nord les **Pyrénées** et, au sud, les **chaînes Bétiques** (qui comprennent la **sierra Nevada**), ainsi que deux vastes dépressions : celle de l'Èbre et celle du Guadalquivir.

L'Espagne Atlantique

L'Espagne Atlantique regroupe des régions côtières (Pays basque, Cantabrie, Asturies, Galice) qui s'étendent depuis les Pyrénées jusqu'à son extrémité la plus occidentale, mais aussi des provinces séparées de l'océan par la cordillère cantabrique : la Navarre, la Rioja et la Castille-et-Léon.

UNE RÉGION CHARNIÈRE

Battu par l'océan Atlantique, traversé par des massifs montagneux (axe pyrénéo-cantabrique), la **Navarre** et le **Pays basque** sont à la charnière entre l'Europe continentale et la péninsule Ibérique. Les chaînes de montagne orientées est-ouest forment une ligne de partage des eaux sur l'**axe Gorbea-Irati**. Le versant nord (Biscaye, nord de l'Álava, Guipúzcoa, nord de la Navarre), dont les eaux débouchent dans l'Atlantique, est soumis à un climat océanique, doux et pluvieux : c'est le **versant atlantique,** humide et très vert. Sur le versant opposé, les eaux arrivent à la Méditerranée, à travers le cours majestueux de l'Èbre. Sur ce **versant sud**, sec et de couleur ocre jaune en été, c'est le climat méditerranéen qui s'impose. 150 km suffisent pour passer de paysages de haute montagne à des étendues subdésertiques.

UN VIGNOBLE CÉLÈBRE

Pays de confins et plus petite des communautés autonomes d'Espagne, la Rioja fait partie du bassin de l'Èbre et prolonge les paysages dela *ribera* navarraise par ses étendues de riches cultures irriguées. Elle tire sa réputation d'un célèbre vignoble, celui de la haute Rioja, autour de Haro, qui donne des vins de qualité supérieure mondialement connus.

LA SUISSE MARITIME

La **Cantabrie** et les **Asturies** ont des allures de Suisse maritime. La chaîne montagneuse, surgie au tertiaire, facteur d'homogénéité entre ces provinces côtières, ourle le nord de la Meseta. La **cordillère Cantabrique** forme une imposante barrière qui a valu à la province de Cantabrie le nom de *montaña*. Dans les **Pics d'Europe**, à moins de 50 km de la mer, cette barrière s'élève à plus de 2 500 m.

UNE CÔTE DÉCHIQUETÉE

Du Pays basque aux Asturies, les chaînes de montagne viennent se heurter directement à l'océan. Ce sont essentiellement des falaises qui plongent brutalement dans l'océan, témoins de la violence des éléments lors de l'émergence des montagnes. Elles ont à subir les attaques incessantes de la mer, et des phénomènes d'érosion spectaculaires. Les **estuaires** sont habités depuis fort longtemps.

En Galice**,** les fameuses **rías**, ces bras de mer qui pénètrent dans le continent, ont sculpté le littoral de plusieurs manières. À l'origine, certaines furent favorisées par l'existence d'un réseau intense de fractures qui facilitèrent la pénétration de la mer : c'est le cas des **Rías Bajas** ; d'autres correspondent à la partie inférieure d'anciennes vallées fluviales inondées : c'est le cas d'Ortigueira, Ribadeo, Foz ou El Ferrol, dans les **Rías Altas** ; et d'autres encore, comme la ría d'Arousa (Rías Bajas), sont d'anciennes fosses tectoniques. Toutes offrent un large éventail de paysages. Les granit et roches schisteuses, d'une grande diversité, acquièrent dans les rías des tonalités particulières.

L'EMPREINTE DE L'HOMME

Aujourd'hui, le Nord-Ouest est un pays de montagnes entrecoupées de vallées agricoles plus ou moins larges, avec des villes et des complexes industriels enfon-

cés au creux du relief. Les premières traces de présence humaine remontent bien avant, mais les paysages actuels ont été façonnés par les activités d'une civilisation de paysans-éleveurs qui existe ici depuis le néolithique, c'est-à-dire depuis environ 4 000 ans. Les sommets des montagnes se sont dénudés sous la pression du feu des hommes et des besoins de leurs troupeaux.

L'**industrie minière et métallurgique** très ancienne (plus de 2 000 ans !), comme en témoignent les mines à Aiako Harriak (Guipúzcoa), s'est accompagnée d'une très forte déforestation due à la fabrication de charbon. Au début du 19e s., l'exploitation massive du minerai de Biscaye, de Cantabrie ou des Asturies active le processus d'industrialisation. Certaines rías se trouvent ainsi profondément marquées, comme celle de Bilbao.

L'extraction du charbon des Asturies a commencé en 1828, ainsi que le minerai de fer près de Santander. Dès le 19e s., des étrangers s'intéressent à ces ressources, surtout près des ports comme Gijón et Santander. L'aménagement des routes vers la Castille a favorisé cet essor industriel dès 1753. Des siècles d'histoire, de terres labourées, d'utilisation des ressources de la mer ou des terres, de construction de hameaux, de bourgs et de villes sur la frange maritime ou le long des grands axes de communication ont ainsi modifié les paysages.

Climat

Cette région est aussi appelée « L'Espagne verte » en raison de son climat doux et humide, où la brume se transforme bien souvent en crachin. Le climat y est franchement océanique : températures modérées, de faible amplitude, et pluies abondantes. Ces régions connaissent un été plutôt frais et souvent ponctué de périodes humides. Les températures maximales plafonnent autour de 22 et 23 °C pendant tout l'été et n'atteignent que très rarement 30 °C. La température de l'eau se situe autour de 19 à 20 °C au mois d'août. Les brises de secteur nord se rajoutent à cette impression de fraîcheur. De plus, c'est en été que l'on rencontre le plus souvent du brouillard sur ce littoral. Le début de l'automne est encore doux mais il se remet à pleuvoir. S'il fait encore autour de 20 °C en septembre, les températures n'atteignent plus que 15 °C au plus chaud de la journée en novembre, qui est le mois le plus arrosé sur la région cantabrique. En hiver, Il pleut quasiment un jour sur deux, la même quantité d'eau qu'à Brest et Cherbourg. En revanche, les températures sont douces (12 à 13 °C) en moyenne et il ne gèle pas souvent. Ce n'est qu'à partir du mois de mai que les précipitations baissent.

Faune et flore

SUR LES ROCHERS, LES PLAGES ET LES FALAISES

La zone battue par les vagues, notamment les rochers, abrite une vie intense de **crustacés** (crevettes, crabes, etc.) ou d'invertébrés (patelles, oursins, moules, étoiles de mer, etc.) et constitue un écosystème important. Les plages sableuses ou les vasières situées dans les estuaires abritent, quant à elles, des espèces fouisseuses comme des **annélides** (appelés communément « vers de vase ») et des **coquillages** comme les coques, les tellines… La côte, riche en falaises, est assez pauvre en colonies **d'oiseaux marins** qui y trouvent par contre la tranquillité nécessaire à leur reproduction. Le **cormoran huppé** y niche en petits effectifs et les **goélands argentés** se reproduisent en nombre. L'île Cíes en Galice abrite la colonie de mouettes la plus nombreuse de la région avec quelque 22 000 couples reproducteurs.

Sur les falaises, hors d'atteinte des vagues, c'est le domaine des **pelouses** ou de la **lande à bruyère,** où des arbustes arrivent à pousser. Dans le Pays basque, on trouve même des espèces tropicales comme l'arbousier, le tamaris, ou le baccharis. Les **dunes** ont quasiment disparu suite à l'aménagement trop rapide de certaines côtes mais des vestiges subsistent, notamment du côté de Santander à **Liencres**, ou dans les **îles atlantiques** de Galice, où le pin et l'eucalyptus ornent des paysages dominés par l'ajonc d'Europe.

DANS LES MONTAGNES

Le parc des **Pics d'Europe** est le plus emblématique par sa vaste superficie (64 660 ha) et par la diversité des habitats existants. La faune y est aussi abondante qu'il y a d'écosystèmes variés : alpages, cimes rocheuses, pâturages ouverts, forêts denses, grottes, lacs et gorges expliquent cette richesse. Le seigneur de la haute montagne sur les versants herbeux, est l'**isard cantabrique**, devenu beaucoup plus qu'un symbole. Autrefois en voie d'extinction, il compte aujourd'hui une population de plus de 6 000 individus. Dans la haute, moyenne et basse montagne habitent les craves à

A. De Valroger / MICHELIN

Une brebis manech à tête noire.

bec rouge et les clochards à bec jaune, le corbeau et la corneille, mais aussi les merles de roche, les accenteurs, les pipits, les traquets motteux et les niverolles. On pourra admirer le splendide **aigle royal** et les **vautours fauves**, espèce protégée dans le canyon d'Arbayún au Pays basque. Ils sont accompagnés par le percnoptère d'Égypte, le circaète Jean-Le-Blanc et, quoique plus rarement, l'aigle de Bonelli. Le **grand tétras cantabrique** se réfugie dans les forêts, en compagnie des pics noirs, des perdrix, des chevreuils, des cerfs, des sangliers, des lièvres, des renards, des chats sauvages et des genettes. **L'ours**, qui fait des incursions depuis le secteur oriental de la cordillère, et le **loup**, dernier échelon de la chaîne alimentaire, hantent aussi le parc. Les hôtes de rivières sont la loutre, le martin-pêcheur d'Europe, le saumon atlantique et la truite.

PRAIRIES ET FORÊTS

Entre le niveau de la mer et les 2 500 mètres de certains sommets vivent plus de 700 espèces de plantes. Sur les hautes cimes, aucun arbre ne pousse. La flore apparaît entre 2 000 et 1 600 mètres. Des genévriers nains tapissent les prairies et des plantes à feuilles grasses luttent pour survivre entre les crevasses des rochers. Plus bas, à l'étage montagnard, entre 500 et 1 500 mètres, commence la végétation arborée : bouleaux pubescents, chênes et châtaigniers dans les sols acides (les plus pauvres). Sur les versants aux sols plus riches, le hêtre domine la paysage, avec noisetiers et alisiers. En dessous de 500 mètres, on retrouve des sols riches et le paysage redevient commun et varié, peuplé d'innombrables forêts et de sous-bois humides riches en fougères.

Écologie et environnement

Certaines régions comme la Biscaye et le Guipúzcoa ont été longtemps montrées du doigt comme ayant les rivières les plus polluées d'Europe. Une absence de prise de conscience environnementale au niveau industriel pendant des décennies explique que des **rivières** comme le Nervión, Urola ou Oria, étaient il y a encore peu de temps des cours d'eau sans vie, gravement pollués par des métaux lourds. La **mer** a reçu pendant des années des tonnes de déchets industriels et est souillée encore aujourd'hui volontairement (dégazages) ou accidentellement (naufrages des pétroliers *Erika* et *Prestige*) par des hydrocarbures. Certains sites miniers abandonnés, comme les salines d'Añana, sont en reconversion.

Deux énormes projets à très forts enjeux illustrent l'importance des questions d'environnement, notamment au Pays basque : le projet de centrale nucléaire de Lemoiz et le barrage d'Itoiz. Le premier, situé sur une petite crique en Biscaye, fut définitivement abandonné suite à une opposition sans précédent de la population. Le second, un énorme **barrage** sur la rivière Irati au niveau d'Itoiz en Navarre, imaginé dans les années 1970, a été réalisé au début du 21e s. dans des zones naturelles protégées. Son utilité (irrigation) est remise en cause par l'évolution de la politique agricole européenne et les craintes des opposants semblent se confirmer : placé sur des terrains géologiquement instables, il provoque des petits séismes au fur et à mesure de son remplissage.

HISTOIRE

L'histoire de l'Espagne offre une succession de moments de gloire entrecoupée de périodes sombres : une culture brillante au paléolithique ; un royaume mythique assimilé à l'Atlantide ; une série d'invasions : carthaginoise, romaine, wisigoth, arabe ; un âge d'or musulman, grignoté lentement par la Reconquête ; l'Inquisition et les persécutions religieuses ; la conquête du Nouveau Monde et l'apogée colonial ; le déclin et les troubles sociaux ; le Front populaire et le franquisme ; l'avènement de la démocratie et la modernisation du pays... Le Nord, au fil du temps, s'est tissé une identité nationale complexe, longtemps marquée par les conflits territoriaux et religieux.

Les fameux bisons de la grotte d'Altamira en Cantabrie.

Les origines

Les premières traces de civilisation dans la péninsule Ibérique appartiennent au paléolithique supérieur : une centaine de sanctuaires d'art pariétal, concentrés pour l'essentiel dans les provinces du Nord, qui témoignent d'une grande culture à l'époque magdalénienne. Les plus anciennes datent de 40 000 ans ; la plus remarquable, la grotte d'**Altamira** *(p. 217)*, célèbre pour ses bisons, aurait été peinte dans la période entre **15500** et **11500 av. J.-C.**

Vers 3000 av. J.-C., les Ibères venus d'Afrique du Nord s'installent au sud de la Péninsule, puis des Ligures et des Celtes entrent par le nord. Réunis sous l'appellation **Celtibères**, ils développent une culture sédentaire et exploitent un sol riche en minerais (cuivre, étain, argent, or), qu'ils transforment en objets raffinés.

Ces richesses attirent les commerçants phéniciens qui fondent des comptoirs sur le pourtour méditerranéen (notamment Cadix, en 1100 av. J.-C.), bientôt imités par les Grecs.

LE ROYAUME DE TARTESSOS

De ces féconds échanges commerciaux naît le royaume de Tartessos, parfois assimilé à la Tarsis biblique ou à l'Atlantide. Ses richesses et son raffinement, qui éblouirent Grecs et Phéniciens, continuent d'impressionner les archéologues. Le royaume disposait de lois écrites en vers, d'une organisation complexe en sept classes sociales et d'un art consommé du travail des métaux. Son roi Arganthonios, qui régna au 7e s. av. J.-C., fut loué par Hérodote, Anacréon et Pline. Malgré les nombreuses découvertes archéologiques, l'emplacement de la capitale n'a pu être établi avec certitude : on suppose qu'elle se trouvait vers Sanlúcar de Barrameda (province de Cadix).

L'INVASION CARTHAGINOISE

Vaincus pas les Romains au cours de la première guerre punique, les Carthaginois emmenés par Hamilcar Barca envahissent le sud de la Péninsule en 237 av. J.-C. pour en faire leur nouveau bastion. Ils chassent les marchands grecs et phéniciens, fondent Carthagène en 226 (Carthago Nova, la nouvelle Carthage) et provoquent la ruine du royaume Tartessien.

Un accord de paix est signé avec les Romains, faisant de l'Èbre la nouvelle frontière. Mais Hannibal, fils d'Hamilcar, repasse à l'offensive : il franchit l'Èbre et s'empare de Sagonte en 219. C'est le début de la deuxième guerre punique. Son armée, composée de nombreux Celtibères, traverse la Gaule pour attaquer l'Italie. L'expédition échoue. En représailles, les Romains rasent Carthage (202 av. J.-C.) et chassent les Carthaginois de la Péninsule.

Des Romains aux Wisigoths

Malgré le déséquilibre des forces, les Celtibères résistent longtemps au nouvel envahisseur : débutée en 210 av. J.-C. avec le débarquement de Scipion l'Africain à Ampurias, la conquête romaine ne s'achève qu'en 19 av. J.-C. avec la reddition des dernières poches de résistance dans les provinces du Nord. En 133 av. J.-C., les habitants de Numance préférèrent brûler avec leur ville plutôt que de la livrer à Scipion Émilien.

L'ESPAGNE ROMAINE

La guerre finie, Rome divise la Péninsule en trois provinces : la Tarraconaise au nord, la Bétique au sud, et la Lusitanie à l'ouest. Le latin devient la langue officielle. La population se convertit progressivement aux us et coutumes romains. Les villes et les campagnes connaissent une longue période de stabilité et de prospérité. Quelques citoyens illustres apparaissent, comme Sénèque le philosophe, ou Trajan et Hadrien, respectivement premier et deuxième empereur romain d'origine hispanique. Le christianisme commence à se propager au cours du 1er s. Il s'impose officiellement en 392, sous le règne de Théodose, troisième empereur d'origine hispanique, qui interdit le paganisme.

LE ROYAUME WISIGOTH

Avec le 5e s. commence le déclin de l'empire romain. En 410, Rome est mise à sac par Alaric, roi wisigoth. Dans la Péninsule, les invasions se multiplient : Francs, Suèves, Vandales et Alains saccagent villes et campagnes. Les Wisigoths débarquent à leur tour : largement romanisés, mieux organisés, ils parviennent à s'imposer aux autres groupes et à fonder une dynastie. En 586, leur roi Léovigilde expulse les fonctionnaires impériaux, mettant fin à huit siècles de présence romaine.

Tolède devient la capitale de leur royaume, qui s'étend des Pyrénées à Gibraltar. L'organisation sociale, calquée sur celle de Rome, conserve le système de l'esclavage des Ibères et des grandes propriétés. La langue vernaculaire, d'origine latine, s'impose progressivement, suppplantant celle des Wisigoths. En 587, leur roi Recarède se convertit au catholicisme. Un lien étroit se noue entre l'État et l'Église.

Au début du 8e s., des luttes de succession fragilisent le royaume. En 711, appelés en renfort par l'un des prétendants au trône, le Berbère **Tarik** traverse le détroit de Gibraltar avec une armée de 7 000 hommes. Il bat le roi Rodéric à la bataille de Guadalete, progresse vers le nord et entre dans Tolède : le royaume wisigoth s'effondre.

Al-Andalous, âge d'or musulman

Les musulmans conquièrent la Péninsule en moins de trois ans, malgré un revers à **Covadonga** en 718 (une défaite importante car l'enclave servira de point de départ à la Reconquête chrétienne). Ils franchissent les Pyrénées et tentent d'envahir le sud de la France, mais Charles Martel les arrête à Poitiers en 732.

La péninsule Ibérique, que les Arabes appellent al-Andalous (« l'île aux Vandales »), va rester sous domination musulmane pendant près de sept siècles.

UNE CIVILISATION EXCEPTIONNELLE

Entre 711 à 1492, les musulmans (Arabes et Berbères) développent en Espagne une civilisation exceptionnelle, que beaucoup considèrent aujourd'hui comme l'âge d'or de l'islam. Les sciences fleurissent : optique, hydrologie, astronomie, géographie, médecine et mathématiques, avec l'invention du zéro et du système décimal. La pharmacie et la chimie apparaissent (Avicenne, au 11e s.). La pensée grecque est sauvée de l'oubli, étudiée et commentée à Tolède et Cordoue, qui dispose d'une université un siècle avant l'Europe. Les arts et l'architecture connaissent une phase brillante. L'agriculture bénéficie de l'introduction de nombreuses espèces et des techniques d'irrigation. Enfin, la tolérance religieuse entre musulmans, juifs et chrétiens y demeure longtemps exemplaire.

L'ÉMIRAT DE CORDOUE

Les Arabes s'installent dans la vallée du Guadalquivir et cèdent aux Berbères les terres moins productives de Castille, de León et de Galice. En Arabie, la dynastie abbasside élimine les Omeyyades.

En 755, le brillant **Abd er-Rahman Ier**, survivant de la famille omeyyade, débarque à Cordoue en 756. Il unifie la masse hétérogène des musulmans et s'autoproclame émir. C'est le début de l'âge d'or d'al-Andalous : la mise en place de systèmes d'irrigation et l'importation de nouvelles semences sortent les campagnes de leur misère ; philosophes, savants et artistes affluent ; la construction de la mosquée de Cordoue débute en 784 : la ville, où se mêlent pacifiquement musulmans, juifs et chrétiens, est au faîte de sa splendeur, rivalisant avec Bagdad et Constantinople.

La situation se dégrade à la mort d'Abd er-Rahman Ier : son successeur, al-Hakem Ier, est un violent despote, et les tensions intercommunautaires resurgissent.

LE CALIFAT DE CORDOUE

Le subtil **Abd er-Rahman III** devient calife en 929. Il pacifie le royaume et renforce les provinces militaires de Tolède, Badajoz et Saragosse. Sa cité palatiale, Medina Azahara, est un joyau architectural. Des réseaux de châteaux forts sont édifiés pour protéger le territoire. La Péninsule retrouve sa vocation commerçante et méditerranéenne, quasiment abandonnée à l'époque wisigothe. Le nouveau califat devient le royaume occidental le plus puissant, et sa cour, la plus raffinée du temps.

À la mort du calife, l'histoire se répète avec l'arrivée d'un nouveau despote, al-Mansour, qui lance une série de campagnes militaires contre les bastions chrétiens du nord (León, Barcelone, St-Jacques-de-Compostelle). Les tensions se multiplient. À sa mort, en 1031, le califat éclate en petits royaumes, les **taifas**.

C'est la fin de la brillante dynastie omeyyade : la destruction de la belle Medina Azahara symbolise sa chute.

LES ROYAUMES DE « TAIFAS »

Les *taifas* s'organisent en fonction de critères ethniques : les Berbères contrôlent la côte du Guadalquivir jusqu'à Grenade, alors que les Arabes prédominent à Cordoue et à Séville. Leurs alliances se font et se défont, certains n'hésitant pas à passer des accords avec les chrétiens quand le besoin s'en fait sentir. Ces derniers profitent de la faiblesse de leurs ennemis et s'emparent de plusieurs places importantes. En 1085, **Alphonse VI**, roi de Castille et León, conquiert Tolède. Des expéditions chrétiennes ont lieu contre Séville et Badajoz.

Mohammed II, roi de Séville, se sent menacé et demande de l'aide aux Almoravides du Maroc. Ceux-ci traversent le détroit, battent les chrétiens à Sagradas en 1086 et opèrent la réunification des *taifas*. Mais leur pouvoir s'avère fragile et les *taifas* réapparaissent. Les Almohades de Libye prennent leur place en 1144 et font de Séville leur nouvelle capitale. Mais l'emprise des musulmans sur l'Espagne ne cesse de faiblir : en 1195, la bataille d'Alarcos constitue le dernier succès d'envergure de l'armée almohade. En 1212, les armées de Castille, d'Aragon et de Navarre la mettent définitivement en déroute à la bataille de Las Navas de Tolosa.

La Reconquête

Sous le règne de **Ferdinand III**, roi de Castille, les chrétiens s'emparent de Cordoue en 1236, puis de Séville et de toute l'Andalousie occidentale en 1248. Puis, le mouvement s'essouffle : l'Aragon et la Catalogne se tournent vers le commerce méditerranéen, tandis que la Castille s'épuise dans des luttes dynastiques.

LE ROYAUME NASRIDE

En 1238, **Mohammed ben Nazar** parvient à unifier les territoires de Grenade, de Málaga et d'Almería pour fonder une nouvelle dynastie. Il fait de Grenade sa capitale et construit l'extraordinaire palais de l'Alhambra. Profitant de l'exode des populations musulmanes chassées par les chrétiens, son royaume très peuplé et hautement productif durera jusqu'en 1492 : al-Andalus connaît un nouvel âge doré, quoique sur un territoire plus réduit.

LES ROIS CATHOLIQUES

En 1469, le mariage secret d'**Isabelle de Castille** et de **Ferdinand d'Aragon** scelle l'union future des couronnes de Castille et d'Aragon : en 1474, Isabelle hérite du trône de Castille ; en 1479, Ferdinand monte sur celui d'Aragon. Ce couple puissant et pieux, auquel

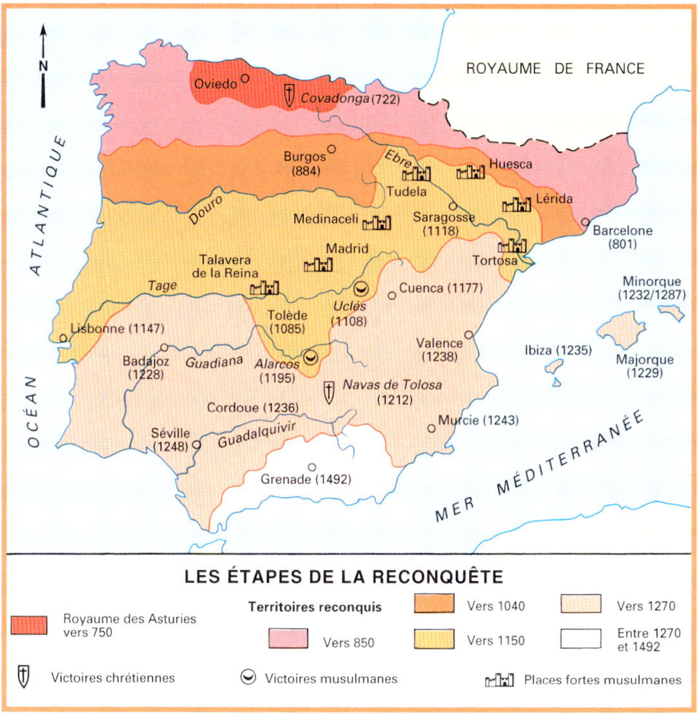

le pape Alexandre VI confère le titre de «Rois Catholiques», lance la phase finale de la Reconquête en 1482. Les villes musulmanes tombent les unes après les autres : Ronda (1485), Málaga (1487), Baza (1489), Almería et Guadix (1489). En 1492, **Boabdil** leur remet les clés de Grenade, mettant ainsi fin à plus de sept siècles d'occupation arabe.

Isabelle la Catholique (1451-1504)

Isabelle de Castille demeure l'un des personnages les plus controversés de l'histoire : réputée inflexible, belle, ambitieuse, austère, intelligente et manipulatrice, elle permit la Reconquête et acheva l'unité espagnole grâce à son mariage célébré en secret avec Ferdinand d'Aragon.

Du fait de son action, disent ses partisans, plus de 300 millions de personnes vivent aujourd'hui dans la foi catholique, dont une grande partie en Amérique latine. Ses détracteurs, quant à eux, rappellent qu'elle est à l'origine du tribunal de l'Inquisition, de la persécution des juifs et des musulmans, et de la conversion forcée de millions d'Indiens du Nouveau Monde.

Les monarques s'engagent à respecter la religion de ceux qui veulent rester dans le pays. Mais la guerre a été largement financée par l'Église et le tribunal de l'Inquisition, dirigé par Torquemada, exige une ligne plus dure. En cette même année 1492, les juifs sont chassés d'Espagne. Les musulmans sont contraints de fuir ou de se convertir, ce qui ne les empêche pas de se faire persécuter et confisquer leurs biens. Les synagogues et les mosquées deviennent des églises.

Parallèlement, en cette même année 1492 si exceptionnelle, Christophe Colomb découvre l'Amérique. En 1519, Cortès débarque au Mexique. En 1532, Pizarro entre au Pérou. Les conquêtes se multiplient : prise de Naples, des Canaries et de plusieurs villes africaines. Des flots d'or et d'argent commencent à se déverser depuis le Nouveau Monde. L'Espagne devient une grande puissance coloniale.

Les Habsbourg et le « Siècle d'or »

CHARLES QUINT : L'APOGÉE

Après les morts d'Isabelle et de Ferdinand, le petit-fils de ce dernier monte sur le trône : le jeune Habsbourg Charles Ier, qui débarque en 1517 sans parler castillan.

EMPIRE DE CHARLES QUINT

Deux ans plus tard, il hérite de son père le Saint-Empire romain germanique. Devenu **Charles Quint**, il règne désormais sur un empire immense, comprenant l'Espagne, les Amériques et une large part de l'Europe du Nord (approximativement l'Allemagne, l'Autriche, la Belgique et les Pays-Bas). L'expansion se poursuit grâce à son mariage avec Isabelle du Portugal. C'est le début du « Siècle d'or », qui marque l'apogée de la puissance espagnole et couvre tout le 16e s.

Mais l'immensité de l'Empire le rend difficile à gouverner, ses expéditions militaires l'épuisent, les taxes s'alourdissent et les révoltes locales se multiplient : la révolte des Comunidades (communaturés) de Castille, par les **comuneros**, éclate en 1520, des insurrections ont lieu à Valence et à Majorque, durement réprimées par les troupes germaniques de Charles Quint. Fatigué, celui-ci abdique en 1556 et se retire au monastère de Yuste.

Philippe II, son fils, hérite de l'Espagne, des colonies, du royaume de Naples, du Milanais, des Pays-Bas et de la Franche-Comté, mais pas de l'Empire germanique qui revient à son frère, Ferdinand Ier.

PHILIPPE II : LE DÉCLIN

Philippe II, très religieux, fait de Madrid sa capitale en 1661. Il renforce le pouvoir de l'Inquisition et intensifie les expéditions militaires : après la victoire de Lépante contre les Turcs, en 1571, qui fait de lui le maître de la Méditerranée, il fait valoir ses droits sur le Portugal, qu'il envahit en 1580. En 1588, il attaque l'Angleterre protestante, mais l'expédition se solde par la destruction de l'« Invincible Armada » et l'Espagne perd sa puissance maritime.

Ses successeurs Philippe III, Philippe IV et Charles II ne pourront enrayer le déclin de l'empire, malgré une étonnante florescence des arts. L'expulsion des 275 000 morisques (musulmans) en 1609, motivée par l'intolérance religieuse, est une catastrophe pour l'agriculture. Dans le Nouveau Monde, les populations indigènes sont décimées par les maladies et les persécutions. Le Portugal se libère, imité en 1648 par les Pays-Bas au terme de l'épuisante guerre de Trente Ans.

L'Espagne est exsangue.

L'Espagne des Bourbons

LA GUERRE DE SUCCESSION

Le règne espagnol des Habsbourg s'achève avec Charles II, qui meurt sans descendance. Le petit-fils de sa sœur Marie-Thérèse et de Louis XIV, le français Philippe, duc d'Anjou, monte sur le trône en 1700 sous le nom de Philippe V. Mais l'Angleterre, la Hollande, le Danemark et les princes allemands se liguent contre lui pour défendre les droits de l'archiduc d'Autriche. La Catalogne, Valence et l'Aragon se rangent à leur côté. Le pays plonge en 1702 dans une longue guerre de succession, qui ne s'achève qu'en 1714 avec le **traité d'Utrecht** : les alliés reconnaissent Philippe V, mais l'Espagne perd en échange Gibraltar, Minorque et de nombreuses possessions italiennes.

LA RÈGNE DES BOURBONS

Philippe V et, surtout, son brillant successeur Charles III accentuent le centralisme de l'État et multiplient les constructions fastueuses, telles que le Prado et le Palais royal à Madrid. Ce dernier entreprend des réformes économiques judicieuses, qui stimulent l'agriculture et le commerce. Le pays va mieux, malgré une disette qui se solde par l'expulsion des jésuites, en 1766, parfaits boucs émissaires.

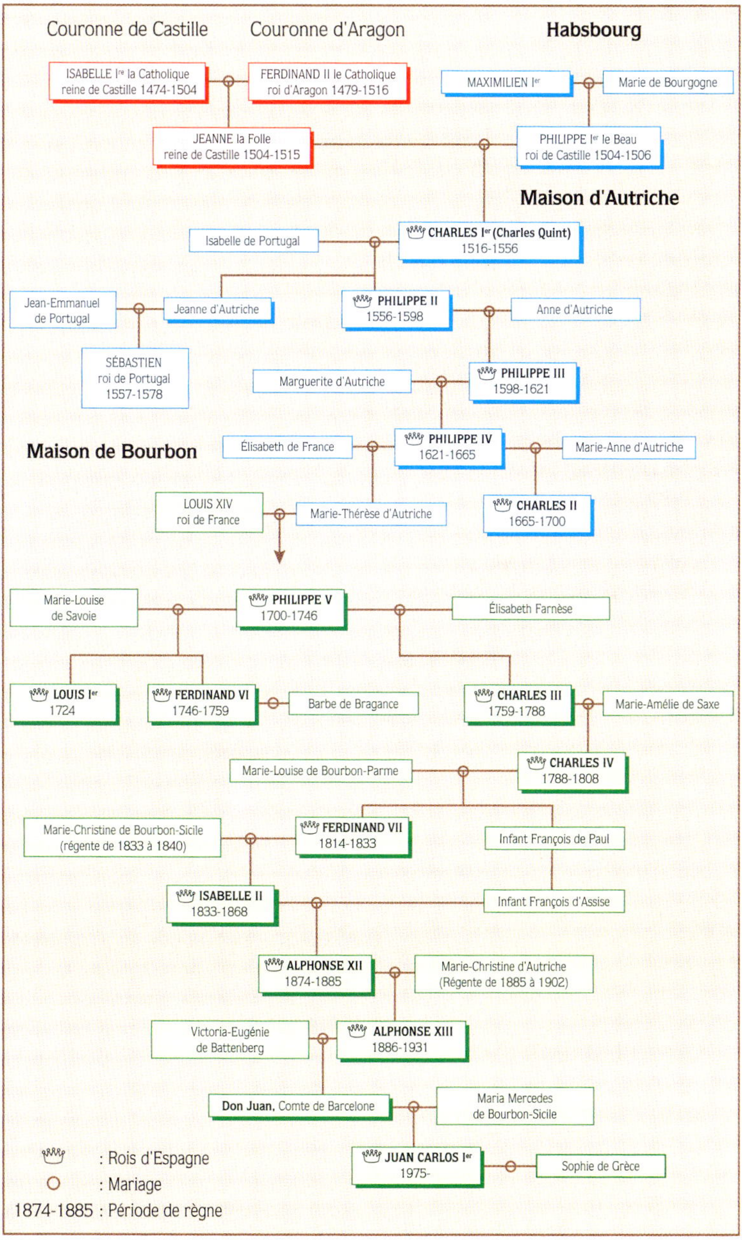

MICHELIN

Charles IV monte sur le trône en 1788. Il laisse son épouse Marie-Louise gouverner en compagnie de son favori, Godoy. Ceux-ci entraînent l'Espagne dans une guerre contre la France révolutionnaire, avant de signer une alliance avec le Directoire français (traité de San Ildefonso, 1796) qui se solde par un nouveau conflit contre l'Angleterre et le désastre de Trafalgar, en 1805.

L'INVASION FRANÇAISE ET LA GUERRE D'INDÉPENDANCE

En 1808, le faible Charles IV se fait chasser par Napoléon, qui envahit l'Espagne et place son frère Joseph sur le trône. Madrid se soulève le 2 mai 1808 : c'est le début de la guerre d'Indépendance.

Les insurgés, inspirés par la Révolution française, réunissent les Cortes et rédigent la Constitution de Cadix, qui promulgue un régime démocratique. Soutenus par les Anglais, ils chassent Napoléon en 1814 et **Ferdinand VII** monte sur le trône. Mais le roi refuse de prêter allégeance à la nouvelle constitution et inaugure un régime absolutiste. Les colonies américaines commencent à proclamer leur indépendance : l'Argentine en 1816, le Chili en 1818, la Colombie en 1819.

LES GUERRES CARLISTES ET LA RESTAURATION

Lorsque Ferdinand VII meurt en 1833, un conflit éclate entre les partisans de son frère Charles, favorables à l'absolutisme, et les défenseurs de sa nièce Isabelle, qui aspirent à un régime libéral : c'est la première guerre carliste, qui s'achève en 1843 par la victoire des libéraux.

Mais les crises se succèdent : une seconde guerre carliste (1847-1849) éclate au nord, tandis que les républicains se soulèvent au sud. La reine Isabelle est chassée par la révolution de 1868 et la République est proclamée. Elle ne durera pas : Alphonse XII, fils d'Isabelle, monte sur le trône en 1874 grâce à un coup d'État militaire. C'est la Restauration, qui inaugure une période de relative stabilité politique.

La chute de la monarchie

MOUVEMENTS SOCIAUX

Entre la fin du 19ᵉ s. et le début du 20ᵉ, l'Espagne connaît de profondes transformations. Le pays perd ses dernières colonies (Cuba et les Philippines) en 1898, tandis que 1,5 million d'Espagnols émigrent en Amérique latine entre 1886 à 1913. L'industrialisation commence à se développer en Catalogne, au Pays basque et dans les Asturies, où les ouvriers s'organisent en syndicats. La moitié de la population est analphabète et vit dans la misère, et les écarts de richesse entre régions nourrissent les régionalismes. Partout, les clivages politiques se durcissent : des mouvements anarchistes et socialistes se développent en Catalogne, en Andalousie et en Castille, et le parti socialiste gagne son premier siège au Parlement en 1910.

Alors que l'Espagne reste neutre pendant la Première Guerre mondiale, une grève générale éclate en 1917. Les troubles sociaux se multiplient. En 1923, le général Miguel Primo de Rivera, soutenu par le roi, réalise un coup d'État. La dictature militaire stabilise le pays, mais la crise de 1929 contraint le général à démissionner, bientôt imité par le roi.

LA DEUXIÈME RÉPUBLIQUE

La proclamation de la Deuxième République, en 1931, provoque une véritable liesse populaire. Le gouvernement de gauche entame une réforme agraire qui redistribue les terres au détriment de l'aristocratie latifundiaire, instaure le mariage civil et s'attaque au pouvoir de l'Église. Les forces conservatrices, emportées pas le clergé, l'armée et les propriétaires terriens, unissent leurs forces autour de la Phalange, mouvement fondé en 1933 par José Antonio Primo de Rivera, fils du dictateur. La Catalogne proclame son autonomie et les mineurs des Asturies se soulèvent, mais la répression orchestrée par l'armée est très dure. En 1936, le Front populaire, alliance des partis de gauche, triomphe aux élections. L'armée réagit aussitôt : la guerre civile éclate.

LA GUERRE CIVILE

Les troupes dites « nationalistes » du général Franco, basées au Maroc, entrent en Espagne avec l'aide logistique des Allemands. Madrid, la Catalogne et Valence restent fidèles aux républicains du Front populaire, mais les nationalistes prennent rapidement le contrôle des régions agricoles conservatrices : Andalousie, Castille et Galice. Dix fois moins nombreux, les républicains bénéficient du soutien des Brigades internationales, mais souffrent en leur sein des dissensions entre anarchistes et communistes.

Les grandes dates de l'Espagne

15 500 – 11 500 av. J.-C. – Peintures rupestres d'Altamira.
15e-11e s. av. J.-C. – Les Phéniciens et les Grecs fondent des comptoirs sur la côte méditerranéenne.
13e- 6e s. av. J.-C. – Royaume de Tartessos.
237 av. J.-C. – Les Carthaginois d'Hamilcar Barca envahissent la Péninsule.
206 av. J.-C. – Les Romains chassent les Carthaginois.
586 – Les Wisigoths chassent les derniers fonctionnaires romains.
711 – Début de la conquête musulmane.
722 – Début de la Reconquête chrétienne.
756 – Établissement de l'émirat de Cordoue.
756 – Établissement du califat de Cordoue.
1031 – Dislocation du califat en royaumes de *taifas*.
1238 – Début du royaume nasride.
1469 – Mariage d'**Isabelle de Castille** et de **Ferdinand d'Aragon.**
1478 – Création du tribunal de l'Inquisition.
1492 – Fin de la Reconquête. Expulsion des Juifs. Découverte de l'Amérique par Christophe Colomb.
1516 – Charles Ier, futur Charles Quint, monte sur le trône : début du règne des Habsbourg et du Siècle d'or.
1519 – Cortés débarque au Mexique.
1571 – Victoire de Lépante contre les Turcs. L'Espagne contrôle la Méditerranée.
1609 – Expulsion des musulmans.
1702-1714 – Guerre de succession. Les Bourbons succèdent aux Habsbourg.
1805 – Désastre de Trafalgar.
1808-1814 – Napoléon envahit l'Espagne. Guerre d'indépendance contre la France.
1820 – Début des guerres carlistes.
1874 – Alphonse XII monte sur le trône : début de la Restauration.
1898 – L'indépendance de Cuba sonne le glas de l'empire colonial espagnol.
1931 – Début de la IIe République.
1936-1939 – Guerre d'Espagne.
1939 – Victoire des nationalistes. Début du régime franquiste.
1955 – L'Espagne entre aux Nations unies et sort de son isolement diplomatique.
1975 – Mort de Franco. Juan Carlos monte sur le trône et met en place un régime démocratique.
1982 – Les socialistes gagnent les élections ; Felipe Gonzalez devient président du gouvernement.
1986 – L'Espagne entre dans la communauté européenne.
1992 – 500e anniversaire de la découverte de l'Amérique. Jeux olympiques à Barcelone. Exposition universelle à Séville. Madrid nommée «capitale culturelle de l'Europe».
2002 – Entrée en vigueur de l'Euro.
2004 – Attentats de Madrid. Élection de Zapatero.

Les villes industrielles du nord tombent en 1937 (bombardements de Guernica par l'aviation allemande). Le gouvernement républicain se réfugie à Barcelone. L'année suivante, les nationalistes atteignent la Méditerranée et coupent l'armée républicaine en deux. Franco défait l'armée de l'Est à la bataille de l'Èbre, avant de prendre la Catalogne en février 1939. La guerre s'achève avec la prise de Madrid, le 1er avril.

LE FRANQUISME

Le général Franco liquide l'opposition, à coup de camps de travail et d'exécution sommaires, et instaure un ordre fasciste et clérical ; le divorce et le mariage civil sont interdits, les manuels scolaires

Le rôle des provinces du Nord dans l'histoire de l'Espagne

Les Asturies furent le berceau de la Reconquête, avec la victoire de **Covadonga**. En 1808, le Nord-Ouest résiste à nouveau face à l'envahisseur : les Asturies et la Galice font partie des premières régions à refuser le joug bonapartiste. En 1833, deux des trois foyers carlistes qui contestent la succession de Ferdinand VII explosent au Pays basque et en Navarre : les deux guerres (1833-1843 et 1847-1849) préfigurent de futures revendications autonomistes.

En octobre 1934, la révolte des Asturies va aussi avoir des conséquences lourdes sur l'avenir politique de l'Espagne. Le mouvement part « d'en bas », poussé par le sentiment d'unité révolutionnaire qui anime les ouvriers : anarchistes, socialistes et communistes se lancent tous le 5 octobre dans l'insurrection. Le centre de la révolte est situé dans les mines de Mieres et Oviedo est pris par 8 000 mineurs. Pendant neuf jours, l'aviation bombarde la ville, la garde civile obtient le renfort des régiments marocains dirigés par le général Lopez Ochoa aux ordres de Franco. Les révolutionnaires se dispersent dans les villages des montagnes. Pendant un an, la presse reprendra quotidiennement le thème des atrocités de ces quinze jours de représailles. L'Espagne a eu sa Commune : épouvantail pour les uns, symbole exaltant de l'héroïsme et des malheurs ouvriers pour les autres. L'état d'exception qui s'ensuivit fut un régime de la terreur (ouvriers congédiés, salaires diminués, réforme agraire stoppée...). La révolution des Asturies a déclenché de terribles réflexes conservateurs. La surprise de la victoire du Front populaire en février 1936 précipite encore plus vite le pays dans la Guerre civile.

réécrits, tandis que les artistes et les intellectuels fuient en masse. À la fin de la Seconde Guerre mondiale, au cours de laquelle l'Espagne reste neutre, le Caudillo demeure le seul dirigeant fasciste d'Europe. L'Espagne s'isole sur le plan diplomatique.

L'ouverture vient avec la guerre froide : en 1953, le général Eisenhower propose à Franco d'héberger des bases militaires américaines en échange d'une importante aide financière. L'Espagne entre aux Nations unies en 1955. Les infrastructures, l'économie et le tourisme balnéaire de masse se développent. Mais les campagnes restent sous-développées et le centralisme de Franco provoque une résurgence des mouvements indépendantistes, notamment en Catalogne et au Pays basque (création de l'ETA en 1959).

Quelques grands personnages

Pélage

Premier roi des Asturies (718-737), il est le fils de Favila, duc de Cantabrie. À la tête de 300 guerriers et des chrétiens réfugiés dans les montagnes de la Cantabrie et des Asturies, il convoque, en 718, une assemblée de notables (dont des nobles wisigoths catholiques) qui le proclame « caudillo » (chef suprême). Prenant alors le titre de roi, il fonde le royaume des Asturies, fixe sa capitale dans la petite ville de Cangas de Onís *(voir p. 224)*. Considéré comme l'initiateur de la Reconquête, le premier qui fit battre les Maures en retraite à la bataille de Covadonga en 722, Pélage est un héros de l'Espagne. Le titre de « Prince des Asturies » est d'ailleurs donné depuis à l'héritier de la couronne.

Sanche III le Grand

Entre 1003 et 1035, il est l'un des souverains occidentaux les plus puissants de son époque. Dominant la majorité des terres chrétiennes de la péninsule Ibérique, il ouvre les cols pyrénéens

akg-images

Saint Ignace de Loyola.

aux pèlerins de Saint-Jacques, permet la diffusion de la réforme monastique bénédictine ainsi que le développement de l'art roman dans ses possessions.

Ignace de Loyola

Ce noble guipúzcoan défend la cité conquise de Pampelune pour le roi de Castille lorsqu'un boulet navarrais le blesse gravement *(voir p. 144)*. Contraint à rester alité des mois entiers, il renie son passé militaire et fonde en 1537, avec son ami navarrais **François-Xavier**, la Compagnie de Jésus (ou jésuites). Ignace se consacre à la consolidation de son ordre religieux à Rome tandis que François-Xavier évangélise l'Asie (Inde et Japon). Saint Ignace devient le patron du Guipúzcoa et de la Biscaye, François-Xavier celui de la Navarre.

El Caudillo

Rien ne prédisposait Francisco Franco Bahamonde à devenir maître de l'Espagne. Né à Ferrol en Galice en 1892, deuxième d'une famille de cinq enfants, c'est un garçon complexé. Son père, qui est intendant général de la marine, mène une vie débridée dont souffre son fils. Dans un roman autobiographique qu'il écrit en 1940, *Raza* , le caudillo imagine la famille idéale : le père du héros meurt pour sa patrie à Cuba en 1898, la veuve élève avec courage ses quatre enfants. Francisco s'efforce de ne pas ressembler à son père : il ne boit pas, ne fume pas, on ne lui connaît pas de liaisons. Il est admis à l'Académie d'infanterie de Tolède en 1907. De petite taille (1,64 m), d'aspect malingre, doté d'une voix fluette, il est la cible des sarcasmes de ses camarades avec lesquels il se lie le moins possible. En 1912, sorti de l'école, il se fait envoyer au Maroc et s'y distingue en se portant volontaire pour des missions risquées et par ses mœurs austères. Insensible à la souffrance, la sienne et celle de autres, il gagne l'estime de ses chefs et se voit confier le commandement du premier bataillon de la Légion étrangère en 1920. Tandis qu'en métropole on avance à l'ancienneté, dans l'armée d'Afrique, on récompense le mérite : à 34 ans, Franco est donc promu général de brigade. C'est le plus jeune général d'Espagne. À 42 ans, il devient chef d'état-major de l'armée et réprime en 1934 la révolte des Asturies avec les méthodes de l'armée d'Afrique... Mais la victoire du Front populaire lui coûte son poste. Envoyé aux Canaries par Azaña, il revient en juillet 1936 pour prendre la première place dans le soulèvement puis dans l'État. Le régime dictatorial qu'il a mis en place ne cessera qu'à sa mort, en 1975.

Pablo Iglesias

Pablo Iglesias Posse naît également à Ferrol en Galice, en 1850. Il commence à travailler enfant comme apprenti dans une imprimerie à Madrid. En 1870, il intègre la section des typographes de la Fédération madrilène de l'internationale. En 1879, il fonde le PSOE (parti socialiste ouvrier espagnol, actuellement au pouvoir en Espagne), qui deviendra le deuxième parti politique espagnol après la mort de Franco. Sept ans plus tard paraît le premier numéro de l'hebdomadaire *Le Socialiste*, qu'il dirigera jusqu'à sa mort en 1925. En 1888, il crée l'UGT, l'Union générale des travailleurs, un parti marxiste mais plus modéré que la CNT anarchiste. Le courant socialiste prend surtout force en Castille, en Biscaye et aux Asturies. Ses effectifs croissent régulièrement. En 1910, il est le premier député socialiste à entrer au Parlement espagnol.

Manuel Fraga

Manuel Fraga Iribarne, né en 1922 à Vilalba (Galice), fut ministre du Tourisme et de l'Information de 1962 à 1969 sous le régime du général Franco, ministre de l'Intérieur dans le premier gouvernement du roi Juan Carlos Ier, fondateur de l'Alliance populaire en 1976 et président de la Galice de 1990 à 2005. Manuel Fraga est aussi l'un des sept pères fondateurs de la constitution espagnole de 1978.

Dans sa jeunesse, Fraga milita activement au sein de la Phalange espagnole ,dont il sera un conseiller national : sous la dictature, il est nommé ambassadeur d'Espagne au Royaume-Uni, avant d'entrer en 1962 dans le gouvernement du général Franco en tant que ministre du Tourisme et de l'Information. À ce poste, Fraga est le précurseur du marketing politique espagnol. Avec le slogan « L'Espagne est différente », il relance et modernise l'industrie touristique dans le pays, qui devient la première destination touristique au monde. Il fait inaugurer de nouveaux paradors, monuments historiques transformés en hôtels de luxe. Il introduit aussi une nouvelle législation sur la presse et supprime la censure. En 1966-1967, il entreprend une série d'initiatives aboutissant au rétablissement des relations diplomatiques avec Israël. En 1978, il fonde l'Alianza Popular, parti qu'il préside jusqu'en 1986 avant de le confier à José María Aznar, qui le rebaptise Parti populaire (PP) en 1989.

ART ET ARCHITECTURE

L'Espagne du Nord s'est enrichie tout au long des siècles d'un patrimoine de splendides œuvres d'art : belles églises romanes, impressionnantes cathédrales gothiques, exubérants sanctuaires baroques, magnifiques manoirs, somptueuses peintures et sculptures... Au 20e s., ses provinces vont, comme la Catalogne, jouer un rôle essentiel dans la modernisation de l'art espagnol.

C. Nillus / MICHELIN

Santa María del Naranco à Oviedo : l'art roman asturien.

De la préhistoire à la conquête arabe

PRÉHISTOIRE

Mains isolées ou groupées, rouges et noires, frises de chevaux et de rennes bichromes, idéogrammes : ces motifs se retrouvent dans quelque 80 grottes peintes dans la région. Les premiers vestiges d'une activité artistique sur le sol espagnol appartiennent à l'époque du paléolithique supérieur. La grotte d'**Altamira** en Cantabrie est le plus célèbre témoignage de cette période. On y a découvert la fameuse « salle des polychromes » : dix-sept bisons, une grande biche, un cheval, plusieurs signes claviformes. À Puente Viesgo, dans la grotte **El Castillo**, à côté de Santander, on a décompté pas moins de 150 figures zoomorphes et une centaine de mains. Au Pays basque, de semblables découvertes ont été faites dans les grottes de **Santimamine** et **Ekain** (Deva), cette dernière contenant une vingtaine de chevaux qui figurent parmi les meilleures représentations d'équidés de l'art paléolithique (une réplique est en cours de réalisation pour faciliter les visites). Au néolithique (7500 à 2500 av. J.-C.), les hommes ont ensuite élevé des monuments mégalithiques, dont les dolmens de **Mataporquera** dans le sud de la Cantabrie.

Le climat de l'holocène, le réchauffement de l'Europe, avec ses changements de faune et de flore, va engendrer des modifications des mode de vie et des manifestations artistiques. C'est là qu'apparaît une autre forme de l'art préhistorique, les gravures ou **pétroglyphes** de la Galice, figures semi-naturalistes ou schématiques. Apparu à l'âge du bronze, cet art va perdurer jusqu'à la romanisation.

L'ESPAGNE ROMAINE (1er S. AV. J.-C. AU 5e S.)

Comme dans le reste de leur empire, les Romains tracent des voies de communication, construisent des ponts et des aqueducs, bâtissent des villes et des monuments : pont romain de **Orense**, thermes de **Gijón**, muraille romaine parfaitement conservée de **Lugo**. Mais la plupart des témoignages artistiques de cette période (monuments, portraits, sculptures...) ne sont pas représentatifs d'un art à proprement parler « espagnol ». Le temps aidant, artistes et artisans locaux finissent par imiter l'art romain, le reproduisant avec ses caractéristiques, et l'adaptant localement, ce qui donne alors naissance à un art « hispano-romain ». Entre le 1er s. av. J.-C. et le 4e s. apr. J.-C., on retrouve des traces de l'art privé, en plus de l'art officiel, mais les motifs, les portraits et les dieux ne se distinguent pas de ceux que l'on trouve dans les autres pays colonisés : carrelages, mosaïques, fresques et mobilier des villas se ressemblent (comme à **Julióbriga** en Cantabrie et surtout **Chao Samartin** en Asturies, où l'on a même retrouvé des fragments de papier peint). De plus, l'influence romaine dans le nord de la péninsule reste modeste par rapport au reste de l'Espagne et disparaît à partir du 3e s. quand le christianisme impose à son tour sa volonté d'en finir avec l'image anthropomorphe des dieux.

LES WISIGOTHS (6e S. AU 8e S.)

Les Wisigoths qui arrivent en Espagne au 5e s. sont des tribus nomades sans tradition architectonique propre, si bien que la tradition paléochrétienne déjà pétrie d'influence byzantine et orientale va s'étendre sur toute la Bétique romaine jusqu'à la fin du 6e s. Pour de nombreux auteurs, la proclamation du 3e concile de Tolède (589), qui déclare l'unité du royaume, est à l'origine d'un nouveau type d'architecture.

Les premiers édifices religieux présentent à l'origine un plan basilical classique, légèrement modifié, qui évolue pour devenir cruciforme. Les nefs sont séparées par des colonnes ou des piliers qui soutiennent des **arcs outrepassés**. Les voûtes sont généralement en fer à cheval et les nefs présentent des **armatures de bois**. La décoration des murs, des impostes et des chapiteaux reflète une très nette **influence orientale** avec plus de **motifs géométriques** que de motifs végétaux et peu de représentations humaines. La plupart des temples wisigothiques ont été modifiés par la suite et seuls les plans des édifices primitifs sont reconnaissables. Parmi les monuments les mieux conservés, à l'exemple de Santa María de Quintanilla de las Viñas à Burgos, on trouve, au sud d'Orense, la cathédrale **Santa Comba de Bande**.

L'art wisigothique le plus connu est l'**orfèvrerie**, qui atteint son plus haut degré de perfection au 7e s., produisant deux types d'objets : les objets liturgiques (croix de procession et objets votifs comme les célèbres couronnes) et les objets à usage personnel (fibules, bracelets, colliers, pendentifs), dont on peut admirer des exemplaires dans la **Camara Santa** de la cathédrale d'Oviedo.

Art préroman et roman (8e-13es.)

ROMAN ASTURIEN

Du 8e au 10e s. se développe dans le petit royaume asturien un art de cour très évolué . À partir de Pélage, monarque mythique, résistant à l'invasion musulmane dans la cordillère Cantabrique, se crée un art et une architecture originale, encouragée par Alphonse II le Chaste, Ramire Ier et Aphonse III le Grand. La cour s'établit d'abord à Cangas de Onis en Asturies et construit l'église **Santa Cruz**, de transition wisigothique, sur un dolmen. Puis Oviedo devient la capitale du royaume : les églises **San Salvador** et **Santa María de Naranjo, San Julián de Los Prados** et **San Tirso** constituent de magnifiques témoignages de cet art. À l'image des sanctuaires du mont Naranco (**Santa María de Naranco** et **San Miguel de Lillo**), **Santa Cristina de Lena** présente la même structure, ainsi que **San Salvador de Valdediós**. Ces églises asturiennes se caractérisent par les lignes ascendantes de leur construction, et adoptent des basiliques latines le plan rectangulaire à trois nefs et narthex, les arcades en plein cintre séparant les nefs, le vaste transept précédant un chevet tripartite. La décoration intérieure reprend l'usage des fresques et emprunte à l'Orient les motifs des chapiteaux ou jambages de portes (entrelacs, jeux du cirque à San Miguel de Lillo) ou des garnitures des fenêtres.

B. Brillion / MICHELIN

Les jeux du cirque de San Miguel de Lillo.

L'ART MOZARABE

On qualifie de mozarabe l'art des chrétiens vivant sous la domination musulmane après l'invasion de 711. Les églises reprennent les traditions wisigothiques (arcs outrepassés) en les enrichissant d'apports arabes (coupole nervée, modillons à copeaux).

Les manuscrits enluminés sont les premières manifestations connues de la peinture médiévale espagnole. Exécutés aux 10e s. et 11e s. par les moines mozarabes, ils illustrent le *Commentaire sur l'Apocalypse de saint Jean* rédigé au 8e s. par le moine Beato de Liébana, d'où le nom de « **Beatus** » donné à ces manuscrits qui comportent de nombreux éléments arabes dans leur iconographie (arcs outrepassés, costumes).

L'ART ROMAN « EUROPÉEN »

Le nord-ouest de l'Espagne s'ouvre aux courants étrangers sous le règne de Sanche le Grand de Navarre (au début du 11e s.) : fondation d'abbayes cisterciennes, ouverture des villes à des francs-bourgeois français (Estella, Sangüesa, Pampelune). À la même époque, le pèlerinage de Compostelle suscite l'édification de nombreux monuments religieux où s'affirment les influences françaises (poitevines à Sangüesa ; toulousaines à St-Jacques-de-Compostelle). La cathédrale de St-Jacques est le chef-d'œuvre incontesté de ce style.

L'art roman se fait particulièrement remarquer par la sculpture. Les sculpteurs de chapiteaux, à l'image de leur chef de file, le Maître de San Juan de la Peña, possèdent un style dont le symbolisme ne doit pas être pris pour de la maladresse : dans les visages disproportionnés aux yeux proéminents, l'artiste fait transparaître l'âme et c'est le sens religieux du geste qu'illustrent les mains tendues.

Au début du 12e s., la réforme de l'ordre cistercien fondée sur l'austérité entraîne un changement important dans l'architecture, initiant un style de transition qui annonce déjà le style gothique (voûtes sur croisée d'ogives, abside carrée). La décoration foisonnante du roman disparaît. En Navarre, Asturies et Galice, le travail des métaux précieux est remarquable et n'a sans doute pas d'égal au niveau européen à cette période : reliquaires, vases, livres illustrés, châsses, objets du culte… indispensables au prestige du culte dans le monde chrétien.

L'art gothique (à partir du 13e s.)

ARCHITECTURE

Importé de France, le gothique pénètre difficilement en Espagne, sauf en Navarre où depuis 1234 règnent les dynasties françaises. Au 13e s. apparaissent les premiers édifices vraiment gothiques. Dans quelques grandes villes de Castille (León, Burgos, Tolède), les évêques font venir de l'étranger plans et artistes pour élever leur cathédrale.

Les premières innovations du gothique dans l'Espagne Atlantique s'imposent dans la cathédrale de St-Jacques-de-Compostelle et à Santa Maria de Pampelune, commencée en 1394, et dans tous les monastères des villes situées sur le chemin de Saint-Jacques.

LA PEINTURE

Elle s'exprime sur les polyptyques et des retables qui atteignent plus de 15 m de haut. Peignant traditionnellement sur fond d'or, les « primitifs » sont imprégnés d'influence italienne (douceur du modelé), française et flamande (riches étoffes aux plis cassés, réalisme minutieux). Cependant, de leur œuvre se dégage la recherche d'un naturalisme expressif et du détail piquant, caractères purement espagnols. Si une intense activité artistique se développe dans les États de la couronne d'Aragon, surtout en Catalogne, on trouve de beaux exemples de décoration murale dans la cathédrale de Pampelune, une abondante production en Navarre du peintre **Pedro Dias de Oviedo** et l'influence des Flamands, comme le retable peint par Roger Van der Weyden à Laredo, en Cantabrie.

LA SCULPTURE

Comme l'architecture, la sculpture s'affine. Le relief est plus accentué que dans l'art roman, les attitudes plus naturelles et des détails plus minutieux, le décor plus abondant à mesure que s'avance le 15e s. ; les visages s'individualisent au point de devenir pour les gisants de véritables portraits. Toute sculpture s'accompagne de dais ajourés au-dessus des personnages, et de frises de feuillage très fouillées autour des portes, sur les corniches et les chapiteaux. L'influence française, sensible aux 13e et 14e s., et celle des Flamands, qui domine le 15e s., enrichissent cet art qui aboutira avec le style isabélin à une création purement espagnole, dont le portail occidental de Santa Maria à Olite (Navarre) est un bel exemple.

Les tombeaux sont d'abord des sarcophages décorés d'armoiries, parfois surmontés d'un gisant à l'attitude conventionnelle (les mains jointes, et au visage la sérénité du dernier sommeil). Les retables comportent une prédelle, bande horizontale formant la base, surmontée de plusieurs étages de panneaux sous dais sculptés à jour. Les stalles du *coro* enfin s'ornent de scènes bibliques et historiques ou imitent de délicats remplages.

LE STYLE ISABÉLIN

À la fin du 15e s., sous le règne d'Isabelle la Catholique (1474-1504), la politique de prestige du couple royal et des grands seigneurs favorise l'éclosion d'un style nouveau, dont le décor exubérant couvre toute la façade des bâtiments civils et religieux d'arcs aux formes libres et souples, de dentelures, de motifs héraldiques et de toutes les fantaisies d'une imagination fertile. À leur initiative sont construits les grands hôpitaux dans diverses villes, dont l'Hôpital des Rois Catholiques pour les pèlerins de Saint-Jacques, devenu parador.

B. Brillion / MICHELIN

L'ancien hôpital des Rois Catholiques, parador de St-Jacques-de-Compostelle

La Renaissance (16e s.)

Au 16e s., l'Espagne connaît, à l'aube de son Siècle d'or, un fort courant national et crée un style dans lequel l'influence italienne n'est admise qu'interprétée par le génie espagnol. Le développement économique s'accompagne d'une richesse décorative déjà très marquée qui sera accentuée au siècle suivant à l'ère baroque.

Comme la richesse en provenance du Nouveau Monde abonde, le 16e s. est aussi une période de grandes constructions. Le style Renaissance, avec la disposition harmonieuse, symétrique des corps de bâtiments et l'importance donnée aux portails sculptés, apparaît à partir de 1526 dans la chapelle et l'université du Saint-Esprit à **Oñati,** en Guipúzcoa. L'église d'**Elorrio** est un exemple d'églises-halles à trois nefs de même hauteur, créant un espace unifié sur un modèle nordique. Sous l'influence castillane, la décoration sculptée des portails est souvent de **style plateresque**, imitant l'orfèvrerie.

LE STYLE PLATERESQUE

Ce premier style Renaissance fut appelé, en raison de son décor fin et dense qui rappelle le travail de l'orfèvrerie (*platero* : orfèvre), **plateresque**. Encore très proche du style isabélin par le foisonnement de ses sculptures et leur extension à la façade entière, il emprunte à l'Italie son arc en plein cintre et son répertoire ornemental (grotesques, rinceaux, pilastres, médaillons et corniches). Le style Renaissance d'inspiration italienne adopte des formes de l'Antiquité (arcs en plein cintre, colonnes, entablements, frontons) ; la décoration cède la première place à la perfection architectonique.

LA SCULPTURE

La Renaissance marque l'apogée de la sculpture espagnole. Au 16e s., on fait encore beaucoup de stalles, de mausolées et de retables d'albâtre ou de bois. Ces derniers sont peints selon la technique de l'**estofado**, c'est-à-dire passés à la feuille d'or avant l'application de la couleur, que l'on raye ensuite légèrement pour créer des reflets dorés ; leurs panneaux sculptés sont encadrés par des architraves et des pilastres corinthiens.

Le baroque (17e et 18e s.)

L'art hispanique fut à l'apogée de sa splendeur au milieu du 17e s. Le baroque connaît alors un succès remarquable et se diffuse partout, du 16e au 18e s., en réaction à l'austérité de la Réforme, avant un retour vers le gothique au 19e s.

ARCHITECTURE

La rénovation architecturale de St-Jacques-de-Compostelle est l'œuvre de Domingo de Andrade. On lui doit la tour de l'Horloge, dont la décoration faite de guirlandes, de fruits et de trophées militaires est typiquement baroque. Le triomphe ornemental de la cathédrale va influencer d'autres constructeurs et le baroque comme art populaire se développe dans les autres régions avec des particularités différentes. En **Galice**, la dureté du granit se prêtant peu aux sculptures délicates, ce sont des lignes fortement accusées, des moulures qui traduisent le mieux l'esprit baroque : le meilleur exemple est là encore à St-Jacques, la façade de l'Obradoiro (1750), chef-d'œuvre de **Fernando de Casas y Novoa**.

Ailleurs, le style est plus sobre mais imposant, comme dans l'église de Segura en Guipúzcoa, ou bien avec un décor sculpté surabondant (celui de l'ancienne cathédrale Santa María de **St-Sébastien**). Le baroque a laissé une œuvre grandiose en Guipúzcoa : le **sanctuaire de Loyola** en l'honneur de saint Ignace, fondateur de la Compagnie des jésuites. Conçu par l'Italien Carlo Fontana (1634-1714), élève du Bernin, l'influence romaine est visible dans la spectaculaire coupole de 65 m de hauteur et le majestueux portique d'entrée.

Déjà apparus à la fin de l'époque gothique (retable flamand de Lekeitio en Biscaye - *voir p. 164*), les retables prennent une importance considérable à partir de la Contre-Réforme lorsqu'ils servent l'enseignement religieux et l'exaltation de la foi catholique. Ils réaffirment les dogmes, Trinité, Incarnation, Résurrection, et vénèrent la Vierge et les saints autour du tabernacle eucharistique. Pour ces signes ostentatoires de la richesse d'une paroisse ou d'une ville, avec l'éclat des dorures, les sculpteurs rivalisent d'ingéniosité dans l'agencement des différents niveaux ou registres, des multiples volets, bas côtés, autels latéraux. Outre les documents écrits, l'étude des styles des figures, des détails d'habillement, de la présence ou non d'éléments profanes, permet de dater ces ouvrages et de reconnaître la marque d'un sculpteur ou d'une dynastie de sculpteurs.

Dans toutes les provinces du Nord-Ouest, presque toutes les églises présentent de magnifiques retables, certains du 16e s. comme à Oñati en Guipúzcoa, la majeure partie du 17e s, du 18e s. et même du 20e s. (Arantzazu en Guipúzcoa).

Le néogothique (19e s.)

L'engouement pour le Moyen Âge, le sauvetage et la redécouverte des grandes cathédrales influencent les nouvelles constructions religieuses, car le style gothique apparaît alors comme le mieux adapté à l'expression de la foi, suivant un courant artistique en vogue.

Parmi les édifices néogothiques on peut citer, en Guipúzcoa, la ville de St-Sébastien, très marquée par l'influence française, qui se dote d'une nouvelle cathédrale de ce style.

Dès le début du 19e s., l'architecture urbaine se démarque complètement de l'architecture rurale. Destinée à des édifices municipaux de prestige, elle emprunte le style officiel à la mode dans les années 1800-1840, le **néoclassicisme**. Portiques et frontons, alignements de colonnades ou d'arcades, tous ces éléments se retrouvent dans les grandes villes : en Biscaye, la Casa de Juntas de Guernica, les mairies de Bilbao et d'Orduña, à Vitoria le palais de la Deputación.

À Vitoria et Bilbao, les **plazas nuevas** sont de majestueux quadrilatères très centrés, quasiment fermés. À St-Sébastien, la place de la Constitution est enserrée dans un réseau de rues quadrillées à angles droits car la ville est rebâtie après les destructions du début du 19e s. Ce même quadrillage caractérise les nouveaux quartiers, les **ensanches** (extensions) de Pampelune, Vitoria, St-Sébastien.

L'art au 20e s.

La paralysie générale dont souffrent les arts espagnols à la fin du 19e s. est rompue par un vaste mouvement culturel – **le modernisme** – qui remporte un grand succès en architecture. Dans le nord, on peut admirer certaines de leurs réalisations, commandes du marquis de **Comillas**, qui a gratifié cette petite ville balnéaire des œuvres qui font aujourd'hui sa fierté. On peut noter aussi, avant la guerre civile, quelques réussites modernistes au Pays basque : le club nautique de **St-Sébastien** (Aizpurua, 1929) et les constructions de Victor Eusa à **Pampelune**.

L'art espagnol de la première moitié du 20e s. est placé sous le signe d'un paradoxe frappant : paralysés, en retrait des grands réseaux culturels, en proie à la censure de la dictature, tous ceux qui n'envisagent pas un art conservateur doivent émigrer. Si la peinture de cette période est féconde et variée, beaucoup d'artistes comme Picasso (l'auteur de Guernica), le cantabre Francisco Iturrino ou la native de Santander María Blanchard, vivent à Paris. Tous les artistes émigrés de cette période atteignent cependant un tel degré de modernité qu'ils vont jouer avec les artistes catalans un rôle essentiel dans la modernisation artistique de la péninsule.

L'art de l'après-guerre

La guerre civile affecte donc l'art espagnol pour deux raisons fondamentales : d'une part l'exil de plusieurs artistes représente une perte culturelle, d'autre part, se développe à un niveau officiel un mouvement dont la caractéristique est la monumentalité.

L'architecture illustre clairement ce fait : elle opte pour le gigantisme, destiné à exalter l'esprit de la victoire. Le monumentalisme franquiste est illustré par l'**Universidad Laboral** de Gijón (1946-1956), un des édifices les plus ambitieux de cette période. À côté, se multiplient les commandes officielles qui décorent places et monuments (bustes, statues équestres du Caudillo, apparition de sculptures allégoriques et de reliefs dédiés à la victoire, au travail, au nouvel idéal de beauté).

Toutefois, dans les années 1950 naissent deux groupes artistiques aux caractéristiques différentes mais avec un objectif commun : l'innovation artistique. Ce sont **« El Paso »**, constitué à Madrid par Antonio Saura, Manuel Millares, Rafael Canogar, Luis Feito, Manuel Viola et Martín Chirino, tous représentants de ce que l'on appelle la peinture d'action, et **« El Equipo 57 »** formé à Cuenca par Duart, le basque **Ibarrola**, Serrano et Duarte, artistes plus intéressés par le dessin. Dans ce mouvement informaliste s'inscrivent les sculpteurs **Eduardo Chillida**, qui dépouille ses œuvres réalisées en fer ou en bois de tout élément figuratif, **Jorge Oteiza** et Andreu Alfaro.

L'architecture contemporaine

La réintroduction de la démocratie s'est accompagnée d'une explosion créatrice et d'un désir de changement qui ont inspiré des édifices contemporains d'une grande originalité. C'est par exemple, à la Corogne, en Galice, le musée des Beaux-Arts et le musée d'Art contemporain réalisés en 1986; à Gijón, la moderne tour de l'Horloge élevée en 1989 au sein du quartier historique; à Santander, le Teatro de Festivales, construit en 1984, quit affiche une insolente modernité. La Biscaye est aussi le théâtre de cette architecture ultramoderne d'autant que depuis les années 1980, le gouvernement basque a développé une politique ambitieuse en matière d'urbanisme et d'architecture.

A. Forterre/MICHELIN

Cave viticole d'Ysios, par Santiago Calatrava.

Symbole le plus célèbre du pari culturel de rénovation d'une ville administrative et industrielle, la « Flor de Titanio » de **Bilbao**, le musée Guggenheim. Depuis 1997, l'œuvre de Frank Gehry, véritable fleur futuriste sur les rives du fleuve, a fait entrer Bilbao dans les grands circuits touristiques internationaux. À signaler également, toujours à Bilbao, le métro de Sir Norman Foster, l'aéroport de Sondika par Santiago Calatrava, le nouveau Palais des congrès et de la musique Euskalduna, de Federico Soriano et Dolores Palacios, évoquant les anciens chantiers navals…

Vitoria-Gasteiz, devenue capitale politique, a été dotée d'un palais de justice, d'un palais du Gouvernement et d'un musée d'Art moderne, l'Artium. À **St-Sébastien**, l'apparition des deux cubes de verre translucide du centre culturel du Kursaal de l'architecte Rafael Moneo, sur une nouvelle plage-promenade a transformé l'ancien *ensanche* de Gros.

La **Navarre** à son tour, grâce notamment au statut d'autonomie, se lance dans des constructions ou rénovations audacieuses : musée de Navarre, fondation Oteiza, sièges d'entreprises industrielles…

Des aménagements urbains ont été réalisés en commun par le sculpteur Eduardo Chillida et l'architecte Luis Peña Ganchegui (Peigne des Vents à Saint-Sébastien, plaza de los Fueros à Vitoria). Des chais et boutiques vinicoles sont édifiés dans la prestigieuse **Rioja alavesa** par Gehry, Calatrava et Philippe Mazières.

ABC d'architecture

Les dessins présentés dans les planches de cet ABC offrent un aperçu de l'histoire de l'architecture dans la région et de ses particularités. La première planche, plus générale, a la vocation de vous rappeler les différents termes utilisés pour décrire une cathédrale ou un retable. Dans les pages qui suivent les planches, vous trouverez la définition de nombreux termes d'art utilisés en Espagne.

Plan de la cathédrale de BARCELONE (13e-15e s.)

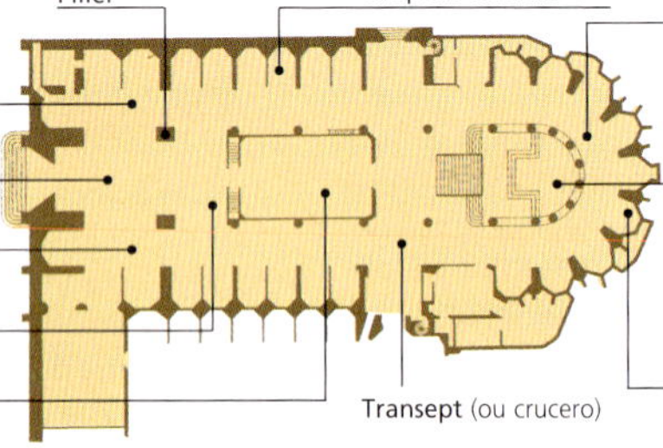

Coupe d'une église

Retables

Les églises espagnoles sont fréquement décorées d'un retable monumental, dit *retablo mayor* (grand retable), qui s'élève souvent jusqu'aux voûtes. Il est placé derrière le maître-autel, lui-même situé dans *capilla mayor*.

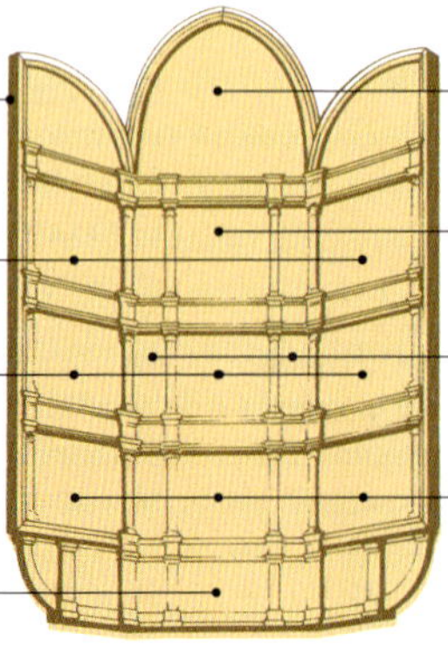

R. Corbel/MICHELIN

Art roman

Cathédrale de ST-JACQUES-DE-COMPOSTELLE (11e-13e s.)

Exemple type d'église de pèlerinage, cette cathédrale témoigne d'une forte influence française.

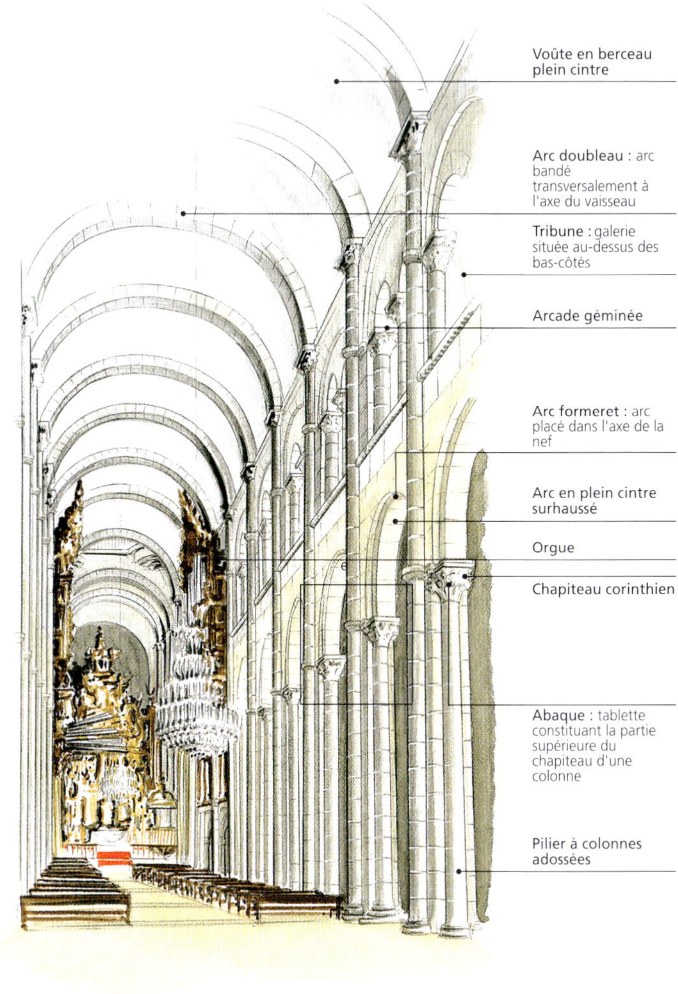

H. Choimet/MICHELIN

LAGUARDIA – Portail de l'église Sta-Maria-de-los-Reyes (12e-17e s.)

Sculpté au 12e s., ce portail gothique impressionne toujours par la richesse de son décor polychrome restauré et protégé depuis le 17e s.

MONASTÈRE DE LEYRE – Crypte (11e s.)

Remarquable pour ces courtes colonnes et ses robustes chapiteaux, la crypte a été construite pour supporter l'église supérieure, de même plan.

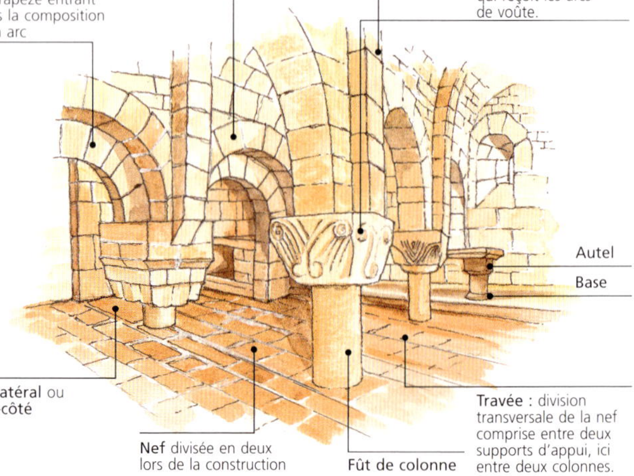

ZARAUTZ – Tour Luzea (15e s.)

Ce superbe palais-tour, sans doute le plus beau de la province, allie la solidité de sa construction et la beauté de son décor gothique.

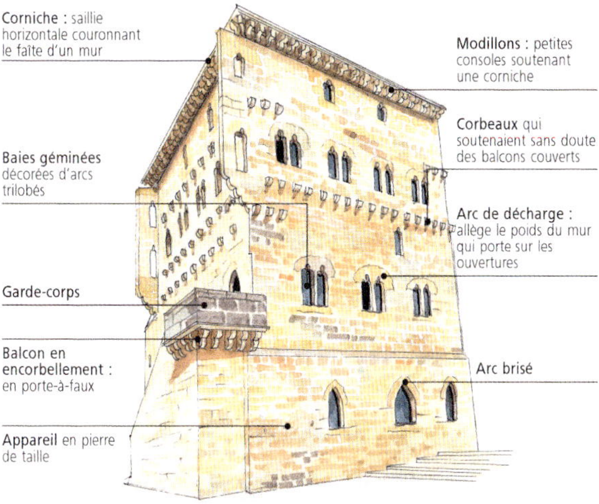

OÑATI – Université du Saint-Esprit (16e s.)

Dans cette université représentative de l'architecture Renaissance en Pays basque, la simplicité de l'appareil contraste avec la richesse décorative de son portail et des pilastres d'angle.

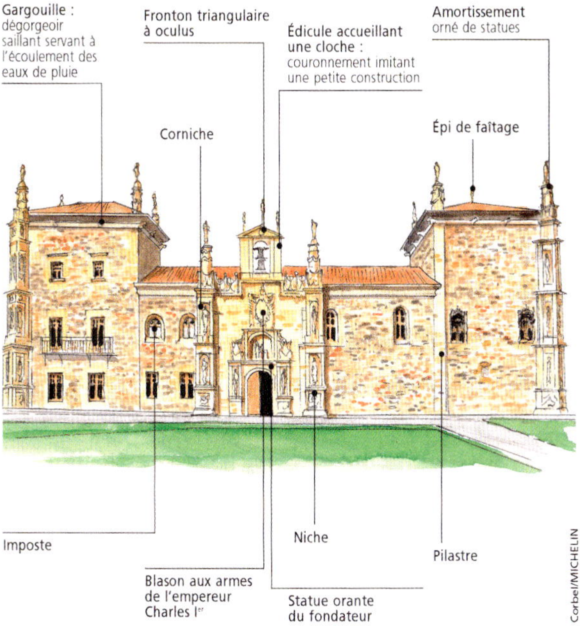

R. Corbel/MICHELIN

Quelques termes d'art

Certains de ces termes sont en espagnol et n'ont pas d'équivalent en français.

Abside : extrémité arrondie d'une église, derrière la capilla mayor (chœur). Elle peut être en hémicycle, polygonale ou en fer à cheval.

Absidioles : petites chapelles en demi-cercle d'une abside.

Alcázar : palais royal arabe.

Alfarje : plafond en bois, généralement décoré, consistant en un plancher sur des poutres transversales (mudéjar).

Alfiz : moulure rectangulaire encadrant un arc, généralement outrepassé.

Alicatado : technique céramique d'origine perse qui consiste à découper de petits motifs géométriques à partir d'une pièce plus grande pour former des motifs de décoration. Très utilisée pour les soubassements (mudéjar).

Aljibe : mot arabe désignant une citerne.

Arabesque : terme romantique utilisé pour exprimer l'effet de décor de l'art islamique.

Archivolte : ensemble des voussures, moulures concentriques qui composent un arc ébrasé.

Artesonado : plafond à marqueterie où des baguettes assemblées dessinent des caissons en étoiles. Ce décor, né sous les Almohades, eut une grande diffusion, même en Espagne chrétienne aux 15e et 16e s.

Atalaya : tour de guet.

Ataurique : décor végétal stylisé inspiré de la feuille d'acanthe, caractéristique de l'art califal et adopté dans le style mudéjar.

Azulejos : carreaux de faïence vernissée.

Barbacane : ouvrage de défense avancé protégeant un point important.

Bossage : mur dont les moellons sont biseautés ou en saillie.

Camarín : petite chapelle située à l'arrière du retable, au premier étage, où l'on vénère généralement une statue de la Vierge précieusement vêtue.

Campanile : clocher isolé, souvent près d'une église.

Capilla mayor : chapelle placée dans l'axe de la nef et recevant le maître-autel. Équivaut au chœur des églises françaises.

Carole : nef contournant l'abside.

Chevet : partie extérieure de l'église, dite cabecera en Espagne.

Chrisme : monogramme du Christ, formé des lettres grecques khi (X) et rhô (P) en majuscule.

Churrigueresque : dans le style des Churriguera, famille d'architectes du 18e s. Désigne un décor baroque surchargé.

Clé de voûte : claveau placé au sommet du cintre de l'arc ou de la voûte, souvent décoré.

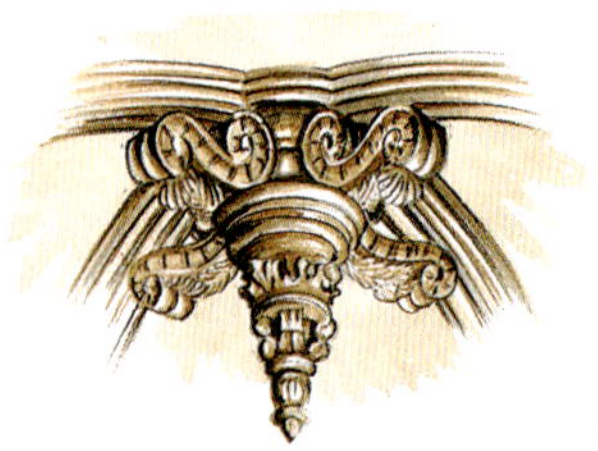

H. Choimet/MICHELIN

Clef de voûte.

Colonne salomonique : colonne torse décorée d'un réseau végétal.

Coracha : mur qui relie une barbacane ou une tour de guet à la muraille principale.

Coro ou **cor** : une partie de l'église réservée au clergé. Dans les cathédrales espagnoles, cette enceinte était souvent établie au milieu de la nef principale ; elle peut également se trouver dans un étage supérieur.

Coufique : de la ville de Kufa; écriture arabe aux lettres majuscules et anguleuses.

Créneau : dans le parapet d'un ouvrage fortifié, échancrure formant l'intervalle entre deux merlons.

Cuerda seca : technique de céramique vernissée par laquelle on sépare les couleurs à l'aide d'une ligne de matière grasse qui disparaît ensuite à la cuisson.

Église-halle : église dont les trois vaisseaux sont de même hauteur.

Écoinçon : tout arc est inscrit dans un rectangle imaginaire ; les deux triangles dont l'un des côtés est courbe et qui sont inscrits entre l'arc et ce rectangle s'appellent des écoinçons.

Entrelacs : décor géométrique formé d'une série de lignes entrecroisées qui composent des motifs polygonaux ou en étoile. Caractéristique de l'art arabe.

Estípite : pilastre dont la partie la plus étroite se situe à la base (tronc de pyramide inversé).

Fenêtre à meneaux : fenêtre avec deux arcs divisée par une colonne centrale.

Flamboyant : style décoratif de la fin de l'époque gothique (15e s.) ainsi nommé pour ses découpures en forme de flammèches aux remplages des baies.

Flèche : comble en pointe, conique ou pyramidal d'une tour.

Géminé : se dit des fenêtres ou colonnes unies par deux.

Grotesque : décor typique de la Renaissance qui mêle des éléments végétaux, des êtres fantastiques et des animaux enlacés formant un tout.

Lanterne : corps se trouvant sur la partie supérieure d'une coupole éclairant d'en haut l'édifice.

Mâchicoulis : parapet en encorbellement d'un château, soutenu par des consoles.

Madraza : medersa, université ou académie religieuse arabe.

Meneau : chacun des montants et traverses qui divisaient la baie des anciennes fenêtres.

Mihrab : dans la mosquée, niche ouverte dans le mur sacré (quibla) au grand luxe décoratif.

Minaret : tour de la mosquée d'où le muezzin appelle les fidèles pour la prière.

Miséricorde : petite console visible quand les sièges des stalles sont levés et servant aux chanoines ou aux moines à s'appuyer en donnant l'impression qu'ils sont debout.

Mocárabes : motifs décoratifs de l'architecture musulmane en forme de stalactites, employés sur les plafonds, les chapiteaux, les arcs et les corniches.

Modillon : pièce en saillie destinée à soutenir une corniche, le départ d'un arc, etc.

Mozarabe : chrétien vivant en territoire musulman avant la Reconquête.

Mudéjar : se dit de l'art des musulmans restés sous le joug chrétien après la Reconquête.

Paso : sorte de char montrant une étape de la Passion du Christ, représentée par un groupe sculpté en bois grandeur nature.

Pendentif : chacun des quatre triangles curvilignes qui soutiennent une coupole. Ils permettent de passer du plan carré au plan circulaire.

Pignon : couronnement triangulaire d'un mur dont le sommet porte le bout du faîtage d'un comble.

Presbiterio : espace entourant le maître-autel et séparé de la nef par des marches ou une clôture.

Quibla : dans la mosquée, mur normalement orienté vers La Mecque, où se dirige l'attention de ceux qui prient.

Retable : les églises baroques sont fréquemment décorées d'un retable monumental, dit « retablo mayor » (grand retable), qui s'élève souvent jusqu'à la voûte. Il est placé derrière le maître-autel, lui-même situé dans la capilla mayor.

Rinceaux : ornements de sculpture ou de peinture empruntés au règne végétal et formant souvent une frise.

Sagrario : chapelle où est conservé le Saint-Sacrement ; parfois le sagrario est une église indépendante.

Sebka : décor à base de brique, consistant en la répétition jusqu'à l'infini de petits arcs polylobés ou mixtilignes formant un réseau de losanges (art almohade).

Soportales : portiques à colonnes de bois ou de pierre supportant le premier étage des maisons et qui forment une galerie ouverte autour de la plaza mayor dans les villes et villages.

Stuc (yesería) : décor sculpté en plâtre.

Tambour : élément architectural cylindrique ou polygonal sur lequel s'élève une coupole semi-sphérique. Chacune des pièces cylindriques qui forment le fût d'une colonne (quand elle n'est pas monolithe).

Tour d'enceinte : tour extérieure qui protège un lieu stratégique. Elle est reliée à l'enceinte fortifiée par un mur.

Transept : nef transversale qui coupe la nef principale.

Trasaltar : mur postérieur du chœur (capilla mayor), où se trouvent sculptures ou tombeaux.

Trascoro ou **trascor** : face postérieure souvent sculptée du coro.

Triptyque : ouvrage de peinture ou de sculpture composé de trois panneaux articulés pouvant se refermer.

Trompes : petites voûtes semi-coniques au sommet inversé, qui servent à transformer un plan carré en plan octogonal et à soutenir ainsi une coupole.

Tympan : surface intérieure d'un fronton. Espace généralement décoré, compris entre l'archivolte et le linteau, se trouvant sur la façade des églises.

Venera : élément décoratif en forme de coquille Saint-Jacques.

Voûte étoilée : voûte à plan carré ou polygonal formée par plusieurs arcs entrecroisés.

CULTURE

Chevaliers errants, fripons, mystiques, don Juans et bandits de grands chemins chevauchent, orgueilleux, à travers les lettres espagnoles. La littérature du Nord du pays a toutefois une forte singularité par rapport aux lettres castillanes. L'histoire de cette région, farouchement attachée à son indépendance et qui possède trois langues en plus du castillan officiel, a forgé des œuvres originales.

W. Forman/akg-images

Le Béatus de Liebiana.

Langues

Pas moins de trois langues sont parlées au nord-ouest de l'Espagne, en plus du castillan : l'asturien, le basque et le galicien, ces deux dernières ayant le statut de langues officielles régionales.

LE BASQUE

On compte 20 000 personnes unilingues bascophones. En Espagne, le nombre de locuteurs est de 734 100 (dans les provinces de Biscaye, Álava, Guipúzcoa et de Navarre).

La langue basque, ou euskara, est une composante essentielle de l'identité basque. C'est une langue unique dont l'origine est très lointaine, antérieure aux parlers indo-européens (dont est issu le français). Fait remarquable, la langue a subi très peu de modifications au cours des siècles et ne possède pratiquement, si l'on excepte les nombreux emprunts aux langues romanes, aucun terme commun avec les langues européennes actuelles. Si les linguistes ne sont pas vraiment fixés sur l'origine première du basque, ils s'entendent pour estimer qu'il s'agit d'une des langues les plus anciennes.

Sur une population totale de près de 3 millions d'habitants répartis dans les 7 provinces bascophones de part et d'autre des Pyrénées, 26,9 % sont bilingues et 15,3 % ont une connaissance approximative du basque, soit 1 255 750 personnes parmi lesquelles 881 300 personnes sont des locuteurs bilingues actifs et 454 400 sont des locuteurs bilingues passifs. Le bilinguisme est très variable selon les provinces. La Biscaye compte 1 141 000 habitants, dont 26,5 % sont bilingues. Le Guipúzcoa, avec 686 000 habitants, a le plus grand nombre de locuteurs bascophones, soit 329 000, ce qui correspond à 48 % de la population. La Navarre (594 000 hts) ne compte que 10,5 % (85 500) de bascophones, essentiellement regroupés dans le nord de la province, et sur les 298 000 habitants de l'Álava, 13,4 % sont bilingues.

La langue basque aujourd'hui

L'unification de la langue par l'**Académie de la langue basque** à partir de 1968 marque une tournant majeur soutenu par des écrivains comme le Guipúzcoan **José Luis Alvarez Enparantza « Txillardegi »** (né en 1929) ou le Biscayen **Gabriel Aresti** (1933-1975). En outre, ces auteurs « hétérodoxes » (parce qu'ils rejettent le catholicisme bourgeois du Parti nationaliste basque et son réformisme politique), libèrent la littérature basque de ses principaux tabous – sexuels, politiques ou langagiers – et la mettent au diapason des courants littéraires en vogue en Europe. Existentialisme, poésie sociale, néopaganisme, érotisme, humour noir... constituent les principales nouveautés introduites par ces auteurs. D'autres écrivains, plus jeunes, continueront d'élargir l'horizon de la littérature de langue basque. **Ramon Saizarbitoria** (né en 1944) introduit les formes du nouveau roman tandis que la romancière **Arantxa Urretabizkaia** (née en 1947) explore les voies du monologue intérieur.

Par ailleurs, l'enseignement bilingue n'est plus le fait exclusif des **ikastolas** (écoles associatives créées à partir des années 1960). Depuis 1983, l'enseignement bilingue s'est rapidement développé à l'école publique, proposant l'euskara tantôt comme matière, tantôt comme langue d'enseignement. Plusieurs réseaux d'enseignement de l'euskara pour les adultes se sont également mis en place, notamment pour répondre aux besoins de ceux qui doivent atteindre un certain niveau de maîtrise de la langue pour postuler à des emplois publics.

Le Pays basque a son **quotidien** *(Berria)*, entièrement rédigé en basque, une **chaîne de télévision publique**, ETB, qui émet exclusivement en euskara, de nombreuses **radios bascophones** et une industrie culturelle variée (livres, musique) qui produit 1 200 ouvrages par an en langue basque. La Foire du livre et du disque de Durango en Biscaye, qui a lieu tous les ans au début du mois de décembre et réunit des dizaines de milliers de visiteurs et de professionnels autour de la production bascophone, constitue un des moments forts de la vie culturelle basque.

L'autonomie du fait littéraire

Dans le contexte de la « Transición » démocratique espagnole, un groupe de jeunes écrivains revendique l'autonomie du fait littéraire et le « désengagement » politique de l'écrivain. **Le groupe littéraire « Pott »** (Désastre), constitué dès 1978 à Bilbao, comporte quelques-unes des figures les plus marquantes de la vie littéraire basque des années 1980 et 1990, dont le poète et nouvelliste **Joseba Sarrionaindia** (né en 1958), auteur d'une œuvre poétique raffinée et de quelques recueils de nouvelles, ainsi que **Bernardo Atxaga** (né en 1951). Ce dernier obtient le prix national de littérature d'Espagne et une reconnaissance de la critique internationale inédite pour un auteur de langue basque avec le recueil de nouvelles romancées *Obabakoak* (1988), depuis traduit en plus de vingt langues. Il y propose une relecture tragique du ruralisme littéraire de l'époque romantique.

Les années 1990 sont marquées par l'arrivée à maturité du genre romanesque qui ose enfin le réalisme urbain et contemporain. Le génie ironique de **Ramon Saizarbitoria** éclot en une série de romans où l'inconscient collectif basque contemporain est analysé avec autant de profondeur que d'humour : *Hamaika pauso (Les Pas incomptables* - *1995)* ; *Gorde nazazu lurpean (Garde-moi sous terre* - 2000*)*.

L'ASTUR-LÉONAIS

L'asturien (asturianu) est également connu sous les noms d'asturo-léonais, astur-léonais, ou **bable.** Même s'il est parlé par presque 600 000 personnes, il n'a pas le statut de langue officielle. Proche du portugais – dans la région de Miranda do Douro au Portugal, on parle une variante de l'asturien, le mirandais (mirandés ou mirandês) – l'asturien s'écrit au moyen de l'alphabet latin. Fondée en 1981, l'Académie de la langue asturienne (Academia de la Lingua Asturiana) a promulgué des normes orthographiques, largement inspirées de celles du castillan. L'asturien a aussi depuis 2000 une convention orthographique spécifique, plus proche de l'orthographe du portugais, avec lequel il partage des traits de prononciation.

Histoire et modernité

Aux 13e et 14e s., l'asturien est présent dans la rédaction des actes administratifs, publics et notariaux, bien que les instances supérieures caractérisent la langue comme « de peu de noblesse ». De fait, l'asturien est maintenu dans les usages des classes sociales populaires.

Les grands noms de la littérature asturienne sont Antón de Marirreguera, Xosefa Xovellanos, Xuan María Acebal, Caveda y Nava, Teodoro Cuesta, Pin de Pría et Fernán Coronas.

C'est à partir de la transition démocratique espagnole que ressurgit (c'est le « xurdimientu ») la littérature astur-léonaise, avec des auteurs tels que Berta Piñán, Esther Prieto, Xuan Bello, Antón García, Miguel Rojo, Carlos Rubiera, Milio Rodríguez Cueto, Pablo Antón Marín Estrada et Martín López-Vega.

LE GALICIEN

Le galicien est une langue romane, proche du portugais. Tant le galicien que le portugais proviennent de la même variation du latin, le galaïco-portugais, né dans la province romaine de Gallaecia, qui comprenait le territoire de la Galice actuelle, le nord du Portugal et les territoires limitrophes de l'est. La langue se forme au 12e s. environ, à partir du latin vulgaire apporté par les conquérants romains au 2e s. de l'ère chrétienne.

Il existe actuellement un courant lusiste encore minoritaire qui défend l'homogénéité du système linguistique galicien-portugais et préconise un rapprochement grammatical et orthographique de ce qu'il considère être deux versions d'une même langue.

Le concept et la mise en œuvre d'une normalisation officielle du galicien ont généré des conflits en Galice durant ces dernières décennies. Le statut de la communauté autonome de Galice a alors octroyé aux pouvoirs publics galiciens toute compétence pour légiférer en la matière. Le 17 novembre 1982 la Junte de Galice (Xunta de Galicia) a établi l'existence d'une norme officielle pour la langue écrite. La loi du 15 juin 1983 relative à la normalisation linguistique a posé l'Académie royale galicienne (Real Academia Galega - RAG) comme autorité de normalisation et a relégué l'Institut de la langue galicienne (Instituto da Lingua Galega - ILG) comme référence légale. Ces deux institutions représentent les deux grandes options de l'évolution du galicien. Mais conflits et débats ne sont peut-être pas clos. En 2001, un processus de négociation a abouti à la réforme de 2003 actuellement en vigueur. Il s'agit des normes orthographiques et syntaxiques de la langue galicienne approuvées le 12 juillet 2003 par la RAG.

Histoire

Le galicien fut une langue de culture, y compris en dehors de la Galice et du Portugal ; ainsi, le roi de Castille Alphonse X le Sage a rédigé les Cantigas de Santa Maria (Chants de Sainte Marie) en galicien. Le galicien-portugais a eu un statut officiel pendant presque sept siècles, mais la noblesse galicienne ayant choisi le camp des perdants dans les conflits de pouvoir de la fin du 13e s. et du début du 14e s., elle a été supplantée par une noblesse d'origine castillane. L'usage du galicien fut réprimé, et il cessa d'être utilisé en public, que ce soit dans les domaines politiques, juridiques, littéraires ou religieux, jusqu'à la fin du 19e s., et fut remplacé par le castillan.

Au même moment, le portugais a continué à se développer dans le seul État de la péninsule non soumis à la domination castillane (sauf, temporairement, de 1580 à 1640, pendant la réunion de la couronne portugaise aux couronnes d'Espagne).

Le galicien aujourd'hui

On compte actuellement presque trois millions de locuteurs du galicien, qui est langue officielle régionale de la communauté autonome de Galice. Il est aussi parlé par une importante communauté galicienne émigrée dans le monde entier. Mais le galicien se parle moins parmi les jeunes. C'est pourquoi le gouvernement de Galice est en train de promouvoir une politique de normalisation de la langue, pour créer un modèle commun à tous les Galiciens.

Tous les ans a lieu le « Día das Letras Galegas » (Journée des lettres galiciennes), le 17 mai, consacré à un auteur dans cette langue (décédé depuis au moins 10 ans et choisi par l'Académie royale galicienne). Cette journée est mise à profit par les organismes officiels pour encourager l'utilisation et la connaissance de la langue galicienne.

Quelques mots en galicien

Ciel : ceo ; eau : auga ; feu : lume ; homme : home ; femme : muller, manger : xantar ; nuit : noite ; nostalgie : morriña/saudade ; orange : laranxa.

Littérature

Les provinces du Nord-Ouest ont apporté leur lot de grands auteurs à l'histoire littéraire espagnole. Mais, comme en peinture, on retrouve une influence plus grande de ces régions avant le Siècle d'or, qui est largement dominé par la littérature des auteurs castillans, puis à partir du 18e siècle. Leur présence est également très importante au 20e s. à travers une œuvre militante qui s'oppose à la dictature et propose un renouveau des genres.

APPORTS DU MOYEN ÂGE

Le premier apport littéraire important dela région est dû à Beato, un moine de Santo Toribio de Liébana *(voir p. 58)*, et son *Commentaire sur l'Apocalypse* écrit en latin au 8e s., qui a donné lieu à une série de remarquables manuscrits enluminés : les **Beatus**.

À partir du 11e s., par le biais des croisades, les hommes sont amenés à parcourir le monde, de St-Jacques de Compostelle jusqu'en Terre sainte, ce qui donne naissance à une littérature de voyage destinée aux pèlerins. Le *Codex Calixtinus* écrit en latin en 1139 est ainsi rédigé à l'intention des pèlerins de Saint-Jacques. Mais c'est un grand lettré du 13e s., le roi **Alphonse X le Sage,** qui compose par ailleurs des poèmes en galicien (*Cantigas de Santa Maria* ou Chants de Sainte Marie) qui fait du castillan la langue officielle de son royaume, en remplacement du latin. L'expansion castillane imposera désormais ce dialecte au reste de l'Espagne, sauf en Catalogne où subsistera, comme langue littéraire, le catalan.

Gaspar Jovellanos, par Goya.

QUELQUES GRANDES ŒUVRES DES 18e ET 19e S.

Au 18e s., l'un des esprits les plus novateurs de l'Espagne des Lumières est issu de la petite noblesse de Gijón : **Gaspar de Jovellanos** y est né en 1744. Il a, outre les talents d'un poète remarquable, les qualités d'un économiste partisan du libéralisme et d'un homme politique éclairé. Nommé à divers postes de l' administration de l'État, il se fait remarquer pour sa volonté de réformer le pays, de lutter contre l'Inquisition et la richesse de l'Église. Destitué, il rentre à Gijón, où il devient conseiller d'État, mais se heurte encore à la vague conservatiste de l'époque. Accusé de diffuser une traduction du *Contrat social* de Rousseau, évidemment censuré, il est arrêté et déporté à Mallorque en mars 1801 et meurt en 1810.

Au 19e s., la période réaliste est illustrée par de grands romanciers : les critiques littéraires considèrent *Sotileza* (1884), une épopée sur les pêcheurs de Santander, comme l'un des meilleurs romans espagnols du 19e s. C'est l'œuvre la plus aboutie de l'écrivain **José Maria de Pereda**, né à Polanco près de Santander, également auteur de *Escenas montañesas* (1864), *Don Gonzalo González de la Gonzalera* (1879) et *El sabor de la tierruca* (1882). Nommé membre de l'Académie royale espagnole en 1896, il meurt à Santander en 1906. **Armando Palacio Valdés**, né à Entralgo (Asturies) en 1853, a laissé une œuvre très populaire, dont les ambiances sont souvent empruntées à sa région natale. Beaucoup traduit, et encore lu, de nos jours, *José* peint la vie et les amours contrariés d'un pêcheur asturien, *El maestrante* décrit l'adultère dans le monde aristocratique et bourgeois asturien et *La aldea perdida* s'attache aux troubles causés dans la vallée asturienne par l'implantation de l'industrie minière.

Née à La Corogne, **Emilia Pardo Bazá** (1851-1921) s'intéresse au naturalisme et à Zola lors d'un séjour à Paris. Elle a laissé une œuvre abondante (18 romans et des nouvelles dont la dernière est paru en 1920) et plus de 560 contes, dont les *Contes galiciens*.

Une autre galicienne remarquable et redécouverte récemment est **Rosalia de Castro** (1837-1885), auteur de trois livres : *Cantares gallegos*, *Follas novas*, *En la Orillas del Sar*. Les deux premiers sont en galicien, le troisième en espagnol. À travers ce dernier, elle cherche à faire connaître à un plus large public une Galice rurale et archaïque, très attachée à ses traditions et à sa langue, qui est celle des paysans. En 1985, lors de la célébration du centenaire de sa mort, l'Espagne a rendu hommage à une œuvre passée inaperçue à son époque et à la démarche solitaire et intérieure de son auteur.

LA GÉNÉRATION DE 98

On ne peut aborder le 19e s. sans évoquer la personnalité de **Miguel de Unamuno** (Bilbao, 1864-Salamanque, 1936), écrivain et philosophe. Exilé par Primo de Rivera, il revient en Espagne à la fin de la dictature, en 1930, et retrouve sa charge de professeur à l'université de Salamanque. Il proclame la République en 1931 du haut du balcon de la mairie. Préoccupé par l'avenir de l'Espagne, l'auteur du *Sentiment tragique de la vie* est aussi celui du fameux discours prononcé à l'université de Salamanque le 12 octobre 1936, en présence de l'épouse du Caudillo, entourée de généraux et de ministres : « Cette université est le temple de l'intelligence. Et je suis son grand prêtre. C'est vous qui profanez son enceinte sacrée. Vous vaincrez parce que vous disposez de la force brutale ; vous ne convaincrez pas car il vous manque la raison. » Assigné à résidence, il meurt à Salamanque en 1936. On retiendra de son œuvre les thèmes suivants : l'obsession de l'immortalité, l'âme espagnole, le paysage espagnol, la préoccupation religieuse (« Je crois en tant que poète, je nie en tant que raisonneur. »), l'horreur des chaînes et le combat pour la liberté.

Avec lui, deux des auteurs les plus importants de la « génération de 98 » (1898) sont le Galicien Ramon Maria del Valle-Inclan et le Basque Pío Baroja. **Ramon Maria del Valle-Inclan** est né à Villanueva de Arosa en 1869. Il est l'auteur de *Tirano Banderas,* roman qui va inspirer des générations d'écrivains latino-américains voulant dénoncer les dictatures. Styliste infatigable et brillant, anarchiste bohème, il incarne l'Espagne lyrique de son temps avec *Les Sonates*, roman où le marquis de Bradomín, dans une Galice féodale tout empreinte de sensualité morbide et automnale, part à la recherche du temps perdu et de sensations fortes. **Pío Baroja**, né à St-Sébastien en 1873, côtoie les écrivains de la génération de 98, tout en niant l'existence de cette dernière. Auteur d'une centaine de livres, il excelle dans la recherche du détail physique et moral. Son écriture rejette les effets littéraires et tente de serrer au plus près la réalité : la réalité des villes, lieu de modernité et du devenir (*La Ville du brouillard)*, la réalité basque qui l'obsède (*La lutte pour la vie),* la réalité de l'homme qu'il voit en aventurier actif (*Mémoires d'un homme d'action).* Il meurt à Madrid en 1956 au terme d'un long exil.

LES PROCHES DU SURRÉALISME

Le mouvement ultraïste, proche du surréalisme, est né en Galice avec la revue *Alfar*, manifeste du mouvement, lancée à La Corogne en 1921.

Gerardo Diego (Santander 1896-1987), auteur d'une abondante œuvre poétique et défenseur du mouvement créationniste en Espagne, y collabore avec **Juan Larrea**. Ce dernier préfigure dans le recueil *Metal de Voz* ce que sera l'écriture automatique en Espagne, dans la mouvance d'Apollinaire. Proche d'eux, un autre galicien, **Eugenio Fernandez Granell** (1912, La Corogne) fuit le régime franquiste et publie en 1959 au Mexique l'un des meilleurs textes de fiction jamais écrits sur la Guerre civile, *Le roman de l'Indien Tupinamba*.

ÉCRIVAINS SOUS FRANCO

L'œuvre âpre et sarcastique du poète militant **Blas de Otero** (Bilbao 1916-1979) a été longtemps interdite en Espagne. Tandis que l'on emprisonnait, tuait les poètes ou les contraignait à l'exil, son livre le plus célèbre, *Pido la paz y la palabra*, manie la parole comme une arme entre les mains du poète : comme le barde antique, celui-ci doit entraîner le peuple et le faire penser, le guider, lui montrer le chemin.

En 1942, l'Espagne est totalement isolée de l'Europe à la suite de la guerre civile et de la Seconde Guerre mondiale. Il n'y a plus de littérature au pays de Cervantes. **Camilo José Cela** (1916-2002), né à Padron en Galice, publie en 1942 un livre court, violent, pimenté d'humour macabre qui raconte l'histoire d'un paysan assassin : *La familia de Pascal Duarte*. Le succès du livre fait de son auteur le chef de file du « tremendismo », un style osé et cru qui tranche avec le lyrisme de ses prédécesseurs. C'est un des livres espagnols les plus traduits et vendus. En 1953, son second roman, *La Colmena* (*La Ruche),* décrit un Madrid de l'après-guerre traversé par la famine, la maladie, la misère, la méchanceté gratuite et la promiscuité. Dans quantité de romans, nouvelles, essais, il a fustigé sans vergogne les tabous de son époque et de son pays. Il est l'auteur d'un *Diccionario secreto* des mots interdits de la langue espagnole et ses derniers livres sont tout aussi novateurs : *Oficio de Tinieblas (Office des Ténèbres)* (1973) et *Mazurca para dos Muertos (Mazurka pour deux morts)* (1983). Il a reçu en octobre 1989 le prix Nobel de la littérature et en 1995 le prix Cervantes.

LA RELÈVE

Parmi les contemporains, **Cesar Antonio Molina**, né à la Corogne en 1952, a publié *Épica* en 1974, *Últimas horas en Lisca Blanca* en 1979, *El fin de Finisterre* en 1988, *Para no ir a parte alguna* en 1994, *Olas en la noche* en 2001 et *En el mar de Ánforas* en 2005, traduits en plusieurs langues, et un recueil de poèmes en galicien, *A noite no crátere*. Il est aussi l'auteur de nombreux essais sur la littérature pendant la guerre civile et d'une importante anthologie de la poésie contemporaine publiée en 1984.

Julián Río, né en Galice en 1941, est l'auteur de *Larva* (1983), un texte qui a été salué par la critique pour sa modernité.

Musique

Aux côtés du folklore, l'Espagne développe depuis le Moyen Âge une musique d'une richesse étonnante, marquée par de nombreuses influences : wisigothique, arabe, mozarabe, française. Dès le 11e s., le chant polyphonique est étudié : c'est à St-Jacques-de-Compostelle, vers 1140, qu'a été composée la plus ancienne œuvre à trois voix connue, le *Codex calixtinus*. La musique basque, comme la musique celte des autres provinces du Nord, s'appuie essentiellement sur des instruments à vent et des percussions.

D. R / MICHELIN

Le joueur de cornemuse.

Les plus répandus sont le **txistu**, flûte basque à trois trous. Vient ensuite la **gaïta**, ou **dulzaïna**, qui s'apparenterait à un hautbois et dont le son ressemble à celui d'une flûte arabe. Quant à l'**alboka**, c'est une corne dans laquelle on souffle pour produire une note continue. Le rythme est marqué par le **txalaparta**, formé de deux corbeilles et de planches sur lesquelles on frappe avec des bâtons. Sa version en métal se nomme la **tobera**. Enfin, le **trikitixa**, un accordéon diatonique très apprécié des artistes contemporains, complète l'ensemble. Vecteur de culture, le chant est omniprésent, depuis les offices religieux jusqu'aux fêtes patronales. Celles-ci donnent parfois lieu à des défis entre **otxote** (formation à huit voix) ou entre **bersolari**, ces poètes qui improvisent en public des vers chantés. Chanter est une telle institution que même pendant les parties de pelote, les points sont psalmodiés ! Les chants les plus anciens se reconnaissent à leur caractère modal (à l'instar du grégorien), tandis que les musiques plus récentes sont au contraire tonales, et syllabiques pour les mélodies populaires, c'est-à-dire qu'à chaque note correspond une syllabe. L'une des formes mélodiques les plus répandues est le **zortziko**.

La cornemuse est présente dans toutes les formations musicales celtes des autres régions du Nord-Ouest, Cantabrie, Asturies et Galice.

Cinéma

Pendant la Guerre civile, puis durant toute la période franquiste, le cinéma espagnol est soumis à une censure redoutable et constitue l'un des principaux supports idéologiques du régime avec des films historiques, religieux, exaltant la mort et l'esprit de sacrifice. Mais l'Espagne est un pays d'artistes qui a néanmoins donné de grandes figures dans le cinéma. Le génie de Buñuel, Saura ou Almodóvar ne doit pas faire oublier un excellent cru de cinéastes issus du Nord-Ouest qui ont aussi atteint une renommée internationale à travers des films sérieux et nostalgiques.

Citons **Víctor Erice** qui se fait remarquer avec *L'Esprit de la ruche* (1973) et *El Sur* (1983), puis **Mario Camus** avec *La colmena* (« La Ruche ») en 1982, inspiré du célèbre roman de Camilo José Cela. Les films de **Manuel Gutiérrez Aragón**, *Les Démons dans le jardin, L'Autre Moitié du ciel* (1986), montrent les mutations économiques entre l'Espagne franquiste et démocratique.

Ces dernières années, le cinéma espagnol a produit de jeunes metteurs en scène, tels **Alex de la Iglesia** (*El día de la bestia*, 1995) et **Julio Medem** (*Les Amants du Cercle polaire*, 1998), et connu des succès égaux à ceux jusqu'ici rencontrés par les productions hollywoodiennes, *Secrets du cœur* (1997), de **Montxo Armendáriz,** originaire d'Olleta. Sa production est en partie le reflet de préoccupations sociales, comme dans *Tasio* (1984), où il filme les derniers mineurs de Navarrre, *Historias del Kronen* (1994), où il s'interroge sur la perte de repères des jeunes issus de la bonne société basque, ou *27 horas* (1986), sur le monde de la drogue, et *Las cartas de Alou* (1990) sur le racisme en Espagne. *Secretos de corazón* (1996) a obtenu le Grand Prix du Festival du film de Berlin et a été nominé aux Oscars. Enfin, en 2001, il a réalisé *Silencio roto*, sur un sujet non traité jusqu'ici et qui évoque la vie des groupes de résistants restés en activité dans le nord de l'Espagne après la guerre civile jusqu'à la fin des années 40.

ARTS ET TRADITIONS POPULAIRES

L'Espagne est un pays où les traditions sont restées vivantes et où l'on participe intensément aux fêtes, très souvent fortement théâtralisées, célébrées tout au long de l'année. Ces célébrations, différentes et variées selon les régions, témoignent de la richesse et de la diversité du pays.

Office espagnol du Tourisme/Paris

Los Zancos, danseurs sur échasses, à Angulano dans La Rioja.

Architecture traditionnelle

LA MAISON BASQUE

Les maisons du littoral

La ferme aux murs blancs et aux boiseries rouges trônant dans un écrin de verdure est devenue l'image d'Épinal de la maison basque (*etxea*). Elle ne concerne en fait que la maison de la façade océanique et on trouve d'autres types d'architecture dans l'arrière-pays.

Les maisons fortes

Parmi les plus typiques citons les **maisons-tours,** ou maisons fortes. Ce sont des constructions fortifiées imposantes, généralement « posées comme des sentinelles au centre des vallées » (Baeschlin). Elles datent de l'époque où les habitants des vallées se livraient des luttes fratricides (entre le 13e et le 15e s.) et servaient de refuge. Beaucoup portent un **blason** sur leur façade.

Les « palacios »

Dans le sud du Pays basque, les « palacios » ont été construits entre le 15e et le 18e s., souvent sur d'anciennes maisons-tours. Progressivement, les palais ont abandonné leur caractère militaire pour devenir d'agréables résidences donnant plus d'importance à la décoration extérieure. C'est ainsi que les tours défensives placées aux angles des constructions militaires sont devenues des pinacles d'ornement.,

La maison et la sépulture

Dans la société traditionnelle basque, la maison était reliée à la sépulture par un chemin particulier *(hil bide)* qu'empruntait tout cortège funèbre. Avant l'aménagement des cimetières, chaque maison possédait sa sépulture dans la nef de l'église. Lors des offices, les femmes de la maison prenaient place sur une dalle appelée *jarleku* pour accomplir les rites funéraires tandis que les hommes étaient relégués au fond, puis plus tard, dans des galeries. Avec l'instauration des cimetières, la sépulture, orientée vers le soleil levant, était généralement signalée par une **stèle discoïdale** portant sculptés le nom de la maison et différents signes dont certains renvoient à des conceptions très anciennes du monde et de la vie.

LES « HÓRREOS » ASTURIENS ET GALICIENS

L'*hórreo* est un grenier à grains construit en bois ou en pierre, élevés au-dessus du sol au moyen de piliers, les *pegollos*, pour en éviter l'accès aux rongeurs. Appelés greniers à blé, ils étaient utilisés en réalité pour emmagasiner toutes sortes d'aliments et les conserver.

Leur origine remonte à l'époque romaine (*horreum*) mais ils sont typiques du nord de l'Espagne. Généralement, on distingue les *hórreos* rectangulaires de la Galice des *hórreos* carrés des Asturies et de la Cantabrie.

En Asturies, il existe plusieurs types d'*hórreos*, utilisant des matériaux différents pour leurs toits (bois, paille, ardoise, etc.), leurs piliers ou leur décoration. Les plus anciens encore debout datent du 15e s. et l'on estime à près de 18 000 le nombre d'*hórreos* visibles en Asturies. Les *hórreos* font maintenant partie du patrimoine touristique et rural des Asturies et de la Cantabrie et il n'est pas rare de les voir couverts de tresses de maïs comme autrefois. En Galice, le plus grand *hórreo* est un véritable monument, situé dans la commune de Carnota *(voir p. 269)*, il mesure 35 mètres de long.

LE « PAZO » GALICIEN

Les *pazos* sont les manoirs qui jalonnent les paysages de la Galice. Le mot « pazo » puise sans doute son origine dans le latin « palatium » bien que le concept en tant que tel ne se fige qu'aux 18 et 19e s. Toutefois, les premières constructions palatines du genre sont datées autour de l'an 1500.

Ses caractéristiques renvoient à plusieurs modèles. Sur le plan architectural, le *pazo* est en partie l'héritier des villas romaines, mais aussi des chateaux forts et des palais urbains de l'époque médiévale. On y retrouve aussi des éléments des constructions rurales et religieuses, des maisons de style Renaissance italienne et des palais baroques, et des emprunts aux constructions du même type du Portugal tout proche; enfin, le modèle des édifices Renaissance et néoclassique des provinces voisines n'est jamais très loin non plus. Malgré leur noble statut, ces manoirs se distinguent franchement de la maison bourgeoise des villes par ses grandes dimensions, adaptées à la vie agricole, et par les matériaux plus austères qui signent ce type d'architecture traditionnelle. L'édifice est souvent augmenté de dépendances et d'une petite chapelle. Les dépendances sont dédiées à l'élevage et à la culture des terres alentour. La chapelle est généralement très décorée, montrant ainsi l'importance de la religion dans la vie des propriétaires. Au début du 16e s., une relative stabilité politique favorise le départ de la noblesse de province vers les villes. Le *pazo* devient alors un mode de vie seigneurial à la campagne. À partir du 19e s., il devient un lieu de villégiature.

LES « CASONAS INDIANAS »

En Asturies, on appelle « Indianos » les émigrants qui à la fin du 19e s. et au début du 20e s. sont partis aux Amériques (Cuba, Mexico et Chili notamment) et en sont revenus immensément riches. Il s'agissait en majorité de prêtres, militaires et fonctionnaires de la Couronne qui recevaient en échange de leurs services d'immenses propriétés, les *casonas*, qui se sont ensuite transmises de génération en génération.

La mode de ces vastes maisons va perdurer jusqu'aux années 30. L'argent des nouveaux riches attirent les meilleurs architectes, comme les Santanderinins Casimiro Pérez de la Riva et Valentín Lavín Casalís ou le Français Edouard Brudard. Meubles, objets et peintures sont importés de Paris et de Londres.

Le style *indiano* est volontairement ostentatoire et luxueux, à l'image du musée de l'Émigration de Colombres, en Asturies, installé dans le somptueux palais **Quinta Guadalupe** construit en 1906 par Íñigo Noriega Laso, habitant de la ville qui a fait fortune au Mexique. Une incroyable variété de tendances et de goûts sont convoqués pour une même construction. Jusqu'à la fin du 19e s., les *Indianos* se contentent de réhabiliter leurs maisons ou de construire des palais dans un style néoclassique de type français ou anglais, mais, petit à petit, sont introduits des mélanges « gothico-exotiques », créant un style tout à fait original. L'*Indiano* a en tête les grandes exploitations coloniales, où il a travaillé, et emploie de nouveaux matériaux (fer, béton et stucs) et des techniques nouvelles. Cela donne des palais baroques extravagants agrémentés de tours, galeries et autres balcons.

Ces différentes importations adaptées par ceux qui n'ont pas quitté le continent mais qui imitent ces constructions produisent alors le style régionaliste cantabre, dont l'un des meilleurs représentants est **Leonardo Rucabado**, qui a réalisé la Biblioteca y Casa-Museo de Menéndez Pelayo de Santander. La

Guerre civile et la crise économique vont faire cesser ces entreprises architecturales expérimentales et grandiloquentes et faire place à un style plus discret, moderne et fonctionnel.

Fêtes et traditions

Les villes et les villages espagnols célèbrent tous, avec plus ou moins d'exubérance, leur plus importante fête en l'honneur du saint patron de la localité. Ces fêtes ont lieu en été.

En Navarre, **Les Sanfermines de Pampelune**, célébrées en l'honneur de saint Fermin (7 juillet), débutent avec le *chupinazo* (tir d'un ballon) et, pendant une semaine, la ville vit nuit et jour dans une ambiance de fête ininterrompue qui connaît ses moments forts lors des spectaculaires *encierros* du matin (on conduit les taureaux, qui sont précédés d'une foule de jeunes gens, à travers la ville jusqu'aux arènes pour les enfermer dans les *toriles*) et des corridas du soir.

ROMERÍAS ET SEMAINE SAINTE

Les **romerías** sont des pèlerinages à un sanctuaire ou à un ermitage isolé où l'on se rend en procession, groupés par confréries, par quartiers ou par villages. De nombreux pèlerins revêtent le costume régional et scandent leur marche de chants folkloriques. C'est l'occasion de se retrouver, de déjeuner sur l'herbe, de danser.

En Cantabrie, en Asturies et en Galice, la *romería* est toujours accompagnée des sons aigrelets de la **gaita**, variante du biniou, et parfois du tambourin et des castagnettes. Elle honore les plus vieux métiers du terroir : vachers, bergers, marins. Les fêtes les plus typiques sont celle des vachers *(vaqueiros)* à Aristébano, en été, et la Fête des bergers *(pastores)*, aux environs du lac d'Enol. Les danses les plus courantes en Galice sont la *muñeira* (danse de la Meunière), la danse des épées, réservée aux hommes, et la *redondela*.

Les processions de la Semaine sainte, dont le caractère varie selon le tempérament de chaque région – plus austères en Castille, plus festives en Andalousie – sont une autre manifestation de cette foi catholique si profondément enracinée dans l'âme espagnole.

Dans de nombreuses localités, les gens accompagnent la Passion du Christ. La beauté des statues qui sont pour la plupart de véritables œuvres d'art et que l'on mène en procession, la solennité des cortèges et la ferveur des participants peuvent impressionner les croyants comme les non-croyants.

LES FÊTES DE NOËL

Les fêtes de Noël sont les fêtes familiales par excellence. Les cadeaux traditionnels à cette occasion sont les *cestas de Navidad*, grandes corbeilles d'osier, souvent à plusieurs étages, garnies de bouteilles, de jambons et de dragées, de *turrón* (nougat ou touron) et de massepain. Une autre tradition est le défilé des Rois mages le soir du 5 janvier. Ils parcourent les villes distribuant des bonbons aux enfants.

PAYS BASQUE ET NAVARRE

Les danses

Coiffés du fameux béret rouge, vêtus d'un costume blanc ceinturé de rouge, les hommes exécutent des rondes, au son des **zortzicos** (chants), du **txistu** (flûte) et du *tamboril*. La plus solennelle est l'*aurresku*, que les hommes dansent après la grand-messe, en se donnant la main. L'**espata-dantza** (danse des épées) a des réminiscences guerrières, celle des fileuses ou celle des bâtons évoquent des travaux quotidiens. Autre particularité basque, les concours sont très populaires.

La pelote basque

La pelote est de loin la grande passion des Basques. Elle se joue sous différentes modalités : à la **chistera** (gouttière en osier prolongeant le gant protecteur), à la **cesta punta**, importée d'Amérique latine, qui se joue sur un fronton couvert *(jaï alaï)*, avec une raquette en bois ou *pala*, ou à la main **(a mano)**. À Markina en Biscaye fonctionne une célèbre université de la Pelote.

Spécialités gastronomiques

Les provinces du nord de l'Espagne ont fait de la gastronomie un art de vivre et ce n'est sans doute pas un hasard si la région basque concentre d'excellents restaurants.

Pays basque

La cuisine basque est le fruit d'une laborieuse préparation avec de nombreux plats en sauce, des ragoûts de poisson, de morue, de colin préparés en sauce verte, au piment, les *chipirones en su tinta* (petits calmars préparés dans leur encre). Le *marmitako*, plat typique des villages de pêcheurs, est composé de thon, de pommes de terre et de poivrons et souvent accompagné d'un bon *txacoli*, vin blanc au goût acide. Les restaurants proposent également du **crabe farci**, des **palourdes** et des **araignées de mer**. La **pibale**, future anguille, est un mets rare, souvent réservé aux fêtes. Frite dans l'huile et l'ail, elle se déguste dans une cassolette à l'aide d'une petite fourchette de bois. Les amateurs de viandes goûteront avec délice **l'axoa** (sorte de ragoût d'agneau ou de veau coupé en dés avec du piment), le boudin et, partout, le **jambon** : du savoureux **jabugo** à la viande de cochon sauvage ou de sanglier au **serrano** (viande des montagnes), ou le délicieux **bellota**, préparé avec de la viande de cochon nourri de glands et de châtaignes, à déguster arrosé d'un verre de cidre.

Impossible de repartir du Pays basque sans avoir goûté à son chocolat! Les meilleurs se dénichent à St-Sébastien ou Tolosa, selon une tradition remontant au 16e s. Les amateurs de sucreries apprécieront également les *vasquitos* et *nesquitas* de Vitoria, le *goxua* (une sorte de baba au rhum nappé de crème pâtissière et de caramel) et, bien entendu, le gâteau basque au cœur de cerise ou de crème d'amande.

Galice

La cuisine galicienne doit sa finesse à la qualité des produits de la mer : poulpe, merlu, daurade, coquilles Saint-Jacques *(vieiras)*, moules *(mejillones)*, pouces-pieds *(percebes)*, gambas, cigales de mer et langoustines. Mais on y trouve aussi le pot-au-feu local, **el caldo gallego**, et le jambonneau aux feuilles de navet, **el lacón con grelos**. On arrose tout cela de vins locaux : le **ribeiro** blanc ou rouge et l'**albariño** blanc. En tapas, les **empanadas** (petits chaussons fourrés au thon), le **pulpo gallego**, poulpe pimenté, les **pimientos de Padrón**, petits piments verts frits, sont d'inoubliables plaisirs que l'on termine avec une part de **tarta de Santiago**, délicieux gâteau aux amandes servi avec un verre de Jerez doux.

Asturies et Cantabrie

Poissons et fruits de mer sont aussi à l'honneur, mais la plus grande spécialité est une sorte de cassoulet baptisé **fabada**, l'un des plats les plus typiques du nord de l'Espagne. Pour sa réalisation, on utilise la **faba,** ou fabe, un haricot blanc de qualité exceptionnelle. Préparé à base de charcuterie régionale, de morcilla, de chorizo séché au four, d'épaule de porc ferme et savoureuse ainsi qu'avec du lard, un os de jambon, une oreille, un pied ou une queue de porc. Ses variantes, le *pote asturiano* et le *cocido montañés*, sont servis avec des pommes de terre et du chou. Dans la région, vous trouverez du saucisson de sanglier, les anchois de Santoña, de l'orujo, eau-de-vie fabriquée en Galice et en Cantabrie, dans la vallée de Liébana, des fromages aux laits de vache mélangés comme le fameux Cabrales. Enfin, ici, le **cidre** est une institution.

Plantes du Nouveau Monde

Les ports basques furent des entrées importantes de la plupart des plantes venant du Nouveau Monde. Maïs, pommes de terre, haricots, tomates, courges, potirons, piments sont cultivés depuis très longtemps au Pays basque et en Navarre, suffisamment longtemps pour que les paysans aient là aussi utilisé leur savoir-faire pour sélectionner ces végétaux et produire des variétés adaptées aux conditions locales. Aujourd'hui, plusieurs variétés sont réputées, comme les piments de Lodosa ou de Guernica, les haricots de Tolosa.

Les vins de la Rioja

La Rioja est la région la plus exportatrice d'Espagne, dont elle produit les vins les plus prisés. Son vignoble de 47 000 hectares divisés en trois sous régions (la Rioja Alta, la Rioja Baja et la Rioja Alavesa) est le premier à avoir obtenu la Denominacion de Origen Calificada (D.O.C.).

Si ses vins ont un air de famille avec les bordeaux, ce n'est pas un pur hasard : beaucoup de producteurs bordelais, ruinés par le phylloxéra s'y installèrent au 19e s., et expérimentèrent leurs méthodes de vinification sur ces terres, qui se révélèrent d'excellent aloi…

Le **tempranillo** y est le cépage roi. Il est à la base de tous les bons Rioja dont le style est reconnaissable entre tous : force, corps, structure et aptitude au vieillissement, les qualités essentielles des grands vins d'assemblage dont certains domaines de marques comme **Palacios Remondo, Marques de Riscal,** ou **Marques de Murrieta** se sont faits les chantres internationaux.

Pour en savoir plus, reportez-vous aux pages consacrées à la région de la Rioja dans la partie « Découvrir les sites ».

Le pèlerinage de Saint-Jacques

Depuis des siècles, le chemin de St-Jacques-de-Compostelle rassemble des jacquets de plus en plus nombreux. Le long de l'ancienne voie romaine allant de Bordeaux à Astorga, passant par St-Jean-Pied-de-Port, en Basse-Navarre, c'est un pèlerinage toujours chargé d'émotions.

L'HISTOIRE

L'apôtre

Selon la légende, l'apôtre Jacques serait venu évangéliser l'Espagne. De retour en Palestine, il fut décapité et son corps, transporté par deux de ses disciples, aurait échoué sur la côte de Galice. Il aurait alors été enterré à Compostelle. Lors de la reconquête de l'Espagne, Jacques serait apparu dans un combat sur un cheval blanc, terrassant les Maures (d'où son surnom de Matamore). Sanctifié, l'apôtre devint le patron des chrétiens, symbole de la Reconquête.

Le chemin de la foi

Au Moyen Âge, le tombeau de saint Jacques le Majeur attire en Espagne une foule considérable de pèlerins. La dévotion envers « Monsieur saint Jacques » est si vivante que **Santiago** (Compostelle) devient un lieu de rassemblement exceptionnel. Depuis le premier pèlerinage français accompli par l'évêque du Puy en 951, des millions de jacquets, jacquots ou jacobits, ont pris la route pour aller vénérer les reliques de l'apôtre à partir des villes de regroupement que constituaient pour l'Europe entière Paris, Vézelay, Le Puy, Autun et Arles.

Une organisation très complète d'**hospices** facilitait le voyage et pourvoyait, le long des principaux itinéraires, à l'hébergement des pèlerins et à leur bonne santé spirituelle. Les itinéraires convergeaient en Basse-Navarre avant le franchissement des Pyrénées, opérant leur jonction à Ostabat. St-Jean-Pied-de-Port représentait la dernière étape avant l'ascension vers le col frontière. Les pèlerins gagnaient Roncevaux par la route des hauteurs, section de l'ancienne voie romaine de Bordeaux à Astorga. Chaque pèlerin portait une croix de feuillage faite de ses mains avant la montée. Au terme de la première escalade, au col de Cize (Ibañeta), près de la « Croix de Charles », le jacquet priait, chantait et plantait sa croix. À l'ermitage voisin, la cloche sonnait par temps de brouillard et durant une partie de la nuit afin de rallier les égarés.

Le pèlerin

Au Moyen Âge, la pratique des grands pèlerinages fit du pèlerin un personnage familier des villages qui ponctuaient le chemin. Il était accueilli avec respect, voire enthousiasme, car il contribuait à la vitalité du commerce local. Son costume ressemblait à celui des voyageurs de l'époque : une vaste cape et un mantelet court (esclavine), une panetière (musette), une gourde, un couvert et une écuelle. En plus de cela, il était équipé d'un coffret en tôle contenant les papiers et les sauf-conduits, d'un gros bâton à crosse (bourdon) et des insignes du pèlerinage : coquille et médaille. À son retour, le fidèle qui avait pris la coquille et le bourdon était considéré comme un notable. Les confréries de St-Jacques avaient leur chapelle particu-

Pèlerin randonneur au site de la Vierge d'Orisson.

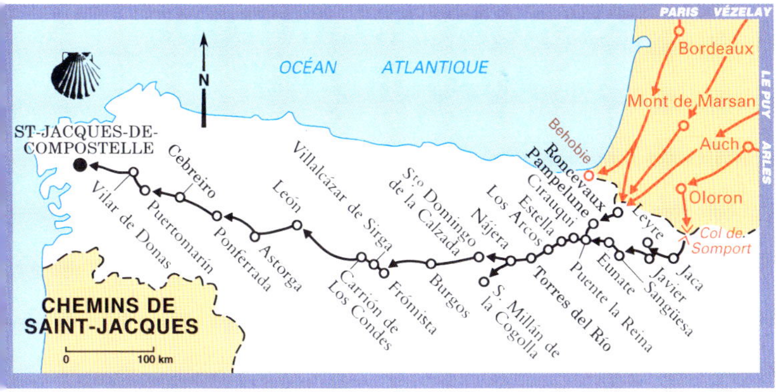

lière dans les églises ; elles constituaient des fraternités (frairies) et conservaient les comptes-rendus de voyage.

Au cours des siècles, la foi des jacquets s'est émoussée. Lucre et brigandage rassemblaient des bandes de « coquillards », faux pèlerins, dont fit partie le poète **François Villon**. Avec les guerres de Religion, le protestantisme et le jansénisme, les mentalités changèrent et la méfiance populaire voyait volontiers sous la pèlerine un aventurier ou un escroc. Si au 16e s. les pérégrinations se raréfient, au 18e s., quiconque voulait se rendre à St-Jacques-de-Compostelle devait se munir d'un extrait de baptême légalisé par l'autorité de police, d'une lettre de recommandation de son curé, légalisée, et d'un formulaire, dûment rempli, de son évêque.

LE RENOUVEAU

Desservi par de longues périodes d'insécurité et de lourdes démarches administratives, le pèlerinage de Compostelle connaît aujourd'hui un regain d'intérêt. Il est actuellement plus facile d'entreprendre le voyage puisqu'une carte d'identité ou un passeport suffisent à franchir les frontières. D'autre part, même s'il est fortement recommandé, le livret du pèlerin n'est plus indispensable.

Au 21e s., les pèlerins arrivent de tous les continents et prennent la route pour toutes sortes de raisons : démarche mystique, besoin de faire le point, envie de culture historique, simple désir de randonnée.

Leurs motivations sont diverses, mais toutes aboutissent à une expérience personnelle forte, ainsi qu'un voyage au cœur de l'histoire et de la culture européennes. Credencial en poche (*voir encadré*), voici les principaux itinéraires à suivre :

Côté français

Ce sont maintenant des gîtes d'étape qui assurent l'hébergement et le bien-être spirituel des pèlerins. Ils jalonnent les mêmes itinéraires qui convergeaient en Basse-Navarre, à Ostabat, avant d'atteindre St-Jean-Pied-de-Port. Aujourd'hui encore, les pèlerins gagnent Roncevaux par la route des hauteurs. Certains portent encore une croix de feuillage pour la planter près de la « Croix de Charles », au col de Cize (Ibañeta). Mais la cloche de l'ermitage voisin ne sonne plus par temps de brouillard ni la nuit pour les égarés.

En Espagne

Comme en France, plusieurs itinéraires sont possibles. Celui des Asturies, qui longe la côte, a souffert de sa mauvaise réputation, au 15e s., suite aux incursions côtières barbaresques. Il est encore aujourd'hui le moins fréquenté bien que les organismes de tourisme espagnols essaient de le réhabiliter. Le plus connu et le plus emprunté est le « Camino Francés » (Chemin des Français) : débutant au Somport et à Roncevaux, il est jalonné d'églises et de monastères. Ceux qui viennent du Somport passent par Santa Cruz de la Séros, San Juan de la Peña, le monastère de Leyre et Sangüesa avant de rejoindre Puente-la-Reina. Le trajet est plus court pour ceux qui partent de Roncevaux, car l'unique et grande étape avant Puente-la-Reina est Pampelune.

Les attributs du pèlerin

Coquille St-Jacques et bâton, bien entendu, et surtout le *credencial*, ce passeport du pèlerin qui ouvre de nombreuses portes, notamment dans les gîtes d'étape espagnols.

Pour plus d'informations et de conseils, reportez-vous p. 31.

ESPAGNE ATLANTIQUE AUJOURD'HUI

Réunissant plusieurs régions à l'identité forte, dont le Pays basque et la Galice qui ont chacune leur propre langue, l'Espagne Atlantique apparaît cependant homogène par ses paysages verts, son histoire et son économie. Constitué de six des dix-sept régions autonomes d'Espagne, ce territoire est caractérisé par l'omniprésence des côtes baignées par l'océan Atlantique (à l'exclusion de la Navarre et de La Rioja qui n'en sont pas très éloignées).

L'Espagne contemporaine

JUAN CARLOS ET L'AVÈNEMENT DE LA DÉMOCRATIE

Après une quarantaine d'années au pouvoir, marquées par intransigeance et le conservatisme, Franco meurt le 20 novembre 1975. Il s'est choisi un successeur : un petit fils d'Alphonse XIII, sacré roi sous le nom de Juan Carlos Ier. Mais le jeune souverain surprend les franquistes en restaurant la démocratie. La censure est abolie, les partis politiques et les syndicats retrouvent une existence légale. Le démocrate chrétien Adolfo Suárez est élu président du gouvernement en 1977 et une nouvelle constitution est approuvée par référendum en 1978. Les statuts d'autonomie de la Catalogne, du Pays basque et de la Galice sont reconnus.

Les deux années suivantes marquent un tournant décisif : un coup d'État avorte en 1981 grâce à l'intervention du jeune roi, le socialiste Felipe González est élu président du gouvernement en 1982.

LA MODERNISATION

Le pays entame une mue spectaculaire, qui voit sa modernisation sur les tous les plans : économique, social, urbanistique, artistique, etc. En 1986, le pays entre dans la Communauté européenne. En 1992 (soit cinq siècles après la découverte de l'Amérique), Barcelone accueille les Jeux olympiques, Séville organise une exposition universelle et Madrid est proclamée «capitale de l'Europe».

José María Aznar est élu en 1996, marquant le retour de la droite après quatorze ans de pouvoir socialiste : c'est le début d'une alternance démocratique

Les attentats de Madrid

Le 11 mars 2004, dix bombes explosent dans des trains, faisant près de 200 morts et 1 500 blessés. Le Premier ministre José María Aznar, qui a engagé le pays aux côtés des États-Unis dans la guerre en Irak malgré l'opposition massive de la population, accuse immédiatement l'ETA, l'organisation indépendantiste basque. Mais l'enquête révèle qu'il s'agit d'un attentat islamiste et le gouvernement est accusé d'avoir manipulé l'opinion. La sanction tombe aux élections, avec la victoire du socialiste Zapatero, hostile à la guerre, qui rapatrie les troupes espagnoles.

normalisée, qui voit le retour des socialistes en 2004, avec l'élection de José Luís Zapatero à la suite des attentats de Madrid, le 11 mars 2004.

L'euro a été adopté en 2002 et, en 2005, le « oui » l'emporte au référendum sur la Constitution européenne : après des siècles de conflits et de conservatisme, l'Espagne est devenu un pays dynamique, tolérant et ouvert sur le monde.

POLITIQUE ET ADMINISTRATION

La Constitution espagnole, approuvée en octobre 1976 par les Cortes (Assemblée et Sénat) et adoptée par référendum le 6 décembre 1978, définit la forme politique de l'État espagnol comme une **monarchie parlementaire**; la souveraineté réside dans le peuple espagnol. Un **chef de l'État**, incarné dans la personne du roi, des **Cortes Generales** et un **gouvernement** sont les figures représentatives de ce système politique. Le roi dispose de pouvoirs importants : désignation du président du Gouvernement, convocation et dissolution des Cortes, mais l'exercice du pouvoir réel revient au Premier ministre. Les Cortes, qui représentent le peuple espagnol, sont élues au suffrage universel tous les quatre ans ; elles disposent du pouvoir législatif et sont divisées en deux chambres : la **Chambre des députés** et le **Sénat**. Le gouvernement exerce la fonction exécutive par l'intermédiaire d'un président du Gouvernement (ou Premier ministre), de vice-présidents et de ministres. Le pouvoir judiciaire, dont l'organe supérieur est le Tribunal suprême, est un pouvoir indépendant déposé entre les mains de juges et de magistrats.

Du point de vue territorial, l'Espagne est organisée en communautés autonomes, provinces et municipalités.

– **Les communautés** : l'Espagne est divisée en 17 communautés autonomes constituées d'une seule province ou de plusieurs. Chacune dispose de son propre gouvernement, avec un conseil exécutif et une assemblée législative élue au suffrage universel ; un président de Communauté, élu tous les quatre ans, la dirige. Le transfert de pouvoirs des ministères centraux (le pouvoir central conserve la Défense, les Relations extérieures et la politique économique concernant l'ensemble du pays) vers les organismes autonomes est un processus encore inachevé, mais le régime d'autonomie que connaît l'Espagne est l'un des plus avancés d'Europe, chaque communauté ayant vu entre autres sa langue propre reconnue comme langue officielle au même titre que le castillan.

– **Les provinces** : la recherche d'une meilleure efficacité administrative a conduit les gouvernements d'Isabelle II (au 19e s.) à créer la première division du territoire en provinces. Actuellement, l'Espagne compte 50 provinces.

– **Les municipalités** : la plus petite division territoriale est aussi la mieux enracinée historiquement ; chacune est dirigée par un conseil municipal, à la tête duquel se trouve un maire (alcalde).

Dans le cadre de cette organisation administrative, les communautés et les municipalités sont les organismes qui disposent des plus grands pouvoirs de gestion du territoire.

Les régions Atlantique

UN TERRITOIRE AVANT TOUT GÉOGRAPHIQUE

Il recouvre sept communautés autonomes : le long du littoral, la **communauté autonome basque** (provinces de Guipúzcoa, Biscaye, Álava), suivie par celles de **Cantabrie**, des **Asturies** et de **Galice** (provinces de La Corogne, Lugo, Ourense et Pontevedra); côté terre, la **communauté forale de Navarre**, la communauté de **la Rioja.** Dans ce guide, nous traitons aussi les localités liées au chemin de St-Jacques en **Castille-et-León**.

Autant dire que les identités sont multiples, comme l'a déjà montré le chapitre consacré à la culture et aux langues basque, asturienne et galicienne *(voir p. 68-69)*.

LA QUESTION BASQUE

La constitution de 1978 divise l'Espagne en 17 communautés autonomes, dont trois ont un statut « historique » en raison de leur existence sous la 2e République : le Pays basque (ou Euskadi selon le statut d'autonomie de Guernica de 1979), la Galice et la Catalogne. On remarquera la concordance de ce statut particulier avec la forte survivance d'une langue et d'une culture particulière à chacune de ces régions. Mais si la Galice s'intègre sans trop de difficultés à l'ensemble des communautés autonomes, il n'en va pas de même pour celle d'Euskadi.

Une situation complexe

La Communauté autonome basque (Euskadi) se distingue de la Galice et des autres communautés de l'Espagne Atlantique par un fort nationalisme.

Ses revendications rejoignent celles d'autres régions (Andalousie, Catalogne, Galice, etc.), auxquelles l'État espagnol répond par sa vision d'une nation espagnole unique composée de provinces aux statuts différents. Il négocie sur cette base. Or au Pays basque, le terrorisme d'ETA (actif dès les années 1960) envenime le dialogue avec les nationalistes.

Les forces en présence

On peut schématiquement distinguer les trois composantes suivantes dans la vie politique basque en Espagne :

- une frange espagnole représentée par le **Partido Popular (PP)**, de droite, et le **Partido Socialista (PSOE)**, de gauche ;
- une frange nationaliste basque radicale ou « gauche abertzale », autour d'**ETA** et de sa vitrine politique **Herri Batasuna** (Unité populaire), interdite en 2002 ;
- enfin une frange nationaliste modérée autour du **PNV** (Parti nationaliste basque), qui gouverne l'Euskadi depuis sa création.

Le poids respectif de ces trois composantes fluctue régulièrement en fonction des différentes consultations.

Entre crises et négociations

La vie politique basque est marquée par une alternance de périodes d'accalmies, de trêves et de reprise de tension entre les séparatistes et le gouvernement espagnol. Et si une détente relative est actuellement en vigueur, les armes n'ont pas été déposées et laissent toujours planer le risque de nouvelles violences.

Pourtant, si l'identité basque est fièrement revendiquée aujourd'hui par de nombreux Basques, elle n'est cependant, pour la majorité d'entre eux, nullement antinomique avec un fort sentiment d'appartenance à la nation espagnole. En cela, les Basques sont proches des habitants de la plupart des autres provinces espagnoles qui assument et revendiquent également leur double identité, nationale et régionale.

La population

Différences de répartition

L'encadré ci-dessous indique que les régions les plus densément peuplées se trouvent sur la façade littorale : le Pays basque en tête (avec ses 1 135 000 habitants en 2002, la Biscaye concentre près de la moitié de la population d'Euskadi), puis la Cantabrie et les Asturies. La Galice fait figure d'exception. Bien que la plus peuplée des communautés autonomes côtières, elle affiche la densité la plus faible du littoral. Cela s'explique en partie par la taille de son territoire.

À l'inverse, la Navarre et La Rioja, enclavées dans les terres, présentent une densité nettement inférieure à leurs voisines et même à la moyenne nationale. Cette différence met en évidence une tendance qui date de l'industrialisation et qui n'a cessé de se renforcer au 20e s.

DISPARITÉS RÉGIONALES	Superficie en km²	Population	Densité en hab./km²	PIB/hab. en euros
Espagne	505 182	45 000 000	**88**	22 152
Asturies	10 604	**1 076 896**	101	18 533
Cantabrie	5 231	**568 091**	106	21 897
Galice	29 572	**2 760 179**	93	18 335
Navarre	10 421	605 022	55	27 861
Pays basque	7 089	**2 108 281**	290	28 346
La Rioja	5 045	**306 377**	55	23 495

Enfoque / SIPA

Inauguration, par le roi Juan Carlos, de l'hôtel Marques de Riscal réalisé par Frank Gehry.

Des dualités

La première différence de peuplement **côte-arrière-pays** qui apparaît à l'échelle des communautés se confirme au niveau provincial. Ainsi, un quart des Guipuzcóans habitent à St-Sébastien. Dans les Asturies, l'essentiel de la population se concentre entre la côte, les grandes villes (Gijón, Avilès) et Oviedo, qui n'est qu'à une trentaine de kilomètres de la mer.

Ces constats mettent aussi en lumière une autre tendance démographique de l'Espagne Atlantique, commune à tous les pays d'Europe : le **développement des espaces urbains** au détriment des campagnes. L'exemple de la Navarre est à cet égard particulièrement représentatif. Aujourd'hui, un tiers de la population navarraise vit dans l'agglomération pampelonaise. La ville a doublé sa population en 40 ans, et les vallées pyrénéennes au nord se désertifient. Sur la même période, Vitoria-Gasteiz a presque vu tripler le nombre de ses habitants.

Le territoire tend aujourd'hui à se structurer autour de ces grandes cités et agglomérations (Bilbao, Pampelune, Burgos, León…), qui concentrent communications et activités économiques. Seule la Galice échappe pour l'instant à ce schéma, peut-être en raison de son enclavement à l'extrémité septentrionale de la péninsule. Elle dispose d'un réseau de villes moyennes (Vigo, La Corogne, Ourense, St-Jacques-de-Compostelle) qui s'équilibrent pour l'instant, mais la région n'échappe pas au clivage : littoral-intérieur des terres, avec une densité d'environ 50 hab./km^2 vers Ourense et Lugo, contre 140 hab./km^2 autour de La Corogne et Pontevedra.

L'économie

D'une manière générale, ces dualités correspondent aux évolutions économiques des communautés autonomes et à la **tertiarisation** de l'économie. Dans toutes les provinces, les services occupent la majorité de la population active, qu'il s'agisse du Pays basque (61 %), des Asturies (65 %) ou de la Galice (60,30 %).

À l'opposé, et à l'image des économies occidentales, le secteur primaire devient confidentiel : il occupe 2 % des actifs basques ou navarrais, 6 % des Asturiens et entre 14 et 25 % des Galiciens. Si la pêche a longtemps été subventionnée par l'Union européenne, elle doit faire face à l'appauvrissement des ressources halieutiques et aux quotas européens. Côté terre, les actifs vieillissent, mais cela n'empêche pas l'agriculture de fournir une industrie agroalimentaire florissante, comme à Oviedo ou dans La Rioja.

Enfin, l'Espagne Atlantique vit encore de ses industries, plus ou moins reconverties selon les communautés. La plus efficace à cet égard a été l'Euskadi. En 1990, son secteur sidérurgique traditionnel est intégralement reconverti, et la région reste le premier **producteur d'acier** d'Espagne. Elle a aussi consolidé le secteur automobile et créé *ex nihilo* une nouvelle industrie aéronautique.

Preuve de son dynamisme : les parcs technologiques regroupant les activités comme à Zamudio, près de Bilbao (175 entreprises en électronique, télécommunications, environnement et aéronautique) ou à Miñano, près de Vitoria (télématique, technologie médicale). Son PIB témoigne aujourd'hui de la réussite de cette reconversion.

Le village de Torres del Rio.

S. Sauvignier/MICHELIN

Pampelune★★

Iruña/Pamplona

180 483 HABITANTS
CARTE GÉNÉRALE C2 – CARTE MICHELIN N° 573 D 25 – NAVARRE

Ancienne capitale du royaume de Navarre et chef-lieu de la province actuelle, elle a conservé autour de la cathédrale son aspect de vieille cité fortifiée. Ses ruelles étroites tournent autour de petites places à arcades comme la plaza Consistorial et la plaza de los Burgos. Aux environs de la plaza del Castillo, les noms des rues animées et bruyantes rappellent les vieux métiers de la cité (cordonnerie, tuilerie, etc.).

Se repérer – Le plus ancien quartier de Pampelune, la Navarrería, s'articule autour de la cathédrale. Au sud se développent les quartiers modernes (les *ensanches*) d'où partent la route vers Roncesvalles (Roncevaux), à 48 km au nord-est, et celle vers le puerto (col) de Velate en direction d'Hendaye. St-Sébastien est à 79 km au nord.

Se garer – Seuls les résidents peuvent se garer dans le centre-ville. Dans les quartiers des 19e et 20e s., le stationnement est payant. Il est gratuit autour des parcs.

À ne pas manquer – L'ambiance des fêtes de Sanfermines, la cathédrale et la citadelle.

Organiser son temps – Musées en matinée, sieste dans les jardins, tapas sur la plaza del Castillo le soir.

Pour poursuivre le voyage – Puente-la Reina, Sangüesa, Olite.

Comprendre

Pampelune, des origines à l'apogée – D'origine romaine, Pampelune aurait été fondée par Pompée, à qui elle doit son nom. Au 8e s., les Maures occupent la ville ; ils en sont chassés peu après avec l'aide des troupes de Charlemagne qui profite de la faiblesse de leurs alliés pour démanteler les remparts. Pour se venger, les Navarrais contribuent à l'écrasement de l'arrière-garde des armées impériales au col de Roncevaux *(voir à Roncevaux)*.

Au 10e s., Pampelune devient la capitale de la Navarre. Tout au long du Moyen Âge, la vie de la cité sera troublée par des luttes entre les habitants du vieux quartier – la Navarrería –, partisans de l'alliance avec la Castille, et les francs-bourgeois des faubourgs de San Cernín et San Nicolás, favorables au maintien de la couronne navarraise sous une dynastie française. Ces luttes se terminent en 1423 avec le privilège de l'Union promulgué par Charles III le Noble. Les trois municipalités se fondent alors en une seule et Pampelune connaît son apogée. En 1571, sous le règne de Philippe II, débute la construction de la citadelle.

Jusqu'au 18e s. inclus, la ville se dotera de nombreux bâtiments monumentaux comme le Palais épiscopal (1732), la *casa consistorial* (hôtel de ville, 1752) et la cathédrale, qui sera non seulement achevée (16e s.), mais agrémentée d'une façade néoclassique en 1783.

Les « Sanfermines »

Du 6 au 14 juillet, les fêtes de la Saint-Firmin donnent lieu à de bruyantes réjouissances populaires. Une atmosphère de liesse règne alors dans la ville, qui voit doubler le nombre de ses habitants. De grandes courses de taureaux sont organisées, mais la manifestation la plus spectaculaire et la plus prisée des Pampelonais reste l'*encierro* qui a lieu tous les matins à 8h. Les taureaux qui combattront le soir même sont lâchés dans les rues suivant un itinéraire précis, long de 800 m, qui les mène aux arènes en quelques minutes. Les jeunes gens, vêtus de blanc avec béret, foulard et ceinture rouges et brandissant un journal roulé, vont à la rencontre des puissants taureaux fonçant toutes cornes en avant, et se mettent à courir devant eux. Toute l'Espagne suit avec passion ce spectacle plein d'émotion, retransmis en direct par la télévision et chante :
« Uno de enero, dos de febrero [1er janvier, 2 février]
Tres de marzo, cuatro de abril [3 mars, 4 avril]
Cinco de mayo, seis de junio [5 mai, 6 juin]
Siete de julio, San Fermín ! » [7 juillet, saint Firmin !] ».

Temps troublés – Au 19e s., Pampelune subit le passage des troupes françaises, puis, pendant les guerres de Succession, les sièges organisés par les partisans de la reine Isabelle II comme par les carlistes, elle-même soutenant la cause de Don Carlos, garant des *fueros* et des congrégations.
Soucieuse de ses intérêts et de ses privilèges, elle s'oppose à la fin du siècle à la réforme fiscale envisagée par le gouvernement de l'époque. Ses habitants manifestèrent massivement contre l'abolition de leur régime fiscal, leur mouvement de protestation étant connu sous le nom de « Gamazada ». Un monument a été érigé en 1903 pour commémorer ces manifestations : le **monument aux Fors**.
Toujours dans ce même souci de préserver au mieux ses acquis, la capitale navarraise soutient Franco pendant la guerre civile, et se démarque à nouveau des autres provinces basques lorsque, en 1979, elle refuse de se joindre à la Communauté autonome basque (Euskadi). Elle obtient un statut d'autonomie, conserve une administration issue directement des privilèges médiévaux, et peut aussi se prévaloir d'une identité bien marquée.

Amaury de Valroger / MICHELIN

La plaza del Castillo.

Se promener

Partez de la plaza del Castillo.

Plaza del Castillo★ B1

De par sa taille, cette grande place sert de point de ralliement à toutes les fêtes. Autrefois place d'armes du vieux château, elle assure maintenant la jonction entre le quartier historique et le premier *ensanche* (nouveau quartier).
Des immeubles à arcades du 18e s. la bordent sur trois côtés, le quatrième s'ouvrant sur la grande avenida Carlos III qui débute avec le palais du Gouvernement de Navarre. À l'opposé de cet immense bâtiment du 19e s. s'étale l'enseigne rococo Belle Époque du café Iruña, l'un des plus anciens d'Espagne, idéal pour prendre un verre le soir.
Dos au palais du Gouvernement de Navarre, dirigez-vous à droite vers la calle Badaja de Javier qui débouche sur la place. Elle aboutit à la calle Dormitalería sur laquelle donne, à gauche, le Musée diocésain, accolé et incorporé à la cathédrale.

Cathédrale★★ B1 *(voir « Visiter »)*

Arrivant de la calle Badaja, tournez à droite dans la calle Dormitalería pour vous diriger vers la plaza Sta Marla la Real et les murailles qui se trouveront à votre gauche.
Au pied des remparts se dresse la façade du **palacio Arzobispal** du 18e s., au double portail baroque.
Montez sur les murailles.

Ronda del Obispo Barbazán★ B1 (Chemin de ronde de l'évêque Barbazan)

Ce chemin de ronde jalonné de petites guérites offre de beaux points de vue sur la boucle de l'Arga et le quartier de la Magdalena par lequel arrivent les pèlerins. Il donne aussi l'occasion de voir l'arrière de la cathédrale et les fortifications en contrebas des murailles.

Il aboutit au **baluarte del Redín**, un petit bastion de 1540 aménagé en un agréable jardin, depuis lequel on aperçoit, en contrebas et sur la gauche, la porte fortifiée de Zumalacárregui (de Francia) et une partie des murailles. La vue est dégagée sur le méandre du río Arga et le mont Cristóbal.

Poursuivez éventuellement le chemin de ronde jusqu'au portail de Francia, après lequel vous rejoindrez l'itinéraire au niveau du Palacio Real. Sinon, rentrez dans la ville en franchissant le petit porche du baluarte del Redín.

Marchez jusqu'à la cathédrale et prenez ensuite à droite la calle Navarrería jusqu'au bout. Tournez à droite puis à gauche. Vous aboutirez à une sorte de terre-plein. Contournez-le et grimpez jusqu'au sommet.

Palais royal (Palacio Real) AB1

Au sommet de la petite éminence, jouxtant l'ancien couvent des Adoratrices, trône l'ancien palais royal, demeure des vice-rois, puis des gouverneurs militaires et généraux de Navarre. Le bâtiment du 12e s. construit sous le règne de Sanche VI a été restauré par Rafael Moneo ; il accueille les archives de la province et allie, dans un mélange réussi, vieilles pierres et aménagements modernes, où le verre domine.

Devant son entrée se dresse la **basilique de San Fermín de Aldapa** (18e s.) à l'intérieur baroque.

De l'esplanade, très belle **vue** sur le Musée de Navarre et le quartier San Cernín dont on aperçoit le clocher de l'église (San Saturnino).

Redescendez la butte et prenez la calle del Mercado.

Musée Sarasate A1

Mercado, 11 - ✆ 948 420 189 - tlj mat. - fermé w.-end et j. fériés - gratuit.

Installé dans le bâtiment des archives municipales, autrefois séminaire St-Jean (sa façade baroque du 18e s. présente dans une niche la statue de saint Jean-Baptiste), il se résume à une salle où sont exposés les objets personnels, les récompenses, les décorations, les partitions et les photos de ce musicien du 19e s.

Allez jusqu'à l'extrémité de la rue.

À droite, au bout de la calle Domingo s'élève le portail du **Musée de Navarre★** *(voir « Visiter »)* et celui de l'église de **Santo Domingo** (façade du 18e s.) qui servit de sanctuaire aux dominicains, puis d'université de 1630 à 1771. Retable et orgue du 17e s. Sur votre gauche se trouve le marché couvert.

Tournez à gauche jusqu'à la plaza Consistorial.

Hôtel de ville (Ayuntamiento) A1

Remarquable **façade★** baroque de la fin du 17e s. (reconstruite) avec ses statues, balustrades et frontons.

Dirigez-vous vers l'église de San Saturnino que vous aurez aperçue sur votre droite.

Église de San Saturnino A1

En plein cœur du quartier ancien de San Cernín aux rues étroites, cet édifice composite mêle le roman de ses tours de brique et le gothique de son porche et de ses voûtes (13e s.) à de nombreux ajouts postérieurs.

À l'intérieur, l'édifice présente deux nefs en perpendiculaire : l'une gothique et l'autre de style classique. Le sol de la première se compose de grandes planches de bois cirées et numérotées. Elle occupe l'emplacement de l'ancien cloître et est dédiée à la Virgen del Camino, patronne de la ville aux côtés de saint Firmin.

Calle Mayor A1

Cette rue présente quelques belles façades dont les plus notables sont : au n° 3, le palais de los Redín y Cruzat (17e s.), aujourd'hui conservatoire de musique ; plus loin, au n° 65, celle du palais del Conde de Ezpeleta, du 18e s., identifiable à sa façade baroque ornée de statues.

La rue débouche sur l'avenida Taconera. L'église de San Lorenzo fait l'angle à gauche.

Amaury de Valroger / MICHELIN

L'hôtel de ville (Ayuntamiento).

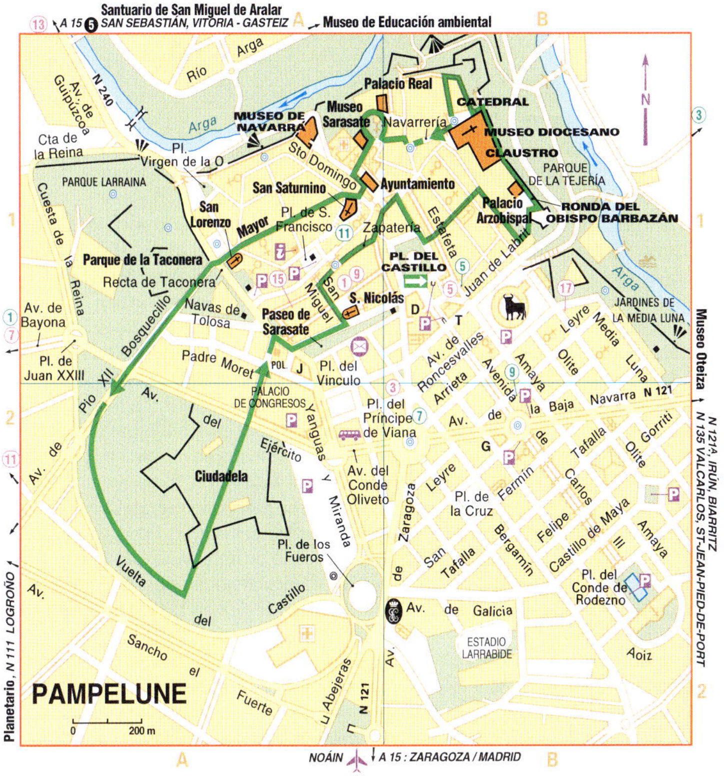

SE LOGER		SE RESTAURER			
Albret	1	Baserri	1	Letyana	11
Buhardilla Gambara	3	Casa Manolo	3	Martintxone	13
Europa	5	Gaucho	5	Museo	15
Hotel Yoldi	7	La Casona	7	Rodero	17
Leyre	9	La Chistera	9		
Maisonnave	11				

Église de San Lorenzo A1

Cette église du 19e s. abrite la statue de saint Firmin (celle qui est promenée dans la ville à l'occasion des fêtes), exposée dans la chapelle de droite.

Traversez l'avenue pour rejoindre le parc de la Taconera.

Parc de la Taconera A1

Ce parc, le plus ancien de Pampelune, a été conçu comme un jardin à la française avec ses allées rectilignes. Il est bordé de fossés dans lesquels s'ébattent cerfs, daims, chèvres, coqs, cygnes, tortues et poissons rouges.

Dirigez-vous vers la citadelle. Contournez-la pour entrer par l'arrière.

Citadelle (Ciudadela) A2

Le plan des fossés et des murailles encore debout permet de prendre la mesure de cet ouvrage, construit entre 1571 et 1645 selon le modèle de la forteresse d'Anvers, devenu depuis l'un des poumons verts de la capitale navarraise. Ses fossés aménagés en promenade se couvrent au printemps de boutons d'or et de coquelicots. En son centre, la citadelle conserve encore sa poudrière et la salle d'armes, transformée en lieu d'exposition. Sur ses pelouses sont présentées des œuvres contemporaines.

Engagez-vous dans la calle Chinchilla qui fait face à l'entrée de la citadelle. Au bout, prenez à droite pour atteindre le paseo de Sarasate.

Paseo de Sarasate A1

Église de San Nicolás – Construite sur un ancien sanctuaire roman, cette église gothique consacrée en 1231 présente une façade très retouchée. Elle détient de très belles **orgues★★** baroques de 1769, les plus belles de Pampelune avec celles de Santo Domingo.

Le paseo aboutit au palais de Navarra, à côté duquel se dresse le monument aux Fors *(voir « Comprendre »)*. Vous voilà de retour à la plaza del Castillo.

Visiter

Musée de Navarre★ (Museo de Navarra) A1

Santo Domingo, 47 - ✆ 848 426 492 - www.cfnavarra.es/cultura/museo/index.html - ♿ - tlj sf lun. mat. et apr.-midi, dim. et j. fériés mat. - possibilité de visite guidée sur demande préalable - 2 € (-18 ans gratuit).

Élevé à l'emplacement de l'hôpital de Nuestra Señora de la Misericordia (16e s.), il en a conservé la façade Renaissance et la chapelle qui abrite l'exposition d'art sacré.

Parmi les chefs-d'œuvre exposés dans ce musée moderne, citons le **coffret★** hispano-arabe en ivoire sculpté à Cordoue (début du 11e s.) et provenant de San Salvador de Leyre. L'époque romaine est représentée par des vestiges lapidaires (sous-sol et 1er étage) : stèles funéraires, inscriptions et pavements de **mosaïques★** de villas des 2e et 4e s, aux motifs noir et blanc essentiellement géométriques.

L'art roman est en vedette avec les **chapiteaux★** de l'ancienne cathédrale de Pampelune (12e s.) : l'artiste inconnu qui sculpta les trois scènes bibliques des chapiteaux – Passion, Résurrection et histoire de Job – se montre aussi minutieux dans les détails que puissant dans la composition et génial dans l'invention.

Le musée compte aussi une importante collection de **peintures murales★** collectées dans toute la province : Artaíz (13e s.), Artajona et Pampelune (13e-14e s.), Gallipienzo (14e-15e s.), Olleta (15e s.). Les genres sont variés, mais on retrouve le trait légèrement appuyé, l'accumulation des personnages, le déhanchement prononcé, hérités de la miniature française et illustrés par Juan Oliver qui décora en 1330 le réfectoire de la cathédrale.

La peinture Renaissance est présente aussi avec la reconstitution de l'intérieur du palais d'Oriz, décoré de panneaux peints en grisaille (16e s.) relatant l'histoire d'Adam et Ève et les guerres de Charles Quint. Toute une partie du 3e étage est consacrée à la peinture des 17e et 18e s. Une salle expose les œuvres de Luis Paret et de Francisco de Goya (portrait du marquis de San Adrián).

Le musée abrite également une vaste exposition de tableaux de peintres de Navarre des 19e et 20e s.

Le musée de Navarre.

Cathédrale★★ B1

✆ 948 222 990 - ♿ - de mi-juil. à mi-sept. : tte la journée ; reste de l'année : mat. et apr.-midi - fermé sam. apr.-midi, dim. et j. fériés - 4,25 € (-12 ans 2,50 €).

De l'église romane primitive subsistent quelques chapiteaux des portails et du cloître, exposés au musée de Navarre. On reconstruit aux 14e et 15e s. une cathédrale gothique et, à la fin du 18e s., Ventura Rodríguez réédifie la façade principale dans les styles baroque et néoclassique alors à la mode. La nef ne compte que deux étages : grandes arcades et fenêtres. La sobriété des nervures, les grandes surfaces de mur nu lui donnent l'aspect dépouillé du gothique navarrais. Devant la grille ouvragée qui ferme le sanctuaire se dresse le **tombeau★** en albâtre commandé en 1416 par le roi Charles III le Noble, fondateur de la cathédrale, pour lui-même et son épouse. Le sculpteur tournaisien Janin Lomme, instruit de l'art funéraire bourguignon, a su personnaliser les visages des gisants et varier les attitudes et les costumes des pleurants.

Admirez également les **stalles★** Renaissance du chœur, réalisées entre 1531 et 1541, et le retable hispano-flamand (fin 15e s.) exposé dans une chapelle du déambulatoire à droite.

Cloître★★ (Claustro) – 14e et 15e s. D'élégantes baies gothiques parfois surmontées de gâbles donnent à ce cloître une grande légèreté. Les tombeaux sculptés et les portes des différentes dépendances sont intéressants. La **Dormition de la Vierge** figurant au tympan de la porte d'accès au cloître est d'une expression presque baroque.

Dans l'aile est, la chapelle Barbazane (de Barbazán, l'évêque qui y a fait ériger son tombeau) présente une belle voûte en étoile du 14e s. Du côté sud, la porte de la « Sala Preciosa » est une pièce maîtresse de la sculpture de la même époque : le tympan et le linteau, consacrés à la vie de la Vierge, sont sculptés avec beaucoup de finesse ; de part et d'autre de la porte se répondent les deux statues d'une fort belle Annonciation.

Musée diocésain★ (Museo Diocesano) – *✆ 948 222 990 - www.gpcnavarra.com - ♿ - de mi-juil. à mi-sept. : tte la journée ; reste de l'année : mat. et apr.-midi, sam. mat. - fermé dim., 1er janv., 25 déc. - 4,25 € (-12 ans 2,50 €).*

Il est installé dans l'ancien réfectoire et la cuisine attenante qui datent de 1330. Dans le réfectoire, grande pièce voûtée de croisées d'ogives, la chaire du lecteur est ornée d'une charmante chasse à la licorne. La cuisine carrée comporte une cheminée dans chaque angle et une lanterne centrale haute de 24 m. Le musée expose de nombreux objets de culte précieux dont le reliquaire du Saint-Sépulcre (13e s.) offert par Saint Louis, des Vierges de bois polychrome et des Christs provenant de toute la région.

Museo de educación ambiental San Pedro A1

C/Errotazar - ✆ 948 149 804 - mar.-sam. mat. et apr.-midi, dim. et j. fériés mat. - gratuit.

Installé dans le cloître du monastère San Pedro (18e s.), cet espace a pour but de sensibiliser le public à l'environnement, panneaux, chiffres et schémas à l'appui. Soleil, ressources naturelles, biodiversité, territoire, consommation, transports et bruit en composent les étapes. Bornes interactives. Tests sonores.

Planetario A2

Sancho Ramírez, s/n - ✆ 948 262 628 - www.pamplonetario.org - tlj mat. et apr.-midi - fermé juil., lun. apr.-midi, dim., j. fériés - 4 € (- 18 ans 3 €).

Dans le parc Yamaguchi, dessiné selon le modèle japonais, le planétarium dresse sa silhouette d'inspiration égyptienne. Aire de jeux pour enfants à proximité.

Aux alentours

Musée Oteiza B2

7 km à l'est. Prenez la direction de la France, par Roncevaux. À la hauteur d'Huarte, suivez le fléchage Hoz de Lumbier. Une fois sur la NA 150, rejoignez Alzuza. De la Cuesta, 7 - 31 486 Alzuza - ✆ 948 332 074 - www.museooteiza.org - ♿ - juin-sept. : tlj tte la journée ; reste de l'année : tlj mat., w.-end et j. fériés tte la journée - fermé lun., 1er janv., 25 déc. - 4 € (-12 ans gratuit).

La visite nous fait pénétrer dans l'univers créatif de Jorge Oteiza (1908-2003), un des personnages clés de la sculpture espagnole contemporaine. Le musée, hébergé dans un bâtiment jouxtant la maison de l'artiste, est l'œuvre de son ami l'architecte Saénz de Oiza. Après avoir abandonné l'art figuratif à la fin des années 1950, Oteiza entama une période abstraite d'expérimentation géométrique et métaphysique qui lui valut d'être reconnu comme le grand sculpteur du « vide ».

Sanctuaire de San Miguel de Aralar★★ A1

40 km au nord-ouest par l'A 15 puis la N 240 en direction de Vitoria-Gasteiz. ✆ 948 373 013 - www.aralar-excelsis.com - mat. et apr.-midi.

L'**église**, construite à différentes époques – l'abside et une partie des murs sont wisigothiques (9e s.), le reste est préroman (10e s.) –, englobe une petite chapelle romane. C'est là que l'on retrouva, au 18e s., le magnifique **parement d'autel★★** doré et émaillé, œuvre capitale de l'orfèvrerie romane européenne, qui viendrait peut-être d'un atelier limousin de la fin du 12e s.

Pampelune pratique

Information utile

Office de tourisme – *C/Eslava, 1 - 31001 Pampelune - ✆ 848 420 420 - mat. et apr.-midi, dim. et j. fériés mat. - fermé 25 déc., 1er et 6 janv.*

Visites

Visites guidées de Pampelune – Il y a de nombreux organismes et les offres sont variées en saison.

Cultura 5 - *✆ 948 210 827* - se renseigner pour circuits et tarifs.

Erreka - ✆ 948 221 506 - se renseigner pour circuits et tarifs.

Novotur Guías Culturales - ✆ 948 383 755 - se renseigner pour circuits et tarifs.

Se loger

⊖⊖ **Hôtel Yoldi** – *Av. de San-Ignacio, 11 - ✆ 948 224 800 - yoldi@hotelyoldi.com - 52 ch. 69/84 € - 9 €.* Rénové, cet hôtel constitue un bon choix dans le centre de Pampelune, pour son côté pratique et son confort. Il est situé à proximité des arènes et pendant les fêtes, on peut y cotoyer des toreros.

⊖⊖ **Hôtel Buhardilla Gambara** – *Serapio Huici, 15 - Villava - ✆ 48 382 872 - info@labuhardilla.com - P - 4 ch. 70 € - 8 €.* Cette très belle demeure ne ressemble à aucune autre tant par son décor soigné que par son ambiance. Les chambres, personnalisées sont meublées d'armoires massives. La suite avec terrasse et solarium, décorée de meubles anciens est tout simplement superbe.

⊖⊖ **Hôtel Europa** – *Espoz y Mina, 11 - ✆ 948 221 800 - europa@hreuropa.com - 25 ch. 71/126 € - 9 €.* Bien situé au centre, il propose des chambres petites mais bien équipées avec des salles de bains en marbre. Bonne option dans cette catégorie.

⊖⊖ **Hôtel Maisonnave** – *Calle Nueva, 20 - ✆ 948 222 600 - informacion@hotelmaisonnave.es - 138 ch. 79/107 € - 10,50 € - rest. 17 €.* Outre ses prestations haut de gamme et son emplacement central, cet hôtel dispose de chambres confortables équipées de salles de bain modernes.

⊖⊖/⊖⊖⊖ **Hôtel Albret** – *Ermitagaña 3 - ✆ 948 172 233 - reservas@hotelalbret.net - 107 ch. 74/215 € - 12 €.* Le hall-réception, bien aménagé, donne accès à des chambres peu spacieuses mais décorées de façon moderne. La cafétéria sert quelques plats et menus.

⊖⊖/⊖⊖⊖ **Hôtel Leyre** – *Leyre, 7 - ✆ 948 228 500 - reservas@hotel-leyre.com - 55 ch. 60/290 € - 9 €.* Cet hôtel central propose des chambres à des prix très variés. Ces chambres spacieuses et parquetées sont décorées avec un mobilier classique.

Se restaurer

⊖ **Museo** – *San Gregorio 48 - ✆ 948 222 050 - fermé 15-31 juil. - 3,50 € le tapa.* Dans un décor moderne, ce restaurant qui sert *tapas* et *raciones* est apprécié pour la qualité de sa cuisine.

⊖ **Gaucho** – *Espoz y Mina, 4 - ✆ 948 225 073 - www.cafebargaucho.com - fermé 15-31 juil. - - 12 €.* Bien géré, cet établissement jouit d'une bonne réputation locale. Le bar, qui propose une multitude de tapas appétissantes, est doté de quelques tables d'appoint.

⊖ **Baserri** – *San-Nicolás, 32 - ✆ 948 222 021 - info@restaurantebaserri.com - 12 €.* Établissement situé dans une rue centrale où se trouvent de nombreux bars. La salle du fond est simple et vous y dégusterez un menu à base de tapas et différentes brochettes.

⊖ **Letyana** – *Travesía de Bayona, 2 - ✆ 948 255 045 - fermé 26 fév.-4 mars, 15-31 juil., 8-14 août, dim. en été et mar. - 12 €.* Bar à tapas surprenant ! Au rez-de-chaussée, le bar propose d'innombrables tapas succulentes. À l'entresol, une petite salle de restaurant, à l'étage un menu dégustation est servi.

⊖⊖ **Martintxone** – *Nagusia, 63 - Arbizu - ✆ 948 460 057 - martintxonea@msn.com - fermé 25 déc.-15 janv. et lun. - 22/37 €.* Petit restaurant familial, aménagé dans une ancienne maison en pierre. Bar ouvert au public et salle à manger agréable proposant une cuisine traditionnelle.

⊖⊖ **La Casona** – *Pueblo Viejo (Barañain) - ✆ 948 186 713 - www.lacasonarestaurante.net - fermé lun. - 26/40 €.* Ancienne bâtisse offrant une restauration de type rôtisserie avec cidrerie d'un côté et salle de restaurant de l'autre, avec grill apparent. Deux salles de réception au 1er étage.

⊖⊖⊖ **Casa Manolo** – *García Castañón, 12-1 - ✆ 948 225 102 - info@restaurantecasamanolo.com - fermé août, dim. soir et lun. - 30/41 €.* Situé au 1er étage. Ce vaste restaurant, qui accueille aussi les banquets, propose une carte variée et une cuisine de qualité. On y appréciera le service soigné.

⊖⊖⊖ **La Chistera** – *San-Nicolás, 40-42 - ✆ 948 210 512 ou 948 227 881 - carminacasada@hotmail - 35/60 €.* La décoration de cet élégant restaurant, réalisée par María Mendez, mérite à elle seule l'attention. Admirez les colonnes et chapiteaux du bar, le plafond en bois de la salle Saint-Firmin et les peintures évoquant la vie du violoniste Pablo de Sarasate. En cuisine, recettes traditionnelles et spécialités de Navarre.

⊖⊖⊖ **Rodero** – *Emilio Arrieta, 3 - ✆ 948 228 035 - info@restauranterodero.com - fermé sem. Sainte, lun. soir et dim. - 48 €.* Une table luxueuse. Bien située juste derrière les arènes, cet établissement compte parmi les meilleurs de la région. Organisation familiale mais offrant un service de très haut niveau et une cuisine créative, innovante et d'auteur. Prix élevés.

Achats

Vinoteca Murillo – *San-Miguel, 16-18 - ✆ 948 221 015 - tlj sf dim. 9h30-13h30, 16h30-19h45, sam. 9h-14h - fermé j. fériés.* Ce bel établissement se transmet de père en fils depuis 1890. Son décor d'époque reste superbe et les produits proposés se signalent par leur qualité. Vous trouverez, entre autres, une belle sélection de vins espagnols, des crus prestigieux en provenance du monde entier, des spiritueux et des spécialités de Navarre.

Las Tres Z.Z.Z. – *Comedias, 7 - ✆ 948 252 629 ou 948 224 438 - www. lastreszzz.com.* Cette institution locale fabrique des outres à vin artisanales depuis 1873. Vous découvrirez les différentes matières utilisées dans la fabrication des outres, son histoire ainsi que le rituel qui préside à l'utilisation de cet objet culte.

Événements

Los Sanfermines – 6-14 juil.

Concours international de chant Julian Gayarre – 2e et 3e sem. de sept. les années paires - ✆ 848 424 683 - www.cfnavarra. es/gayarre

Concours international de violon Pablo Sarasate – 2e et 3e sem. de sept. les années impaires - ✆ 848 424 683 - www. cfnavarra.es/sarasate.

San Fermín de Aldapa – 25 sept.

Roncevaux★

Roncesvalles/Oreaga

CARTE GÉNÉRALE C2 – CARTE MICHELIN N° 573 C 26 – NAVARRE

L'ensemble abbatial entouré de forêts rappelle qu'ici passe l'une des principales routes du chemin de Saint-Jacques. Mais avant de la suivre, rien n'empêche d'emprunter le chemin des écoliers et de faire un détour par les trois vallées navarraises qui se déploient à l'est du monastère. L'occasion de découvrir toute la beauté préservée des contreforts navarro-pyrénéens.

Se repérer – Ce point de passage obligé pour tous ceux qui suivent le chemin de Saint-Jacques depuis St-Jean-Pied-de-Port se trouve à 20 km de la frontière française, au pied du col d'Ibañeta.

Se garer – En contrebas du monastère, sur le parking prévu à cet effet.

Organiser son temps – Comptez une journée d'excursion pour suivre l'itinéraire des trois vallées.

Pour poursuivre le voyage – Pampelune et Sangüesa.

S. Sauvignier / MICHELIN

Bas-relief représentant Roland.

Comprendre

Une bataille légendaire – Roncevaux est célèbre dans l'histoire pour la déroute que les Vascons y infligèrent, en 778, à l'arrière-garde de l'armée de Charlemagne qui rentrait en France sous les ordres de Roland. De chaque côté des Pyrénées, la légende a idéalisé cet événement à sa façon, en s'éloignant facilement de la réalité historique.

Le **Poème de Bernardo del Carpio** (fin 12e-début 13e s.) parle de ce jeune homme comme d'un héros national qui, à la tête de compagnons basques, navarrais et asturiens, aurait vengé la violation du territoire espagnol par l'armée franque.

Pour sa part, la **Chanson de Roland**, première chanson de geste française, glorifie la résistance héroïque et désespérée de quelques preux chevaliers chrétiens face à des milliers de Sarrasins.

Découvrir

De vastes bâtiments aux murs gris et aux toits de zinc bleuté apparaissent, entourés d'épaisses frondaisons ; leur fondation remonte au 12e s. L'ensemble comprenait alors une importante hostellerie qui accueillait et réconfortait les pèlerins, une chapelle funéraire, de plan carré, actuellement chapelle du Saint-Esprit, et une collégiale riche en reliques.

Église de la Real Colegiata (collégiale)

10h-14h, 15h30-19h (17h en hiver).

La consécration de cet édifice gothique, très inspiré des églises d'Île-de-France, eut lieu en 1219. Sous le dais du maître-autel, le symbole actuel du pèlerinage est une **Vierge à l'Enfant★** en bois recouverte de plaques d'argent, œuvre d'un atelier français du 13e ou 14e s.

Salle capitulaire (Sala Capitular)

Cette belle salle gothique abrite, sous une hauteur de voûte impressionnante, le tombeau du fondateur de l'église, le roi de Navarre **Sanche VII le Fort** (1154-1234), et de sa femme. Remarquez la scène de la **bataille de Las Navas** de Tolosa que le souverain remporta sur les Almohades en 1212, représentée sur le vitrail du début du 20e s.

Chapelle du Saint-Esprit (Capilla del Espíritu Santo)

Partie la plus ancienne de l'ensemble monumental avec son plan carré et sa voûte sur arcs diagonaux, la chapelle romane du Saint-Esprit, ou «silo de Charlemagne», date du 12e s. Sa crypte sert d'ossuaire aux pèlerins qui mouraient à l'hôpital. La légende suppose qu'elle est située à l'endroit même où Charlemagne a demandé de construire la tombe de Roland. On dit que les restes des soldats morts à la bataille y sont enfouis.

À sa gauche se dresse **San Santiago**, petite église gothique du 13e s., et, de l'autre côté de la route, **Itzandegia**, autrefois hôpital (18e s.) et aujourd'hui auberge pour pèlerins.

Visiter

Musée★

☏ 948 790 480 - tlj mat. et apr.-midi, janv. mat. - fermé merc., 1er et 6 janv., 25 déc. - 2,10 € (-16 ans 0,70 €).

Installé dans les anciennes écuries, il possède de très belles pièces d'orfèvrerie ancienne : coffret mudéjar, évangéliaire roman, **reliquaire émaillé** du 14e s. qui, sans doute à cause de sa disposition en petits compartiments géométriques, a été surnommé « l'échiquier de Charlemagne ». À signaler aussi un triptyque flamand du 16e s., une émeraude qui aurait orné le turban du sultan Miramolín le jour de la bataille de Las Navas de Tolosa, et une très belle *Sainte Famille* de Morales.

Aux alentours

Col d'Ibañeta (Puerto de Ibañeta)

2 km au nord par la N 135. Parking aménagé derrière la petite chapelle. 1 057 m. Une petite chapelle contemporaine et une stèle marquent le passage de ce col, première halte des pèlerins de St-Jacques en Espagne. Derrière l'édifice, notez le petit monticule hérissé de grossières croix de bois laissées par de pieux randonneurs. À proximité, un monolithe rappelle que la bataille de Roncevaux a eu lieu non loin de là.

Circuit de découverte

200 km – Une journée, voire deux si vous vous promenez dans le massif d'Iraty.

À l'est de Roncevaux se déploient trois vallées pyrénéennes aux identités bien marquées. Il y a d'abord celle d'**Aezkoa**, agricole et boisée, dont les greniers traditionnels ont fait la renommée. Au-delà, celle du **Salazar** paraît plus austère, ponctuée de quelques villages isolés. Enfin, la plus orientale des trois suit le cours de l'Esca, tout en prenant le nom du village le plus important de son territoire : **Roncal**.

Au départ de Roncevaux, suivez la N 135, traversez le village-rue d'Auritz et prenez ensuite la première à gauche, la NA 140. Vous pénétrez dans la vallée d'Aezkoa.

VALLÉE D'AEZKOA★

Juste avant Aribe, vous pouvez tourner à gauche et monter à Orbaitzeta.

Orbaizeta

Point d'accès à la hêtraie d'Iraty, ce village conserve deux greniers à grains, sortes de petites maisons surélevées que vous trouverez presque au chevet de l'église. Au-delà du bourg, la NA 2032 monte pour atteindre, 4 km plus loin, une fourche.

Fabrique (Fábrica) – En tournant à gauche, et après 2 km en fond de vallée sur une route défoncée, la voie débouche sur le quartier de Larraun, en contrebas duquel se dressent les ruines d'une fabrique d'armes fermée en 1873. On les aperçoit en descendant l'escalier de fer qui s'ouvre à gauche de l'église, reconvertie en hangar. *Prenez à gauche de l'église et descendez vers la rivière et la bergerie. Passez devant et continuez à droite.* Un panneau balisé marque le départ d'une randonnée.

Arrazola et Irabia – Si vous tournez à droite à la fourche, vous verrez, fléchées, les forêts d'Iraty et d'Irabia. La route passe par l'aire de pique-nique d'**Arrazola**, d'où part une randonnée. 15 mn plus tard, elle aboutit au barrage d'Irabia, construit en 1922. Garez-vous au parking du bas. Le barrage se trouve à 3 mn de là. Un chemin en fait le tour *(balisage 53C - 1/2 journée)*. Vous pouvez le commencer par la rive sud et revenir par le chemin 52C, qui se contente de longer la même rive en surplomb *(1h30 AR)*.

Aribe

L'Irati traverse ce village qui conserve un grenier à céréales et un pont médiéval à double arche, en assez mauvais état.

Garaioa

Charme discret pour ce bourg dominé par sa tour-clocher. Notez le portail de type roman et la naïveté des chapiteaux, protégés par un auvent. Jouxtant l'église, un petit cimetière aux herbes folles.

Traversez Abaurrea Alta ou Abaurregaina.

En sortie du village, magnifique **panorama★★** sur les sommets enneigés des Pyrénées précédés de prairies moutonnantes. La route se révèle aussi particulièrement jolie à la hauteur de Remendia, lorsque le constraste entre résineux et feuillus se fait plus prononcé.

Vous arrivez ensuite à Escároz, après avoir traversé Jaurretia, le village le plus haut de la vallée de Salazar.

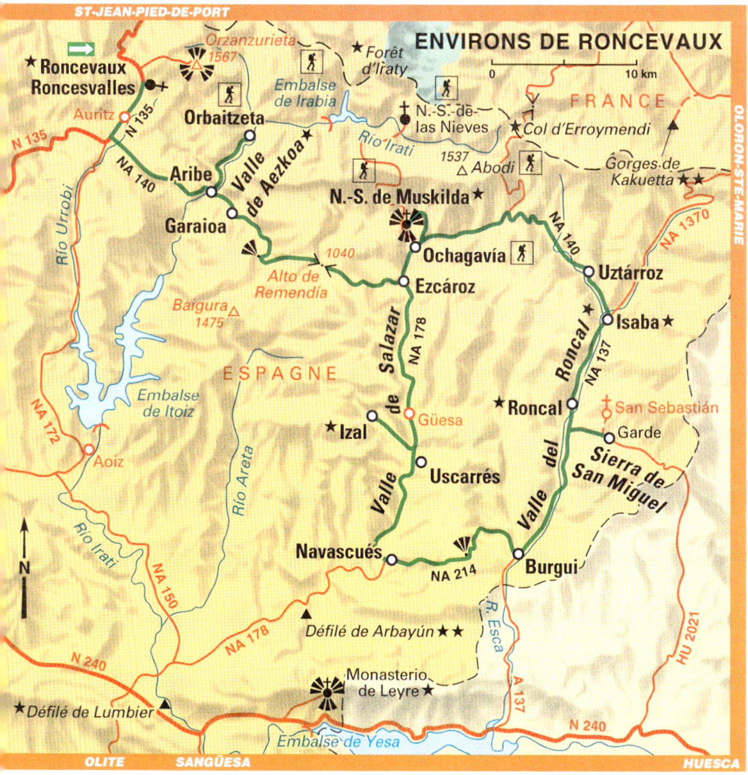

VALLÉE DE SALAZAR

Ezcároz

Chef-lieu de la vallée de Salazar, ce pittoresque village accueille aussi sa Junte, ou assemblée de pays. Promenez-vous quelques minutes dans ses ruelles pavées, pour goûter le charme de la place de l'église agréablement ombragée, ou celui de ses demeures aux massives pierres grises.

Prenez ensuite la NA 178 pour descendre la vallée.

La route longe le Salazar dans un fond de vallée relativement plat, encadré par des versants peu élevés. Mais après Güesa, leurs flancs se resserrent un peu comme à l'entrée d'un canyon.

Franchissez à droite le Salazar pour rejoindre Izal.

La route menant à Izal est plutôt sauvage, avec un côté parfois méditerranéen lorsque la rocaille affleure au milieu d'une végétation relativement sèche et chiche. Mais au détour d'un lacet, les pentes se couvrent aussi de résineux et de feuillus, rendant soudain verdoyant un paysage qui, un instant plus tôt, paraissait aride.

Izal★

Adorable village de montagne niché dans un creux. Rien n'y manque, ni les maisons traditionnelles aux toits de tuiles, ni le fronton, et encore moins l'église. Le clocher de **San Vincente** dépasse à peine de l'ensemble mais n'en signale pas moins la présence de cet édifice trapu, à l'intérieur encaustiqué et décoré d'un petit retable. Remarquez que la maison de l'entrée, avant le pont à gauche, cache un grenier à blé, le seul de la vallée encore bien conservé.

Peu avant l'entrée d'Izal *(env. 200 m)*, sur la droite, est signalée N.-S. de Arburua, un sanctuaire du 16e s. On peut y monter à pied en laissant la voiture sur l'aire de parking, nullement aménagée (véritable bourbier en cas de pluie).

Revenez sur la NA 178 et continuez à descendre la vallée.

Uscarrès

Petit village accroché à flanc de colline en surplomb de la route. Quelques maisons ornées de blasons bordent ses ruelles pavées. Admirez son adorable **église** au chevet roman. À l'intérieur, traces de fresques gothiques.

Navascués

Sympathique petit village, typique de la vallée avec ses grosses maisons de pierre grise. Il était l'une des deux places fortes de la vallée avec Usún.

Après l'avoir traversé, suivez la NA 214 en direction de Burgui.

Le paysage se fait plus sec. À peu près à mi-chemin de Burgui, lorsque la route redescend, admirez la **vue** sur les Pyrénées.

VALLÉE DE RONCAL★

Burgui

Prenez le temps de flâner dans ses petites ruelles aux pavés irréguliers, où la pierre des maisons s'est noircie au fil du temps.

Remontez la NA 137 vers Roncal.

Des versants aux crêtes feuillues encadrent le fond plutôt rocailleux de cette vallée qui gagne en étroitesse une fois dépassé le sanctuaire de N.-S. del Camino.

Prenez à droite la NA 176 en direction de Garde.

Sierra de San Miguel

Garde est son seul village, accroché à flanc de montagne sous la protection de son impressionnante et massive église sur laquelle court une galerie à auvent. Dans le bourg, la pierre domine, depuis les pavés jusqu'aux maisons dont les linteaux sont parfois travaillés.

400 m avant Garde, un sentier à gauche mène au sanctuaire de San Sebastián.

Retournez sur la NA 137.

Drôle de tribut…

Le 13 juillet n'est pas un jour anodin pour la vallée de Roncal. Ce jour-là, ses syndics montent en effet dans la vallée de Belagua jusqu'à la borne frontière 262, dite « Pierre de St-Martin », où ils retrouvent leurs homologues français de la vallée béarnaise de Barétous. Ces derniers leur remettent trois génisses sans défaut et identiques de couleur, en échange d'un droit de pacage de 28 jours dans la vallée navarraise. Ce tribut remonte à un arbitrage prononcé en 1375 pour mettre fin aux rivalités des deux communautés concernant leurs estives.

Roncal★

L'office de tourisme et le Centre d'interprétation de la vallée de Roncal se trouvent en bordure de route, en contrebas du village (voir Roncevaux pratique).

Il faut se perdre dans les rues pavées de Roncal pour profiter pleinement de l'atmosphère intemporelle du bourg, construit tout en pierre. Quelques demeures anciennes conservent de magnifiques portes cloutées, des linteaux sculptés, des blasons ouvragés et des encorbellements de bois (calle Iriandoa, Arana). Juchée sur la colline, son église de dimensions massives offre un vaste panorama sur la commune et la vallée. Enfin, dans le centre du village se trouve la maison natale du ténor **Julián Gayarre** (1844-1890), enterré sous un mausolée rococo dans le cimetière du village. Sa demeure a été transformée en musée, où sont exposés objets personnels, partitions, décorations et photographies. *948 475 180 - avr.-sept. : tlj sf lun. mat. et apr.-midi ; oct.-mars : w.-end mat. et apr.-midi - 1,80 € (- 18 ans 0,60 €).*

Reprenez la route en direction du nord.

Aux abords d'Isaba, le paysage devient plus accidenté, la vallée plus étroite et plus boisée.

Isaba★

Parking aux deux extrémités du village.

Reconnaissable à la grosse tour-clocher de **San Cipriano** (16e s.), il regroupe ses maisons montagnardes (grosses pierres et bois) autour de son église fortifiée, qui abrite un retable plateresque et des orgues baroques du 18e s. Certaines demeures accrochent des chardons à leurs fenêtres. Un belvédère en haut du village ménage une belle **vue** sur les toits du bourg et les montagnes environnantes.

Après Isaba, deux options se présentent à vous. Vous pouvez choisir de monter vers la vallée de Belagua (NA 1370) qui mène à la frontière française *(voir encadré)* et à la réserve de Larra, caractérisée par de profonds gouffres. Vous pouvez aussi continuer votre route vers Ochagavía et la vallée de Salazar par la NA 140.

Ustárroz

Jolie vue depuis la route sur ce hameau accroché à une colline en bordure de rivière. Ici aussi, l'église fortifiée domine les maisons.

Plus on approche du col de Lazar, plus la route devient montagneuse, avec parfois de beaux dégagements sur le paysage à la fois minéral et boisé.

Avant d'arriver à Ochagavía, ne manquez pas les panneaux indiquant sur la droite le sanctuaire de N.-S. de Muskilda.

Église de Nuestra Señora de Muskilda★

Adorable sanctuaire perché face aux Pyrénées. Son clocher rond et sa nef toute simple abritent des restes de fresques, un retable de style classique et une voûte centrale dont les arcs présentent une brisure. Notez les piliers massifs, trahissant l'origine romane de l'édifice (12e s.) retouché au 17e s. La tranquillité du site n'est troublée que par le son des clarines qui parvient jusqu'à son enclos.

Un chemin de randonnée aboutit à l'arrière du bâtiment par le chemin de croix *(départ depuis Ochagavía).*

Ochagavía

Autre point de départ pour la découverte du massif d'Iraty, c'est un mignon petit village à cheval sur l'Anduna. Son vieux pont à double arche enjambe le cours d'eau pour relier notamment l'office de tourisme et le **Centre d'interprétation de la nature** *(voir « Roncevaux pratique »)* au reste du bourg. Ce dernier est parcouru de rues irrégulièrement pavées et bordées de maisons anciennes, convergeant plus ou moins vers l'église de San Juan Evangelista, du 16e s.

Boucles – Deux itinéraires partent du village : l'un de derrière l'église *(2h, 6 km, facile)* en direction de Muskilda et l'autre du camping d'Otsate *(1h30, 4 km, facile). Demandez la documentation à l'office de tourisme.*

Nuestra Señora de las Nieves – *Comptez 45mn de voiture.* La route traverse la sierra d'Abodi et passe devant un parking où vous pourrez vous garer pour rejoindre à pied la chapelle, si vous le souhaitez bien sûr. Vers celle-ci convergent différents sentiers de randonnée qui permettent de faire simplement le tour du lac d'Irabia *(18 km)* ou de longer le torrent Urtxuria.

Abodi – *17 km au nord-est par la NA-140 et NA-2011, dir. France, col de Larrau.* Un petit chalet-restaurant, à gauche dans le virage, marque l'entrée de la sierra d'Abodi et de ses sentiers de ski de fond. Nombreuses randonnées.

Pour revenir à Roncevaux, rejoignez Ezcároz et reprenez la vallée d'Aezkoa.

Roncevaux pratique

Informations utiles

Office du tourisme de Roncevaux – *Antiguo molino - ✆ 948 760 301 - Semaine Sainte-mi-oct. : tlj mat. et apr.-midi, dim. matin ; reste de l'année : tlj tte la journée, w.-end et j. fériés matin*

www.roncesvalles.es – Site présentant la collégiale, le site et ses environs.

Office du tourisme de Roncal – *Gayarre, s/n - 31415 Roncal - ✆ 948 475 256 - de mi-juin à mi-sept. : mat. et apr.-midi, dim. et j. fériés mat. ; reste de l'année : mat., vend. et sam. mat. et apr.-midi.*

Office du tourisme d'Isaba – *Barrio Bormapea, 5 - 31417 Isaba - ✆ 948 893 251 - www.isaba.es - mat. et apr.-midi, dim. et j. fériés mat. - fermé lun.*

Office de tourisme et Centre d'interprétation de la nature d'Ochagavia - *Ctra. Izalzu s/n - 31680 Ochagavia - ✆ 948 890 641 - de mi-juin à mi-sept. : mat. et apr.-midi, dim. mat. ; reste de l'année : mat., sam. mat. et apr.-midi.*

Se loger

⊖ Hôtel La Posada – *Roncevalles - Orreaga - ✆ 948 760 225 - www.laposadaderoncesvalles.com - fermé nov. - P - 18 ch. 45/48 € - ☕ 6 € - rest. 15 €.* Installé dans une ancienne maison de ville, cet établissement propose des chambres, décorées dans un style rustique, certaines en duplex, qui vous offriront un confort satisfaisant.

⊖⊖ Hôtel Loizu – *Avda Roncesvalles, 7 - Auritz-Burguete - ✆ 948 76 00 08 - hloizu@telefonica.net - fermé 15 déc.-15 mars - P - 27 ch. 51/72 € - ☕ 6 € - rest. 16 €.* Un lieu conçu pour se reposer dans un cadre agréable. Ses installations accueillantes, rénovées pour proposer un meilleur confort, sont décorées de multiples détails néorustiques. Une cuisine soignée est servie dans la salle à manger.

⊖⊖ Hostería de Zubiri – *Avda Roncesvalles, 6 - Zubiri - ✆ 948 304 329 - info@hosteriadezubiri.com - fermé nov.-avr. - 10 ch. 57/70 € - ☕.* Hôtel de montagne typique qui offre un intérieur néorustique et des chambres gaies aux salles de bains soignées. Service de restauration en soirée réservé aux clients.

Se restaurer

⊖⊖ Txikipolit – *Auritz-Burguete - ✆ 948 760 019 - 16/25 €.* Ce restaurant de style pyrénéen a connu une belle page d'histoire. C'est ici que le roi Carlos VII cacha son or durant sa fuite en France (1876). En remerciement, il légua deux tableaux toujours exposés. Aujourd'hui, le lieu est connu pour ses spécialités : le jarret d'agneau, le magret de canard et le gâteau de légumes.

⊖⊖⊖ Maitena – *Elizaldea - Luzaide - ✆ 948 790 210 - www.hostalmaitena.com - 29 € - fermé janv.-fév. - 6 ch. 42/50 € - ☕ 4 €.* Établissement fondé en 1950 dont l'activité principale est le restaurant. Décoration soignée et service en salle simple. Chambres au charme suranné.

Sangüesa

Zangoza

5 041 HABITANTS
CARTE GÉNÉRALE C2 – CARTE MICHELIN N° 573 E 26 – NAVARRE

Au milieu des champs de céréales, Sangüesa se groupe sur la rive gauche de l'Aragón. Elle semble toujours veiller sur le pont qui, au Moyen Âge, lui apporta la prospérité. Son patrimoine artistique, ses maisons et ses grandes demeures témoignent de son rôle sur le chemin de Saint-Jacques.

Se repérer – Sangüesa se trouve à 36 km de Pampelune par la N 240, à la limite orientale de la Navarre.

Se garer – En périphérie du vieux centre.

À ne pas manquer – Le magnifique portail de Sta María la Real.

Organiser son temps – Visiter l'église de Sta María la Real et les rues alentour prend 2 ou 3h. Après, direction défilé de Lumbier ou celui d'Arbayún.

Avec les enfants – Le château de Javier ou le défilé d'Arbayún.

Pour poursuivre le voyage – Le monastère de Leyre, Olite et Pampelune.

Comprendre

La prospérité liée au chemin de Compostelle – Au 11e s., ses habitants, jusque-là repliés sur la colline de Rocaforte en raison du péril maure, descendirent près du pont pour le défendre et faciliter le passage des pèlerins. À la fin du Moyen Âge, Sangüesa connaît son apogée et d'élégantes demeures bourgeoises s'élèvent, que l'on peut encore admirer en flânant dans les rues du vieux centre.

Se promener

Église de Santa María la Real★

Près de la rivière, à l'entrée du bourg, elle ouvre la calle Mayor. Édifiée au 12e s., elle est achevée au 13e s. par le splendide portail, la tour octogonale et sa flèche.

Portail sud★★ – Fin 12e-13e s. C'est un tel foisonnement de sculptures qu'on reste étonné devant la variété des sujets et leur richesse d'expression. Deux artistes au moins y ont travaillé : le maître de San Juan de la Peña et un certain Leodegarius. Les statues-colonnes, déjà gothiques, s'inspirent de leurs modèles de Chartres et d'Autun. Au tympan, Dieu le père encadré d'anges musiciens accueille à sa droite les Élus, tandis que, de son bras gauche abaissé, il accable les Réprouvés. On distingue dans un coin saint Michel pesant les âmes. Les voussures sont riches d'une multitude de motifs. Sur la deuxième en partant de l'intérieur, les humbles métiers sont illustrés : sabotier, luthier, boucher. Œuvres plus anciennes et d'une austérité tout aragonaise, les arcades supérieures représentent Dieu entouré des symboles des évangélistes, de deux anges et des apôtres. À l'intérieur, notez le dôme octogonal, la croix processionnelle et le retable baroque de la chapelle de gauche.

Calle Mayor

Rue principale, autrefois empruntée par les pèlerins (certains l'arpentent encore), les maisons de brique cossues sont dotées du classique auvent en bois sculpté et de fenêtres aux riches encadrements gothiques ou plateresques.

Leurs façades contrastent avec l'austère palais du Prince-de-Viane, résidence des rois de Navarre (aujourd'hui la mairie), dont on peut voir (en passant sous le porche) la façade flanquée de deux imposantes tours crénelées.

Tournez à droite dans la calle Santiago.

Église de Santiago

Commencée dans le style roman tardif et achevée avec une architecture gothique, cette église abrite un retable plateresque (Renaissance espagnole teintée de baroque) du 16e s. Notez le portail roman et la statue de saint Jacques.

Face à lui se dresse une maison décorée de blasons. Il s'agit de l'ancien hôpital reconnaissable aux coquilles Saint-Jacques sculptées.

Prenez la rue qui longe cette maison.

Église de San Salvador

Cette église gothique du 14e s. est précédée d'un porche aux arcs impressionnants de hauteur. Notez la scène du Jugement dernier sur le tympan. À l'intérieur, retable italianisant de Juan de Berroeta.

Tournez à gauche et suivez la calle Enrique Labrit jusqu'à la prochaine intersection.

Maison Íñiguez-Medrano

Cette maison d'angle est surmontée d'un avant-toit traditionnel. Regardez-le bien et notez le personnage accroché aux griffes d'un aigle, sculpté dans la poutre d'angle.

Revenez sur vos pas et continuez dans la calle Alfonso el Batallador.

Un détail du portail sud de l'église de Santa María La Real.

Palais Vallesantoro

Ce palais aligne sa façade baroque sous un **auvent monumental★★** sculpté d'animaux chimériques crachant grappes et fruits.

La rue aboutit à la calle Mayor.

Aux alentours

Château de Javier★ (Castillo de Javier)

7 km au nord-est par la NA 5410. ☏ 948 884 024 - tlj mat. et apr.-midi - possibilité de visite guidée sur demande préalable - fermé 1er janv., 24, 25 et 31 déc. - 2 € (-12 ans 1 €).

Saint François-Xavier, patron de la Navarre, est né ici en 1506. À Paris, il rencontre Ignace de Loyola avec lequel il allait lancer les bases de la Compagnie de Jésus. Envoyé comme missionnaire à Goa par les Portugais, il accompagne ensuite ces derniers au Japon. Mort en 1552, juste avant d'arriver en Chine, il fut canonisé en 1622.

Visite – Cette forteresse, totalement restaurée, fut en partie démolie par le cardinal Cisneros en 1516. Une fois franchi les fossés et la porte principale, on monte à la salle des blasons, suivie par la grande salle, au mobilier du 17e s. Parmi les pièces dont les murs remontent aux 10e et 11e s. se trouve la chambre du saint. Elle jouxte le donjon ou tour San Miguel (belle vue sur les environs). La visite s'achève par la **chapelle du Santo Cristo**, qui abrite un Christ en noyer du 13e s. et une **danse macabre**, fresque du 15e s.

Caseda

12 km au sud-ouest. Quittez Sangüesa en direction de Sos del Rey Católico et bifurquez à droite après 1 km pour suivre la NA 5341. La route menant à Caseda coupe à travers les champs, verts au printemps, brûlés en été et au repos l'hiver. Le village apparaît soudain, juché sur un flanc de colline, comme une vision de Méditerranée. Son église gothique la domine, ornée d'un portail de style classique et entourée des maisons les plus anciennes.

Gallipienzo l'Ancien

20 km au sud-ouest par la NA 132 en direction de Tafalla et Olite. Après 14 km, prenez à gauche la NA 5320.

Vision impressionnante que ce village accroché sur une colline couronnée par une église massive. La route dévoile, au fur et à mesure de la montée, des vestiges de fortifications et de murs de maisons, rappelant que Gallipienzo se trouve dans la zone frontalière avec l'Aragón.

Le village en lui-même paraîtrait presque à l'abandon s'il n'y avait du linge mis à sécher aux fenêtres. Les ruelles sont défoncées et les maisons sont battues par le vent. Mais l'ascension vers le sommet de la colline est récompensée par la **vue★** sur la vallée, le patchwork des champs et les toits du village, sans oublier les éoliennes sur les crêtes.

Circuit de découverte

DE L'IRATI AU SALAZAR

44 km – 2h. Quittez Sangüesa en direction de Pampelune par la NA 140 puis la N 240. Après 6 km, tournez à droite sur la NA 150. Juste avant Lumbier, prenez à gauche la direction de Tabar.

Tabar

Garez-vous sur la place de l'église.

Église – On peut y admirer un adorable retable en bois.

Revenez sur la NA 150 pour rejoindre le défilé de Lumbier.

Défilé de Lumbier★ (Foz de Lumbier)

Creusé par l'Irati dans les contreforts de la sierra de Leyre, le défilé, long de 5 km, situé entre Lumbier et Liédena, offre à ses extrémités l'aspect d'une mince coupure dans la falaise. Une belle vue sur cette gorge s'offre du belvédère aménagé sur la N 240.

Le foz est fléché à l'entrée de la ville. Comptez env. 1 km jusqu'au parking. L'entrée est à quelques centaines de mètres. 1h AR pour 2,6 km, et env. 2h30-3h en passant par la montagne (5,5 km, 175 m de dénivelé) ; début juste à gauche, à l'entrée du défilé, depuis le parking.

L'ancienne voie de chemin de fer qui traversait le *foz* a été transformée en chemin. On parcourt donc plus de 2 km en surplomb de la rivière tumultueuse, survolée par de nombreux vautours dont l'envergure dépasse le mètre. Les falaises où ils nichent déploient des palettes de couleurs allant du gris au rouille et des formes parfois torturées. La promenade débouche sur un tunnel au-delà duquel se dressait autrefois le pont du Diable, sur l'embouchure du *foz*. Vous pouvez décider de revenir sur vos pas ou de rallier le sentier qui passe par la montagne pour retourner à votre point de départ.

Centre d'interprétation des défilés (Centro de Interpretación de las Foces) – *À Lumbier. ✆ 948 880 874 - tlj sf lun. mat., vend.-dim. et j. fériés mat. et apr.-midi - 1,20 €.*
Occupant un bâtiment moderne sur la place située derrière l'église, ce centre fournit toutes les explications nécessaires à la compréhension géologique, géographique et écologique du défilé de Lumbier et des autres. Présentation de la faune et de la flore, projection vidéo : les moyens les plus didactiques et modernes sont ici employés.
Poursuivez sur la NA 178. Arrivé à Domeño, prenez à droite la NA 2161.

Usún

3 km de Domeño. Petit parking aménagé en début de localité.
Cette petite localité donne accès à l'embouchure sud du défilé d'Arbayún, le plus grand *foz* fluvial de Navarre.
Sentier signalé par un panneau de bois dans le village (route non carrossable). Env. 5 km de promenade. 2h en passant devant l'ermitage St-Pierre. Attention, le terrain peut être glissant les jours de pluie en raison des rochers qui affleurent dans la descente vers le Salazar. Le sentier franchit le Salazar sur un pont moderne qui permet d'admirer toute la beauté sauvage du défilé.
Revenez à Domeño et continuez votre route sur la NA 178.

Défilé d'Arbayún★★ (Foz de Arbayún)

Parking aménagé dans un virage, sur la droite : ne le manquez pas !
Le Salazar est fortement encaissé dans les calcaires de la sierra de Navascués, mais la route s'éloigne du fleuve et il faut atteindre le belvédère aménagé au nord d'Iso pour avoir une splendide **vue★★** sur la sortie du canyon. Les falaises font place vers le bas à une végétation dense au milieu de laquelle scintille l'eau du torrent.

Sangüesa pratique

Informations utiles

Office du tourisme de Sangüesa – *C/ Mayor, 2 - 31400 Sangüesa - ✆ 948 871 411 - juil.-sept. : mat. et apr.-midi, dim. mat ; oct.-déc. : tte la journée, dim. mat.*

Office du tourisme de Lumbier – *Pl. Mayor, 3 - Lumbier - ✆ 948 880 874 - de mi-juin à mi-sept. : mat. et apr.-midi - reste de l'année : vend., w.-end et j. fériés mat. et apr.-midi, mar-jeu. mat. - fermé lun., 1er et 6 janv., 25 déc.*

Visite

Visite guidée – *Sangüesa Tour - ✆ 620 110 581.* Cet organisme propose des visites guidées des principaux monuments de la ville.

Se loger

Hôtel Yamaguchy – *Ctra Sangüesa a Javier s/n - ✆ 948 870 127 - info@hotelyamaguchi.com - P - 41 ch. 58/64,50 € - 6 € - rest. 12 €.* Cet établissement familial s'avère une bonne alternative dans sa catégorie. Chambres aux différents niveaux de confort, les individuelles sont au rez-de-chaussée, les plus modernes au 1er étage.

Se restaurer

Mediavilla Erretegía – *Alfonso el Batallador - ✆ 948 870 212 - mediavilla15@hotmail.com - fermé 15 sept.-5 oct. - 20/35 €.* Cela fait presque 30 ans que la famille Mediavilla régale ses clients de petits plats régionaux. Elle jouit d'une grande popularité. Parmi les spécialités : viandes et poissons rôtis à la braise, toasts frottés à l'ail et la jardinière.

Monastère de Leyre★

CARTE GÉNÉRALE C2 – CARTE MICHELIN N° 573 E 26 – NAVARRE

Au terme de la route d'accès, sinueuse et en forte montée, le panorama★★ est splendide sur le lac de Yesa et son environnement de collines marneuses. Les crêtes calcaires de la sierra font un majestueux rempart. De grands murs ocre confondus avec les roches alentour s'accrochent à mi-pente sur le versant de la sierra de Leyre.

Se repérer – Le monastère est situé sur le versant sud de la sierra de Leyre, près de la retenue de Yesa.

Se garer – Des parkings ont été aménagés en bout de route, juste avant et devant le monastère.

À ne pas manquer – Le magnifique portail de l'église et la crypte.

Organiser son temps – Comptez 1h de visite.

Pour poursuivre le voyage – Sangüesa, Olite et Roncevaux.

Comprendre

Un peu d'histoire – L'abbaye San Salvador de Leyre s'affirme au début du 11e s. comme le grand centre spirituel de la Navarre. Le roi Sanche III le Grand et ses successeurs en font leur panthéon et permettent l'édification d'une église qui compte, avec sa crypte, parmi les tout premiers témoignages de l'art roman en Espagne (elle fut consacrée en 1057). Les évêques de Pampelune étaient alors traditionnellement choisis parmi les abbés de Leyre, dont le pouvoir s'étendait sur près de 60 villages et 70 églises ou monastères.

Déclin et renaissance – Au 12e s., cependant, la Navarre ayant été réunie à l'Aragon, la royauté délaisse Leyre pour San Juan de la Peña, dans le temps même où l'évêché de Pampelune cherche à accroître son autorité sur les puissants moines. Un long procès s'engage, qui entame les finances et le prestige du monastère. Au 13e s., la réforme cistercienne est adoptée. Abandonné au 19e s., le couvent a été réoccupé en 1954 par les bénédictins venus de Silos. Ils ont restauré les bâtiments des 17e et 18e s. et installé une hostellerie.

Visiter

948 884 150 - www.monasteriodeleyre.com - mars-oct. : tlj mat. et apr.-midi ; reste de l'année : tlj mat. et apr.-midi, w.-end et j. fériés apr.-midi - fermé 1er et 6 janv., 1er Mai, 15 août, 25 déc. - 2,10 € (-13 ans 0,60 €).

Crypte★

Elle fut construite au 11e s. pour soutenir l'église romane supérieure dont elle épouse le plan, mais on la dirait plus ancienne encore, tant il s'en dégage une impression de rudesse et d'archaïsme. Les voûtes sont assez hautes, mais coupées d'arcs en claveaux énormes et parfois à double rouleau, qui retombent sur des chapiteaux

Stéphane Sauvignier / MICHELIN

La crypte du monastère de Leyre.

massifs, incisés de lignes très simples. Curieusement, ces chapiteaux sont posés sur des fûts de hauteur inégale, presque au ras du sol.

Église★★

Chevet – 11e s. Trois absides de même hauteur composent, avec le mur de la nef surmonté d'un clocheton et la tour carrée à triple fenêtres, un très charmant ensemble. Les murs parfaitement lisses et l'absence de décoration, à part quelques modillons, dénotent l'ancienneté de la construction.

Intérieur★ – Lorsque les cisterciens réédifièrent au 13e s. une nef unique à la voûte gothique audacieuse, ils gardèrent de l'église romane les deux premières travées et le chœur avec ses absides semi-circulaires. Les trois nefs nous sont parvenues intactes avec leurs voûtes en berceau dont le départ est situé à la même hauteur, leurs arcs à double rouleau, l'élégance décorative des colonnes engagées et du dessin des chapiteaux, et l'assemblage minutieux des grandes pierres de taille. Dans la nef gauche, un coffre en bois abrite les dépouilles mortelles des premiers rois de Navarre.

Portail ouest★ – 12e s. La richesse de son décor lui fait porter le nom de « Porta Speciosa ». Les sculptures occupent toute la surface disponible. Sur le tympan, des statues archaïques représentent : au centre, le Christ, à sa droite, la Vierge et saint Pierre, à sa gauche, saint Jean. Les voussures fourmillent de monstres et d'animaux fantastiques. Au-dessus, dans les écoinçons, on reconnaît à droite l'Annonciation et la Visitation.

Leyre pratique

Hôtel Señorío de Monjardín – *Carret. de Leyre - Yesa - ✆ 948 884 188 - www.hotelsenoriodemonjardin.com - fermé 20 déc.-20 janv. - P - 32 ch. 79/99 € - 8 € - rest. 17,50 €.* Situé sur un site naturel isolé au pied de la route, cet hôtel propose des chambres très spacieuses, avec vestibule au plancher en bois et salles de bains modernes. Restaurant soigné de style classique.

Aux alentours

Fontaine de la Vierge (Fuente de la Virgen)

À 250 m du monastère. Prenez la route qui s'engage face à l'entrée du monastère, le long du petit parking. Fontaine de pierre sculptée de deux silhouettes de femmes. Vous verrez certains des visiteurs et des pèlerins en revenir avec de petites bouteilles qu'ils auront remplies à son filet d'eau. Le site, très ombragé et moyennement entretenu, fait office d'aire de pique-nique.

Olite★★

Erriberri

3 435 HABITANTS
CARTE GÉNÉRALE C2 – CARTE MICHELIN N° 573 E 25 – NAVARRE

Résidence de prédilection des rois de Navarre au 15e s., Olite, la « ville gothique », vit dans l'ombre d'un château si démesuré qu'il a l'allure et les dimensions d'une cité médiévale. Durant l'été, le village est envahi par les touristes attirés par l'animation des rues et les « bodegas ».

Se repérer – Depuis Pampelune, la N 121 comme l'A 15 partent plein sud en direction d'Olite. Comptez environ 40 km.

Se garer – Le centre médiéval étant piétonnier, laissez votre voiture à l'une des portes du vieux quartier.

À ne pas manquer – Les chapiteaux de Sta María la Real, à Ujué.

Organiser son temps – En matinée, la vieille ville et son château, puis l'après-midi, les alentours avec Ujué, les lagunes et le monastère d'Oliva.

Avec les enfants – Le château des Rois de Navarre, pour son ampleur, et les lagunes de Pitillas, pour leurs oiseaux.

Pour poursuivre le voyage – Pampelune, Puente-la-Reina, Sangüesa, le monastère de Leyre et Tudela.

Comprendre

De la place forte à la ville royale – Place forte romaine, Olite a vu son noyau d'origine tripler avec l'octroi du *fuero* de Estella de García Ramírez en 1147. Le bourg passe alors du *cerco de dentro* (intra-muros) au *cerco de fuera*, enceinte médiévale nouvellement dressée au sud des anciens remparts. Des vestiges de ces murailles sont visibles à l'ouest du centre historique, le long de la rúa Romana et de la rúa Alcalde de Maillata, où se sont installées les *bodegas*.

Au 13e s., la cité devient siège royal des rois de Navarre, mais c'est Charles III le Noble (1337-1425) qui en fait leur résidence principale (elle le restera jusqu'en 1512) et réutilise la forteresse romaine pour la transformer en château.

Un patrimoine exceptionnel sauvé de justesse – Cet immense et fabuleux château semble sorti d'un conte de fées, mais ce patrimoine classé Monument national en 1925 aurait pu ne pas nous parvenir. En 1813, un général espagnol soucieux de ne pas le voir tomber entre les mains des Français y met en effet volontairement le feu. L'ouvrage perd alors plusieurs tours, mais à la suite de campagnes de restauration, dont les dernières se sont achevées à la fin du 20e s., il a retrouvé toute sa majesté.

La meilleure **vue** d'ensemble sur le monument et sur Olite se découvre depuis la route de San Martín de Unx. Celle de Beire offre aussi un joli panorama sur la ville.

Stéphane Sauvignier / MICHELIN

Le château des Rois de Navarre.

Se promener

Plaza Teobaldos

Occupant une place centrale dans le tissu urbain délimité autrefois par les murailles romaines, elle regroupe autour de ses arbres les principales curiosités de la ville, dont le *parador*, l'**église Sta María** et le **musée du Vin★** *(voir « Visiter »)*. Des porches permettent de rejoindre la plaza de Carlos III.

Plaza de Carlos III

Cette place tout en longueur assure la jonction entre le quartier nord (ancien *cerco de Dentro*) et la partie sud de la vieille ville (auparavant *cerca de Fuera*). C'est par elle que l'on accède au **château des Rois de Navarre★** *(voir « Visiter »)*. À l'opposé du monument, sur la place, se trouve l'entrée de galeries souterraines du 15e s. reconverties en salles d'exposition.

Église de San Pedro

À l'extrémité sud-est du quartier médiéval, en bordure du paseo de Doña Leonor.

Dotée d'un clocher effilé octogonal, la façade de l'église offre un aspect assez disparate. Les voussures du portail sont soulignées de boudins. De part et d'autre, deux aigles symbolisent l'un la Violence (à gauche, tuant un lièvre), l'autre la Douceur.

À l'entrée, dans le bas-côté à gauche, une pierre sculptée au 15e s. représente la Sainte Trinité.

Visiter

Château des Rois de Navarre★ (Castillo de los Reyes de Navarra)

Entrée par la plaza de Carlos III el Noble. ✆ 948 740 035 - www.guiartenavarra.com - ♿ - tlj tte la journée - fermé 1er et 6 janv., 25 déc. - 2,80 € (-13 ans 1,40 €).

On peut distinguer deux parties : le vieux palais, transformé aujourd'hui en *parador* (hôtel de luxe), et le nouveau palais, dont Charles III le Noble ordonna la construction en 1406. Les origines françaises de ce prince – il était comte d'Évreux et natif de Mantes – expliquent le caractère élégant des fortifications, transition entre les lourdes maçonneries du 13e s. et les palais-résidences gothiques de la fin du 15e s., comprenant galeries et petites cours. Architectes venus du nord et artisans maures y ont collaboré. Pendant la guerre d'indépendance (contre l'occupation napoléonienne), un incendie détruisit presque entièrement le bâtiment. Derrière la quinzaine de tours qui renforcent l'enceinte s'étendaient des jardins suspendus. Un décor d'azulejos (carreaux de céramique colorés), de stucs peints et de plafonds à marqueterie polychrome illuminait les salles. Sont remarquables : la salle de la Reine, la galerie du Roi aux arcs élancés, le petit cloître couvert de vigne vierge, la vue sur le toit de lauzes de l'église Sta María et la ville depuis la tour du Retrait. Notez la glacière en forme d'obus qui se dresse au pied des murailles du château.

Église de Santa María la Real

✆ 948 741 273 - www.guiartenavarra.com - ♿ - visite guidée des églises Sta María la Real et San Pedro juil.-août : 13h et 17h30 - 4 € (enf. 3 €) ; billet combiné avec le château des Rois de Navarre 6 € (enf. 4 €). C'est l'ancienne chapelle royale. Un atrium aux fines arcades polylobées précède la **façade★** du 14e s., excellent témoin de la sculpture gothique navarraise. Sur le portail, seul le tympan est historié (vies de la Vierge et du Christ). Remarquez l'attitude de Marie et Joseph dans le tableau de la Nativité : tous deux ont le menton dans leur main, comme s'ils étaient perplexes, voire nonchalants.

L'intérieur est également intéressant. Au-dessus du maître-autel, un très beau **retable★★** peint au 16e s. encadre une Vierge gothique.

Musée du Vin★ (Museo del Vino)

✆ 948 741 273 - ♿ - avr.-oct. et Sem. sainte : mat. et apr.-midi, dim. et j. fériés mat. ; reste de l'année : tte la journée, w.-end et j. fériés mat. - 3,50 € (enf. 2 €). Panneaux en anglais et en français. Partageant le même bâtiment que l'office de tourisme, ce musée récent a pris possession des étages et du sous-sol afin d'exposer de façon moderne et didactique toutes les étapes et le savoir-faire liés à l'élaboration du vin.

Chacun des paliers correspond à une thématique : l'histoire du vin, la viticulture (entretien des vignes, outils), la vinification (embouteillage, conservation). Particulièrement intéressante, la partie consacrée à l'œnologie donne quelques clés pour reconnaître et déguster les vins.

Circuits de découverte

VAISSEAUX DE PIERRE ET MARAIS

70 km – 3h30. Quittez Olite par la NA 5300 à l'est.

San Martín de Unx

Garez-vous devant Sta María del Popolo et montez vers San Martín (fléché). Demandez la clé à la maison marquée « Visitas guiadas », sur la gauche dans la montée.

Charme assuré dans ce village dont la rue principale est bordée de vieilles demeures de pierre. Elle mène à l'église des 12e-16e s.

La NA 5310 vous mènera à Ujué.

Ujué★★

Possibilité de se garer au pied de l'église. Juché sur un sommet, dominant le pays de la Ribera, Ujué est resté tel qu'au Moyen Âge, avec ses rues tortueuses et ses façades pittoresques.

Église de Santa María★★ – Une église, romane, avait été construite à la fin du 11e s. Au 14e s., le roi Charles II le Mauvais entreprit d'édifier l'église gothique ; mais les travaux durent être interrompus et le chœur roman subsista. Dans la chapelle centrale est vénérée Santa María la Blanca, statue romane en bois recouverte de plaques d'argent. Les murs extérieurs sont décorés de chapiteaux aux sculptures soignées, illustrant des scènes de la Bible (Annonciation, Nativité), des personnages (musiciens, bergers, vignerons, etc.). Notez sur le tympan le poisson qui sort du cadre.

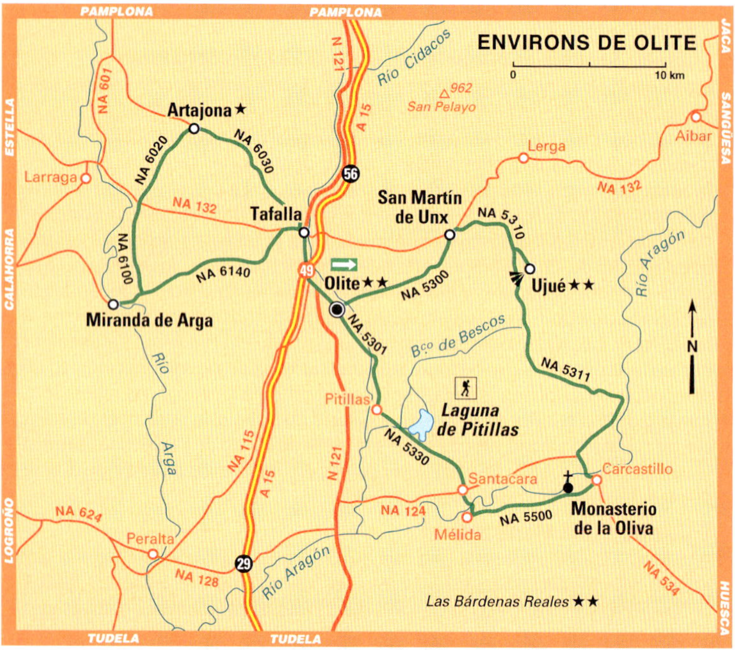

Sa fête patronale est célèbre : chaque année depuis le 14e s., le dimanche suivant la Saint-Marc (25 avril), se déroule la procession traditionnelle avec des pénitents.

Forteresse (fortaleza) – Des tours de l'église, la **vue** s'étend jusqu'à Olite, le Montejurra et les Pyrénées. Ce poste d'observation avait un rôle militaire : du palais médiéval, il reste de hauts murs et un chemin de ronde couvert qui contourne l'église.

Revenez sur vos pas et prenez à gauche la NA 5311 jusqu'à Murillo-el-Fruto au sud. De là, allez à Carcastillo par la NA 124. En ville, prenez à droite vers Mélida par la NA 5500.

Monastère de la Oliva

Fléché depuis Carcastillo. On l'aperçoit à la sortie de la ville, sur la droite en direction de Mélida. ✆ 948 725 006 - www.monasteriodelaoliva.eu - ♿ - tlj mat. et apr.-midi - possibilité de visite guidée sur demande (1 sem. av.) - 2 € (-12 ans 0,50 €).

La Oliva est un des premiers monastères cisterciens édifiés par des moines venus de France du vivant même de saint Bernard de Clairvaux. Son rayonnement intellectuel fut grand au Moyen Âge. Vidé de ses trésors, le monastère offre encore la remarquable pureté de son architecture cistercienne.

Église★ – Fin 12e s. La façade, extrêmement dépouillée malgré le couronnement triangulaire et la tourelle dont on l'a affublée au 17e s., joue avec une rare élégance de la perfection des lignes de son portail et des deux rosaces. Le vaisseau surprend par sa grande profondeur.

Cloître (Claustro) – Fin 15e s. Les baies apparaissent d'une exceptionnelle légèreté. Cette architecture gothique fut plaquée sur la construction d'origine comme en témoignent les retombées d'arcs qui masquent en partie l'entrée de la salle capitulaire du 13e s.

Quittez le monastère en direction de Mélida. Dans le village, prenez à droite la direction de Santacara que vous traverserez. Roulez ensuite environ 6 km en direction de Pitillas. Vous verrez alors en bord de route une sorte de ferme, isolée ou presque, et un petit panneau qui indique les lagunes.

Marais de Pitillas (Lagunas de Pitillas)

Cette zone marécageuse couvre 216 ha au pied de monts couronnés d'éoliennes. L'eau atteint une profondeur moyenne de 3 m, une digue maintenant ce niveau en cas de besoin. Le site a été déclaré réserve naturelle en 1987 en raison de son importance écologique. Il se trouve en effet sur les axes migratoires de nombreux oiseaux, qui viennent aussi s'y reproduire. La meilleure saison pour le découvrir est l'hiver.

Observatoire des oiseaux (Observatorio de Aves) – *✆ 619 463 450 - www.lagunadepitillas.org - mi-juil.-mi-sept. : tlj mat. et apr.-midi ; reste de l'année : w.-end, j. fériés et vac. scol.*

mat. et apr.-midi. Des longues-vues sont à la disposition des visiteurs pour regarder les marais et leurs habitants à plumes (canards, sarcelles, hérons, aigles, etc.). Des explications sont également fournies sur l'origine des marais, de la faune et de la flore.

Trois sentiers partent du centre d'observation, sans vraiment entrer au plus profond des marécages. Le premier fait 1 km (45mn) ; le second s'étire sur 5 km (2h30) ; le troisième conduit, après 1 km de promenade, à un joli point de vue. Ils seront peut-être déconseillés en période de nidification (de mars à juin).

Revenez à Olite par Pitillas, puis Beire, en empruntant la NA 5330 et la NA 5301.

VERS LE VERGER NAVARRAIS

58 km – 2h. Quittez Olite par la N 121.

Tafalla

En garant votre voiture près du centre-ville, vous pourrrez mieux arpenter les rues du vieux Tafalla, dont les principaux monuments sont l'église Sta María (retable du 16e s. réalisé par Juan de Anchieta et l'un de ses disciples) et le couvent de la Concepción (retable baroque du 16e s.), relié par un arc au manoir des Mencos.

La NA 6030 vous conduit à Artajona.

La route dévoile un magnifique panorama sur la crête fortifiée d'Artajona.

Enceinte d'Artajona★ (Cerco de Artajona)

Pour atteindre le sommet de la colline depuis la route principale, prenez la calle Hospital dont l'agence CAN fait l'angle. Possibilité de monter en voiture. Perchée en haut de la colline, **l'enceinte** d'Artajona dresse encore vers le ciel ses impressionnantes tours de défense et des portions de murs qui laissent deviner l'ampleur de cette fortification médiévale du 11e s., l'une des plus importantes de Navarre. Sur les 14 tours d'origine, 9 tiennent encore debout pour encadrer l'**église-forteresse de San Saturnino**, construite au 13e s. pour s'intégrer au système défensif de la forteresse. Dans un état proche du délabrement, elle sert aujourd'hui de lieu de réunion pour les habitants.

Suivez la NA 6020 prolongée par la NA 6100, et tournez ensuite à droite sur la NA 6140 pour arriver à Miranda de Arga.

Miranda de Arga

Le village s'étage sur une colline, depuis l'hôtel de ville blasonné à mi-pente jusqu'à la plaza de la Cruz, reconnaissable à la tour de l'horloge et à la tour mudéjar qui complète la iglesia de la Asunción.

Un peu en dehors du bourg, au-dessus de l'église, se dressent un petit sanctuaire et les vestiges d'une tour depuis laquelle s'offre un beau panorama sur l'Arga en contrebas, le patchwork de champs et de carrés de vigne et les rangées d'éoliennes dans le lointain.

Revenez à Olite par Tafalla via la NA 6140.

Olite pratique

Information utiles

Office de tourisme – *Pl. de los Teobaldos - 31190 Olite - ✆ 948 741 703 - 1er juin-11 oct. : mat. et apr.-midi, dim. et j. fériés mat. ; reste de l'année : mat. et apr.-midi, w.-end et j. fériés mat. - fermé 25 déc., 1er et 6 janv.*

Se loger

⊖⊖ **Hôtel Merindad de Olite** – *Rua de la Judería, 11 - ✆ 948 740 213 - merindad_de_olite@telefonica.net - 10 ch. 60/69 € - ☕ 6 €.* Établissement familial agréable, reconstruit sur les restes d'une ancienne muraille romaine et décoré dans un style rustique chaleureux. Chambres au mobilier de qualité.

⊖⊖⊖ **Hôtel Joyosa Guarda** – *Rua de Medios, 23 - ✆ 948 741 303 - hotel@lajoyosaguarda.com - P - 24 ch. 120/170 € - ☕ 13 €.* Cet édifice du 18e s., orné de balcons en bois, se remarque de loin. L'intérieur, restauré avec goût, offre des chambres personnalisées, aux grands lits. Le soir, le patio est éclairé par des torches.

Se restaurer

⊖ **Casa del Preboste** – *Rúa de Mirapies, 8 - ✆ 948 712 250 - estrellapreboste@hotmail.com - 11 € déj. - 25/35 €.* Les épais murs en pierre de ce restaurant datent du 15e s. Ils abritaient jadis la « maison du prévôt ». L'intérieur se divise aujourd'hui en trois salles. Deux sont réservées au service à la carte (assiettes traditionnelles très copieuses) ; l'autre fait pizzeria le soir.

⊖⊖ **Merindad de Olite** – *Rúa de la Juderia, 11 - ✆ 948 740 735 - merindad-de-olite@telefonia.net - 18/36 €.* Envie de tester une nouvelle gastronomie ? Cette adresse est tout indiquée : on y mitonne une cuisine à base d'insectes comestibles élevés en Angleterre et en Thaïlande. Si les petites bêtes ne vous tentent pas, la carte recèle aussi des plats traditionnels.

Tudela★

32 345 HABITANTS
CARTE GÉNÉRALE C3 – CARTE MICHELIN N° 573 F 25 – NAVARRE

Tudela, dépendance du califat de Cordoue au 9e s., a conservé un important quartier maure (Morería) et d'anciennes demeures de style mudéjar. Après la reconquête de la ville (12e s.), des églises dignes d'intérêt furent construites. À vous de les découvrir.

Se repérer – À 96 km au sud de Pampelune par l'A 15, Tudela veille à la frontière navarro-aragonaise. Campée au bord de l'Èbre, elle s'intègre à la Ribera, région de plaines ouvertes qui suit le cours de ce fleuve majeur.

Se garer – Le vieux centre est en grande majorité piétonnier. Garez-vous en périphérie (payant) ou dans un parking proche de la plaza de los Fueros.

À ne pas manquer – Une promenade dans les Bardenas Reales.

Pour poursuivre le voyage – Olite, Sangüesa et le monastère de Leyre.

Comprendre

Origine musulmane – Fondée par les Arabes en 802, Tudela devient chrétienne après la conquête de Saragosse par Alphonse Ier le Batailleur en 1119. Navarraise depuis 1134, elle fut la dernière cité à se soumettre au roi de Castille en 1512. Dès le 16e s., elle profite d'une certaine prospérité agricole et commerciale, comme en témoignent les édifices plateresques (Renaissance espagnole) qui parsèment son vieux centre. Des atouts économiques (situation stratégique et agriculture) qu'elle a entretenus et préservés tout au long des siècles puisque, à la fin du 19e s., céréaliculture et viniculture se développent comme jamais (asperges, haricots, piments, etc.). Aujourd'hui, Tudela représente le grand centre de la Ribera, où industries agroalimentaires côtoient métallurgie et équipements lourds.

Se promener

Plaza de los Fueros

Au moindre événement, festif ou politique, tous les habitants convergent vers cette place baroque (1687), trait d'union entre le quartier historique et la ville moderne.

Quittez la place par le Muro, large rue qui rejoint le paseo de Pampelune. À son extrémité, tournez à gauche pour rejoindre la plaza de la Judería.

Plaza de la Judería

Son nom rappelle que, jusqu'à son expulsion en 1498, la ville abritait une importante communauté juive dont les plus illustres représentants ont été le philosophe Abraham ibn Ezra et le poète Yehouda Ha Lévi. Le **palais** Renaissance **del Marquès de San Adrián** du 16e s. borde l'un de ses côtés. Notez à l'étage les arcs de style aragonais et l'avant-toit sculpté par Esteban de Obray. L'intérieur abrite un patio Renaissance.

Prenez la petite rue qui longe le palais sur sa droite et marchez tout droit dans les rues Magallón puis Pontarrón pour aboutir à la plaza Vieja et à la cathédrale.

Plaza Vieja

Elle jouxte la cathédrale, tout comme l'hôtel de ville et le musée d'Art moderne *(voir « Visiter »).*

Rejoignez la calle Roso, à l'opposé de la calle Portallón, afin de découvrir le palais Decanal.

Belvédères

Les meilleurs points de vue sur Tudela se capturent depuis la **colline du Sagrado Corazón** qui surplombe la vieille ville, et la **tour arabe Monreal** qui lui fait face sur une colline opposée, de l'autre côté de la plaza de los Fueros, dans la ville moderne.

Palais Decanal

L'ancien **palais épiscopal** construit en briques au 16e s. abrite le **Musée de Tudela** et donne accès à la **cathédrale★★**. Admirez le superbe portique plateresque (le style Renaissance espagnol) qui orne sa façade côté Roso.

Musée de Tudela (Museo de Tudela) – *948 402 161 - www.ciudadtudela.com/decanal - lun.-vend. mat. et apr.-midi, sam. et j. fériés mat. - fermé dim. (sf j. fériés) - 3 € (- 18 ans 1,50 €).* Collection d'art sacré exposée. Ne manquez pas les **azulejos★** du 16e s. de la chapelle.

Cathédrale★★

Accès par le musée. 12e-13e s. C'est un excellent exemple de l'architecture de transition romano-gothique. Le **portail du Jugement★★**, surprenant ensemble sculpté, difficile à voir globalement à cause du manque de recul, expose près de 120 groupes de personnages illustrant le Jugement dernier.

L'intérieur, roman dans son élévation, est gothique dans les voûtes et les fenêtres hautes. Si l'on excepte la clôture du chœur et quelques chapelles latérales baroques, l'église est riche en œuvres gothiques : stalles du chœur (début 16e s.), retable du maître-autel (vers 1500), Notre-Dame la Blanche (vers 1200 – statue reliquaire en pierre d'allure byzantine) dans la chapelle absidiale droite. La **chapelle N.-D.-de-l'Espérance★**, juste à côté, renferme plusieurs chefs-d'œuvre du 15e s. : le sépulcre d'un chancelier du roi de Navarre et le **retable central** (1412) dédié à la Vierge. Dans l'abside gauche, l'une des chapelles abrite le **retable de santa Catalina★★**, en bois doré polychrome (fin 14e s.). Toutes les chapelles disposent de panneaux montrant les étapes de leur restauration récente.

Alexandra Forterre / MICHELIN

Un détail du portail du Jugement.

Cloître★★ (Claustro) – Ensemble très harmonieux des 12e-13e s. Les arcades romanes reposent alternativement sur deux ou trois colonnes aux chapiteaux historiés relatant, pour la plupart, les épisodes du Nouveau Testament et de la vie des saints. Le style est d'inspiration aragonaise. Dans le mur d'une des galeries a été conservée une porte de l'ancienne mosquée. La **chapelle de San Dionis**, ancienne synagogue, retrace quant à elle l'histoire de la communauté juive de Tudela. Des panneaux installés dans les galeries présentent la succession et la cohabitation historiques des trois religions révélées et monothéistes dans la ville.

En passant par la plaza San Jaime, engagez-vous dans la calle Rúa.

Calle Rúa

Cette rue comprend quelques-uns des plus beaux édifices civils du vieux Tudela. Voyez la magnifique façade de la **casa del Amirante★★** (1515) ornée de cariatides, d'un joli balcon plateresque et d'un avant-toit à caissons. Plus loin se dresse celle de la **casa Ibañez Luna** (16e s.), plus modeste mais aussi de style baroque. Admirez son tympan roman.

La rue mène à l'église de San Nicolás.

Église de San Nicolás

En la réédifiant au 18e s., on a replacé sur la façade en brique de style mudéjar le tympan roman d'origine où figure Dieu le Père assis, tenant son fils et entouré des symboles des évangélistes.

Prenez la calle Serralta avec laquelle l'église fait un angle, suivez-la jusqu'au bout puis tournez à gauche dans la plaza Mercadal.

Plaza Mercadal

Cette place étroite est longée par l'édifice baroque de San Jorge-Castel Ruiz construit en 1608, qui abrite un centre d'exposition. N'hésitez pas à y entrer pour admirer les caves en pierre de taille, le patio et l'ornementation baroque de la voûte.

À son extrémité, prenez sur votre droite la rue qui débouche sur la rue Herrerías dont le terre-plein est verdoyant.

Palais du Marqués de Huarte

Ce palais du 18e s. de style néoclassique accueille aujourd'hui la bibliothèque.

Revenez par la calle Yanguas y Miranda à la plaza de los Fueros.

Visiter

Musée d'Art moderne Muñoz Sola (Museo de Arte moderno Muñoz Sola)

☏ 948 402 640 - www.museomunozsola.com - lun.-vend. 10h-13h30, 16h-19h, w.-end et j. fériés 10h-13h30 - 1 €, billet combiné avec le musée de Tudela 3 €.

Natif de Tudela, le peintre Muñoz Sola (1921-2000) a réuni au cours de sa vie une collection d'œuvres picturales, pour la plupart françaises et datant de la seconde moitié du 19e s. (Girodet de Roucy, Hugart de la Tour, Julien Tavernier, Foubert…). Elle est aujourd'hui exposée dans ce musée, qui consacre également une salle aux peintures de l'enfant du pays.

Stéphane Sauvignier/MICHELIN

Paysage des Bardenas.

Aux alentours

Bardenas Reales★★

Les Bardenas Reales, ce sont 42 500 ha de terres arides aux multiples couleurs selon que le gypse, l'argile ou le grès affleurent. Elles se divisent en plusieurs secteurs, reconnaissables à leur végétation. Ainsi, le nord et la **Bardena Negra** (partie méridionale) se caractérisent par les pinèdes et la présence de chênes kermès. Dans le centre et dans la **Bardena Blanca**, il s'agit plutôt de maquis assez chichement réparti. C'est dans cette zone que se trouvent les sites les plus spectaculaires. Cette variété de paysages et de flore permet la cohabitation d'une faune sauvage (pinsons, rapaces, serins) et d'animaux domestiques. Il est en effet encore de tradition de faire entrer les brebis sur ce territoire pour qu'elles y paissent l'hiver. Leur arrivée se célèbre très officiellement lors de la Sanmiguelada qui a lieu le 18 septembre.

Accès aux Bardenas Reales

15 km au nord de Tudela. Deux accès permettent d'aborder le désert. L'un se prend 800 m avant Arguedas, après le km 13 en venant de Tudela sur la NA 134, à droite. Vous verrez de petits panneaux marqués « Case » et « Bardenas Reales ». Tournez là. Ne manquez pas la route qui est très discrète ! L'autre accès se fait au niveau de N.-S. del Yugo, qui se rallie via Arguedas. Ne vous aventurez pas dans le parc sans documentation ni carte, et encore moins sans eau ni couvre-chef si vous êtes à pied ou à vélo ; attention également à la présence de serpents. Excursions organisées (voir « Tudela pratique »).

La première route traverse des sortes de marais avant de passer devant des champs et des montagnes râpées. Ce n'est qu'après 6 km que la piste commence et qu'elle s'enfonce dans un territoire un peu plus désertique, pour passer à côté d'une base militaire. Plus le chemin pénètre dans les Bardenas, plus le spectacle de l'érosion devient féerique. Tout est raboté et raviné par le vent et l'eau.

L'entrée par Nuestra Señora del Yugo, sanctuaire abritant une Vierge du 15e s., mène à la partie la plus connue des Bardenas, celle de la Blanca où se trouvent les sites tels que Pisquerra, la butte de Sanchicorrota, la Ralla et le Rallón. Dépaysement total assuré !

Fitero

27 km à l'ouest. Dans Tudela, suivez le direction Logroño puis Corella et prenez la NA 160 jusqu'à Fitero via Cintruénigo. Pénétrez dans le centre du bourg, contournez le parvis de l'église abbatiale et garez-vous à sa droite, sur la place ombragée de l'hôtel de ville.

Monument national depuis 1931, Fitero est le premier couvent cistercien construit dans la péninsule (1140). Fait rare, il est intégré au tissu urbain, ce qui s'explique par le développement de la population du village thermal de Fitero au 15e s. Sa mainmise sur le bourg provoqua de nombreuses révoltes jusqu'en 1836, date à laquelle la loi de sécularisation permit aux villageois de s'en émanciper. Une partie des bâtiments accueille aujourd'hui des institutions civiles (mairie, maison de retraite, bibliothèque), qu'un plan de réhabilitation prévoit à terme d'installer ailleurs. Seule l'église se visite.

Église de Fitero★ – Elle date du 12e s., comme en témoigne l'allure romane de son **chevet★** auréolé de chapelles absidiales, visibles en contournant l'édifice par la gauche. L'intérieur, représentatif de la sobre architecture cistercienne, conserve un retable majeur Renaissance (fin du 16e s.), d'autres baroques, comme celui de sainte Thérèse (abside droite), et un orgue datant du 17e s.

Tudela pratique

Informations utiles

Office du tourisme de Tudela – *C/Juicio, 4 - 31500 Tudela - ✆ 948 848 058 - mat. et apr.-midi, dim. et j. fériés mat. - 1er janv., 25 déc.*

Office du tourisme de Fitero – *C/de la Iglesia, 8 - 31593 Fitero - ✆ 948 776 600 - mat. et apr.-midi, sam. mat. - fermé dim. et j. fériés.*

Visites

Bardenas Reales – *Information et réservation ✆ 948 412 396 ou 666 570 261 - www.turismobardenas.com* - propositions des activitées (minimum 4 pers.) - promenade en 4x4 : 160 € (4h, 4 pers.) - vélo : 30 €/pers. (4h).

Se loger

⊖ **Hôtel Remigio** – *Gaztambide, 4 - ✆ 948 820 850 ou 948 820 854 - www.hostalremigio.com - 34 ch. 50/55 € - ☕ 4 € - rest. 13 €.* Cet hôtel fonctionnel constitue un point de départ idéal pour parcourir la ville à pied. Il propose des chambres d'une propreté exemplaire, desservies par un élégant escalier orné de verre. Restaurant au menu attractif. Spécialités locales à base de bons produits maraîchers.

⊖⊖ **Hôtel Pichorradicas** – *Cortadores, 11 - ✆ 948 82 10 21 - info@pichorradicas.es - 7 ch. 75 € ☕ 8,50 € - rest. 35/40 €.* Aucun doute, cet hôtel mérite l'attention. Outre sa situation enviable en plein quartier historique, ses chambres, personnalisées et bien équipées, s'avèrent très accueillantes. Si vous le pouvez, choisissez les pièces mansardées : plus vastes, elles possèdent des baignoires hydromassantes.

⊖⊖⊖ **Hôtel AC Ciudad de Tudela** – *Misericordia s/n - ✆ 948 402 440 - ctudela@ac-hotels.com - P - 41 ch. 121 € - ☕ 11 € - rest. 34/44 €.* Belles installations et fusion judicieuse entre le passé et l'avant-garde. Venez découvrir son charme dans des chambres équipées dans le pur style de cette prestigieuse chaîne d'hôtels. Salle à manger moderne et claire, où l'on déguste une belle variété de plats.

Se restaurer

⊖⊖ **Meson Julian** – *Merced, 9 - ✆ 948 822 028 - info@mesonjulian.com - fermé 1re quinz. de sept. - formule déj. 20 € - 18,70/30 €.* Ce restaurant séduit par sa situation en plein quartier historique, par son décor où se mêlent brique et bois et bien sûr par ses goûteux petits plats traditionnels. Le chef utilise surtout les produits de saison qu'il fait mijoter. La carte des vins est riche de bons petits crus.

⊖⊖ **Casa Ignacio (Pichorradicas)** – *Cortadores, 11 - ✆ 948 821 021 - info@pichorradicas.es - fermé dim. soir et lun. - 28/33 €.* Ce restaurant intime est installé dans une maison du quartier historique. Dans les deux salles de style moderne on appréciera le décor de poutres et de murs en briques. Prix raisonnables.

⊖⊖⊖ **Treintaitres** – *Pablo Sarasate, 7 - ✆ 948 827 606 - restaurant33@terra.es - fermé 1er-23 août, 24 déc.-2 janv., lun. soir, mar. soir et dim. - 41 €.* Établissement familial, avec un bar et deux salles, l'une sur le côté et l'autre à l'étage, toutes deux à la décoration minimaliste. Carte et menu disponibles.

Faire une pause

Pastelería Salinas – *Muro, 1 - ✆ 948 820 115 ou 948 820 084.* Cette institution, transmise de père en fils depuis 1870, doit sa renommée à ses *mantecadas*, petits gâteaux au beurre agrémentés de fruits secs. Elle vend aussi d'autres spécialités : tuiles, tourons, chocolat blanc… Petit salon de dégustation.

Événements

Fêtes patronales de Sainte-Anne (24-30 juil.). Le 26, féria, course de taureaux, et la *revoltosa*, une danse qui a lieu plaza de los Fueros.

Puente-la-Reina★

Gares

2 611 HABITANTS
CARTE GÉNÉRALE C2 – CARTE MICHELIN N° 573 D 24 – NAVARRE

Traversée par la N 111 qui lui apporte quelques désagréments sonores et esthétiques, Puente-la-Reina n'a cependant rien perdu de son importance sur la route de Compostelle. Sa rue principale et ses églises continuent à accueillir les pèlerins, qui franchissent d'un pas allègre son vieux pont jeté sur l'Arga.

Se repérer – Première étape importante sur la route de Compostelle depuis Pampelune, à 23 km au sud-ouest de la capitale navarraise par la N 111.
Se garer – Dans les contre-allées qui bordent la grande route.
À ne pas manquer – Les statues des églises du Crucifix et de St-Jacques.
Pour poursuivre le voyage – Pampelune, Estella et Olite.

Comprendre

L'importance du pèlerinage – Point de convergence des deux chemins de Compostelle, celui de Roncevaux d'un côté et le tronçon toulousain de l'autre, en provenance de Sangüesa, Puente-la-Reina doit son existence aux pèlerins. C'est Alphonse Ier qui ordonna en 1121 la création d'un village régi par le *fuero* d'Estella, de façon à peupler l'itinéraire de la route de St-Jacques et à en tirer profit grâce aux péages et aux échanges commerciaux. Au 14e s., la cité s'est tellement développée qu'elle compte cinq quartiers et s'est entourée de remparts. Suite au déclin du pèlerinage, elle s'est reconvertie dans l'agriculture, et notamment le piment.

Se promener

Le vénérable **pont en dos d'âne** qui enjambe le río Arga et donne son nom à la ville fut construit au 11e s. pour permettre le passage des pèlerins se rendant à St-Jacques. À l'entrée de la ville en venant de Pampelune, un pèlerin en bronze signale ce point de rencontre entre les deux *caminos* (chemins).

Église du Crucifix (Iglesia del Crucifijo)

✆ 948 340 050.

Premier monument pour les pèlerins arrivant de Pampelune, elle se trouvait hors les murs et communique par un porche avec l'ancien hospice des pèlerins. Accolée à la nef d'origine (12e s.), une nef postérieure (14e s.) abrite la fameuse croix en Y et son **Christ★** en bois d'un expressionnisme violent. Il aurait été rapporté d'Allemagne par un pèlerin du 14e s.

Engagez-vous à pied dans l'étroite calle Mayor, très élégante avec ses maisons en briques dorées, ses blasons (nos 27, 61, 66) et ses avant-toits de bois sculpté (nos 15, 19, 29, 33, 46, 80), qui mène au fameux pont. On rencontre en chemin l'église de Santiago.

Église de Santiago

✆ 948 341 301 - mat. et apr.-midi, w.-end apr.-midi.

Son **portail roman★** fourmille de figures presque effacées.

La nef, refaite au 16e s., a été décorée de retables. Remarquez, face à l'entrée, un **saint Jacques★** pèlerin en bois doré et le **saint Bartholomé★** qui lui fait pendant (14e s.).

La calle Mayor aboutit au pont.

Sur la gauche, les rues mènent à l'église de **San Pedro** (église St-Pierre, 14e s.), qui conserve, depuis le milieu du 19e s., la **Vierge de Txori** (16e s.) autrefois postée sur le pont.

Aux alentours

Cirauqui★

7 km à l'ouest par la N 111.

Le long des ruelles tortueuses bordées d'escaliers se pressent des façades à demi blanchies, ornées de portes arrondies, de balcons, blasons et corniches sculptés. En haut du village (montée difficile), l'église de San Román possède un **portail★** du 13e s. polylobé, semblable à celui de San Pedro de la Rúa à Estella.

Église de Santa María de Eunate★★

☏ 948 341 301 - janv.-fév. : mat. ; reste de l'année : mat. et apr.-midi - fermé lun., déc.
Cette chapelle romane si harmonieuse de proportions reste d'origine énigmatique. La découverte d'ossements tend à accréditer la thèse d'une chapelle funéraire établie sur le chemin du pèlerinage qui, à l'époque, venait de Toulouse (la même thèse prévaut pour la chapelle de Torres del Río - *voir Viana*).

On estime sa date de construction aux alentours de 1170. Sa structure octogonale intègre un petit chevet pentagonal proche du style cistercien. Quant à l'intérieur, il trahit des influences musulmanes avec les huit nervures à section carrée convergeant vers le centre à la façon mozarabe, sans clé de voûte. Admirez les 26 chapiteaux, sculptés pour beaucoup de motifs végétaux.

La galerie extérieure, aujourd'hui curieusement découverte, se rattachait à des bâtiments annexes ; elle servait d'abri aux pèlerins. *Eunate*, en basque, signifie « cent portes ». Un surnom qui fait référence aux arcades entourant le sanctuaire.

Puente-la-Reina pratique

Information utile

Office de tourisme – *Casa del vínculo - c/Mayor s/n - 31100 Puente-la-Reina - ☏ 948 341 301 - de nov. à Sem. sainte : mat. et apr.-midi, dim. et j. fériés mat. ; reste de l'année : apr.-midi, dim. et j. fériés mat. - fermé lun.*

Se loger et se restaurer

⊜⊜⊜ **Hôtel El Peregrino** – *Irunbidea, s/n - 1 km NE de Puente-la-Reina par la rte de Pampelune - ☏ 948 340 075 - peregrino@relaischeteaux.com - fermé 10-31 janv., dim. soir et lun. - 45/62 € - 13 ch. 190 € - ☕ 18 €.* Restaurant de charme installé dans une magnifique maison de pierre. Le décor soigné crée une ambiance idéale pour se délecter d'une cuisine aux touches créatives. Salle à manger avec vue sur le jardin et la piscine.

Estella★★

Lizarra

13 708 HABITANTS
CARTE GÉNÉRALE C2 – CARTE MICHELIN N° 573 D 23 – NAVARRE

Estella est dispersée sur un terrain accidenté de part et d'autre de l'Ega. La noblesse des façades de brique ou de pierre de taille rappelle l'illustre destin de cette cité choisie comme résidence par les rois de Navarre au 12e s., puis par les prétendants carlistes au 19e s. Chaque premier dimanche de mai a lieu, en souvenir, le Rassemblement des carlistes. Elle fut également une étape importante sur le chemin de St-Jacques.

Se repérer – Estella se trouve sur le versant sud des sierras d'Andía et d'Urbasa, à côté de la N 111 qui relie Pampelune à Logroño (48 km au sud-ouest).

Se garer – Le long de la rivière, dans le parking jouxtant la station des autobus, plaza de la Coronación.

À ne pas manquer – L'église de San Pedro et son cloître.

Organiser son temps – Flânez donc une journée dans la ville, en vous réservant la fin de la journée pour prendre un verre sur la plaza de los Fueros.

Pour poursuivre le voyage – Pampelune, Puente-la-Reina et Viana.

Comprendre

« Estelle la Bella » – C'est ainsi que l'appelaient au Moyen Âge les pèlerins de St-Jacques-de-Compostelle. Estella était une étape importante du « chemin » et, de ce fait, possède plusieurs monuments de grande valeur artistique datant pour la plupart de l'époque romane. En outre, en 1076, le roi Sanche Ramírez lui avait attribué certains privilèges qui attirèrent des commerçants et des aubergistes, essentiellement des francs-bourgeois. La plupart s'établirent sur la rive droite de l'Ega.

Les pèlerins venaient vénérer la Vierge du Puy, dont le sanctuaire, reconstruit dans le style moderne, se dresse à l'emplacement où, le 25 mai 1085 dit la légende, des bergers, alertés par une pluie d'étoiles, découvrirent une statue de la Vierge. Des hospices qu'on y avait construits, celui de St-Lazare réservé aux lépreux était le plus célèbre.

Stéphane Sauvignier / MICHELIN

Le palais des Rois de Navarre.

Se promener

Plaza de San Martín

À l'origine, c'était le centre du quartier des francs-bourgeois tout bouillonnant de l'animation de ses échoppes et de ses auberges. Aujourd'hui, rien ne trouble le calme de cette harmonieuse petite place, si ce n'est le clapotis de sa fontaine. Sur un des côtés, l'ancien hôtel de ville arbore une façade blasonnée du 16e s.

Palais des Rois de Navarre★ (Palacio de los Reyes de Navarra)

Jouxtant la plaza de San Martín, le palais des Rois de Navarre est un exemple exceptionnel d'architecture civile romane du 12e s. Sa longue façade est percée d'arcades et de baies géminées remarquables par leurs chapiteaux. Il abrite aujourd'hui le **Museum Gustavo de Maeztu y Whitney.**

Museum Gustavo de Maeztu y Whitney★ – *San Nicolás, 1 - ✆ 948 546 037- www.museogustavodemaeztu.com - tlj sf lun. mat. et apr.-midi, dim. et j. fériés mat. - gratuit.* Installé dans l'ancien palais des Rois de Navarre, ce musée rassemble sur deux niveaux les œuvres du peintre Gustavo de Maeztu y Whitney (1887-1947), né à Vitoria en Álava, d'un père cubain (originaire de Navarre) et d'une mère anglaise. Il grandit et étudie les arts à Bilbao. Il part à Paris, voyage à travers l'Espagne pour fixer scènes et paysages, vit entre Madrid et Barcelone. Après un séjour à Londres, il revient et s'installe à Estella à partir de 1936. Il y restera jusqu'à sa mort en 1947.

Seul un tiers de la collection peut être exposé à chaque fois. Travail de la couleur, souci du détail dans les paysages comme dans les personnages : son trait déborde de puissance et d'épaisseur. Le premier palier aborde la représentation de la femme, le second présente des dessins, des esquisses, des portraits et des scènes rurales.

Prenez à gauche la calle San Nicolás.

Église de San Pedro de la Rúa

Ouv. 30mn avant la messe - juin-sept. : messe sem. 20h ; oct.-mai : messe sem. 19h ; tte l'année messes sam. 20h, dim. 12h, 13h - cloître ouvert dim. 9h-13h30 - visites guidées : se renseigner à l'office de tourisme.

Sur les contreforts de la falaise où se trouvait le château, l'église se dresse face au palais des Rois de Navarre. Le bâtiment garde des parties remarquables des 12e et 13e s.

Le **portail★**, au sommet d'un escalier monumental, ouvre sur le mur nord ; les chapiteaux et les voussures sont richement sculptés, mais son originalité réside dans l'arc d'entrée en tiers-point, bordé de petits lobes, qui témoigne de l'influence de l'art califal. On peut voir des portails de même type dans la région, à Puente-la-Reina et à Cirauqui, d'autres en Saintonge et dans le Poitou. À l'intérieur, remarquez les trois absides romanes : dans celle du centre, une Vierge à l'Enfant romane, un Christ gothique et une colonne faite de trois serpents entrelacés; dans l'abside gauche, un crucifix roman.

Le **cloître★** roman a perdu deux galeries au 16e s. lorsqu'on fit sauter le château voisin. La virtuosité technique et l'esprit inventif du sculpteur des **chapiteaux★★** font regretter les parties manquantes. La galerie nord représente des scènes de la vie du Christ et des saints Laurent, André et Pierre. Les thèmes végétaux et animaliers occupent la galerie ouest, où l'architecte facétieux a glissé un groupe de quatre colonnes obliques.

Au bout de la rue, un arc marque l'ancienne entrée de la cité.

Revenez sur vos pas et continuez dans la calle de la Rúa.

Calle de la Rúa

C'était le chemin qu'empruntaient les pèlerins. Au nº 7, le palais de frère Diego de Estella présente une façade plateresque décorée d'un blason. Admirez au nº 6 le toit monumental du palais San Cristobal, et les arcades gothiques des nos 25, 27, 28 et 31, correspondant à d'anciennes boutiques et à des hospices jacobites.

Elle débouche sur les berges où se dresse l'église du Santo Sepulcro (passez sous le pont routier).

Église du Santo Sepulcro

Elle vaut surtout pour son **portail★** nettement gothique. On reconnaît sur trois registres : la Cène, les trois Maries au Sépulcre et l'Enfer, le Calvaire. Les niches qui encadrent le portail abritent des saintes et des saints traités avec un certain maniérisme.

Passez sur l'autre rive par le pont de la Cárcel (reconstruit en 1973) et montez la calle Asteria dans son prolongement pour rejoindre l'église de San Miguel.

Église de San Miguel

Ouv. 30mn avant la messe - tte l'année messes lun.-sam. 19h, dim. 11h30, 12h30.

Elle se trouve dans un quartier qui était peuplé de Navarrais à la fin du 12e s., et dont les rues étroites ont gardé un cachet médiéval. Son **portail nord★** semble avoir été conçu comme un défi lancé aux habitants de l'autre rive. Au tympan, le Christ est entouré des évangélistes et de personnages énigmatiques. Sur les voussures, on distingue des anges portant des encensoirs, les vieillards de l'Apocalypse, les prophètes et patriarches, des scènes évangéliques et des martyres de saints. Sur les chapiteaux : enfance du Christ et scènes de chasse. Sur les murs au registre du haut, huit statues-colonnes représentent des apôtres. Au registre du bas, deux **hauts-reliefs★★**, les plus achevés et expressifs du portail, montrent à gauche saint Michel terrassant le dragon, à droite les trois Maries au Sépulcre. Par la noblesse des attitudes, l'élégance des drapés, l'expression des visages, cette dernière scène est un chef-d'œuvre de la sculpture romane.

L'intérieur est très dépouillé à l'exception de retables dorés, baroques ou néoclassiques. Notez le retable peint dans le transept gauche.

Dirigez-vous vers la plaza de los Fueros et traversez-la. Prenez la rue qui la prolonge à gauche, coupez par une seconde place, la plaza de Santiago, pour monter ensuite à la basilique (fléchée).

Basilique de Nuestra Señora del Puy

Située sur la colline qui domine San Miguel et la plaza de los Fueros, il s'agit d'une église moderne construite en 1951 par l'architecte Víctor Eúga. Une statue de la Vierge à l'Enfant trône en son centre (beau travail d'orfèvrerie), mise en valeur par les jeux de lumière et le travail du bois qui caractérisent l'édifice. On y voit de nombreuses étoiles.

Revenez sur vos pas jusqu'à la plaza de los Fueros, dépassez-la et suivez par la droite la calle de la Carpinteria qui aboutit à la calle Mayor. Celle-ci vous ramènera, par la gauche, à la rivière et au pont qui fait presque face à la plaza San Martín.

Aux alentours

Lerin

23 km au sud par la NA 122.

Église – *Ouv. aux heures d'office ou de neuvaine.* Un splendide **retable★** baroque occupe tout le chœur de l'église, qui possède une impressionnante hauteur sous voûte.

Circuits de découverte

LA ROUTE DES COLS

96 km – 2h. Quittez Estella par la NA 120.

Monastère de Iranzu★

À 9 km d'Estella, accès signalé de la NA 120, presqu'à la sortie d'Arbarzuza, sur la gauche. Ne manquez pas le panneau ! ℘ 948 520 047 - tlj mat. et apr.-midi - 2,50 € (-12 ans 1,50 €).
Isolé dans une **gorge★** sauvage, cet ancien monastère cistercien construit à la fin du 12e s. est transformé en collège. C'est un bon témoin de l'architecture cistercienne à la transition du roman et du gothique. Les fenêtres du cloître – celles qui n'ont pas été décorées par la suite d'un remplage gothique très fleuri – sont caractéristiques du style : arcatures romanes, oculus et grand arc de décharge. Parmi les salles donnant sur ses galeries, en plus de la salle capitulaire, voyez la cuisine dotée d'une gigantesque cheminée intérieure. L'église, dont le chevet plat est décoré d'un « triplet » (trois fenêtres symbolisant la Trinité), ce qui est fréquent chez les cisterciens, est voûtée d'ogives assez frustes.

Route du col de Lizarraga★★ (Carretera del Puerto de Lizarraga)

Juste à la sortie du tunnel (alt. 1 090 m) et avant d'amorcer la descente rapide au milieu des prairies et des bois, s'arrêter au **belvédère★** qui domine la verdoyante vallée d'Ergoyena.
Continuez jusqu'à Etxarri-Aranatz.

Etxarri-Aranatz

Sortez d'Etxarri après le centre-ville, en direction de Beasain. Après le pont vient une rotonde, suivez la signalisation du camping. Vous passerez devant une sorte de carrière-entrepôt et, plusieurs centaines de mètres après, vous trouverez le camping. Vous pouvez vous garer à l'extérieur. Demandez une documentation à l'accueil ou bien suivez directement les panneaux d'orientation à l'entrée du parking.
Les deux randonnées (de 1h30 et de 4h) ont un tronçon commun qui longe le camping puis une rivière sur un chemin agréablement ombragé par des chênes et des hêtres. Au bout d'une trentaine de minutes, les chemins bifurquent, le plus court partant à droite et le plus long continuant tout droit. Ce dernier passe à proximité de nombreux dolmens (10, contre 2 pour l'autre randonnée).
Prenez la N 240A vers l'ouest jusqu'à Altsasu et, là, tournez à gauche vers Estella-Lizarra.

Route du col d'Urbasa★★ (Carretera del Puerto de Urbasa)

La montée au col, assez raide entre de grands rochers isolant des bouquets d'arbres, est d'une beauté sauvage. Par contraste, le grand vallon boisé que l'on traverse ensuite apparaît d'une aimable fraîcheur. À la descente, après le col (927 m), les vues sont embellies par de hauts escarpements calcaires, puis c'est le cheminement dans les gorges du río Urenderra aux eaux limpides.
Revenez à Estella.

SUR LES PAS DES PÈLERINS

30 km – 3h. Quittez Estella en direction d'Ayegui. Le monastère se trouve à la sortie de ce village.

Monastère de Irache★

℘ 948 554 464 - merc.-dim. mat. et apr.-midi, lun.-mar. apr.-midi - fermé déc. - gratuit.
Dès le 10e s. une abbaye bénédictine existait ici. Étape importante sur le chemin de St-Jacques, elle adopta la règle cistercienne, puis devint au 16e s. un centre universitaire dirigé par les bénédictins. Le monastère a fermé ses portes en 1833.
Église★ – L'abside d'un roman très pur fait face à une nef où la croisée d'ogives reste primitive. À la Renaissance, la coupole sur trompes a été refaite et le *coro alto* ajouté. La façade, comme la plupart des bâtiments conventuels, a été reconstruite au 17e s. Admirez le beau travail de bois et d'orfèvrerie de la **statue de la Vierge★★**.
Cloître (Claustro) – D'architecture Renaissance, le cloître est orné d'une fontaine moussue et décoré de culs-de-lampe et de chapiteaux relatant la vie du Christ et de saint Benoît.
Avis aux amateurs de vin : les chais qui bordent le monastère jouxtent le chemin de St-Jacques. C'est donc d'abord à l'attention des pèlerins qu'a été aménagée dans le mur même de la *bodega* une fontaine... à vin, mais rien n'empêche de goûter au breuvage, avec modération !

Après le monastère, continuez la route pour rejoindre la N 111 en direction de Los Arcos. Villamayor de Monjardín sera à droite après 4 km.

Villamayor de Monjardín

Village étape sur la route de Compostelle, il comporte une jolie église du 12e s., **San Andres**, au portail roman et au clocher baroque (18e s.). L'édifice est censé être ouvert toute la journée, mais s'il pleut, la personne en charge de son entretien peut décider de la fermer pour limiter les empreintes boueuses des pèlerins sur le sol immaculé.
Légèrement en dehors de la commune, sur le chemin de St-Jacques (signalisation à l'entrée du village), se dresse une jolie **fontaine gothique★**, plutôt romantique avec son escalier qui descend jusqu'à une piscine d'eau pure.
Pour ceux qui voudraient poursuivre sur la route de Compostelle, qu'ils continuent sur la N 111 jusqu'à Los Arcos *(voir Viana)*. Les autres reviendront sur Estella *via* Arellano.
Revenez sur la N 111 et tournez à gauche en direction d'Estella. Après quelques mètres, prenez à droite la direction d'Arellano.

Arellano

San Roman – *Demandez la clé à la mairie.* Jolie petite église close d'un muret contre lequel courent de petits bancs de pierre. L'intérieur abrite des grisailles et une fresque de 3 m de hauteur représentant saint Christophe portant l'Enfant Jésus (16e s.). De part et d'autre du retable, vestiges d'une fresque du 14e s. : l'Annonciation et un apôtre.
Revenez à Estella par Discatillo, puis la NA 122.

Estella pratique

Information utile

Office de tourisme – *C/San Nicolás, 3 - 31200 Estella - ✆ 948 55 63 01 - de la Sem. sainte au 11 oct. : 10h-14h, 16h-19h, dim. 10h-14h ; du 12 oct. à la Sem. sainte : 10h-17h, w.-end 10h-14h.*

Se loger

Hôtel Fonda san Andrés – *Plaza de Santiago, 50 - ✆ 948 550 448 ou 948 554 158 - 24 ch. 35/38 € -* . Cet hôtel occupe un bel édifice dont la façade en brique, ornée de balcons, attire le regard. L'intérieur reste plus modeste. Les chambres, impeccablement tenues et meublées dans le style castillan, possèdent, pour certaines, une petite terrasse. Dans le salon, fauteuils confortables et TV avec écran panoramique.

Hôtel Yerri – *Avda de Yerri, 35 - ✆ 948 546 034 - P 24 ch. 60/65 € - 5,50 € - rest. 10 €.* Voici un hôtel pratique, situé à moins de 10mn à pied du centre-ville. Ses chambres, confortables et bien équipées, affichent un style actuel. Au restaurant : décor coloré, éclairage soigné et tables bien dressées.

Hôtel Irache – *Prado de Irache, 7 - Ayegui - ✆ 948 551 150 - info@hotelirache.com - P - 31 ch. 75/103 € - 8,50 € - rest. 18 €.* Cet hôtel propose des chambres classiques et des appartements de type studio avec chambre séparée. Dans la salle à manger de style rustique on appréciera le service.

Se restaurer

Casa Faustina – *Magdalena, 58 - Barindano - ✆ 948 539 493 ou 948 539 150 - 13 €.* Vous ne serez pas déçu par cette petite adresse fort sympathique. Le décor des différentes salles, composé de troncs d'arbres noués, de tableaux et de figurines en terre cuite, surprend. Dans l'assiette, on trouvera une bonne cuisine familiale et on pourra aussi choisir le menu dégustation.

Navarra – *Gustavo-de-Maeztu (Los Llanos), 16 - ✆ 948 551 069 - fermé janv., 25 déc., dim. soir et lun. - 26/39 €.* Installé dans une ancienne villa avec jardin, ce restaurant affiche une décoration de style navarrais médiéval. À l'intérieur on découvrira un aménagement et un décor soignés : tables en azulejos, linge de table raffiné.

Viana★

3 596 HABITANTS
CARTE GÉNÉRALE C2 – CARTE MICHELIN N° 573 E 22 – NAVARRE

La taille du bourg perché sur sa colline derrière ses remparts ne révèle rien de l'importance de cette étape sur le chemin de St-Jacques-de-Compostelle. Ce n'est qu'en se mêlant aux pèlerins au repos sur le parvis de sa magnifique église que l'on en prend conscience.

Se repérer – En lisière de Navarre, Viana se trouve sur la route de Compostelle, à 39 km au sud-ouest d'Estella sur la N 111. Logroño n'est qu'à 10 km au sud-ouest dans le prolongement de cette voie importante de pèlerinage.

Se garer – En dehors des remparts, à côté de l'église de San Francisco, ou bien dans la vieille ville, sur la plaza del Coso.

À ne pas manquer – La chapelle romane de El Santo Sepulcro de Torres del Río.

Organiser son temps – Partez de Viana pour rayonner une journée sur les contreforts des sierras de Urbasa et de Santiago de Loquiz.

Pour poursuivre le voyage – Estella, Laguardia, Logroño et Vitoria-Gasteiz.

Se promener

Plaza de los Fueros

Une fois franchi l'arc séparant la vieille ville de ses anciens faubourgs, on pénètre sur cette petite place délimitée par l'hôtel de ville et le parvis clos de l'église, pavé de galets et planté d'arbres.

Hôtel de ville (Casa consistorial) – 17e s. Identifiable à ses arcades et au gigantesque blason qui orne la balustrade entre ses deux tours, elle déploie une belle façade à la fois Renaissance et plateresque.

Alexandra Forterre / MICHELIN

Les « Balcones de Toros », plaza del Coso.

Église de Santa María★★

De style gothique et fortifiée, elle fut édifiée entre 1250 et 1312.

Portail Renaissance★ – Monumental, il représente différentes scènes des Évangiles, depuis Jésus priant au mont des Oliviers à gauche de la porte, jusqu'à la Passion à droite, en passant par l'Anonciation et la Nativité. Surplombant le tympan, la Crucifixion et la Descente de la Croix surmontées d'un demi-dôme à caissons.

Intérieur★ – Retables baroques du 17e s. dans les chapelles encadrant le chœur (celle de droite expose une jolie Vierge du 14e s.). Admirez les fresques de Luis Paret y Alcázar et notez les chaires baroques décorées d'angelots.

Dans l'atrium repose César Borgia, le frère de la célèbre Lucrèce, tombé en 1507 au pied des remparts de Viana alors qu'il combattait pour son beau-frère, roi de Navarre.

Calle de Santa María

Fondée en 1219 par Sanche le Sage, Viana s'est développée grâce à sa position stratégique sur le chemin de Compostelle. Les maisons de sa rue principale témoignent encore de l'importance des hospices et auberges qui la ponctuaient. Elle longe l'église et mène à la plaza del Coso.

Plaza del Coso

Sur cette place avaient lieu autrefois les corridas que l'on contemplait depuis les « balcones de Toros ». On y trouve aussi la mairie à arcades dotée d'un balcon léger et d'un avant-toit travaillé. Remarquez en chemin un autre avant-toit ouvragé (à caissons celui-ci).

Revenez vers la plaza de los Fueros et dépassez-la.

Dans cette direction, la rue principale est bordée de maisons blasonnées (n°s 2, 3 et 9) ou ornées d'un avant-toit sculpté (n° 12). Elle aboutit à l'église de San Pedro.

Église de San Pedro

Ses ruines laissent entrevoir une architecture gothique (13e s.) et conservent un portail baroque de 1740.

Derrière l'église, on accède, par la ruelle de l'ancien cimetière et la muraille du 13e s., à un petit **jardin** aménagé sur les anciens remparts.

Ressortez de la vieille ville par la plaza de los Fueros.

Le couvent et l'église San Francisco (17e s.) font face à l'arche donnant accès au centre historique de Viana. Le premier a été transformé en résidence pour personnes âgées, la seconde paraît inemployée (17e s.)

Circuit de découverte

110 km au départ de Viana - Quittez le bourg par la N 111 en direction d'Estella.

Torres del Río

Petit village concentré sur le sommet d'une colline couronnée par son église paroissiale. Prenez le temps de vous asseoir dans son jardinet pour admirer la vue.

Église du Santo Sepulcro★ – *Demandez la clé à Mercedes ou Aurora (comme indiqué sur les pannonceaux de l'enclos). Sinon, renseignez-vous au bar.* À mi-hauteur dans le village. C'est un curieux édifice roman tout en hauteur et de plan octogonal, construit vers 1200. Sa ressemblance avec la chapelle d'Eunate a frappé les spécialistes, qui y voient une chapelle funéraire. À l'intérieur, les lignes verticales dominent; la magnifique **coupole★** en étoile, d'influence mudéjare, est d'une géométrie parfaite. L'acoustique y est particulièrement bonne, comme vous pourrez le constater si certains pèlerins entonnent des chants. Les minuscules fenêtres disposées au bout des branches de l'étoile, les modillons et chapiteaux historiés sont les seuls éléments décoratifs.

Reprenez la route en direction d'Estella et prenez la direction Mués à Los Arcos. Dépassez le village et tournez ensuite à droite, vers Sorlada, que vous traverserez. La basilique est fléchée.

Basilique de San Gregorio Ostiense★★

Ouv. avr. et sam. Depuis sa crête, ce temple baroque richement décoré domine à la fois Mués et les maisons de grès rose de Sorlada. Admirez son joli portail Renaissance. Le lieu est habituellement empreint de tranquillité mais affiche complet les jours de fêtes religieuses. On fait alors la queue pour se faire bénir et partager le pique-nique.

Revenez sur la NA 129 et poursuivez jusqu'à Acedo. Là, tournez à gauche en direction de Sta Cruz de Campezo. À l'entrée du village, prenez à droite l'A 2128.

Done Bikendi

L'église de **San Vincente** arbore un auvent et un portail Renaissance, tandis que son chœur abrite un superbe **retable★★** polychrome de 1516 récemment restauré. Surélevé, il illustre richement quelques épisodes de la Passion du Christ comme la Cène ou son arrestation. Admirez la richesse des détails, l'expression des anges et des démons ainsi que la vivacité des couleurs de l'ensemble *(demandez la clé à la ferme qui se trouve au bas des marches, à l'angle des rues).*

Retournez à Sta Cruz de Campezo pour emprunter l'A 132, direction Vitoria-Gasteiz.

Antoñana★

Petit village accroché à flanc de colline. Les anciens vous diront qu'il s'agit du plus vieux d'Álava et, de fait, il a conservé une très jolie maison-porche médiévale à pans de bois pour marquer son entrée. Ses anciennes murailles servent de murs de soutènement aux demeures du bas et l'eau de son lavoir chante toujours à l'autre bout du bourg.

Revenez sur vos pas et, à Sta Cruz de Campezo, allez vers Cabredo pour rallier Viana.

Viana pratique

Viana constitue la dernière halte navarraise pour les pèlerins qui ont tous suivi la même route depuis Pampelune : Puente-la-Reina, Estella, Los Arcos et Torres del Rio. C'est pour eux un point de ravitaillement incontournable, voire, pour les plus fatigués, une étape bienvenue.

Adresse utile

Office de tourisme – *Pl. de los Fueros, 1 - 31230 Viana - ✆ 948 446 302 - mars-nov. : mat. et apr.-midi, dim. et j. fériés mat. ; reste de l'année : tlj sf dim mat. - fermé 22 juil.*

La vallée de Andoain près de St-Sébastien.

Office Espagnol du tourisme/Paris

PAYS BASQUE

SAINT-SÉBASTIEN ET LA PROVINCE DE GUIPÚZCOA

Saint-Sébastien★★

Donostia/San Sebastián

182 930 HABITANTS
CARTE GÉNÉRALE C2 – CARTE MICHELIN N° 573 C 23-24 – CÔTE DE GUIPÚZCOA P. 131
GUIPÚZCOA

Une baie★★★ en forme de coquille, la « Concha », qui lui a valu le doux surnom de « perle du Cantabrique », des plages de sable à la courbure parfaite, des immeubles luxueux et cossus, d'agréables promenades et des jardins : rien ne manque à St-Sébastien pour un séjour idyllique. Pas même la gastronomie puisque la réputation de ses tapas et de ses grands chefs a dépassé les frontières. L'art de vivre est ici porté à son zénith : profitez-en !

Se repérer – Stratégiquement situé dans le golfe de Biscaye, St-Sébastien se trouve à 25 km à l'ouest de la frontière avec la France. La ville comporte différents quartiers, dont Gros à l'est, sur la rive droite du río Urunea, la Parte vieja, el Centro et Amara viejo sur la rive gauche, en prise directe avec la baie. De l'autre côté s'étend le quartier d'Antiguo, mitoyen d'Ondarreta au pied du mont Igueldo.

Se garer – La voiture est à proscrire dans le centre-ville. Mieux vaut se garer sur le paseo Nuevo, contre le mont Urgull, ou du côté de l'office de tourisme.

À ne pas manquer – Le soleil couchant sur la baie de la Concha.

Organiser son temps – Plage et farniente la journée, tapas et fête le soir !

Avec les enfants – L'aquarium, le musée de la Science Miramon, le petit parc d'attractions au sommet du mont Igueldo.

Pour poursuivre le voyage – La côte du Guipúzcoa, Fontarabie, Tolosa et St-Ignace-de-Loyola.

Comprendre

Une ville pionnière du tourisme – La vocation balnéaire de St-Sébastien s'éveilla au 19e s. lorsque la reine Marie-Christine d'Autriche la choisit comme lieu de villégiature. De cette époque, la ville a conservé le palais Miramar, construit à la demande de la reine.

Une capitale gastronomique – Bien caractéristiques de cette ville, une trentaine d'associations réunissent des amis et amateurs de bonne chère. Les associés, uniquement des hommes, se confectionnent d'excellents repas qu'ils arrosent de cidre ou de *txacoli*, un vin basque. Parmi les spécialités basques, évoquons les poissons (dorades, merlus, sardines) et les fameux *chipirones* (calmars).

Se promener

VIEILLE VILLE★ (Casco Viejo)

2h sans monter sur le mont Urgull – 3h en comptant son ascension.

La vieille cité a été reconstruite après l'incendie de 1813. Bien que les bâtiments datent du siècle dernier, ses rues étroites contrastent avec les avenues de la ville moderne. Elle s'anime tous les soirs à l'heure de l'apéritif. La population locale, les touristes et de nombreux Français, passant la frontière le temps d'un repas,envahissent les bars et les petits restaurants qui pullulent autour de la plaza de la Constitución et le long du port, pour y déguster tapas, coquillages,

Meilleurs points de vue

Le **mont Igueldo★★★** ✆ *943 210 564 - www.monteigueldo.es - de fin janv. à mi-mars et nov.-déc. : tlj sf mer. tte la journée ; reste de l'année : tte la journée - fermé 2e et 3e sem. de janv, 1er janv., 25 déc. - 1,20 € AS (- 7 ans 0,80 €), 2,10 € AR (-7 ans 1,50 €).* Le sommet est occupé par un parc d'attractions et un hôtel-restaurant. On y découvre un splendide panorama sur la mer, la rade avec l'île de Sta Clara et St-Sébastien dans son cirque de montagnes. Le soir, la ville illuminée offre un beau spectacle.

Depuis le **mont Urgull★★** : ce mont est occupé par un parc municipal et couronné par le fort de Santa Cruz de la Mota. Du sommet, beau panorama sur la Concha et sur les monuments de la vieille ville que l'on surplombe.

Amaury de Valroger / MICHELIN

La fameuse baie de la Concha.

crustacés ou *chipirones* ; c'est dans les rues Portu, Muñoa et Fermín Calbetón que l'art des tapas atteint les sommets les plus vertigineux !

Partez du Boulevard et prenez la calle San Juan qui longe la halle couverte en direction du mont Urgull.

Plaza de Zuloaga B1

Logée en contrebas du mont Urgull, cette vaste place séduit par le contraste de ses architectures, les immeubles des 19e et 20e s. ainsi que la devanture moderne des cafés faisant face au très hiératique **Museo de San Telmo** *(voir « Visiter »)*, autrefois couvent de dominicains.

Engagez-vous dans la calle 31 de Agosto et tournez presque tout de suite à gauche.

Église de San Vincente B1

16e s. Il s'agit de l'édifice le plus ancien de la ville. De style gothique, il abrite un remarquable **retable★** baroque de Bengoechea e Iriarte.

Descendez la calle Narica et tournez dans la troisième rue à droite.

Plaza de la Constitución B1

Entourée de maisons à hautes arcades, elle fut utilisée comme arènes pour les premières courses données à St-Sébastien. Les numéros que portent encore les balcons rappellent qu'ils servaient alors de tribunes.

Traversez la place droit devant vous et engagez-vous sous le passage qui débouche sur la calle San Jeronimo. Tournez à droite et prenez la première à gauche, la calle Puerto Inigo. Elle croise la calle Mayor qui aboutit à droite à l'église de Sta María.

Basilique de Santa María del Coro B1

✆ 943 42 31 24 - 8h-14h, 17h-20h.

On est frappé par l'exubérance de son **portail★** (fin 18e s.). La sobriété de l'architecture intérieure rend plus frappante encore la profusion des autels baroques.

Derrière l'église, un chemin grimpe au mont Urgull.

Mont Urgull B1

Un jardin public couvre cette colline, couronnée par la statue du **Sagrado Corazón** haute de 30 m. Sur son flanc nord se trouve le **cimetière des Anglais**, établi en hommage aux troupes britanniques pour leur participation aux guerres d'indépendance et de succession du 19e s.

Paseo Nuevo B1 – Cette large promenade en corniche autour du mont Urgull offre de belles vues sur la mer Cantabrique et la baie. Elle débouche sur le port, trapu et coloré, où se côtoient bateaux de pêche et voiliers.

Port (Puerto)

Le port est séparé de la vieille ville par des restes de remparts. De petites maisons de pêcheurs aux façades carrelées de rouge ou de blanc bordent son quai, où l'on peut encore voir des femmes raccommoder les filets. Le soir, les bateaux y déchargent la pêche du jour devant les badauds.

Notez la vieille maison surplombée par la statue du Christ : il s'agit de la première école de pêche créée par la Société océanographique de Giz (1912).
Le quai mène au **Museo Naval** et aboutit à l'**aquarium★** *(voir « Visiter »).*
Longez le port vers la ville et dirigez-vous vers la plage.

Hôtel de ville (Ayuntamiento) B1

Ce bâtiment soigné, inauguré en 1897, était à l'origine un casino. Fermé en 1927 suite à l'interdiction des salles de jeu par le dictateur Primo de Rivera, il servit d'hôpital de convalescence pendant la guerre civile, et ce n'est qu'en 1947 que St-Sébastien en fit son hôtel de ville.
Terminez votre promenade sur le Boulevard, ou bien prolongez ces instants de flânerie sur le front de mer.

QUARTIER MODERNE (Parte Moderna)

Surnommée le *barrio romantico*, elle s'est développée à partir de la fin du 19e s., d'où l'influence prononcée de l'Art nouveau, appelé « moderniste » en Espagne. C'est le quartier du shopping et des avenues résidentielles.
Départ du Boulevard.

Boulevard

Trait d'union entre le vieux centre et la partie moderne de St-Sébastien, il occupe l'emplacement des anciens remparts et a été récemment transformé en zone piétonne sur une grande partie. Son **kiosque** à musique est typique de la Belle Époque.
La calle Loiola mène directement à la cathédrale.

Cathédrale du Buen Pastor B1

Sa tour culmine à 75 m de hauteur et sert de point de repère à presque toute la ville. Tout comme l'édifice, elle a été érigée en 1897 dans un style néogothique. Grande sobriété à l'intérieur. Notez les gigantesques coquillages à l'entrée en guise de bénitiers, dignes de *Vingt mille lieues sous les mers*.
Passez sur la calle Urbieta (parallèle droite par rapport à la cathédrale) et descendez-la jusqu'à la plaza Centenario, bordée par un jardin public.
En vous retournant, vous aurez une belle perspective sur le mont Urgull.

Calle Prim B1

Première à gauche, à angle aigu avec la calle Urbieta.
Cette artère rassemble tout ce que l'architecture de la Belle Époque et de la première moitié du 20e s. a pu produire. Bow-windows et vitraux ornent certaines façades. L'œil repère sur d'autres des détails cubistes ou Art nouveau (ornements du n° 28, poignée de porte du n° 23). Il faut s'y promener le nez en l'air.
Tournez à droite à la calle Valentín Olano.

Puente María Cristina B1

Inauguré en 1905, il doit son nom à la souveraine, bienfaitrice de St-Sébastien. Ses obélisques portent l'écu de la ville et symbolisent la Paix et le Progrès.

Paseo de Francía B1

Promenade longeant le fleuve jusqu'au pont Sta Catalina. Ornée d'une pelouse, plantée d'arbres et de palmiers, elle tire son nom des anciens hôtels particuliers « à la française » qui la bordent.
Traversez la plaza de Euskadi, devant le puente Sta Catalina, et engagez-vous dans le paseo Colón, puis la calle Peña y Goñi à gauche, pour rejoindre la plage.

Kursaal B1

Symbole du renouveau architectural de la ville, cet édifice moderne composé de deux cubes en verre surveille la plage de la Zurriola et l'embouchure du río Urumea. Signé Rafael Moneo, il accueille des congrès et des manifestations culturelles.
Traversez le fleuve pour revenir sur le Boulevard.

FRONT DE MER ET ESPACES VERTS

Paseo de la Concha★★ B1

Si vous souhaitez faire tout le front de mer d'un mont à l'autre, comptez 45mn, voire 1h heure en flânant. Commençant à l'hôtel de ville, cette promenade, mondialement réputée pour la vue qu'elle offre sur la baie, se déploie jusqu'au parc de Miramar.
Parc de Miramar A1 – Ancienne résidence d'été de la famille royale, il s'élève entre la plage de la Concha et celle d'Ondarreta. Ses jardins ont été dessinés par le jardinier

français Pierre Ducasse et la demeure de style anglais, par l'architecte Selden Wornum. Celle-ci accueille des expositions et un centre de musique, d'où les gammes et les vocalises qui s'en échappent parfois ! Son esplanade offre un splendide **panorama★★★** sur la baie et l'îlot de Sta Clara.

Église de San Sebastián A1 – *Derrière le parc, sur la plaza Alfonso III accolée à Ondarreta.* Cette église mérite le coup d'œil pour son intérieur très contemporain et la fresque moderne fermant la nef (à gauche, un homme tire ses chaînes ; à droite, saint Sébastien subit son martyre).

Barrio de la Virgen de Aranzazu A1 – *En bordure d'Ondarreta. Accès par la plaza Alfonso III et la calle Matia. 3e à gauche.* Maisons de pêcheurs crépies à pans de bois, cachées par des immeubles plus modernes.

Plages

Playa de la Concha★★ B1 – Elle s'étend de l'hôtel de ville jusqu'au parc Miramar. Cette magnifique étendue de sable fin, qui s'enflamme au soleil couchant, présente une courbe parfaite. Elle est très appréciée des amateurs de bains de mer et de soleil.

Playa de Ondarreta★★ A1 – Dans le prolongement de celle de la Concha, elle s'étend jusqu'au pied du mont Igueldo. Seul un rocher la sépare de sa voisine car, pour le sable comme pour l'ensoleillement, cette aristocratique plage reliée au quartier d'Ondarreta n'a rien à envier à sa rivale !

Au pied du mont Igueldo se trouve le *Peine de los Vientos*, œuvre du sculpteur Eduardo Chillida.

Playa de la Zurriola★ B1 – *À l'embouchure du río Urumea, sur la rive droite, le long du quartier Gros. Passez le pont de la Zurriola vers le palais Kursaal pour y accéder depuis la vieille ville.* La préférée des surfeurs. Elle est aussi plus conviviale et plus « intime » que celles de la baie, car moins étendue. Sa promenade est bordée d'immeubles 19e s. ou plus modernes.

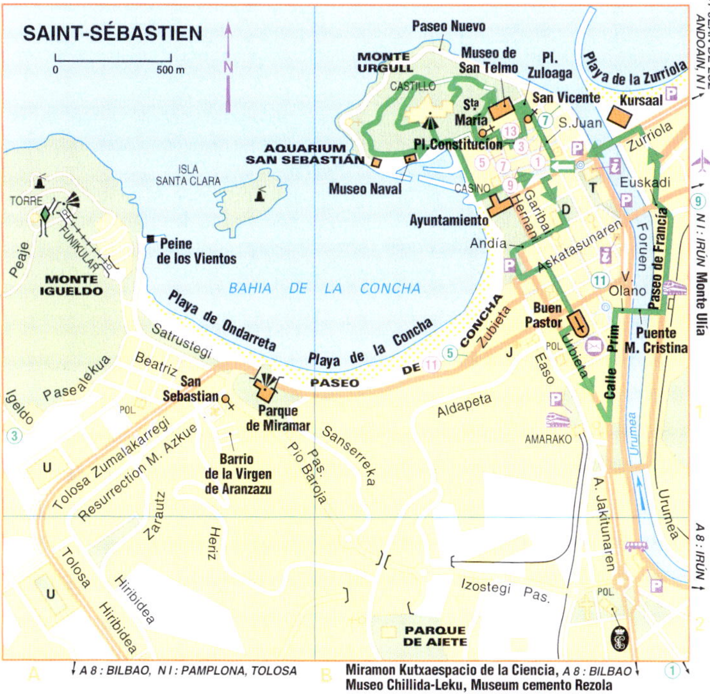

SE LOGER
Anoeta ... 1
Avenida ... 3
Niza ... 5
Parma ... 7
Pensíon Aida ... 9
Pensíon Donostiarra ... 11

SE RESTAURER
Bodegón Alejandro ... 1
Casa Urola ... 3
Ganbara ... 5
Itxaropena ... 7
La Muralla ... 9
La Perla ... 11
Martínez ... 13

Parc de Aiete★★ B2

Difficilement accessible à pied, sauf si vous aimez les kilomètres et la grimpette. Mieux vaut prendre la voiture ou les bus 19, 23, 31.

Déployé sur une colline, ce magnifique parc est sans doute le plus attrayant de St-Sébastien. Conçu par Pierre Ducasse, il entoure le palais construit en 1878 pour les ducs de Bailén. La reine Marie-Christine, le roi Alphonse XIII et Franco y résidèrent. Il ne s'ouvrit au public qu'en 1977.

Havre de verdure et de paix, il allie bois et bosquets à des parties plantées de cèdres de l'Atlas, de ginkgos bilobas, de platanes, de sequoias et de parterres de fleurs. Aires de jeux et bancs pour les lecteurs ou les rêveurs sont aussi au rendez-vous.

Visiter

Musée de San Telmo B1

Plaza Zuloaga, 1 - ✆ 943 481 580 - www.museosantelmo.com - fermé pour travaux jusqu'en 2010. Cet ancien monastère, fondé au 16e s., a été transformé en musée. Sous les voûtes du cloître Renaissance est disposée une collection de stèles funéraires basques en pierre sculptée, de tradition ibérique, datant pour la plupart du 15e au 17e s. La galerie supérieure du cloître est consacrée à la section ethnographique (intéressante reconstitution d'un intérieur basque). Elle donne sur les salles de peinture (un Ribera, un Greco, des peintres du 19e s.). L'ancienne chapelle a été décorée par José María Sert de peintures en camaïeu illustrant avec vigueur divers épisodes historiques du Pays basque.

Aquarium de San Sebastián★ B1

Pl. Carlos Blasco de Imaz, s/n - ✆ 943 440 099 - www.aquariumss.com - ♿ - tte la journée - fermé 1er janv., 24 déc. - 10 € (-12 ans 6 €).

Le palais de la Mer abrite un Musée océanographique et un aquarium. Si le musée présente une collection intéressante mais courante de maquettes, la surprise vient de l'aquarium, réputé pour être l'un des plus beaux d'Europe. Un bassin tactile, où l'on peut toucher les espèces inoffensives, deux bassins des microcosmes, où des caméras permettent d'observer la vie marine la plus modeste, et, surtout, l'**Océanorium★**, un bassin traversé par un grand tunnel de 360 m qui nous immerge dans la surprenante diversité de l'Océan, sont quelques-unes des installations qui assurent son succès.

Musée maritime (Museo Naval) B1

Paseo del Muelle - ✆ 943 430 051 - http://um.gipuzkoakultura.net - ♿ - tlj mat. et apr.-midi, dim. et j. fériés matin - possibilité de visite guidée sur demande (2 sem. av.) - fermé lun., 1er et 20 janv., 25 déc. - 1,20 € (-10 ans gratuit).

Il est installé dans un simple édifice du 18e s. autrefois destiné à abriter la Bourse du commerce. Le rez-de-chaussée montre les matériaux et les outils traditionnels de la construction navale, tandis que le premier étage abrite des maquettes et des instruments de navigation. Sa visite permet d'apprécier l'importance de la mer dans l'histoire du Pays basque.

Musée du Ciment Rezola★ (Museum Cemento Rezola) B2

Accès par le bus 25 depuis le Boulevard. ✆ 943 364 192 - www.museumcemento.rezola.net - juil.-août : tlj sf dim. mat. et apr.-midi ; reste de l'année : tlj sf lun. mat. - gratuit.

Installé sur le site d'une cimenterie, il présente ce matériau sous un angle original grâce à un film-documentaire très bien conçu sur son histoire, et des panneaux didactiques très clairs sur sa préparation, les conditions de travail des ouvriers de la cimenterie et l'exemple de la famille Rezola. Son but est de montrer au visiteur tout ce que le ciment a permis de faire, en architecture notamment, les innovations qui ont été nécessaires pour cela, et les incidences qu'elles ont eu sur notre vie et la structure de nos sociétés.

Musée de la Science (Miramon Kutxaespacio de la Ciencia) B2

Accès par le bus 28, direct depuis le centre-ville (comptez 20mn). Comptez 1h30 à 2h de visite. Mikeletegi, 43 - ✆ 943 012 478 - www.miramon.org - tlj sf lun. mat. et apr.-midi - 7 € (enf. 5 €).

Les principaux monuments de la province sont représentés en maquette et précèdent le bâtiment qui abrite un planétarium et les salles d'exposition.

Dans chaque salle est abordé un thème différent (la lumière, l'énergie, les sens, les effets mécaniques...). Des expériences et démonstrations sont proposées pour illustrer chaque phénomène. Les enfants apprécieront cette visite qui se révèle didactique et amusante.

Aux alentours

Andoain

15 km au sud par la N 1 en direction de Tolosa.

Destination de promenade idéale pour découvrir un peu l'intérieur des terres l'espace d'une après-midi. Vous pouvez toujours jeter un œil à l'**église**, dont le retable baroque occupe tout le chœur, mais le but de votre excursion vise surtout la voie aménagée dans la vallée du Leitzaran.

Depuis la place de l'église et l'hôtel de ville, prendre la rue en pente qui arrive en perpendiculaire sur l'esplanade. À la 2e intersection, tourner à droite. Le chemin commence au bout d'un parking. Le suivre jusqu'au bout.

On suit la vallée à flanc de colline, le chemin s'éloignant progressivement de la ville et de ses faubourgs pour entrer dans la campagne. Le panorama est celui d'un paysage de montagne. Quelques éléments de parcours-forme ponctuent la route que se partagent promeneurs et cyclistes. Passé les deux tunnels, la voie débouche sur une route goudronnée et un panneau indiquant différents GR.

Monte Ulía★ B1

7 km à l'est, suivre la N 1 en direction d'Irún.

Avant d'atteindre le sommet de la montée et de redescendre vers St-Sébastien, prendre la première route à droite. Après plusieurs lacets au cours desquels les vues se développent sur la ville et son site, on atteint le sommet d'où un chemin à droite conduit, à travers un beau parc, au restaurant du mont Ulía.

Musée Chillida-Leku★ B2

6 km au sud. De la N 1, prenez à Rekalde la GI 2132 en direction de Hernani puis suivez la bifurcation indiquée. Barrio Jáuregui, 66 (Hernani) - ✆ 943 336 006 - www.museochillidaleku.com - ♿ - juil.-août : tlj tte la journée, dim. mat ; reste de l'année : tlj sf mar. mat. ; fermé 1er janv., 25 déc. - 8 € (-8 ans gratuit).

Ce musée a permis à Eduardo Chillida (St-Sébastien, 1924-2002), l'un des maîtres de la sculpture contemporaine, de concrétiser son rêve : un espace en plein air exposant ses œuvres sculptées, que les visiteurs découvriraient tout en se promenant. Le résultat : quarante imposantes sculptures émergeant sur un domaine de 12 ha et illustrant parfaitement la communion de l'art et de la nature. La ferme de Zabalaga (16e s.) a été minutieusement remaniée pour exposer les petites sculptures et les dessins.

Astigarraga

10 km au sud, en direction d'Hernani.

Musée du Cidre basque (Sagardoetxea) – *Centre-ville, à flanc de colline, repérable par le tonneau posé sur la rue. ✆ 943 550 575 - www.sagardoetxea.com - mai-sept. : mar.-sam. 11h-13h30, 16h-20h ; oct.-avr. : mar.-sam. 15h-19h30, dim. 11h-13h30 - 3,50 € (-10 ans, gratuit).* Le Pays basque compte 53 variétés de pommes. Pour le cidre, il en faut 80 % d'acides, 20 % de douces. Vous apprendrez tout sur l'élaboration de cette boisson typique en arpentant le verger, où l'on greffe les pommiers, et l'allée du musée où sont expliquées toutes les étapes de fabrication au travers de schémas, de vidéos et d'objets. N'hésitez pas à demander un guide : votre visite n'en sera que plus vivante ! Dégustation à la fin.

St-Sébastien pratique

Information utile

Office de tourisme – *Erregina Errenentearen, 3 - 20003 San Sebastián - ✆ 943 481 166 - www.sansebastianturismo.com - juin-sept. : tte la journée, dim. et j. fériés mat. et apr.-midi - reste de l'année : mat. et apr.-midi, dim. et j. fériés mat.*

Visite guidée

Petit train – – *✆ 943 422 973 - www.txu-txu.com - départ de la plage de la Concha - juil.-sept., Sem. sainte, Sem. de Pâques et ponts : tte la journée ; reste de l'année : mat. et apr.-midi - fermé 1er et 20 janv., 25 déc. - 4,50 € (-10 ans 2,50 €).*

Bus touristique Donosti Tour - */// propose deux itinéraires - ✆ 696 429 847 - juil.-sept. et Sem. sainte : tte la journée ; reste de l'année : tlj sf mar. mat. et apr.-midi - départ ttes les h en face du théâtre Victoria Eugenia - 12 € (-12 ans 6 €) ; billet combiné pour les deux itinéraires 14 € (-12 ans 8 €).*

Se loger

⊜⊜ Pensión Donostiarra – *San Martín, 6 - ✆ 943 426 167 - www.pension donostiarra.com - 16 ch. 58/83 € - .* Située en plein centre-ville, très proche de la Catedral Nueva, cette pension classique récemment rénovée occupe le 1er étage d'un bâtiment du 19e s. Les chambres, avec parquet et mobilier simple, sont confortables. Salles de bains modernes.

Pensíon Aida – *Iztueta, 9-1° - 943 327 800 - aida@pensionesconencanto.com 9 ch. 79 € - 3 €.* Vous serez surpris par le confort de cette pension, située à quelques pas du centre historique et du Kursaal. Les chambres, dont 7 avec balcon, sont en général assez charmantes et bien équipées. Service Internet gratuit.

Hôtel Parma – *Salamanca pasealekua, 10 - Donostia-San-Sebastián - 943 428 893 - hotelparma@hotelparma.com - 27 ch. 74/130 € - 6,60 €.* Bien situé au bord de l'Urumea, en face du centre de congrès Kursaal, cet hôtel, de type familial, propose des chambres standard confortables.

Hôtel Anoeta – *Anoeta pasealekua, 30 - 943 451/499 - hotel@hotelanoeta.com - 26 ch. 87/110 € - 6 €.* Cet hôtel familial bien entretenu offre des chambres fonctionnelles, dotées de salles de bains modernes. La salle à manger, aux cloisons amovibles, est décorée dans un style classique soigné proposant un menu à midi et des plats à la carte le soir.

Hôtel Avenida – *Igeldo pasealekua 55 - 943 212 022 - avenida@hotelavenida.net - fermé mars-9 déc. - P - 47 ch. 102/141 € -* . Sur les hauteurs, cet hôtel, bien géré, offre des chambres bien tenues et progressivement rénovées.

Hôtel Niza – *Zubieta, 56 - Donostia-San-Sebastián - 943 426 663 - 41 ch. 113/133 € - 10 €.* Son entretien parfait et sa décoration agréable créent un cadre non dénué d'un certain charme. Chambres aux tons clairs et au mobilier classique ; salles de bains rénovées.

Se restaurer

Bon à savoir : St-Sébastien offre le meilleur de la cuisine basque. Ici, la tradition des **tapas** (sorte de canapés généreux) et des **pintxos** (tartines améliorées) a été élevée au rang de festin gourmand. C'est pourquoi, le soir venu, les bars à tapas du vieux quartier ne désemplissent pas. Habitués et touristes s'y régalent de canapés aux anchois, d'assiettes de jambon ibérique, de *chipirones*, de *tortillas* ou de *patatas bravas*… Du côté des **restaurants**, la qualité des menus et des produits est aussi à la hauteur : pêche du jour, légumes guipúzcoans, fromage de brebis ou *kaiku* (fromage caillé). L'essentiel des adresses se concentrent dans le quartier historique, mais vous en trouverez également dans le *Barrio romantico* et celui de Gros.

Martínez – *Abutzuaren 31-13 - 943 424 965 - barmartinez13@yahoo.es - fermé 2e quinz. de janv., 2e quinz de juin, jeu. et vend. midi - - 10 €.* Affaire familiale, située en plein centre historique. Grâce à la généreuse et appétissante variété de ses tapas, elle est devenu un classique de St-Sébastien.

Ganbara – *San-Jerónimo, 21 - 943 422 575 - ganbarajatetxea@telefonica.net - fermé 2e quinz. de juin, 2e quinz. de nov., dim. soir et lun. - 12 €.* Situé derrière la plaza de la Constitución, ce bar à tapas est très recherché pour ses délicieux « pinchos ». Au ss-sol, restaurant.

Itxaropena – *Embeltran, 16 - 943 424 576 - info@restauranteitxaropena.com - fermé fév. et oct. - 14/37,50 €.* Murs en pierre, poutres apparentes et lampes en fer forgé : voilà pour le décor. La carte concentre, elle, le meilleur de la gastronomie basque.

Casa Urola – *Fermín Calbetón 20 - 943 423 424 - urola@restauranteurola.com - - 28/40 €.* Décorée dans les tons sombres, l'adresse comprend un bar et deux salles à manger, où l'on sert des plats régionaux à des prix modérés.

La Perla – *Kontxa pasealekua - 943 462 484 - comercial@la-perla.net - fermé dim. soir, lun. et mar. soir sf mars-oct. - 29/40 €.* Magnifique emplacement face à la plage de la Concha. Belle verrière avec vue sur la mer. Salle avec différents paliers et mobilier design.

Bodegón Alejandro – *Fermín-Calbetón, 4 - 943 427 158 - bodegonalejandro@martinberasategui.com - fermé 24 déc.-9 janv., dim. soir, mar. soir et lun. - 31 €.* Cet accueillant restaurant appartient à Martín Berasategui, cuisinier réputé pour sa créativité. L'établissement, très central, permet de découvrir sa cuisine à des prix attractifs. Le menu quotidien est unique, mais les plats sont variés.

La Muralla – *Embeltrán 3 - 943 43 35 08 - lamuralla@euskalnet.net - fermé 1re quinz. de juin, fêtes de Noël, merc. soir et dim. - 33/44 €.* Le jeune patron gère avec fierté son affaire. Derrière la discrète façade, on découvre une petite salle au cadre soigné et contemporain.

Achats

Saski-Naski – *Boulevard, 24 - 943 422 891 - saskinaski@telefonica.net - tlj sf dim. 10h-13h30, 16h-20h ; juil. -août : 10h-20h30.* Le lieu ressemble à une caverne d'Ali Baba. On y trouve le meilleur de l'artisanat régional dont des produits originaux comme le *Makhila*, bâton de marche richement décoré et l'*Argizaiola*, sorte de bougie réservée aux veillées.

Événements

Festival du film sous-marin – *Avr. - 943 481 166.*

Festival de jazz - *Fin juil. - 943 481 900 - www.jazzaldia.com*

Semana grande – *Mi-août - 943 481 166.*

Euskal Jaiak ou Fêtes basques – *1ère quinz . de sept.*

Festival international du Cinéma de San Sébastian – *Fin sept.*

Festival du film fantastique – *Oct.-nov. - 943 481 157/197.*

Côte de Guipúzcoa★

COSTA DE GUIPÚZCOA
CARTE GÉNÉRALE C2 – CARTE MICHELIN N° 573 C 24-23-22 – GUIPÚZCOA

Sans doute moins préservée que celle de Biscaye, la côte guipúzcoane n'en demeure pas moins riche en plages de sable fin, en petits ports et en routes de corniche panoramiques. Entre mer et collines, vous découvrirez un pays à l'identité bien marquée.

- **Se repérer** – L'itinéraire croise et recroise l'A 8, depuis Irún, à la frontière française, jusqu'à Mutriku, à 46 km à l'ouest de St-Sébastien.
- **À ne pas manquer** – La corniche basque d'Hondarrie à Pasai.
- **Organiser son temps** – Un long week-end peut suffire pour parcourir l'intégralité de cette côte, étape à St-Sébastien comprise.
- **Avec les enfants** – Ensemble archéologique de Sta-Maria-la-Real.
- **Pour poursuivre le voyage** – St-Sébastien, Fontarabie, Tolosa, St-Ignace-de-Loyola et la côte de Biscaye.

Le site de Getaria côté plage.

Découvrir

IRÚN

Au premier abord, la ville-frontière d'Irún ne déborde pas de charme. Mais ses rues réservent tout de même quelques surprises agréables.

Église de Andra Mari del Juncal

Bel exemple d'église gothique basque du 16e s. Notez l'extérieur austère et massif, à l'exception du portail baroque. L'intérieur abrite un orgue Cavaillé Coll et la plus ancienne statue de la Vierge de la province.

Plaza de San Juan Harria

Bordée de vieilles demeures et de l'hôtel de ville (18e s.), elle arbore une colonne datant de 1564, symbolisant l'indépendance de la ville (l'histoire dit qu'elle commémorerait la résistance à l'invasion française).

Oiasso - Musée romain (Museo Romano)

Eskoleta, 1. À deux pas de la plaza de San Juan Harria, à l'opposé de l'hôtel de ville. ✆ 943 639 353 - www.oiasso.com - oct.-mai : 10h-14h, 16h-19h ; juin-sept. et sem. Sainte : 10h-14h, 16h-20h - fermé lun. - 4 € (6-16 ans 3 €).

Entrepôt, puis école, ce vaste bâtiment rénové abrite aujourd'hui un musée consacré aux origines d'Irún. Des panneaux et quelques vestiges archéologiques replacent l'antique Oiasso dans le contexte romain et autochtone, avant d'aborder sa vie et son activité. Au premier étage, un film en 3 D fait la joie des enfants qui peuvent se déplacer, par exemple, dans les thermes romains. Le deuxième étage s'attache à l'urbanisme et au port, plaque tournante du commerce impérial, à travers un film et les découvertes archéologiques faites à Irún.

Ermitage Santa Elena – *En lisière de centre-ville, à proximité du cours d'eau, après le petit pont de pierre sur la droite en direction de l'ermitage San Martial et de la France. Demandez à l'accueil du musée Oiasso la possibilité de le visiter.* En complément du musée Oiasso, la chapelle présente des vestiges de sépultures datant de l'époque romaine.

Face au pont, remarquez la fontaine Sta Elena, de style baroque.

Parc écologique de Plaiaundi (Plaiaundiko Parke Ekologikoa)

Entre la voie ferrée et l'aéroport. Visez la gare, passez au-dessus des voies de chemin de fer, poursuivez tout droit jusqu'au rond-point et suivez le fléchage. ✆ 943 619 389 - www.euskadi.net/txingudi - ♿ - mat. et apr.-midi - fermé 24, 25 et 31 déc., 1er et 6 janv. - gratuit. Déployé sur la baie de Txingudi, Fontarabie et Irún, cette réserve de 23,4 ha protège une zone de marécages riche en faune et en flore (jusqu'à 212 espèces d'oiseaux y nichent en période de migration). De la zone d'activités qui en avait pris possession demeure un stade, encadré par des étangs où s'ébattent aigrettes, martins-pêcheurs et canards. Leurs rives sont jalonnées d'observatoires : pensez à vos jumelles ! Un sentier en fait le tour, ponctué de panneaux et de belles vues sur la baie et la piste de l'aéroport. Le centre d'interprétation présente toute la biodiversité et l'histoire du site. Il prête également des jumelles contre une pièce d'identité.

Circuit de découverte

ROUTE DE LA CORNICHE

43 km – env. 1h15. Quittez Irún par la N 638.

Fontarabie/Hondarribia/Fuenterrabía★★ *(voir p. 134).*

Sortez du bourg par la GI 3440.

Route de Jaizkibel

Le **parcours★★** sur cette route est magnifique surtout au coucher du soleil. À 5 km, la **vue★**, depuis la chapelle de Nuestra Señora de Guadalupe, dévoile l'embouchure de la Bidassoa et la côte basque française. La route s'élève ensuite dans les pins et les ajoncs, dominant la mer. À l'Hostal du Jaizkibel, situé à proximité du sommet de 584 m, un belvédère offre une très belle **vue★★** *(table d'orientation).*

La descente sur Pasai Donibane découvre des **aperçus★** magnifiques sur la côte déchiquetée, les monts Cantabriques et les monts Ulía, ainsi que sur Urgull et Igueldo, qui dominent St-Sébastien.

Pasai Donibane★

Entourant une baie remarquablement abritée puisqu'elle ne communique avec l'Océan que par un étroit goulet, Pasai comprend trois agglomérations : **Pasai Antxo** (port de commerce), **Pasai Donibane★** et **Pasai San Pedro** (les ports de pêche). Ils occupent la première place sur la Côte basque pour la valeur du poisson pêché. On y pratique en particulier la pêche lointaine à la morue. Pour accéder à **Pasai Donibane★**, laisser la voiture à l'entrée du village ou prendre la vedette à San Pedro. L'arrivée en vedette ménage une **vue** pittoresque sur les hautes façades aux balcons de bois peints de couleurs vives. L'unique rue du village se faufile entre les maisons et sous leurs voûtes, dévoilant au passage l'église St-Jean-Baptiste (17e s.), les maisons de Victor Hugo et de Lafayette, et de petits embarcadères charmants. On peut longer la rade jusqu'à l'Océan par le chemin du Phare *(45mn).*

Ne manquez pas, dans l'une des premières petites venelles filant vers l'eau, le **Centre de recherche et de construction d'embarcations traditionnelles Ontziola**, qui perpétue les techniques de construction navale du Pays basque. Il recrée les bateaux les plus usités aux 18e et 19e s. Il faut compter au moins un an, beaucoup de chênes des Landes et plusieurs apprentis (certains viennent du Japon) pour en reconstituer ne fût-ce qu'un. Un espace d'exposition est aménagé dans le hangar même de construction. Le centre assure aussi des visites guidées du chantier et de la baie.

Lezo

Village où corsaires et constructeurs navals se partageaient la vedette. Sa basilique Santo Cristo du 16e s. abrite l'une des rares représentations en Europe d'un **Christ imberbe** (13e s.), avec celles d'Azitain (Eibar) et de Cracovie (Pologne). Impressionnante de sobriété et de jeunesse, la statue n'en est que plus émouvante.

Rentería/Errenteria

Son centre médiéval, compris entre la plaza de los Fueros et la rivière, a été classé « ensemble monumental ». Il comprend une dizaine de rues et de ruelles alignant quelques manoirs des 16e, 17e et 18e s. Seul le blason les distingue des autres maisons anciennes, plus communes. Voyez l'hôtel de ville du 17e s., Nuestra Señora de la Asunción qui conserve un retable néoclassique du 18e s. et un autre, l'« autel des âmes », de la fin du 15e s., ainsi que l'ermitage de Sta María Magdalena, un peu excentré par rapport au quartier.

Saint-Sébastien/Donostia/San Sebastián★★ *(voir p. 122).*

ROUTE DES PLAGES

58 km – env. 1h. Quittez St-Sébastien par l'A 8 en direction de Bilbao. Au niveau de la sortie 10, prenez la direction de Pampelune et Vitoria et sortez presque immédiatement à Txikierdi. Prenez ensuite la direction d'Usurbil et suivez la N 634.

Orio

Église de San Nicolás – Cette église reconstruite à la Renaissance conserve tout de même des allures de forteresse, rappelant l'époque où elle servait de tour de guet. La rue principale qui la longe est bordée de maisons anciennes des 15e, 16e, ou 17e s., souvent blasonnées.

En chemin pour Zarrautz, n'hésitez pas à faire un détour par la GI 2631 qui monte à Aia. En plus d'être ombragée, la route ménage de beaux points de vue sur la côte et passe devant l'arboretum d'**Iturraran**, lequel abrite aires de pique-nique, parcours fléché et surtout la Maison du **parc de Pagoeta**. Vous y trouverez toutes les informations nécessaires pour effectuer quelques randonnées dans cette zone qui s'étend sur les hauteurs au sud de Zarrautz. *☎ 943 835 389 - ♿ - août-sept. : tlj sf lun. mat. et apr.-midi, w.-end et j. fériés mat. ; reste de l'année : w.-end et j. fériés mat. - gratuit.*

Redescendez sur la N 634.

Zarautz

Cette station balnéaire, célèbre depuis que la reine Isabelle II en fit au 19e s. sa villégiature, est aménagée dans un site agréable qui forme un amphithéâtre de collines autour d'une immense **plage**. Le quartier ancien a conservé deux beaux **palais** : dans la calle Mayor, la **tour Luzea**, avec d'élégantes fenêtres, et, dominant la plage, celui du marquis de Narros (16e s.), aux angles garnis d'échauguettes. À côté, à l'écart de l'église de Santa María, s'élève le clocher.

Ensemble archéologique et monumental de Santa Maria la Real – *✆ 943 835 281 - www.menosca.com - tlj sf lun. mat. et apr.-midi, dim. apr.-midi - 1,20 €.* Il comprend la tour-clocher et l'église mitoyenne du 15e s., dans lesquelles ont été mis au jour des sépultures (visibles) et des gisements remontant pour certains à l'âge du fer. La tour présente, en visite libre, l'histoire de la Côte basque et de Zarrautz. La visite de l'église se fait à heures fixes avec un guide.

Photomuseum – *✆ 943 130 906 - www.photomuseum.name - tlj sf lun. mat. et apr.-midi - fermé 1er janv., Vend. saint, 26 juin, 31 juil., 9 sept., 25 déc. - 6 € (- 18 ans 3 €).* Espace consacré à l'art de la photo (paysages, portraits, surréalisme,...) et à l'histoire de ses techniques, depuis la lithographie jusqu'au numérique avec appareils et clichés à l'appui, en passant par ses applications scientifiques en médecine, botanique, etc.

Après Zarautz, la route, taillée en **corniche★★** au bord de l'Océan jusqu'à Zumaia, devient très pittoresque. On arrive bientôt en vue du rocher *(el ratón*, « la souris », ou île San Antón) de Getaria.

Avant d'accéder à ce pittoresque port, faites un détour par l'intérieur des terres jusqu'à **Zestoa**. C'est une petite station thermale qui dut sa renommée au 19e s. à l'infant Francisco de Paula Antonio, frère de Fernando VII. En 1927, l'établissement de bains de la ville, encore en activité aujourd'hui, accueillait jusqu'à 6 000 pensionnaires *(voir le carnet pratique de St-Ignace-de-Loyola).*

Getaria

Près du « ratón », auquel il est relié par une digue, Getaria est un petit port de pêche réputé pour ses *chipirones* (nom des calmars sur cette côte) et ses poissons grillés. On n'y part plus, de nos jours, pour la pêche à la baleine, ni pour les Indes comme **Juan-Sebastián de Elkano**, natif de Getaria ; celui-ci ramena des Philippines, où Magellan avait été assassiné, l'unique bateau restant de l'expédition, concluant ainsi le premier tour du monde (1522). Une rue étroite mène à l'**église de San Salvador** (13e-15e s.) dont le chœur s'appuie sur un arc où passe une ruelle (crypte). À l'intérieur, belle galerie de style flamboyant.

Musée Balenciaga – *✆ 943 00 47 77 - www.cristobalbalenciagamuseum.com - fermé pour travaux jusqu'en 2009.* Présentation d'une vidéo sur le grand couturier et exposition de certaines de ses créations.

Zumaia

À l'embouchure de l'Urola, Zumaia possède deux plages.

La première, **Itzurun**, est cernée par les falaises. On y accède, depuis le pied de l'**église de San Pedro** (15e s.) à l'impressionnante nef unique (grand retable de Juan de Anchieta, 16e s.), par un passage bordé de très hauts murs. La meilleure vue sur ses **falaises** plissées s'obtient depuis le sanctuaire de San Telmo *(depuis le pied de San Pedro, par la rue San Telmo, prenez la 2e à gauche et suivez-la jusqu'au bout).*

La deuxième plage, **Santiago**, se trouve à l'entrée de la localité. C'est à proximité de celle-ci que vécut le peintre **Ignacio Zuloaga** (1870-1945). Sa maison a été convertie en **musée**, où sont exposées ses œuvres, aux couleurs ardentes, aux tracés vigoureux, illustrant des thèmes réalistes et populaires, mais aussi sa collection personnelle (tableaux du Greco, de Goya, de Zurbarán, de Morales). *Santiago Etxea - ✆ 943 862 341 - www.ignaciozuloaga.com - tlj apr.-midi - fermé lun., mar. et oct.-mars - 6 €.*

Icíar

Le sanctuaire-forteresse renferme, dans un retable en bois sombre, une souriante Vierge romane du 12e s. habillée d'un manteau somptueux.

Deba

À l'embouchure du Deva, c'est un petit port de pêche. L'**église de Santa María la Real** cache, sous le porche de sa façade fortifiée, un beau **portail gothique★** dont la statuaire montre beaucoup de naturel. Son cloître présente des arcades compliquées.

À Deba, prenez la GI 638.

Sur le trajet en **corniche★** de Deba à Lekeitio, du promontoire qui ferme l'estuaire du Deva, **vue★** splendide sur la côte.

Mutriku★

Mutriku s'honore de posséder l'une des plages les plus enchanteresses de la Côte basque, la **plage de Santurraran**.

Son petit centre ne manque pas d'attrait non plus, entre ses maisons blasonnées et ses ruelles mystérieuses. Voyez plutôt le palais Arrietakua (18e s.) à l'avant-toit joliment sculpté ou le palais Zabiel aux colonnes torsadées. Au détour des rues, vous apercevrez aussi le magnifique blason du palais Olazarra-Mizquia (17e s.).

Côte de Guipúzcoa pratique

Voir aussi l'encadré pratique de St-Sébastien et de St-Ignace-de-Loyola.

Offices de tourisme

Getaria – *Parque Aldamar, 2 - 20808 Getaria - ✆ 943 140 957 - de mi-juin à mi-sept. et Sem. sainte : mat. et apr.-midi, dim. mat. - fermé lun.*

Irún – *B° de Behobia - 20305 Irún - ✆ 943 622 627 - mat. - fermé w.-end et j. fériés.*

Mutriku – *Pl. Txurruka s/n - 20830 Mutriku - ✆ 943 603 378 - www.mutriku.net - juil-août et Sem. sainte : mat. et apr.-midi ; reste de l'année : tlj sf lun mat. et apr.-midi, dim. et j. fériés mat. - fermé 1er et 6 janv., 24, 25 et 31 déc.*

Orio – *Herriko Enparantza, 1 - 20810 Orio - ✆ 943 830 904 - www.oriora.com/Camping - juin-sept. et Sem. sainte : mat. et apr.-midi, dim. mat. ; mai et oct. : sam. mat. et apr.-midi, dim. mat.*

Pasai Donibane – *Casa de Victor Hugo - Donibane, 63 - 20110 Pasai Donibane - ✆ 943 341 556 - www.oarsoaldea-turismo.net - mat. et apr.-midi - fermé 1er janv., 25 déc.*

Zarautz – *Nafarroa, 3 - 20800 Zarrautz - ✆ 943 830 990 - www.turismozarautz.com - de mi-juin à mi-sept. : mat. et apr.-midi, dim. et j. fériés mat. ; reste de l'année : mat. et apr.-midi, sam. mat. - fermé dim. (sf de mi-juin à mi-sept.), 24 déc.-1er janv., 6 janv., 9 sept.*

Zumaia – *Kantauri plaza, 13 - 20750 Zumaia - ✆ 943 143 396 - www.zumaiaturismoa.com - de mi-juin à mi-sept. : mat. et apr.-midi ; reste de l'année : mat. et apr.-midi - fermé dim. apr.-midi, lun., mar. mat. (sf de mi-juin à mi-sept.), 25 déc. et 1er janv.*

Se loger

À ZARAUTZ

Hôtel Zarauz – *Nafarroa, 26 - Zarautz - ✆ 943 830 200 - hzarauz@hotelzarauz.com - fermé 22 déc.-7 janv. - P - 75 ch. 79/105 € - ☕ 7,25 € - rest. 10,80 €.* Hôtel confortable bénéficiant d'un bon équipement. Chambres classiques, un peu vieillottes, mais compensées par des parties communes avenantes.

Hôtel Roca Mollarri – *Zumalakarregi, 11 - Zarautz - ✆ 943 890 767 - info@hotel-rocamollarri.com - P - fermé 18 déc.-7 janv. - 12 ch. 79/106 € - ☕.* Bel établissement dont une partie est consacrée à l'hôtel et l'autre à des habitations privées. Ses salles communes sont en harmonie avec des chambres chaleureuses et accueillantes.

Karlos Arguiñano – *Mendilauta, 13 - Zarautz - ✆ 943 13 00 00 - kahotel@karlosnet.com - fermé janv., fêtes de Noël, dim. soir, mar. soir en hiver et merc. - 31/60 € - 12 ch. 120/190 € - ☕ 10 €.* Dans cet ancien petit palais en pierre, connu sous le nom de Villa Aiala, le propriétaire a su recréer un environnement très accueillant avec deux salles soignées et des chambres chaleureuses.

À ZUMAIA

Hôtel Zelai – *Playa de Itzurun - Zumaia - ✆ 943 865 100 - info@talasozelai.com - 28 ch. 85/140 € - ☕ 10 € - rest. 15 €.* Dans cet hôtel, qui abrite un centre de thalassothérapie, les chambres fonctionnelles sont lumineuses et la moitié bénéficient de belles vues.

Sports & Loisirs

À ZARAUTZ

Alitan-Sub – *Aritzbatalde, 2 - Zarautz - ✆ 943 132 647 - alitan-sub@alitan-sub.com.* Pêche sous-marine ou sportive, plongée, cours d'apnée, conférences sur l'océan, promenades en mer… : si vous souhaitez faire du tourisme actif, ce club nautique, fondé en 1989, répondra à vos attentes grâce à ses multiples activités pour débutants et confirmés.

À MUTRIKU

Buceo Euskadi – *Iriagirre, 4 - Mutriku - ✆ 943 195 088 ou 617 333 003 - buceo@buceoeuskadi.com.* Si vous n'avez jamais essayé la plongée, contactez le centre Buceo Euskadi. Il propose aux débutants un programme baptisé « À la découverte de la plongée » très bien pensé. Les confirmés peuvent quant à eux parcourir les fonds marins de l'Euskadi grâce aux nombreuses sorties en mer (tous niveaux).

Mutriku Arraun Taldea – *Kaia z/g apartatua, 88 - Mutriku - ✆ 605 75 11 27.* Mutriku a la chance de posséder l'une des plus belles plages de la Côte basque. Ses anses rocheuses sont également le prétexte à de sympathiques balades en kayak. La société Mutriku Arraun Taldea en loue plusieurs, individuel, ou à 2 places. Point de départ : le port de Mutriku.

À DEBA

Itxas Jai – *Deba - ✆ 943 192 858 ou 678 517 257 - itxasjai@telefonica.net.* La principale occupation de ce centre de plongée (ouvert toute l'année) consiste en l'organisation de baptêmes et sorties en bateau. Il loue et vend également tout le matériel nécessaire à ces différentes activités nautiques.

À ST-SEBASTIEN

Begi-Bistan – *Puio, 2-2B - Donostia - ✆ 657 794 677 - begi-bistan@terra.es.* Cet organisme de loisirs offre une gamme variée de services, en collaboration avec les offices de tourisme locaux. Parmi les propositions les plus intéressantes : la visite culturelle de Zumaia, Getaria et Orio, le trekking côtier, les sorties naturalistes et les activités nautiques (kayak, bateau, plongée…).

Fontarabie★★

Hondarribia/Fuenterrabía

15 940 HABITANTS
CARTE GÉNÉRALE C2 – CARTE MICHELIN N° 573 B 24 – CÔTE DE GUIPÚZCOA P. 131
GUIPÚZCOA

Station balnéaire fréquentée et important port de pêche, Fontarabie conserve un centre historique digne d'intérêt qui s'appréhende le nez en l'air, pour ne rien perdre des détails architecturaux de ses vieilles maisons. Côté charme, le quartier des pêcheurs n'a rien à lui envier et nombreux sont les Espagnols ou les Français à venir « tapear » dans ses cafés animés.

Nadia Bosquès / MICHELIN

La place centrale de la vieille ville.

- **Se repérer** – Fontarabie occupe une position stratégique sur l'embouchure de la ría de la Bidassoa, face au port français d'Hendaye. Son vieux quartier s'accroche à une colline tandis que la marina, quartier animé de pêcheurs, fait face à la mer.
- **Se garer** – Au pied de ses remparts.
- **À ne pas manquer** – Le vaste panorama depuis l'ermitage de San Marcial.
- **Organiser son temps** – Flânez dans la vieille ville et n'oubliez pas l'heure des tapas dans le quartier des pêcheurs !
- **Avec les enfants** – Dans la vallée du Baztan, la grotte des Sorcières à Zugarramurdi et celle d'Urdazubi.
- **Pour poursuivre le voyage** – La côte de Guipúzcoa et St-Sébastien.

Comprendre

Cité frontalière et portuaire – Du fait de sa situation stratégique en bord d'estuaire, Fontarabie n'a eu d'autre choix que de se fortifier très rapidement pour protéger sa position. Les plus anciennes traces de fortifications remontent ainsi au 7e s. Les remparts actuels datent quant à eux du règne des Rois Catholiques. Et ils se révélèrent par la suite fort utiles pour résister aux assauts d'ennemis désireux de posséder ce port florissant qui commerçait avec les Flandres et l'Europe entière.

Bataille mémorable en 1638 – Les troupes françaises de Condé assiègent la ville depuis deux mois. La ville ne doit son salut qu'à l'intercession de N.-D. de Guadalupe. En souvenir de cet épisode et pour honorer la Vierge, Fontarabie organise chaque année une *alarde* (sorte de parade militaire) le 8 septembre *(voir Fontarabie pratique)*.

Se promener

Entre les effluves de lessive et les trilles mélodieuses des oiseaux en cage, les ruelles escarpées de la vieille ville ne manquent pas de pittoresque, tandis que la marina déborde d'une activité plus festive avec ses boutiques et ses cafés.

LA VIEILLE VILLE (CIUDAD VIEJA)

Sur la butte dominant la Bidassoa, l'ancienne place forte est encore entourée de remparts. Percée dans ces murailles qui datent du 15e s., la **puerta de Santa María** est surmontée des armes de la ville et de deux anges vénérant N.-D. de Guadalupe.

Calle Mayor★

Étroite rue très pittoresque, bordée de maisons anciennes aux balcons de fer forgé et corniches en bois sculpté. Voyez plutôt : les galeries des nos 26, 24, 22 ; les blasons de la casa Consistorial au n° 28 ; les poutres travaillées du palais Zuloaga au n° 8, et la très belle porte ouvragée de la maison de Casadevante au n° 5, là où fut négociée la trêve du siège de 1638.

Santa María

Gothique, remaniée au 17e s. (tour baroque), l'église de Santa María est un édifice imposant étayé à l'abside par d'épais contreforts. C'est là que le 3 juin 1660, six jours avant la cérémonie solennelle à St-Jean-de-Luz, don Luis de Haro, ministre espagnol, épousa par procuration, au nom de Louis XIV, l'infante Marie-Thérèse.

Château

Le château de Charles Quint fut construit au 10e s. par le roi de Navarre Sanche II Abarca. Charles Quint le fit restaurer au 16e s. Aménagé en *parador* (hôtel de luxe), il donne sur la place d'armes, qui offre une belle vue sur la mer.

MARINA

Le quartier des pêcheurs et la nouvelle ville qui s'étage derrière lui se déploient le long de la ría.

Calle San Pedro

Bordée de maisons de pêcheurs aux balcons et aux volets de bois rouges, verts ou bleus, cette rue dégage une atmosphère de gaieté communicative. C'est dans ses rez-de-chaussée et les rues adjacentes que se concentrent tavernes et bars à tapas. Trois rues la séparent du front de mer, caractérisées par des immeubles de taille modeste, dont les boutiques ont parfois deux entrées, une sur l'avant, l'autre sur l'arrière.

Front de ría

Sans charme particulier en raison des immeubles en béton qui le ponctuent, il se déroule jusqu'au port de plaisance en longeant à un moment une sorte de jetée dont les pierres sont couvertes de croquettes pour chats (ces animaux y viennent en nombre).

Plage – Depuis la plage, on voit les bateaux de pêche sortir du port. Les jeunes viennent y décortiquer des graines de tournesol et les retraités y promener leur chien.

Marina – Belle **vue**, à travers une forêt de mâts, sur la vieille ville et le clocher de Sta María. À voir en fin de journée avec la chaîne des Pyrénées en toile de fond.

Aux alentours

Sanctuaire de Nuestra-Señora-de-Guadalupe

4 km à l'ouest par la GI 3440, en direction de Pasai Donibane par le Jaizkibel. Laissez votre voiture au parking de l'église.

Cette chapelle, que jouxte l'enceinte d'un ancien fort, est le centre de convergence d'un vaste réseau de randonnées, allant du cap Higuera *(voir ci-après)* au mont Jaizkibel *(voir la côte de Guipúzcoa)*. La promenade menant à ce dernier commence par une pente très inclinée et emprunte ensuite les crêtes, révélant d'époustouflantes **vues**★★ sur le littoral et la mer *(4 km - balisage blanc-rouge)*.

Cap Higuera (Cabo Higuera)

4 km au nord. Quittez Fontarabie par le port et la plage. Prenez la route de gauche.

En montant parmi les villas vers le cap, la route offre une belle **vue**★ sur la plage, la ville et la jetée. De l'extrémité du cap, on distingue la côte française et Hendaye.

Ermitage de San Marcial

9 km au sud-est. Sortez de Fontarabie en direction de Béhobie et prenez la première route à droite après l'usine Palmera. Au premier carrefour, tournez à gauche.

Une route étroite conduit au sommet boisé (225 m). De la terrasse près de l'ermitage, **panorama**★★ étendu sur St-Sébastien et la plage d'Hendaye au loin et, plus près, sur Fontarabie, Irún et l'île des Faisans, rivage-frontière qui a été le cadre de différents faits historiques – parmi lesquels la signature du traité des Pyrénées en 1659, stipulant le mariage de Louis XIV avec l'infante Marie-Thérèse.

Circuit de découverte

DE LA BIDASSOA AU BAZTAN

120 km – Partez de Fontarabie en direction d'Irún et de là vers Bera de Bidasoa par la N 121^A.

À la frontière du Pays basque français, la **Bidassoa** s'est encaissée dans les granits en un étroit sillon appelé gorge d'Endarlaza. Mais avant de s'y engager, elle s'est aussi frayée un chemin entre les contreforts des Pyrénées atlantiques. Depuis la frontière française au nord, la route suit la rivière qui pénètre dans l'ancienne confédération des « Cinco Villas ». Celle-ci comprend cinq charmantes cités situées sur de petites routes transversales de part et d'autre de la N 121^A : Etxalar, Arantza, Igantzi, Lesaka et Bera.

Le massif du Bost Herri (commune de Cinco Villas) sépare cette vallée de celle du **Baztan**, plus à l'est, qui tire également son nom d'une rivière. De vertes prairies où chevaux et moutons paissent entre des murets de pierre, des pentes sèches où l'herbe se fait drue et des villages aux fiers blasons la caractérisent. Orientée elle aussi nord-sud, elle fait sa jonction avec la vallée de la Bidassoa à hauteur d'Oronoz.

VALLÉE DE LA BIDASSOA (Valle de la Bidasoa)

Bera/Vera de Bidasoa

Cette bourgade se répartit en deux principaux quartiers, dont celui d'Alzate. Les maisons les plus intéressantes s'y trouvent, comme celles des n°s 5, 23 et 25. Les façades sont très caractéristiques de l'architecture basque avec leurs pans de bois, leurs poutres travaillées et, parfois, l'avant-toit abritant un balcon de bois à fine balustrade.

L'autre quartier se concentre autour de l'église, en direction d'Irún. La plaza Herrikoetxea est entourée de maisons blasonnées et son **hôtel de ville** baroque arbore les fresques de quatre femmes symbolisant la Justice, la Prudence, la Tempérance et la Fortitude. Il se trouve en contrebas de l'église de San Sebastián.

Reprenez la N121^A et quittez-la après 2,5 km pour aller à Lezaka, sur la droite.

Lezaka

On peut se garer au pied de l'église.

Impossible de rester insensible au charme de ses maisons à pans de bois qui longent la rivière. Parmi elles trône une tour du 15e s., dont l'alter ego a été érigé du côté de l'église, près d'un calvaire. Elles auraient servies de QG à Wellington pendant les guerres napoléoniennes. Les demeures présentant les détails les plus intéressants se situent rue Albiztur. Au n° 23, ce sont les poutres qu'il faut regarder ; au n° 2, les pans de bois ; au n° 12, la porte cloutée et, au n° 5, datant de 1578, le travail effectué sur les poutres du toit ainsi que sur les galeries des maisons voisines. Un ancien lavoir municipal jouxte la maison, à droite.

Église de San Martín-de-Tours – Étonnant **portail★** baroque caché par une tour-porche pour cette église édifiée au 16e s. L'entrée de droite est ornée de **sculptures** naïves représentant Dieu le père, des angelots, Adam et Ève, saint Jean-Baptiste (à gauche) et saint Paul (à droite). L'entrée de gauche est moins décorée, se contentant d'une représentation de saint Pierre et d'angelots dans les voussures.

Gagnez Igantzi en suivant les panneaux.

Igantzi

Ses principaux centres d'intérêt résident dans l'**église** que précède un petit porche crépi et la plaza de los Fueros, où se trouve une élégante maison blasonnée à colonnades.

Poussez jusqu'à Arantza en sortant du bourg, direction Doneztebe, et en prenant à gauche la NA 4020.

Arantza

La façade de sa mairie à arcades affiche un blason encadré par deux petits personnages à robe rouge. Son église rassemble autour d'elle quelques vieilles maisons aux parements de pierre. Celle qui fait face au clocher arbore des poutres et une balustrade de bois travaillé.

Revenez sur la N 121^A et prenez à gauche. Remontez vers Bera et prenez à droite la NA 4400 pour Etxalar.

Etxalar

Imaginez un village rassemblé autour de son église en pierre rosée, elle-même précédée d'une pelouse où les stèles discoïdales sont disposées de manière à vous mener à l'édifice. Le tout baigne dans la lumière du soleil couchant qui enflamme les façades des maisons immaculées et caresse leurs jardinets bien entretenus. Vous ne repartirez plus !

Retournez sur la N 121^{A} et descendez vers le sud en direction de Doneztebe.

Sunbilla

Un pont médiéval enjambe la rivière. N'hésitez pas à le parcourir afin de contempler la végétation se reflétant dans l'eau ainsi que les maisons bordant la Bidassoa. Celle qui fait l'angle à l'extrémité droite du pont présente des poutres très travaillées. Remarquerez-vous le petit personnage sculpté sous le toit ?

Après l'église, juste à côté de la maison blasonnée, monte une petite voie pavée de galets.

Doneztebe★

De loin la bourgade la plus animée de la vallée, Doneztebe concentre son activité dans son cœur historique, autour de la rue commerçante qui passe devant l'**église**. Embaumant l'encaustique, celle-ci abrite trois retables baroques dorés. Notez la patine et l'usure du banc de maître, à gauche de l'allée centrale. Non loin de là, vous repérerez la mairie à ses arcades en grès et aux blasons ornant son avant-corps.

VALLÉE DU BAZTAN★ (Valle del Baztan)

Depuis Doneztebe, partez vers l'est en direction d'Oronoz.

Parc de Bertiz★

Oronoz – Accès à côté de la station-service, en limite du bourg. ☎ 948 592 421 - www.parquedebertiz.es - tte la journée - fermé 25 déc. et 1er janv. - 2 € (-18 ans gratuit).

Parc naturel depuis 1984, ce domaine couvre 2 040 ha, dont 1 869 de forêts (chênaies et hêtraies principalement). Ses bois et ses prairies abritent une faune diversifiée, depuis la salamandre jusqu'au desman des Pyrénées (sorte de taupe). Pedro Ciga en fut le dernier seigneur, dépositaire des terres autrefois données en cadeau par le roi Charles III (14e s.). C'est lui qui planta les essences exotiques du jardin et fit construire un nouveau palais, tout en restaurant l'ancien. Il fit don de l'ensemble à la députation de Navarre en 1949, à la condition de tout laisser en l'état. Le palais Aizkolegi le domine, en offrant au regard un large panorama sur le parc et les vallées alentour.

Juste à l'entrée du domaine se trouve un magnifique jardin, riche de nombreuses essences et d'un tracé rappelant les parcs à l'anglaise. Un **centre d'interprétation** donne les clés pour comprendre l'écosystème particulièrement humide de Bertiz.

Plusieurs itinéraires balisés partent de l'entrée du parc *(demandez le plan à la guérite)*. Le plus court (700 m) et le plus facile commence tout de suite à gauche et suit la Bidassoa. Les autres s'enfoncent dans la forêt, à partir du chemin appelé Aizkolegi *(balisage vert - le seul autorisé à bicyclette)*. Le dénivelé varie de 200 m à 680 m suivant le parcours retenu.

Poursuivez sur la N 121^{B}.

Elizondo

Capitale de la vallée, ce bourg abrite de belles demeures édifiées par les anciens gouverneurs et administrateurs des Indes occidentales, ou par les *Indianos*, ou *Americanos*, ces Basques émigrés en Amérique du Sud, et revenus fortune faite. Certaines sont bien sûr blasonnées !

Il donne accès à une myriade de hameaux comme Arraioz ou Ziga, où se pratiqua, paraît-il, la sorcellerie (l'Inquisition y organisa des procès en 1725).

Continuez sur la N 121^{B}. Après 5 km, tournez à droite et ralliez Erratzu via Bozate.

Erratzu

Village de montagne dont les maisons anciennes et l'église sont construites en grès rosé. Ne manquez pas d'admirer l'adorable petit cloître jouxtant l'église. Ses galeries sont ornées de stèles. À proximité, le palais Apeztegia du 17e s. déploie sa sobre façade derrière une sorte d'enclos de pierre ouvert par un portique. De l'autre côté de la rivière, la rue Iturri-Zaharra présente d'étroits trottoirs de galets.

La route menant au col d'Izpegui s'enfonce parmi les feuillus et dévoile de très beaux points de vue sur la vallée.

Gorostapolo

2 km au sud d'Erratzu, en passant à droite de l'église et de son cloître.

Garez-vous dans le hameau aux ruelles pavées de grosses pierres rosées. Vous retrouverez les mêmes sur le chemin pentu qui part à droite de l'ermitage, posté à l'entrée du village, dans le virage. Attention, le pavage peut se révéler glissant par temps de pluie ! Le sentier descend vers un petit pont pour remonter ensuite légèrement à travers prairies et bois jusqu'à une cascade, que l'on entend plus qu'on ne la voit entre les feuillages *(30 mn AR - balisage blanc-vert).*

Revenez sur vos pas afin de gagner Amaiur, plus au nord de la vallée, par la N 121^B.

Amaiur

Un écrin de verdure enchâsse cette commune navarraise, la dernière à avoir lutté pour l'indépendance de la province face à Charles Quint en 1522. L'église se trouve en dehors du village, que l'on rejoint par une route bordée de murets de pierres. Une fois franchie l'entrée marquée par une arche surmontée d'un toit, une rue unique se déploie, succession de maisons blasonnées de grès rouge ou crépies de blanc. Arrêtez-vous devant celle du n° 30 pour en admirer le hall ouvert et la belle porte cloutée. Face à elle, une autre arbore des clous imposants. Presque en bout de rue, au n° 47, se détachent les arcades du palacio Borda (17e s.). Admirez au n° 51, face à la fontaine, la porte, les balcons et les poutres sculptées de la maison blasonnée.

Un petit oratoire clôt le village. À sa gauche se détache un chemin menant à un monument commémoratif, érigé en 1922 pour rappeler la **bataille de 1522** en faveur de l'indépendance navarraise. Il offre un beau point de vue sur le village en contrebas, ainsi que sur la vallée *(comptez 10mn d'ascension).*

Rejoignez la N121^B et continuez jusqu'au col d'Otxondo.

Pico Gorramakil

Accès à partir du col d'Otxondo (570 m) par la NA 2655. Une très belle route mène à ce sommet qui offre une vue dégagée sur la vallée.

Revenez sur la N 121^B et, après environ 7 km, tournez à gauche.

Urdazubi

De petits canaux et une rivière sillonnent ce village qui conserve quelques maisons anciennes en son centre, centre signalé par la massive silhouette de l'église de San Salvador, dernier vestige d'un monastère prémontré autrefois hôpital pour pèlerins.

Grotte d'Urdazubi (Cuevas de Urdax o Gruta de Ikaburu) – *Tournez à droite avant d'arriver au village. Prenez à nouveau à droite à l'embranchement et comptez 500 m ✆ 948 599 241 - visite guidée mars-oct. : tte la journée ; reste de l'année : mat., w.-end tte la journée - fermé lun. (sf mars-oct.), 25 déc. et 1er janv. - 4 € (enf. 2 €).* Sculptée par l'Uxturme (« ruisseau humble »), dans lequel évoluent toujours truites et anguilles, cette grotte déploie de fascinants tableaux de silex, de marbre, de colonnes de calcite (dont la crèche) et de racines d'arbres prises dans des gangues de calcaire.

Retrouvez la N 121^B pour remonter encore vers le nord et tourner à gauche vers Zugarramurdi, juste avant le village frontalier de Dancharia.

Zugarramurdi

Le nom de ce mignon petit bourg est associé depuis des siècles à la sorcellerie. En 1610, plus de 300 personnes y furent arrêtées pour ce crime, et une quarantaine, condamnées, entre autres pour avoir organisé des messes noires dans la grotte.

Grotte des Sorcières★ (Cueva de las Brujas) – *Ne manquez pas le panneau directionnel sur la place de l'église. ✆ 948 599 305 - tte la journée - 3 € (enf. 1,20 €).* Un parcours balisé mène au canyon creusé par le ruisseau de l'Enfer, lieu de réunion pour les sorcières jusqu'à ce que l'Inquisition les décime au 17e s. Tout autour du site, différentes sentes reprennent le tracé d'anciens chemins de contrebande. Belle vue sur le village et les alentours depuis le mirador aménagé en haut de la colline.

Revenez sur la côte par la France, direction Sare, puis Bera de Bidasoa.

Fontarabie pratique

Offices de tourisme

Fontarabie – *C/ Javier Ugarte, 6 - 20286 Hondarribia - ✆ 943 645 458 - www.bidasoaturismo.com - juil.-sept. : tte la journée, w.-end et j. fériés mat. et apr.-midi ; reste de l'année : mat. et apr.-midi, w.-end et j. fériés mat. - fermé 1er et 7 janv., 8 sept., 24, 25 et 31 déc.*

Bera – *P° Eztegara, 11 - 31780 Bera - ✆ 948 631 222 - Sem. sainte et de mi-juin à mi-sept. : mat. et apr.-midi - fermé dim. mat. et lun.*

www.baztan.es – Le site recense toutes les informations utiles (hôtels, taxis, etc.) et touristiques sur la vallée.

Centro de Turismo Rural (Bertiz) – *31720 Oieregi - ✆ 948 59 23 86 - Pâques-mi-sept. : 10h-13h30, 16h-19h30 ; mi-sept.-Pâques : 10h-13h30, 16h-17h30, fermé lun.*

Visites

Hondarribia Tours – *✆ 943 645 435*. Cet organisme propose des visites guidées de Fontarabie, St-Sébastien - des promenades à la Baie de Txingudi etc. *Se renseigner pour tarifs.*

Excursions Jolaski – visite guidée d'Hondarribia - *✆ 943 616 447 ou 639 617 898.*

Visite en bateau – Visite en bateau de Hondarribia à Hendaye - *1,50 €.*

Se loger

À FONTARABIE

Chambre d'hôte Maidanea – *Barrio de Arkoll - Santiago Auzoa - ✆ 943 640 855 - P - 5 ch. 47/55 € - 5 €.* Le couple de propriétaires a insufflé son propre style à cette maison de campagne, avec un salon-bibliothèque, une salle de petit-déjeuner et des chambres modernes.

Hôtel Obispo – *Pl. del Obispo, 1 - ✆ 943 645 400 - recepcion@hotelobispo.com - 16 ch. 84/140 € -* . Cet hôtel de charme est installé dans un palais des 14e-15e s. dans la partie haute de la vieille ville. Les chambres sont toutes différentes et combinent avec bonheur le bois des poutres, la pierre dans quelques-uns de ses murs, le mobilier et les tissus pour créer une ambiance très accueillante.

À BAZTAN

Chambre d'hôte Casa Kordoa – *Erratzu - ✆ 948 453 222 - www.kordoa.com - P - 6 ch. 40 € - 3,50 €.* Installé dans une jolie ferme bâtie en pierre et dirigé par un ménage accueillant. Coquet salon et chambres correctes aux poutres apparentes. Salles de bains complètes.

Antxitonea, Trinketea – *Braulio Iriarte, 16 - Elizondo - ✆ 948 581 807 - antxitonea@terra.es - 25 ch. 60/75 € - 4,50 € - rest. 10/18 €.* Cette grande bâtisse du 19e s. entièrement restaurée possède de précieux atouts. La plupart de ses chambres, d'un grand confort et décorées avec goût, ouvrent leurs fenêtres sur le fleuve Baztan. Surtout, elle dispose d'un trinquet, pièce équipée d'un fronton où l'on joue à la pelote basque (tournois fréquents).

Se restaurer

À FONTARABIE

Gran Sol – *San-Pedro, 65 - ✆ 943 642 701 - fermé 2 sem. en janv., 1 sem. en juin, 1 sem. en sept. et lun. - 8 €.* Ce restaurant néo-rustique de tradition a été repris par le fils du propriétaire. Vous pourrez y déguster au comptoir de délicieuses brochettes très bien préparées.

Ramón Roteta – *Irún, 1 - ✆ 943 641 693 - rroteta@terra.es - fermé fév., dim. soir et mar. - 58 €.* Belle villa du début du 20e s., à l'intérieur plein de charme. D'un classicisme raffiné et d'une ambiance élégante, ses salles sont soigneusement aménagées.

Alameda – *Minasoroeta, 1 - ✆ 943 642 789 - reservas@restalameda.com - fermé 11-17 juin, 8-14 oct., 24 déc.-6 janv., dim. soir, mar. soir et lun. - 62 €.* Établissement familial bien dirigé, dont la cuisine a su s'adapter aux temps modernes. Il comprend une terrasse et deux salles de restaurant bien aménagées.

À BAZTAN

Juan Simón – *Ctra de Pamplona - Ventas-de-Arraiz - ✆ 948 305 052 - www.restaurantes-vasconavarros.com/juansimon - 16 € - 10 ch. 50/58 € - 5 €.* Cet établissement centenaire se distingue par sa façade ornée de balcons fleuris. Son intérieur s'avère tout aussi séduisant : colonnes, poutres apparentes, cheminée, lampes en fer forgé, belle vaisselle... Dans l'assiette : goûteux petits plats maison et spécialités basques et navarraises.

Santxotena – *Pedro-Axular s/n - Elizondo - ✆ 948 580 297 - rest.santxotena@telefonica.net - fermé 1re quinz. de sept., 19 déc.-10 janv., dim. soir en été et lun. - 22/29 €.* Le service en salle soigné, l'attention aimable et l'ambiance chaleureuse sont des valeurs sûres dans ce restaurant où est proposée une carte traditionnelle.

À BIDASSOA

Lenkonea – *Plaza de los Fueros, 2 - Vera-de-Bidasoa - ✆ 948 625 540/948 625 542 - reservas@hotelchurrut.com - fermé 2 sem. entre janv.-fév. - 16 € déj. - 20 € - 17 ch. 115/200 € - 12 €.* Décor minimaliste, tables disposées sous des poutres apparentes judicieusement éclairées, assiettes soignées et service attentif : ce restaurant a décidément tout pour séduire. Intéressant menu-dégustation et délicieux desserts maison.

Tolosa★★

17 829 HABITANTS
CARTE GÉNÉRALE C2 – CARTE MICHELIN Nº 573 C 23 – CÔTE DE GUIPÚZCOA P.131
GUIPÚZCOA

Tolosa a la réputation d'être un bastion du séparatisme basque mais, pour le visiteur de passage, c'est avant tout une cité au vieux centre pittoresque, aux marchés colorés et à l'art de vivre incontesté. Son quartier historique se délimite d'ailleurs au sud par la Triangulo Plaza, à l'est par le río Oría et à l'ouest par la calle Pablo Gorosabel, un ancien bras de la rivière.

Amaury de Valroger / MICHELIN

Les maisons et les célèbres arcades du marché en bordure du rio Oría.

- **Se repérer** – Étape incontournable sur la route reliant St-Sébastien à l'intérieur des terres (Vitoria ou Pampelune), Tolosa est accessible depuis la côte par la N 1 (26 km).
- **Se garer** – Le vieux centre étant piétonnier, mieux vaut vous délester de votre voiture dès que vous le pouvez.
- **À ne pas manquer** – Le marché couvert du samedi le long de la rivière.
- **Organiser son temps** – Tolosa constitue un point de rayonnement idéal pour découvrir la vallée de l'Oría. Passez-y la matinée et partez en excursion ensuite.
- **Pour poursuivre le voyage** – St-Sébatien, la côte de Guipúzcoa, St-Ignace-de-Loyola et Oñati.

Comprendre

Une position stratégique – À peine fondée en 1256, Tolosa se fortifiait déjà du fait de sa situation stratégique sur le couloir de passage entre la côte et la Navarre qu'est la vallée de l'Oría. Mais l'avantage qu'elle en tirait compensait les agressions et les invasions puisqu'elle prélevait un droit de péage qui fit sa richesse.

Industries – En partie détruite par les Français en 1794, la ville retrouva une certaine prospérité avec l'industrialisation. La première usine de papier ouvrit en effet ses portes en 1842 et la ville prit le surnom de « cité papetière ». Cette industrie a aujourd'hui presque disparu, ce qui ne signifie pas que toutes ont périclité, car la ville a su se diversifier, avec notamment la création du polygone d'Apattaerreka. Il reste une activité traditionnelle, dont la popularité ne se dément pas, c'est la fabrication de **bérets**. Elle perdure et l'on dit toujours que ce sont les meilleurs du pays.

Se promener

VIEILLE VILLE★★ (Casco Viejo)

Elle demeure le cœur de la cité, là où commerces et marchés entretiennent une animation quotidienne.

Départ depuis la Triangulo Plaza.

Triangulo Plaza

Elle est reconnaissable à son plan et surtout à l'œuvre du sculpteur Jorge Oteiza, *Atauts*, qui précède la porte de Castille donnant accès au quartier historique.
Prenez tout droit la calle Solana.

Halles

Érigées au 19e s., elles bordent un alignement de façades colorées ainsi que la rivière voisine. Le marché aux produits locaux s'y tient tous les samedis.
Au bout de la calle Solana, tournez à gauche.

Plaza Zarra

Le drapeau basque flotte au balcon de l'*ayuntamiento* (hôtel de ville) aux briques roses (17e s.), qui partage la place avec de vieilles demeures baroques et blasonnées. Face à elles s'étale la vitrine du chocolatier Xaxu, qui organise les visites au **musée de la Confiserie** dans la rue voisine de Letxuga. *✆ 943 670 727 - www.gorrotxategi.com - tlj mat. et apr.-midi - 1,50 €.*
Prenez la rue qui part à droite de la mairie pour aboutir à Sta María Plaza.

Église Santa María

17e s. D'extérieur baroque (1761), l'édifice déploie à l'intérieur une architecture gothique basque.
En sortant de l'église, prenez la rue de gauche qui mène à la rivière.

Bords d'Oría

Le palacio Idiakez du 17e s. donne la réplique à la façade mi-ancienne, mi-moderne du palacio Aranburu (17e s.), reconverti en centre d'expositions.
Contournez l'église en longeant la rivière et rejoignez Sta María Plaza par la place Jesusen Bihotza. Engagez-vous ensuite dans la calle Agintari, au fond à droite.

Calle Agintari

Représentative des rues de la vieille ville, cette artère est bordée de façades anciennes dont la plus significative est celle du **palacio Atodo** (16e s.) au n° 33, que vous repérerez à son blason et son double avant-toit.
Parvenu sur Felipe Gorriti Plaza, tournez immédiatement à gauche.

Calle Nagusia

Réplique de la précédente, elle vous amènera à passer devant la torre Andia (15e s.) puis la Berdura Plaza.

Berdura Plaza★

Une petite halle couverte d'une verrière occupe le centre de la place entourée de maisons à arcades. C'est ici que se tient chaque samedi le marché aux fleurs.
Traversez-la et prenez à gauche dans la calle Korreo. Elle vous ramènera à votre point de départ.
Pour prolonger la promenade, n'hésitez pas à flâner dans les autres rues parallèles à la calle Korreo. Le samedi matin, un marché se tient sur Arostegieta ou encore sur la place néoclassique Euskal Herria.

Aux alentours

Ordizia★

14 km au sud par la N 1.
Porte de la comarca de Goierri, Ordizia comporte un agréable quartier historique en surplomb de la gare. il compte plusieurs demeures notables tels que le palais Barrena du 17e s., le palais Zabala reconnaissable à son balcon ouvert sur une double fenêtre en arcs, ou encore le palais Abaria à l'angle de la plaza Mayor, dont la halle fut inaugurée en 1925. Cette dernière accueille l'un des plus grands marchés du Guipúzcoa.
Centre de l'alimentation et de de la gastronomie (Centro de la Alimentación y de la Gastronomía) – *Juste à côté du palais Barrena. ✆ 943 88 22 90 - www.delikatuz.com - tlj mat. et apr.-midi - 3 € (- 12 ans 2 €).* Chacun des trois niveaux de ce musée moderne aborde un angle différent de la culture culinaire locale : le premier présente les villages de la *comarca* ; le deuxième, l'histoire de l'alimentation et l'art de bien doser ses repas (amusant plateau-repas à composer soi-même) ; quant au troisième, il recense les spécialités régionales.

Beasain

18 km au sud-ouest par la N 1. En prenant la direction de Zurramaga dans le centre-ville, vous passerez à proximité du hameau médiéval entouré d'immeubles modernes. Il s'agit de quelques **maisons anciennes** (13e-15e s.), dont certaines à pans de bois, qui se répartissent de part et d'autre de la rivière enjambée par un vieux pont.

À droite de la route seront fléchés deux sanctuaires : celui de N.-S. de Loinaz, sorte de petite chapelle campée à côté d'une maison et, plus loin, la basilique de San Martín.

Circuits de découverte

Les deux itinéraires proposés partent de Beasain.

LE GOIERRI OUEST

Quittez Beasain par la N 1 en direction d'Altsasu et Vitoria, et sortez à l'échangeur 416 pour suivre la GI 637 en direction d'Idiazabal.

Idiazabal

Le nom évoque un célèbre fromage de brebis, mais il correspond d'abord à un petit village tranquille, parsemé de quelques maisons des 13e et 14e s.

Sur ses hauteurs se trouve le sanctuaire de **Santa María de Gurutzeta★** *(fléché à partir de l'église).* Accolé à une maison *(demandez la clé)*, il séduit par son charme rustique (la charpente est en bois brut, les fenêtres sont fermées par des volets), sa Vierge du 13e s. et son retable du 16e s. Il offre le prétexte de découvrir les pâturages puisque fermes traditionnelles et prés se succèdent dans la montée.

Suivez la GI 2637 pour rejoindre Segura.

Segura

Charmant bourg perché qui conserve de ses anciens remparts deux portes ouvertes vers les monts alentour. Ses rues sont pavées et bordées de demeures autrefois prospères. La plus intéressante est celle des Guevara, identifiable à ses blasons et ses gargouilles. Elle se situe sur la calle Mayor (Nagusia Kalea) à quelques pas de la jolie église fortifiée N.-S. de la Asunción (portail Renaissance). Voyez également le palais Lardizabal (17e s.), reconverti en mairie.

Poursuivez sur la GI 2637.

Zegama

Bâtiments modernes et anciens se partagent le village, au cœur duquel se dressent la mairie à arcades et l'église au portail Renaissance.

Revenez sur vos pas et, après environ 3,5 km, prenez à gauche la GI 3520.

Zerain

Ce hameau isolé dans la montagne conserve quelques maisons typiques comme le palais Jauregui, typique de l'architecture rurale basque. Il se dresse non loin de la place de l'église (13e s., refaite au 18e s.).

Musée – *☎ 943 801 505 - tlj mat. et apr.-midi - 2 €.* Une vidéo de 14mn présente la démarche des habitants qui ont voulu préserver leur patrimoine et sauvegarder leurs traditions. Le résultat est visible au grenier où panneaux et objets expliquent le travail du bois, de l'élevage, de l'agricuture, du fromage, de la chasse, etc.

Reprenez la GI 637, dépassez Segura et prenez sur votre gauche la GI 3571 menant à Mutiloa puis Ormaiztegi.

Ormaiztegi

Musée Zumalacárregui – *☎ 943 889 900 - tlj sf lun. et dim. mat. et apr.-midi - gratuit.* Installé dans une maison traditionnelle basque du 18e s. où Tomás Zumalacárregui vécut quelques années, ce musée retrace l'histoire du Pays basque au moment des guerres carlistes et du mouvement libéral qui s'est développé dans les provinces au 19e s. Une vidéo de 10mn en castillan, des reproductions de gravures et des objets personnels du général ponctuent la visite.

Revenez à Beasain en suivant la GI 632 puis la N 1.

VERS LE PARC NATUREL D'ARALAR

15 km – 1h. Franchissez la N 1 pour rejoindre Lazkao.

Lazkao

Plus préservé que Beasain, ce bourg rassemble quelques beaux monuments *(aucun ne se visite)* autour de l'église San Miguel (16e s.). Au plus près d'elle, le **palacio del Infantado** est entouré d'un beau jardin. Admirez sa façade et son entrée, organisée en trois parties. Face à l'église, notez le blason du couvent des bernardines.

Suivez la GI 120.

Ataun

Le village s'étire en fond de vallée et s'éparpille le long de l'Agauntza en divers quartiers. À l'entrée de celui de San Gregorio, arrêtez-vous à la maison Sara. Contre son mur et devant elle sont disposées des œuvres d'art moderne en métal oxydé qui reprennent la forme des stèles discoïdales traditionnelles, avec des formes découpées à l'intérieur. Elles sont signées Ion Iturrarte Artola et ont été réalisées en 1990 pour le centenaire de l'anthropologue Joxemiel Barandiaran, mort en 1989.

Centre d'interprétation du parc d'Aralar (Centro de Interpretación del Parque de Aralar) – Il occupe une salle dans l'auberge du col de Lizarrusti. La flore et la faune y sont présentés, ainsi qu'une maquette du parc où passe la ligne de partage des eaux du Pays basque. Des cartes de randonnées y sont disponibles à l'achat.

Comptez 2h AR pour aller au **lac d'Urtagia**.

Tolosa pratique

Informations utiles

Office du tourisme de Tolosa – *Sta. María Plaza, 1 - 20400 Tolosa - 943 697 413 - www.tolosaldea.net - juin-sept. : mat. et apr.-midi ; reste de l'année : mat. et apr.-midi, sam. mat. - fermé dim. (sf juin-sept.).*

Office du tourisme d'Ordizia – *Sta. María, 24 - 20240 Ordizia - 943 882 290 - www.delikatuz.com - mat. et apr.-midi - fermé 1er et 6 janv., 25 déc.*

Se loger

Hôtel Oria – *Oria, 2 - 943 654 688 - hoteloria@hoteloria.com - 45 ch. 72/78 € - 8 € - rest. 15 €.* Les chambres sont réparties dans deux bâtiments, l'un de construction moderne et l'autre datant du début du 20e s., qui ressemble à un chalet. Fonctionnalité confortable. Vaste restaurant, type rôtisserie, meublé de longues tables et décoré de tonneaux de cidre.

Se restaurer

Botarri – *Oria, 2 (Bajo) - 943 654 921 - 13,50/30 €.* Ce restaurant se trouve dans les murs de l'hôtel Oria mais sa gestion est totalement indépendante. Son décor intérieur, où domine le bois, rappelle celui d'une cidrerie traditionnelle. En cuisine, le chef utilise les produits de saison et élabore des menus équilibrés très bien présentés.

Frontón – *San-Francisco, 4 - 943 652 941 - www.fronton.com - fermé fêtes de Noël, dim. soir et lun. - 27/38 €.* Cet établissement occupe un édifice de 1930 de style rationaliste, avec accès direct à un fronton. Bar à *pinchos* (tapas basques) au rez-de-chaussée ; restaurant Art déco à l'étage.

Hernialde – *Martín-José-Iraola, 10 - 943 675 654 - fermé 3 sem. en août, 10 j. en déc., mar. soir et merc. - 29/37 €.* Établissement familial doté d'un petit bar et d'une salle claire au sol en parquet. Cuisine savoureuse aux accents basques et élaborée à base de produits naturels.

Faire une pause

Pasteleria Eceiza – *Pablo-Gorosabel, 34 - 943 655 161 - pastecei2A@euskalnet.net - 8h-20h30.* Ne quittez pas Tolosa sans avoir visité la délicieuse Pasteleria Eceiza et goûté ses exquis « *tejas y cigarillos* » (tuiles aux amandes et cigarettes russes). La boutique, qui existe depuis 1924, vend également de savoureux tourons, truffes et tartes artisanales. Sur place, vous pourrez déguster un café.

Achats

Marché chaque samedi matin.

Artzai-Gazta (Queso de Pastor) – *Kale Nagusia, 37 - Idiazabal - 943 187 129 - www.artzai-gazta.net.* La coopérative Artzai-Gazta regroupe 120 fromagers du Pays basque espagnol et de Navarre. Plus connue sous le nom de Casa del pastor (maison du berger), elle est à la fois un centre d'information sur la fabrication du fromage de brebis Idiazabal et un lieu de vente. Profitez-en pour en acheter car il n'est pas toujours facile d'en trouver en France…

Sanctuaire de Saint-Ignace-de-Loyola

San Ignacio de Loiola

CARTE GÉNÉRALE C2 – CARTE MICHELIN N° 573 C 23 – CÔTE DE GUIPÚZCOA P. 131
GUIPÚZCOA

Le massif d'Izarraitz entoure d'un écrin de verdure cette petite ville dressée en bordure du fleuve Urola. Rien ne trouble sa tranquillité, hormis les visiteurs venus contempler le monumental sanctuaire dédié à l'enfant du pays : Saint Ignace de Loyola.

- **Se repérer** – On accède au sanctuaire, au sud-ouest de St-Sébastien, par la N 1 au sud, *via* Tolosa et Azpeitia, ou bien par la côte à la hauteur de Zumaia.
- **Se garer** – Devant le sanctuaire de St-Ignace-de-Loyola.
- **Organiser son temps** – Azpeitia et ses environs peuvent faire l'objet d'une journée d'excursion, avec par exemple la découverte de la ville et de ses musées en matinée, et celle des vallées avoisinantes l'après-midi.
- **Avec les enfants** – Le passionnant musée du Chemin de fer d'Azpeitia.
- **Pour poursuivre le voyage** – La côte de Guipúzcoa, St-Sébastien, Tolosa et Oñati.

Comprendre

Un soldat de Dieu – **Ignace de Loyola** naît dans la tour de Loyola en 1491, dans une famille d'ancienne, mais petite, noblesse. Officier, il est blessé au siège de Pampelune. Pour occuper ses huit mois de convalescence, il s'adonne à la lecture d'ouvrages pieux et c'est un « soldat de Dieu » qui quitte, en 1522, le manoir de Loyola : il part en pèlerinage pour Arantzazu, puis Montserrat et enfin se retire dans une grotte à Manresa, en Catalogne, où il écrit les *Exercices spirituels*. Il arrive à Paris en 1528. Au collège Ste-Barbe, il se lie avec le Savoyard Favre ainsi qu'avec deux compatriotes, Laínez et **François-Xavier**. Un jour, à Montmartre, tous jurent de se consacrer au prosélytisme et de rester unis. En 1537, ils sont ordonnés prêtres ; Ignace a 46 ans. À Rome, il est reçu par le pape qui approuve les statuts de la **Compagnie de Jésus** en 1540. Il mourra en 1556.

Saint Ignace a été canonisé en 1622 en même temps que saint François-Xavier, saint Philippe Neri, sainte Thérèse d'Avila et saint Isidore le Laboureur.

Visiter

St-Ignace-de-Loyola★

✆ 943 025 000 - mat. et apr.-midi, dim. et j. fériés mat.

Près d'Azpeitia, à côté de l'ancien manoir de la famille de saint Ignace, les jésuites construisirent à la fin du 17e s., sur les plans de l'architecte romain Carlo Fontana, un **sanctuaire** qui est devenu un important lieu de pèlerinage. De grandes solennités s'y déroulent le jour de la Saint-Ignace, le 31 juillet.

Stéphane Sauvignier / MICHELIN

L'intérieur de la basilique de San Ignacio de Loyola.

Basilique★★ (Basílica) – On doit ce splendide exemple d'architecture baroque aux plans de Carlos Montana, retouchés par Martin de Zaldua. Son inauguration eut lieu en 1738. Ne manquez pas d'étudier de près le **maître-autel★**, churrigueresque (du nom de l'artiste cité plus bas, réputé pour la profusion de ses torsades et de son ornementation), dessiné par Ignacio de Ibero. La richesse de sa marqueterie de pierre ne laisse pas d'impressionner le visiteur, quels que soient ses goûts. Une statue en argent de saint Ignace *(voir illustration)* trône en son centre depuis 1758. Circulaire, elle est surmontée d'une vaste coupole (65 m de haut) construite par Churriguera.

Stéphane Sauvignier / MICHELIN

Statue de saint Ignace.

Maison de saint Ignace – Accolée à la basilique et enchâssée dans les bâtiments du sanctuaire, la maison natale de saint Ignace (1491-1556) présente le cadre dans lequel il naquit et se convertit.

Au premier niveau, on aperçoit les meurtrières de la tour du 15e s. La plupart des pièces ont été transformées en chapelles et surchargées de décorations. On voit ainsi la chambre où Ignace naquit, celle où il passa sa convalescence et où il se convertit. La visite se prolonge par un diorama sur la vie du saint et des panneaux sur la Compagnie de Jésus, qu'il fonda en 1534.

Musée de l'environnement (Museo de Medio Ambiente)

Garez-vous au sanctuaire de St-Ignace-de-Loyola, franchissez la rivière et longez-la en direction d'Azpeitia. Loiola-Auzoa, 1 - ✆ 943 812 448 - www.ingurugiroetxea.org - ♿ - mat. et apr.-midi, dim. et Sem. sainte mat. - fermé j. fériés - gratuit.

Ce centre d'interprétation sur l'environnement a ouvert ses portes en 1998 dans l'ancienne casa Egibar. Quatre salles sur deux niveaux replacent la terre dans son contexte écologique, abordant les ressources naturelles, les sources de pollution et les solutions possibles à travers des panneaux explicatifs et des maquettes.

Aux alentours

Azpeitia

Agréable petite ville de province dont le centre a conservé quelque charme. Voyez plutôt l'hôtel de ville, bâtiment à arcades construit en 1711, reconnaissable à son cadran et à son blason d'angle. Non loin de là, sur la **Plaza Txikia**, la casa Altuna arbore une façade mudéjar, tout en motifs géométriques. De part et d'autre de la place, la rue Enparan, qui conserve quelques façades intéressantes comme celle de la maison Basozabal, la plus ancienne demeure du village, délimite le vieux centre avec la rue Eliz. Celle-ci mène à la façade d'inspiration néoclassique de San Sebastián de Soreasu, où fut baptisé saint Ignace.

Face à l'église se dresse une façade de style mudéjar (art chrétien influencé par l'art musulman dans l'Espagne de la Reconquête) ; il s'agit de la **casa Antxieta** (1507).

Musée basque du Chemin de fer★ (Museo Vasco del Ferrocarril) – *Trajet jusqu'à Lasao en train. 5 km, 35mn AR. ✆ 943 150 677 - www.euskotren.es - ♿ - mat. et apr.-midi, dim. et j. fériés mat. - fermé lun., 22 déc.- 7 janv. - 2 €.*

Voilà une reconversion plutôt réussie : au lieu de conserver sa gare désaffectée, Azpeitia l'a reconvertie en musée du Chemin de fer, utilisant pour cela tous les bâtiments libérés, depuis le hall de gare jusqu'aux ateliers d'entretien et aux hangars. On peut pour une fois traverser toutes les voies sans risques, et découvrir des espaces jusque là réservés aux cheminots.

Incontournable, le hangar aux locomotives : petit coup de cœur pour les wagons « salon » en bois de Ashbury (1895) et le monstre rutilant qu'est la Robert Stephenson de 1887. Un tram fait un trajet de quelques mètres sur les rails, pour le plus grand plaisir des tout-petits.

Le reste des bâtiments abritent les machines d'entretien, un musée des Uniformes, des distributeurs de billets. Même les guides sont en uniforme des chemins de fer pour vous expliquer la mécanique !

Azkoitia

4,5 km à l'ouest par la GI 631.

Tranquille bourgade dont le quartier ancien borde la rivière, à l'instar de la massive maison Idiakaz Ederra et de la tour Idiaquez qui encadrent le parvis de l'église **Santa María la Real** (16e s.). Celle-ci s'enorgueillit d'accueillir l'un des derniers orgues construits en 1898 par la firme Cavaillé-Coll. Vous pourrez l'admirer uniquement pendant les offices.

La rue principale relie l'hôtel de ville au vieux centre, où l'on peut encore admirer d'anciennes maisons fortifiées.

La **promenade** plantée menant à San Ignacio de Loiola offre une vue magnifique sur le sanctuaire jésuite, dont le dôme contraste avec la rectitude des bâtiments.

Circuit de découverte

AU CENTRE DU GUIPÚZCOA

36 km environ 1h. Quittez Azpeitia par la GI 2635, puis la GI 3720.

La route à flanc de montagne révèle un paysage de bois et de prairies. Quelques fermes la bordent, signalées par la présence d'oies, de poules ou d'ânes sur la voie.

Beizama

Accroché à la pente, ce petit hameau se concentre autour de sa mairie (17e s.) et de son église Renaissance (16e-17e s.). Joli point de vue sur la vallée depuis le parvis.

Poursuivez jusqu'à Santutxo et prenez à gauche la vallée d'Errezil par la GI 2634.

Errezil

L'église de San Martín (13e-16e s.), qui abrite un joli retable en bois doré, domine les toits de ce village posté au pied du mont Ernio (1 072 m). Ce dernier marque le centre géographique de la région.

La route continue jusqu'à Azpeitia dans un paysage de collines verdoyantes et de crêtes austères.

Saint-Ignace-de-Loyola pratique

Se loger

Balneario de Cestona – *Zestoa - 943 147 140 - www.relaistermal.com -* P *- 130 ch. 90/120 € - rest. 21 €.* Ce grand hôtel thermal profite d'un environnement boisé de toute beauté. Bâti en 1895, il jouit d'une belle renommée grâce aux nombreux soins thérapeutiques dispensés sur place. Ses chambres, vastes et confortables, sont bien entretenues. Au restaurant, deux ambiances totalement différentes : mauresque ou classique.

Se restaurer

Kiruri – *Loiola Hiribidea, 24 - 943 81 56 08 - kiruri@wanadoo.es - fermé 20 déc.-7 janv. et lun. soir - 30/50 €.* Cet établissement est tenu par la même famille depuis trois générations. Bien que destiné surtout à l'accueil de groupes et aux réceptions, son accueillant restaurant porte une attention soignée aux clients de passage. Plats à la carte uniquement.

Oñati★

Oñate

10 711 HABITANTS
CARTE GÉNÉRALE C2 – CARTE MICHELIN N° 573 C 22 – CÔTE DE GUIPÚZCOA P. 131
GUIPÚZCOA

Au creux d'une agreste vallée, Oñati s'est assoupie entre ses palais, ses couvents et son ancienne université, ménageant au visiteur une paisible halte avant de partir à la découverte des sanctuaires et des petites cités alentour. L'église moderne d'Arantzazu mérite en effet le détour, tout comme l'antique église de Sta María la Antigua à Zumarraga.

Se repérer – Oñati se trouve au cœur d'une belle vallée, à 71 km à l'est de Bilbao, à 45 km au nord-est de Vitoria-Gasteiz et à 74 km au sud-ouest de St-Sébastien.

Se garer – Dans le centre-ville, à proximité de l'hôtel de ville.

À ne pas manquer – Le remarquable bâtiment de l'université du Saint-Esprit.

Pour poursuivre le voyage – St-Ignace-de-Loyola, Tolosa, Durango et Vitoria-Gasteiz.

Stéphane Sauvignier / MICHELIN

L'université du Saint-Esprit.

Comprendre

Une cité privilégiée – Le bourg s'est développé à la source du Deba, au pied de monts dont le plus élevé, l'Aketegi, culmine à 1 544 m. Les archives attestent de son existence à partir du 14e s. D'abord seigneurie, il fut élevé au rang de comté et vécut sous l'égide de puissantes familles telles que les Vela, puis les Guevara de l'Álava.

Il essaya de se rebeller contre leur autorité et demanda en 1540 son rattachement au Guipúzcoa. Le procès dura plus d'un siècle et le village le perdit en 1653. Ce n'est qu'en 1845, avec la suppression des droits seigneuriaux, qu'il put réaliser son souhait et devenir guipúzcoan.

Pendant la première guerre carliste, il servit à deux reprises de quartier général à don Carlos, et c'est la prise de la ville par le général Espartero qui obligea les carlistes à signer la convention de Vergara mettant fin à la guerre.

Se promener

Palais baroques et églises jalonnent la découverte du centre historique d'Oñati.

Partez de l'office de tourisme qui fait face au Deba et à l'université du Saint-Esprit.

Université du Saint-Esprit★ (Universidad Sancti Spiritus)

943 783 453 - visite guidée sur demande préalable - mat. et apr.-midi, w.-end mat. - 12 €/visite (1-5 pers.), 2 €/pers. (+ 6 pers.).

Elle fut créée en 1545 par un prélat natif d'Oñati, l'évêque Rodrigo Mercado de Zuloaga, et supprimée au début du 20e s. Elle est actuellement occupée par les services admi-

nistratifs de la province de Guipúzcoa et l'Institut international de sociologie juridique. Unique université du Pays basque, elle eut un grand prestige culturel. Surmonté de pinacles, son **portail★**, œuvre du Français Pierre Picart, est chargé de statues, parmi lesquelles on reconnaît, en haut, l'évêque fondateur, à droite, saint Grégoire et, à gauche, saint Jérôme. La même décoration exubérante se retrouve aux angles des tours. Dans le même style, le patio est d'une grande élégance.
Dirigez-vous à droite du bâtiment vers l'église.

Église de San Miguel

✆ 943 783 453 - visite guidée sur demande à l'office de tourisme 12h et 17h.
Cette église gothique a été transformée à l'époque baroque. Dans le collatéral gauche, une chapelle Renaissance, gardée par de belles grilles, renferme un intéressant retable de bois doré et le tombeau en marbre du fondateur de l'université. Avec sa galerie ajourée, ses arcs en accolade, ses niches à statues et la couleur dorée de ses pierres, l'extérieur du cloître se rattache au style plateresque isabélin. La rivière passe par son cloître. Face à elle, de l'autre côté de la rue, se dresse la **casa Hernani** du 16e s. Elle accueillit provisoirement l'université pendant les travaux de construction.
Contournez l'église. Vous arriverez face à la mairie.

Hôtel de ville (Ayuntamiento)

C'est un bel édifice baroque construit au 18e s. par l'architecte Martín de Carrera. Sur la place ont lieu, le jour du Corpus Christi, d'étranges danses et des processions dont la tradition remonte au 15e s.
À sa gauche se déploie la plaza Sta Marina, bordée par trois grands palais du 18e s. : les maisons Madinabeitia, Antia et Baruena.
Prenez la rue qui part à gauche de la mairie.

Église de San Martín

Cet édifice du 15e s. porte une armature en bois et abrite un retable central de Pierre Picart.
La calle Patrue fait l'intersection avec Kalebarria par laquelle vous êtes arrivé. Remontez-la sur votre gauche jusqu'à la plaza Sta Marina.

Plaza Santa Marina

Ce petit espace vert est entouré du monastère de Bidaurreta, fondé en 1510 par Juan López de Lazarraga (haut dignitaire des Rois Catholiques), de la casa Otadui Jausoro, reconnaissable à son balcon en coin (fin 16e s.-début 17e s.), et de la tour Zubiaur.

Aux alentours

Arantzazu★★

9 km au sud par la GI 3591. Le **parcours★** suit en corniche les gorges du río Arantzazu. Le sanctuaire est perché à 800 m d'altitude dans un **site★** élevé, au-delà du mont Aitzgorri, l'un des points culminants de la province (1 549 m).

Stephane Sauvignier / MICHELIN

Le sanctuaire d'Arantzazu.

Sanctuaire – *Garez-vous sur le vaste parking aménagé à cet effet devant l'église. ☎ 943 796 463 - possibilité de visite guidée de déb. juin à mi-oct. : 10h30, 11h30, 12h30, 16h et 17h ; reste de l'année : se renseigner - 2 €.*
Cet impressionnant **édifice**★ moderne a pris la place d'un sanctuaire qui existait depuis le 15e s. C'est en 1950 que la décision fut prise de l'élever. Résultat : deux tours et un immense campanile en pierre calcaire taillée en pointes de diamant dressent leur silhouette dans un site à la fois verdoyant et minéral (selon l'horizon que l'on regarde).
On y accède par un escalier pavé en pente douce, qui conduit aux portes conçues par Eduardo Chillida, creusées dans la terre. Elles sont dominées par une frise comportant 14 silhouettes (les apôtres ?) signée Jorge Oteiza. Notez la façade en pointes de diamant : elles symbolisent les épines du buisson dans lequel la Vierge apparut au berger en 1468. *Arantzazu* signifie d'ailleurs « aubépine » en basque.
À l'intérieur, le regard est irrémédiablement attiré par le puits de lumière qui tombe sur le gigantesque **retable**★ de Lucio Muñoz. Ce dernier a travaillé le bois jusqu'à lui donner une apparence de rocher, si bien que sa fresque ressemble à une falaise, tourmentée à sa base et plus lisse au fur et à mesure que le regard monte à la lumière. Au centre, une niche abrite la statue de la Vierge, trouvée en 1468.
Notez la forme originale des **vitraux**★ dessinés par Xabier Alvarez de Eulate.
Le hameau sert de point de départ pour des randonnées dans la sierra de Alona-Aizkorri. Pour les pâturages d'Urbia, comptez 1h. Pour aller au-delà vers le sommet d'Aketegi (1 549 m), ajoutez 3h *(plaquette au centre d'information d'Arantzazu)*.

Église de Santa María la Antigua★★

18 km au nord-est. Quittez Oñati en direction de Zumarraga par la GI 2630. À Zumarraga, suivre les panneaux « Sta María la Antigua ».
L'extérieur massif de cet ermitage du 15e s. ne laisse pas soupçonner le côté aérien et chaleureux de sa nef unique. Celle-ci est en effet dominée par une galerie et une magnifique **charpente**★★ de bois dont tous les éléments sont visibles. Admirez le soin du détail dans les sculptures des poutres et de la galerie. L'ensemble constitue un exemple éclatant d'architecture religieuse populaire.
Prenez le temps de profiter du paysage (à l'exception de la vue sur Zumarraga l'industrielle). Une aire de pique-nique a été ménagée à l'arrière du sanctuaire, au point de départ de sentiers de randonnée.

Oñati pratique

Information utile

Office du tourisme d'Oñati – *San Juan, 14 - ☎ 943 783 453 - avr.-sept. : tlj mat. et apr.-midi, dim. et j. fériés matin - reste de l'année : tlj mat. et apr.-midi, w.-end et j. fériés matin.*

Se loger

⊖ **Hôtel Ormazabal** – *Barrenkale, 11 - Bergara - ☎ 943 763 650 - ormazabal reservas@infonegocio.com - 14 ch. 54 € - ☕ 4 €.* Le calme d'antan dans cette maison du 18e s. Salle pour le petit-déjeuner décorée avec des objets anciens, accueillant salon commun et chambres chaleureuses avec mobilier d'époque.

⊖ **Hôtel Mauleon** – *Nafarroa Kalea, 16 - Legazpi - ☎ 943 73 08 70 - www.hotelmauleon.com - P - 9 ch. 52 € - ☕ 3,80 € - rest. 7,80/35 €.* Ce magnifique édifice du début du 20e s. a rouvert ses portes en 2001 après plusieurs mois de travaux. Il propose des chambres personnalisées, parfois dotées de meubles anciens. Le restaurant, décoré dans le style des années 1920, sert des plats au goût du jour et des pâtisseries maison.

Se restaurer

⊖⊖⊖ **Etxe-Aundi** – *Torre Auzo, 9 - Oñati - ☎ 943 781 956 - reservas@etxe-aundi.com - fermé août et 22 déc.-1er janv. - 39 € - 12 ch. 55 € - ☕ 5 €.* Ancienne maison familiale à l'ambiance accueillante où l'on sert une cuisine aux racines locales. L'établissement est complété par une salle de réception plus simple et des chambres confortables.

⊖⊖⊖ **Zumelaga** – *San Antonio, 5 - Bergara - ☎ 943 762 021 - restzumelaga.restaurantesok.com - fermé août et dim. - 30/50 €.* Dans un décor rustique, inspiré de l'époque médiévale, est servie une savoureuse cuisine traditionnelle.

Événement

Corpus Christi – 6 juin. Fête médiévale comprenant la procession de la confrérie du Saint-Sacrement, les danses et la musique traditionnelles.

BILBAO ET LA BISCAYE

Bilbao★★

Bilbo

353 173 HABITANTS
CARTE GÉNÉRALE C2 – CARTE MICHELIN N° 573 C 21 – CÔTE DE BISCAYE P. 165
BISCAYE

Bilbao bouge ! Longtemps endormie, voire en déclin, cette ancienne grande ville industrielle sans charme est en train de réussir sa mutation en dynamique capitale régionale. Un incessant ballet de grues accompagne ces transformations, qui modifient complètement et durablement son visage. Sans renier son passé, la ville en pleine effervescence surprend ses visiteurs par des réalisations audacieuses : un métro conçu par l'architecte anglais Norman Foster, la passerelle Zubi-Zuri et le nouveau terminal de l'aéroport dessinés par Santiago Calatrava, sans oublier, bien-sûr, le fameux musée Guggenheim conçu par Frank O. Gehry, véritable symbole des ambitions de la cité. Le rayonnement culturel de Bilbao dépasse désormais largement les limites de la région et la ville accueille de nombreux touristes attirés par son patrimoine, l'animation de ses rues et la beauté de la côte.

- **Se repérer** – La capitale de la Biscaye est située à 102 km à l'ouest de St-Sébastien. Sa rive droite concentre les quartiers historique et étudiant, la gauche l'ancien quartier des affaires et le nouveau Bilbao. Le fait d'être entourée de monts lui a valu d'être surnommée « el botxo » (le trou).
- **Se garer** – Se garer en ville se révèle une véritable gageure. Les temps de stationnement sont limités et les zones tarifaires variables.
- **À ne pas manquer** – L'extraordinaire musée Guggenheim.
- **Organiser son temps** – Suivez le Nervión au soleil couchant.
- **Avec les enfants** – Prenez le funiculaire d'Artxanda pour voir Bilbao de haut, visitez le Guggenheim, le musée maritime, la forge del Pobal, le parc animalier d'El Carpín et la grotte de Pozalagua (vallée de Karrantza).
- **Pour poursuivre le voyage visite** – La côte de Biscaye, Guernica et Durango.

Alexandra Forterre / MICHELIN

Le théâtre Arriaga.

Comprendre

Un port – Fondée au début du 14e s. par Don Diego López de Haro, seigneur de Biscaye, Bilbao s'est très vite lancée dans le commerce maritime, qu'elle développe grâce à l'autorité du consulat instauré au 16e s. (ce dernier ne sera dissout qu'en 1829).

Elle noue des relations avec l'Europe du Nord (France et Flandres, puis Angleterre), mais doit lutter au 17e s. pour son indépendance territoriale et décisionnelle. La prospérité retrouvée au 18e s., sa population atteint alors les 10 000 habitants. Toutefois, c'est la révolution industrielle qui assura à la cité un rayonnement définitif après les guerres carlistes (Bilbao fut plusieurs fois assiégée mais ne tomba pas).

L'industrie – Elle s'est développée depuis le milieu du 19e s. avec l'exploitation des mines de fer qui se trouvaient dans les montagnes environnantes. Les bateaux emportaient ce minerai vers l'Angleterre et revenaient chargés de houille, ce qui a permis de mettre en place une importante sidérurgie. Celle-ci fut florissante jusqu'à la crise des années 1970-1980. À cette période, la cité dut fermer certains sites et repenser son aménagement. Aujourd'hui, le musée Guggenheim et les berges parsemées de bâtiments modernes témoignent d'une reconversion réussie.

La ría et le Grand Bilbao – La ría est en fait un immense port fluvial, le premier port d'Espagne pour le trafic de marchandises. Depuis 1945, le Grand Bilbao réunit les communes qui la bordent jusqu'à l'Océan, de Bilbao à Getxo. Les industries (sidérurgie, chimie, chantiers navals) se concentrent sur la rive gauche à Baracaldo, Sestao, Portugalete, d'où part le pont transbordeur construit en 1893, et à Somorrostro (importante raffinerie de pétrole). Santurtzi, port de pêche, est connu pour ses sardines fraîches. Sur l'autre rive, la ville d'Algorta, plus aérée, a un caractère plutôt résidentiel, tandis que Deusto est célèbre pour son université.

Se promener

La vieille ville **(casco viejo)** fondée au début du 14e s. sur la rive droite du Nervión a été surnommée las **Siete Calles** (les Sept Rues) en raison de son plan. Elle est adossée à la colline qui porte le sanctuaire de Begoña. Sur la rive gauche, de l'autre côté du pont de El Arenal, le centre moderne, **El Ensanche**, aujourd'hui quartier d'affaires, a été réuni à Bilbao au siècle dernier. Autour de l'élégant parc Doña Casilda Iturriza s'étend un quartier résidentiel aux immeubles cossus.

VIEILLE VILLE★ (CASCO VIEJO)

1h30, sans les visites. Départ depuis le pont del Arenal.

El Arenal E2

Autrefois zone sableuse qui s'étendait jusqu'à la place Unamuno, cette vaste esplanade sert aujourd'hui de promenade aux touristes et aux habitants du quartier. Un élégant kiosque, en son centre, accueille chaque dimanche l'ensemble musical municipal.

Théâtre Arriaga (teatro Arriaga) – Du nom du compositeur Juan Crisóstomo de Arriaga (1806-1826). Il fut construit en 1890 par Joaquín Rucoba, et restauré après les inondations de 1983. Son style extérieur et intérieur est résolument néobaroque.

San Nicolás de Bari – Église baroque (1756) dédiée au saint patron des navigateurs. Elle se reconnaît à son dôme octogonal, précédé par deux tours-clochers. À l'intérieur, les statues du maître-autel baroque (18e s.), représentant saint Nicolas, flanqué de saint Laurent et de saint Vincent, ont été réalisées par Juan Pascual de Mena.

Banque de Bilbao – Face à l'église, ce bâtiment opulent, signé par le Français Lavalle et inauguré en 1868, sert actuellement de centre de conférence et d'exposition.

Prenez la calle de Los Fueros et contournez la plaza Nueva par la gauche afin de rejoindre la plaza Unamuno.

Plaza de Don Miguel de Unamuno E3

Le buste de cet écrivain (1864-1936), dont la maison natale se trouve dans la calle Ronda toute proche, trône sur une colonne corinthienne au centre de la place. Celle-ci permet d'accéder directement au **Musée basque** *(voir « Visiter »)*, derrière lequel s'élève l'église des Santos Juanes (17e s.), d'aller au **Musée des Pasos** *(voir « Visiter »)*, ou bien encore de monter par les escaliers de Mallona à la **basilique de Begoña** *(voir « Visiter »)*. Ces escaliers donnent aussi l'occasion d'atteindre le **parque Etxebarria**, poumon vert de la capitale biscayenne.

Revenez vers la plaza Nueva par la calle Sombrería.

Plaza Nueva E3

Entourée de portiques néoclassiques et de 64 arcades élevées au 19e s., elle tire

Funiculaire

Le funiculaire d'Artxanda, inauguré en 1915, permet d'atteindre le sommet de cette colline qui domine la ville depuis la rive droite. Panorama imprenable assuré sur le Nervión, le Guggenheim et toute l'étendue de Bilbao ! *Carretera de Artxanda a Sto Domingo, 27 - ☏ 944 454 966 - www. bilbao.net - tte la journée (toutes les 15 mn) - 0,84 € (-12 ans 0,36 €).*

son nom de son opposition avec une ancienne place qui se trouvait de l'autre côté de la vieille ville, vers San Antón. Marché aux livres et aux oiseaux chaque dimanche.
Sortez sur la rue Correo et suivez-la en direction des Siete Calles et de la cathédrale.

Cathédrale de Santiago E3

Érigé en cathédrale en 1950, l'édifice gothique date pour sa partie la plus ancienne du 14e s. Les chapelles et le cloître furent construits au siècle suivant dans un style flamboyant, tandis que le grand portail Renaissance était élevé au 17e s.
Engagez-vous dans la calle Sota, qui touche au chevet de la cathédrale pour aboutir calle Ronda qui conduit, par la droite, au Nervión et à San Antón.

Église de San Antón E3

15e s. Son plan et sa silhouette de style gothique sont complétés par une façade Renaissance et une tour baroque. Elle fut édifiée à la place d'une tour défensive. L'intérieur abrite un retable plateresque (Renaissance espagnole) de Guiot de Beaugrant.

Deux options s'offrent à vous ensuite : vous pouvez remonter le Nervión en passant devant le pont de San Antón, où l'on prélevait autrefois le péage, pour rejoindre le **musée diocésain d'Art sacré** *(voir « Visiter »)* jouxtant la plaza de La Encarnación, ou bien aller faire quelques courses de bouche au marché de la Ribera.

Marché de la Ribera (Mercado de la Ribera) E3

Accolé à l'église, le marché de la Ribera occupe l'emplacement de l'ancienne plaza Vieja. Construit en 1929, il comprend 11 500 m^2 répartis sur trois niveaux, chacun dédié à un type de produit : poissons, viandes ou fruits et légumes. Sa surface en fait le marché couvert le plus important d'Espagne.
Revenez dans le vieux quartier par la calle Tenderia. Sur la plaza de Santiago, prenez sur la gauche et marchez jusqu'à l'intersection des calles Sta María et Pelota.

Palais de John ou édifice de la Bourse (Edificio de la Bolsa) E3

Cette demeure (18e s.) tire son premier nom d'un émigrant est-européen, Leandro Yohn. Son deuxième lui vient d'une entreprise de ferronerie et de quincaillerie qui occupa un temps ses murs. Notez l'image de la Vierge de Begoña ornant la façade.
Engagez-vous sur votre droite dans la calle del Perro. Elle mène à la **fontaine** du même nom construite, paraît-il, avec les pierres de l'ancien rempart.
Parvenu à l'intersection avec la calle Bidebarrieta, tournez à gauche.

Bibliothèque Bidebarrieta E3

De style éclectique, ce bâtiment accueille aujourd'hui la bibliothèque municipale. Notez dans son hall la phrase interdisant l'entrée aux carlistes (façon de rappeler que Bilbao ne tomba jamais entre leurs mains).
Poussez jusqu'au bout de la rue pour retrouver le théâtre Arriaga et El Arenal.

EL ENSANCHE

2h30. Départ depuis la plaza Moyúa.

Plaza Moyúa D2

Cette belle place reconnaissable à son terre-plein fleuri porte le nom d'un des anciens maires de Bilbao. On la surnomme également la place elliptique du fait de sa forme. De cette place on peut apercevoir les monts Artxanda et le Pagasarri qui dominent la ville.

Palais Chávarri – Seul exemple espagnol connu des réalisations de l'architecte Paul Hankar, cette demeure de style éclectique porte le nom de l'industriel basque pour lequel elle fut construite en 1894.
Prenez la rue qui fait face au Carlton, Alameda Recalde, et tournez à gauche à la première intersection, dans la rue Colón de Larreátegui.

Maison Montero – Aussi appelée « casa Gaudí », elle fut réalisée en 1901 dans un style moderniste inspiré de l'Art nouveau, comme en témoignent les fenêtres extérieures. Admirez la richesse de sculpture des balcons.
Continuez sur la calle Colón de Larreátegui jusqu'à la prochaine intersection et prenez ensuite la calle Elcano en direction du Nervión. Admirez au passage la vue sur le musée Guggenheim dans la perspective de la calle Iparraguirre.

Musée des Beaux-Arts★ (Museo de Bellas Artes) D2 *(voir « Visiter »)*

Ses deux bâtiments, l'un construit en 1945 et l'autre dans les années 1960, abritent la deuxième collection d'œuvres d'art d'Espagne après celle du Prado à Madrid.

Parc de Doña Casilda de Iturrizar D2

La veuve de Tomás Epalza, connue pour sa générosité et ses bonnes œuvres, a donné son nom à ce parc dessiné entre 1912 et 1920. Ombragé et odorant, il ménage d'agréables surprises comme cette pergola, où sont organisés des événements culturels en été, ou encore la fontaine cybernétique agrémentée d'un son et lumière.

Son extrémité ouest aboutit face au **palais Euskalduna des congrès et de la musique** *(voir « Visiter »)*, tout près du **Musée maritime** *(voir « Visiter »)*.

Sortez du parc côté sud, sur la calle José Anselmo Clavé et gagnez sa parallèle, la Gran Vía Don Diego López de Haro, pour marcher en direction de la plaza Moyúa.

Passé la calle Maximo-Aguirre, jetez un œil à l'impressionnant ensemble des **casas de Sota**, sur le trottoir de droite, identifiables à leur avant-toit très basque et à leur style éclectique. Ces immeubles, qui datent de 1919, furent dessinés par Manuel Ma de Smith.

Tournez à droite à l'intersection suivante, pour vous engager dans la calle Iparraguirre.

Plaza de Bizkaia D2

Elle est bordée par le bâtiment éclectique de la Alhóndiga (1909) ainsi que par des immeubles Art déco *(à l'intersection des calles Iparraguirre et Licenciado Poza, en débouchant sur la place)*.

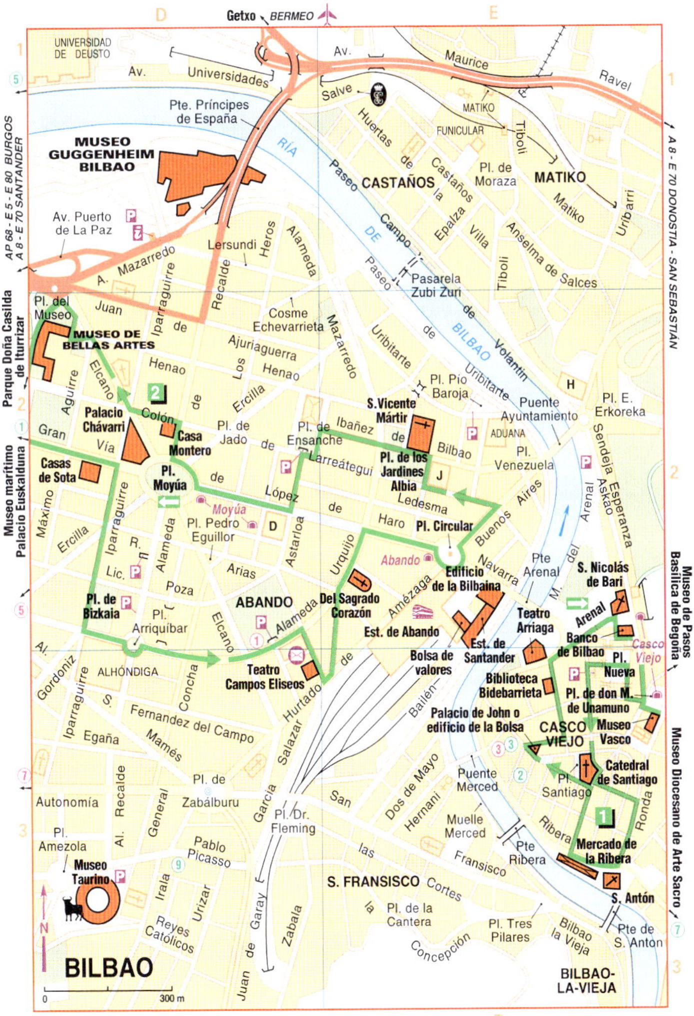

SE LOGER
- Artetxe 1
- Bilbao Jardines 2
- Iturrienea Ostatua 3
- Plaza San Pedro 5
- Sirimiri 6
- Vista Alegre 7

SE RESTAURER
- Colmado Ibérico 1
- Gatz 3
- Goizeko Kabi 5
- Rogelio 7

Traversez la place en diagonale pour prendre la calle Alameda Urquijo. Parvenu à l'Instituto Media (à gauche) et au bâtiment en brique de la poste (à droite), tournez à droite dans la calle Bertendona.

Théâtre des Champs-Élysées (Teatro Campos Eliseos) D3

Réalisé en 1902, il arbore une belle façade Art nouveau aux détails de mosaïque.

Rejoignez la rue Alameda Urquijo par la rue Lutxana. Vous aboutirez devant l'église néogothique du Sacré Cœur (**Iglesia del Sagrado Corazón**) (1891).

Gagnez la Gran Vía Don Diego López de Haro et prenez-la en direction du pont de El Arenal, à droite.

Plaza Circular E2

Une colonne surmontée d'une statue en hommage à Don Diego López de Haro, fondateur de la ville, trône en son centre. Dans ses abords immédiats se trouvent quelques bâtiments parmi les plus importants de El Ensanche.

Gare de Abando (Estación de Abando) – *Calle Hurtado de Amézaga.* Un grand vitrail de 301 pièces illustrant les différentes activités économiques de la Biscaye égaie son hall depuis 1948.

Bourse (Bolsa de Valores) – *Calle Olavarri, entre la gare de Abando et celle de Santander, près du Nervión - 10h30-17h.* Bâtiment construit en 1905. Ses sous-sols servirent de prison pendant la guerre civile. Aujourd'hui, il abrite la Bourse de Bilbao.

Gare de Santander (Estación de Santander) – *Le long du Nervión.* Œuvre de Severino de Achúcarro (1898), elle témoigne des constructions de la Belle Époque qui incorporaient le fer dans leurs structures.

Édifice de la Bilbaina – *Juste avant le pont de El Arenal, sur la droite, contre la station de Santander.* Cet immeuble d'angle édifié en 1913 d'après les plans d'Emiliano Amann y Amann abrite un club privé très sélect, organisé sur le modèle anglais.

Depuis la plaza Circular prenez la calle de Buenos Aires, puis retrouvez la calle Colón de Larreátegui, deuxième à gauche.

Plaza de los Jardines Albia E2

Ornée de la statue de l'écrivain biscayen Antonio de Trueba, elle est bordée du palais de justice, de l'église de **San Vicente Mártir** (16e s.) où repose l'homme de lettres basque, et du fameux café Iruña à la décoration néomudéjar.

Rejoignez la Gran Vía Don Diego López de Haro.

Au n° 10 se dresse la façade néoclassique de la **Banco de España** (1923), qui fait concurrence aux colonnes corinthiennes et au dieu Mercure de la **Banco de Bilbao** (1922) toute proche.

Revenez à la plaza Moyúa.

Visiter

Musée Guggenheim Bilbao★★★ D1

Abandoibarra, 2 - ✆ 944 359 080 - ♿ - www.guggenheim-bilbao.es - tlj tte la journée - fermé lun. (sf juil.-août) - 12,50 € (-12 ans gratuit).

Cette nouvelle étoile architecturale, financée par le gouvernement basque, s'ajoute à la constellation de musées gérée par la Fondation Solomon R. Guggenheim, qui comprend les deux sièges new-yorkais (le bâtiment emblématique de Frank Lloyd Wright et celui de Soho) et la collection Peggy Guggenheim de Venise.

L'édifice – L'architecte canadien Frank O. Gehry (prix Pritzker d'architecture en 1989) a imaginé dans la zone industrielle au bord du Nervión une colossale sculpture de titane, en calcaire jaune et en verre, mariée au pont de la Salve. Il est parvenu à revaloriser l'environnement immédiat et à intégrer l'édifice dans le paysage, en faisant s'entremêler bassins, estuaire et mur de verre du grand atrium, et en incorporant le pont à la tour-sculpture qui se dresse à l'extrémité de la grande salle.

Principal matériau choisi, le titane recouvre le musée d'écailles où jouent toutes les nuances de la lumière. L'imposante silhouette, composée d'un enchevêtrement de courbes, dégage un extraordinaire dynamisme.

L'originalité extérieure se confirme avec le fascinant intérieur, où les courbes s'affrontent, se superposent et s'enlacent. Le regard se porte sur les murs, les plafonds, les passerelles, les volumes, tous différents et sans cesse surprenants. Le musée compte dix-neuf galeries distribuées sur trois niveaux autour du monumental atrium central, haut de plus de 50 m. La plus grande galerie, longue de 130 m, se glisse sous le pont jusqu'à la tour-sculpture.

Musée Guggenheim.

La collection de la Fondation Solomon R. Guggenheim – Fondée dans les années 1930 et consacrée à l'art du 20e s., elle est l'une des plus riches au monde et comprend des œuvres significatives de tous les mouvements, depuis les grands maîtres de l'avant-garde classique aux représentants des tendances les plus récentes en passant par l'expressionnisme abstrait, le Pop Art, l'art conceptuel et le minimalisme. Elle inclut également des toiles d'artistes espagnols. Le fonds est présenté par roulement entre les différents musées Guggenheim qui organisent aussi de grandes expositions temporaires d'œuvres étrangères à la fondation.

Musée maritime★★ (Museo marítimo) D2

Muelle Ramón de la Sota, 1 - ✆ 946 085 500 - www.museomaritimobilbao.org - tlj sf lun. tte la journée - 5 €.

Ses 7 000 m² abordent de façon didactique et parfois ludique ce que fut l'activité maritime, commerciale et industrielle du port de Bilbao, sans oublier celle de ses chantiers navals (le musée regarde d'ailleurs vers la zone de digues des anciens chantiers Astilleros Euskalduna).

Le rez-de-chaussée se concentre sur le développement de la ría ; une salle est consacrée à Evaristo de Churruca (1841-1917), qui aménagea l'estuaire au 19e s. Prenez le temps de contempler les chaloupes de sauvetage, le mur lumineux dédié aux activités humaines et, surtout, l'**épave d'Urbieta**★ (15e s.) mise au jour en 1998 dans l'estuaire de Guernica. Des panneaux expliquent sa restauration.

Le second niveau présente Bilbao sous son aspect port de commerce, port industriel et chantier naval. Le marché de San Anton est ainsi reconstitué, tout comme la salle du Consulat qui régentait l'activité marchande. Une grande carte murale interactive permet de suivre les routes commerciales de différentes époques. D'autres espaces traitent de l'industrialisation de la ville, de la cartographie, et de la navigation à voile (documentaires, photos et maquettes à l'appui). La visite intérieure s'achève par la construction navale moderne, illustrée par un film, de très belles maquettes et des rouleaux de plans.

Quelques bateaux en cale sèche sont ouverts à la visite, à l'extérieur du musée : le voilier *BBK Euskadi Europa 93*, un bateau de sauvetage de 1980, un bateau de pêche en bois de 1958 (*Nuevo Antxustegui*)…

Musée des Beaux-Arts★ (Museo de Bellas-Artes) D2

Pl. Museo, 2 - ✆ 944 396 060 - www.museobilbao.com - ♿ - tte la journée, dim. et j. fériés mat. - possibilité de visite guidée sur demande préalable dim. 12h - fermé lun., 1er et 6 janv., 25 déc. - 5,50 € (-12 ans gratuit), 9,50 € visite guidée, gratuit mer. Ses deux bâtiments sont situés dans le parc Doña Casilda Iturriza. La **section d'art ancien**★★ (rez-de-chaussée du bâtiment ancien) met à l'honneur l'école espagnole du 12e au 17e s. On y remarquera, dans les salles romanes, un Christ en croix de l'école catalane du 12e s. et, dans les salles consacrées à la peinture classique espagnole (16e-17e s.), des œuvres de Morales, du Greco, de Valdés Leal, de Zurbarán, de Ribera et de Goya.

Les peintres flamands et hollandais du 15e au 17e s. sont aussi très bien représentés avec notamment *Les Usuriers* de Quentin Metsys, *La Pietà* de Ambrosius Benson, *La*

Sainte Famille de Gossaert. Quant à la section d'art basque (premier étage), elle abrite les grands maîtres de la peinture basque : Regoyos, Zuloaga, Iturrino, etc.
Enfin, la section d'art contemporain (bâtiment moderne) est riche en œuvres d'artistes espagnols (Solana, Vázquez Díaz, Sunyer, Gargallo, María Blanchard, Luis Fernández Oteiza, Chillida, Tàpies, etc.) et aussi d'étrangers (Delaunay, Léger, Kokoschka, Bacon, etc.).

Musée diocésain d'Art sacré (Museo Diocesano de Arte Sacro) E3

Plaza de la Encarnación, 9B - ✆ 944 320 125 - ♿ - tlj mat. et apr.-midi, dim. et j. fériés mat. - fermé lun., 1er janv., 25 déc. - 2 €.
L'intéressant Musée diocésain qu'accueille l'ancien couvent de l'Incarnation (16e s.) est remarquable pour sa collection d'orfèvrerie basque (admirez le calice en argent doré du 18e s. exposé dans un étui de 20 cm de haut) et pour son ensemble de Vierges à l'Enfant en bois du 12e au 15e s. Parmi toutes ces statues, une se distingue par le sujet inattendu qu'elle aborde : sainte Anne et la Vierge enfant représentées en train de coudre. Le musée présente également des œuvres d'art religieux contemporain, comme le Christ Pantocrator en bronze de Vincente Larrea réalisé en 1973.

Musée taurin (Museo Taurino) D3

Plaza de Toros de Vista Alegre, Martín Agüero, 1. - ✆ 944 448 698 - www.plazatorosbilbao.com - tlj sf w.end et j. fériés mat. et apr.-midi - 1,20 €. Affiches et documents iconographiques abordent ici l'histoire de la tauromachie à Bilbao, et plus généralement en Biscaye. On découvre ainsi le nom et le visage des plus grands toreros depuis le 17e s. : « Paquiro » (1805-1851), Manolete (1917-1946), etc… avec l'explication des techniques qui ont fait leur réputation.

Musée des Pasos (Museo de Pasos) E3

Iurribide, 3 - ✆ 944 150 433 - tlj sf lun. mat. et apr.-midi, dim. et j. fériés mat. - 2 €.
Il serait dommage de ne pas pousser jusqu'à cette vieille demeure jouxtant la plaza M. Unamuno si vous êtes dans le quartier historique. Elle abrite en effet, dans un cadre bien briqué, les *pasos* (scènes sculptées sur la Passion) qui sont portés en procession à l'occasion de la Semaine sainte. Ornements et patrimoine des confréries sont aussi exposés.

Basilique de Begoña E3

On peut s'y rendre en voiture par la route de San Sebastián (avenida de Zumalacárregui), ou alors prendre l'ascenseur dans la calle Esperanza Ascao. Du sommet, vue panoramique intéressante de Bilbao. À la sortie du parc de Mallona, suivez la rue principale, à droite, qui mène directement au sanctuaire. ✆ 944 127 091 - se renseigner pour les horaires.
La statue de Notre-Dame de Begoña, patronne de la Biscaye, est conservée dans un *camarín* (niche) en argent, au-dessus du maître-autel de l'église érigée au 16e s.

Palais Euskalduna de Congresos y de la Música D2

Av. Abandolbarra, 4 - ✆ 944 035 000 - www.euskalduna.net - visite guidée du bâtiment sur demande - 2 €.
Dessiné par les architectes Federico Soriano et Dolores Palacios, et inauguré en 1999, ce bâtiment de verre, de béton et de métal représente le nouveau Bilbao. L'une de ses façades, tapissée de fer rouillé, évoque les constructions navales qui occupaient autrefois le site.
L'édifice peut servir de point de départ pour une promenade le long du Nervión en remontant en direction du Guggenheim.

Musée basque (Museo Vasco) E3

Pl. Miguel de Unamuno, 4 - ✆ 944 155 423 - www.euskal-museoa.org - ♿ - tte la journée, dim. mat. - fermé lun. et j. fériés - 3 € (-10 ans gratuit).
Le Musée basque est installé dans l'ancien collège San Andrés, au cœur de la vieille ville. Sa vaste collection ethnographique permet de découvrir les activités basques traditionnelles : pêche, tissage du lin, artisanat, forgeage.
Admirez la remarquable croix de procession en bois polychrome (16e s.), dans la vitrine consacrée aux croyances et à la religion des marins. Elle provient de l'île d'Izaro, dans la ría de Guernica, et appartenait à une communauté franciscaine, dispersée au 17e s. Au centre du cloître classique se dresse la mystérieuse *Idole* de Mikeldi.
Au dernier étage, l'accent est mis sur une immense maquette en relief de la Biscaye. Au même niveau, vous pourrez admirer des armoires à archives datant de 1761.

Aux alentours

Getxo D1

16 km au nord-ouest le long de l'estuaire. Une fois à proximité ou sur place, repérez-vous aux noms des quartiers (voir ci-après). Attention : la circulation en fin de journée ressemble à celle du périphérique parisien aux heures de pointe.

Six quartiers composent cette commune accolée à Bilbao, sur le bord droit de l'estuaire du Nervión. De son embouchure en direction de l'est et de Gorliz, vous traverserez ou longerez Sta Ana, Las Arenas, Romo, Neguri, Algorta et Andra Mari.

Les plages – Trois d'entre elles sont en connection avec la ville : celle de las Arenas, à deux pas de l'embouchure, celle de Ereaga, plus vaste et déjà agréablement isolée du bâti, et Arrigunaga, entre le vieux port et Andra Mari. Les autres se trouvent toutes au-delà d'Andra Mari, dans un environnement plus sauvage.

Vieux port – Autrefois très actif, il attire aujourd'hui les amateurs de *poteo* (tournée des bars à tapas) qui s'assoient à l'occasion sur ses marches pour contempler les avions en approche dans le soleil couchant.

Paseo (Promenade) – *Se garer au-delà du vieux port ou au parking de la plage de Ereaga. 2h AR.* Ce front de mer où la foule passe et repasse pour voir et être vue donne tout son sens au mot « promenade ». En fin de journée, un flot élégant de promeneurs l'envahit pour profiter des dernières heures du jour, et rencontrer amis et relations.

Il commence (ou se termine) au vieux port, passe devant la plage de Ereaga où se trouve l'office de tourisme, puis emprunte le boulevard Arriluze bordé par la maison de Náufragos, avec sa tour-phare (1920), que surplombent des habitations modernes et trois villégiatures de la Belle Époque : le palais Arriluez, le caserio Aizgoyen et le palais Lezama Legizamón (1902).

Tournant ensuite à angle droit, il longe encore l'eau et des maisons au genre un peu hétéroclite, dont la casa Cisco (1909-1911) de style nordique signée Manuel María Smith, le palacio Kai-Alde (1925) du même architecte et le palacio Itxas Begi (1927) aux influences basque et anglaise. Il aboutit enfin à la **plage de las Arenas** et au **monument Churruca**, symbolisant le combat entre la mer et la terre. Réalisé en 1939, il a été érigé en hommage à l'ingénieur du même nom qui avait travaillé à l'aménagement du port extérieur.

De là, on peut admirer le pont-transbordeur et le dôme de **N.-S. de las Mercedes** (1947), qui abrite l'orgue le plus imposant du Pays basque.

Pont suspendu (Puente Bizkaia/puente Colgante) – *℘ 944 801 012 - www.puente-colgante.com - tlj mat. et apr.-midi - 3 €.*

Il s'agit du pont transborteur le plus ancien au monde. Contemporain de la tour Eiffel, œuvre de Alberto de Palacio réalisée en collaboration avec Ferdinand Arnodin, il fut inauguré en 1893 et a transporté depuis lors plus de 650 millions de personnes jusqu'à Portugalete, sur la rive opposée.

Enjambant le Nervión, l'ouvrage fait à juste titre figure de porte d'entrée de la Biscaye dans l'imaginaire collectif.

Une **passerelle panoramique** piétonne de 160 m de long *(accessible par ascenseur)* permet de contempler tout l'estuaire d'une hauteur de 50 m.

Aquarium – *Puerto deportivo de Getxo. ℘ 944 914 661 - www.abraaquarium.com - tlj mat. et apr.-midi - fermé lun. sf été, j. fériés et vac. scolaires - 3 € (- 14 ans 2 €).* Espace dédié à la vie marine (végétation, invertébrés et poissons) dans les eaux atlantiques et tropicales.

El Pobal

30 km. Quittez Bilbao en suivant la direction de Balmaseda et Santander pour rejoindre l'A 8. Roulez en direction de Santander. Prenez la sortie Muskiz, La Arena, Playa, Hondartza. Traversez Muskiz et prenez la direction de Santelices, puis de Rojadillo. Quelques kilomètres après Santelices, sur la gauche, se trouvera un parking en bord de route (vous devrez faire demi-tour à une petite rocade aménagée une centaine de mètres plus loin).

Forge d'El Pobal (Ferrería de El Pobal/El Pobaleko Burdinola) – *℘ 629 271 516 - www.bizkaia.net/elpobal - mi-avril-mi-oct. : tlj sf lun. mat. et apr.-midi, dim. et j. fériés mat. ; reste de l'année : tlj sf lun. mat. - fermé 1er et 6 janv., 25 déc. - 3 € (- 12 ans gratuit).*

Un vallon verdoyant où coule une rivière, un sentier menant à des maisons de pierre et des salles où dansent les rayons du soleil : voilà le site plutôt poétique de l'ancienne forge de Pobal, construite au 16e s. par la puissante famille des Salazar.

Fermée en 1965, elle a rouvert ses portes en 2004 après 14 ans de travaux, qui ont permis de restaurer le corps de logis, le four à pain, le moulin et l'atelier. Tous ces bâtiments ont été retouchés au fil du temps et illustrent en fait l'état des lieux à la fin du 19e s. Le barrage, le canal et le tunnel hydraulique datent eux du 18e s. La forge produisait socs de charrue, armes, lames, etc. Les stocks de charbon et les outils y sont toujours prêts à l'emploi, pour les démonstrations. Si vous les manquez, guides et brochures éclaireront quand même votre visite.

Circuit de découverte

BALMASEDA ET LA VALLÉE DE KARRANTZA

80 km – Une journée. Quittez Bilbao, direction Santander, puis quittez l'autoroute pour suivre la BI 636 jusqu'à Balmaseda.

Balmaseda

Balmaseda s'enorgueillit de compter parmi les cités fondatrices de Biscaye, voire d'être la première puisque ses actes remontent à 1190. Installée sur l'ancienne route menant en Castille, elle se développa, grâce au commerce, jusqu'au 18e s. et l'ouverture d'une nouvelle voie de communication vers la Castille, passant par Orduña.

Stéphane Sauvignier / MICHELIN

La place de la mairie.

Mairie (Casa consistorial) – La forêt d'arcades qui caractérise le rez-de-chaussée de la **mairie** du 18e s. n'est pas sans rappeler celle de la mosquée de Cordoue, d'où son surnom bien trouvé de « Mezquita ». Les piliers ne sont cependant pas aussi anciens et datent pour la plupart du début du 20e s.

Devant le bâtiment se déploie une vaste place où les habitants de Balmaseda se réunissent à l'ombre de l'église pour commenter les événements de la journée ou pour déguster un verre et des tapas.

Église de San Severino – Jouxtant l'hôtel de ville, cette église gothique du début du 15e s. embaume l'encaustique. On peut y admirer un certain nombre d'ajouts ultérieurs comme la chapelle centrale, commandée en 1545 par Juan de Urrutia. Des sculptures maniéristes ornent son retable, attribué aux frères Beaugrant. Notez également les bas-reliefs de style Art nouveau dans la nef de droite. De son côté, l'extérieur affiche un style baroque avec un clocher du 18e s., décoré d'un double balcon ornemental.

Engagez-vous dans la calle Correria aboutissant à la plaza de los Fueros. Chemin faisant, vous passerez devant le palais Urrutia.

Palais Urrutia – Maison du 17e s. reconnaissable à son portail encadré de colonnes néoclassiques.

Prenez la calle El Cubo, puis le campo de las Monjas.

Ensemble monumental de Sta Clara (Conjunto Monumental Sta Clara) – Occupé jusqu'en 1985 par des clarisses, ce couvent datant de 1675 abrite aujourd'hui un hôtel, et son **église★**, l'office du tourisme. L'étape en ce lieu reconverti est indispensable, ne fût-ce que pour admirer le magnifique orgue rococo de 1770 et les superbes retables baroques des 17e et 18e s. !

Revenez vers le vieux centre en longeant la rivière Cadagua.

Puente Viejo – Ce pont médiéval, autrefois point de passage obligé sur la route de Castille, aurait été édifié au début du 13e s. Bien que postérieure, sa tour est devenue le symbole de Balmaseda. Elle faisait partie de l'enceinte fortifiée de la ville et en constituait l'une des principales entrées. En raison de son arche centrale surélevée qui rendait le charriage difficile, ce pont fortifié fut supplanté au 17e s. par un autre, construit plus en aval.

Peu après le pont, tournez à gauche vers la place St-Jean.

Plaza San Juan – Sur cette place très centrale se dressent deux églises. La plus moderne (début du 20e s.) a été reconvertie en un centre culturel inauguré en 2005 : Klaret Antzokia. La seconde, anciennement San Juan Bautista del Moral, fondée au 15e s., abrite depuis 2003 un musée consacré à l'histoire de la ville *(voir « Visiter »).*

Suivez la rue Martin-Mendia pour passer devant le palais Horcasitas.

Palais Horcasitas – La sobre façade de ce palais construit à la fin du 17e s. ou au début du 18e s. arbore le blason de la famille Horcasitas. Celle donnant sur la ruelle voisine offre un bel exemple de style néoclassique.

La calle Martín-Mendia vous ramènera à la plaza San Severino.

Musée de l'histoire de la ville (Museo de la Historia de la Villa) – *✆ 657 795 806 - ♿ - de mi-juin à mi-sept. : mat. et apr.-midi, w.-end mat. ; reste de l'année : merc., vend. et w.-end mat., mar. et jeu. apr.-midi - fermé lun. et j. fériés - 1 €.* La nef de l'ancienne église San Juan Bautista del Moral réunit une série d'objets et de panneaux explicatifs illustrant l'histoire de Balmaseda, son patrimoine et ses traditions, parmi lesquelles la célèbre Passion vivante du Christ. D'autres sont consacrés aux hommes illustres de la ville, comme l'écrivain Martin de Heros ou les artistes Rodet et Dapena. La galerie supérieure présente quelques objets du 19e s. provenant de la famille Llaguno, permettant de recomposer une sorte d'intérieur bourgeois typique de l'époque.

Quittez Balmaseda en direction de Castro-Urdiales, puis restez sur la BI 630.

Église de Nuestra Señora del Buen Suceso

L'église rendant hommage à la sainte patronne de la vallée présente une silhouette trapue, aux murs épais. Un beau jour de l'an 1670, la Vierge Marie apparut à María Rozas, jeune fille sage et exemplaire du village de Campillos. Elle lui demanda de prévenir le curé et les habitants afin qu'ils élèvent une église pour sa statue, trouvée le 18 septembre. Les fidèles s'exécutèrent et le temple fut dressé à l'endroit de l'apparition. Depuis l'auvent et la porte principale, la **vue** est imprenable sur le magnifique retable baroque du 18e s. qui tapisse le fond de la nef, derrière l'autel. Ses trois panneaux encadrent la statue de Notre-Dame du « Buen Suceso » (67 cm) en bois polychrome du 17e s.

De petites **arènes** s'appuient contre l'édifice. Elles accueillent les corridas organisées le 18 septembre, à l'occasion du pèlerinage et de la fête de la sainte patronne (ce jour-là, une messe est célébrée chaque heure). Vous pourrez pique-niquer à proximité, des tables en bois étant dressées à cet effet près de l'église.

Non loin de là, le **monument à la Vierge**, réalisé par le sculpteur Joaquín Lucarini Macazaga en 1953, veille sur la vallée du haut de ses 14 m.

Reprenez la BI 630 en direction de Santander. Après El Cajello, tournez à droite en direction de Paules.

El Carpín

✆ 944 479 206 ou 946 107 066 - www.karpinabentura.com - ♿ - de mi-juin à mi-sept., w.-end et vac. scol. : tte la journée - 6 € (-16 ans 4 €). Billet combiné avec la grotte de Pozalagua.

Propriété d'été de l'ingénieur Urbano Peña y Chávarri au début du 20e s., ce parc de 20 ha a par la suite servi de jardin d'enfants, de caserne et d'hôpital pendant la guerre civile. Depuis 1996, il accueille une cinquantaine d'espèces protégées parmi lesquelles les chouettes, les kangourous, les sangliers, les loups et les panthères noires. La plupart des animaux sont nés en captivité, les autres étant là en convalescence. Avant ou après les avoir admirés, vous pourrez vous amuser à découvrir la faune préhistorique en parcourant un chemin inspiré de *Jurassic Park*. Bruitages, mannequins et explications se déclenchent automatiquement à votre passage. Attention au tyrex !

Revenez sur la BI 630 et prenez à droite. Traversez Molinar. Juste avant Ríoseco, tournez à droite et montez jusqu'à Ranero. La grotte se trouve au-delà du village, au bout d'une route menant à une carrière et longeant la montagne sur la droite.

Grotte Pozalagua (Cueva Pozalagua)

✆ 649 811 673 - www.karrantza.com - ♿ - visite guidée tte la journée - fermé lun. (sf férié), Sem. sainte, se renseigner pour les autres jours de fermeture - 5 € (enf. 2,10 €).

Cette grotte a été découverte en 1957 par des ouvriers qui travaillaient à la carrière voisine. Comme eux, vous découvrirez d'amples salles, hautes parfois de 30 à 50 m, ornées de gigantesques stalactites colorées et de « gours », successions de petits barrages de carbonate.

La grotte contient aussi quelques orgues, mais sa véritable spécificité tient dans ses **stalactites excentriques★**, ainsi appelées en raison de leur orientation défiant toutes les lois de la gravité. Ellles se forment en effet en voile autour d'une goutte d'eau et peuvent ainsi être horizontales ou courbes. Particulièrement nombreuses à Pozalagua, elles tapissent une partie de la voûte, la transformant en une sorte de prairie fossilisée.

Revenez à Balmaseda par la BI 630, et à Bilbao par la BI 636.

Bilbao pratique

Informations utiles

Office du tourisme de Bilbao – *Plaza Ensanche, 11 - 48009 Bilbao - ✆ 944 795 760 - lun.-vend. mat. et apr.-midi - fermé w.-end et j. fériés.*

Office du tourisme de Getxo – *Playa de Ereaga s/n - 48992 Getxo - ✆ 944 910 800 - www.getxo.net - de mi-juin à mi-sept. : tte la journée ; reste de l'année : mat. et apr.-midi.*

Office du tourisme de Balmaseda – *C/ Martín Mendía, 2 - 48800 Balmaseda - ✆ 946 801 356 - de mi-juin à mi-sept. : mat. et apr.-midi, dim. et j. féries mat. ; reste de l'année : mat. et apr.-midi, w.-end et j. fériés mat.*

Tramway de Bilbao.

Stéphane Sauvignier / MICHELIN

Transport

À BILBAO

Transports en commun

Renseignements au ✆ 944 254 025.

Métro *: carte à 5 €, donne accès au tramway, métro, funiculaire jusqu'à expiration du crédit de la carte. Billet simple 1,25 € (1 zone) ; 1,40 € (2 zones) ; billet AR 2,50 € (1 zone), 2,80 € (2 zones) ; billet 1 j. 3 € (1, 2 ou 3 zones). Billet creditrans : c'est un billet à tarif réduit pour le métro de Bilbao, le Bilbobus, le Biskaia bus, l'ascenseur de la Salve, le funiculaire de Artxanda, le pont suspendu et le tramway de Bilbao. Le billet peut être rechargé avec 5 €, 10 € ou 15 € et il est valide jusqu'au 31 décembre.*

Bus – *✆ 902 543 210 - billet occasionnel 1,15 €, billet creditrans 0,53 € - tramway : billet ordinaire 1,10 € ; billet creditrans 0,60 €.*

Aéroport – *48180 Loiu - ✆ 902 404/704.*

À GETXO

Liaisons par bateau – *Groupement des bateaux de Portugalete - ✆ 944 964 703 - trajet : Sestao - Portugalete - Santurtzi et Getxo - 4 € AR (-10 ans 2,50 €).*

Visites

À BILBAO

Visite guidée de Bilbao – *Réserver à l'office de tourisme - sam.-dim. matin - 4 €.*

À GETXO

Taxi-tour à Getxo – *✆ 944 910 800 - sur demande à l'office de tourisme - deux itinéraires, 10 € (20mn), 35 € (1h30).*

Sorties en mer - *Se renseigner à l'office de tourisme de Getxo* - possibilité de partir en mer avec un skipper. Comptez une demi-journée pour les abords immédiats (40 €) ; une journée pour aller jusqu'à Gorliz par exemple (70 €) ; un week-end pour rejoindre Bermeo ou Lekeitio (160 €), et une semaine pour rallier la France (540 €).

À BALMASEDA

La Encartada – *Bº El Peñueco, 11 - 48800 Balmaseda - ✆ 946 800 778 - www.laencartadamuseoa.com - de la Sem. sainte à oct. : mat. et apr.-midi ; reste de l'année : mat., sam. mat. et apr.-midi - fermé lun., 1er janv., 25 déc. - 5 € (enf. 3 €).* Ancienne usine de bérets fondée en 1892. Son architecture et ses machines sont encore en état.

Se loger

À BILBAO

⊖ **Hôtel Plaza San Pedro** – *Luzarra, 7 - ✆ 944 763/126 - www.hplazasanpedro.com - 19 ch. 48/55 € - ☕ 3 €.* Cet établissement familial est situé dans le quartier universitaire de Deusto. Les chambres sont agréables pour leur catégorie. La plupart comprennent une salle de bains de type cabine de douche.

⊖⊖ **Hôtel Iturrienea Ostatua** – *Santa-María-Kalea, 14 - ✆ 944 161 500 - info@iturrieneaostatua.com - 21 ch. 60 € - ☕ 8 €.* Hôtel de charme situé en plein quartier historique, dans une vieille maison à la façade bleue rénovée. Il est décoré avec goût d'une profusion d'antiquités et d'œuvres d'artistes locaux. Les chambres ne sont pas très grandes, mais agréables, et dotées de parquets.

⊜⊜ **Hôtel Artetxe** – *Ctra Enékuri-Artxanda, 7 - ✆ 944 747 780 - eartetxe@hotelartetxe.com - P - fermé 20-30 déc. - 12 ch. 65/77 € - ☕ 6 €.* Ancienne maison de campagne construite en pierre, occupant un emplacement magnifique avec la ville comme toile de fond. Les chambres sont décorées de meubles de chêne ; la plupart des salles de bains sont équipées de douches.

⊜⊜ **Hôtel Bilbao Jardines** – *Jardines, 9 - ✆ 944 794/210 - info@hotelbilbaojardines.com - P - 32 ch. 60/90 € - ☕ 4,50 €.* À peine ouvert, cet hôtel fait déjà parler de lui grâce à la qualité de son accueil. Les chambres, parquetées et fonctionnelles, possèdent de grandes fenêtres. Les plus tranquilles ouvrent sur le patio et aperçoivent la bibliothèque de Bilbao. Petit-déjeuner continental.

⊜⊜ **Hôtel Vista Alegre** – *Pablo-Picasso, 13 - ✆ 944 431 450 - info@hotelvistaalegre.com - 35 ch. 56/120 € - ☕ 5,50 €.* Cet établissement propose des chambres fonctionnelles au mobilier standard. Mais vous apprécierez l'accueil familial qui fidélise les clients.

⊜⊜ **Hôtel Sirimiri** – *Pl. de la Encarnación, 3 - ✆ 944 330 759 - jon@hotelsirimiri.net - P - 28 ch. 75/100 € - ☕ 10 €.* Situé dans la vieille ville, près du musée d'Art sacré, cet hôtel dispose d'installations modernes et fonctionnelles. Les chambres de belle ampleur comprennent des salles de bain spacieuses, bien équipées.

À BALMASEDA

⊜⊜ **Hôtel San Roque** – *Campo de los Monjas, 2 - ✆ 946 102 268 - informacion@sanroquehotel.net - P 21 ch. 55/70 € - ☕ 6 € - rest. 12,50 €.* Ce bel hôtel se trouve dans l'enceinte même du couvent de Santa Clara construit en 1666. Ses chambres, où dominent la pierre et le bois, possèdent beaucoup de charme. Avec sa pyramide en verre et son abondante végétation, le fabuleux patio suscitera à coup sûr votre admiration.

Se restaurer

À BILBAO

⊜ **Colmado Ibérico** – *Alameda de Urquijo, 20 - ✆ 944 436001 - colmado@colmadoiberico.com - fermé dim. - 10 €.* Grand espace au comptoir bien garni en brochettes et plats rapides. Il comporte une salle de restaurant où l'on sert une carte spécialisée dans les produits ibériques.

⊜ **Gatz** – *Santa María, 10 - ✆ 944 154 861 - www.bargatz.com - fermé 2e quinz. de sept. - ⊠ - 10 €.* Situé dans le centre de la vieille ville, c'est le rendez-vous incontournable des amoureux de « cuisine en miniature ».

Alexandra Forterre / MICHELIN

La gare de Santander à Bilbao.

L'endroit a été primé à plusieurs reprises pour la qualité et la créativité de ses « *pintxos* ».

⊜⊜⊜ **Rogelio** – *Ctra de Basurto a Castrejana, 7 - ✆ 944 273 021 - fermé 22 juil.-1er sept. et dim. - 35 €.* Établissement réputé dans la région pour ses plats simples, élaborés à partir de produits de qualité. Bar à l'allure rustique, et salle de même style à l'étage.

⊜⊜⊜ **Goizeko Kabi** – *Particular de Estraunza, 4 - ✆ 944 421 129 - gkabi.bi@telefonica.net - fermé 1ère quinz. d'août et dim. - 54/62 €.* Située près du musée des Beaux-Arts, cette véritable institution gastronomique du Pays basque propose une cuisine de haut niveau, bien équilibrée entre tradition et innovation. Sa réputation ? La qualité de ses poissons.

En soirée

À BILBAO

Café Boulevard – *Arenal, 3 - ✆ 944 153 128 - www.cafesdebilbao.net.* Il s'agit du plus vieux café de Bilbao, inauguré en 1871 par la famille Pérez Yarza. Vous y trouverez des cafés, des tisanes, des churros et quelques menus à prix intéressants, mais il est surtout connu pour la beauté de son cadre (hauts plafonds, stucs, motifs dorés, marbres, miroirs…) et les rencontres poétiques qui y ont lieu.

Café Iruña – *Jardines de Albia - ✆ 944 237 021 - www.cafesdebilbao.net.* Situé sur une place agréable, ce café fondé en 1903 est devenu l'un des classiques de Bilbao. Sa décoration est surprenante (plafonds et éléments d'inspiration mudéjar). Idéal pour prendre un verre le soir.

Cotton Club – *Gregorio-de-la-Reuilla, 25 - ✆ 944 104 951 - cottonclub@cottonclubbilbao.com - tlj sf dim. 16h30-3h (vend.-sam. 5h).* Ce lieu branché plaît à une clientèle trentenaire. On peut y boire un verre tout en écoutant des chanteurs de la scène espagnole ou des musiques diverses jouées par des groupes. Le décor affiche une multitude de photos de cinéma et d'autographes laissés par des personnalités lors de leur passage. Un bel endroit !

Victor Montes – *Plaza Nueva, 8 - ✆ 944 157 067 - restaurante@victormontesbilbao.com.* Surtout connue pour son bar à tapas, cette institution locale vous accueille dans un sympathique décor à base de bouteilles de vin. Ses « *pintxos* » (tapas basques dont le nom signifie « aliment piqué sur un cure-dent ») ravissent le palais. Parmi les spécialités : les canapés de saumon, le jambon Bellota…

Achats

À BILBAO

Alacena de Victor Montes – *Plaza Nueva, 12 - ✆ 944 154 385.* Ce lieu propice aux plaisirs gourmands vend des spécialités du Pays basque et une belle sélection de produits ibériques tels que jambons, foie gras, charcuteries diverses, fromages, anchois, douceurs… La cave répertorie quelques 700 références de vins espagnols et étrangers.

Sombreros Gorostiaga – *Victor, 9 (Casco Viejo) - ✆ 944 161 276.* Établissement créé en 1857 par la famille Gorostiaga. Vous pourrez y admirer et acheter les « *boinas* » basques, ainsi qu'une belle collection de chapeaux de fabrication artisanale. N'hésitez pas à bavarder avec le propriétaire qui vous renseignera sur les plus belles pages de l'histoire du chapeau et des couvre-chefs basques.

Événements

À BILBAO

Festival du cinéma fantastique – *1ère quinz. de mai.*

Festival international de théâtre de rue – *1ère quinz. juil.*

Festival de théâtre et de danse contemporaine – *oct.-nov. - www.badbilbao.com*

Festival international de marionnettes – *Nov.*

Concours international de chant – *Nov. les années paires - ✆ 944 246 533 - www.concursocantobilbao.com.*

Zinebi, Festival international de cinéma documentaire et de court-métrages – *Fin nov.*

À BALMASEDA

Semaine sainte – Semana Santa, représentation vivante de la Passion du Christ. Chaque année, au moment du jeudi et du vendredi de la Semaine sainte, la reconstitution de la Passion du Christ draine à Balmaseda des milliers de personnes. La tradition, qui remonterait au 15e s. et à une épidémie de peste, est confirmée par écrit au 18e s. Sa mise en scène a sans cesse évolué, passant d'une simple procession à la reconstitution de la Passion, laquelle comprend aujourd'hui neuf tableaux vivants. Les spectateurs assistent donc à la Cène, à la prière du mont des Oliviers, à l'arrestation de Jésus, à sa confrontation avec le grand prêtre, puis Ponce Pilate, à son chemin de croix et à sa crucifixion, joués et mis en scène par les habitants. Des amateurs dignes de vrais professionnels !

Côte de Biscaye★

Costa de Viscaya

CARTE GÉNÉRALE C2 – CARTE MICHELIN N° 573 B 21-22 – BISCAYE

À la suite du Guipúzcoa, la côte de Biscaye enchaîne les plages et les ports sur fond de collines verdoyantes. Plus sauvage que sa voisine, et mieux préservée des industries et de l'urbanisme excessif, elle a su ménager de véritables petits coins de paradis dont la réserve d'Urdaibai n'est pas le moindre. Mais parcourir ce littoral, c'est aussi découvrir des villes chargées d'histoire et de symboles comme Guernica ou Bilbao. En clair, la côte de Biscaye comblera tout à la fois les amateurs de grands espaces, les sportifs, les amoureux de farniente et les assoiffés de culture.

Stéphane Sauvignier / MICHELIN

La côte rocheuse de Biscaye.

- **Se repérer** – La côte commence à Ondarroa, à 51 km à l'ouest de Saint-Sébastien, et s'arrête à l'estuaire du Barbadun, à 25 km à l'ouest de Bilbao. La ría de Guernica en marque approximativement le milieu.
- **À ne pas manquer** – La vision de l'ermitage de Gatzelugatxe sur son éperon rocheux battu par la mer.
- **Organiser son temps** – Découvrir l'intégralité de la côte peut faire l'objet d'un long week-end itinérant.
- **Avec les enfants** – Visitez le baleinier de Bermeo.
- **Pour poursuivre le voyage** – La côte de Guipúzcoa, Bilbao et Guernica.

Comprendre

La façade atlantique de Biscaye – C'est 150 km de côtes découpées en falaises abruptes et vertes, en estuaires paisibles et en plages immenses de sable fin. La variété des sites y est presque infinie, réservant au visiteur des paysages immuables et souvent sauvages. La réserve naturelle d'Urdaibai, sur la ría de Guernica, en est le meilleur exemple, mais l'on se sent tout aussi proche de la nature lorsque l'on observe le ressac depuis le sanctuaire de Gaztelugatxe ou que l'on admire l'étendue de la baie de Gorliz.

Les hommes ne sont bien sûr pas absents de ces magnifiques paysages, mais hormis dans la ría de Bilbao, fortement urbanisée, ils s'y intègrent parfaitement et ont globalement mieux contrôlé les constructions que dans la province voisine du Guipúzcoa. En suivant la côte, vous découvrirez donc plutôt des petits ports sympathiques, comme ceux d'Elantxobe ou de Mundaka, que des grands bourgs aux longues barres comme Bakio. Mais même ceux-là ont su conserver un quartier historique ou un port encore actif.

La pêche est en effet un élément incontournable de l'économie et de la culture locales. Que ce soit à Lekeitio, Ea, Elantxobe, Mundaka ou Bermeo, il n'est pas rare de voir les filets en train d'être rapiécés à même le quai, ou les gens se presser le soir au retour des bateaux pour profiter de la pêche du jour. Inutile de dire que les poissons que l'on déguste dans les bars à tapas et les restaurants de ces pittoresques ports sont des plus frais !

Découvrir

Ondarroa/Ondarrie

L'agglomération s'allonge entre la colline et la boucle du río Artibay, sur une langue de terre où sa curieuse église surélevée ressemble à une figure de proue. Cernées par le fleuve, les hautes maisons basques, où pavoise le linge qui sèche, composent un **tableau** pittoresque.

Son histoire officielle débute en 1327, lorsqu'elle reçut les privilèges entérinant l'occupation du site. Presque abandonnée après l'incendie qui la ravagea en 1463, elle poursuivit néanmoins ses activités au travers de la pêche à la baleine, du commerce et de ses chantiers navals. Aujourd'hui, la ville possède encore des conserveries et des usines de salaison de poisson.

L'actuel cœur historique est relativement circonscrit du fait d'un autre incendie, provoqué en 1794 par les troupes françaises.

Église de Santa María – Fin 15e s. L'église affiche un style gothique tardif, à la décoration extérieure soignée (plinthes à thèmes floral et animal, rosaces et gargouilles). Notez l'alignement de 12 figures, les **kortxeleko-mamus**, évoquant les personnages d'une cour médiévale : le roi, le fifre, un musicien, le pèlerin, la pèlerine, des arbalétriers, une nourrice, la reine, un moine, un courtisan, un chevalier.

Confrérie des pêcheurs – L'office de tourisme occupe aujourd'hui cette demeure de pierre identifiable à son clocheton. Elle appartenait autrefois à la puissante confrérie des pêcheurs fondée au 14e s., dont le rôle principal consistait à appliquer la réglementation et assurer la vente de la pêche.

La Antigua – Ancienne paroisse d'Ondarrie, cette église du 15e s. perchée sur l'une des collines de la ville associe styles gothique (d'origine), néoclassique et baroque.

Circuits de découverte

D'ONDARROA À LA RÍA DE GUERNICA

51 km - env. 1h. Quittez Ondarrie par la BI 3438, qui offre de superbes dégagements sur la côte.

Lekeitio

Outre sa superbe plage, Lekeitio comprend un vieux centre où rien ne manque. Vous pourrez donc arpenter les quelques rues de l'ancien quartier des artisans *(on y accède par la Berriotxoa Kalea depuis la mairie)*, à la recherche du **palais Uriarte** ou de la tour Turpin. Vous pourrez aussi simplement prendre Espeleta Kalea pour découvrir le **quartier des pêcheurs★** et rejoindre à tout moment le port, sur lequel donnent quelques terrasses de cafés. Dans l'après-midi, les femmes reprisent parfois les filets à même le quai.

Église de Santa María – 15e s. L'église, de style gothique tardif, se trouve quasiment sur le port : impossible de la manquer ! Si en plus, vous avez la chance de pénétrer à l'intérieur, vous pourrez admirer son magnifique **retable** gothico-flamand du 16e s. (1512), l'un des plus grands d'Espagne avec ceux de Tolède et de Séville.

La route s'enfonce ensuite à l'intérieur des terres.

Ispaster

Cette bourgade constituée au 19e s. conserve toutefois quelques bâtiments antérieurs, comme en témoignent sa jolie église du 15e s., de style Renaissance, et le palais baroque Arana (1700), reconnaissable à ses deux corps de logis en forme de tour.

Plage d'Ogeia – *À la sortie du village, juste avant le cimetière, prenez la route à droite. Elle traverse la forêt qui surplombe la plage.* Insoupçonnable, cette plage se déploie dans une baie au sable ocre et aux rochers affleurants.

Ea

Ce charmant port miniature est coincé au fond d'une calanque. Ses maisons anciennes suivent les berges de la rivière, enjambée par de petits ponts de pierre.

Départ à gauche de l'église Nuestra Señora de Jesus, à l'entrée du bourg, avant la rivière ; suivez le balisage blanc-jaune; 1h20 – Agréable randonnée, très ombragée. Seul le début se révèle un peu sportif avec deux pentes, relativement inclinées. La promenade se poursuit sinon à travers bois et prairies. Attention, parvenu aux deux maisons donnant sur la route principale, n'hésitez pas à suivre la voie de garage de la seconde : elle donne accès à la forêt. Une fois revenu sur la route, suivez-là à gauche jusqu'aux maisons, où vous reprendrez le sentier. Il débouche à la fin sur la côte et le sanctuaire de Talako Ama, dévoilant une **vue★** magnifique sur la mer.

Jusqu'à Elantxobe, la route paraît flotter entre terre et mer, réservant de magnifiques points de vue sur le bleu des flots et le vert des collines.

Elantxobe★

Obligation de parquer sa voiture à l'entrée du village, en hauteur.

Village tranquille à l'écart des grands axes routiers. Les marins ont profité de l'ébauche d'une baie pour y construire leur port de pêche et y suspendre leurs maisons à l'abrupt du cap Ogoño (300 m). Préparez-vous à descendre et à monter des marches !

Cap Ogoño – *1h AR ; départ depuis le cimetière, accessible à pied par une forte pente, ou en voiture par le hameau qui précède Elantxobe, un panneau avec le symbole d'un appareil photo signalant le cap. Attention, ne prenez pas la voie qui longe le mur du cimetière, très pentue, mais la route qui dessert les quelques maisons à flanc de collines. Le sentier commence après la dernière, à gauche.* Petits mollets s'abstenir ! Cette promenade demande en effet un effort constant, récompensé néanmoins par de très belles vues sur le littoral, notamment une magnifique échappée sur la plage de Laga et sur la côte vers Ea ! Le cap en lui-même disparaît sous la végétation.

Poursuivez en direction de Laida.

Plage de Laga – Dos à Elantxobe, elle déploie 575 m de sable rose jusqu'au pied du cap Ogoño.

Plage de Laida – Elle se situe à l'embouchure de la ría de Guernica et jouit de son cadre incroyable : eaux translucides et vert tendre des terres.

En remontant vers Guernica, on découvre sa **ría★** aux calmes horizons, l'île de Izaro, la tache blanche de Sukarrieta et l'île de Chacharramendi.

Guernica/Gernika-Lumo *(voir p. 168).*

DE GUERNICA À ALGORTA

60 km - env. 1h30. Quittez Guernica par la BI 2235 en direction de Mundaka.

Urdaibai *(voir Guernica).*

Continuez sur la BI 2235 jusqu'à Mundaka.

Mundaka

Toute la vie de Mundaka se concentre autour de son petit port naturel, bordé de maisons de pêcheurs traditionnelles. Son principal atout réside néanmoins dans ses superbes plages de sable fin et, pour les surfeurs, dans sa vague gauche, réputée pour être l'une des plus longues au monde.

D'un ermitage à l'autre *(1h AR)* – Deux ermitages côtiers encadrent Mundaka. La promenade passe par le port et l'église, offrant de très belles vues sur les plages et la côte.

Bermeo

Ce port important est spécialisé dans la pêche côtière. Dominant le vieux port (Puerto Menor), le quartier des pêcheurs se tasse sur le promontoire de la Atalaya. Quelques murailles et la tour des Ercilla *(musée des Pêcheurs, voir ci-après)*, à la sévère façade de granit (14e s.), témoignent de l'origine ancienne de l'agglomération. Les rois et seigneurs venaient autrefois jurer les privilèges de Biscaye dans l'église gothique de **Santa Eufemia** (15e s.), proche des quais.

Musée des Pêcheurs – *946 881 171 - mat. et apr.-midi, dim. mat. - fermé lun. et j. fériés - gratuit.* Si la muséographie date un peu, le contenu n'en aborde pas moins tous les aspects de la vie des pêcheurs, depuis les techniques jusqu'à la religion, les fêtes, la construction navale, la confrérie, la vente du poisson.

Monastère de San Francisco – Situé à l'opposé du port et du parc Lamera, il s'agit du monastère le plus ancien de Biscaye (1357). On en aperçoit le cloître à travers une épaisse grille.

Aita Guria★ – *946 179 121 – mar.-sam. : 10h30-14h, 16h30-19h, dim. 11h-14h - 5 € (4-14 ans, 3 €).* Cette reconstitution d'un baleinier du 17e s. transporte le visiteur au temps des grandes campagnes de pêche de Bermeo. Ses trois mâts et le roulis suffisent à mettre dans l'ambiance ! Une voix off présente la cabine du capitaine, les cuisines et la cale, permettant de bien comprendre les conditions de vie à bord.

Suivre la route de la côte et, après 3 km, tourner à droite.

Phare de Machichaco (Faro de Machichaco)

En s'écartant un peu du phare vers la gauche, on bénéficie d'une jolie vue sur la côte très découpée à l'ouest.

La route s'élève en corniche, ménageant de magnifiques vues sur la mer.

Gatzelugatxe★★

Nombre de stationnements réduit. Parking au belvédère, dans la descente, et quelques places supplémentaires devant le pont qui mène à la presqu'île.

Un **belvédère★** domine la presqu'île de **San Juan de Gatzelugatxe**, creusée d'arches où la mer vient écumer. Un sentier d'environ 200 marches monte à l'ermitage, dont la présence est attestée déjà au 11e s. Chaque année, pour la Saint-Jean, a lieu un pèlerinage.

Après Bakio, prenez à droite la BI 3152.

Le parcours en **corniche★**, de Bakio à Arminza, est très dégagé. D'un belvédère, **vue★** intéressante sur la côte, Bakio, la vallée cultivée et l'arrière-pays boisé.

Armintza

Unique havre, mais bien modeste, sur une section de côte sauvage et inhospitalière parce que très abrupte.

Rejoignez la BI 3151 en direction de Lemoiz et suivez-la jusqu'à Gorliz.

Gorliz

Séduisante plage à l'anse parfaite, située sur l'embouchure du río Butrón. À son extrémité nord se trouve un site de dunes pétrifiées vieilles de 6 000 ans. À sa suite, un sentier s'engage le long de la côte. Un autre mène au phare.

Plentzia

Accolé à la plage de Gorliz, ce centre ostréicole, jadis port de pêche et de commerce, s'est converti au tourisme grâce à ses plages.

Musée municipal Plasentia de Butrón – *946 773 725 - www.museoplentzia.org - tlj sf lun. et mar. mat., vend. et sam. mat. et apr.-midi - gratuit.* Installé dans l'ancien hôtel de ville (16e s.), ce petit musée retrace l'histoire maritime de Plentzia à travers des maquettes, des objets, des peintures et des archives.

Suivez la BI 2122 pour rallier Getxo, puis Bilbao.

Getxo *(voir p. 157)*

Côte de Biscaye pratique

Voir aussi les carnets pratiques de Bilbao et de Guernica.

Offices de tourisme

Bermeo – *Lamera, s/n - 48370 Bermeo - 946 179 154 - 1er juil.-17 sept. : tte la journée, dim. et j. fériés mat. et apr.-midi ; reste de l'année : mat. et apr.-midi, dim. et j. fériés mat. - fermé 1er et 6 janv., 9 et 16 sept., 25 déc.*

Lekeitio – *C/ Independentzia Enparantza, z/g - 48280 Lekeitio - 946 844 017 - 15 juin-15 sept. : mat. et apr.-midi ; reste de l'année : mat. et apr.-midi, dim. et j. fériés mat. - fermé merc. (sf 15 juin-15 sept.), 1er janv. et 25 déc.*

Mundaka – *Kepa Deuna, z/g - 48360 Mundaka - 946 177 201 - avr.-déc. : mat. et apr.-midi, dim. et j. fériés mat. ; reste de l'année : mat. - fermé lun. (avr-déc.), 1er janv., 25 et 31 déc.*

Ondarroa – *C/ Erribera, 9 - 48700 Ondarroa - 946 831 951 - www.ondarroa.net - de mi-juin à mi-sept. : mat. et apr.-midi ; reste de l'année : mat. - fermé 1er janv., 25 déc.*

Visites

Visite guidée de Bermeo – *677 256 092 ou 666 791 021 - www.hegaluze.com - 21 juin-21 sept. - promenade en barque Hegaluze à Urdaibai (1h) 12 € (enf. 7 €).*

Visites guidées – *Circuit sur demande aux offices de tourisme de Leketio, Ondarroa et Markina.*

Se loger

À LEKEITIO

Hôtel Emperatriz Zita – *Av. Santa-Elena - Lekeitio - 946 842 655 - ezita@aisiahoteles.com - - 42 ch. 25/55 € -* . Hôtel situé en bord de mer qui occupe les murs de la villa qui accueillit, entre 1922 et 1931, la dernière impératrice de l'empire austro-hongrois, Zita. Chambres amples, confortables et bien décorées. Centre de thalasso.

À MURUETA

Hôtel Ibaigune – *Barrio-Larrabe, 48 - Murueta - 946 257 282 - www.ibaigune.com - - 20 ch. 42/53 € - - rest. 9,80/30 €.* L'architecture de cet hôtel implanté en pleine campagne s'inspire des constructions traditionnelles basques. Les chambres, parquetées, sont bien équipées. Si possible, demandez celles du dernier étage d'où vous pourrez admirer l'estuaire et la réserve d'Urdaibai. Au restaurant : service impeccable.

Se restaurer

À BERMEO

Asador Pelotari – *Bizkaiko-Jaurerria, 25 - Bermeo - 946 881 553 - info@asadorpelotari.com - fermé 15-30 nov. - 8/40 €.* Ouvert en 2005, ce restaurant fait déjà l'unanimité aussi bien auprès des touristes que des locaux. Son décor est particulièrement soigné : photos dédicacées de joueurs de pelote basque et vitraux colorés créant une plaisante lumière. Sa riche carte de poissons et de viandes cuits au bois de chêne vert plaît beaucoup.

Beitxi – *Eskoikiz, 6 - Bermeo - 946 880 006 ou 946 885 372 - beitxijdatea@euskalnet.net - 10 € déj. - 23/48 €.* Ce restaurant, organisé sur deux étages, connaît un franc succès. Les produits utilisés en cuisine sont de belle qualité, le service attentif plaît à la clientèle et les petits plats basques régalent le palais. Les plus ? Le vin inclus dans le menu et la musique d'ambiance.

À ONDARROA

Erretegi Joxe Manuel – *Aranatar-Sabin, 23 - Ondarroa - 946 830 104 - 40/50 €.* Ce délicieux restaurant se dresse face au fleuve, à deux pas du quartier historique. Sa spécialité : les poissons et les viandes de Cantabrie cuisinés sur le grill. Les produits sont ultra frais ; le chef possède même son propre vivier de fruits de mer. Carte écrite en plusieurs langues.

Sports & Loisirs

Bon à savoir – Les passionnés d'activités nautiques se régalent en territoire basque. La côte de la Biscaye offre en effet un grand choix de sorties en mer (bateau, surf, plongée, canoë-kayak, pêche au thon, voile…) par le biais du programme « Côte basque Toutes voiles dehors ». À Getxo, des activités « nature » (canyoning, escalade, spéléologie, etc.) sont proposées et à Sopelana, vous pourrez vous envoler en parapente.

Les Plages – La côte de Biscaye présente, sur 150 kilomètres, de nombreuses plages. Les plus importantes se trouvent entre Abra et Billano. Elle se nomment **Areeta**, **Ereaga**, **Arrigunaga**… Celles dépendant de Sopelana sont sauvages ; celles de **Gorliz**, qui partage avec Plentzia la magnifique baie verte, forment un ensemble unique. Enfin, n'oubliez pas la plage de Bakio, rendez-vous des surfeurs.

Hipika Eskola Maruri – *B° Ergoien, 57 - Maruri-Jatabe - 655 707 478 - beduino@mixmail.com.* Le centre hippique de Maruri dispense des cours pour tous les niveaux en équitation. Il organise également de simples promenades à cheval.

Zugarramurdi Bidaiak – *Behea, 15 (Nasa Kalea) - Ondarroa - 946 134 259 ou 659 581 389 - junetorri@euskalnet.net.* Pour apprendre à manier la voile, contactez cet organisme installé sur le port de Ondarroa. Si vous préférez vous laisser guider, embarquez à bord du *Txo*, un voilier de 13 m bien équipé. Les sorties de 2h, une demi-journée, un week-end ou plus donnent un bel aperçu de la côte.

Guernica

Gernika-Lumo

15 855 HABITANTS
CARTE GÉNÉRALE C2 – CARTE MICHELIN N° 573 C 21 – CÔTE DE BISCAYE P. 165
BISCAYE

Un musée sur la paix, un centre-ville à la fois paisible et animé, et une réserve naturelle riche en biodiversité : relevée de ses cendres, Guernica semble dédiée à la paix et à l'harmonie. Un équilibre difficile à trouver face au développement économique et urbain, mais qu'elle gère pour l'instant avec brio.

- **Se repérer** – On trouvera Guernica au fond de l'estuaire du même nom, à 34 km à l'est de Bilbao.
- **Se garer** – En lisière de ville, le long de la rivière, ou bien en centre-ville. Attention à respecter les horaires de stationnement, car la police veille !
- **Ne pas manquer** – Le musée de la Paix.
- **Pour poursuivre le voyage** – La côte de Biscaye, Durango et Bilbao.

Comprendre

Un centre de pouvoir – Depuis le Moyen Âge, les représentants biscayens se réunissent à Guernica, au pied du chêne tutélaire. Ils y recevaient notamment le serment des seigneurs de Biscaye qui promettaient de respecter les privilèges locaux. Isabelle la Catholique elle-même se plia à la coutume en 1483. Mais les privilèges qui réglaient la bonne marche de la région furent abolis en 1876. Adaptés et rétablis en 1979, ils régissent à nouveau la province et donnent un nouveau souffle à l'institution depuis cette date. Quant à l'arbre millénaire, ses restes sont abrités sous un petit temple derrière la **Casa de Juntas**.

La ville-symbole – La célèbre toile de **Picasso** *Guernica* a immortalisé le drame dont a été victime cette petite ville pendant la guerre civile : le 26 avril 1937, jour de marché, une escadrille allemande a soudain bombardé la localité, faisant plus de 2 000 morts.

Découvrir

Le centre-ville de Guernica se concentre autour du musée de la Paix, ouvert sur une place à arcades derrière laquelle se dressent les quelques maisons rescapées du bombardement de 1937.

Jouxtant cet ensemble, le parc des Peuples d'Europe accueille des œuvres de Chillida et Moore, exposées dans le jardin attenant au palais Udetxea (accès par une passerelle) qui accueille le siège du patronat de la réserve d'Urdaibai. On peut y avoir des informations sur la biosphère et la faune du parc naturel. De l'autre côté du parc des Peuples, derrière le parlement, se trouve le couvent des clarisses.

Vers la ría

Possibilité de garer sa voiture au parking du stade.

Cette promenade qui longe l'estuaire de Guernica débute au pont menant au centre-ville. Joggeurs, cyclistes et maîtres avec leurs chiens se partagent cet axe vert qui devient de plus en plus sauvage au fur et à mesure que Guernica s'éloigne et que se rapproche Urdaibai.

Visiter

Musée de la Paix★★

946 270 213 - www.museodelapaz.org - ♿ - juil.-août : tte la journée, dim. mat. ; reste de l'année : mat. et apr.-midi, dim. mat. - fermé lun. - 4 € (- 18 ans 2 €).

La visite, très émouvante, se divise en trois espaces : le premier définit la paix au travers de citations de personnalités célèbres (Martin Luther King, Ghandi, Chateaubriand, etc.) et un essai de typologie ; le deuxième revient sur l'histoire tragique de Guernica (admirable mise en condition dans une pièce d'habitation reconstituée) ; et le troisième aborde la question de la paix aujourd'hui (conflit basque, politique pénitentiaire, tortures, marches pour la paix, etc.).

Parlement (Casa de Juntas)

946 251 138 - www.jjggbizkaia.net - mat. et apr.-midi - gratuit.

Toujours debout en dépit des bombardements de la guerre civile, ce bâtiment de 1826 abrite le parlement de Biscaye.

Salle du Vitrail – Ainsi nommée pour le gigantesque vitrail posé en 1985 au plafond. Sa bordure présente les monuments les plus significatifs de chacune des villes de Biscaye. Des panneaux et des objets présentent et illustrent l'histoire de la province et de ses représentants.

Salle du Parlement ou Santa María la Antigua – Jusqu'au début du 19e s., les Biscayens se réunissaient autour du chêne pour régler la bonne marche de leur province, et ils prêtaient serment dans un sanctuaire : Sta María la Antigua. Devenu trop petit, ce dernier a été remplacé en 1826 par l'actuelle salle qui occupe le centre du Parlement. Notez la disposition en ellipse, tout à fait adaptée pour des célébrations religieuses. Des portraits de différents seigneurs de Biscaye et des tableaux évoquant les serments des *fueros* ornent ses murs.

Chêne – L'arbre actuel, planté en 1860, se dresse face à la tribune. Son prédécesseur, dont il ne reste que le tronc, est protégé par un petit temple construit en 1929, un peu à l'écart.

Alexandra Forterre / MICHELIN

Le vitrail de la Casa de Juntas.

Palais Alegría – Museo Euskal Herria

946 255 451 - www.bizkaia.net/euskalherriamuseoa - ♿ - mat. et apr.-midi, dim. mat. - fermé lun. - 3 € (- 26 ans 1,50 €).

Belle demeure épargnée par le bombardement de 1936. Le musée s'attache à expliquer l'histoire de la maison, puis celle plus large de l'habitat basque (maquette à l'appui) et de la navigation. À l'étage, vous découvrirez toutes les personnalités qui ont contribué à redonner un souffle à la culture basque au 19e s.

Aux alentours

Grottes de Santimamiñe (Cuevas de Santimamiñe)

6 km au nord-est par la BI 2238 en direction de Lekeitio. Après 2,5 km, prenez à droite la BI 4244. 944 067 700 - en travaux.

En 1917, on découvrit dans ces grottes des peintures et gravures rupestres de l'époque magdalénienne et d'intéressants gisements archéologiques. Désormais, pour les sauvegarder, les salles ornées de peintures sont fermées à la visite.

Bosquet d'Oma (Bosque de Oma)

8 km au nord-est par la BI 2238 en direction de Lekeitio. Après 2,5 km, prenez à droite la BI 4244. Comptez 45mn depuis le parking des grottes. Le chemin monte, bordé d'épineux puis de de pins, et redescend sur 300 m pour mener au bois peint.

Des formes géométriques capricieuses, des silhouettes humaines qui se cachent derrière les troncs et d'immenses taches de couleur témoignent de l'union entre l'art et la nature qu'a voulu inscrire en ce lieu boisé Agustín Ibarrola.

Parc naturel de Urdaibai

Sur la rive gauche de l'estuaire en direction de Mundaka. 946 257 125 - ♿ - juin-août :tte la journée ; reste de l'année : w.-end et j. fériés tte la journée - fermé à Noël - gratuit.

Déclaré réserve de la biosphère par l'Unesco en 1984, il couvre 220 km², soit près de 22 municipalités ou 10 % de la Biscaye. Il s'étale sur les deux versants de l'estuaire, englobant aussi bien la côte sableuse que les zones marécageuses et les forêts de résineux et de chênes verts. 25 milieux végétaux différents ont été répertoriés entre les forêts, les maquis et les landes, les rochers, l'eau et les sables côtiers. Cette diversité fait le bonheur des oiseaux migrateurs et des mammifères, mais aussi celui des poissons et des amphibiens qui évoluent dans la zone.

Observatoire des oiseaux – *Dir. Mundaka, par la BI 2235. À Altamira, repérez sur la droite un panneau, planté tout de suite après le petit pont, indiquant la réserve d'Urdaibai. La route mène à la station de chemin de fer. Garez-vous et traversez la voie, en faisant bien attention. Au bosquet, vous trouverez un panneau explicatif. Suivez le sentier à gauche.* On accède à l'observatoire *(15mn)* par une vaste étendue herbeuse et parfois marécageuse, qui mord sur la ría encadrée par les collines. On a ainsi l'impression d'être au cœur de l'estuaire où s'ébattent spatules, hérons, aigrettes, etc.

Plages – Elles sont signalées par les panneaux « Hondartza », à droite de la BI 2235, mais sont finalement peu nombreuses. À **Sukarrieta**, la plage officielle, toute petite, se trouve face au jardin botanique, planté sur son rocher. La plupart des habitants profitent en fait de la marée basse pour descendre à même le sable de la ría et se baigner éventuellement dans les mares.

Circuit de découverte

80 km – env. 2h. Quittez Guernica (Gernika-Lumo) par la BI 635 au sud, en direction de l'A 8. À Zugaztieta, prenez à gauche la BI 3231. Traversez Aiuria, puis Urrutxua, et continuez vers Munitibar.

Balcon de Biscaye★ (Balcón de Bizkaia)

Ce belvédère tourné vers les paysages montagneux dévoile, au-delà du faîte des arbres, une mosaïque de prés et de forêts.

Continuez sur la BI 3231 et, à Munitibar, tournez à droite vers Bolibar sur la BI 2224.

La route en descente vers Bolibar révèle par intermittences de très belles échappées sur le monastère de Cenarruza, isolé sur sa colline.

Juste avant Bolibar, prenez à droite en direction de Ziorta.

Monastère de Cenarruza★

N'hésitez pas à sonner à la boutique pour que le moine convers vienne vous ouvrir.

Charmant monastère (14e s.) regroupé autour de la collégiale de Cenarruza. L'attrait du site tient autant à son environnement champêtre qu'à la sobriété de son architecture. L'histoire raconte que durant la messe de l'Assomption célébrée à Sta Lucia de Garay en l'an 968, un aigle survola l'assemblée des fidèles pour s'emparer d'un crâne dépassant des sépultures de l'église. Depuis, les armoiries de Cenarruza représentent la scène. Vous pourrez en voir une représentation sur le mur extérieur de la porte est.

Collégiale – Jetez un œil à son petit cloître avant d'entrer dans l'église, d'une simplicité émouvante. Son seul luxe se concentre dans le petit retable polychrome de l'autel qui abrite le tombeau de l'abbé Irusta (1485-1563). En sortant, notez les sculptures réalisées sur les poutres du auvent, et tournez-vous vers la porte pour ne pas manquer les figures naïves qui la surmontent.

Revenez à Bolibar.

Bolibar

L'église forteresse Santo Tómas, fondée au 10e s. et reconstruite aux 17e et 18e s., paraît occuper tout l'espace de cette petite commune d'où serait originaire Simon Bolivar. Un petit musée, installé dans une maison traditionnelle située à quelques mètres derrière l'église, lui est consacré.

Musée Bolivar – *☏ 946 164 114 - www.simonbolivarmuseoa.com - juil.-août : mat. et apr.-midi ; reste de l'année : mat. - fermé lun. - gratuit.*

Le premier étage évoque l'histoire du village médiéval, et le deuxième présente la vie et la carrière de l'homme d'État au travers de panneaux et de documents d'archives.

Quitter Bolibar en direction de Markina-Xemein par la BI 633.

Markina-Xemein

Mentionnée pour la première fois dans les textes en 1355, cette commune jouait un rôle défensif sur la frontière avec le Guipúzcoa.

Chapelle de San Miguel de Arretxinaga – Chapelle légèrement excentrée dans le quartier d'Arretxinaga. À l'intérieur, trois gigantesques rochers se soutiennent mutuellement, faisant comme une grotte à la statue de saint Michel (16e s.).

Église des Carmélites – *Dans le village, en direction de Durango.* 18e s. Elle abrite trois magnifiques retables en bois doré.

Kalea Guen – Cette rue conserve encore deux maisons-tours aux nos 5 et 7. Voyez à proximité l'hôtel de ville (16e s.) aux colonnes baroques de grès rose.

Place principale – Bel espace dégagé, sur lequel donne l'église et des maisons anciennes, comme le palais baroque Solartekua, repérable à ses blasons.

Revenez à Guernica par la BI 3448 qui part vers Aulesti, à l'ouest. Là, vous prendrez la direction de Guernica.

Guernica pratique

Information utile

Office du tourisme de Guernica – *C/ Artekalea, 8 - 48300 Gernika-lumo - ✆ 946 255 892 - www.gernika-lumo.net - juil.-août : tte la journée ; reste de l'année : mat. et apr.-midi, dim. et j. fériés mat - fermé 1er et 6 janv., 24, 25 et 31 déc.*

Visites

Les itinéraires proposés dans la ville sont balisés au sol par des carreaux de céramique de différentes couleurs.

Visite des bombardements – *À l'office de tourisme, s'il y a assez de participants (min. 10 pers.) - mar.-mer. 10h30-11h - 2,20 €.*

Train touristique –Euskotren - *✆ 902 543 210* - le train touristique relie Gernika, Mustaka et Bermeo en passant par Bilbao - *1,20 €.*

Se loger

⊖ **Pension Akelarre** – *Barrenkale, 5 - Gernika-Lumo - ✆ 946 270 197 ou 656 762 217 - akelarre@hotelakelarre.com - 17 ch. 37/51 € - ☕ 4,50 €.* Les chambres personnalisées de cette coquette pension allient avec bonheur l'esthétique au confort. Le salon, aménagé au dernier étage, offre un accès gratuit à Internet. Il dispose surtout d'une terrasse avec solarium et vue panoramique sur les toits.

⊖⊖ **Hôtel Gernika** – *Carlos-Gangoiti, 17 - Gernika-Lumo - ✆ 946 250 350 - h_gernika@hotel-gernika.com - P - fermé 22 déc.-8 janv. - 40 ch. 76 € - ☕ 6 €.* Établissement familial disposant d'un bar élégant et d'agréables parties communes. Les chambres les plus modernes possèdent la climatisation et des salles de bains en marbre.

Se restaurer

⊖ **Gernika** – *Industria, 12 - Gernika-Lumo - ✆ 946 250 778 - 9,50/18 €.* D'entrée, cette petite adresse inspire la sympathie. Le décor – murs en pierre, tables bien dressées et belle collection d'horloges anciennes – est chaleureux. Les spécialités basques plaisent au palais. La musique d'ambiance et l'accueil souriant rendent le lieu encore plus agréable.

⊖⊖⊖ **Zallo Barri** – *Juan-Kaltzada, 79 - Gernika-Lumo - ✆ 946 251 800 - restaurante@zallobarri.com - ouv. seult déj. sf jeu., vend. et sam. - 33/43 €.* Établissement moderne de style minimaliste, doté de salles de restaurant aux cloisons amovibles, dont on sépare le service à la carte du service de menu. Bien aménagé, il propose une cuisine moderne intéressante.

Événements

Dimanche de carnaval – *Markina-Xemein - ✆ 946 167 454 - fév.-mars.*

Fêtes patronales de Gernika-Lumo – Andra Mari et San Roque *(14-18 août).*

Fête de San Miguel – *Markina-Xemein - 29 sept.*

Grand marché *(dernier lundi d'oct.).*

Durango★

26 511 HABITANTS
CARTE GÉNÉRALE C2 – CARTE MICHELIN N° 573 C 22 – CÔTE DE BISCAYE P. 165
BISCAYE

L'abord plutôt moderne de Durango ne révèle rien du charme de son quartier historique, ramassé autour de la basilique et de son gigantesque porche où bruisse toujours le son des conversations. Il ne dit rien non plus des hectares protégés du parc d'Urkiola, ni des palais d'Elorrio tout proches. Ce sera à vous à les découvrir !

- **Se repérer** – Implantée sur l'axe St-Sébastien-Bilbao (A 8), Durango n'est qu'à 30 km à l'est de la capitale biscayenne.
- **Se garer** – Le centre étant piétonnier, mieux vaut chercher à vous garer du côté de la gare, qui n'est pas loin du cœur historique.
- **À ne pas manquer** – Le porche de la basilique Sta María.
- **Organiser son temps** – Visiter la ville le matin et s'échapper pour une randonnée dans le parc d'Urkiola l'après-midi.
- **Avec les enfants** – Les itinéraires pédagogiques partant de la Maison du parc d'Urkiola.
- **Pour poursuivre le voyage** – Bilbao, Guernica, Oñati et Vitoria-Gasteiz.

Comprendre

La fondation – Le toponyme « Durango » daterait du haut Moyen Âge. Pour certains, il dériverait du vocable Urazango, pour d'autres, il viendrait du nom Padurango. Jusqu'à la fin du 11e s., le village dépend de Pampelune et de la Navarre puis, après 1095, passe à la Biscaye avant de devenir castillan à la fin du 12e s. Ce n'est qu'à cette période que le village reçoit ses lettres de fondation.

Hérésie – Au 15e s., un franciscain du nom de Alonso de Mella diffusa diverses idées en connection avec la doctrine des frères du Libre Esprit ou de Wiclifitas y Husitas en rapport avec la sexualité, la richesse critiquable de l'Église, etc. Ses adeptes furent condamnés ou durent prendre la fuite entre 1442 et 1444.

Troubles – Après avoir été dévastée par la peste en 1517 et 1597, une inondation destructrice (1544) et un incendie ravageur (1554), la ville doit supporter le coût des guerres castillanes contre la France au 17e s., puis l'occupation napoléonienne au siècle suivant. Pendant les guerres carlistes, elle soutient les libéraux.

Prospérité – L'industrie apporte la richesse à la ville au 20e s., malgré les dégâts de la guerre civile (Durango, républicaine, a été bombardée comme Guernica).

Stéphane Sauvignier / MICHELIN

Les fresques de la façade de l'Hôtel de Ville (Ayuntamiento).

Se promener

Franchissez la Mañaria à la calle Andra-Mari.

Basilique de Santa María★★

Cette église du 14e s. recèle un superbe **retable★** Renaissance en bois doré du 16e s. dédié à la Vierge (scènes de l'Annonciation, de la Nativité, de l'Assomption, etc.), mais elle mérite surtout le détour pour la magnifique **charpente★★** de son porche, dont la hauteur et les volumes impressionnent. Il sert de lieu de rencontre et de marché à la population.

En poursuivant la calle Andra-Mari par le chevet, vous atteignez Kurutziaga.

Croix de Kurutziaga★

Dressée devant l'église des pères jésuites, cette croix originale ressemble à un calvaire breton, car elle est sculptée sur ses deux faces (paradis, Adam et Ève, les 12 apôtres). Elle fut dressée en réparation de l'hérésie de Mella *(voir « Comprendre »)*.

Revenez sur vos pas et prenez la calle Kalebarria à gauche.

Plaza Balbino

Jolies maisons basques, l'une traditionnelle, avec briques et pans de bois, et l'autre à colonnades.

Église de Santa Ana

L'église se dresse sur une **place★** du même nom, au sol pavé de galets et décoré d'une croix tracée à l'aide de pierres. Un petit arc de pierre, aussi baptisé Santa Ana et construit en 1566, complète le tableau. C'est l'unique vestige des anciennes portes de la ville. Il a été retouché en 1744 (éléments classiques).

Prenez la calle Arte.

Hôtel de ville (Ayuntamiento)

Vous ne pourrez pas manquer ce bâtiment, car il arbore en façade une fresque rococo (refaite en 1937 selon le dessin d'origine réalisé en 1722 par Ignacio de Zumárraga). *Revenez à la calle Andra-Mari par la calle Arte, ou sa parallèle à gauche, Barenkalea.*

Aux alentours

Parc naturel d'Urkiola

11 km au sud par la BI 623.

Fondé en 1989, il couvre près de 6 000 ha du massif montagneux karstique qui est à cheval entre la Biscaye et l'Álava.

Maison du parc Toki Alai – *946 814 155 - tte la journée, w.-end mat. et apr.-midi - gratuit.* Cartes de randonnées et informations sur la biodiversité et la géologie du parc y sont disponibles.

Itinéraires pédagogiques de 1h au départ de la maison et aboutissant au sanctuaire.

Église de San Antonio – Construite sur un sanctuaire du 7e s., l'église présente une façade murée, ornée simplement d'une porte et d'un vitrail en hauteur. Les restes d'un cloître lui servent de parvis. L'intérieur révèle une absence de chœur, ce qui donne une allure très contemporaine à l'ensemble.

Beaux **points de vue** sur le parc d'Urkiola depuis le belvédère aménagé dans les bois (suivre le chemin de croix, sur la gauche).

Comptez une demi-journée de marche AR depuis le sanctuaire pour atteindre le mont Amboto.

Otxandio

18 km au sud par la BI 623. Après Andaparaluzeta, faites quelques centaines de mètres et prenez à gauche la BI 3451. Ce petit village ne manque pas de caractère, avec ses ruelles serrées et sa place qui regroupe, comme il se doit, l'hôtel de ville (1742) et ses arcades, le mur de pelote, le préau où se réfugier en cas de pluie, et l'église de Sta Marina du 16e s. dont le **portail★**, très simple, révèle l'existence d'un sanctuaire antérieur.

Elorrio★

12 km au sud-ouest par la BI 632 en direction d'Arrasate. Après Apatamonasterio, continuez sur 3 km, puis prenez à gauche en direction d'Elorrio.

Ce village fondé en 1356 concentre un nombre impressionnant de **palais** des 17e et 18e s. sur seulement quelques rues. La plus blasonnée est celle de Berrio-Otxoa, mais vous verrez aussi de belles façades dans les rues San Pio X, Gernikako, Erreka ou Urarka, pour ne citer qu'elles. Ne manquez pas de faire un arrêt sur la charmante plaza Gernikako Arbola, dominée par la basilique de la Purísima Concepción (15e s.). Elle conserve les reliques du saint patron de la Biscaye, saint Valentín de Berrio-Otxoa, qui mourut martyr au Vietnam en 1861. Il était né en 1827 dans le palais d'Arriola.

Durango pratique

Informations utiles

Office de tourisme – *Askatasun Etorbidea, 2 - 48200 Durango - 946 033 938 - horaires : se renseigner.*

Parc naturel d'Urkiola – *Puerto de Urkiola - 946 814 155 - - fermé 1er et 6 janv., 13 juin, 25 déc. - gratuit.*

Se loger et se restaurer

Hôtel Kurutziaga – *Kurutziaga, 52 - 946 200 864 - kurutziaga@teleline.es - P - fermé 24-31 déc. - 18 ch. 71,20/89 € - 8 € - rest. 17,53 €.* La réception et la partie commune est petite mais les chambres sont bien équipées. Les salles de bain des chambres individuelles ne comportent qu'une cabine de douche. Un pavillon extérieur, à la décoration originale mariant le fer et le verre, a été aménagé pour les banquets.

Événements

Romería à Urkiola (*13 juin*).

Fête patronale de San Fausto w– *13 oct.*. Les jours qui précèdent et qui suivent cette date sont synonymes de festivité dans toute la ville.

Foire du livre et du disque basque – *1re quinz. déc. - 946 033 938.*

PROVINCE DE VITORIA ET DE L'ÁLAVA

Vitoria-Gasteiz★★

Gasteiz

226 490 HABITANTS
CARTE GÉNÉRALE C2 - CARTE MICHELIN N° 573 D 21-22 – ÁLAVA

Capitale de la plus vaste des provinces basques et siège du gouvernement de la Communauté autonome basque (Euskadi), Vitoria-Gasteiz fut fondée sur une colline et entourée d'une muraille au 12e s. Aujourd'hui, c'est une ville agréable et élégante qui conserve, dans sa partie haute, un magnifique centre historique.

Se repérer – Vitoria-Gasteiz se trouve à 64 km au sud de Bilbao et à 93 km à l'ouest de Pampelune, au cœur de la *llanada alavesa*, ample plateau cultivé de céréales à 500 m d'altitude.

Se garer – Le centre médiéval étant piétonnier, mieux vaut se garer en périphérie dans l'un des parkings publics (près de l'Artium par exemple ou de la plaza de Fueros), près de la nouvelle cathédrale ou de la gare.

À ne pas manquer – Le quartier historique, l'amusant musée moderne de l'Artium et le jardin Sta Catalina avec son cadre romantique.

Organiser son temps – Une journée suffit pour prendre la mesure du centre médiéval de Vitoria. Comptez-en une autre pour le parc de Valderejo.

Avec les enfants – Le musée des Jeux de cartes, les salines d'Añana.

Pour poursuivre le voyage – Estella, Logroño et Laguardia.

Comprendre

Plusieurs fondations – D'un simple oppidum construit sur une colline en surplomb de la voie romaine reliant Bordeaux à Astorga, Vitoria est devenue cité barbare avec le roi wisigoth Léovigild, à qui l'on attribue sa fondation officielle en 581, avant de recevoir ses *fueros* du roi Sanche le Sage en 1181. Ce dernier fortifie la place, mais le roi de Castille l'incendie en 1202. Tout le bâti médiéval subsistant est donc postérieur à cette date.

Prospérité commerciale – De par sa position stratégique entre les sierras et la Rioja, bénéficiant de l'ancien tracé de la voie romaine, Vitoria a pu développer une importante activité économique : artisanale d'abord, comme en témoignent les noms des rues (Zapatería pour la cordonnerie, Cuchillería pour la coutellerie, etc.), mais aussi commerciale puisque le vin de la Rioja, le blé de la plaine et le fer des montagnes convergeaient vers elle.

Guerres du 19e s. – C'est à la bataille de Vitoria, remportée par Wellington et les Espagnols en 1813, que Napoléon perd définitivement l'Espagne. Pendant les guerres de Succession, si la ville a montré une certaine neutralité, cela ne l'a pas empêchée d'être occupée par les carlistes. La cité traverse donc tout au long du siècle une longue période de léthargie.

Le saviez-vous ?

La **Virgen Blanca** occupe une place à part dans le cœur des habitants de Vitoria-Gasteiz, et ce depuis sa fondation par Sanche VI le Sage, roi de Navarre, en 1181. La ville a en fait adopté la dévotion que son souverain portait à la Vierge et elle l'a développée au fil des siècles. Ainsi, en 1613 était créée la confrérie de N.-S. de la Virgen Blanca. Au 19e s., celle-ci devenait officiellement la sainte patronne de la ville, et plus récemment, en 1954, elle était couronnée « reine de la cité ». Le 4 août a lieu en son honneur le défilé des *faroles*.

Capitale administrative – Le 23 mai 1980, le parlement basque choisit Vitoria pour y siéger. Elle devient ainsi capitale de la communauté autonome, l'Euskadi. Cette décision l'a redynamisée en attirant les administrations centrales, des entreprises de services et des industries. Elle présente donc aujourd'hui un visage à la fois ancien et moderne.

Se promener

LA VIEILLE VILLE★★

1h30

La vieille ville est formée de plusieurs rues curvilignes qui entourent la cathédrale et portent les noms des anciens métiers. Les vieilles maisons nobles à blason y abondent.

Plaza de España ou plaza Nueva B2

Édifiée en 1791, œuvre de l'architecte Olaguíbel, elle présente une noble ordonnance néoclassique en forme de carré parfait.

Un passage permet d'accéder directement à la plaza de la Virgen Blanca, trait d'union entre les quartiers ancien et moderne.

Stéphane Sauvignier / MICHELIN

La plaza de la Virgen Blanca : monument dédié à la victoire du 21 juin 1813.

Plaza de la Virgen Blanca B2 5

Dominée par l'église San Miguel, elle est l'image la plus caractéristique du centre névralgique de Vitoria. Ses façades, éclairées de *miradores* (vérandas vitrées), encerclent un lourd monument à la victoire du 21 juin 1813 (Wellington mit en déroute les troupes napoléoniennes).

D'anciens édifices des 18e et 19e s. abritent de très agréables cafés (Café Marañón, Café Vitoria). Notez que les rues les plus animées sont celles situées à gauche de la place, avec leurs boutiques et leurs commerces pleins de charme.

Montez jusqu'à l'église de San Miguel.

Église de San Miguel B2

À l'extérieur du porche, une niche de jaspe abrite la statue polychrome, de style gothique tardif, de la Vierge blanche, patronne de la ville. On entre dans l'église par un portail de la fin du 14e s., dont le tympan retrace des épisodes de la vie de saint Michel. À l'intérieur, on remarquera surtout le retable du maître-autel, dû à Gregorio Fernández (17e s.), et, à sa droite, un arc plateresque (orné d'éléments baroques).

Plaza del Machete★★ B2 3

Une niche au chevet de l'église de San Miguel abritait autrefois le *machete*, coutelas sur lequel le procureur général jurait de défendre les libertés de la ville. C'est de ce couteau que cette calme et vaste place tire son nom. On aperçoit, derrière, le clocher de San Vincente (1871).

Los Arquillos (B2) – Enfilade d'arcades reliant la ville haute à la ville basse, à l'extrémité droite de la place.

Villa Suso – 16e s. Belle demeure construite sur l'ancienne muraille. Aujourd'hui reconvertie en palais des congrès.

Quittez la place par l'escalier contigu au palais.

Vous passerez à proximité de l'église de **San Vincente** de style gothique (15e s.).

Par la cuesta de San Vincente, rejoindre la calle Cuchillería que vous remonterez par la gauche.
Notez au n° 24 la **casa del Cordón** (16e s.) qui accueille une salle d'expositions temporaires.
À l'intersection avec le cantón de San Francisco de Javier, prenez à droite et marchez jusqu'à l'Artium.

Artium★ B1 *(voir « Visiter »)*

En sortant de l'Artium, prenez à droite la calle de Francia et remontez-la jusqu'à la prochaine intersection en croix. Là, prenez à gauche la calle de San Ildefonso, prolongée par la calle de Sta Ana.

Musée des Jeux de cartes★ (Museo de Naipes) B1 *(voir « Visiter »)*

À l'intersection avec la calle Cuchilleria.
Ce singulier musée des Jeux de cartes a pris possession du palais de Bendaña, reconnaissable à sa tour d'angle et à son portail simple encadré par un alfiz. L'intérieur conserve une belle cour Renaissance.
Reprenez la calle Sta Ana, qui débouche sur la calle Fray Zacarías Martínez.

Calle Fray Zacarías Martínez B1 2

Vieilles demeures à colombages et anciens palais caractérisent cette jolie rue. La calle Sta Ana vous a justement amené devant le portail Renaissance du palais des Escoriaza-Esquivel, construit sur un pan de l'ancienne muraille. Avec un peu de chance, si ce dernier est ouvert, vous pourrez jeter un œil au joli patio couvert.
Suivez la rue sur votre droite en direction de l'ancienne cathédrale.

Cathédrale de Santa María B1 *(voir « Visiter »)*

La construction de cette église fortifiée débuta à la fin du 13e s et ne fut réellement achevée qu'au 14e s. Initialement partie intégrante de l'enceinte défensive, elle fait aujourd'hui l'objet d'un important processus de réhabilitation.
Face à la plaza de la Burullería qui lui est accolée, un ensemble de vieilles demeures donne un aspect moyenâgeux à la rue.
Tour de los Anda (B1) – Sa partie inférieure fut une tour de défense médiévale. Elle forme un triangle avec les deux édifices suivants.
El Portalón (B1) – *De l'autre côté de la rue*. Établissement de commerce typique de la fin du 15e s.-début du 16e s.
Musée archéologique (Museo de Arqueología) B1 – La maison Godeo-Guevara-San Juan est un édifice en brique et à colombages du 16e s., reconstruit, qui héberge le petit Musée archéologique *(voir « Visiter »)*.
Rejoignez la calle Herrería depuis la plaza de la Burullería en empruntant le cantón del Seminario Viejo.
Vous passerez devant la torre de Doña Otxanda, qui abrite le **musée des Sciences-Naturelles (Museo de Ciencias Naturales) B1** *(voir « Visiter »)*.

Église de San Pedro A1

Cette église du 14e s. présente une intéressante façade gothique.
En haut des escaliers qui lui font face, vous apercevez la façade du **centre culturel Montehermoso B1,** qui occupe un palais Renaissance (1524).
Prenez les escaliers.
Dans la première ruelle à droite se trouve le **Musée de los Faroles A1**, repérable à sa très haute porte (nécessaire pour laisser passer les éléments du rosaire). *Zapatería, 35 - ✆ 945 277 077 - se renseigner pour les horaires - 1 €.*
La confrérie de N.-S. de la Virgen Blanca prend soin des *faroles*, ces éléments en vitraux qui symbolisent les mystères du rosaire (joyeux, douloureux et glorieux), les Ave, les Pater et les Gloria. Tous sont portés en procession la nuit du 4 août, selon une tradition qui remonte à 1897.
Revenez aux escaliers et prenez la ruelle suivante, toujours sur votre droite. Poussez jusqu'à la plaza de la Virgen Blanca en marchant tout droit ou en prenant à droite le cantón de San Roque pour retrouver la calle Herrería.

Visiter

Visite du chantier de restauration - Cathédrale de Santa María★★ B1

1h30. Visites en français, anglais, castillan, italien, euskera et allemand - ✆ 954 255 135 - en travaux - visite guidée sur demande préalable - 3 € (-12 ans gratuit).
En raison de son emplacement, cette cathédrale gothique nécessite depuis des siècles d'être étayée afin d'éviter qu'elle ne s'effondre. En 2000, un projet de grande envergure

a été lancé afin de restaurer et préserver ce monument d'une valeur historique et artistique inestimable ; fin des travaux prévue pour 2010. La visite du chantier permet de contempler au plus près la restauration des œuvres (le circuit de visite est fonction de l'avancée des travaux). Cette initiative totalement novatrice est très intéressante. Équipé d'un casque, vous emprunterez les passerelles métalliques et percerez les secrets de ce temple-forteresse ; vous comprendrez ainsi le développement et le tracé du quartier historique de la ville.

Musée des Jeux de cartes★ (Museo « Fournier » de Naipes de Álava) B1

C/ Cuchillería, 54 - 01001 Vitoria-Gasteiz - ♿ - mat. et apr.-midi, w.-end et j. fériés mat. - possibilité de visite guidée sur demande préalable - fermé lun., 1er janv., Vend. saint - gratuit.

Depuis 1868, la célèbre fabrique de cartes à jouer de Heraclio Fournier fonctionne à Vitoria. Félix Alfaro Fournier, petit-fils du fondateur de la célèbre manufacture de cartes à jouer, a su réunir une incomparable collection, qui a été acquise par la diputación foral de Álava en 1986. La collection actuelle compte 15 000 jeux de cartes, allant du 14e s. à nos jours et provenant du monde entier. Ils couvrent une grande variété de thèmes (concernant l'histoire, la géographie, l'art, les caricatures, les coutumes, etc.) et utilisent les supports d'impression les plus divers (papier, parchemin, feuilles d'arbre, tissu, métal, etc.).

Artium★ B1

C/ Francia, 24 - ✆ 945 209 000 - www.artium.org - ♿ - tte la journée - fermé lun. (sf j. fériés), 1er janv., 25 déc. - 4,50 € (-18 ans 2,20 €).

Cet important centre muséographique d'art contemporain, inauguré en 2002, a pour vocation de faire connaître et de rendre plus accessible l'art actuel au travers d'expo-

VITORIA-GASTEIZ

SE LOGER	SE RESTAURER	INDEX DES RUES
Achuri ... 1	Arkupe ... 2	Fray Zacarías Martínez ... 2
Dato ... 2	El Rincón de Luis Mari ... 3	Machete (Pl. del) ... 3
Haritz Ondo ... 3	Gure Ametsa ... 4	Virgen Blanca (Pl. de la) ... 5
Palacio de Elorriaga ... 5	Gurea ... 6	

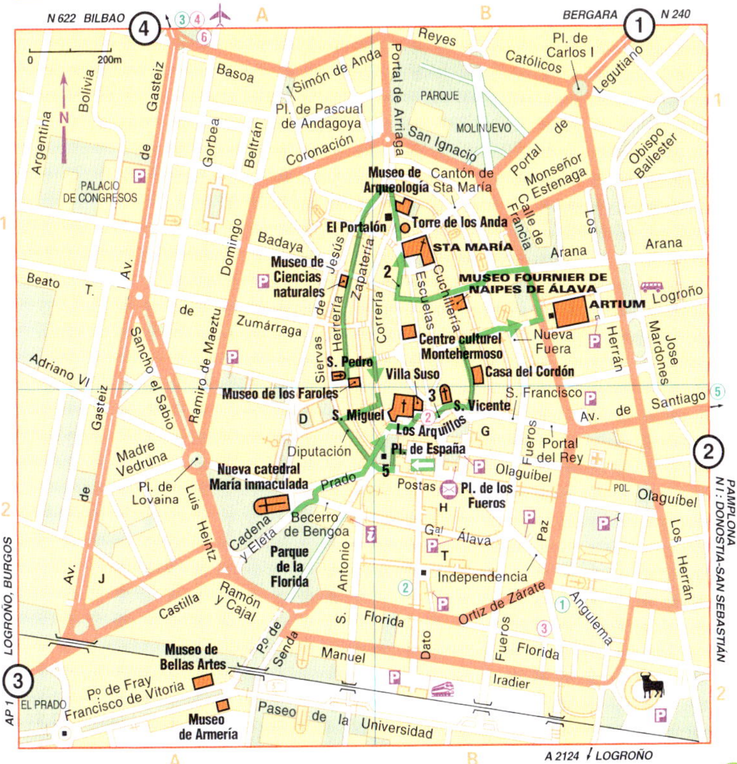

sitions permanentes et temporaires. Un système d'exposition rotative bisannuelle permet de voir une sélection significative de sa magnifique **collection★**. Son fonds est constitué de plus de 1 800 œuvres d'artistes espagnols des années 1920-1930 jusqu'à aujourd'hui. Des noms aussi évocateurs que Picasso, Miró, Gargallo, Tàpies, Canogar, Palazuelo, Oteiza, Chillida… ou bien encore Barceló, Iglesias, Urzay, Badiola, Sicilia, Broto, etc. complètent ce panorama de l'art contemporain espagnol.

Musée de l'Armurerie (Museo de Armería) A2

P° de Fray Francisco, 3 - ☏ 945 181 925 - mat. et apr.-midi, w.-end et j. fériés mat. - fermé lun., 1er janv., Vend. Saint - gratuit.

Agréablement présentée dans un bâtiment moderne, la collection, preuve de la tradition militaire basque, montre l'évolution des armes de la hache préhistorique au pistolet du début du 20e s. On y remarquera des armures (15e-17e s.), d'autres, japonaises, du 17e s. notamment et une maquette reconstituant la bataille de Vitoria.

Musée diocésain d'Art sacré (Museo Diocesano de Arte Sacro) A2

Catedral de María Inmaculada - ☏ 945 150 631 - www.diocesisvitoria.org - ♿ - mat. et apr.-midi, w.-end et j. fériés mat. - possibilité de visite guidée sur demande préalable - fermé lun., 1er janv. - gratuit.

Installé dans la nef contournant l'abside de la Nouvelle Cathédrale, ce musée expose des œuvres appartenant aux diocèses de Vitoria et Álava. Outre les œuvres romanes avec lesquelles débute la visite, remarquer les belles images gothiques ainsi que les intéressantes œuvres flamandes de Van der Goes (Descente de croix) et de Ambrosius Benson (Crucifixion). Plus loin, arrêtez-vous devant la belle collection de pièces d'orfèvrerie.

Musée des Beaux-Arts (Museo de Bellas Artes) A2

P° Fray Francisco, 8 - ☏ 945 181 918 - ♿ - mat. et apr.-midi, dim. et j. fériés mat. - fermé lun., 1er janv., Vend. saint - gratuit.

Le palais de Agustín, monument historique construit au début du 20e s., abrite une collection d'art espagnol des 18e et 19e s. ainsi qu'un éventail très complet de la peinture basque (Iturrino, Regoyos, Zuloaga). Un étage est consacré à Fernando de Amárica (1866-1956). La visite permet d'apprécier les changements intervenus à cette période où la peinture académique et classique s'est tournée davantage vers le romantisme ou le réalisme.

Musée archéologique (Museo de Arqueología) B1

C/ Correría, 116 - 01001 Vitoria - ☏ 945 181 922 - mat. et apr.-midi, w.-end et j. fériés mat. - fermé lun., 1er janv., Vend. saint - gratuit.

Ce musée présente les produits de fouilles effectuées en Álava, couvrant une période allant du paléolithique au Moyen Âge. On remarquera les collections provenant de dolmens, et les stèles et sculptures romaines dont la stèle du Cavalier.

Musée des Sciences Naturelles (Museo de Ciencias Naturales) A1

C/ Siervas de Jesús, 24 - ☏ 945 181 924 - mat. et apr.-midi, w.-end mat. - fermé lun. (sf j. fériés) - gratuit.

Une salle entière dédiée à l'ambre occupe le rez-de-chaussée (écrans interactifs, jeux de lumières, crâne de T-rex). Le 1er étage réunit quant à lui une vaste collection de fossiles, tandis que le dernier niveau, à la présentation un peu datée, se concentre sur les écosytèmes d'Álava.

Aux alentours

Salvatierra★ (Agurain)

29 km à l'est par la N 104 puis l'E 5 en direction de St-Sébastien.

Trois longues rues bordées de maisons blasonnées, aboutissant aux deux extrémités à des églises fortifiées : voilà le profil de cette petite cité au charme prégnant. Autrefois étape sur le chemin de Compostelle, elle attire aujourd'hui les visiteurs en quête de calme et d'atmosphère intemporelle.

Plaza San Juan - Principale place de la vieille ville, elle accueille depuis le 13e s. le marché qui se tient aujourd'hui tous les mardis. L'église St-Jean-Baptiste occupe sa face nord tandis que des maisons déploient leurs **arcades★** côté ouest.

Église de San Juan Bautista – Construite de la fin du 15e au début du 16e s. dans un style gothique, elle présente un portique et un campanile baroques. Notez le chemin de ronde qui court le long de son mur. À l'intérieur, le retable réalisé par Mateo de Zabala date de 1660.

Église de Santa María – En dépit de son style fortifié et austère, cet édifice du 16e s. abrite un chœur plateresque (nombreux éléments baroques) et un retable Renaissance de Lope Larrea, achevé par Foronda après 1623. Sa silhouette marque l'extrémité nord de la vieille cité.

Circuits de découverte

UNE EXCURSION NATURE

158 km - 2 jours. Quittez Vitoria par la N 622 en direction de Bilbao, puis la N 1 vers Madrid. Sortie 345.

Jardin botanique Santa Catalina★ (Jardín Botánico Santa Catalina)

Accès depuis Trespuentes (fléchage) jusqu'à une sorte de carrière de pierre. Ne vous laissez pas impressionner et suivez encore les panneaux. Montez en voiture jusqu'à un portail que vous ouvrirez, puis un parking. De là, comptez 15mn à pied (ça grimpe) pour accéder à l'entrée réelle du jardin. Visite env. 1h. ✆ 680 470 146 - www.cuadrilladeanana.es/santacatalina - juil.-août : tlj sf lun. tte la journée ; reste de l'année : tlj sf lun. mat. - 3 € (-10 ans gratuit).

Ce jardin enchanté qui a ouvert ses portes en 2002 a été réalisé autour des ruines du monastère de Sta Catalina. Les sentiers aménagés serpentent autour et dans les vestiges, réservant de belles échappées sur le plateau de Vitoria-Gasteiz. Les essences sont toutes marquées et exhalent leurs senteurs, surtout le matin ou en fin de journée. La meilleure saison pour en profiter étant la fin du printemps, vers mai ou juin.

Revenez sur l'A 3302 pour rallier Villodas, puis Nanclares de la Oca, qui permet de rejoindre l'A 2622, direction Subijana-Morillas. Le bourg et l'autoroute dépassés, poursuivez jusqu'à Gesaltza-Añana.

Salines de Gesaltza-Añana★

4 km à l'est de Tuesta par l'A 2622. La réputation de ce village classé provient de ses salines à ciel ouvert, dont la présence est attestée depuis le 10e s. La légende veut que ce soit une vache en quête de sel qui fit jaillir la Muera. En réalité, l'eau de la rivière se charge en sel au fur et à mesure de son écoulement jusqu'à la vallée d'Añana, où elle était distribuée vers les « fermes » par des canaux. Cette richesse a permis au village médiéval de multiplier les privilèges de la part des rois de Castille, qui touchaient leur part des bénéfices. Dans l'église, un tableau flamand représente l'Annonciation ; remarquer la finesse des traits.

Visites guidées – *✆ 945 351 111 - www.vallesalado.net - 11h-14h, 16h-19h - 3 € (-12 ans, gratuit).* La zone d'exploitation se présente comme une succession de petites plates-formes en escaliers, montées sur pilotis (un ensemble de 5 à 25 parcelles était appelé « ferme »). Le sel en provenance de la rivière Muera y séchait à partir d'avril. Aujourd'hui, le site est en cours de restauration. La visite permet d'en comprendre l'histoire et l'évolution, de façon empirique.

Reprenez l'A 2622.

Tuesta

Le principal intérêt de ce petit hameau réside dans son église, N.-S. de la Asunción, édifiée au 13e s. dans un style roman tardif. Fermée dans la journée, elle présente un magnifique **portail★★**, merveilleusement conservé. Admirez les détails de ses **voussures★** richement sculptées. Anges, personnages aux différentes attitudes, animaux plus ou moins fantastiques (oiseaux, griffons), végétaux et scènes de vie rendent vivants ces arcs, reposant sur des piliers aux **chapiteaux★** non moins travaillés. Remarquez le baiser échangé, sur le deuxième pilier en partant du vantail de gauche. Au-dessus de l'archivolte, six statues entourent celle de la Vierge à l'Enfant. Reconnaissez, à gauche, les trois figures des Rois mages.

Prenez la direction d'Espejo, traversez le village et poursuivez plein nord sur l'A 625 jusqu'aux indications fléchées à gauche pour le parc de Valderejo et Lalastra. Pour y accéder, on passe par Villañane, Villanueva de Valderejo, San Millán de San Zadornil, San Zadornil et Arroyo de San Zadornil.

Parc de Valderejo★

Petits villages aux églises bien conservées, sites sauvages préservés : le parc se situe à l'extrémité ouest de l'Álava.

Lalastra – Ce village représente en quelque sorte la porte d'entrée du parc. Ne vous fiez pas à son premier abord, un peu négligé. Il suffit de dépasser les premières habitations pour découvrir un adorable village, où rien ne manque, depuis l'église du 11e s. jusqu'à l'ancien four à pain ou le lavoir.

Vous trouverez toutes les informations concernant la faune, la flore et l'environnement humain du parc au **Centre d'interprétation**, qui vous fournira également cartes et conseils pour partir en randonnée *(voir le carnet pratique)*.

Le parc a balisé 9 randonnées et quelques sentiers permettant de passer de l'une à l'autre. Les plus belles partent à proximité du centre d'interprétation, n'hésitez donc pas à en pousser la porte pour acheter une carte *(1,50 €)*.

Le défilé de Purón★★ – *3h30 AR.* Rivière la plus importante du parc, le Purón prend sa source au nord de Lahoz et se resserre au sud-ouest en un défilé ponctué de grottes lorsqu'il franchit le barrage des falaises qui clôturent Valderejo. On passe ainsi de la douceur des pâturages à la forêt de conifères et de feuillus, avant de découvrir dans les gorges une végétation plus méditerranéenne. La promenade passe au pied de **Ribera**, dont seule subsiste l'église, en ruines. Elle conserve encore des **fresques** gothiques, inattendues !

San Lorenzo★ – *1h30 AR.* Cet oratoire dédié au saint patron de la vallée offre depuis sa falaise une **vue★** dégagée sur l'ensemble du parc et de ses prairies, où paissent moutons et chevaux. En continuant sur le plateau, vers l'ouest, et en redescendant un peu (sentiers balisés), on parvient à l'abreuvoir **El Cubo**, à proximité duquel se trouve un observatoire ornithologique *(derrière le bosquet)*, tourné vers les falaises où évoluent les vautours.

Refaites la route en sens inverse jusqu'à Villañane. Après le village, prenez plein nord sur l'A 625, direction Orduña.

La route monte vers le plateau sauvage du Monte Santiago, en Castille-et-León.

Après Berberana, roulez encore sur environ 3 km avant de prendre à droite le chemin menant à la zone protégé du Monte Santiago.

Le Parc naturel de Valderejo

Doyen des parcs naturels d'Álava, celui de Valderejo créé en 1992 s'étend sur quelque 3 500 ha. La forêt couvre plus de la moitié de la superficie avec des pins sylvestres, des chênes verts ou des chênes rouvres, ainsi que des hêtraies. Les sommets (dont le plus élevé, le mont Leron, culmine à 1 235 m) sont quant à eux le domaine de la pierre et des rochers, tandis que les fonds de vallée sont dédiés à l'économie agropastorale (prés et champs). Dans cet environnement varié et protégé, les **espèces menacées** trouvent un espace à leur mesure, comme l'une

Monte Santiago★

Le chemin de terre et de cailloux mène au centre d'interprétation. À peine carrossable, il est plein de nids-de-poule qui aident à respecter les 30 km/h demandés. www.patrimonionatural.org - 10h-14h, 16h-18h.

Classé «Monumento Natural» depuis 1996, cet espace situé aux confins de la province de Burgos réserve au promeneur de magnifiques points de vue, dont le **saut du Nervión★★★** *(voir ci-après)* n'est pas le moindre. La plupart des dix randonnées

Stéphane Sauvignier / MICHELIN

Le canyon de Delika.

balisées partent de la **fontaine St-Jacques** (fuente Santiago), une source à côté de laquelle se dresse le Centre d'interprétation, construit sur les ruines d'un ancien monastère. Vous y découvrirez l'histoire et l'écosystème de la zone, qui compte 20 espèces de mammifères différentes (chat sauvage, fouine, marte, blaireau), et le triple d'oiseaux (vautours, choucas, aigles). Tous profitent de la lande, des chênaies, des hêtraies et des pinèdes restaurées de cette zone protégée.

Belvédère du saut du Nervión ★★★ (Mirador Cañón del Nervión) – *Sentier 42, à quelques centaines de mètres du centre d'interprétation.* Il faut traverser un bois avant d'atteindre le plateau dans lequel s'encaisse une rivière : le Nervión. En suivant son lit, on aboutit au vertigineux **canyon de Delika★** dans lequel sautent ses eaux (lorsqu'il n'est pas à sec) depuis une hauteur de 270 m. Depuis la plate-forme aménagée en point de vue, le regard plonge au fond de ce paysage minéral qui file vers la vallée entre des parois de plus en plus incurvées.

Le plateau battu par les vents, où les rochers le disputent aux broussailles et aux arbres, constitue également un belvédère naturel d'où l'on peut contempler la plaine à perte de vue : un **panorama★★** sur la Sierra de Salvada est à couper le souffle. Attention : aucune barrière de protection n'a été fixée à l'extrémité des falaises.

Le sentier 45 longe les falaises et mène au belvédère d'**Esquina Rubén★★**, qui dévoile une vue grandiose sur la vallée de Arrastaria. Vous rentrerez au parking par le sentier 41, agréablement ombragé *(30mn)*.

Retrouvez la BU 556, roulez vers le **col d'Orduña** (puerto de Orduña) et descendez vers la ville du même nom en profitant des magnifiques **points de vue★** dévoilés par chaque virage.

Après le bourg, prenez l'A 2521 en direction de l'autoroute et de Murguía. En chemin, arrêtez-vous à Goiuri.

Cascade de Goiuri/Gujuli★

Dans le hameau, repérez sur votre gauche les containers d'ordures ménagères, ils marquent une intersection où vous tournerez. Roulez jusqu'à l'église.

Seul un panneau de bois, accroché au pied de l'église, indique la direction de la cascade. Son accès, au-delà de la voie de chemin de fer, et ses abords ne sont pas sécurisés et peuvent être dangereux : évitez de vous y rendre avec des enfants.

Le spectacle – une belle **chute** d'eau plongeant dans un ravin profond – prend toute son ampleur en période humide. Faites très attention, car aucune protection n'a été installée, et la tentation est grande de prendre des risques pour mieux jouir du spectacle.

Revenez à Vitoria-Gasteiz par la N 622, via Murguía.

Vitoria-Gasteiz pratique

Informations utiles

Office du tourisme de Vitoria – *Pl. del General Loma, 1 - 01005 Álava - ☎ 945 161 598/ 599 - www.vitoria-gasteiz.org - juil.-sept. : tte la journée ; reste de l'année : tte la journée, dim et j. fériés mat. - 1er janv. et 25 déc.*

Maison du parc de Valderejo – *☎ 945 353 146 - ♿ - tte la journée - fermé lun., 1er janv., 25 et 31 déc. - gratuit.*

Visites guidées

Guidarte – *☎ 650 176 435/690 089 288/68 5 349 186 - se renseigner pour circuits et tarifs.*

Kultour – *☎ 945 123 202/ 630 015 294 - se renseigner pour circuits et tarifs.*

Se loger

À VITORIA

⊖ **Hôtel Dato** – *Dato, 28 - ☎ 945 14 72 30 - info@hoteldato.com - 14 ch. 44/50 €.* Hôtel central très bien entretenu et de bon confort mais à la décoration parfois un peu trop chargée.

⊖⊖ **Hôtel Achuri** – *Rioja, 11 - ☎ 945 255 800 - 40 ch. 50,30 € - ☕ 3 €.* Emplacement idéal pour cet établissement central. Les chambres sont assez confortables et propres, les salles de bains un peu datées.

⊖⊖ **Hôtel Haritz Ondo** – *Elosu - ☎ 945 455 270 - haritzondo@hotelharitzondo.com - fermé lun. - P - 14 ch. 66/72 € - ☕ 6 € - rest. 18 €.* Situé dans une maison de campagne calme entièrement restaurée ; ambiance accueillante et décor rustique. Chambres confortables avec mobilier ancien et salles de bains modernes. Le vaste restaurant entièrement vitré offre un très beau panorama sur le parc naturel.

⊖⊖⊖ **Hôtel Palacio de Elorriaga** – *Elorriaga, 15 - 1,5 km de Vitoria par l'av. de Santiago et la N 104, dir. de San Sebastián. - ☎ 945 263 616 - info@hotelpalacioelorriaga.com - P - 21 ch. 105 € - ☕ - rest. 26/38 €.* Cette ancienne gentilhommière qui a fait l'objet d'une restauration avisée frappe par la beauté de son mobilier ancien et de ses poutres qui se marient parfaitement avec un confort tout contemporain. Restaurant rustique au cadre intime.

DANS LE PARC DE VALDEREJO

Hôtel Agroturismo Valderejo Etxea – *Real, 2 - Lalastra - ✆ 945 353 085 ou 635 707 308 - fermé sept. et 25 déc. - 20 € - 6 ch. 45 € - ☕ 3,50 €.* Difficile de trouver adresse plus tranquille que ce lieu en plein cœur du parc de Valderejo. Les chambres, associant poutres apparentes, armoires en bois et maints autres détails décoratifs, sont d'une propreté exemplaire. Au restaurant, cuisine familiale, servie l'hiver devant la cheminée.

À MURGUÍA

Hôtel Casa del Patrón – *San-Martín, 2 - Murguía - ✆ 945 462 528 - hotel@casadelpatron.com - 14 ch. 51/55 € - ☕ 4,50 € - rest. 15 €.* Derrière une avenante façade, l'intérieur accueillant est celui d'une maison d'antan. Chambres douillettes, parfois mansardées, avec salles de bains en marbre. Restaurant au 1er étage et bar à tapas très prisé.

Se restaurer

À VITORIA

El Rincón de Luis Mari – *Rioja, 14 - ✆ 945 250 127 - fermé mars et sept. - 7,50 €.* Établissement central à caractère familial impeccablement entretenu. Comptoir riche en brochettes et en portions. Ambiance confortable et décontractée.

Gurea – *Pl. de la Constitución, 10 - ✆ 945 245 933 - fermé Sem. sainte, 3 sem. en août, lun. soir et mar. - 21/32 €.* Sa façade, aux détails en bois, présente la carte. Le petit hall d'entrée ouvre sur la salle de restaurant de style néo-rustique très soigné.

Arkupe – *Mateo Moraza, 13 - Vitoria-Gastiez - ✆ 945 230 080 - arkupevit@euskalnet.net - 32/43 €.* Ce restaurant, situé derrière l'hôtel de ville, offre une cuisine basque traditionnelle composée de bonnes viandes et de poissons. Le bâtiment du 18e s. est classé monument historique. Son intérieur et ses salles d'esprit rustique présente une profusion de bois et de pierre.

Gure Ametsa – *Leintz-Gatzaga - ✆ 943 714 952 - fermé 6 août-2 sept. et lun. - 35 €.* Établissement familial situé non loin d'un col. Il possède un bar et deux salles de restaurant, dont la plus accueillante dispose d'une cheminée.

AUX ALENTOURS DE

Sidrería Casa Areso – *Domingo-de-Sautu, 35 - Murguía - ✆ 945 430 220 - 10/22 €.* Voici une adresse où l'on se sent tout de suite bien. Le décor montagnard – prédominance du bois, de la pierre, grande cheminée – est chaleureux. Le service attentif renforce ce sentiment de bien-être. Dans l'assiette : plats traditionnels, spécialités locales et desserts maison.

Arlobi – *Elizalde, 21 - Sarria - ✆ 945 430 212 - fermé dim. soir, mar. soir et seult déj. du lun. au jeu. sf juil.-août - 32/38 €.* Alors que certaines de ses salles affichent des tendances modernes, une salle de restaurant de style rustique reprend le caractère typique de cette maison en pierre. Bar avec cheminée.

Faire une pause

Confituras Goya – *Dato, 20 - ✆ 945 231 944 - www.confiturasgoya.com.* Maison fondée en 1886. Véritable institution avec plusieurs boutiques, dont 2 situées sur la rue Dato (n° 6 et 20) qui conservent leur décor d'origine. Large choix de chocolats, truffes et nougats d'excellente qualité, avec de belles présentations dans des boîtes métalliques. Goûtez aux *vasquitos* et aux *nesquitas*.

En soirée

Festival de jazz de Vitoria-Gasteiz – *Paseo de la Florida, 3-2° D - ✆ 945 141 919 - jazzvitoria@jazzvitoria.com.* Né en 1977, le Festival de jazz de Vitoria-Gasteiz est aujourd'hui le plus important d'Espagne et fait partie de l'IJFO (International Jazz Festivals Organization). Il accueille chaque année, à la mi-juillet, les grands noms de la scène musicale internationale de jazz.

Achats

Museo de Alfarería Vasca – *Ollerías, 9 - Elosu - ✆ 945 455 145 - www.euskalzeramika.com.* Après maints travaux, cet ancien atelier de poterie (1711) a rouvert ses portes en 1993. Il abrite désormais le musée de la Poterie basque. La visite donne un historique du lieu (four tricentenaire classé Monument historique), explique les caractéristiques de la céramique basque et montre la fabrication des pièces. Magasin sur place.

Événements

À VITORIA

Fêtes de San Prudencio – *27-28 avr.*

Festival international de folklore – *Mai.*

Festival de cinéma européen – *1ère quinz. de mai.*

Festival image et son – *Mai-juin -* Projections, spectacles et ateliers.

Festival de jeux dans la rue – *Fin juin-déb. juil.*

Festival de jazz – *3e sem de juil. - t 945 141 919 - www.jazzvitoria.com*

La nuit de « los faroles » – *4 août.*

Fêtes de la Vierge Blanche – *4-9 août.*

Festival international de théatre – *Fin sept.-nov.*

À AÑANA

Pâques – Le jour de Pâques, les sauniers descendent en procession pour la traditionnelle «Quema de Judas».

Fête du sel – *Juil.*

Laguardia★★

Biasteri

1 483 HABITANTS
CARTE GÉNÉRALE C2 – CARTE MICHELIN N° 573 E 22 – ÁLAVA

La capitale de la Rioja alavesa s'enorgueillit avec justesse de ses vins, mais aussi de son bourg médiéval miraculeusement préservé, dont le fleuron demeure le portail de l'église Santa María de los Reyes. Le village ceint de ses remparts trône au sommet de la colline, elle-même adossée à la chaîne de Cantabrie et tournée vers le bassin de l'Èbre. Il constitue un excellent point de départ pour la découverte des bodegas.

Stéphane Sauvignier / MICHELIN

Laguardia et son vignoble.

- **Se repérer** – Comptez 47 km depuis Vitoria-Gasteiz en prenant l'A 2124 qui descend au sud, ou 21 km depuis Labastida, qui se trouve à l'ouest.
- **Se garer** – Au parking aménagé devant les remparts.
- **À ne pas manquer** – La visite de l'église de Sta María de los Reyes.
- **Avec les enfants** – Les oiseaux de Los Molinos.
- **Pour poursuivre le voyage** – Vitoria-Gasteiz, Logroño, Haro et Viana.

Comprendre

Histoire – Son nom, tout comme ses remparts, lui vient de sa position stratégique sur la frontière navarro-castillane. Fondé en 1164 par Sanche le Sage, le village est fortifié au 13e s. avant d'être rattaché à l'Álava sur décision des Rois Catholiques, en 1486. Les guerres d'indépendance du 19e s. entament ses murailles sans défigurer toutefois le bourg, qui a conservé tout son charme médiéval.

La Rioja Alavesa – Le bourg doit sa prospérité au vin, celui de la Rioja Alavesa que l'on compare volontiers aux vins de Bordeaux. La relation s'explique par l'implantation dans la région, à la fin du 19e s., de vignerons bordelais ruinés par l'épidémie de phyloxérra. Le précieux liquide est élaboré à partir de *tempranillo*, un cépage que l'on taille ici en buisson.

Se promener

Puerta de la Carniceria

Du 15e s., elle représente l'entrée principale du village.

Prenez à droite la calle Sta-Engracia.

Calle Santa Engracia

La ruelle est bordée de vieilles maisons, dont certaines sont blasonnées. La n° 19 porte même deux blasons, ainsi que de beaux balcons en fer forgé. Arrêtez-vous aussi devant le n° 16 pour admirer son blason et le travail des poutres du toit.

Au bout de la rue, tournez à gauche vers Santa María de los Reyes.

Église de Santa María de los Reyes★

✆ 945 600 845 - ♿ - visite guidée sur demande à l'office de tourisme - 2 €.

Cette église, édifiée à partir du 12e s., présente différents styles architecturaux : roman pour certains piliers, gothique pour les voûtes et Renaissance pour le chœur, ce qui ne la distingue pas de beaucoup d'églises régionales. Même ses intéressants retables dorés du 17e s. n'expliquent pas son renom.

Son originalité lui vient en fait de son splendide **portail polychrome★★★**, véritable joyau de l'art gothique. Sculpté au 12e s., il doit son exceptionnel état de conservation à la construction d'un portique au 17e s., qui l'a protégé des intempéries. D'où l'éclat de sa polychromie, refaite au moment de ces travaux (cela explique par exemple les motifs plutôt Renaissance de la robe portée par la Vierge). Elle n'a pas été retouchée depuis ! Outre ses couleurs soutenues, ce portail affiche une grande **richesse sculpturale**. Le tympan retrace l'histoire de la Vierge avec, de gauche à droite et par « palier » : l'Annonciation, la visite à Élisabeth, l'Adoration des Mages, la Dormition de la Vierge (le Christ porte l'âme de la Vierge dans ses bras), puis la Vierge en gloire. Les voussures se parent d'anges musiciens et de personnages de l'Ancien et du Nouveau Testaments. Enfin, les statues des apôtres, à commencer par Pierre à gauche, et Paul à droite, encadrent les vantaux.

Stéphane Sauvignier / MICHELIN

Un détail du portail polychrome de l'église de Santa María de los Reyes.

Au passage, essayez de définir combien de chevaux accompagnent les Mages. Un premier coup d'œil n'en montre qu'un, mais si l'on compte le nombre de pattes et de rênes, on s'aperçoit alors que chacun des mages a bien son destrier !

Notez, à droite du portail, dans l'angle, deux petites statues polychromes : il s'agit des Rois Catholiques, qui ont donné leur nom à l'église.

Prenez face à l'église la calle Mayor.

Calle Mayor

Flânez-y le nez en l'air pour étudier les façades, et remarquer que celles du n° 4 ou du n° 13 sont en briques rouges, simples et archaïques, alors que celle du n° 18 (du 17e s.) affiche un blason et des poutres sculptées sous le toit. De la même façon, vous noterez qu'en plus de son écusson, les pans de bois du n° 25 sont travaillés. Vous vous intéresserez aussi aux balcons des n° 34 et 36, et vous vous direz que le n° 54, avec son blason, son balcon et ses fenêtres en avancée, est décidément représentatif des maisons de la rue…

Au cours de votre promenade, vous passerez devant l'église de San Juan, qui fait face à l'office du tourisme. Elle a été agrandie au 18e s. Prenez le temps d'admirer son portail et l'expressive Descente de croix.

Au bout de la calle Mayor, tournez à droite deux fois pour vous engager dans la calle Paganos.

Calle Paganos

Plus tranquille que la calle Mayor, elle aligne des maisons moins cossues mais au charme tout aussi présent grâce aux chapelets de piments encadrant les fenêtres, ou à ses portes de bois s'ouvrant à mi-hauteur.

Elle débouche sur une esplanade qui borde Santa María de los Reyes.

Là, postez-vous face à la tour abbatiale du 13e s. afin de contempler la finesse de son **portail en fer forgé★**.

Aux alentours

Los Molinos

À la sortie de Laguardia, au carrefour, tournez en direction de Elvillar et suivez les panneaux de La Hoya. Dépassez le site romain, laissez sur votre gauche les bâtiments modernes de la bodega Ysios et roulez vers les contreforts de la sierra. Ne manquez pas le carrefour où un petit panneau indique à droite Los Molinos.

Parc ornithologique – *✆ 659 972 539 - www.parquelosmolinos.com - tlj mat. et apr.-midi - 5 € (- 14 ans 2,50 €)*

Vous serez accueilli par une paire de chiens patauds et un petit perroquet déplumé appelé Oscar. Il n'est pas exclu que ce dernier vous fasse un brin de conduite, car il adore marcher en société. Cela dit, vous n'aurez pas besoin de lui pour arpenter les 13 ha de la propriété, parsemée de cages où s'ébattent toucans, émeus, perruches, tétras, ibis, spatules, cigognes, etc. Mis à part la calopsite qui siffle la « cucarracha », ça crie, ça piaille, ça glougloute et ça émet des sons de tambour de partout. Les odeurs sont à l'avenant, sans toutefois gâcher la visite. Allergiques s'abstenir !

Labastida★

20 km à l'ouest par l'A 124.

Juchée sur sa colline que domine l'ermitage de Santo Cristo, Labastida veille sur la plaine de l'Èbre et le mont Toloño écrasés par le soleil. Mais loin de se plaindre de ce climat extrême, la ville en tire sa richesse, comme en témoigne le nombre de « bodegas » qui ont pignon sur rue.

Calle Frontin★ – On ne compte plus les maisons blasonnées qui jalonnent cette vieille rue.

La Mota★ – Ce quartier ancien s'accroche à la colline et domine Nuestra Señora de la Asunción. Petites maisons aux pierres délavées par le temps, belles portes cloutées et ruelles étroites dégagent un authentique charme. Elles mènent doucement à l'ermitage qui trône au sommet.

Église de Nuestra Señora de la Asunción – La construction de cette église dans les styles Renaissance et baroque s'est échelonnée entre le 16e et le 18e s., se terminant par l'édification de la sacristie octogonale. Admirez son portail Renaissance monumental et, si vous y passez à l'heure de la messe, glissez-vous à l'intérieur pour contempler la richesse de son retable baroque, ainsi que son bel orgue du 17e s.

Ermitage du Santo Cristo – Vous vous trouvez devant le plus ancien monument de la ville : le temple-forteresse du Saint-Christ. Édifié au 12e s., il mêle les styles roman (portail, début de la nef) et gothique (chœur) derrière des murs massifs.

Depuis son parvis, le **panorama** se déploie sur Labastida puis à perte de vue sur la plaine de la Rioja et sur Haro (à droite dans le lointain).

Au chevet du sanctuaire a été aménagée une sorte de pelouse plantée de quelques arbres, qui ombragent des bancs tournés vers le paysage. Idéal pour se reposer tout en contemplant la vue.

Circuit de découverte

ARCHITECTURE ET VINS

65 km – env. 1h20. À la sortie de Laguardia, au carrefour, tournez en direction de Elvillar et suivez les panneaux de La Hoya. Tout de suite après les hangars et les entrepôts, prenez la route de gauche. Elle mène à la bodega.

Stephane Sauvignier / MICHELIN

Labastida vue depuis l'ermitage du Santo Cristo.

Ysios

Parking sur le côté de la bodega. ✆ 945 600 640 - visite guidée tlj sur demande - 5 €.
Réalisé par l'architecte valencien Santiago Calatrava pour le groupe Bodegas y Bebidas, le bâtiment évoque une vague qui reprendrait la courbe des monts Cantabriques tout proches. Son profil fait plutôt songer aux marquises, ces auvents de verre qui ornent les immeubles de la Belle Époque, ou bien à ces coiffes que les précieuses portaient à la fin du 18e s. et qui leur faisaient comme une visière. À l'intérieur, cuves et bouteilles sont entreposées en arc de cercle face à l'entrée. Aucun mur n'est fermé pour laisser l'air circuler. La salle de dégustation se trouve à l'étage, caractérisée par une hauteur de plafond incroyable et une double vision sur les fûts et sur l'extérieur.
Revenez vers Laguardia et prenez la direction de Logroño.
Après une dizaine de kilomètres, vous apercevrez, au faîte d'une colline sur la droite, la forme discoïdale de la bodega **Viña Real**, propriété de la Compañía Vinícola del Norte de España (CVNE). Dessinée par l'architecte français Philippe Mazières, elle allie le cèdre rouge du Canada au béton et à l'acier. *✆ 945 625 210 - www.cvne.com - sur réserv.*

Logroño *(voir ce nom dans la partie dédiée à la province de la Rioja)*

La capitale de La Rioja, fièrement accrochée aux rives de l'Èbre, compte dans ses alentours immédiats plusieurs bodegas, dont la bodega **Ontañon**, qui a conçu un original parcours où l'art invite à découvrir le vin. Les œuvres de Miguel Ángel Sainz (peintures et sculptures) deviennent ainsi prétextes à explications œnologiques. *À l'est de Logroño, par l'av. de la Paz, dir. Varea, la bodega se trouve sur la gauche, avant une station service. ✆ 941 234 200 - www.ontanon.es - sur réserv. - 5 €.*
Quittez Logroño vers l'ouest, dir. Haro sur la N 232, et tournez à droite à Fuenmayor.

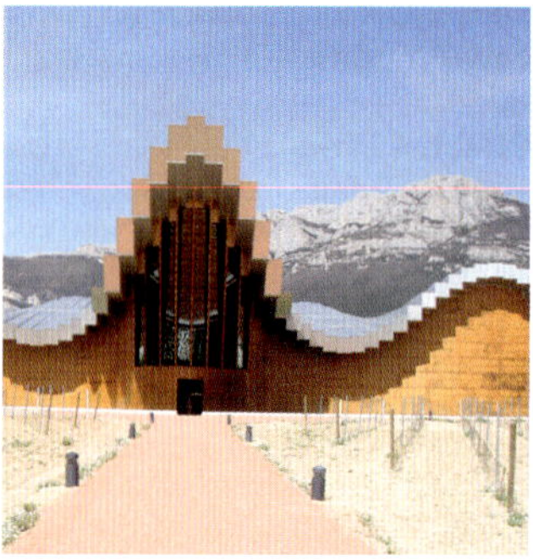

La cave d'Ysios, par Santiago Calatrava.

Elciego

Autre village viticole ne comptant pas moins de 14 bodegas réputées pour leurs crus. Voyez sa jolie **plaza Mayor**, plantée de petits arbres et bordée d'une mairie du 18e s. dont le blason arbore l'aigle bicéphale.
À l'entrée se dresse la silhouette bien protégée de la **Ciudad del Vino**, un complexe hôtel-spa-restaurant-centre de congrès construit par la bodega **Marqués de Riscal** selon les plans de Frank Gehry, auteur du musée Guggenheim de Bilbao. On reconnaît ses courbes de métal, ici de différentes couleurs pour figurer la bouteille (rouge pour le liquide, argent pour la capsule et or pour le filet).
Engagez-vous sur l'A3214 en direction de Samaniego.

Samaniego

La bodega **Baigorri**, dessinée par Iñaki Aspiazu Iza, trône à l'entrée du village, avec sa terrasse en espalier à flanc de colline et son hall d'accueil tout en verre.
✆ 945 60 94 20 - réserv.
Revenez à Laguardia par l'A 124.

Laguardia pratique

Informations utiles

Office du tourisme de Laguardia – *Pl. San Juan - 01300 Laguardia - ✆ 945 600 845 - mat. et apr.-midi, dim. et j. fériés mat - fermé 1er et 6 janv., 24 et 29 juin, 25 déc.*

Office du tourisme de Labastida – *Pl. de la Paz, s/n - 01330 Labastida - ✆ 945 331 015 - www.labastida-bastida.org - mat. et apr.-midi, w.-end et j. fériés mat. - fermé lun., 1er et 6 janv., 25 déc.*

Visites

Labastida – Visite du centre historique et des églises Nuestra Señora de la Asunción et du Santo Cristo, *sur demande à l'office de tourisme - 4 €.*

Se loger

À LAGUARDIA

⊖⊖ Antigua Bodega de Don Cosme Palacio – *Ctra de El Ciego - ✆ 945 621 195 - antiguabodega@cosmepalacio.com - P - fermé 24 déc.-24 janv. - 13 ch. 76/82 € - ☕ 8,25 € - rest. 29,80 €.* Ancienne cave en pierre réhabilitée, qui propose des chambres spacieuses de style néorustique, portant chacune le nom d'une variété de raisin. Agréable salle à manger.

À LABASTIDA

⊖⊖ Hôtel Palacio de Samaniego – *Constitución 12 - Samaniego - ✆ 945 609 151 - recepcion@palaciosamaniego.com – fermé 1er-15 janv. - 12 ch. 64/88 € - ☕ 7 € - rest. 40 €.* La simplicité d'une ancienne noblesse survit encore dans cet établissement, au demeurant sympathique, dont l'intérieur abrite des chambres chaleureuses et confortables, à la décoration exquise. Le restaurant est divisé en trois salles dont le décor austère n'altère en rien l'atmosphère accueillante.

Se restaurer

À LAGUARDIA

⊖⊖ Héctor Oribe – *Gasteiz, 8 - Páganos - ✆ 945 600 715 - fermé 1er-15 juil., 20 déc.-10 janv., dim. soir et lun. - 24/33 €.* Adresse disposant d'un comptoir à l'entrée et d'une salle fonctionnelle où quelques petits paravents séparent l'espace « à la carte » de celui proposant un menu unique.

⊖⊖⊖ Marixa – *Sancho Abarca, 8 - ✆ 945 600 165 - hotelmarixa@terra.es - 37 € - 22 ch. 70/100 € - ☕.* Restaurant familial très réputé dans le secteur. La salle à manger offre de belles vues et une cuisine traditionnelle. L'établissement possède également quelques chambres très correctes, mais simples.

⊖⊖⊖ Posada Mayor de Migueloa – *Mayor-de-Migueloa, 20 - ✆ 945 621 175 - www.mayordemigueloa.com - 47/53 € - 8 ch. 80/93 € - ☕ 9 €.* La noblesse d'antan survit dans ce palais du 17e s., accueillant, soigneusement aménagé et dont la cave est remarquable. Des chambres de style rustique sont proposées en complément.

À LABASTIDA

⊖ El Bodegón – *C/ Frontin 31 - ✆ 945 331 027 ou 629 829 775 - 10/12,50 €.* Presque tous les clients de ce petit restaurant choisissent comme plat principal les côtelettes. Cuites au feu de sarment de vigne, elles sont divines ! La maison propose également d'autres plats bien mitonnés, à déguster dans un décor rustique composé de murs en pierre, de poutres apparentes et de photographies anciennes.

Achats

Vinoteca – *Plaza Mayor, 1 - ✆ 945 621 213.* Vous trouverez ici une belle sélection de produits régionaux. Outre un bon choix de vins de La Rioja et maints objets liés au monde vinicole (tire-bouchon, décantateur...), vous pourrez repartir avec quelques souvenirs gastronomiques typiques. Parmi les plus prisés : les piments, les asperges et les spécialités sucrées.

À LABASTIDA

Vinoteca Landa – *Florida 8 - ✆ 945 331 009 - vinotecalanda@hotmail.com - 10h-14h, 16h-20h.* Cette boutique expose une belle sélection de produits du terroir. La spécialité de la maison reste la vente de vins de Labastida, mais vous trouverez aussi des crus de propriétaires récoltants vendus en vrac, des olives et des articles spécifiques à la région. Avant d'acheter, vous avez bien sûr le droit de goûter.

Événement

Cachimorro – Fête de la Saint-Jean *(24 juin).*

Des vignobles dans La Rioja.

Office Espagnol du tourisme/Paris

La Rioja★

CARTE GÉNÉRALE C2-3 – CARTE N° 573 E-F 20-24 – LA RIOJA

D'interminables champs de vignes et de primeurs tapissent la vallée de l'Èbre au niveau de La Rioja. Les sierras de Cantabrie et de La Demanda protègent la vallée de leurs hauts sommets, toujours présents à l'horizon. Dans ce beau site naturel sont établis des villes et des villages qui possèdent un riche patrimoine artistique, conséquence le plus souvent du chemin de Saint-Jacques qui traverse la région. Ses 5 000 km² intègrent la province du même nom ainsi qu'une partie des provinces voisines de Navarre et du Pays basque (Álava).

Se repérer – La Rioja est située au nord de l'Espagne, entre le Pays Basque au nord, la Navarre au nord-est, l'Aragón au sud-est et la Castille et León à l'ouest.

À ne pas manquer – Le monastère de Santa María la Real à Najera, la cathédrale de Santo Domingo de la Calzada, la Fondation Dinastía Vivanco.

Organiser son temps – Trois à quatre jours.

Pour poursuivre le voyage – La Navarre, l'Álava et la Cantabrie.

Comprendre

Une terre fertile – La Rioja doit son nom au río Oja, l'un des affluents de l'Èbre. Elle est subdivisée en trois zones géographiques : la **Rioja Baja**, La **Rioja Alta** et la **Rioja Alavesa**, et vit essentiellement de viticulture.

La **Basse Rioja** est caractérisée par des paysages étonnants formés par les reliefs tabulaires de la vallée de l'Èbre. Conséquence d'une terre argileuse et fertile, propice au grenache, et d'un climat de type méditerranéen, ses vins sont peu acides et souvent utilisés pour des coupages. Sa culture de primeurs (asperges, artichauts, poivrons, tomates) est à l'origine d'une importante industrie de conserverie. Ses principaux centres sont Logroño et Calahorra. La **Haute Rioja** et la **Rioja alavèse**, aux terroirs respectivement calcaires et argilo-calcaires, sont sujettes à l'influence de l'océan Atlantique. Lorsque celle-ci se fait particulièrement importante, les meilleurs millésimes sont annoncés.

Cépages et classification – Le **tempranillo**, cépage rouge, domine la Rioja en général. On le mélange souvent au **grenache** noir, au **graciano** et au **mazuelo**, pour densifier sa couleur et améliorer sa longévité. Les principaux cépages blancs sont

S. Sergent / MICHELIN

Des bouteilles de Marquès de Riscal.

la **viura**, la **malvasia riojana** et le **grenache** blanc. Ils donnent des vins secs équilibrés. Ils existent quatre catégories certifiées de classification : « Vino de cosecha », « Crianza », « Reserva » et « Gran Reserva ». Leur distinction se fait d'après le temps d'élevage en barrique et en bouteille, différent selon qu'ils sont rouges ou blancs.

La tradition viticole – Le vignoble constitue donc la principale culture de La Rioja, avec une superficie de 43 000 ha et une production de 1 400 000 hl par an. Bien que cette culture soit très ancienne – un document de 1102 cite déjà les vins de La Rioja, et, au 16e s., on les exportait en France, dans les Flandres et en Italie –, son véritable essor eut lieu au 19e s., quand des viticulteurs français, bordelais surtout, ruinés par la crise du phylloxéra, vinrent tenter leur chance ici.

La Rioja aujourd'hui – La Rioja est devenue la première région espagnole pour la qualité de ses vins, spécialement les vins rouges (11 à 12 degrés), tanniques et délicats, proches des vins de Bordeaux. Forte de ce succès, elle voit fleurir depuis quelques années des caves (bodegas) revisitées par des architectes de renom *(voir à Laguardia, Pays basque)* : une occasion d'allier art et savoir-faire.

Découvrir

Fondation Dinastía Vivanco★

Au pied de Briones, dir. Logroño sur la N 232 (39 km au sud-est). ✆ 941 322 323 - www.dinastiavivanco.com - juin-sept. : mar.-dim. 10h-20h ; oct.-mai : vend.-sam. 10h-20h, mar.-jeu. et dim. 10h-18h - réservation conseillée - 7 € (-12 ans gratuit).

Cette énorme bodega consacre 9 000 m² à un passionnant **musée du Vin** qui promène le visiteur à travers les âges et les étapes d'élaboration du vin, depuis les origines du breuvage, sa diffusion géographique, socio-culturelle, son élaboration, son vieillissement, jusqu'à sa distribution. Reproductions, photos, films, reconstitutions et mécanismes (pressoirs du 18e s.) ponctuent le parcours. Une salle entière aborde le vin à travers l'**art religieux ou profane** (cratères grecs, œuvres de Picasso…). Une autre expose une collection de plus de 3 000 tire-bouchons. Dégustation à la fin.

Pour découvrir les autres **musées** dédiés au vin, ou tout simplement des **bodegas**, reportez-vous dans cette partie à **Logroño** et **Haro**, et à **Laguardia** (Álava) pour le Pays basque *(p. 183)*.

La Rioja pratique

Voir aussi les carnets pratiques de Laguardia (Pays basque), Logroño et Haro.

Information utile

Office du tourisme de la Rioja - *✆ 941 291 260 - www.lariojaturismo.com.*

Achats

Bon à savoir – Ramener du vin de La Rioja s'impose. Beaucoup de bodegas disposent de points de vente sur leur site de production. Certaines organisent des visites guidées de leurs chais, la plupart du temps sur réservation. Dans le cas contraire, il est souvent possible de se greffer à un groupe déjà constitué, à condition d'être prêt à attendre...

Logroño

144 935 HABITANTS
CARTE GÉNÉRALE C2 – CARTE MICHELIN N° 573 E 22 – LA RIOJA P. 190
LA RIOJA

Logroño, capitale de La Rioja, concentre à elle seule la moitié de la population de la région. De grands espaces percés de longues avenues enserrent ses quartiers d'affaires. Le centre historique trace aussi de grands axes. La calle Portales, artère principale, enfile des façades aristocratiques sur des galeries à portique. On lui préfèrera la Calle de Laurel, qui, à l'instar du quartier de la Huchette parisien avec ses bars, ses restaurants et ses animations, possède une véritable couleur. Rendez-vous sur le pont de pierre, balcon privilégié sur la vieille ville. De là, les tours baroques de la cathédrale font écho à celles de Santa María del Palacio, pyramidales, et de San Bartolomé, mudéjares.

Office Espagnol du tourisme / Paris

La plaza del Mercado à Logroño.

- **Se repérer** – Logroño se trouve à 39 km au sud-est de Haro et à 104 km au nord de Soria.
- **Se garer** – Visez le parking souterrain de la calle Francisco de la Mata, sur le côté nord du Paseo Príncipe de Vergara.
- **Organiser son temps** – Comptez une demi-journée pour découvrir la ville.
- **Pour poursuivre le voyage** – Haro, Laguardia, Nájera et Soria.

Comprendre

Un antique centre de peuplement – Logroño vient du celte « gronio » qui signifie le « gué », du fait de sa situation sur l'Èbre. L'antique « Vareia » romaine était une halte sur la « Via » qui reliait l'Italie à la Galice. Jusqu'au 10e s., le bourg vit paisiblement, profitant de la culture des terres fertiles alentour.

La cité navarraise – Sancho Abarca, roi de Navarre, veille à son repeuplement en 905, pour garantir le passage du fleuve et l'exploitation des terres aux chrétiens suite à la victorieuse bataille de Clavijo contre les musulmans. Dès 1044, s'élève le palais des rois de Navarre dans la Rúa Vieja.

La prospérité médiévale – En 1095, Alphonse VI, roi de Castille, devenu maître de La Rioja, confère à Logroño les privilèges d'un **Fuero** (charte), octroyant ainsi le droit aux juifs et étrangers de venir s'établir dans la cité. Il ouvre aussi le pont de pierre à la libre circulation des marchandises. Le développement économique s'accroît en conséquence et bénéficie également du passage des **pèlerins** de St-Jacques-de-Compostelle. Aux 12e et 13e s., le paysage s'enrichit d'églises et d'hôpitaux.

Logroño aujourd'hui – La ville actuelle est le centre du négoce du vin de la région. Ses faubourgs intègrent de nombreuses bodegas *(liste disponible à l'office de tourisme)*. Elle est aussi le siège d'industries du bois et du métal et de manufactures textiles.

Visiter

Église de Santa María la Redonda

Santa María « la Redonda » (la ronde) tire son nom de l'ancienne église romane de plan circulaire ou polygonal qu'elle a remplacée. Cathédrale depuis 1959, sa construction date de 1435, mais sa physionomie générale est assurément baroque. Un véritable retable en pierre monumental (18e s.) se dresse entre les deux tours jumelles de sa façade. Évangélistes et archanges président à l'ensemble sous le regard de Dieu.

L'édifice mesure 80 m de long, 26 m de large et 27 m de haut. Il comporte trois vaisseaux, trois absides polygonales et des chapelles sur les collatéraux. Les voûtes en étoiles formées sur 8 colonnes élancées sont caractéristiques du « style de l'époque des Rois Catholiques ». La **chapelle de la Paix**, de style plateresque, fut fondée en 1541 par Diego Ponce de León. Hans de Balduch, ou Maître Anse, y réalisa l'intégralité du travail de sculpture, dont le groupe de la *Résurrection de Jésus*, en bois de noyer polychrome. La chapelle de la Croix expose des tableaux (1500) des peintres Andrés de Melgar (régional) et Alonso Gallego. Très belle grille baroque autour du *coro* (1607).

Musée de La Rioja (Museo de La Rioja)

Plaza de San Agustín, s/n - ✆ 941 291 259 - fermé pour travaux, se renseigner. Il occupe un palais du 18e s. où vécut le général Espartero. Ses fonds proviennent pour la plupart de la vente de biens ecclésiastiques au 19e s. Les sculptures romanes et le retable gothique de Torremuña sont les pièces les plus notables. La période baroque est illustrée par une extraordinaire sculpture en ivoire hispano-philippine qui représente le Christ expirant.

Aux alentours

Vallée de Iregua★ (Valle de Iregua)

50 km au sud de Logroño. Pendant 15 km, la route file à travers la plaine de l'Èbre entre vergers et terrains maraîchers avant d'être en vue, vers Islallana, des premières **falaises** de la sierra de Cameros qui dominent l'Iregua de plus de 500 m. Après deux tunnels, la vallée se resserre entre ces immenses rochers ruiniformes et rougeâtres. La région constitue un îlot de verdure. Le torrent s'encaisse ensuite en canyon et la route domine alors en corniche le site de Torrecilla de Cameros. **Villanueva de Cameros** réunit quelques toits de tuiles rondes sur des murs à colombages.

Logroño pratique

Voir aussi le carnet pratique de Laguardia.

Information utile

Office de tourisme – *Portales, 39 - ✆ 941 273 353 - www.logroturismo.org - tlj mat. et apr.-midi, dim. matin*

Se loger

À LOGROÑO

€€€ **Marquès de Vallejo** – *Calle Marquès de Vallejo, 8 - ✆ 941 248 333 - www.hotelmarquesdevallejo.com - 51 ch. 105/115 € - ☕ 9 €.* Original et design, cet hôtel rouge, noir et argent, s'organise autour d'un bel atrium vitré.

€€€ **Tryp Bracos** – *Calle Breton de los Herreros, 29 - ✆ 941 226 608 - www.solmelia.com - P - 71 ch. 100/140 € - ☕ 12 €.* Ce standard de la chaîne, à deux pas de la zone piétonne, dispose de chambres classiques, équipées high-tech.

À ELCIEGO

€€€ **Hôtel Marqués de Riscal** – *Calle Torrea, 1 - ✆ 945 180 880 - www.luxurycollection.com - P - 43 ch. 400/500 € - ☕.* Une pure folie architecturale autour d'un très grand vin. Restaurant gastronomique, spa Caudalie.

Se restaurer

€ **Noche y Día** – *Calle Portales - www.nocheydia.com.* Pour grignoter des tapas autour d'un verre dans un lieu branché.

€€ **La Piazza** – *Av. de la Rioja, 6 - ✆ 941 223 383.* Une alternative à la cuisine castillanne pour déguster de savoureuses pizzas.

€€ **El Tahiti** – *Calle Laurel - ✆ 941 223 309.* Ce restaurant-asador dresse de belles tables avec nappes blanches. Plats de viandes et de poissons sophistiqués.

€€ **Leito's** – *Calle Portales, 30 - ✆ 941 212 078.* Décor contemporain orange et anis. Cuisine traditionnelle et internationale.

€€€ **Rioja Unico** – *Calle Laurel, 11 - ✆ 941 203 938.* Dans un cadre de pierres apparentes sous un beau plafond voûté, ce restaurant est précédé d'un bar à tapas, qui sert sandwichs et tartines toastées.

Nájera

7 776 HABITANTS
CARTE GÉNÉRALE C2 – CARTE MICHELIN N° 573 E 21 – LA RIOJA P. 190
LA RIOJA

Nájera étage ses quartiers du sommet jusqu'au pied d'une butte rocheuse ocre-rouge, où coule la rivière Najerilla. Une passerelle conduit à la ville piétonne, commerciale et culturelle. L'église paroissiale de Santa Cruz tente d'imposer sa façade du 17e s. dans une enclave retirée. Seule sa coupole émerge du paysage architectural. À l'inverse, le monastère de Santa María la Real étend confortablement son chevet jusque sur la place principale.

- **Se repérer** – Nájera se trouve à 28 km à l'ouest de Logroño et à 20 km à l'est de Santo Domingo de la Calzada.
- **Se garer** – Le parking de tourisme est fléché depuis l'entrée de la ville.
- **Organiser son temps** – La ville se visite en une demi-journée.
- **Pour poursuivre le voyage** – Burgos, Haro, Logroño, Santo Domingo de la Calzada.

Comprendre

Nájera et la Reconquista – Occupée déjà en des temps préhistoriques, Nájera vit successivement les colonisations ibère, romaine, celte et arabe. Conquise en 923 par Ordoño II de León avec l'aide de Sanche Ier de Navarre, elle se voit au 11e s. honorée par la construction d'un palais dans lequel sont frappées les premières pièces de monnaie de la Reconquista. Nájera connaît son apogée sous le règne de Garcia IV de Navarre, fondateur du monastère, du premier ordre religieux militaire d'Espagne – les chevaliers de la Jarra –, et protecteur des pèlerins. En 1076, Alphonse VI de Castille s'empare de la cité et confie le monastère aux moines clunisiens. Au 15e s., Nájera se dote de murailles et acquiert le titre-statut de « Villa ».

Visiter

Monastère de Santa María la Real★

✆ 941 363 650 - horaires variables, se renseigner - 3 €.

Ce monastère fut fondé en 1044 par le roi de Navarre, sur la grotte, où, attiré par le vol d'un vautour et d'une perdrix, il aurait découvert une statue de la Vierge.

À l'étage inférieur du **cloître de los Caballeros** (1518), de style gothique flamboyant, se distinguent d'élégants remplages plateresques et des tombeaux Renaissance.

Sous la tribune de l'**église**, deux soldats portant les couleurs de García de Navarre et de son épouse Stéphanie de Foix gardent le **Panthéon royal** (infants de Navarre, León et Castille des 11e et 12e s.), dont les gisants furent exécutés au 16e s. Au centre, entre les statues agenouillées des fondateurs, s'ouvre l'accès de la grotte où aurait eu lieu la découverte miraculeuse. Dans une niche trône une Vierge polychrome du 13e s. Dans la nef de la Epístola (épître), parmi d'autres sarcophages royaux, se trouve le **tombeau de Blanche de Navarre** (12e s.) Richesse expressive et symbolique caractérise les haut-reliefs qui le décorent. La douleur de son époux et le recueillement des acteurs des funérailles côtoient des scènes de l'Ancien et du Nouveau Testament (le massacre des Innocents, la parabole des vierges folles et des vierges sages).

Dans le *coro alto*, on admirera les **stalles** (1495) pour la variété des miséricordes et des accoudoirs, et surtout le décor du siège central où l'artiste a représenté le roi fondateur, élégant et majestueux dans son armure, sous un dais d'une finesse prodigieuse.

Aux alentours

Basilique de Santa María de Arcos de Tricio

3 km au sud-ouest de Nájera. ✆ 636 820 589 - visite guidée (15-20mn) - été : 10h30-13h30, 16h30-19h30, w.-end et j. fériés 10h30-14h30 ; hiver : w.-end et j. fériés seulement 10h30-13h30, 16h30-19h30 - 2 €.

Cette basilique, construite au 5e s., compte d'impressionnantes colonnes faites de tambours d'une grosseur considérable soutenant la voûte baroque. Dans le chœur apparaissent les restes de splendides **fresques romanes★** du 12e s. illustrant La Cène et la Crucifixion. Dans un écoinçon sont peintes les églises de l'Apocalypse. Tout cela dans un style très graphique. Sous la nef, une grille métallique protège des sépultures romaines, paléochrétiennes et médiévales.

San Millán de la Cogolla

À 18 km au sud-ouest par la LR 113 puis par la LR 205 le long de la rivière Cardenas.

Au 5e s., Émilien (Millán) de Berceo et quelques disciples se retirent en ces lieux pour y mener une vie d'ermite. Émilien meurt centenaire en 574 et son tombeau devient l'objet d'un pèlerinage. Au 10e s., un monastère et une église mozarabe (Suso) sont édifiés. Mais en 1053, les moines s'établissent finalement dans la vallée (Yuso). Les premiers manuscrits en langue castillane ont été rédigés ici-même.

Monasterio de Suso★ – *℘ 941 373 082 - visite guidée sur réservation (entrées à retirer à l'office de tourisme) - 3 €.* Situé dans la montagne au-dessus de la vallée de Cardenas, l'édifice mozarabe, en partie creusé dans la roche, présente une abside cubique avec de grands corbeaux sculptés. L'église comprend deux nefs séparées par trois arcades outrepassées. À l'époque romane, ces nefs furent prolongées vers l'ouest. À côté de l'église a été découverte une nécropole troglodyte où étaient enterrés les moines.

Monasterio de Yuso – *℘ 941 373 049 - www.monasteriodeyuso.org - ♿ - tlj mat. et apr.-midi - fermé lun., 1er et 6 janv., 28 août, 25 déc. - 4 € (-8 ans gratuit).* Le **monastère** actuel a été élevé du 16e au 18e s. dans les styles Renaissance pour l'église, néoclassique pour les portails et baroque pour la sacristie. Le trésor renferme de **splendides ivoires★★** qui ornaient deux reliquaires du 11e s. dont la monture d'or et les pierres précieuses ont tenté les soldats napoléoniens. Celui de saint Émilien (1067-1080) compte quatorze plaques romanes, remarquables quant à l'expression des personnages. Celui de saint Félix (1090) présente cinq plaques influencées par le hiératisme byzantin.

Monastère de Nuestra Señora de Valvanera

A 36 km au sud par la LR 113.

Au cœur d'un **site montagneux★★** isolé, ce **monastère** domine un paysage de forêts, protégé par les hautes cimes de la sierra de San Lorenzo. L'église héberge la sainte patronne de La Rioja, la Vierge de Valvanera, une belle statue du 12e s. Le monastère possède un hôtel-auberge - *℘ 941 37 70 44.*

Nájera pratique

Informations utiles

Office du tourisme de Nájera – *Plaza San Miguel, 10 - ℘ 941 360 041 - tlj sf lun. mat. et apr.-midi, dim. mat.*

Office du tourisme de San Millán de la Cogolla – *Monasterio de Yuso (Edificio Aula de la Lengua) - ℘ 941 373 259 - tlj sf lun. mat. et apr.-midi.*

Se loger

À NÁJERA

⊖ **Hôtel Cuidad de Najera** – *Cuarta Calleja San Miguel, 14 - ℘ 941 360 660 - www.cuidaddenajera.com - 8 ch. 42/55 €.* Situé à quelques pas du monastère, cette petite structure ouverte en 2004 est particulièrement chaleureuse.

⊖⊖ **Hôtel San Fernando** – *Paseo de San Julián, 1 - ℘ 941 36 37 00 - www.emeieme.com - P - 55 ch. 70/80 €- ☕ 5 €.*. Cet hôtel de construction récente, situé en plein centre de la cité médiévale, propose des chambres spacieuses.

À SAN MILLÁN DE LA COGOLLA

⊖⊖⊖ **Hospedería del Monasterio de San Millán** – *Dans le monastère-même - ℘ 941 373 277- www.emeieme.com - P - 25 ch. 90/115 € - ☕ 9,50 €.* Les parties communes sont accueillantes et les chambres charmantes. C'est vraiment une adresse d'exception que l'on appréciera aussi pour son très bon restaurant.

À BADARÁN

⊖⊖ **Hôtel Conde de Badarán** – *Ctra. San Millán, 1 - ℘ 941 367 055 - www.condedebadaran.com - P - 28 ch. 70/80 € - ☕ 10 €.* Situé à la sortie du village, cette adresse est une excellente alternative aux hôtels des sites de pèlerinage souvent complets. Sens du service. Cafétéria.

Se restaurer

⊖⊖ **El Mono** – *Calle Mayor, 43 - ℘ 941 363 028.* Bar-restaurant de cuisine régionale. Spécialités : morue rijanne, feuilletés au poisson et à la crème, viandes rôties.

⊖⊖ **Los Parrales** – *Calle Mayor, 52 - ℘ 941 363 700.* Ce restaurant est tenu depuis 30 ans par la famille Villoslada. La cuisine traditionnelle est revisitée par des saveurs nouvelles. Agréable terrasse en été. Au bar sont servies les fameuses « cazuelitas » (plats mijotés dans de petites casseroles).

Événements

À la mi-septembre, se suivent les fêtes de **San Juan Mártir** et de **Santa María la Real** : messes, spectacles, concerts, défilés de géants et processions religieuses.

Santo Domingo de la Calzada★

6 245 HABITANTS
CARTE GÉNÉRALE C2 – CARTE MICHELIN N° 573 E 21 – LA RIOJA P. 190
LA RIOJA

Isolée au beau milieu d'une plaine verdoyante, Santo Domingo de la Calzada se signale aux pèlerins grâce à la haute tour baroque de sa cathédrale. Le cœur historique survit modestement dans le carcan de la muraille du 14e s. Seule la plaza de España prend ses aises, mettant ainsi en valeur les galeries à portique de l'hôtel de ville et la perspective depuis la porte de Haro.

- **Se repérer** – Santo Domingo de la Calzada se trouve à 66 km à l'est de Burgos et à 47 km à l'ouest de Logroño.
- **Se garer** – Au nord, le long de la muraille.
- **Organiser son temps** – Allez-y pour une matinée ou une fin d'après-midi.
- **Pour poursuivre le voyage** – Burgos, Haro, Logroño, Nájera et San Millán de la Cogolla.

Sime / Photononstop

La plaza de España à Santo Domingo de la Calzada.

Comprendre

Une vocation religieuse fondatrice – Au 11e s, un jeune berger prénommé Dominique, reçoit une éducation religieuse au sein du monastère de Valvanera. Désirant intégrer le célèbre monastère de San Millán de la Cogolla, il dépose une demande mais celle-ci est rejetée. Il part alors au service du légat du pape, Grégoire de Ostia. Ce dernier l'ordonne prêtre. A la mort de son maître, Dominique se retire près de la rivière Oja, pour y vivre en ermite et aider les pèlerins qui se rendent à Compostelle. On le surnomme bientôt « la Calzada » pour les efforts qu'il concentre à entretenir et à améliorer le « Chemin » du pèlerinage. Toujours plus dévoué, il fait construire des ponts, un hôpital et une auberge puis édifier une chapelle dédiée à la Vierge Marie. Après sa conquête de la région en 1076, Alphonse de Castille réalise le rôle déterminant du prélat dans le développement local et le soutient. Le bourg voit sa population croître rapidement. Dominique meurt en 1109 et l'église où il est enterré est aussitôt élevée au rang de cathédrale. Suite aux nombreux miracles constatés autour de sa dépouille, Dominique est déclaré « saint ». Santo Domingo de la Calzada est depuis, une étape importante du « Camino de Santiago ».

Visiter

La **vieille ville★** se concentre autour de la **plaza del Santo**, où se dressent la cathédrale et l'ancien hôpital transformé en parador. La calle Mayor conserve de nombreuses maisons ornées de blasons, des 16e et 17e s. La **plaza de España** toute proche est dominée par l'hôtel de ville (18e s.), couronné par les armes des Bourbons.

Cathédrale★

☎ 941 340 033 - tlj sf dim. et j. fériés 9h-13h30, 16h-18h30 - 23 €.

L'édifice est gothique, à l'exception du déambulatoire et du chœur romans. Dans le croisillon droit se trouve le tombeau de saint Dominique, sous un baldaquin, conçu en 1513. En face, un monument gothique forme la cage somptueuse où, depuis un miracle attribué au saint, sont entretenus une poule et un coq blancs. Un pèlerin, injustement accusé de vol, avait été pendu sur-le-champ. Un mois plus tard, toujours vivant au bout de sa corde, il reconnut ses parents et leur dit : « Que le juge me dépende, saint Dominique me protège. » Le juge, attablé devant un poulet rôti, resta incrédule et déclara : « Il doit être aussi vivant que ce poulet. » Le volatile se dressa alors sur ses pattes et se couvrit de plumes.

L'ancien **retable du maître-autel**, œuvre inachevée de **Damián Forment**, est installé dans le bras gauche du transept. Des scènes de la vie du Christ y sont accompagnées de sculptures d'apôtres et de saints. Le mouvement qui anime ce splendide ensemble réalisé en noyer et albâtre en fait une création majeure du 16e s.

La **chapelle de la Madeleine**, située dans la nef latérale gauche, présente une belle décoration plateresque et une magnifique grille. Dans la chapelle voisine, se trouve une délicate statue flamande de sainte Véronique (15e s.). Dans le bas-côté droit, en face de la chapelle de la Madeleine, la **chapelle St-Jean-Baptiste ou Ste-Thérèse** compte une belle grille, d'intéressants tombeaux nobiliaires et un magnifique retable avec des peintures hispano-flamandes. Notez le grand blason impérial couronnant la décoration plateresque de la chapelle de l'Immaculée.

À l'extérieur s'élève le **campanile** baroque (18e s.). Sur cette même place, face à la cathédrale, le petit **ermitage du saint** dévoile un intérieur gothique.

La partie la plus intéressante reste le **chœur**. Huit pilastres sculptés séparent la chapelle principale du déambulatoire dont il ne conserve qu'une chapelle romane (au centre) vouée à saint Pierre. Les chapiteaux du 12e s. portent les symboles des quatre évangélistes, entourés d'anges tenant les attributs de la Passion. Du côté de l'épître, on identifie l'Assomption de la Vierge. Au troisième pilastre à droite, très bel Arbre de Jessé terminé par une sainte Trinité, entourée des 24 têtes des vieillards de l'Apocalypse. On distingue aussi le relief illustrant la parabole des vierges sages (lampes levées) et des vierges folles (lampes vers le bas). Le plus beau de cet ensemble décoratif roman est sans doute le roi David jouant de la musique, à la base du pilastre gauche.

Cloître – Il abrite un splendide musée d'art religieux. Admirez en particulier : le devant d'**autel** de 1300 en bois de pin polychrome, qui révèle de manière naïve un univers humanisé et poétique (Ève sortant de la côte d'Adam, serpent autour de l'arbre, etc...) ; le **triptyque** de l'*Annonciation* de Jaos Van Cleve ; la statue de **Nuestra Señora de la Blanca** de 1320, en bois peint, avec son socle orné de blasons ; et la **Virgen de la leche** (Vierge allaitant), tableau de 1500 de l'école bourguignonne (ce type iconographique, connu depuis l'Égypte ancienne, était très répandu en Europe du Sud entre les 14e et 16e s.).

Aux alentours

Abbaye de Cañas (Abadía de Cañas)

☎ 941 379 083 - tlj sf lun. mat. et apr.-midi - 3 €.

Depuis sa fondation en 1170, cette **abbaye** cistercienne est habitée par les disciples féminins de Bernard de Clairvaux. L'église (16e s.) et la salle capitulaire sont d'extraordinaires exemples de la sobriété et de la pureté du modèle de Cîteaux : élégantes arcades ogivales, décoration florale et voûtes à croisée d'ogives simple. Au pied de l'église se trouve un magnifique retable Renaissance (16e s.), attestant d'une combinaison singulière : bas-reliefs dans la partie inférieure, sculptures dans la partie centrale et peintures dans les parties latérales. La statuette gothique de **Nuestra Señora de Cañas** a conservé sa polychromie originale. Sur son socle figure une frise décorative illustrant les blasons des familles donatrices Lopez de Haro et Ruiz de Castro.

Les œuvres d'art du monastère (retables, tableaux et sculptures, du 13e au 18e s.) sont exposées dans l'ancien cellier de l'abbaye (13e s.). Une autre salle est consacrée aux reliques (armoire Renaissance, superbe sainte famille gothique en bois polychrome).

Ezcaray

14 km au sud.

Ce charmant village situé au pied de la sierra de La Demanda, au bord du río Oja, dans un environnement exceptionnel, est devenu un lieu de villégiature où, en raison de la proximité de la station de Valdezcaray, se retrouvent les amateurs de ski. Il conserve son ambiance de montagne, ses rues à arcades sur piliers de pierre et de bois, ses maisons seigneuriales, l'**église Santa María la Mayor** et les bâtiments d'une ancienne manufacture de tapisseries fondée par Charles III en 1752.

Santo Domingo de la Calzada pratique

Information utile

Office de tourisme – *Mayor, 70 - 941 341 230 - tlj mat. et apr.-midi, dim. matin.*

Se loger

À SANTO DOMINGO DE LA CALZADA

Hôtel Corregidor – *Calle Mayor, 14 y 15 - 941 342 128* - Un trois étoiles classique apprécié pour sa situation commode le long de la muraille. Il bénéficie de chambres spacieuses et confortables, sans charme particulier. Cafeteria. Bon accueil.

Parador de Santo Domingo de la Calzada – *Plaza del Santo, 3 - 941 340 300 - - 59 ch. 135/150 € - 14 €.* Ce parador, situé à côté de la cathédrale, occupe un ancien hospice du chemin de Saint-Jacques. Très beaux salons gothico-Renaissance. Chambres de cachet avec boiseries, tentures et tapisseries. Restaurant gourmet.

Parador Escuela Bernardo de Fresneda – *Plaza de San Francisco, 1 - 941 341 150 - bernardodefresneda@parador.es - P - 52 ch. 135/150 €- 12 €.* Logé dans l'ancien couvent de San Francisco, inserré dans la muraille, ce second parador est aussi beau que son alter ego. Les chambres ont une allure médiévale. Pour les romantiques, lits à baldaquin ! Excellent restaurant.

À CASTAÑARES DE RIOJA

Hôtel Patron – *Calle la Fuente, 3 - 941 300 211 - 18 ch. 35/45 € - 5 €.* Dans un village situé à 7 km au nord de Santo Domingo, ce tout nouvel hostal appartient au patron du bar-restaurant d'en face. Il dispose de chambres fonctionnelles et claires et d'un salon commun pour prendre le petit-déjeuner.

À EZCARAY

Hôtel Echaurren – *Héroes del Alcázar, 2 - 941 354 047 - www.echaurren.com - 25 ch. 76/110 € - 8 €.* En face de l'église Santa María la Mayor, cet établissement est particulièrement réputé pour son restaurant. Les chambres sont cossues, au charme un tantinet démodé.

Palacio de Azcárate – *Héroes del Alcázar, 8 - 941 427 282 - www.palacioazcarate.com - P - 19 ch. 72/122 € - .* Joli mélange de décor classique et traditionnel dans cette maison du 18e s. À l'extérieur, une petite terrasse domine un agréable jardin. L'hôtel propose des prestations spa, où sont dispensés des soins en vinothérapie. Pour les golfeurs, la réception s'occupe de vous réserver un green fee sur le parcours de golf de votre choix. Restaurant gourmet.

Se restaurer

Mesón Los Caballeros – *Calle Mayor, 56 - 941 342 789.* Restaurant animé où l'on sert une bonne cuisine régionale.

El Rincón de Emilio – *Plaza Bonifacio Gil, 7 - 941 340 990.* Dans l'assiette, une délicieuse cuisine familiale, servie dans un cadre plaisant.

La Strada – *Avenida Juan Carlos I, 36 - 941 340 668.* Charmant restaurant italien servant d'excellentes pâtes. Service alerte.

Office Espagnol du tourisme / Paris

Le parador de Santo Domingo de la Calzada.

Achats

À SANTO DOMINGO DE LA CALZADA

Le Marché médiéval a lieu chaque année, en même temps que les fêtes de la Constitution et de l'Immaculée Conception (les 6 et 8 décembre). Vivant et coloré, il se déroule dans le quartier historique.

À EZCARAY

La tradition textile est toujours vivante. On fabrique des toiles et des couvertures. Entrez dans la boutique de los Hijos de Cecilio Valgañón - *Calle González Gallarza, 10 - 9h-13h, 15h-19h - 941 35 40 34.*

Événement

Ne manquez pas la **Fiesta del Santo**, du 25 avril au12 mai.

Haro

10 647 HABITANTS
CARTE GÉNÉRALE C2 – CARTE MICHELIN N° 573 E 21 – LA RIOJA P. 190
LA RIOJA

Capitale de la Haute Rioja, Haro est une prospère cité agricole et commerciale, célébrée pour la qualité de ses vins. Dans le vieux quartier historique, riche en caves et tavernes, subsistent des belles maisons nobles, avec des façades 17e et 18e s., qui témoignent d'un prestige ancien.

- **Se repérer** – Haro se situe à 26 km à l'ouest de Laguardia et à 39 km au nord-ouest de Logroño par la N 232.
- **Organiser son temps** – Prenez une demi-journée pour visiter la ville et ses caves.
- **Pour poursuivre le voyage** – Logroño, Santo Domingo de la Calzada et Vitoria-Gasteiz.

Comprendre

De mains en mains – La fondation de Haro remonterait au 10e s. En 1107, Alfonse VI de Castille offre la cité au seigneur Don López de Vizcaya pour le remercier de l'avoir aidé à vaincre le roi aragonais. En 1187, Haro bénéficie d'un fuero pour régir sa vie politique, économique et juridique. En 1288, Sanche IV conquiert la ville. Aux 14e et 15e s., elle passe successivement aux mains des Trastamara et de la Navarre, jusqu'à ce qu'en 1430, Jean II de Castille la soumette et la confie à Don Fernández de Velasco. Il crée pour lui le titre de « comte de Haro ».

Un 19e s. florissant – En 1833, Haro intègre la toute nouvelle province administrative de Logroño. La cité reçoit en 1891 le statut de « ville ». Cette reconnaissance salue son dynamisme tant dans les domaines industriels qu'artistiques. Elle avait inauguré en 1841 le théâtre Bretón de los Herreros et installé l'électricité publique en 1890.

Visiter

Sur la **plaza de la Paz**, admirez la simplicité néoclassique de l'hôtel de ville conçu par **Juan de Villanueva** en 1769. Derrière, la tour baroque de l'**église de Santo Tomás** s'élève, élégante, au-dessus du temple commandé en 1516 à **Felipe Bigarny** qui conserve un beau portail Renaissance.

Musée du Vin de La Rioja★ (Museo del Vino de La Rioja)

941 305 719 - tlj mat. et apr.-midi, w.-end tte la journée - fermé lun. - 3 € (-16 ans 2 €). Ce musée reprend sur trois niveaux tout le processus d'élaboration du vin, depuis la culture des cépages jusqu'à la mise en bouteille. Au premier étage, faites connaissance avec les meilleures bodegas locales et prenez part aux dégustations.

Haro pratique

Information utile

Office de tourisme – *Plaza Monseñor Florentino Rodríguez, s/n - 941 303 366 - juil.-août : tlj mat. et apr.-midi, dim. et j. fériés matin ; reste de l'année : tlj sf dim. mat.*

Se loger

Hôtel Higinia – *Calle Virgen de la Vega, 21 - 941 304 344 - www.hotelhiginia.com - 21 ch. 43/56 € - 6 €.* Hôtel simple et confortable, récemment rénové. Joli mobilier castillan.

Hôtel Los Agustinos – *Calle San Agustín, 2 - 941 311 308 - www.hotellosagustinos.com - P - 60 ch. 80/100 € - 12 €.* Superbe exemple de réhabilitation d'un couvent du 14e s. Le salon est situé dans l'ancienne chapelle. Chambres classiques autour d'un cloître.

Se restaurer

Terete – *Calle Lucrecia Arana, 17 - 941 310 023.* Restaurant de type « mesón » au décor simple, fréquenté par une clientèle d'habitués.

Mesón Atamauri – *Plaza Juan García Gato, 1 - 941 303 220.* Cuisine traditionnelle servie dans le cadre rustique d'une jolie maison du 18e s.

Beethoven II – *Calle Santo Tomás, 3 - 941 311 181.* Cet établissement familial propose une cuisine classique teintée de saveurs locales.

Événements

Le **29 juin** a lieu la Fiesta de **San Pedro**, durant laquelle se déroule la « bataille du Vin ».

Une semaine de réjouissances autour de la fête de **Nuestra Señora de la Vega** le 8 septembre : concours, spectacles, expos.

La presqu'île de la Magdalena à Santander

Oficina de Turismo Ayuntamiento de Santander

Santander★★

183 955 HABITANTS
CARTE GÉNÉRALE B2 – CARTE MICHELIN N° 572 B 18 – CÔTE CANTABRIQUE P. 212-213
CANTABRIE

Santander est construite sur un site privilégié dans une baie profonde et magnifique. Capitale résolument tournée vers la mer, elle aligne de grandes plages de sable fin, urbaines et propres. Sa longue façade maritime bordée de promontoires et de jardins soignés qui offrent de merveilleuses vues est sans doute l'une des plus belles d'Espagne. Station balnéaire élégante, son célèbre Festival international de musique et de danse et son université d'été en font aussi une ville cosmopolite et fréquentée.

Se repérer – Située sur la côte et le tracé de l'autoroute A 8, Santander se trouve à 104 km à l'ouest de Bilbao et à 61 km à l'est de San Vicente de la Barquera, dernière ville côtière de la province cantabrique.

Se garer – Excepté dans le quartier de la mairie, circuler en voiture n'est pas un problème. De nombreux parkings stratégiquement répartis dans la ville permettent de se garer à proximité des musées et des plages.

À ne pas manquer – La promenade maritime le long du paseo de Pereda et de l'avenida Castelar, le parc de Mataleñas et la péninsule de la Magdalena.

Organiser son temps – Une journée suffit pour visiter les principaux sites et musées. Une autre s'impose pour flâner dans le centre ou sur le paseo.

Avec les enfants – Les nombreuses plages, le mini zoo et les jeux du parc de la Magdalena, le musée de la Préhistoire, le Musée maritime, le parc de Cabárceno et la grotte du Castillo.

Pour poursuivre le voyage – Santillana del Mar et la côte Cantabrique.

Office Espagnol du tourisme / Paris

La Banque de Santander sur le paseo de Pereda.

Comprendre

La ville romaine – Les premières fondations de la ville datent de -26 av. J.-C. lorsque l'empereur **Auguste** ayant vaincu la résistance cantabre décida de matérialiser sa victoire dans ce port appelé *Portus Victoriae* (le port de la victoire).

L'époque musulmane - Au 8e s., la conquête de l'Espagne par les Maures provoque la fuite vers le nord, et donc vers la Cantabrie, des habitants de la Castille. Pénétrés des cultures locale, romaine et wisigothique, ces réfugiés contribuent au développement urbain et portuaire de Santander et apportent avec eux les restes de saint Emeterio et saint Celedonio, martyrs chrétiens tombés à Calahorra lors des persécutions de Dioclétien (3e s.). La légende raconte que leurs têtes arrivèrent dans la baie de Santander dans une barque. Le nom de la ville serait d'ailleurs la contraction linguistique du nom latin *Sancti Emeterii*, devenu Sant Emeter en latin vulgaire, puis Santander. Ces deux saints sont toujours les deux patrons de la ville et figurent sur son écusson. Leurs reliques sont à l'origine de nombreuses constructions religieuses en Cantabrie, dont la cathédrale de Santander.

La ville chrétienne – Du 12e s. au 16e s., Santander va profiter des privilèges accordés par **Alfonso VIII** qui, en l'exonérant de certaines taxes douanières, lui permet de développer son activité commerciale. Une partie de la flotte du royaume de Castille est issue de ses chantiers navals. L'économie marchande et maritime prospère. Santander compte au 13e s. pas loin de 2 000 habitants. L'augmentation démographique se poursuit jusqu'au 15e s. où elle atteint alors près de 7 000 habitants. La peste mit fin à cet essor et il faudra trois siècles pour enrayer les ravages de l'épidémie.

Moments difficiles

À la fin du 19e s., l'explosion du cargo *Machichaco*, qui fit plus de 500 victimes, causa une grande émotion dans toute l'Espagne. Puis, le 15 février 1941, alors que la ville se remettait difficilement de la guerre civile, une tornade s'abattit sur elle, la mer envahit les quais et un violent incendie dévasta tout le centre, qui fut presque entièrement détruit. La reconstruction se fit par blocs d'immeubles de quatre ou cinq étages. Des places comme celle de la Porticada, des esplanades, le port de plaisance, appelé Puerto Chico, furent aménagés, ainsi que des jardins au bord de la mer devant le paseo de Pereda ou le long des plages du Sardinero.

L'époque moderne - À partir du 17e s., le port souffre de la montée en puisssance de Bilbao et il faut attendre 1765 pour qu'il retrouve un rôle stratégique dans les échanges de marchandises avec le Nouveau Monde. En 1801, la ville obtient enfin sa suprématie sur les autres villes régionales en devenant capitale de la nouvelle province maritime de Santander. C'est donc au 19e s. que la ville acquiert son prestige actuel.

L'essor du 19e s. – Après avoir dépassé la crise économique due à l'invasion napoléonienne, notamment, le port de Santander augmente son activité au point d'être surnommé le « Liverpool d'Espagne ». À la fin du siècle, l'aristocratie et la grande bourgeoisie en font une station balnéaire de choix, et son destin touristique se confirme grâce aux visites estivales répétées d'**Alfonso XVIII** et de son épouse **Victoria Eugenia**. En 1908, la ville, reconnaissante, leur construit un imposant palais sur la péninsule de la Magdalena, que le roi Juan Carlos a ensuite rétrocédé aux habitants de Santander. Il abrite aujourd'hui l'université d'été de Menendez Pelayo.

Santander aujourd'hui – En partie détruite à la suite de la guerre civile et du terrible incendie de 1941 *(voir encadré)*, Santander a fait peau neuve au 20e s. Sa reconstruction, bien que soumise aux canons de l'architecture franquiste, n'a pas entamé son charme, d'autant que plusieurs édifices élégants de style néogothiques et emblématiques de la ville, dont le Casino et le Grand Hôtel, subsistent encore.

Se promener

Les sites à voir se répartissent en deux ensembles très différents : le centre-ville typiquement urbain, commerçant et animé, et toute la baie de Santander, à découvrir le long du front de mer ponctué de plages, de parcs et du musée.

LE CENTRE-VILLE plan II

Derrière l'axe formé par le seigneurial et maritime **paseo de Pereda★**, où se trouvent le bâtiment de la Banque de Santander, le petit palais de l'embarcadère (salle des expositions) et l'**avenue de Calvo Sotelo**, très commerçante, s'organise le centre-ville.

En partant des jardins de Pereda et de l'office de tourisme, dirigez-vous vers la cathédrale par le paseo de Pereda et la rue Alfonso XIII.

Cathédrale plan II E

Perchée sur une butte, elle a des allures de forteresse. On y entre par le cloître gothique restauré. Très endommagée par l'incendie de 1941, elle a été reconstruite dans le style gothique. Un retable baroque préside le *presbiterio* et, à droite du déambulatoire, un **bénitier** n'est autre qu'un bassin à ablutions musulman, rapporté d'un jardin sévillan à Santander par ceux qui avaient aidé le roi Fernand III le Saint à conquérir Séville (1248).

Église du Cristo – *Entrez par le portail sud donnant sur la rue Somorrostro.* La **crypte★** du 12e s. a conservé ses trois nefs basses, séparées par de solides piliers cruciformes. Des fouilles, réalisées dans le bas-côté gauche, ont fait apparaître les restes d'une maison romaine où avaient été enterrées les reliques de saint Emeterio et de saint Celedonio, les patrons de la ville. Les reliquaires sont exposés actuellement dans l'abside gauche. Sur le maître-autel : un Christ baroque de l'école castillane.

Traversez l'avenida Calvo Sotelo, prenez la calle de San Francisco et remontez vers la gauche pour déboucher place de la mairie, empruntez ensuite la calle Miguel Artigas sur la gauche, qui se prolonge par la calle Rubio.

Musée des Beaux-Arts (Museo de Bellas Artes) plan II E

Rubio, 6 - ✆ 942 203 120 - tlj mat. et apr.-midi, sam. matin - fermé dim. et j. fériés - gratuit.

Un portrait de Ferdinand VII exécuté par **Goya** ainsi que certaines de ses eaux-fortes *Les Désastres de la guerre*, *Tauromachie* et *Des caprices et des songes,* côtoient des peintures flamandes et italiennes des 16e et 17e s. Les œuvres les plus nombreuses sont celles d'artistes – peintres ou sculpteurs – régionaux, des 19e et 20e s. (Madrazo, Solana, Cossío, Riancho, Blanchard, Oteiza, Miró). Au rez-de-chaussée, une salle accueille des expositions temporaires.

Biblioteca Menéndez Pelayo plan II E

Gravina, 4 - ✆ 942 234 534 - lun., merc., vend. et sam. matin, mar. et jeu. mat. et apr.-midi - fermé dim. et j. fériés - gratuit.

Grand érudit et esprit universel, **Marcelino Menéndez y Pelayo** (1856-1912), passionné par les livres, se constitua une bibliothèque fabuleuse de près de 45 000 volumes parmi lesquels plusieurs manuscrits de célèbres auteurs castillans. Léguée à sa ville natale à la seule condition qu'elle la laisse telle qu'il l'avait abandonnée, cette bibliothèque fait face à la maison de l'écrivain, la Casa-Museo, qui se visite aussi, sur demande.

Revenez sur vos pas, remontez la calle Cervantès sur la gauche, contournez l'église, passez devant le marché couvert (mercado de la Esperanza), et prenez plus bas la calle Juan de Herrera pour aller sur la plaza Porticada.

Plaza Porticada plan II E

Construite après l'incendie de 1941, elle est représentative du style conservateur de **Javier González Riancho**, architecte souvent sollicité dans la rénovation du centre ville. Sa structure, sa géométrie et son ampleur en font le théâtre de nombreuses manifestations festives tout au long de l'année.

Continuez par la calle Hernán Cortés, qui mène à la plaza de Pombo, et poursuivez dans cette rue jusqu'au musée de la Préhistoire (à 5mn).

Musée de la Préhistoire et de l'Archéologie★ (Museo regional de Prehistoria y Arqueología) plan II F

Casimiro Sainz, 4 - ✆ 942 207 105 - tlj mat. et apr.-midi, dim. et j. fériés matin - fermé lun., 1er janv., Vend. Saint, 1er Mai, 25 déc. - gratuit.

Il met en scène l'évolution de la culture et des modes de vie, du paléolithique au Moyen Âge, à partir des fouilles effectuées dans les quelque cinquante grottes préhistoriques de Cantabrie (surtout El Castillo, El Pendo et El Valle). Y sont exposés des restes d'animaux de l'ère quaternaire, aujourd'hui disparus. Art mobilier, objets gravés et outils ouvrés dans des bois de cerfs, des os, des plaques de pierres, ainsi qu'un grand chaudron et des pointes de lance de l'âge du bronze retracent les conditions de vie et l'univers des hommes du paléolithique. L'époque la plus riche est celle du paléolithique supérieur. On remarquera aussi les **trois grandes stèles discoïdes géantes** ★, énigmatiques emblèmes de la culture cantabre préromaine, qui auraient un caractère funéraire. La section réservée aux vestiges de l'occupation romaine, recueillis pour la plupart à Julióbriga et Castro-Urdiales, présente des céramiques, des monnaies, des statuettes en bronze. Admirez aussi la remarquable boucle de ceinture en os mozarabe (10e s.).

Une scénographie moderne, de nombreux supports numériques, des commentaires en trois langues (espagnol, anglais, français) ainsi que la possibilité de bénéficier gratuitement d'un guide rendent ce musée accessible à tous.

LE FRONT DE MER★★ plan I

Santander compte pas moins de douze plages ! Pour les découvrir, on peut commencer devant le **paseo de Pereda** pour remonter le long de la côte en suivant la direction de la **péninsule de la Magdalena**, puis d'**El Sardinero**. Le point culminant de l'itinéraire est le **Cabo Menor** qui offre une vue panoramique sur toute la promenade réalisée.

Après le paseo de Pereda, suivez, le long du Puerto Chico, la calle de Castelar, puis prenez le quai, à droite du Planetario, au bout duquel se trouve le Musée maritime (5mn).

Musée maritime (Museo Marítimo del Cantábrico) plan I C

San Martín de Bajamar, s/n - ☏ 942 274 962 - www.museosdecantabria.com/mart/presentacion.htm - tte la journée - fermé lun., 1er janv., Vend. saint, 1er Mai, 25 déc. - 6 € (- 12 ans 4 €).

Ses quatre niveaux proposent différentes approches de la mer : une section est réservée à la biologie marine avec un magnifique aquarium, une autre est dédiée à l'art de la pêche, une troisième reconstitue la vie en mer des explorateurs et des pêcheurs, et la dernière retrace l'histoire et la technologie des navires de commerce et de guerre. Quelques pièces exceptionnelles sont exposées comme le squelette d'une baleine ou les scaphandres utilisés par les plongeurs morts dans l'explosion du *Machichaco* en 1893 (*voir encadré p. 203*). La visite se termine sur la terrasse de ce bel édifice qui surplombe la mer.

Dans le prolongement du quai en sortant du musée :

Playa de los Peligros – Eaux tranquilles, sable fin et petite brise caractérisent cette plage l'été. Elle se prolonge avec la **playa de la Magdalena** et la **playa de los Bikinis**. Réunies par une passerelle en bois, accessibles aux personnes à mobilité réduite, ces trois plages forment un ensemble long de 1 500 mètres au bord de l'eau.

La presqu'île de la Magdalena★★ (Península de la Magdalena) plan I D

La beauté de son site, les superbes points de vue qu'elle offre, ainsi que son jardin public en font un des lieux les plus attrayants de la ville. Au fond du parc se dresse le **palais de la Magdalena**, que la ville construisit pour l'offrir à Alphonse XIII comme résidence d'été : il sert aujourd'hui d'annexe à l'université internationale Menéndez Pelayo. La municipalité met gratuitement à disposition des promeneurs des bicyclettes, contre présentation d'une pièce d'identité.

Zoo – Dans la zone qui domine El Sardinero se trouvent un petit zoo (phoques, pingouins, ours polaires…) et les répliques des galions sur lesquels Francisco de Orellana explora l'Amazone.

Playa del Camello – En bas d'une falaise, au pied de la péninsule, cette jolie page a été baptisée ainsi pour son rocher à deux bosses évoquant un chameau.

SE RESTAURER		
Bodega Cigaleña 1	El Diluvio 4	Museo de Bellas Artes .... M
	El Limonar de Soano 7	Museo Regional de Prehistoria y Arqueología M1

El Sardinero★★ plan I C

C'est la station résidentielle et balnéaire de Santander. Les estivants disposent ici de quatre plages dont les deux plus grandes de la ville : la **Primera Playa El Sardinero** séparée de la **Segunda Playa El Sardinero** par **los jardines del Piquio**. Le tout déroule environ 3 km de sable doré, dans une baie délimitée au sud par la péninsule de la Magdalena et au nord par le Cabo Menor.

Le long du front de mer, on peut admirer les édifices caractéristiques des stations balnéaires en vogue au début du 20e s. : le casino, tout blanc, le Grand Hôtel et de nombreux hôtels particuliers rappelant la clientèle aristocratique qui avait élu cette ville pour ses premiers « bains de vagues ».

Parc de Mataleñas (Parque de Mataleñas) plan I C

C'est le plus grand parc de la ville. Face à la mer, ce vaste espace abrite, outre une végétation abondante et de nombreuses promenades, un lac, un golf et une plage.

Promenade au Cabo Mayor★ (Paseo al Cabo Mayor) plan I C

Environ 2h à pied - 4,5 km AR. Départ au croisement de la calle García Lago et de la calle Gregorio Marañón, au bout de El Sardinero. En voiture : 7 km au nord.

Sur ce joli paseo, qui longe le terrain de golf de Mataleñas et le littoral, on passe par le **Cabo Menor** pour arriver au Cabo Mayor, en profitant de beaux panoramas sur la côte et la baie.

Aux alentours

Parc naturel des Dunes de Liencres (Parque Natural Dunas de Liencres)

17 km à l'ouest, direction Oviedo-Palencia, par la CA 231.

Dans cet espace préservé, vous marchez dans un paysage immaculé de dunes et de rochers convoités par les vagues. La splendide plage de Valdearenas s'étale sur plusieurs kilomètres

de côte : un régal, hors saison ! Mais même si elle est nettement plus envahie l'été, elle demeure néanmoins vierge de constructions et protégée par une forêt de pins.

Circuit de découverte

90 km - Une journée. Sortez de Santander en suivant les panneaux « salida ciudad » et prenez l'autoroute en direction de Bilbao. Suivez « Bilbao » jusqu'à la sortie nº 8, le parc est indiqué depuis l'autoroute jusqu'à l'entrée du site.

Parc de Cabárceno (Parque de la Naturaleza de Cabárceno)

☏ 902 210 112 - tlj tte la journée - haute saison : 17 € (-14 ans 11 €) ; basse saison : 11 € (enf. 7 €).

Dans la sierra de Cabarga, la vallée de Pisueña abrite une ancienne mine de fer. En activité depuis l'époque romaine jusqu'en 1989, elle a laissé à ciel ouvert un paysage extraordinaire hérissé de roches kartisques, modelées par l'érosion et les hommes. Dans ce décor unique de 750 ha, 112 espèces d'animaux de tous les continents vivent en semi-liberté. Les espèces espagnoles, dont les ours bruns, loups, lynx, cerfs et bisons d'Europe, côtoient quelques raretés exotiques (rhinocéros blancs, lions de mer et de nombreux reptiles). La visite se fait en voiture, à bicyclette ou à pied, à travers les allées du parc (15 km de route goudronnée). Des parkings aménagés tout au long du parcours permettent de se garer pour aller voir les animaux de plus près. Un CD audio est fourni avec le billet d'entrée pour guider les visiteurs en voiture.

Suivez la CA 142 et roulez en direction de Sarón. Là, prenez la direction de Torrelavega.

Castañeda

Dans la petite vallée riante où coule le Pisueña, l'église de **Santa Cruz de Castañeda**, ancienne collégiale, fut commencée à la fin du 12e s. Le portail très profond doit son élégance à l'alternance de voussures concaves et convexes. À l'intérieur, la partie centrale est conservée dans son ordonnance première (nef principale en plein cintre, coupole sur trompes).

Poursuivez sur la N 643 et à l'intersection avec la N 623, tournez à gauche en direction de Puente Viesgo.

Puente Viesgo★

Nombreuses dans les montagnes calcaires qui entourent cette commune, les **grottes** (El Castillo, Las Chimeneas, Las Monedas, La Pasiega) ont laissé de nombreux témoignages d'occupation humaine à l'époque préhistorique.

Grotte du Castillo★ (Cueva del Castillo) – *℘ 942 598 425 - mai-sept. : tlj mat. et apr.-midi ; reste de l'année : merc.-dim. tte la journée - 3 € (-12 ans 1,50 €).*

À la fin de la période paléolithique (entre -30 000 et -10 000), les habitants de la **grotte** ont gravé et peint les parois. Les figurations, simples contours parfois inachevés, très nombreuses – on en a recensé 750 –, sont disséminées et souvent difficiles d'accès. Beaucoup d'entre elles restent encore des énigmes. Les mains enduites d'ocre et imprimées sur la paroi ou bien cernées de rouge et ressortant en « négatif » semblent vouloir représenter le symbole de la supériorité de l'homme et sans doute leur attribuait-on un rôle magique. Il en a été dénombré près de cinquante, dont trois seulement sont des mains droites. Les traits parallèles et les alignements de points restent de signification plus obscure : armes ou pièges pour animaux. La grotte offre aussi par sa configuration même un spectacle époustouflant sur 750 m de long et 16 m de dénivelé avec, entre autres formations géologiques remarquables, une extraordinaire colonne stalagmite située au centre des galeries.

Reprenez la direction de Santander par la N 623.

Muriedas

Musée ethnographique de Cantabrie (Museo Etnográfico de Cantabria) – *Héroes de dos de Mayo, s/n - ℘ 942 251 347 - visite guidée sur demande préalable - fermé lun. (oct.-avr.), 1er et 6 janv., 24-25 déc. - gratuit.*

Restaurée, la maison de Pedro Velarde, héros de la guerre d'Indépendance, accueille le musée ethnographique. Un portail caractéristique des propriétés de la province donne accès au jardin, où l'on peut voir un grenier à blé (*hórreo*) provenant de la région de la Liébana et une stèle cantabre. La demeure (17e s.) renferme meubles, ustensiles et instruments de travail recueillis dans toute la province. À l'étage, la chambre de Velarde et une grande salle rassemblent des souvenirs du héros.

Revenez à Santander.

Santander pratique

Information utile

Offices de tourisme – *Jardines de Pereda, s/n - ℘ 942 203 000 - tlj tte la journée - fermé 1er et 6 janv., 15 sept., 25 déc. ; mercado del Este Santander - ℘ 942 31 07 08.*

Visites

Promenades en bateau – Les « reginas » relient toute l'année Santander à Somo et à Pedreña (qui se trouvent de l'autre côté de la baie). En été, des circuits touristiques sont aussi organisés dans la baie et jusqu'au río Cubas. Point de départ : embarcadère du petit palais du paseo de Pereda. *℘ 942 216 753.*

Se loger

Hôtel Carlos III – **plan I**. *Avenida Reina Victoria, 135 (El Sardinero) - ℘ 942 271 616 - fermé de déb. nov. à mi-mars - 20 ch. 51/67 € - ☕ 4 €.* Son magnifique emplacement en face de la première plage du Sardinero et ses prix modérés font de ce petit hôtel installé dans un joli petit palais du début du 20e s. une bonne adresse. La décoration est un peu démodée et certaines chambres à rafraîchir mais l'accueil est tellement sympathique que l'adresse affiche souvent complet d'une année sur l'autre en été. Réservation impérative !

Las Brisas – **plan I**. *La Braña, 14 (El Sardinero) - ℘ 942 275 011 - fermé janv. et fév. - 13 ch. 60/100 € - ☕.* Une grosse tour annonce l'entrée de ce magnifique édifice situé près de la mer. L'établissement offre des pièces coquettes à la décoration raffinée. Les chambres sont peu nombreuses, mais l'hôtel loue aussi de petits appartements pour 4 personnes (à partir de 120 €).

Hôtel Chiqui – **plan I.** *Av. Manuel Garcia Lago, 9 - ℘ 942 282 700 - 57 ch. 66/96 €.* Les chambres avec terrasses privées ont vue sur toute la baie. C'est l'atout principal de cet hôtel sans charme particulier, dont le mobilier fonctionnel mériterait une petite mise à neuf. Cafétéria, restaurant et bar à toute heure en font néanmoins un lieu très fréquenté des habitants de Santander qui viennent en famille prendre l'air en terrasse, avec vue sur les surfeurs. Accueil cosmopolite et sympathique.

Hôtel Vincci Puertochico – **plan I**. *Castelar, 25 - ℘ 942 225 200 - puertochico@vinccihoteles.com - 51 ch.*

60/281 € - ☕ 12 €. Derrière sa façade néoclassique, ce bel établissement a été entièrement refait dans un style design très actuel et tout confort. Il est idéalement situé sur le port, à quelques rues du centre-ville, avec des tables en terrasse sur l'avenue Castelar. Une adresse chic et un peu chère mais qui propose des promotions certains week-ends de l'année en fonction du remplissage de l'hôtel.

Se restaurer

⊜⊜ **El Limonar de Soano** – **plan II**. *Rubio, 4 - ✆ 942 374 306 - fermé dim. - menu à 13,90 € et carte entre 29 et 38 €.* À côté du musée des Beaux-Arts, ce restaurant propose un excellent menu à un prix raisonnable. De couleur ocre jaune, les murs sont décorés des tableaux peints par le propriétaire. Le soir, la carte propose des plats régionaux revisités et des desserts créatifs.

⊜⊜ **El Diluvio** – **plan II**. *General Mola, 14 - ✆ 942 218 563 - fermé le dim.* Côté bar, la réputation des *tapas* et des *pinchos* n'est plus à faire (à partir de 1,80 €). Les connaisseurs le fréquentent assidûment. Le local possède également un restaurant qui propose une bonne cuisine régionale.

⊜⊜ **Bodega Cigaleña** – **plan II**. *Daoiz y Velarde, 19 - ✆ 942 213 062 - fermé 15-30 juin, 1er-15 nov. et dim. - carte env. 30 €.* Ce n'est pas le musée du vin mais cela y ressemble fort. En plus des azulejos, les murs et les plafonds de cette traditionnelle bodega sont entièrement recouverts de casiers de bouteilles et de grand crus en provenance de toutes les régions vinicoles du monde. Le décor vaut à lui seul une visite. Au bar, le vin coule à flots et les langues se délient jusque tard dans la soirée. Délicieuses tapas, verre de Rioja à partir de 1 €. Une salle de restaurant complète l'offre du bar avec une carte classique à base de fruits de mer, poissons du cru et viandes grillées.

⊜⊜⊜ **El Serbal** – **plan I**. *Andrés del Río, 7 - ✆ 942 222 515 - Fermé dim. soir et lundi - réserv. conseillée - 42/55 €.* C'est le restaurant gastronomique incontournable de Santander. Deux grandes salles modernes, dont l'une possède une cave à vin que l'on peut visiter. Le chef marie la cuisine traditionnelle et les nouvelles saveurs. Ses idées talentueuses et sa cuisine inventive sont des valeurs sûres, à base d'excellents produits régionaux.

Faire une pause

Café El Pombo – *Plaza del Pombo.* Un bar rococo, plein de vie, dans le centre-ville commerçant, pour boire un verre après quelques achats.

En soirée

Las Hijas de Florencio – *Paseo de Pereda, 23.* Il ya des tables pour s'assoir mais de toute façon, vous serez debout car c'est toujours plein et le trottoir est envahi chaque soir. Excellentes tapas, jambon de jabugo, fromages et tortillas, verre de vin à partir de 1,70 €.

Eh ! Marcelino – *Calle Pizarro, 6.* Bar convivial et accueillant, où les jambons et les *azulejos* composent le décor. Un classique à Santander.

La Taberna del Puerto – *Angle Hernán Cortès/Lope de Vega.* Un local tout blanc, avec pour seuls éléments de décoration des bouteilles de vin et des tonnes de *pinchos* sur le bar.

Achats

👁 **Bon à savoir** – Le quartier commerçant se situe de part et d'autre de la place de la mairie, entre la calle San Francisco et l'avenida de Calvo Sotelo. Vous pourrez trouver des **disques** chez **Harmonia Mundi** *(calle Del Medio, 9)* ; des **livres** à la **librairie Gil** *(Hernán Cortès, 23)* ; de l'**épicerie fine** chez **El Oso Goloso** *(Calderón de la Barca, 19).*

Sports et loisirs

👁 **Bon à savoir** – El Sardinero est un paradis pour les surfeurs qui défient les vagues par tous les temps. Juste au dessus, se trouve le golf de Mataleñas.

Escalade ou trek – Possibilité de faire une journée d'escalade ou de trekking dans Cabárceno - *✆ 902 210 112.*

Événements

Fêtes de la Saint-Jacques – En juillet. Elles donnent lieu à de belles courses de taureaux.

Festival International de théâtre, de musique et de danse – En août.

Côte Cantabrique★

Costa de Cantabria

CARTE GÉNÉRALE B2 – CARTE MICHELIN N° 572 B 16-20 – CANTABRIE

De Castro-Urdiales à San Vicente de la Barquera, ce bord de mer a peu de chose en commun avec les clichés qui vantent l'Espagne pour ses plages torrides et ses nuits folles. Criques sauvages et plages touristiques jouent l'alternance, et d'authentiques petits villages dédiés à la pêche s'égrènent aux pieds de vertes et majestueuses montagnes. Parfois dissimulée par des constructions récentes, l'architecture du passé est omniprésente avec une belle quantité de trésors romans et gothiques ainsi qu'un important patrimoine préhistorique.

- **Se repérer** – De part et d'autre de Santander, une autoroute (A 8) passe près de la côte. C'est le moyen de communication le plus rapide pour ceux qui veulent circuler le long du littoral. Il y a aussi les petites routes côtières, moins aisées mais plus jolies.
- **À ne pas manquer** – Les dunes de Liencres, Santillana del Mar, la grotte de El Soplao.
- **Organiser son temps** – Deux jours, ajouter une journée de plus pour la visite des grottes.
- **Avec les enfants** – Les plages et la grotte de El Soplao.
- **Pour poursuivre le voyage** – La côte Verte, les Pics d'Europe, la côte de Biscaye et Bilbao.

Sime / Photononstop

La plage de San Vicente de la Barquera.

Circuit de découverte

DE CASTRO-URDIALES À SANTANDER

56 km - Une journée. Partez de Castro-Urdiales, qui se trouve presque à la frontière avec la Biscaye.

Castro-Urdiales

La plus orientale des villes côtières de la Cantabrie est devenue un lieu de villégiature pour les habitants de Bilbao, située à seulement 35 km de là. Mais elle demeure une ville où la pêche et l'industrie dominent encore l'économie locale, bien que la municipalité mise maintenant sur son développement touristique.

Le vieux centre – Le nom de Castro-Urdiales évoque un fier passé médiéval : fidèle sentinelle, son **château fort** (castro) transformé en phare surplombe la mer. Juste à côté, l'église de **Santa María de la Asunción**, construite au 18e s., est considérée comme l'édifice gothique le plus important de la région. Elle abrite un tableau du Christ sur la croix de **Zurbarán**. Avec l'ermitage de Santa Ana relié au château par le pont moyenâgeux, c'est tout ce que l'on peut apprécier de la vieille ville.

La ville animée – Face au port, devant l'office de tourisme, on peut commencer la promenade en grimpant vers le promontoire où se dressent les monuments les plus anciens. En redescendant, arpentez les ruelles qui se cachent derrière les arcades. Là, se trouvent les principaux bars à tapas et les restaurants de poissons de la **calle Ardigales**. Au bout de cette rue, revenez sur le **paseo marítimo** en prenant à gauche, longez la **maison de los Chelines** (Casa de los Chelines), un édifice néogothique du début du 20e s., puis le quai Don Luis qui mène à la **plage de Brazomar** et enfin au **parc Cotolino** qui permet de contempler d'un seul coup d'œil la baie de Castro, tout en humant ses fortes effluves iodées.
Plages – En plus de la plage de Brazomar, Castro-Urdiales possède une autre plage de l'autre côté du château : **Ostende**, artificielle et en forme de coquillage.
Longez la plage d'Ostende pour prendre la N 634, direction Santander.

Laredo

L'histoire de cette bourgade est indissociable de deux voyages célèbres : celui de **Jeanne de Castille**, surnommée Jeanne la Folle, qui partit de Laredo en 1496 pour les Flandres où elle devait épouser **Philippe le Beau**, et le retour en 1556 de son fils, l'empereur **Charles Quint**, en route pour sa dernière demeure à Yuste. Chaque année, fin septembre, la ville commémore ces deux dates par des festivités. Laredo s'est attaché ces deux illustres noms, mais elle n'a pas pu rivaliser avec l'autre grande ville portuaire qui se développait non loin, Santander.
Depuis les années 1960, ce petit port a néanmoins trouvé un second souffle grâce au tourisme d'été et sa grande plage de 4 km de sable fin, propice à la baignade. La ville est en train de moderniser ses installations portuaires pour développer les sports nautiques, mais la restructuration n'est pas encore achevée.
À côté de la longue **plage de La Salvé** bordée d'immeubles modernes, le petit port de pêche fortifié cache une vieille ville tassée autour de l'église gothique de Santa María de la Asunción *(voir ci-après)*. En redescendant vers le port, on traverse quelques rues étroites, où se mélangent des maisons de pêcheurs et d'anciennes demeures seigneuriales comme la **Casa-Torre Revellón** qui date du 15e s. En bas, l'**hôtel de ville** (Ayuntamiento) est un bel édifice du 16e s. à deux étages avec des galeries sous trois voûtes en plein cintre.
Église de Santa María de la Asunción – Dédiée à la Vierge de Belén, elle domine la vieille ville. Sa construction a commencé au 13e s. Le plan original prévoyait trois nefs avec des absides semi-circulaires sous des voûtes de croisées d'ogives, mais une quatrième fut ajoutée. L'entrée actuelle se trouve côté sud. Ornée de deux archivoltes décorées de saints et d'anges, elle date du 14e s. et s'abrite sous un portique du 16e s., agrandi au 19e s. Ce portique fait originellement partie des changements initiés au début du 16e s. : ajouts de nouvelles chapelles comme la chapelle de la Concepción (1550), du portail nord pour accéder au cimetière, d'une muraille pour protéger la façade ouest et la tour, qui ne sera terminée qu'au 17e s. Au 18e s., on ajoute une nouvelle sacristie (1740). Remarquez les **chapiteaux** de la nef de la Epístola, décorés de thèmes figuratifs. L'église contient des tombes gothiques et un remarquable ensemble de **retables baroques**, dont le plus spectaculaire et monumental se trouve dans le chœur. Il s'agit d'une œuvre flamande de la fin du 15e s. inspirée des peintures de Roger Van Der Weyden à qui on l'avait attribué pendant toute une époque.
Reprenez la direction de Santander par la N 634.
Un petit crochet par Limpias est intéressant, pour cela, à Colindres, prenez à gauche la N 629 sur 10 km.

Jeanne la Folle

Curieux destin que celui de l'Infante Jeanne, fille des Rois Catholiques, Ferdinand et Isabelle, plus connue sous le nom de Jeanne la Folle. Mariée à Philippe le Beau, souverain des Pays-Bas, elle est l'héritère du trône de Castille et la mère de Charles Quint. Isabelle meurt en 1504. Mais dans son testament, celle-ci avait émis des réserves sur la santé mentale de sa fille et donnait la régence à son mari Ferdinand si Jeanne se révélait incapable de gouverner. Grâce à la volonté de son époux Philippe le Beau, Jeanne monte sur le trône de Castille mais son mari disparaît deux ans plus tard. Évincée du pouvoir, elle est enfermée pendant cinquante ans dans le château de Tordesillas, tandis que son père cède le royaume à son fils Charles Quint.

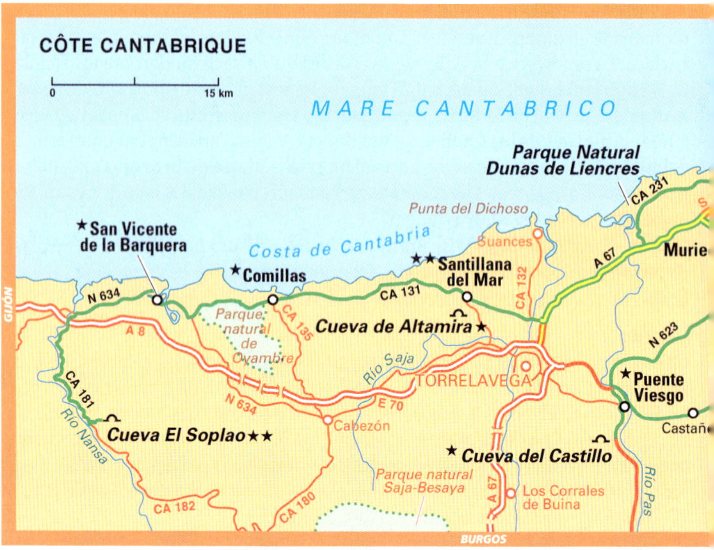

Limpias
Ce petit port sur la ría de l'Asón est célèbre pour le miracle qui s'y produisit en 1919. Dans l'église, la statue vénérée du Christ aurait, dit-on, versé des larmes de sang. Cette sculpture d'une excellente facture baroque est attribuée à **Juan de Mena**.
Revenez sur vos pas pour reprendre la N 629 et tournez à droite dans la CA 241 pour continuer à longer le littoral et arriver à Santoña.

Santoña
Face à Laredo, encore un port de pêche qui fut un des quartiers généraux des troupes napoléoniennes. Son église, **Nuestra Señora del Puerto**, bien que modifiée au 18e s., présente trois vaisseaux gothiques et quelques vestiges romans : chapiteaux et fonts baptismaux. *✆ 942 660 155 - respecter les horaires de culte - 9h-13h, 16h-20h30 - présence d'un guide juil.-sept. - gratuit.*
L'été, la grande **plage de Berría★** est l'atout touristique majeur de la station.
Prenez la CA 141 vers Santander sur 9 km.

Bareyo
Sur une pente dominant la ría d'Ajo, la petite **église de Santa María** garde d'intéressants vestiges de la construction romane d'origine. Dans l'abside : décoration de fines arcades moulurées et chapiteaux historiés. Les **fonts baptismaux★** sont probablement wisigothiques.
Continuez sur la CA 141. À Galizano, prenez à droite la CA 440 pour aller à Langre.

Langre
Située sur la commune de Ribamontán al Mar, la magnifique **plage de Langre★** se laisse approcher après plusieurs kilomètres à travers landes. À flanc de montagne, dans un décor resté sauvage, c'est un véritable petit bijou face à l'Atlantique.
Après Langre, poursuivez jusqu'à retrouver la CA 141, que vous suivez sur 20 km, en direction de Somo-El Astillero. Parvenu à Gajano, prenez la direction d'Heras. Une fois dans le village, suivez les panneaux San Salvador. En route, prenez la première à gauche en direction de Peña Cabarga.

Peña Cabarga
Une route dont la pente atteint 16 % mène au sommet de ce pic (568 m), où a été élevé un monument aux conquistadors et à la marine castillane. Du sommet, on contemple un splendide **panorama★★**, notamment sur la baie de Santander et la ville.
Repartez en direction de Santander.

DE SANTANDER À LA GROTTE DE EL SOPLAO
67 km - Une journée.

Santander★★ *(voir p. 202)*
De Santander part un circuit incluant le parc de Cábarceno, la grotte du Castillo, et Muriedas *(voir p. 207)*.

Quittez Santander par le nord, direction Oviedo-Palencia, en suivant la CA 231

Parc naturel des Dunes de Liencres (Parque Natural Dunas de Liencres)

(voir p. 206)

Poursuivez votre route jusqu'à rejoindre l'A 67. Quittez-la à la sortie n° 187, en direction de Santillana del Mar, par la CA 131.

Santillana del Mar★★ *(voir p. 215)*

Quittez Santillana del Mar par le sud et la CA 133, en direction de l'A 8. Altamira sera fléché sur la droite.

Musée d'Altamira★ *(voir p. 217)*

Revenez à Santillana del Mar et reprenez la CA 131 vers l'ouest.

Comillas★

Dotée d'une charmante Plaza Mayor, Comillas est une station balnéaire très agréable disposant de sa propre plage et d'une autre plus étendue, à **Oyambre** *(5 km à l'ouest)*. **Alphonse XII** avait coutume d'y séjourner. Les marquis de Comillas, qui avaient fait fortune à Cuba, firent construire pour le recevoir le **palais de Sobrellano**, une ostentatoire demeure de style néogothique entourée d'un vaste parc. Ils firent appel à de jeunes architectes catalans qui laissèrent sur leur passage d'étonnantes **œuvres modernistes** : **Gaudí** édifia un fantastique pavillon en tuiles émaillées, **El Capricho**, aujourd'hui restaurant, à côté du palais. En face, sur une colline dominant la mer, **l'Université pontificale** de style néogothique-mudéjar a été construite selon les plans de Martorell et sa décoration réalisée par Domènech i Montaner, à qui l'on doit aussi la fontaine de **Tres Caños** et la rénovation du **cimetière** (cementerio).

Suivez la CA 131 vers l'ouest sur 11 km.

La route qui relie Comillas à San Vicente est de toute beauté, elle traverse le **parc naturel d'Oyambre** et les **marais de La Revilla**.

San Vicente de la Barquera★

Cette station de vacances est intéressante pour l'originalité de son **site★**, sa vaste plage établie de l'autre côté de la ría et ses vieilles maisons. Dans le port, les barques multicolores mouillent tranquillement et les terrasses des cafés ont les pieds dans l'eau, à l'écart des voitures. Son élégante promenade maritime plantée de hauts palmiers des Canaries et ses restaurants soignés en font une ville accueillante. Au sommet de la colline en partie fortifiée, l'**église de Nuestra Señora de los Ángeles** possède deux portails romans, des vaisseaux gothiques et plusieurs tombeaux des 15e et 16e s. Jolie **vue★** du village depuis la **route d'Unquera**, qui est le point de départ de randonnées pédestres, entre mer et montagne. La chaîne des Pics d'Europe n'est plus très loin.

Continuez votre route sur la N 634, en direction de Pesués, et peu de temps après l'échangeur autoroutier, tournez à gauche pour passer sous l'autoroute. Vous suivez alors la

CA 181 qui remonte de plus ou moins près le cours de la rivière Nansa. Après environ 12 km, prenez à gauche la direction de Rábago et de El Soplao.

Grotte de El Soplao★★

À la sortie du village de Rábago. Réservation recommandée : ✆ 902 82 02 02 - www.elsoplao.es - lun.-vend. 8h-22h ; sam. 10h-22h ; dim. 9h-15h - 9,50 € (4-16 ans, 7 €).

Une forêt de sculptures calcaires qui datent de 600 000 années, sur 14 km de galeries souterraines. Ce site, exploité comme mine de fer jusqu'en 1979, est resté inconnu jusqu'à sa découverte en 1983 par des spéléologues. Ouvert au public depuis juillet 2005, l'abondance et la diversité des formations calcaires, leur couleur, leur finesse et leur beauté, en font un véritable trésor de la géologie mondiale. Deux façons de le visiter : un parcours touristique *(1h - en espagnol)* permet de se promener dans près d'1,5 km de galeries ; un deuxième, plus sportif *(2h30 - avec des spéléologues)*, permet de voir d'autres galeries plus difficiles d'accès. Le premier est déjà très impressionnant : des illuminations mettent en valeur des plafonds de stalactites et des salles entières peuplées de stalagmites aux formes insolites. Le spectacle est époustouflant !

Côte de Cantabrie pratique

Offices de tourisme

Castro-Urdiales – *Av. de la Constitución s/n- ✆ 942 871 512.*

Laredo – *Alameda de Miramar - ✆ 942 61 10 96.*

Comillas – *Aldea, 6 - ✆ 942 72 07 68.*

San Vincente de la Barquera – *Av. Generalísimo, 20 - ✆ 942 71 07 97.*

Se loger

À SAN VICENTE DE LA BARQUERA

Hôtel las Calzadas – *Las Calzadas, 52 - ✆ 942 712 634 - P - 26 ch. 40/68 € - 2 €.* Hôtel simple et tranquille bien situé sur les hauteurs de la ville. Les chambres ont vue sur la ría de San Vicente ou les Pics d'Europe. Point de départ de randonnées sur les sentiers côtiers.

Hôtel Luzón - *Av. Miramar, 1 - ✆ 942 710 050 - 36 ch. 45/67 € - 2,50 €.* Situé en plein centre-ville, devant la promenade maritime et à proximité du port, cet ancien hôtel particulier au charme désuet propose des chambres à tarifs raisonnables.

Se restaurer

Mesón Marinero – *La Correría, 23 - Castro Urdiales - ✆ 942 860 005 - - 25/35 €.* Cet établissement compte parmi les classiques de la côte. Comme son nom l'indique, et de par sa situation sur le port de pêche, on peut y goûter un grand choix de poissons et de fruits de mer, ainsi que des tapas variées au comptoir.

Maruja – *Av. del Generalísimo - San Vicente de la Barquera - ✆ 942 710 077 - 26,15/33 €.* Accueillant malgré la décoration un peu démodée, c'est un classique de la côte Cantabrique. Produits frais, recettes traditionnelles, excellente carte des vins et service parfait.

El Capricho de Gaudí – *Barrio de Sobrellano - 39520 Comillas. ✆ 942 720 365 - fermé du 15 janv. au 15 fév., dim. soir et lun. sf l'été - à midi, menu 20 € - carte 38 €.* Si la salle est un peu trop pastel et les serveurs un peu trop empoulés, ce restaurant installé dans le mythique pavillon de l'architecte catalan n'est pas un simple caprice et reste une vraie bonne adresse. Cuisine soignée et prix corrects.

Sports et loisirs

RANDONNÉES PÉDESTRES

Entre mer et montagne, les sentiers côtiers offrent de merveilleuses vues. 5 randonnées pédestres, de 1h à 3h AR, sont fléchées au départ de Laredo. *Se renseigner dans les offices de tourisme.*

PROMENADES EN BATEAU

Le meilleur moyen de découvrir la côte Cantabrique, c'est de prendre le bateau - *✆ 608 392 666 - excursionesmaritimas.com.*

Castro-Urdiales – *L'été, promenades le week-end - 50mn - 6 € (enf. 4 €).*

Santoña – Découverte de la bahía de Oriñón et de la ría del Asón. Embarcadère devant le monument Juan de la Cosa. *2h - 14 € (enf. 8 €).*

Ligne Laredo-Santoña – Chaque jour en été - *AR 7 € (enf. 5 €).*

Événements

Carnaval marin à Santoña – *En fév.* Défilé des habitants déguisés en poissons.

La Folía à San Vicente de la Barquera – *En avr.* Procession maritime derrière la Vierge, transportée sur un bateau.

El Coso Blanco à Castro Urdiales – *Le 1er vend. de juil.* Défilé nocturne de chars illuminés.

Fête des fleurs à Laredo – *Le dernier dim. d'août.* Défilé de chars fleuris.

L'ultime débarquement de Charles Quint à Laredo – *Fin sept.* Fête populaire costumée.

Santillana del Mar★★

4 022 HABITANTS
CARTE GÉNÉRALE B2 – CARTE MICHELIN N° 572 B 17 – CÔTE CANTABRIQUE P. 212-213
CANTABRIE

Santillana del Mar, malgré son nom, ne se trouve pas au bord de la mer mais à quelques kilomètres à l'intérieur des terres. C'est un village-musée qui a conservé intact son patrimoine médiéval. Ses vieilles rues pavées sont bordées de casonas, demeures seigneuriales aux façades blasonnées et aux balcons fleuris. Les hôtels et les restaurants y rivalisent de charme pour séduire les flots de touristes qui déferlent en été; beaucoup possèdent une terrasse ombragée.

- **Se repérer** – Santillana se trouve dans une cuvette, entourée de collines, entre Santander (35 km à l'est) et Comillas (16 km à l'ouest).
- **Se garer** – Un parking est situé juste à l'entrée à côté de l'office de tourisme. Les voitures circulent dans le village mais ne peuvent y stationner.
- **À ne pas manquer** – Les grottes d'Altamira.
- **Organiser son temps** – Quelques heures suffisent pour découvrir le village.
- **Avec les enfants** – Le zoo et la grotte d'Altamira.
- **Pour poursuivre le voyage** – Santander, les Pics d'Europe et la côte Cantabrique.

Comprendre

Le pèlerinage médiéval – Santillana a grandi autour du monastère qui gardait les reliques de sainte Julienne, martyre d'Asie Mineure (son nom vient d'ailleurs de la contraction de Santa Juliana). Durant tout le Moyen Âge, ce lieu de pèlerinage, objet de faveur des Grands de Castille, connut la célébrité. Le monastère devint une puissante collégiale au 11e s. et la cité, promue au rang de marquisat au 15e s., s'emplit alors de ces demeures qui font tout le charme de Santillana. Íñigo López de Mendoza, premier **marquis de Santillana** et auteur des **Serranillas**, habita calle del Cantón dans le palais qui porte son nom.

Se promener

Le **village**★★ se réduit pratiquement à deux grands axes, reliés par des ruelles transversales, qui conduisent tous deux à la collégiale. La plupart des demeures nobles aux façades lisses en grosse pierre de taille datent des 15e, 16e et 17e s. Presque toutes présentent des balcons de fer forgé ou des galeries de bois *(solanas)* et des blasons qui font la joie des passionnés d'héraldique. Commencez le parcours par la **calle de Santo Domingo**, sur laquelle se trouve à gauche la maison du marquis de Benemejís (17e s.) et, à droite, la maison des Villa, qui se distingue par ses balcons semi-circulaires.

À la bifurcation, prenez à gauche la calle de Juan Infante.

Sime / Photononstop

Le village de Santillana del Mar.

Plaza de Ramón Pelayo

Cette vaste place triangulaire est bordée de beaux édifices : sur la droite, le **parador Gil Blas** et la **tour de Merino** (14e s.) ; en face, la **tour de Borja-Barreda** (salle d'expositions) présente une élégante porte en arc brisé et, sur la gauche, la mairie installée dans un bâtiment du 18e s. et les maisons de El Águila et de la Parra.

La **calle de las Lindas** *(à l'extrémité de la place à droite)* permet de rejoindre entre d'austères façades massives l'axe des rues de El Cantón et de El Río qui mènent à la collégiale. À l'angle, on voit le blason de la maison de Valdivieso (l'hôtel Altamira). De nombreuses *casonas* hébergent des restaurants, des boutiques de produits traditionnels (*sobaos*, talmouses, chocolats artisanaux, etc.), des jardins et des terrasses.

En descendant vers la collégiale, on admirera, à droite, quelques maisons nobles : la **maison de los Hombrones**, qui doit son nom aux deux guerriers qui encadrent le blason des Villa (un aigle aux ailes déployées et la devise : *Une belle mort honore une vie entière*), puis, en face de l'abreuvoir, les **demeures de Cossío et Quevedo** arborant aussi de magnifiques blasons. La maison après celle de los Hombrones héberge un curieux musée de la Torture.

Musée de la Torture

Escultor Jesús Otero, 1 - ☏ 942 840 273 - www.tortura.tk - tlj tte la journée - fermé 1er janv., 25 déc. - 3,60 € (-25 ans 2,40 €).

Du Moyen Âge jusqu'à l'ère moderne, la gamme des châtiments utilisés par l'Inquisition ou déployés contre les agitateurs de l'ordre public est bien représentée dans ce musée avec quelque 70 instruments de torture référencés. Ils sont exposés avec des explications détaillées quant à leur utilisation et le contexte de leur apparition. Masques d'infamies, ceintures de chasteté, écrase-pouces, pilori, chaise d'inquisition, banc d'étirement et autres réjouissances se laissent regarder avec perplexité.

Sur la gauche, juste avant la collégiale, la maison de l'archiduchesse d'Autriche est décorée de trois blasons. En face, la maison-musée du sculpteur Jesús Otero.

Collégiale★ (Colegiata)

☏ 942 840 317 - de mi-juin à mi-sept. : 10h-13h30, 16h-19h30 ; de mi-sept. à mi-juin : 10h-13h30, 16h-18h30 - 3 €.

Cette **collégiale** date des 12e et 13e s. Si son chevet est d'un dessin roman très pur, sa façade manque un peu d'unité mais, par la disposition harmonieuse de ses baies et de ses tours autant que par sa belle couleur dorée, elle s'intègre fort bien au décor de la place. Au-dessus du portail, sur le Dieu Pantocrator roman, une niche baroque abrite la statue de sainte Julienne.

Cloître★ (Claustro) – Bel édifice roman construit à la fin du 12e s. Chaque groupe de colonnes jumelées est coiffé d'un chapiteau. Historiés ou à décor végétal, ces **chapiteaux★★** furent exécutés de main de maître. Si les thèmes végétaux et les entrelacs d'un bel effet décoratif prédominent, les scènes représentées dans la galerie sud , souvent allégoriques, sont très expressives : le Pantocrator accompagné de six apôtres ; le baptême du Christ et une ordination ; la décollation de saint Jean-Baptiste ; Daniel dans la fosse aux lions ; la Descente de croix ; la Fidélité (représentée par le chien entre le chevalier et sa dame) ; la lutte du Bien (représenté par un chevalier) contre la Tentation (le serpent), et le Bon Pasteur.

Intérieur – Les voûtes de la nef et des collatéraux ont été refaites sur croisées d'ogives à la fin du 13e s., tandis que celles du transept et des absides sont d'origine. On remarque plusieurs défauts d'alignement entre nefs et absides, ainsi que la forme, presque elliptique, de la coupole. Des chapiteaux, très stylisés, décorent les piliers. Le sarcophage commémoratif de sainte Julienne, sculpté au 15e s., se trouve au milieu de la nef centrale. Dans le chœur, on peut voir un devant d'autel mexicain en argent repoussé, du 17e s., et **quatre apôtres★**, pierres sculptées romanes. Le **retable★** hispano-flamand du 16e s., sculpté et peint, présente une originale prédelle en bois sculpté polychrome représentant les Évangélistes de profil. Dans la chapelle, on peut admirer un Pantocrator et les fonts baptismaux (11e s.), décorés sur le thème de «Daniel et les Lions».

Longez la collégiale pour admirer le style roman des absides et le **palais des Velarde**, qui a été restauré et qui conserve un aspect Renaissance.

Revenez sur vos pas pour arriver au point de départ du parcours.

Convento de Regina Coeli

Restauré, ce **couvent** de clarisses, du 16e s., abrite le **Musée diocésain**. Sont exposés des peintures, des statues et des objets d'orfèvrerie d'art religieux, dignes d'intérêt, et tous recueillis dans la communauté. Remarquables collections de statues et d'ivoires baroques. *☏ 942 840 317 - de mi-juin à mi-sept. : 10h-14h, 16h-19h30 ; de mi-sept. à mi-juin : tlj sf lun. 10h-14h, 16h-19h. Dernière entrée 1/2h av. la fermeture. Fermé 28 juin, 16 août, 25 déc. 3 € (visite de la collégiale incluse).*

À l'extrémité de la rue, la belle **maison des Tagle** (18e s.) arbore un énorme blason.

Zoo

La petite cité dispose aussi d'un parc animalier à la sortie du village. *Par la route de Puente San Miguel, à 10mn à pied - ☏ 942 81 81 25 - de 9h30 au soir - 9 € (enf. 5 €).*

Aux alentours

MUSEO DE ALTAMIRA★

2 km au sud-ouest. ✆ 942 818 815 - http://museodealtamira.mcu.es - ♿ - tlj tte la journée, dim. et j. fériés matin - fermé lun., 1er et 6 janv., 1er Mai, 15 Sept., 24-25 et 31 déc. - 2,40 € (-18 ans gratuit).

Ce grand ensemble artistique consacré au monde préhistorique regroupe la grotte originale, la reproduction de la grotte dite « neocueva » (néogrotte) et le musée.

Grotte d'Altamira (Cueva de Altamira)

Suite à des mesures de protection et de préservation, la grotte originale est fermée au public.

En 1879, **Marcelino de Sautuola** découvre sur le plafond d'une caverne des peintures pariétales qu'après une étude minutieuse il date de l'époque préhistorique. Devant cette invention – la première de ce genre au monde – et au vu de la remarquable conservation des peintures, le scepticisme est général. Il faudra attendre, une vingtaine d'années plus tard, des découvertes analogues en Dordogne pour que les spécialistes reconnaissent l'existence surprenante d'un art pictural très élaboré à l'âge de la pierre taillée.

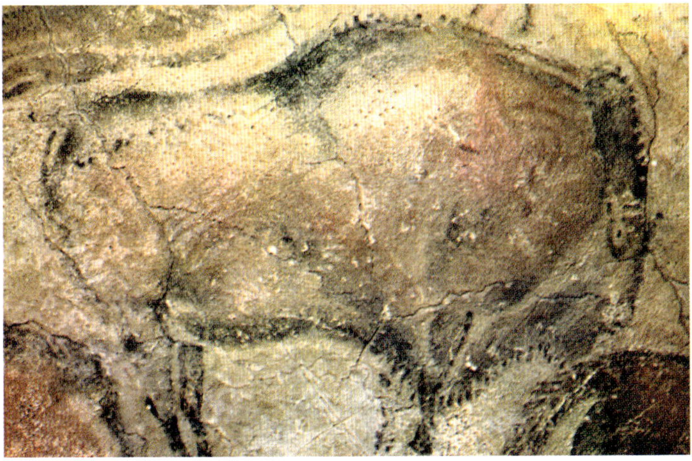

©fond lithos

Reproduction d'un bison dans la Neocueva d'Altamira.

Les **grottes d'Altamira** comprennent plusieurs galeries où sont conservées des peintures et des gravures remontant au solutréen (18 500 ans av. J.-C.), mais c'est la salle où sont peints les polychromes qui a fait leur célébrité. Surnommée « la chapelle Sixtine de l'art quaternaire », cette salle de 18 m de long et 9 m de large présente un remarquable **plafond★**, peint en grande partie pendant la période magdalénienne (15 000 à 12 000 ans avant J.-C.), comme la grotte de Lascaux. De nombreux bisons polychromes y sont représentés endormis, accroupis, s'étirant, galopant, avec un réalisme extrême. Les renflements naturels de la paroi ont été utilisés avec beaucoup de sens artistique pour faire ressortir l'anatomie des animaux et donner l'impression de mouvement. Plusieurs autres silhouettes d'animaux s'intercalent, notamment des chevaux, des cerfs, des taureaux. On peut également observer des signes peints. Les artistes devaient être accroupis pour peindre (le sol a été abaissé récemment pour pouvoir mieux admirer le plafond). Ils utilisaient des colorants naturels ocre, rouge, brun, qu'ils pulvérisaient et délayaient dans la graisse animale. Les contours sont mis en valeur par un trait noir (réalisé au charbon de bois) soulignant les silhouettes.

Neocueva

Une intéressante visite guidée *(30mn)* parcourt la réplique de l'entrée de la grotte et de la salle des peintures polychromes, où des moyens technologiques pointus ont été mis en place afin de permettre au public de découvrir et d'admirer les peintures d'Altamira.

Musée

Consacré à la période des grottes d'Altamira, il expose, de façon didactique – intéressante et amusante à la fois (vidéo, dessins animés, panneaux d'explication, etc.) –, la manière de vivre et l'art des hommes du paléolithique supérieur.

L'exposition débute par une courte introduction au monde de l'archéologie et une présentation de l'évolution de la race humaine jusqu'à l'Homo sapiens sapiens. Au paléolithique supérieur, on peut déjà reconstruire la vie quotidienne de ces hommes : on nous montre la fabrication des instruments qu'ils utilisaient, l'art qu'ils réalisaient et le processus de la création artistique (graver, colorier, etc.). D'autres exemples de grottes de Cantabrie sont evoquées.

Santillana del Mar pratique

Information utile

Office de tourisme – *Jesús Otero, 20 - ✆ 942 818 812 - juil.-mi-sept. : tlj tte la journée ; reste de l'année : tlj mat. et apr.-midi - fermé 1er et 6 janv., 24-25 et 31 déc.*

Se loger

Hôtel Colegiata – *Carretera Los Hornos, 20 - 2 km au nord de Santillana par la S 474, dir. Suances - ✆ 942 840 216 - P - 27 ch. 45/63 € - 3,61 € - rest. 24,58/28,39 €.* C'est sur les hauteurs de Santillana, dans une demeure seigneuriale rurale qu'est hébergé cet hôtel fort accueillant. Chambres confortables et restaurant renommé. Une bonne option, surtout en été, si vous voulez vous éloigner de l'agitation touristique de Santillana.

Hôtel El Cantón – *Calle Carrera, 2. ✆ 942 840 274 - - fermé du 8 déc. à fin mars - 8 ch. 36/50 € - 3,50 €.* Entre le Parador et l'hôtel Altamira, ce petit établissement dispose de 8 chambres agréables à prix imbattable en plein centre du village. Et surtout, l'accueil est très chaleureux.

Hôtel Altamira – *Calle Cantón, 1 - ✆ 942 818 025 - fermé du 8 au 23 janv. - info@hotelaltamira.com - 32 ch. 55/94 € - rest. 20 €.* Ancienne demeure seigneuriale du 16e s. où rien ne semble avoir été modifié depuis. On accède aux chambres par de monumentaux escaliers de chêne ciré. Le mobilier d'époque, les boiseries, les tentures, les tapis et les tableaux décorent cet endroit comme autrefois. Même les chambres qui ont fait l'objet de modernisations gardent l'esprit du lieu.

La Casona de Revolgo – *Parque de Revolgo, 3 - ✆ 942 818 277 - www.lacasonaderevolgo.com - 14 ch. 75/154 €.* Cette maison rurale du 17e s. a été entièrement rénovée en conservant ses poutres et ses mansardes d'origine. Les chambres sont toutes différentes et décorées avec beaucoup de goût. Certaines sont équipées de jacuzzis. D'autres peuvent accueillir parents et enfants. Enfin, à quelques dizaines de mètres du centre du village, c'est une adresse tranquille.

Se restaurer

La Viga – *Calle Carrera, 2 - ✆ 942 840 274 - 15 €.* Un local simple mais à la décoration soignée où l'on vous sert une cuisine généreuse à base de produits régionaux. Une bonne adresse qui fonctionne toute l'année.

Casa Cossio – *Calle Jesús Otero s/n - ✆ 942 840 357 - carte 25/35 €.* Dans la demeure des Cossio, ce restaurant est aménagé à l'étage dans une belle salle d'où l'on peut voir la place et la collégiale. Contrairement à d'autres adresses de Santillana, celle-ci est ouverte toute l'année, donc fréquentée par des locaux qui viennent y manger des plats bien préparés. Spécialités de viandes grillées et poissons de la côte toute proche. Attention, les rations sont énormes.

Achats

Bon à savoir – Les boutiques vendent toutes la même chose : des produits typiques de Cantabrie et du chocolat. Au choix : saucissons, chorizo de sanglier, anchois de Santoña, eau-de-vie d'Orujo, *quesadas* (sortes de flan au citron), *sobaos*, madeleines fondantes que l'on trempe ici dans un verre de lait à l'heure du goûter, fromages, haricots secs et ingrédients pour préparer la *fabada asturiana*, le cassoulet local. Et bien sûr, du cidre fermier.

Reinosa

10 523 HABITANTS
CARTE GÉNÉRALE B2 – CARTE MICHELIN N° 572 D 17 – CANTABRIE

Au sud de la Cantabrie, Reinosa cumule plusieurs atouts qui favorisent son développement touristique : à l'est, la retenue de l'Èbre, navigable sur 20 km, et à l'ouest, la station de ski Alto Campoo et le Pico de Tres Mares (2 175 m). Truffée de sites archéologiques et d'églises romanes, la région se visite aussi pour ses beaux paysages de montagne, ses canyons et ses menhirs.

Se repérer – Reinosa se trouve à 75 km au sud de Santander par l'A 67, et à 100 km de Burgos (au sud-est par la N 627).
À ne pas manquer – Le pic de Tres Mares.
Organiser son temps – Comptez une demi-journée pour le tour du lac.
Avec les enfants – La Domus Romana de Julióbriga.
Pour poursuivre le voyage – La côte Cantabrique, Burgos, les Pics d'Europe.

Visiter

Devenue le point de départ des excursions de montagne vers **Alto Campoo** ou vers la communauté de villages **Los Valles** au sud, ce gros bourg un peu oublié de la croissance soigne néanmoins son image. Reinosa s'organise autour de l'élégante plaza de España. De forme rectangulaire, elle est bordée par la mairie, que jouxtent des édifices médiévaux, des anciennes *casonas* et des rues à arcades.

Aux alentours

Pico de Tres Mares★★★

30 km à l'ouest de Reinosa par la CA 183. Accès au pic par télésiège.

En chemin, on peut s'arrêter à **Fontibre**. De là, des sentiers mènent à l'endroit où la **source de l'Èbre** – le plus puissant des fleuves ibériques – forme un petit étang.

Tres Mares (les Trois Mers) – Ce pic (2 175 m), l'une des crêtes de la sierra de Peña Labra, est ainsi nommé parce qu'il est à l'origine de trois grands fleuves qui débouchent dans trois mers différentes – le Híjar, affluent de l'**Èbre** (Méditerranée), le Pisuerga, affluent du **Douro** (Atlantique) et le **Nansa**, qui se jette dans la mer Cantabrique.

Du sommet, splendide **panorama**★★★ circulaire : au nord le Nansa et le barrage de la Cohilla, au pied du Cueto (1 517 m), puis, sur la droite, le barrage de l'Èbre, la sierra de Peña Labra, le barrage de Cervera de Pisuerga et, au-delà, les monts de León ; à l'ouest, la partie centrale des Pics d'Europe (Peña Vieja, 2 618 m) et leur massif oriental (Peña Sagra, 2 042 m), reliés par une série de cols. Au premier plan se détache la masse très érodée de la Peña Labra (2 006 m).

Tour du lac de l'Èbre (Embalse del Ebro)

Quittez Reinosa au nord-est, direction Requejo, puis suivez la CA 111. Tour complet : 62 km.

Ce lac couvre près de 7 700 ha à 835 m d'altitude. Long de 20 km par 4 km, il constitue une véritable réserve naturelle pour les oiseaux. Le site a d'ailleurs été classé « Refuge national ». Sa rive nord, desservie par la CA 111, présente un paysage verdoyant ponctué de pâturages et de petites chapelles. Des sentiers permettent de se promener au bord de l'eau. À son extrémité, Corconte abrite même un centre thermal *(voir le carnet pratique)*. Rive sud, la petite CA 730 ramène à Reinosa.

Circuit de découverte

60 km AR – une demi-journée. Suivez les panneaux Bolmir, et à la sortie de ce village (en direction de Villafria), prenez la première route à droite.

Retortillo

La petite **église** n'a gardé de l'époque romane que l'abside en cul-de-four et l'art triomphal où l'on peut admirer deux chapiteaux d'une très grande finesse représentant des guerriers.

Domus Romana de Julióbriga – *℘ 626 325 927 - 10h30-13h30, 16h-19h - visite guidée 40mn - 3 €, billet combiné avec le site de Camesa-Rebolledo, à Mataporquera.* Symbole de la domination de Rome, Julióbriga était la ville antique la plus importante de la Cantabrie. Elle disparut au 3e s. Sur le site, la réplique d'une *domus romana* a été construite dans une ancienne maison.

Revenez à Reinosa et prenez plein sud la N 611, en direction de Aguilar de Campóo.

Cervatos★

Pour visiter, demandez la clé à la maison voisine.

L'ancienne **collégiale★**, d'une architecture romane très pure, est remarquable pour la richesse et la fantaisie de sa **décoration★** sculptée. Le tympan du portail est traité à l'orientale comme une broderie à peine ajourée. Une frise de lions dos à dos s'y intercale. Les modillons de la corniche et les chapiteaux de la fenêtre sud de l'abside s'ornent de figures variées et audacieuses. À l'intérieur, l'abside présente d'harmonieuses arcatures aveugles. La sculpture des chapiteaux et des consoles de l'arc doubleau, très étoffée, montre des motifs d'une rare élégance : lions enchevêtrés, aigles aux ailes déployées, entrelacs ou feuillages. La nef unique a été surélevée et voûtée sur croisée d'ogives à la fin du 14e s.

Poursuivez vers le sud. Quittez la N 611 à Mataporquera

Mataporquera

Route des Menhirs de Valdeolea – Empruntez le sentier PR-S 61 devant l'église de Santa Eulalia : 8 menhirs sont visibles sur un parcours de 13 km, balisé et fléché, praticable aussi en vélo.

Site archéologique Camesa-Rebolledo (Arqueositio Camesa-Rebolledo) – *Sortez du bourg, dir. Camesa, et suivez le fléchage. ✆ 626 325 932 - juil.-sept. : 10h-13h30 et 16h-19h ; oct.-juin : w.-end 10h-13h30 et 16h-19h.* Entre les villages de Camesa et Rebodello, des fouilles archéologiques ont révélé la présence d'une ancienne ville romaine.

Reprenez la N 611 vers le nord pour revenir à Reinosa.

Reinosa pratique

Information utile

Office de tourisme – *Av. Puente de Carlos III, 23 - ✆ 942 755 215 - été : 9h30-14h30 et 17h-20h, w.-end et j. fériés 9h30-14h30 ; hiver : tlj sf dim. 9h30-14h30.*

Se loger

€€€ Gran Hotel Balneario de Corconte – *✆ 947 154 281 - 09572 Corconte - fermé du 23 déc. à fin fév. - 67 ch. 78/122 €.* Cet établissement thermal de la fin du 19e s. campe sur les rives tranquilles du lac. Le lieu a gardé ses boiseries, ses ors, son allure aristocratique et sa clientèle de riches retraités. Voyez le grand salon, le restaurant et ses miroirs, la grande porte à tambour en cuivre du hall. Chambres modernisées au confort standard.

Sports et loisirs

En hiver, la **station de ski Alto Campoo** offre un domaine skiable de 17 km (*✆ 942 77 92 22*). L'été, la **retenue de l'Èbre** permet la pratique de sports nautiques. **Randonnées** balisées et **circuits VTT** *(renseignements et cartes à l'OT de Reinosa)*.

Événement

Dia de Campoo à Reinosa - *dernier dim. de sept.* Fête folklorique.

Pics d'Europe★★★

Picos de Europa

CARTE GÉNÉRALE B2 – CARTE MICHELIN N° 572 C 14-15-16
CASTILLE-ET-LEÓN, ASTURIES ET CANTABRIE

Les Pics d'Europe, massif le plus élevé de la cordillère Cantabrique couronné par le Torre Cerredo (2 648 m), sont situés à une trentaine de kilomètres de la mer. Ils sont à cheval sur la Cantabrie, les Asturies, la Castille-et-León. Des gorges creusées par des torrents aux eaux poissonneuses circonscrivent ce bloc de calcaire primitif et l'entaillent. Des défilés impressionnants longent les hauts sommets dentelés par l'érosion et poudrés de neige, qui constituent un magnifique décor. Le Parc national, créé en 1995 pour protéger ses 64 660 ha de flore et de faune privilégiées, englobe l'ancien Parc de la montagne de Covadonga.

Consejeria de Cultura, Turismo y Deporte del Gobierno de Cantabria

Le monastère de Santo Toribio de Liébana.

- **Se repérer** – Le massif s'étend de la vallée du Sella à la fosse Liébana et se découpe en trois blocs : occidental, dit «de Covadonga» ; central ou de Naranjo de Bulnes, et oriental ou de Andara. Le versant sud, au profil adouci, s'ouvre sur des paysages moins escarpés mais plus sévères.
- **À ne pas manquer** – Le défilé de Los Beyos, la route du Cares.
- **Organiser son temps** – Comptez 2 jours pour en faire le tour, hors excursions.
- **Avec les enfants** – Les centres de Sotama et de Pedro Pidal, le téléphérique de Fuente Dé, la grotte del Buxu et le funiculaire de Bulnes.
- **Pour poursuivre le voyage** – La côte Verte et la côte Cantabrique.

Circuits de découverte

DÉFILÉ (DESFILADERO) DE LA HERMIDA★★ 1

De Panes à Potes 28 km par la N 621 – env. 1h.

La grande curiosité de ce parcours est le **défilé★★** qui s'étend sur 20 km de part et d'autre du bassin où se loge le hameau de la Hermida. L'étroitesse et l'obscurité des gorges en ont banni la végétation. Le fleuve Deva a exploité ici les points de moindre résistance de la paroi, ce qui donne un redoutable et spectaculaire tracé en dents de scie le long de la roche.

Après 24 km, sur la gauche, l'église de Lebeña sera indiquée.

Église de Nuestra Señora de Lebeña

✆ 942 744 332 - été : 10h-13h30, 16h-19h30 ; hiver : sur rendez-vous- visite guidée 1 € (-10 ans gratuit).

Petite église mozarabe du 10e s. entourée de peupliers et dominée de hautes falaises. Le clocher et le porche sont postérieurs. Les trois vaisseaux voûtés en plein cintre reposent sur des arcs en fer à cheval. Remarquez la belle facture des chapiteaux de style corinthien. L'église héberge une copie de la sculpture vénérée de la « Vierge au bon lait » (*Virgen de la Buena Leche*) qui donne le sein, dérobée en 1993 et retrouvée en 2001 chez un collectionneur.

Reprenez la N 621 sur 1 km. À droite, au niveau de la commune de Tama, vous apercevrez un grand bâtiment moderne.

Tama

Sotama – *Av. Luis Cuevas, 2A - Tama - ✆ 942 73 81 09 - lun.-dim. 9h- 18h ; juil.-sept. 9h-20h - gratuit.*

Un vaste bâtiment ultra-moderne sur plusieurs niveaux dédié au massif. La visite commence par la projection d'un documentaire (en espagnol) sur le climat, les conditions de vie, la faune et la flore de ces montagnes. Au dernier étage, un mirador permet d'admirer toute la chaîne centrale. Juste en-dessous, une maquette artistique du massif. Les autres salles sont consacrées à la géomorphologie du site, l'évolution des paysages, les traces de vie humaine au cours des siècles à travers, notamment, l'architecture religieuse et paysanne dans les villages. Le tout constitue une bonne introduction à la découverte des Pics d'Europe.

Potes

Cette charmante petite ville de montagne est située dans un **site★** agréable dans le creux d'un bassin verdoyant avec comme toile de fond les crêtes aiguës de la chaîne Centrale. Du pont, une vue s'offre sur les vieilles maisons en pierre qui se mirent dans l'eau du Deva et sur la sévère **tour de l'Infantado** (15e s.), restaurée et transformée en hôtel de ville.

VERS FUENTE DÉ★★ 2

23 km – env. 30mn. Prenez la route CA 185. Pour aller au monastère, suivez la route signalée à gauche après Potes.

Monastère de Santo Toribio de Liébana

✆ 942 730 550 - www.santotoribiodeliebana.com - tlj mat. et apr.-midi - gratuit (donation).

Occupé par des franciscains, il fut fondé au 7e s. Son rôle fut important dès le siècle suivant puisque là fut mis en sûreté un fragment de la Croix rapporté de Jérusalem par Toribio, l'évêque d'Astorga ; et là, enfin, vécut le moine **Beato**, célèbre pour son **commentaire sur l'Apocalypse** (8e s.). Cette œuvre, capitale pour son caractère polémique contre la théorie adoptianiste (qui faisait du Christ le fils adoptif du Père), fut condamnée au concile de Francfort (794). Copiée sous forme de manuscrits enluminés, les *Beatus*, elle eut durant plusieurs siècles un rayonnement considérable dans la chrétienté.

L'église, romane de transition, a retrouvé son harmonie originelle. Du collatéral gauche, on peut voir le *camarín* qui abrite le reliquaire du *lignum crucis* : un crucifix en argent doré qui contiendrait le plus grand morceau connu de la Vraie Croix. Remarquez, du belvédère à l'extrémité de la route, la **vue★** sur Potes et la chaîne Centrale.

Vallée de Camaleño

En remontant le cours du Deva dans les paysages de forêts et de prairies, plusieurs villages de montagne se suivent avant d'arriver au cirque rocheux de Fuente Dé où le fleuve prend sa source.

Mogrovejo, l'un des mieux conservés, a gardé une **tour médiévale** et des maisons traditionnelles de pierres et d'ardoises.

Fuente Dé★★

À côté du parador, installé à 1 000 m d'altitude, se trouve la station de départ du téléphérique. La station supérieure surplombe un à-pic de 1 800 m.

Téléphérique de Fuente Dé – *942 736 610 - www.liebanaypicosdeeuropa.com. Juil.-sept. : 9h-20h ; le reste de l'année : si le temps le permet 10h-18h - 14 € AR.*

Entouré d'un glacier, le téléphérique permet de monter en 3mn près de 800 m de dénivelé jusqu'à la **station du Balcón**, le fantastique **mirador del Cable**★★ domine le cirque glaciaire et de la haute vallée du Deva. De là, un sentier mène vers le **refuge d'Aliva** et d'imposantes lames dressées vers le ciel, appelées les *Horcados Rojos*, effets grandioses de l'érosion karstique.

COL (PUERTO) DE SAN GLORIO★ 3

De Potes à Oseja de Sajambre 83 km – env. 2h30.

Après avoir traversé la fraîche vallée du río Quiviesa plantée de peupliers, la route s'élève entre les pâturages. 10 km après Bores, dans une série de lacets, ne manquez pas le beau panorama sur la gauche. La montée au col de San Glorio fait découvrir de grandes solitudes.

Puerto de San Glorio★

1 609 m. Un chemin de terre partant au nord conduit *(1h AR)* à proximité de la Peña de Llesba. Le **mirador de Llesba** forme un magnifique **belvédère**★★ naturel sur

les plus hautes cimes : à droite le Massif oriental, à gauche le Massif central et son abrupt versant sud qui domine Fuente Dé. Au premier plan, sur la gauche, le pic Coriscao (2 234 m).

Le spectacle reste austère jusqu'à **Llánaves de la Reina**, un village blotti à l'entrée des **gorges du Yuso,** rendues spectaculaires par la coloration de la roche.

Reprenez la N 621. Au bout de 28 km, après avoir traversé le village de Riaño, continuez par la N 625.

Col (Puerto) de Pandetrave★★

On continue à grimper dans un paysage de haute montagne. Le col (1 562 m) révèle un panorama sur les trois massifs avec, au premier plan à droite, deux pics du Massif central : le **Cabén de Remoña** et la **Torre de Salinas**. Au fond, le village de **Santa Marina de Valdeón** se niche dans une cuvette.

Entre Santa Marina de Valdeón et Posada de Valdeón, la route est étroite mais très praticable.

Col (Puerto) de Panderruedas★

À 1 450 m d'altitude, on arrive dans un ample paysage de prairies. Suivez à gauche le sentier *(15mn à pied AR)* qui monte au **belvédère de Piedrafitas★★** *(avec table d'orientation)* pour la vue impressionnante sur l'immense cirque qui ferme la **vallée de Valdeón**. À droite, on voit le **Torre Cerredo**, point culminant du massif.

Col (Puerto) del Pontón★

1 290 m. **Vue★★** très pittoresque sur la vallée de Sajambre.

La descente sur **Oseja de Sajambre** s'amorce en lacets serrés en vue des contreforts de la chaîne Occidentale. Le tracé en corniche devient spectaculaire et l'on aperçoit la formidable muraille dans laquelle le Sella a creusé son lit.

DÉFILÉ (DESFILADERO) DE LOS BEYOS★★★ 4

De Oseja de Sajambre à Cangas de Onís 34 km – environ 1h.

Mirador de Oseja de Sajambre★★

Du belvédère, **vue grandiose★★** sur le bassin d'Oseja de Sajambre et l'entrée du défilé des Beyos, aux plis tourmentés. Le pic pointu du **Niaja** (1 732 m) se dresse au centre du bassin.

Desfiladero de los Beyos★★★

Taillé par le Sella sur 10 km dans une couche calcaire d'une exceptionnelle épaisseur, ce défilé ne laisse la place qu'à de minuscules talus où s'accrochent quelques arbres. Très encaissé mais suffisamment ample pour que le soleil y pénètre, c'est l'un des plus beaux défilés d'Europe.

Cangas de Onís

En 722, la bataille de Covadonga, à quelques kilomètres de là, et la victoire de Pelayo sur les musulmans, marquent le début de la Reconquête espagnole. Cangas de Onís devient alors le siège du royaume des Asturies de 722 à 754 sous le règne de quatre monarques : Pelayo, Favila, Alfonso I et Fruela. Quelques demeures seigneuriales sont encore visibles.

Chapelle de Santa Cruz – *Juin-sept. : lun.-vend. 10h-14h et 16h-19h., sam. 10h-14h et 16h-19h30 ; le reste de l'année : consulter l'OT.* À l'ouest de l'agglomération, dans le quartier de Contranquil, cette chapelle a été érigée en 737 en souvenir de la victoire de Covadonga et a été reconstruite après la guerre civile. Elle abrite l'unique dolmen de la région, dont une pierre est ornée de dessins gravés.

Pont romain (Puente romano) – À l'entrée ouest de la ville, la Croix de la Victoire, emblème de la principauté, est suspendue sous un élégant pont du 13e s. appelé « pont romain » et jeté en dos d'âne sur le Sella.

Aula del Reino de Asturias – *Dans l'église de Santa Maria de Cangas de Onís, à l'est de la ville, au bout de la calle Evaristo Sanchez- 1,50 €.* Cette « Salle du royaume des Asturies » est un petit musée moderne qui retrace l'histoire de la ville.

Monastère de San Pedro de Villanueva – *À la sortie du village en direction de Arriondas.* Cet ancien monastère bénédictin dont la construction date du 17e s. a englobé une

> **L'ours brun cantabrique**
>
> Considéré comme l'ennemi ancestral de l'homme, depuis le Moyen Âge jusque récemment, le plus grand carnivore terrestre a subi une éradiction en bonne et due forme. Actuellement, on dénombre à peine 80 sujets, répartis entre les Pyrénées et la cordillère Cantabrique. Une vingtaine d'entre eux vit dans le massif des Pics d'Europe.

R. Interstock / SUNSET

La grotte de Covadonga.

église romane. De celle-ci, il reste l'abside et le portail latéral, qui porte une élégante décoration ; à gauche, les chapiteaux reproduisent les adieux du roi Favila et sa triste fin – il fut, dit-on, dévoré par un ours. Des modillons fantaisistes ornent l'extérieur de l'abside. Il est actuellement transformé en parador, mais le cloître est en accès libre. Pour visiter l'église, consultez les horaires du culte.

ROUTE DE COVADONGA ET DES LACS★★ 5

11 km de Cangas de Onís à Covadonga – env. 30mn. Suivez la route vers Covadonga et tournez à gauche au bout de 4,5 km.

Grotte del Buxu (Cueva del Buxu)

✆ 608 17 54 67 - visite guidée (30mn) - tlj sf lun. et mar. 9h-13h, 15h-17h30 - accès limité à 25 personnes par jour sans possibilité de réservation - fermé 1er janv., nov., 24-25 et 31 déc. - 2 €, gratuit mer.

La **grotte**, au flanc d'une falaise, renferme dessins au charbon de bois et gravures préhistoriques de l'époque magdalénienne, représentant un cerf, un cheval et un bison à peine plus grands que la main.

Retournez sur l'AS 114 direction Covadonga.

Covadonga

Centre d'information : ✆ 985 846 035.

Le sanctuaire de Covadonga, niché dans un **cadre★★** impressionnant, au creux d'une étroite vallée encadrée de hautes montagnes, est l'un des principaux sites historiques de l'Espagne. La mythique bataille de Covadonga (722) au cours de laquelle **Pélage** repoussa les troupes arabes, fut le lointain premier pas vers la Reconquête espagnole.

La Sainte Grotte (Santa Cueva) – *Juil.-sept : 9h-20h30 ; le reste de l'année : 9h-19 - s'abstenir de visiter pendant les offices - gratuit.* Aménagée en l'honneur de la « Vierge des batailles » qui aurait apporté la victoire, la **grotte** abrite une Vierge en bois du 18e s., la **Santina**, très vénérée. Patronne des Asturies, elle est l'objet d'une importante procession le 8 septembre.

La basilique – *Juil.-sept : 9h-20h30 ; le reste de l'année : 9h-19h - s'abstenir de visiter pendant les offices - gratuit.* Édifiée de 1886 à 1901 dans le style néoroman. Devant se dresse la statue en bronze de Pélage, surmontée de la croix de la Victoire que celui-ci brandissait au cours de la bataille et dont l'original est exposé à la Cámara Santa d'Oviedo.

Le musée – *✆ 985 846 096 - www.santuariodecovadonga.com - tlj mat. et apr.-midi - 2 € (-14 ans 1 €).* Il rassemble les cadeaux offerts à la Vierge de Covadonga, telle la magnifique **couronne★** ornée de plus de 1 000 brillants.

Poursuivez par la CO 4 vers les lacs.

Lacs (lagos) de Enol et de la Ercina★

La route, en lacets, découvre à l'arrière un splendide panorama de plus en plus dégagé. Au bout de 8 km, on atteint le **mirador de la Reina★★** : vue pittoresque sur la succession de pyramides rocheuses de la sierra de Covadonga. Plus loin, au-delà d'un

Le lac de Enol.

col, la route arrive aux **lacs★ de Enol et de la Ercina** (alt. 1 232 m), un des endroits les plus visités du massif, comme en témoigne l'aménagement de cette zone : parking, chemins empierrés, sentiers balisés, restaurant, et un musée.

Centre Pedro Pidal (Centro de recepción Pedro Pidal) – *Buferrera - d'avr. à mi-déc. 10h-18h - gratuit.* À l'intérieur, plusieurs expositions thématiques sur les Pics d'Europe (panneaux, maquettes, projections audiovisuelles et supports interactifs) expliquent les différents écosystèmes du Parc : l'intérieur d'une grotte, la haute montagne, les forêts, le rôle de l'eau. À l'extérieur, reproduction d'une petite cabane de pasteur.

Le tour des lacs – *3 km - 1h - Garez-vous au parking de Buferrera.* Un sentier, touristique, mais de toute beauté, a été aménagé autour des deux lacs. Plusieurs sentiers de randonnées partent de leurs abords, pour des marches plus longues mais, heureusement, plus solitaires *(2h30).*

GORGES (GARGANTAS) DEL CARES★★ 6

60 km de Covadonga à Panes – env. 1h sans excursion.

D'un belvédère aménagé, à droite, peu après Carreña de Cabrales, on entrevoit la cime en forme de croc du **Naranjo de Buines** (2 519 m), ou **pic Uriellu**, qui n'est pas le plus élevé mais le plus connu des Pics d'Europe.

Las Arenas de Cabrales

Cette petite ville ne possède pas de monuments mais elle est fameuse puisque c'est le principal centre de production du fameux fromage local, style roquefort, appelé *cabrales* *(voir l'encadré p. 35)*. C'est aussi le point de départ vers l'une des plus belles randonnées au sein du massif, le long du cours du Cares.

Prenez à droite l'AS 264 qui mène à Poncebos, à 6 km au sud.

Haute vallée du Cares

Après la retenue de Poncebos, un chemin *(comptez 3h à pied aller/retour)* conduit au village de **Bulnes**.

Funiculaire de Bulnes – *L'accès est situé à Poncebos, au carrefour de la route de Sotres. ✆ 985 846 800 - hiver : 10h-12h30 et 14h-18h ; été : 10h-20h - 16 € AR.*

Grâce au funiculaire, il est possible de se rendre en 7mn seulement à la station supérieure de Bulnes (400 m de dénivelé) qui, par temps clair, réserve le plus beau point de vue sur le **Pic Uriellu.**

Route du Cares (Ruta del Cares) – *2h30 à pied dans un sens – possibilité de louer une voiture avec chauffeur pour revenir à Poncebos, rens. ✆ 985 947 270.* De Poncebos à **Caín de Valdeón**, un sentier longe la rivière **Cares** et s'enfonce entre les parois d'un vertigineux défilé de 12 km appelé la **Gorge Divine★★** (Garganta Divina) jusqu'au pied du massif de **Los Urrieles**.

Pics d'Europe pratique

Informations pratiques

À POTES (Cantabrie)

Office de tourisme – *Independencia, 12 - ✆ 942 730 787 - tlj mat. et apr.-midi.*

Posada de Valdeón - Bureau d'information de Los Picos – *Travesía de Los LLanos, s/n - ✆ 987 740 549.*

À CANGAS DE ONIS (Asturies)

Office de tourisme – *Av. Jardines del Ayuntamiento, 2 - ✆ 985 848 005 - www.cangasdeonis.com - juil.-août : tlj tte la journée ; reste de l'année : tlj mat. et apr.-midi, dim. matin.*

Bureau d'information du parc national de Los Picos « Casa Dago » – *Av. Covadonga, 43 - ✆ 985 848 614.*

À COVADONGA (Asturies)

Office de tourisme – *Explanada de la Basílica - ✆ 985 846 035 ; El Repelao, s/n - ✆ 985 846 135 - juil.-août : tlj mat. et apr.-midi ; reste de l'année : tlj sf vend. mat. et apr.-midi, dim. matin.*

À CABRALES (Asturies)

Office de tourisme – *Ayuntamiento - Crta de Cabrales - ✆ 985 846 484.*

Se loger

À CANGAS DE ONIS

⊜⊜ **La Ablaneda** – *Rte de Covadonga, km 1 (à 4 km de Cangas de Onís, dir. Covadonga au rond-point)- El Bosque - ✆ 985 940 245/46- fermé du 5 nov. au 1er mars - P - 10 ch. 45/70 € - ☕ 6 €.* C'est une ancienne ferme transformée en hôtel. L'hiver, un salon avec cheminée et une bibliothèque sont à la disposition des hôtes. L'été, ils peuvent profiter de l'agréable terrasse et du jardin. Les chambres sont spacieuses et fonctionnelles.

⊜⊜⊜ **Parador de Cangas de Onís** – *Villanueva - Cangas-de-Onís - 3 km au NO de Cangas de Onís sur la route d'Arriondas - ✆ 985 849 402 - P - ▤ - ♿ - 64 ch. à partir de 123 € - ☕ 10 € - rest. 25,90 €.* Les moines bénédictins avaient sans aucun doute choisi ce site près du Sella pour sa tranquillité et sa beauté. C'est aussi ce que propose ce joli parador : l'histoire, la nature et l'art, ainsi que des chambres fonctionnelles et élégantes. Un vrai luxe.

À POTES

⊜ **Hôtel Casa Cayo** – *Calle Cántabra, 6- Potes - ✆ 942 730 150- fermé de déb. janv. à mi-fév. - P - 51 ch. 45/55 €.* Il est installé dans l'une des plus vieilles maisons de Potes. La rue est pavée et piétonne mais le parking municipal est à 50 m. Rustique et coquet, l'hôtel dispose de chambres bien décorées, dont les plus gaies sont sous le toit. On prend le petit-déjeuner au bar du rez-de-chaussée. Mais mieux vaut éviter le restaurant, cher et quelconque.

Se restaurer

À CANGAS DE ONIS

⊜ **Sidrería Los Arcos** - *Av. Covadonga - Cangas de Onís - ✆ 985 849 277.* Grand choix de tapas, charcuterie et fromages (entre 3 et 10 € la ration). Des produits frais et de bonnes salades pour un casse-croûte avant la balade.

⊜⊜ **La Palmera** – *La Venta - Soto de Cangas - ✆ 985 940 096 - 30 €.* Installé à la sortie de Cangas, ce restaurateur possède une excellente carte de plats traditionnels. Le décor est soigné, agréable et rustique.

À POTES

⊜⊜ **Los Camachos** – *LLanes s/n - Potes - ✆ 942 730 064 - 10/30 €.* Adresse connue dans le village. Une grande variété de tapas préparées devant vous et des plats traditionnels : viandes, potages *(cocidos)* à base de légumes secs (lentilles, haricots blancs) et charcuterie.

Sports et loisirs

RANDONNÉES PÉDESTRES

Le Parc national de los Picos de Europa est une grande destination pour les randonneurs à pied et les amateurs d'escalade. Pour obtenir les renseignements nous vous conseillons d'aller sur le site internet du parc : **www.picoseuropa.net.** Ce site est en espagnol. Avant de vous lancer dans une randonnée, il faut se renseigner auprès des **bureaux d'information du Parc** à Potes ou Cangas de Onís *(voir les adresses au début de ce carnet pratique)* car les sentiers ne sont pas toujours très bien balisés, le temps est souvent incertain et l'eau rare.

👁 **Bon à savoir** – Les centres d'information proposent tous des **randonnées gratuites** avec des guides. Les Pics d'Europe sont aussi l'occasion de pratiquer **l'escalade**, le **canyoning**, la **spéléologie**, le **Kayak** sur le Sella.

Événements

Fête du Berger au Lac Enol - *25 juil.* Chaque année, cette fête attire au lac une foule nombreuse (danses de bergers, course de kayak...).

Cabrales à Las Arenas de Cabrales - *dernier dim. d'août*. Concours du meilleur fromage de l'année avec dégustation.

Le paysage près de Santa Cristina de Lena.

B. Brillion/MICHELIN

ASTURIES

Pics d'Europe★★★

Picos de Europa

CARTE GÉNÉRALE B2 – CARTE MICHELIN N° 572 C 14-15-16
SCHÉMA P. 2226223 – CASTILLE-ET-LEÓN, ASTURIES ET CANTABRIE

Une grande partie des Pics d'Europe se trouve dans la région des Asturies. Pour pouvoir décrire sous forme d'itinéraires l'ensemble du massif, nous avons préféré présenter les Pics d'Europe dans leur ensemble *(voir p. 221)*.

Oviedo★★

212 174 HABITANTS
CARTE GÉNÉRALE B2 – CARTE MICHELIN N° 572 B 12 –
CARTE DE LA COSTA VERDE P. 240-241 – ASTURIES

Établie sur une butte, au cœur d'un bassin verdoyant, Oviedo, capitale de la principauté des Asturies, se situe dans une importante zone industrielle et minière. Contrastant avec la cité moderne, la vieille ville autour de la cathédrale est pleine de charme. Le quartier historique se compose d'une multitude de jolies placettes et de rues piétonnes décorées de nombreuses sculptures qui embellissent cette cité où il fait bon flâner. Les beaux édifices de l'art asturien, déclarés Patrimoine de l'humanité, constituent un autre attrait d'Oviedo.

- **Se repérer** – L'autoroute A 66 relie Oviedo à la côte (Gijón se trouve à 29 km au nord) et à León (121 km au sud).
- **Se garer** – Le centre-ville se visite à pied. Mieux vaut laisser sa voiture aux abords du parc de San Francisco ou dans un des parkings qui l'environnent.
- **À ne pas manquer** – La cathédrale et le mont Naranco.
- **Organiser son temps** – Comptez 1h30 pour visiter le centre.
- **Avec les enfants** – La Maison des ours à Proaza, le Parc de la préhistoire de Teverga, la grotte de Huerta.
- **Pour poursuivre le voyage** – La côte Verte et Gijón.

Comprendre

La capitale du royaume des Asturies (9e-10e s.) – Les musulmans n'avaient laissé que ruines de la petite cité édifiée par Froïla Ier (722-768) sur une colline nommée *Ovetum*, autour d'un monastère bénédictin. Son fils, Alphonse II le Chaste (791-842), transporte à Oviedo la cour qui, jusque-là, avait résidé à Cangas de Onís puis à Pravia. Il fait réédifier la ville, l'entoure de remparts et l'embellit de nombreux édifices religieux dont il ne nous est parvenu que des vestiges : la Cámara Santa, le chevet de l'église San Tirso et Santullano. Son successeur, **Ramire Ier** (842-850), fait élever un splendide palais d'été en partie conservé, sur le flanc du mont Naranco. Mais les limites du royaume ne cessant de se déplacer vers le sud, García Ier transporte la cour à León en 914. Le royaume d'Asturies-León n'aura qu'une brève existence, de 1037 à 1157, puis, en 1230, il est réuni définitivement à la Castille. Cependant, à partir de 1388, le dauphin de Castille portera en hommage le titre de prince des Asturies.

Les batailles d'Oviedo – En 1934, la ville a été fortement endommagée lors des combats qui firent suite de l'insurrection du bassin minier asturien : la Cámara Santa fut détruite, l'université incendiée et la cathédrale endommagée. Pendant la guerre civile, en 1937, elle fut encore le théâtre de nombreux combats.

Se promener

LA VIEILLE VILLE★★

Pour découvrir cette magnifique zone piétonnière, nous vous proposons de suivre le circuit suivant *(voir plan)*.

Commencez la visite par la calle San Francisco.

Ancienne université (Antigua Universidad)

L'édifice à la façade austère fut terminé au 17e s. Sa cour classique, restaurée après la guerre, abrite la statue de son fondateur, Don Fernando de Valdés Salas.

La plaza de Trascorrales.

Devant l'université, on remarque une sculpture de Manolo Hugué, *Femme assise*, une des très nombreuses œuvres disséminées dans le quartier historique.

Plaza de Porlier

Depuis cette place, on peut voir une partie de la façade et la tour de la cathédrale. Quelques beaux palais l'encadrent : à droite celui du comte de **Toreno** (1673), et en face celui de **Camposagrado**, harmonieuse construction du 18e s. qui abrite le tribunal (remarquez son avant-toit).

Place de Alfonso II El Casto (Plaza de la Catedral)

À peine entré sur cette place, on est immédiatement attiré par la majestueuse cathédrale en toile de fond. À gauche se trouve le **palais de Valdecarzana**, du 17e s., remarquable par le monumental blason qui orne sa façade. À l'opposé de la cathédrale, dans la calle de La Rúa, on découvre le **palais de La Rúa**, bel édifice construit à la fin du 15e s.

Cathédrale★

Élevée à l'emplacement de deux anciennes églises, caractéristique du gothique flamboyant, elle fut commencée au 14e s. par le cloître et achevée dans le courant du 16e s. par le porche et la tour sud. Cette dernière, restaurée après la guerre civile et haute de 60 m, affine sa silhouette d'une courte flèche ajourée. La façade irrégulière présente trois portails gothiques. Remarquer sur le portail central la représentation de la Transfiguration (17e s.). Les vantaux en noyer sculpté sont du 18e s. : ceux du portail central représentent à gauche le Christ, à droite sainte Eulalie dans un champ de maïs.

Intérieur – Le triforium, que surmontent les hautes verrières et les trois rosaces de la façade, présente les formes ondoyantes typiques du gothique flamboyant. La perspective bien dégagée de la nef met en valeur les dimensions respectables du **retable★★** du maître-autel du 16e s. en bois sculpté, qui relate divers épisodes de la vie du Christ. Dans chacun des bras du transept, on découvre des retables de style baroque du 18e s.

Les chapelles latérales furent abondamment décorées à l'époque baroque. À gauche en entrant, la **chapelle de Santa Eulalía** (17e s.), dont les murs et les plafonds ont été entièrement sculptés dans la pierre, abrite dans une énorme châsse les restes de la sainte, patronne des Asturies.

Dans le bras nord du transept, la **chapelle du Rey Casto** (roi chaste) a été aménagée à l'emplacement de l'église primitive. On y accède par un portail dont la décoration, à l'intérieur de la salle, est d'un gothique tardif ; aux ébrasements, on reconnaît Jacques le Pèlerin, Pierre et Paul, saint André et, aux voussures, 12 vieillards musiciens. La chapelle héberge le panthéon des rois asturiens.

Cámara Santa – *On y accède par le bras sud du transept. ☏ 985 203 117 - de juil. à mi-sept. : 10h-20h ; de mi-sept. à janv. : 10h-13h, 16h-18h ; mars-mai : 10h-13h, 16h-19h ; mai-juin : 10h-13h, 16h-20h ; fermé dim., j. fériés et fév. - 1,50 € (visite complète 3 €).*

Elle fut édifiée au début du 9e s. par Alphonse II puis réformée à l'époque romane, période pendant laquelle la Cámara Santa a été dotée d'une voûte en berceau. Dans

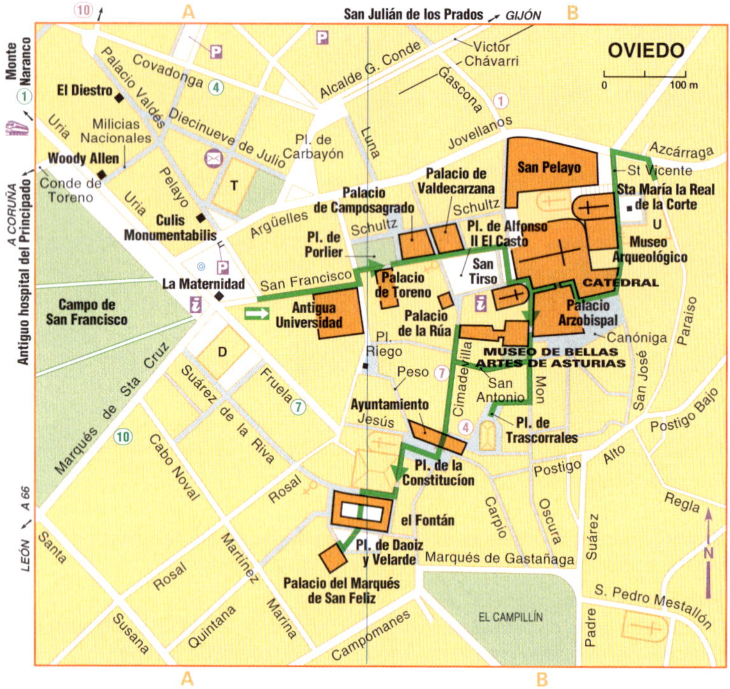

SE LOGER

Carreño	1
City Express Covadonga	4
Fruela	7
Santa Cruz	10

SE RESTAURER

El Pigüeña	1
El Raitán y El Chigre	4
Faro Vidio	7
Las Campanas de San Bernabé	10

le vestibule, six groupes d'apôtres forment un ensemble de **statues-colonnes★★** stylisées, œuvres magistrales de la sculpture espagnole du 12e s. Remarquez également les trois têtes du Christ au-dessus de l'entrée. L'artiste a été influencé par le portique de la Gloire de St-Jacques-de-Compostelle, ce qui n'est pas surprenant car la Cámara Santa faisait l'objet d'un détour très fréquenté sur le chemin des pèlerins. Les chapiteaux qui surmontent les colonnes présentent le mariage de Joseph et Marie, les saintes Femmes au tombeau, des scènes de chasse au lion et au sanglier.

L'abside contient un **trésor★★** composé de pièces d'orfèvrerie ancienne tout à fait remarquables : la **croix des Anges**, don d'Alphonse II en 808, réalisée en bois de cèdre, recouverte d'or et décorée de pierreries comprenant des cabochons et camées romains, la **croix de la Victoire** (908) recouverte d'or ciselé, d'émaux et de pierreries qui fut portée par Pélage lors de la victoire de Covadonga *(voir p. 225)*, la **châsse des Agates**, don de Froïla II (910), et le **saint Coffre** (*Arca Santa*, 12e s.), un grand reliquaire recouvert de plaques d'argent et décoré d'inscriptions coufiques et latines.

Cloître (claustro) – Admirez les belles croisées d'ogives et la grande finesse des fenestrages. La **chapelle de Santa Leocadia** est en fait la crypte de la Cámara Santa. Ornée extérieurement *(côté jardin)* d'arcatures aveugles, elle est voûtée en berceau à l'intérieur. On peut y voir un autel et des tombes de l'époque d'Alphonse II, ainsi qu'un étrange petit édicule en pierre. La **salle capitulaire**, de style gothique, abrite de belles stalles de la fin du 15e s.

Revenez à la plaza de Alfonso II el Casto.

À droite, en sortant de la cathédrale, des bas-reliefs et des bustes du jardin rendent hommage aux rois asturiens. À gauche, au début de la calle Santa Ana, on aperçoit la fenêtre du chevet de l'**église de San Tirso** qui conserve une fenêtre trigéminée bordée d'un *alfiz* (cadre de style arabe), unique vestige d'un temple du 9e s.

Tournez à gauche dans la calle Tránsito de la Virgen pour longer la cathédrale.

Après avoir franchi l'arche qui unit la cathédrale à l'archevêché, on remarque à gauche la **Torre Vieja**, de style roman, qui appartenait à l'ancienne cathédrale. Puis, on débouche sur la plaza de la Corrada des Obispo. À droite, remarquez l'**archevêché**, édifice construit à la fin du 16e s. et, à gauche, l'imposante **porte de la Limosna**, qui ouvre sur le cloître de la cathédrale.

Continuez par la calle San Vicente.

Musée archéologique (Museo Arqueológico)

Fermé pour travaux.

Il est installé dans un ancien couvent. Dans la galerie inférieure du cloître plateresque du 15e s. s'ouvrent les deux salles préromanes. Les humbles fragments ou reproductions sont de précieux témoins du grand raffinement qui présidait à la décoration des monuments de l'époque asturienne : autels comme celui de Naranco surmonté de la pierre d'origine, reconstitutions de clôtures de chœurs ou cancels, bas-reliefs où l'on décèle souvent une influence orientale, bases de colonnes de San Miguel de Lillo, baies ajourées incorporées dans le mur.

Dans la galerie supérieure du cloître : collections préhistoriques trouvées dans la province, collection numismatique et objets de bois sculptés (instruments de musique).

En sortant du musée, traversez la plaza de Feijoo où se trouvent l'église de Santa María la Real de la Corte et la faculté de psychologie et remarquez au coin de la calle Jovellanos la belle façade du **monastère de San Pelayo** (18e s.), qui ressemble plus à un palais qu'à un édifice religieux.

Tournez à droite dans la calle Jovellanos et tout de suite à droite dans la calle Paraiso, jetez un œil aux ruines des anciens remparts de la ville. Revenez jusqu'à la calle Santa Ana.

Musée des Beaux-Arts (Museo de Bellas Artes de Asturias) ★

Santa Ana, 1 - ✆ 985 213 061 - www.museobbaa.com - ♿ - tlj mat. et apr.-midi, dim. et j. fériés matin - fermé lun., 1er janv., 21 sept., 24-25 et 31 déc. - gratuit.

L'élégant **palais Velarde** (18e s.) et la **Casa de Oviedo-Portal** (17e s.) servent de cadre à une importante collection d'art qui va du Moyen Âge à nos jours. Les artistes espagnols mais également asturiens sont particulièrement représentés. Quelques œuvres étrangères, italiennes et flamandes, viennent enrichir la collection.

Parmi les œuvres exposées dans le palais Velarde, remarquez au rez-de-chaussée l'**Apostolat** d'**El Greco**, les panneaux polychromes du *Retable de Sainte Marine* (dans l'escalier), le *triptyque de D. Alvaro de Carreño* par le Maître de la Légende de Sainte-Madeleine, l'*Enterrement du Christ* et un magnifique apôtre de **Ribera**, un dramatique Christ crucifié de Zurbarán, un Saint-Pierre de Murillo, *Charles II à 10 ans* par Carreño de Miranda, deux portraits réalisés par Goya (*Jovellanos* et *Charles IV*) et plusieurs natures mortes de Luis Meléndez (salles du 1er étage). Le 2e étage est entièrement dédié aux artistes asturiens et espagnols du 19e et du début du 20e s. (réalisme, romantisme et modernisme) ; on remarque entre autres des peintures de F. Madrazo, Ramón Casas, S. Rusiñol, Anglada-Camarasa, etc.

Un couloir communique avec le 2e étage de la **Casa de Oviedo-Portal** dans laquelle on remarquera principalement la salle consacrée à l'œuvre du peintre luministe J. **Sorolla**, le tableau *Mousquetaire et Amour* de **Picasso** et les toiles de Gutiérrez-Solana, Regoyos et Nonell.

Au 1er étage sont exposées des œuvres d'artistes asturiens de la seconde moitié du 20e s. et au rez-de-chaussée quelques exemples très intéressants de l'**art contemporain espagnol** à la même période (Palazuelo, Tàpies, Barceló, Sicilia, Broto…) ainsi qu'une collection de vaisselle des 19e et 20e s.

En sortant du musée, remarquez la jolie **plaza de Trascorrales** avec ses maisons colorées et sa sculpture de Manuel García Linares, *La Laitière*.

Remontez la calle Cimadevilla pour accéder à la plaza de la Constitución.

La **plaza de la Constitución** est le siège de l'**hôtel de ville (Ayuntamiento)**, agrémenté d'arcades aux 17e et 18e s., et de l'église de San Isidoro.

Continuez par la calle Fierro, où se trouve le marché couvert, jusqu'à la calle Fontán.

Quartier du Fontán

C'est l'un des plus pittoresques d'Oviedo : ses maisons à arcades possèdent toutes de ravissantes cours intérieures auxquelles on accède par un porche depuis la rue.

Prix du prince des Asturies

Ces prix sont remis fin octobre dans le cadre du splendide théâtre Campoamor par son Altesse Felipe de Borbón, prince des Asturies. Ils récompensent des travaux exemplaires dans huit disciplines : arts, sciences sociales et techniques, sports, communication, recherche scientifique, littérature, coopération internationale. La remise des prix a lieu. C'est pour Oviedo un rendez-vous international de prestige.

Empruntez le porche qui donne sur la plaza Daoíz y Velarde.
Au centre de la **plaza Daoíz y Velarde**, un groupe de sculptures, *Les Vendeuses du Fontán*, rend hommage aux femmes qui vendaient sur les marchés en plein air. C'est sur cette jolie place arborée que s'élève le **palais du Marqués de San Feliz** (18e s.), œuvre de Francisco de la Riva, artiste ayant également réalisé le palais de Camposagrado. À côté se trouve la bibliothèque des Asturies.

LE QUARTIER COMMERCIAL

Au nord-ouest du quartier ancien, dont il est séparé par la calle Argüelles, ce quartier très animé d'Oviedo devenu entièrement piétonnier est aménagé pour les promeneurs avec bancs, fontaines et, surtout, de remarquables sculptures, qui balisent le parcours, parfois avec humour.

Promenade artistique

On tombe nez à nez avec le **Woody Allen** de Vicente Santarua, au début de la calle Milicias Nacionales. En remontant à gauche, la calle Palacio Valdés sert de décor à l'impressionnant **Diestro** de Miguel Berrocal, volumineux buste de torero. À droite, la rue devient la calle Pelayo, où se trouve le **Culis Monumentabilis** de Eduardo Urculo. Au bout de la rue, sur la plaza de la Escandalera, trône **La Maternidad** du colombien Fernando Botero. Au total, près d'une centaine de sculpures publiques sont réparties dans la ville.

Campo de San Francisco

Situé au centre de la ville, en bordure des quartiers ancien (à l'est) et commercial (au nord-est, au-delà de la calle Uría) ce joli parc bien entretenu était autrefois le potager du couvent de San Francisco aujourd'hui disparu. Lieu de promenade et de détente des habitants d'Oviedo, il conserve, près du bassin, les ruines d'un portail roman.

Visiter

EN DEHORS DU CENTRE

Ancien Hôpital de la Principauté (Antiguo Hospital del Principado)

À l'ouest du plan, en direction de La Corogne, par la calle Conde de Toreno qui longe le Campo de San Francisco au nord.
Ce monument doté d'une chapelle octogonale date du 18e s. Aujourd'hui transformé en hôtel, on peut juste voir sa façade baroque, ornée d'un bel **écusson★**.

Église de Santullano ou San Julián de los Prados★

Au nord du plan, en direction de Gijón, par la calle Victor Chávarri. Continuez par la calle Teniente Alfonso après le rond-point pour aller jusqu'au parc Santullano où est situé l'église. ✆ 607 353 999 - visite guidée - mai-sept. : mar.-vend. 10h-12h30, 16h-17h30, sam. 9h30-12h, 15h30-17h, lun.10h-13h ; oct.-avr. : mar.-sam. 9h30-1h30, lun. 10h-12h30 - fermé dim. - 1,20 € (enf. 0,60 €), gratuit lun. (pas de guide).
Témoin de l'art asturien, cette église, construite par Alfonso II El Casto dans la première moitié du 9e s., possède un plan bien caractéristique : porche, trois nefs, immense nef transversale et, au chevet, trois chapelles avec voûtes en berceau. Les murs sont couverts de **fresques★** aux motifs géométriques inspirés du style romain et dont l'unique symbole chrétien utilisé est la croix. Remarquez dans l'abside centrale un beau **Christ en majesté★** (13e s.) dans le style transitoire romano-gothique. À l'extérieur, le chevet présente la fenêtre à triple arcade et les claustras typiques de l'art asturien.

Sanctuaires du mont Naranco ★ (Santuarios del monte Naranco)

A 3 km au nord-ouest du centre-ville par l'avenida de los Monumentos. Visite guidée - avr.-sept. : mar.-sam. 9h30-13h, 15h30-19h, dim.-lun. 9h30-13h ; oct.-mars : mar.-sam. 10h-12h30, 15h-16h30, dim.-lun. 10h-12h30 - 3 € (-14 ans 2 €), gratuit lun. (pas de guide).
Sur le versant sud du mont Naranco, Ramire Ier avait édifié au 9e s. une résidence d'été dont subsistent l'ancien salon de réception transformé en sanctuaire (Santa María) et une partie de la chapelle royale (San Miguel).

Musée de l'Art préroman asturien (Centro de Recepción e Interpretacíon del Prerománico Asturiano) – *À gauche en contrebas du parking. Antiguas Escuelas del Naranco - ✆ 985 114 901 - tlj sf mar. mat. et apr.-midi - gratuit.*
D'intéressants panneaux explicatifs (uniquement en espagnol) vous initieront à l'art asturien. Projection vidéo en espagnol, anglais, français et allemand.

Église de Santa María del Naranco★★ – C'est un harmonieux édifice quadrangulaire à étage, renforcé par des contreforts à cannelures et éclairé de grandes baies. Au rez-de-chaussée se trouve une salle voûtée semblable à une crypte avec deux petites

San Miguel de Lillo.

dépendances. À l'étage, le grand salon de réception, voûté en berceau, ouvre sur deux loggias. La décoration, très homogène et d'une grande délicatesse, a su s'adapter aux nécessités de l'architecture : un faisceau de colonnettes torsadées habille les piliers ; les chapiteaux des loggias sont corinthiens et ceux qui s'adossent aux murs, prismatiques ; les arcs doubleaux se prolongent jusqu'aux écoinçons des arcs par des pilastres cannelés et des disques décorés aussi minutieusement qu'un tissu oriental. Le même décor se retrouve à l'extérieur, avec la même symétrie. A l'extérieur, on jouit d'une belle **vue** sur Oviedo et le mont Aramo en toile de fond.

Église de San Miguel de Lillo★ – *Un peu plus haut, à 5mn à pied.* Ce temple nous est parvenu tronqué : le chevet fut modifié au 17e s. L'élévation des murs est accusée par l'étroitesse des nefs. Plusieurs fenêtres de type claustra ont été conservées. À l'intérieur, on admire la délicatesse de la décoration sculptée : sur les **jambages★★** de la porte, deux scènes identiques exécutées en méplat représentent un consul entouré de dignitaires, présidant les jeux du cirque. Le motif de la corde se retrouve sur les chapiteaux, les arcs de la nef et la tribune.

Circuit de découverte

150 km - une journée. Quittez Oviedo au sud par la voie rapide A 66. Après une trentaine de kilomètres, sortez à Pola de Lena (sortie 92) et prenez la direction de Vega del Rey. Juste avant le village, la route pour Sta Cristina de Lena sera signalée à gauche.

Église de Santa Cristina de Lena★

Garez-vous avant le viaduc, et de là grimpez le chemin pendant 10mn. ✆ 985 490 525 - tlj sf lun. 11h-13h, 16h30-18h30 - 1,20 €.

Perchée sur un piton offrant une **vue panoramique★** sur la verdoyante vallée du Caudal, l'église Santa Cristina de Lena (9e s.) se laisse admirer pour ses belles proportions et la chaude couleur de ses pierres. Postérieur aux sanctuaires du mont Naranco, ce petit édifice, au plan de croix grecque, inhabituel dans l'architecture asturienne, reste fidèle à la tradition : voûte en pierre, arcatures aveugles, chapiteaux pyramidaux soulignés de cordes, médaillons sculptés prolongeant les arcs doubleaux et, dans le chœur, colonnettes torsadées. La nef est isolée du chœur nettement surélevé par une iconostase dont les arcades superposées accroissent l'impression d'équilibre. Les bas-reliefs du chancel (sorte d'autel) sont des sculptures d'origine wisigothique, reconnaissables aux motifs (figures géométriques, feuilles…), opportunément réemployées.

Revenez à Pola de Lena et suivez plein ouest l'AS 230. Parvenu à Caranga, prenez à gauche l'AS 228 qui suit le défilé du Teverga.

Une superbe route magnifiquement encaissée épouse le tracé du **défilé du Teverga★** (Desfiladero del Teverga).

Continuez jusqu'à San Martín.

Collégiale de San Pedro de Teverga (Colegiata de San Pedro de Teverga)

Suivez les panneaux signalisateurs « Teverga » ou « Colegiata » depuis San Martín.

L'église date de la fin du 12e s. Un porche et une tour lui ont été rajoutés. Son architecture recèle d'évidentes réminiscences de l'art préroman asturien : présence du narthex, nef centrale étroite et élevée, chevet plat formé à l'origine de trois chapelles. Les chapiteaux du narthex montrent des animaux et des feuilles stylisées. Dans la crypte, un petit **musée** abrite des bijoux, des reliques et des ornements dont une grande croix en argent, semblable à la croix des Anges de la cathédrale d'Oviedo ; quelques tableaux et... deux momies, le marquis de Valdecarzana et son fils Pedro Analso de Miranda, abbé de la collégiale de 1690 a 1720, puis évêque de Tolède.

Revenez à San Martín et prenez l'AS 226 en direction de Puerto Ventana. Après 3 km, arrêtez-vous à San Salvador.

Parc de la préhistoire de Teverga★★ (Parque de la Prehistoría)

L'entrée du parc se trouve avant le village de San Salvador sur la droite. ✆ 902 306 600 - www.atraccionmilenaria.com - « Cueva de las Cuevas » : visite guidée 20mn, max. 25 pers., réserv. recommandée - 22 juin-16 sept. : 10h30-14h30 et 16h-20h ; le reste de l'année : mer.-dim. 10h30-14h30 et 16h-19h, fermé lun.- mar. - 4 € (4-11 ans 2,50 €) ; « La galería » : entrée libre.

Ouvert en mars 2007, le parc comprend trois bâtiments. Le premier accueille les visiteurs et héberge cafétéria, librairie, etc. Un chemin mène au deuxième édifice semi-enterré et recouvert de gazon : **La galería** (la galerie). On y pénètre par un hall en demi-lune à ciel ouvert. L'intérieur se veut à la fois une initiation et une exposition exhaustive sur l'origine de l'art en Europe. Films, écrans, panneaux et documents y reproduisent les plus spectaculaires œuvres de l'époque du paléolithique supérieur : les chevaux de Chauvet, la vache noire de Lascaux, le plafond des bisons d'Altamira (Cantabrie), les biches de Covalanas (Cantabrie), la grotte des ours de Ekain (Pays basque), les bisons de la Covacielle en Cabrales (Cantabrie) et d'autres figures recensées en Espagne, France, Allemagne, Autriche, Tchéquie ou Russie. Le choix de ces œuvres permet de comprendre pourquoi et comment a surgi cet art préhistorique. Les techniques de peintures sont expliquées, tout comme leur signification, avec le même souci scénographique : de gigantesques panneaux lumineux relayés par des animations vidéo et audio mettent en valeur ce patrimoine.

Le troisième bâtiment, enterré, est appelé **Cueva de las cuevas★** (Grotte des grottes). Il reconstitue les conditions de vie à l'intérieur d'une caverne. Température avoisinant les 10 °C, humidité, obscurité, silence, irrégularité du sol et des parois recréent pour le visiteur l'atmosphère d'une vraie grotte. En taille réelle sur les parois rocheuses qui simulent la caverne, des reproductions de trois célèbres grottes, réalisées avec les teintes naturelles et les matériaux utilisés par les hommes préhistoriques : les chevaux de Tito Bustillo, le Salon Noir de la grotte de Niaux et l'intérieur de la grotte de Candamo en Cantabrie.

Revenez sur l'AS 226 et roulez jusqu'à Fresnedo, indiqué sur votre gauche.

Grotte Huerta (Cueva Huerta)

À hauteur de Fresnedo. ✆ 985 764 293 - visite guidée uniquement.

Située le long du défilé de **Estrechura**, près du village de Fresnedo, c'est une des grottes géologiques les plus importantes de la région par sa taille (environ 14 km de galeries), et son intérêt. La morphologie de ses roches kartisques laissent voir des formations spectaculaires, tant par leurs dimensions que leur complexité.

Revenez sur vos pas par le défilé du Teverga et poursuivez, en direction d'Oviedo, par l'AS 228.

Proaza

Arrêtez-vous pour jouir de la vision de sa jolie place, entourée de vieilles maisons aux balcons de bois sculptés, sur fond de vertes montagnes.

Senda del Oso – Au départ du village, cette route de 22 km aménagée pour les marcheurs et les VTT correspond à une ancienne voie minière qui traverse les beaux paysages du río Trubia et du défilé des falaises de Peñas Juntas.

Sortez du village, en direction d'Oviedo. Sur la droite.

La Maison de l'ours (la Casa del Oso) – Cette halte est bien connue des familles qui viennent voir les ourses Paca et Tola. Ces dernières y sont élevées en semi-liberté. Elles viennent parfois se restaurer juste devant la maison.

Regagnez Oviedo par l'AS 228.

Oviedo pratique

Informations utiles

Office du tourisme d'Oviedo – *Plaza de la Constitución, 4 - ✆ 984 086 060 - jun.-sept. : tlj tte la journée ; reste de l'année : tlj mat. et apr.-midi.*

Office du tourisme régional – Cimadevilla, 4 - ✆ 985 213 385.

Office du tourisme de Teverga – *San Martín - ✆ 985 764 293.*

Office du tourisme de Proaza – *Plaza de la Abadía - ✆ 985 761 128.*

Transports

Aéroport *(Aéropuerto de Asturias) – ✆ 985 127 500* - Situé à 47 km au nord d'Oviedo dans la commune de Santiago del Monte, à 13 km à l'ouest d'Avilès.

Train – *✆ 985 240 202 - FEVE et RENFE, à l'angle calle Uría et av. de Santander.*

Se loger

OVIEDO

Hôtel Santa Cruz – *Calle Marquès de Santa Cruz, 6 - ✆ 985 223 711 - www.santacruz.com - P - 12 ch. 50/75 € - ☕ 3 €.* En face du parc de San Francisco, ce petit hôtel sans prétention et abordable propose des chambres très propres et fonctionnelles avec possibilité d'ajouter un lit supplémentaire. Les plus calmes donnent sur une cour intérieure, les plus lumineuses se situent côté rue.

Hôtel Carreño – *Monte Gamonal, 4 - ✆ 985 118 622 - www.hotelcarreno.com - 32 ch. 35/80 €.* Cet hôtel moderne se trouve sur le mont Naranco, à proximité des églises préromanes. C'est l'endroit idéal pour ceux qui cherchent le calme de la campagne près de la ville. Chambres confortables. Cafétéria et service Internet.

Hôtel Fruela – *Calle Fruela, 3 - ✆ 985 208 120 - www.hotelfruela.com - P - 28 ch. 60/98 € - ☕ 10 €.* Idéalement situé à deux pas du quartier historique et du parc de San Francisco, ce magnifique hôtel a conservé sa belle façade de la fin du 19e s., mais l'intérieur a été complètement refait dans un style très actuel avec de beaux matériaux. La décoration est superbe et l'accueil soigné.

Hôtel City Express Covadonga – *Covadonga, 7 - www.hotelcityexpresscovadonga.com - ✆ 985 203 232 - P - 44 ch. 38/120 € - ☕ 8 €.* Une bonne adresse qui propose des tarifs intéressants certains week-ends. Prestations de qualité, chambres impeccables. Non loin du quartier ancien, au cœur de la zone commerçante et animée d'Oviedo.

PROAZA

Vous trouverez beaucoup d'autres hôtels et restaurants dans le village et alentour.

Hôtel Torrepalacio – *Plaza de la Abadía, s/n - ✆ 985 761 169 - www.torrepalacio.com - 10 ch. 40/55 €.* Sur la plage du village, un joli petit hôtel rural dont l'intérieur vient d'être restauré et qui dispose de jolies chambres confortables, décorées avec soin. Attenant, le bar fait restaurant et possède un grand patio.

Se restaurer

Las Campanas de San Bernabé – *San Bernabé, 7 - ✆ 985 224 931 - fermé dim., août - ▤ - 15/20 €.* Restaurant situé en pleine zone commerçante, à 5mn de la cathédrale. Dans un cadre de brique et de poutres, ce restaurant fréquenté offre une bonne cuisine régionale à des prix modérés. Clientèle jeune.

El Raitán y El Chigre – *Plaza Trascorrales, 6 - ✆ 985 214 218 - fermé dim. soir - ▤ - 29/39,50 €.* Dans ce restaurant original, situé au cœur de la vieille ville, vous pourrez déguster les spécialités de la cuisine traditionnelle asturienne. Menus intéressants. Cadre rustique agréable.

El Pigüeña – *Calle Gascona, 2 - ✆ 985 210 341 - 25/35 €.* Typique, la première partie du restaurant est une cidrerie animée (attention, le sol glisse !) avec une arrière-salle et un étage où l'on mange des plats régionaux et copieux : assiettes de *jabugo*, fruits de mer.

Faro Vidio – *Calle Cimadevella, 19 - ✆ 985 228 587 - www.farovidio.com - 36/40 €.* Face au bar à tapas, les aquariums regorgent de crustacés. Le décor maritime et élégant de ce restaurant en fait un bel endroit où l'on paye sans doute un peu le cadre. Choix de poissons et de fruits de mer selon l'arrivage et carte raffinée.

Faire une pause

Bon à savoir – Grand choix de glaces artisanales près du parc de San Francisco.

En soirée

Bon à savoir – Le cidre : plus qu'une boisson locale, c'est tout un rituel qui commence tôt et se termine tard. Beaucoup de *sidrerías* se trouvent concentrées dans la **calle Gascona**, d'ailleurs rebaptisée « boulevard du cidre ». Dans le quartier historique, c'est la **calle Mon** qui s'anime la nuit.

Achats

Bon à savoir – Les *carbayones*, de grands et délicieux gâteaux à la crème et aux amandes, ainsi que les chocolats et les *bollos preñaos* – brioches fourrées au chorizo – sont des spécialités de la ville. Vous trouverez les meilleurs *carbayones* à la pâtisserie **Camilo de Blas** *(c/ Jovellanos, 7)* et les chocolats de **Peñalba** *(c/ Milicias Nacionales, 4)*.

Événement

Fêtes de l'Ascension – Du vendredi au samedi sont organisés des défilés folkloriques, des *bandas*, des concerts et le concours des « escanciadores », des serveurs qui versent le cidre le bras levé.

Costa Verde★★

CARTE GÉNÉRALE B2 – CARTE MICHELIN N° 572 B 8-15
CARTE DE LA COSTA VERDE P. 240-241 – ASTURIES

La Costa Verde, l'une des plus belles côtes du littoral espagnol, doit son nom à la couleur de l'océan, où se mirent les vertes montagnes toutes proches, et son arrière-pays bocager. Nichés dans des criques pittoresques, la plupart des villages étaient autrefois dédiés à la pêche. Aujourd'hui, tout en revendiquant leur vocation touristique, ils restent relativement préservés du tourisme de masse.

- **Se repérer** – Le littoral asturien s'étire de LLanes à Castropol sur 220 km, entre la frontière de la Cantabrie, à l'est, et celle de la Galice, à l'ouest.
- **À ne pas manquer** – Le cap de Peñas, le mirador del Fito.
- **Organiser son temps** – Comptez deux jours en dormant près de Gijón.
- **Avec les enfants** – Profitez des plages de sable fin, visitez le musée du Milieu marin de Peñas et la grotte de Tito Bustillo.
- **Pour poursuivre le voyage** – La côte Cantabrique, les Pics d'Europe, Oviedo, Gijón, la vallée de la Navia et les Rías Altas.

C. Nillus / Michelin

Le cap de Peñas.

Circuit de découverte

Très rocheuse, la côte longe la montagne. Si elle présente un tracé assez rectiligne, ne s'interrompant qu'avec le cap de Peñas, elle est cependant formée de courtes falaises, dont les nombreuses indentations laissent la place à des criques sablonneuses. Les estuaires étroits et profonds portent tous le nom espagnol de « rías » mais ne sont pas comparables à ceux de la Galice proche. À partir de Cudillero, le littoral apparaît plus déchiqueté et plus abrupt. Le plateau côtier s'achève sur la mer par un ruban de falaises très escarpées et une série de plages intimes situées aux embouchures des cours d'eau.

DE LLANES À GIJÓN 1

89 km – Une journée.

Llanes

Petit port de pêche et station balnéaire prise d'assaut l'été, Llanes est aussi une ancienne ville fortifiée. Du paseo de San Pedro dominant le village, on découvre le vieux quartier, les ruines de ses anciens remparts et de son château, la silhouette trapue de l'église de **Santa María**. Terminée en 1480, elle affiche un style gothique mais a conservé une porte romane. À l'intérieur, retable en argent du 15e s. Dans l'enceinte médiévale, les rues piétonnes vous guideront jusqu'au donjon où s'est installé l'office du tourisme.

Les époques suivantes ont aussi laissé leurs traces : Llanes possède de nombreuses constructions du 19e s. réalisées par les *Indianos*, ces espagnols qui avaient fait fortune en Amérique et qui se faisaient construire de grandes demeures aux façades colorées, destinées à affirmer leur nouvelle position sociale. Le **casino** de Llanes en est un exemple. D'autres *casonas indianas* sont visibles dans la calle Concepción et la avenida de La Paz.

Enfin, le port est aussi connu depuis 2002 pour l'œuvre de l'artiste basque Agustín Ibarrola, qui a peint les cubes de béton de son brise-lames. Le résultat, **Los Cubos de la Memoria**, transforme la jetée en une gigantesque sculpture polychrome. La ville est également dotée de belles **plages** : El Sablón à l'ouest, el Puerto Chico et la playa de Toró à l'est.

Si vous avez le temps, nous vous conseillons d'aller jusqu'à Colombres visiter le musée de l'Émigration.

Musée de l'Émigration (Museo de la Emigración – Fundación Archivo de Indianos)

À Colombres – 20 km à l'Est de Llanes vers San Vicente de la Barquera. ✆ 985 861 120 -Tlj sf lun. : mat. et apr. midi ; dim. : mat. - 2,50 €.

Ce musée est installé dans le somptueux palais **Quinta Guadalupe** construit en 1906 par Íñigo Noriega Laso, habitant de la ville qui a fait fortune au Mexique. Il évoque l'histoire des centaines de milliers d'Asturiens qui émigrèrent au 19e s. en Amérique latine, pour des raisons politiques et surtout économiques. Certains, ayant fait fortune, revinrent au pays et construisirent ces villas ou palais. À travers de nombreuses photos et différents documents, on peut suivre cette aventure humaine qui a fortement marqué la région.

De Llanes, prenez l'AS 263 vers Ribadesella, 28 km plus à l'ouest.

Entre Llanes et Ribadesella se succèdent quantités d'autres plages de sable hérissées de promontoires rocheux : **Poo, Celorio, Barro**, **Cuevas del Mar**.

Ribadesella

La ville et le port sont établis sur la rive droite de l'estuaire du Sella. Sur l'autre rive, une station balnéaire s'est développée le long de la jolie baie de **Santa Marina**. On retrouve ici encore de somptueuses *casonas indianas* en bordure de plage, qui donnent à Ribadesella un air pimpant et chic. Côté port, des bateaux de pêche tanguent dans une mer bleu marine devant le **paseo de la Princesa Letizia**. Derrière, le centre-ville s'organise selon un plan géométrique : trois rues rectilignes que l'on peut traverser en quelques minutes pour se rendre plaza de Villar y Valle d'où part le chemin de La Atalaya qui mène à une grande **plage** éponyme.

Prenez la N 632 vers Gijón et tournez à gauche vers Sebreño puis Ardines. Les grottes sont à 300 m.

Grottes de Tito Bustillo★ (Cuevas de Tito Bustillo)

✆ 985 861 120 - visite guidée (1h) - de déb. avr. à déb. sept. : tlj sf lun et mar., départ ttes les 25mn - 10h-16h30 - 3,50 € (7-12 ans 1,75) - accès interdit -7 ans.

La **grotte** est célèbre pour son **mur de peintures★** exécutées par les hommes du paléolithique entre le solutréen et le magdalénien (environ 20 000 ans av. J.-C.). Quelques figures (un cheval, deux cerfs, un renne, un autre cerf, un autre cheval) précèdent la partie la plus lisse de la paroi, sorte de plafond bas où sont représentées, dans les concavités, des silhouettes d'animaux atteignant 2 m de long, peintes en rouge ou ocre et soulignées de noir.

Reprenez la N 632 en direction de Gijón, sur 26 km.

La Isla

Tout proche de la route, sur une pointe rocheuse, ce tout petit village est envahi par des villas neuves. Le lieu est recherché pour son chapelet de **plages** séparées par des rochers.

Revenez un peu en arrière sur la N 632, vers Gobiendes puis Arriondas par l'AS 260, qui s'enfonce dans l'arrière-pays. Parcourez environ 12 km.

Mirador del Fito★★★

Cuminant à 629 m d'altitude,ce belvédère, auquel on accède par un escalier, offre spectaculaire **panorama** sur les Pics d'Europe en face et à gauche, sur la sierra de Sueve à droite, et de l'autre côté, sur la côte qui plonge à pic dans la mer.

Revenez sur vos pas et retrouvez la N 632, direction Gijón. À Colunga, bifurquez à droite sur l'AS 257 vers Lastres.

Lastres

Accroché au flanc d'une abrupte falaise, entre la plage et le port, c'est un minuscule village de pêcheurs. Face aux bateaux, la plage de **la Griega** est connue pour ses **empreintes de dinosaures**.

Juste à côté se trouve le **Musée du Jurassique (MUJA)** *(voir p. 246)*.

Prenez la direction de Villaviciosa, qui vous ramènera sur la N 632. Après environ 6 km, bifurquez à gauche vers Priesca.

Priesca

L'**église de San Salvador** (921) est un des plus beaux exemples d'art préroman asturien avec celle de Valdediós. Sa forme rectangulaire aux proportions restreintes, constraste avec la hauteur de la nef, qui lui confère une grande sveltesse. Remarquez l'abside tripartite et ses voûtes en berceau ornées de fresques, tandis que la nef centrale, lambrissée, arbore de magnifiques chapiteaux aux motifs végétaux.

Revenez sur la N 632 pour rallier Villaviciosa.

Villaviciosa *(voir p. 244)*.

Poursuivez vers l'ouest sur la N 632.

Gijón *(voir p. 247)*.

DE GIJÓN À CASTROPOL 2

134 km - une journée, hors circuits à l'intérieur des terres. Quittez Gijón par l'AS 239.

Luanco

Luanco peut encore séduire par sa petite taille et son charme discret, mais comme ses voisines, elle accorde une place de plus en plus importante au tourisme balnéaire. Ainsi, en dépit d'une activité de pêche encore présente, son port se tourne résolument vers l'accueil des vacanciers, comme en témoignent les constructions neuves qui gagnent sur le front de mer et sa colline.

Calle de La Riva – C'est la rue principale de Luanco, où sont situés trois monuments baroques : la **tour de l'Horloge** (Torre del Reloj) et le palais de **Los Menendez Pola**, avec ses grands avant-toits, et, au bout de la rue, surplombant la plage, l'église de **Santa María** (18e s.) où l'on peut voir sept retables dans le plus pur style baroque.

Paseo del Muelle – De ce paseo, où se trouvent les restaurants animés de la ville, charmante vue sur la baie de Luanco. Admirez les belles galeries de verre qui ornent ses façades.

Musée maritime des Asturies (Museo marítimo de Asturías) – *Calle de Gijón s/n - ☎ 985 88 01 01 - juil.-août : mar.-dim. 11h-14h, 18h-21h, fermé lun. ; sept.-juin : mar.-sam. 11h-14h, 17h- 20h, dim. et j. fériés 11h-14h - 2 € (-18 ans 1,50 €), gratuit mar.* L'activité des fonds marins sous tous ses aspects : histoire de la navigation avec près d'une centaine de maquettes de bateaux montrant l'évolution de la construction navale, pêche traditionnelle, biologie marine.

Suivez l'AS 238, direction Avilés, et à Altamira, tournez à droite. Après 10 km, le cap de Peñas est indiqué par les panneaux « Faro » (phare).

Cap de Peñas★★

Une route à travers la lande mène au point le plus septentrional des Asturies : le phare de Peñas, témoin du trafic maritime depuis plusieurs décennies. Il vous réserve de splendides points de vue sur la côte de part et d'autre de son rocher.

Musée du Milieu marin de Peñas (Centro del Medio Marino de Peñas) – *☏ 985 88 26 44 - été : lun.-dim. 10h-21h - 1 €.* Installé au rez-de-chaussée du phare, il est axé sur le rôle et l'histoire des phares dans la vie des marins. Cinq salles, petites mais intéressantes, expliquent ce qu'il faut savoir sur l'histoire des falaises alentours, faune, flore, ambiances marines. L'une d'entre elles est consacrée à la tempête. Avec une mise en scène efficace (bruit, éclairages, images projetées sur les murs), elle entraîne le visiteur malgré lui dans un impressionnant naufrage en trois dimensions.

Suivez l'AS 328 en direction d'Avilés pendant 8 km, puis à droite l'AS 329 au niveau de Granda.

Avilés★

Avec 85 000 habitants, Avilés est la troisième ville des Asturies. Ville sidérurgique, à l'écart de la côte, elle mérite un détour pour son quartier ancien concentré autour de la place de la mairie. L'enclave historique, autrefois entourée de murailles, n'est pas grande mais digne d'intérêt.

Plaza de España – Elle constitue le cœur de la vieille ville et se trouve bordée par l'**hôtel de ville**, un ancien palais construit au 17e s. sur le modèle de celui d'Oviedo auquel la tour avec l'horloge a été ajoutée au 19e s. Face à lui, le **palais Ferrera** est un bel exemple de style baroque. Dans la calle San Francisco qui lui est adjacente, la fontaine de **los Caños de San Francisco**, datée du 17e s., fait jaillir l'eau des bouches de six visages d'hommes scellés dans le mur. Voyez aussi les **calles Fruta, Ferrería et Rivero**. Mitoyennes de la plaza de España et emblématiques de la ville, elles alignent les façades à écussons, les arcades, et quelques édifices modernistes.

Calle Galiana – Elle constitue l'un des exemples les mieux conservés des rues à colonnes, typiques des Asturies. Très large, sous arcades, elle arbore encore son double pavement au sol : galets pour les animaux, dalles pour les piétons. Au-dessus des piliers de soutènement en pierre, de beaux balcons en bois peints décorent les maisons. Au bout de la rue se trouve l'une des entrées du **parc de Ferrera**, vaste espace vert où l'on peut se promener dans un élégant jardin à la française.

Plaza de Los Hermanos Horbón – On y pénètre par un porche depuis la rue principale, la calle La Cámara. Réalisée pendant la deuxième moitié du 19e s., elle s'organise autour du marché couvert. Supportées par des colonnes de fer, ses façades blanches sont faites de galeries de verre et d'acier typiques du nord de l'Espagne. Le verre permet de laisser entrer la chaleur du soleil, et le blanc de garder la lumière dans un pays où il pleut beaucoup. L'homogénéité de l'ensemble lui confère une belle harmonie.

Palais de Valdecarzana – Il s'agit du plus vieil édifice d'Avilés. Vous le reconnaîtrez à sa façade gothique datée du 14e s. et ornée de baies géminées, de portes en arc et de corniches saillantes.

C. Nillus / MICHELIN

Le village de Cudillero.

San Nicolás de Bari – Ancien couvent du 13e s., aujourd'hui église. Il conserve des portails d'origine et une tour carrée à gauche de l'entrée principale.
Traversez Avilés et continuez vers Piedras Blancas par la N 632. De là, bifurquez vers la côte, direction Salinas.

Salinas

La grande station balnéaire d'Avilés s'étale le long d'une baie, bordée à l'est par une vaste pinède et à l'ouest par un îlot rocheux, la Peñona, accessible par une passerelle. Ce rocher permet d'avoir une **vue générale★** de la plage, l'une des plus longues de la Costa Verde. Une des plus belles aussi, en dépit des quatre immenses barres d'immeubles des années 1970 qui défigurent son front de mer. Il suffit de regarder du bon côté…
Salinas est la première des sept plages de la commune d'Avilés. Elles s'étendent vers l'ouest sur une dizaine de kilomètres, le long d'une côte très escarpée, jusqu'à la grande plage de dunes de Baya : **El Sablón**.
Partez en direction de l'aéroport et de Santiago del Monte. Retrouvez ensuite la N 632, direction Soto del Barco. Après avoir franchi la Pravia, vers Muros de Nalón, prenez la direction de San Esteban de Pravía et longez l'estuaire jusqu'au bout.

Ermitage del Espíritu Santo (Ermita del Espiritu Santo)

La route qui mène à l'ermitage permet d'entrevoir, à travers les eucalyptus, l'estuaire de la ría de la Pravia et la plage immense de **San Juan de la Arena** où déferlent les vagues. De l'**ermitage**, **vue★** étendue à l'ouest sur les falaises du littoral.
Un agréable et joli chemin en corniche parcourt le littoral jusqu'à Cudillero.
Revenez sur la N 632 et roulez environ 9 km.

Cudillero★

Accrochées à flanc de montagne, les maisons de ce petit port s'échelonnent en amphithéâtre jusqu'à la mer. Les façades peintes forment une mosaïque de couleurs vives, où chaque construction semble adossée à l'autre. Pas de rues dans ce curieux village, mais des escaliers ou des marches, qui descendent le long des petites maisonnettes de poupée et de leurs minuscules terrasses-jardins. En bas se trouvent des édifices plus imposants, comme l'église du 18e s., ocre jaune, les hôtels, et un chapelet de bars et de parasols qui guettent les touristes.
Concha de Artedo – *5 km à l'ouest.* Plage d'une indiscutable beauté à ne pas manquer lors d'une visite à Cudillero.
Prenez la voie rapide jusqu'à la sortie Oviñana-Cabo Vidio.

Cap Vidio★★ (Cabo Vidio)

Au bout de la route qui sillonne la lande, le cap Vidio, également signalé par les panneaux « Faro Vidio », réserve un saisissant spectacle. Ses falaises à pic dominent la mer de 100 m. La houle s'acharne en contrebas. Près du phare, la **vue★★** panoramique se déroule à droite vers le cap de Peñas et à gauche vers le cap Busto.
Retrouvez la N 634 et filez vers l'ouest.
Entre le cap Vidio et Luarca, on peut bifurquer vers l'arrière-pays à hauteur de Canero, et suivre le **circuit n° 3** qui mène à **Cangas de Narcea** *(voir le détail de l'itinéraire un peu plus bas).*

Luarca

Luarca possède un port de pêche bien abrité et trois plages. La ville a dû avoir autrefois une allure pimpante avec ses toits d'ardoise et ses façades blanches. Mais elle mériterait un coup de peinture. Au bout de l'éperon qui ferme l'estuaire, un phare, une église et un cimetière ont remplacé l'ancienne forteresse. Une petite rue grimpe jusqu'au sommet. Prenez à gauche la route du phare, puis contournez la chapelle par la droite pour admirer en descendant un intéressant **point de vue★** sur Luarca, lovée autour de son port.

Continuez encore vers l'ouest sur la N 634.

Navia et la vallée de la Navia

(voir p. 250).

Une trentaine de kilomètres séparent Navia de l'estuaire de Ribadeo et de la Galice.

Figueras

Encore un petit port. Celui-ci est situé dans la ría de Ribadeo et livre une très jolie vue sur Castropol, qui ressemble à un village autrichien se reflétant dans un lac.

Suivez l'AS 31 direction Barres. Là, prenez à droite la N 640.

Castropol

Face à Ribadeo, sur la rive droite de l'estuaire, le dernier port asturien est établi sur un promontoire au milieu de la ría qui sert de frontière entre les Asturies et la Galice. En 1587, un incendie a presque tout détruit : restent quelques rues pavées de galets autour d'une place toute blanche, des *casonas*, un palais et une église du 15e s.

L'INTÉRIEUR DES TERRES PAR LA ROUTE DU NARCEA 3

91 km – une journée AR. Partez de Luarca, dir. Gijón. Au niveau de Canero, tournez à droite et suivez la N 634.

Cette excursion à l'intérieur des terres, le long du Llorin puis de la vallée du Narcea, vous fera découvrir les merveilleux paysages en reliefs de l'arrière-pays, à l'écart des flux touristiques.

Tineo

L'attrait de ce bourg accroché à flanc de montagne à 673 m d'altitude réside dans sa position de mirador, ménageant vers le sud-est un immense **panorama★** sur les sierras environnantes.

Cangas del Narcea

Porte de la haute vallée du Narcea, Cangas est le rendez-vous des pêcheurs de truites et des randonneurs : à travers le **Parc naturel de Cangas del Narcea**, de nombreux itinéraires à pied ou en voiture sont organisés. *Les sentiers sont téléchargeables sur le site www.fuentesdelnarcea.org.*

Costa Verde pratique

Voir aussi les carnets pratiques de Gijón, Villaviciosa et vallée de la Navia.

Offices de tourisme

Llanes – *Alfonso IX (La Torre) - ✆ 985 400 164.*

Ribadesella – *Ctra Piconera, s/n - ✆ 985 860 038.*

Luanco – *Ramón Pérez de Ayala, 1 - ✆ 985 883 508.*

Avilés – *Calle Ruiz Gómez, 21 - ✆ 985 544 325.*

Cudillero – *Puerto del Oeste, s/n - ✆ 985 591 452.*

Luarca – *Olavarrieta (Capilla Palacio del Marqués de Ferrera) - ✆ 985 640 083.*

Castropol – *Plaza del Ayuntamiento, 1 - ✆ 985 635 809.*

Cangas del Narcea – *Calle Mayor, 48 - ✆ 985 811 498.*

Se loger

À RIBADESELLA

⊜⊜ **Hôtel Marina** – *Gran Vía, 36 - Ribadesella - ✆ 985 860 050 - parking public en face de l'hôtel - fermé du 15 nov. à fin mars - 46 ch. 50/75 € -* ☕. La façade rouge de ce grand édifice, idéalement situé au centre de la ville, se découpe au bout de la promenade maritime. Ses chambres coquettes sont propres et confortables. Demandez celles qui ont vue sur le port. Le propriétaire parle anglais.

À LUANCO

⊜⊜ **Hôtel Playa de Luanco** – *Calle Alejandro Artime, 10 - Luanco - ✆ 985 883 555 - 10 ch. 45/60 € -* ☕. Sept des dix chambres de cet hôtel donnent sur la mer. Certaines ont un petit balcon. Situé en plein centre de Luanco, sur le port, face aux bateaux.

À CUDILLERO

⊜⊜⊜ **Hôtel Casona de la Paca** – *El Pito - Cudillero - ✆ 985 591 303 - fermé du*

10 déc. au 1er fév. - 🅿 - *19 ch. 66/89 €* - ☕ *7 €*. Situé sur un plateau en haut de Cudillero, au lieu-dit « El Pito «, voici un havre de paix et un très bel établissement dans une maison de la fin du 19e s. restaurée avec goût au milieu d'un beau parc. Les chambres sont ravissantes et les propriétaires connaissent par cœur les itinéraires à fréquenter selon vos goûts et l'époque de l'année. Une excellente adresse dans cette gamme de prix.

Se restaurer

À CANGAS DEL NARCEA

La Calzada – *Calle Uría, 26 - ☎ 985 812 223 - 10/30 €*. Bar et restaurant familial, cet établissement sans charme particulier se distingue pour sa bonne cuisine et pour son menu, aussi servi le soir, copieux et à un prix modéré.

À CUDILLERO

Casona de Pio – *Riofrío, 3 - Cudillero - ☎ 985 591 512 - fermé du 10 janv. au 10 fév.* - ▤ - *20/35 €*. C'est le retaurant préféré des habitants de Cudillero, qui vantent la fraîcheur de ses produits et le soin apporté à la cuisine. C'est ici qu'il faut goûter « *el curadillo* », un poisson pêché et séché sur place, dont la recette est jalousement gardée par les locaux. La carte traditonnelle propose bien sûr les autres poissons du jour et un grand choix de fruits de mer. Adossé à flanc de montagne, le restaurant dispose d'une grande salle pour 60 couverts environ. Décor soigné.

À LASTRES

Eutimio – *San Antonio - Lastres - ☎ 985 850 012 - fermé 15 j. en déc., 7 j. en juin et lun. - 25/41 €*. Une halte chez Eutimio s'impose lorsqu'on vient admirer le port de Lastres. Sa spécialité, ce sont bien entendu les poissons, dont une excellente daurade, et une intéressante carte de vins.

Événements

La Saint-Roque à Llanes - *août*.La danse du *Pericote*, et surtout celle de la *Prima*, exécutées par des enfants, constituent un spectacle pittoresque.

Descente internationale du río Sella à Ribadesella – *1er sam. d'août*. Chaque année, cette descente du río Sella en kayak, attire des foules de spectateurs.

Villaviciosa

14 360 HABITANTS
CARTE GÉNÉRALE B2 – CARTE MICHELIN N° 572 B 13
CARTE DE LA COSTA VERDE P. 240-241 – ASTURIES

C'est au fond de sa profonde ría que le futur Charles Quint, âgé de 17 ans, venu de Flandres avec toute une escorte de courtisans pour prendre possession de son nouveau royaume, accosta en septembre 1517. Une erreur de navigation l'avait éloigné du port de débarquement prévu : Santander. Pour mémoire, le petit centre ancien de la ville a conservé ses élégantes ruelles, ses maisons blasonnées et deux belles églises romanes.

- **Se repérer** – Villaviciosa se situe sur l'A 8, à 44 km à l'ouest de Ribadesella et à 27 km à l'est de Gijón. Oviedo se trouve à 47 km au sud-ouest par l'A 64.
- **Se garer** – La rue Manuel Bedriñana mène à un parking gratuit.
- **À ne pas manquer** – La magnifique plage de Rodiles.
- **Organiser son temps** – Comptez une journée d'étape, avec les alentours.
- **Avec les enfants** – Le musée du Jurassique.
- **Pour poursuivre le voyage** – La côte Verte, Oviedo et Gijón.

Se promener

La **plaza Carlos Ier**, située au cœur du quartier historique, constitue un point de départ idéal pour une promenade. Elle est entourée de blanches demeures seigneuriales blasonnées dont certaines sont reconverties en hôtel.

Quittez la place par la calle del Sol.

Cette jolie rue est une succession de vieilles maisons aux balcons de bois. Elle se prolonge par la calle del Carmen, au bout de laquelle se trouve la **Capilla la Torre**.

Revenez sur vos pas et bifurquez à gauche rue Caveda y Nava.

Après avoir longé le colegio de San Rafael et le colegio de San Francisco, continuez tout droit jusqu'à l'église de **Santa María de La Oliva,** du 13e s, dont la façade a gardé une rose gothique et un portail roman flanqué de statues-colonnes. À côté se trouve un petit **musée** consacré à l'art roman de Villaviciosa.

La Casina de la Oliva

Plaza de Obdulio Fernandez, 51. ✆ 985 892 938 - juin-sept. : tlj sf lun. ; oct.-mai : w.-end et j. fériés.

On trouve dans ce musée les clés pour comprendre l'art roman et préroman qui caractérise les 29 églises recensées dans le patrimoine religieux de Villaviciosa. Chaque monument fait l'objet d'une description approfondie, avec l'explication des détails importants à découvrir pendant les visites.

A. Müller / Parque Tecnológico de Asturias

La ría de Villaviciosa.

Aux alentours

Amandi

1 km au sud par la route de Infiesto, AS 255.

Juchée sur une hauteur et signalée par son clocher-pignon, l'**église San Juan**, transformée au 18e s., conserve du 13e s. un portail et une abside élégamment décorée. Dans l'**abside★**, on retrouve la frise de la façade épousant les contours incurvés des entre-colonnades et formant un ruban sinueux. Les chapiteaux remarquablement ciselés sont d'une grande richesse inventive.

Valdediós★

7 km au sud-ouest par l'AS 113, direction Oviedo.

Dans un vallon sont réunis une petite église asturienne d'allure désuète et charmante et un monastère.

L'église de San Salvador – Consacrée en 893 et appelée familièrement « el conventín », elle illustre l'art asturien dans sa dernière période. La nef centrale, très élevée, est épaulée de collatéraux étroits. Remarquez l'arc triomphal et les chapiteaux ornés du cordon asturien. Le portique latéral devait servir de promenoir. Les chapiteaux à entrelacs, les fenêtres à arcades et les claustras artistiquement sculptés sont d'influence mozarabe.

Le monastère - *✆ 985 892 324 - www.valdedios.org - mai-oct. : tlj mat. et apr.-midi ; nov.-avr. : tlj mat., w.-end apr.-midi - fermé lun. - 1,50 € (- 12 ans 0,90 €).* Il se compose d'une église cistercienne du 13e s. et d'un cloître des 15e, 17e et 18e s.

Tazones

12 km au nord. Prenez la VV 5, via Mar, pour suivre la rive gauche de la ría.

Au bout de la ría de Villaviciosa, lové sur les flancs de deux montagnes où les maisons s'entassent de façon désordonnée sur plusieurs étages, le petit port de Tazones est connu pour son habitat traditionnel, ses habitations peintes de couleurs vives aux balcons en bois, et ses ruelles pavées comme autrefois. Ce petit bout de terre entre mer et montagne est devenu le rendez-vous du week-end, pour manger une paëlla dans l'un des restaurants de la rue principale qui fleure bon la marée.

Rodiles

10 km au nord par la N 632 et la VV 6. À l'embouchure de la ría, sur la rive droite.

Cette grande **plage** de sable doré longue d'1 km, bordée de dunes et de pinèdes, est l'une des plus belles de la Costa Verde.

Musée du Jurassique - MUJA (Museo Jurásico de Asturias)

24 km au nord-est. Prenez l'A-8 dir. Santander, sortie 344 pour Colunga. Sortez du bourg, dir. Lastres. Le musée est fléché sur la gauche, peu avant Lastres. Rasa de San Telmo, s/n. San Juan de Duz. Colunga. ✆ 902 306 600 - www.museojurasico.com - de fin juin à mi-sept. : 10h30-14h30 et 16h-20h ; de mi-sept. à début déc. : merc.- dim. 10h30-14h30 et 16h -19h, fermé lun.-mar. ; carnaval, Sem. sainte, pont du 1er Mai : mêmes horaires, sf lun. apr.-midi et mar., fermés - audioguides en français, anglais et allemand - 5,30 € (4-11 ans 3,18 €).

Construit entre Colunga et Lastres, le MUJA expose les nombreux restes de squelettes de dinosaures trouvés sur la côte orientale des Asturies, qui a été surnommée la « côte des dinosaures » car on a trouvé pas moins de neuf **sites d'empreintes préhistoriques** sur la portion de littoral comprise entre le cap Torres, à l'ouest de Gijón, et la carrière d'Arra, à deux kilomètres à l'est de Ribadesella. Sur les côtes de Villaviciosa (Playa de Merón, Tazones), de Colunga (Acantilados de Lastres, playa de La Griega) et de Ribadesella (playa de Vega), les empreintes sont visibles certains jours à marée basse.

Le musée a lui-même la forme d'une empreinte (*huella*) tridactile qui symbolise trois périodes géologiques de l'ère secondaire : le trias, le jurassique et le crétacé, durant lesquelles cette région s'est couverte de sédiments.

Le fil conducteur de l'exposition, c'est le temps, depuis les premières manifestations de la vie sur Terre jusqu'à l'apparition de l'homme. Un effrayant sauropode de 20 m de long occupe toute une salle, et beaucoup d'autres reproductions de dinosaures et de reptiles ponctuent le parcours, ainsi que des jeux interactifs sur écrans, pour les enfants, et des animations audiovisuelles.

Villaviciosa pratique

Information utile

Office du tourisme de Villaviciosa – *Plaza Obdulio Fernández, 51 - ✆ 985 891 759 - tlj mat. et apr.-midi - fermé lun. et mar.*

Se loger

Hôtel Casa España – *Plaza Carlos I, 3 - ✆ 985 892 030 - 14 ch. 48/66 € - ☕ 4 €.* Une bâtisse seigneuriale, au cœur du quartier historique abrite cet accueillant hôtel familial. Les chambres sont petites mais agréables. Très bon rapport qualité-prix.

Hôtel El Conventín – *Calle El Carmen, 14 - ✆ 985 893 389 - 8 ch. 48/66 € - ☕ 4 €.* Belles chambres design dans cet hôtel entièrement restauré à l'intérieur, avec ascenseur pour handicapés.

Se restaurer

Sidrería Bedriñana – *Calle Maliayo, 1 - ✆ 985 890 132 - 15/25 €.* Ce serait dommage de ne pas s'arrêter dans une cidrerie en visitant Villaviciosa, capitale du cidre des Asturies. Celle-ci sert une cuisine locale généreuse, dans un cadre typique. Spécialités de viandes et de poissons de la mer Cantabrique, desserts maison, cidre d'appellation contrôlé.

La Corte de Lugàs – *Lugás, s/n - Lugás - dir. Infiesto par l'AS 332 - ✆ 985 890 203.* Une bonne table dans un hôtel luxueux aménagé dans une ancienne ferme rénovée. Cadre rustique agréable et très bon accueil.

Achats

Du cidre à la coopérative.

Gijón

273 931 HABITANTS
CARTE GÉNÉRALE B2 – CARTE MICHELIN N° 572 B 12-13
CARTE DE LA COSTA VERDE P. 240-241 – ASTURIES

Grande cité animée et moderne de plus de 250 000 habitants, Gijón a été construite à l'origine sur l'étroite presqu'île de Santa Catalina, entre deux anses. L'une abrite aujourd'hui le port, à l'ouest, l'autre comprend la longue plage de San Lorenzo. Gijón peut s'enorgueillir de son beau front de mer, de son vieux quartier de pêcheurs et de ses nombreux musées de qualité. Enfin, et surtout, c'est incontestablement la ville la plus animée de la Costa Verde.

- **Se repérer** – Par l'A 8, Gijón se trouve à 27 km d'Avilés (à l'ouest) et 179 km de Santander (à l'est). Par l'A 66 Oviedo se trouve à 30mn au sud-ouest.
- **Se garer** – Préférez un parking payant, car les places sont rares en centre-ville.
- **À ne pas manquer** – Une promenade sur le sentier côtier.
- **Organiser son temps** – Le quartier historique vous retiendra bien 2h.
- **Avec les enfants** – L'Aquarium, le musée du Train, le Jardin botanique.
- **Pour poursuivre le voyage** – La Costa Verde, Villaviciosa et Oviedo.

Le port de Gijón.

Comprendre

De la forteresse romaine au port du 15e s. – Gijón entretient la mémoire de son passé romain avec les fouilles qui sont exposées dans le parc archéologique de la Campa de Torres, ville fortifiée du nord de l'Espagne datée de 490 av. J.-C. *(voir «Visiter»)*. La ville médiévale fut ensuite fondée en 1270. Théâtre des affrontements entre le roi légitime Pedro Ier et Enrique de Trastámara à la fin du 14e s., une grande partie de son territoire urbain a été détruit. Elle reprend sa croissance avec l'obtention de son statut de ville portuaire, octroyé en 1480 par les Rois Catholiques.

Une prospérité marchande et industrielle – À partir de cette date, l'histoire de Gijón est liée au développement de son activité maritime. À la fin du 18e s., elle revendique le titre de capitale économique des Asturies. Son essor industriel freiné par l'invasion napoléonienne (1809-1812) et ,ensuite, sous Franco, ne l'empêche pas de rester un pôle industriel actif, lié notamment à l'exploitation de ses mines de charbon. Aujourd'hui, sa modernisation s'est accompagnée d'efforts de mise en valeur de son patrimoine passé et présent.

L'enfant du pays – Gijón est la patrie de **Gaspar de Jovellanos** (1744-1811), l'un des esprits les plus brillants de l'Espagne du 18e s. On lui reconnaît les talents d'un poète, d'un économiste partisan du libéralisme, et d'un homme politique éclairé. Né à Gijón en 1744, il est issu de la petite noblesse. En 1797, après avoir occupé un temps le poste d'ambassadeur d'Espagne en Russie, il est nommé ministre de la Justice, poste qu'il quitte un an plus tard sous la pression de Godoy, qui cherche à le destituer. Mais il se fait remarquer pour sa volonté de réformer le pays, de lutter contre l'Inquisition et la richesse de l'Église. Destitué, il rentre à Gijón, où il devient conseiller d'État, mais il se heurte à la vague conservatrice de l'époque. On l'accuse d'avoir fait connaître en Espagne une traduction du *contrat social* de Rousseau, évidemment censuré, et il est arrêté et déporté à Mallorca en mars 1801.

Se promener

Des **sentiers verts** permettent de se rendre en centre-ville. Ainsi, sans traverser les environs industriels plus ou moins avenants de la métropole, on peut se rendre à vélo ou à pied jusqu'au quartier historique, à l'ouest, et sur le très beau sentier côtier de Cervigón vers le Cabo San Lorenzo, à l'est de la ville.

Plage de San Lorenzo★ ABC2

Cette longue plage urbaine de sable fin est bordée par une grande promenade pavée de dalles blanches et délimitée par les fameuses *barandillas*, balustrades de fer forgé, blanches également. Elles sont le signe distinctif de beaucoup de plages du nord de l'Espagne, à commencer par celle de St-Sébastien.

Longez la plage en direction de l'église San Pedro. Devant Campo Valdés, tournez à gauche vers la plaza Mayor.

Plaza Mayor A1

À dominante ocre rouge, les façades de cette place carrée forment un ensemble harmonieux d'édifices baroques. Chaque dimanche s'y tient un marché d'artisanat et de produits régionaux en plein air.

Traversez la place pour aller en face et passez sous les arcades.

Plaza del Marqués A1

Admirez l'élégante façade du **palais de Revillagigedo**, accolé à la **Collégiale San Juan de Bautista** (fin 17e s.). D'apparence médiévale, l'ensemble est en réalité baroque.

Montez la calle Claudio Alvargonzález, du nom du célèbre marin et héros des Guerres du Pacifique, dont le buste en bronze se dresse en chemin.

Cimadevilla A1

Sur la colline de **Santa Catalina** s'échelonnent les maisons du quartier des pêcheurs appelé « Cimadevilla ». Pour y accéder, empruntez la **montée del Cerro** (Subida del Cerro) le long de la mer. Un **parc** domine toute la baie de Gijón. Autrefois propriété du ministère de la Défense qui l'utilisait pour ses manœuvres, il est aujourd'hui devenu un des lieux les plus visités de Gijón. Il reste de ce complexe militaire la calle Artillería (rue de l'Artillerie) et la Casa de las Piezas, qui protégeait la partie occidentale de la ville des attaques de corsaires au 17e s. À l'endroit le plus emblématique du parc, l'artiste basque **Eduardo Chillida** a réalisé en 1990 une gigantesque sculpture de béton brut, *Elogio del Horizonte* regardant l'infini et accueillant les marins dans ses bras en béton. Paradoxalement « pleine de vide », on peut écouter le bruit amplifié de la mer en se plaçant au centre de cette sculpture en forme d'escargot. Si elle a causé une large polémique lors de son installation, cette œuvre est maintenant emblématique de la colline.

Redescendez vers les maisons de pêcheurs en contrebas en empruntant la calle Artillería puis la calle Oscar Olavarría.

Plaza de la Corrada A1

Autrefois, on y donnait des spectacles en plein air. Un bâtiment en pierre à gauche de la place attire l'attention avec sa magnifique galerie de bois et son avant-toit profond, qui protège l'édifice des intempéries : il s'agit de la **Casa de los Alvargonzález**, siège de la fondation culturelle qui porte son nom.

Continuez par la calle Oscar Olavarría puis la calle Vicaría à gauche.

Plaza Arturo Arías A1

Elle est aussi appelée aussi par les habitants du quartier, **plaza la Tabacalera**, car, outre l'art militaire, Cimadevilla abritait aussi une usine de cigarettes. Le grand édifice au nord de la place, était occupé par la Fabrique de tabac de Gijón, installée dans un ancien couvent. C'est la plus grande place du quartier et, avec ses bars à matelots, elle est restée très populaire. Au nº 4, se trouve une maison de pêcheurs traditionnelle en pierre, sur deux niveaux, avec un escalier extérieur.

Quittez la place par la calle Vizconde de Campogrande.

Tour de l'horloge (Torre del Reloj) A1

Recoletas, 5. ✆ 985 181 329 - juil.-août : 11h-14h, 17h-21h, dim. et j. fériés 11h-14h ; sept.-juin : 10h-13h, 17h-20h, dim. et j. fériés 11h-14h ; reste de l'année : mat. - gratuit.

Moderne et toute rose, cette tour a été édifiée en 1989 sur les vestiges d'une tour du 16e s., visibles au rez-de-chaussée. À l'intérieur, sur six étages, la tour propose une exposition permanente sur l'histoire de Gijón, chaque étage retraçant une période distincte, de l'époque préromaine au 20e s. Tout en haut, un mirador permet d'admirer la ville entière.

Maison natale de Jovellanos (Casa Natal de Jovellanos) A1

✆ 985 18 51 52 - juil.-août : 11h-13h30, 17h-21h, dim. et j.fériés 11h-14h, 17h-20h ; sept.-mai : 10h-13h, 17h-20h, dim. et j. fériés 11h-14h, 17h-19h - gratuit.

Palais du 16e s. où est né et a vécu Gaspar Melchor de Jovellanos. En plus de sa fonction commémorative envers l'esprit éclairé de l'intellectuel asturien, le musée expose également le patrimoine artistique de toute la ville. Sont représentées les écoles des 17e et 18e s. européens et l'art asturien des 19e et 20e s. Deux autres salles présentent des objets et des meubles.

Traversez la plaza Jovellanos vers le sud.

Thermes romains del Campo Valdés (Termas Romanas) A1

Campo Valdés, s/n - ✆ 985 185 151 - mar.-sam. 11h-13h, 17h-20h, dim. et j. fériés 11h-14h, 17h-19h - 2,20 € (-16 ans 1,35 €), 3,60 € avec la visite du parc archéologique de Campa Torres).

SE LOGER	SE RESTAURER	
		Restaurante Ciudadela 7
Begoña Playa 1	La Pondala 1	**Casa Natal de Jovellanos** .... **A**
Quinta Duro 4	La Zamorana 4	**Torre del Reloj** .... **B**

La plage de San Lorenzo.

Les thermes ont été construits entre le Ier et le 4e s. apr. J.-C. C'étaient les bains publics de l'époque dont nous sont parvenus des peintures murales et un système de chauffage par le sol. Les fouilles ont aussi mis au jour des objets de la vie quotidienne et des indications sur la flore et la faune de cette période. Une combinaison ingénieuse de passerelles et de points d'information permettent de parcourir et de reconstruire virtuellement cet endroit. En sortant du musée, remarquez au sol les traces de l'ancienne muraille romaine.

Non loin des thermes, le **palais des Valdés**, exemple parfait du palais asturien, donne son nom au lieu. Construit en 1570, il est composé d'une partie centrale encadrée par deux tours latérales, avec une chapelle sur le flanc gauche.

Église Mayor de San Pedro A1

Datée du 15e s., elle a été entièrement détruite pendant la guerre civile et reconstruite entre 1945 et 1954 dans le style néoroman par deux architectes d'Oviedo, Francisco et Federico Somolinos.

Visiter

Aquarium (Acuario) A2

5mn à pied du centre-ville, à l'ouest de la plage de Poniente. ✆ 985 185 220 - www.acuariodegijon.com - juil.-août : tlj 10h-22h ; sept.-oct. et avril-juin : lun.-vend. 10h-20h, w.-end et j. fériés 10h-22h ; nov.-mars : lun.-vend.10h-19h, w.-end et j. fériés 10h-22h - 10 € (3-14 ans, 5 €).

Des milliers d'espèces de poissons et des requins sont à contempler dans cet aquarium dernier cri, doté d'un bassin géant.

Musée du Train (museo del Ferrocaril) A2

Plaza de la Estación del Norte, s/n. ✆ 985 308 575 - juil.-août : mar.-sam. 10h-14h et 17h-21h - 2,30 €.

Dans cette ancienne gare reconvertie en musée, les enfants seront ravis de voir fonctionner une des premières locomotives à vapeur.

Jardin Botanique (Jardín Botànico) C2

Av. del Jardín Botánico, s/n. En face de l'Universidad Laboral. Autobus 1, 2, 18 et 26. ✆ 985 130 713 - www.botanicoatlantico.com - juin-sept. : 10h-21h ; oct.-mai : 10h-18h - fermé lun. et 24, 25, 31 déc., 1er janv. - 5,30 € (enf. 2,50 €).

Seul jardin botanique dans cette région d'Espagne, on y découvre d'un coup toutes les espèces végétales de cette partie de la péninsule. Sur 16 ha, 30 000 plants et 2 000 variétés sont présentés avec un équipement muséographique complet, salles audiovisielles, audioguides et animations pour les enfants.

Parc archéologique de Campa Torres (Parque Arqueológico natural) A2

Cabo Torres, accessible par le bus 21. ✆ 985 301 682 - juil.-août : mar-sam. 11h-13h30 et 17h-21h, dim. et j. fériés 11h-19h ; oct.-mars : mar-sam. 10h-13h et 16h-18h, dim. et j. fériés 11h-18h - 2,10 €.

Avec vue panoramique sur la côte, le musée a été conçu à partir des restes d'un village de l'époque préromaine. Occupé à partir du 1er s. apr. J.-C. par les Romains, il était connu sous le nom de Noega. La visite des fouilles qui ont mis au jour les murailles et l'emplacement de maisons se prolonge avec les explications du musée et une exposition sur l'histoire de Gijón.

Fondation Evaristo Valle C2

Camino de Cabueñes, 261; Somió. Bus n° 10. ✆ 985 334 000 - avr.-oct. : mar.-sam. 17h-20h, dim. et j. fériés 12h-14h ; nov.-mars : mar.-sam. 16h-18h, dim. et j. fériés 12h-14h - 3 €.
María Rodríguez del Valle, nièce du peintre, a légué sa collection personnelle de tableaux et d'objets de l'artiste ainsi que les deux résidences de « La Redonda » : l'une construite en 1971 pour héberger le musée, l'autre, un palais de la fin du 19e s rénové. Les deux sont situés dans un splendide parc de 16 000 m^2, avec des jardins anglais et français, où sont exposées une vingtaine de sculptures d'artistes contemporains. La collection permanente du musée rassemble une centaine d'œuvres du peintre né à Gijón en 1873, et mort en 1951.

Gijón pratique

Informations utiles

Office du tourisme de Gijón – *Marqués de San Esteban, 1 – ✆ 985 346 046.*
Infogijón – *Rodríguez San Pedro, s/n (Espigón Central de Fomento) - ✆ 985 341 771 - www.gijon.info - tlj tte la journée - fermé 1er et 6 janv., 25 déc.*

Transports

Gare RENFE – *Marqués de San Estebán, s/n - ✆ 985 170 202 - Départ ttes les 30mn pour Oviedo.*

Gare FEVE – *Estación de Langreo - ✆ 902 100 818.*

Se loger

⊖⊖ **Hôtel Begoña Playa** – *Ezcurdía, 88 - ✆ 985 338 111 - 43 ch. 46/67 € - ☕ 3,20 €.* Idéalement situé à quelques mètres de la plage de San Lorenzo, cet hôtel sans charme particulier propose des chambres confortables à prix modérés. Parking municipal et cafétéria attenante.

⊖⊖ **Hôtel Quinta Duro** – *Camino de las Quintas, 385 - Cabueñes - ✆ 985 330 443 - www.hotelquintaduro.com - 11 ch. 80/95 € - ☕.* Ce magnifique hôtel est une ancienne demeure construite il y a trois siècles dans un parc de 20 ha. Situé à 3 km du centre-ville, c'est un havre de quiétude où l'on entend seulement les oiseaux chanter. Pleines de charme, les chambres sont toutes différentes, avec des meubles d'époque en bois foncé, des murs clairs et des salles de bains rutilantes. Le propriétaire connaît tout sur Gijón et ses alentours, et propose des vélos pour se promener dans la ville.

Se restaurer

⊖⊖ **La Pondala** – *Av. Dionisio Cifuentes, 58 - Somió - ✆ 985 361 160 - fermé le jeudi - 20/30 €.* Agréable *casona* avec une grande cour intérieure pour dîner aux beaux jours. La carte innove sur certains plats tout en conservant des préparations typiques *(arroz con almejas, pescados de roca...).*

⊖⊖ **Restaurante Ciudadela** – *Capua, 7 - ✆ 985 347 732 - fermé le lundi - 30 €.* Ici, le décor est aussi important que l'assiette : de jolies petites grottes en sous-sol imitent les bodegas de la région de León. Poissons, viandes et desserts maison sont esthétiquement présentés.

⊖⊖⊖ **La Zamorana** – *Hermanos Felgueroso, 38-40 - ✆ 985 380 632 - fermé le lundi - 30/40 €.* Traditionnelle mais excellente carte de poissons et de fruits de mer, comme on en trouve sur cette côte.

Événements

Semana Negra - *La 1re ou la 2e semaine de juillet, pendant dix jours.* Festival de la littérature policière et concerts de rue.
Semana grande - *Autour du 15 août, pendant une semaine.* Concerts gratuits et feux d'artifices sur la plage.

Vallée de la Navia★

Valle de la Navia

CARTE GÉNÉRALE A2 – CARTE MICHELIN Nº 572 B-C 8-9
CARTE DE LA COSTA VERDE P. 240-241 – ASTURIES

Le fleuve Navia prend sa source dans les terres, près de Grandas de Salime, et se jette dans la mer à hauteur de Navia. Entretemps, il coule par une vallée encaissée et très sauvage au pied de hautes cimes constituant d'admirables paysages. La route d'accès, très sinueuse, prend de l'altitude, offrant ainsi de magnifiques panoramas sur ces impressionnantes montagnes.

B. Brillion / MICHELIN

Un horreo (grenier à grains) asturien..

- **Se repérer** – L'AS 12 suit le fleuve pendant 70 km au départ de Navia, sur la côte Verte (32 km à l'est de la frontière avec la Galice et Ribadeo).
- **À ne pas manquer** – Une excursion dans les montagnes de Los Oscos, à l'ouest de Grandas de Salime.
- **Organiser son temps** – Comptez une journée pour faire l'aller-retour.
- **Avec les enfants** – Le Musée ethnographique.
- **Pour poursuivre le voyage** – La Costa Verde, les Rías Altas.

Circuit de découverte

À travers la vallée de la Navia

70 km par l'AS 12 – comptez 2h pour l'aller.

Navia

Ce village moderne doté d'un petit port de pêche, situé sur la rive droite de la ría, constitue le point de départ de l'excursion dans la vallée. Le **belvédère**, dédié aux navigateurs des Grandes Découvertes, offre une belle vue sur l'estuaire.

Franchissez le Navia, direction Coaña, que vous dépassez. Tournez ensuite à droite et suivez l'indication « Castro ».

Castro

Sur une butte, se trouvent les vestiges d'un village celte avec ses rues pavées et les fondations circulaires de ses maisons.

Revenez sur l'AS 12.

Barrage d'Arbón

Un belvédère permet d'admirer un saisissant **panorama★** sur le barrage situé en amont d'un gigantesque méandre du fleuve.

Juste avant Vivedro, ne manquez pas la **vue panoramique★** jusqu'à l'estuaire du Navia, tandis que la boucle du fleuve se profile en contrebas.

Le **confluent★** du Navia et du río Frío forme un spectacle grandiose, que l'on domine d'une hauteur vertigineuse. Après le pont sur le río Frío, la route retrouve bientôt le Navia pour le suivre jusqu'à Miñagón. Remarquez au passage la forme des *hórreos* de ces régions : rectangulaires, ils s'apparentent à ceux de la Galice toute proche.

La descente qui s'amorce au départ de Boal ramène au niveau du Navia. À 3 km de Boal, on arrive en vue de la **retenue de Doiras**. Le barrage, qui bloque une vallée très encaissée, est élevé. À la hauteur de San Estebán, le petit village de **Sarzol** est perché en corniche sur la rive opposée. Les pentes raides sont couvertes de cultures.

Continuez jusqu'à Grandas de Salime.

Grandas de Salime

La dernière étape du chemin de Compostelle dans les Asturies traverse ce gros bourg agricole où les maisons traditionnelles de pierres et d'ardoises entourent une grande place et sa collégiale.

Collégiale del Salvador – Ancien monastère du 12e s. dont il reste une grande porte romane, aujourd'hui église, elle recèle un magnifique retable baroque couronné par l'image du saint, sous une voûte en cul-de-four aux fresques florales.

Musée ethnographique (Museo etnográfico) – *Av. del Ferreriro, s/n - ✆ 985 627 243 - www.museodegrandas.com - juil.-sept. : mar.-dim. 11h30-14h et 16h-19h30, fermé lun. ; hiver : mar.-sam. 11h30-14h, 16h-18h30, dim. et j. fériés 11h30-14h30 - 1,50 €.* D'abord dédié à l'histoire rurale locale, ce musée rassemble aujourd'hui des pièces venues de toute l'Espagne et de l'Europe, offrant une reconstitution exhaustive de l'habitat, de l'artisanat et des techniques agricoles d'autrefois. On visite un village à l'ancienne : laiterie, forge, école, salon de coiffure, moulin, épicerie, etc. sans oublier l'*hórreo* (grenier à blé). Le site préserve ainsi certains artisanats et des méthodes de production ancestrales.

Quittez Grandas de Salime par l'AS 28 en direction de Lugo. Traversez Castro; le musée est indiqué à droite après le village.

Chao Samartin

✆ 985 62 71 43 - visites guidées en français et en anglais - juil.-août : mar.- sam. 11h-14h et 15h30-19h, dim. 11h-14h et 15h30-18 h ; sept.-juin : mar.-sam 11h-14h et 15h30-18h30, dim. 11h-14h - visite des fouilles à 11h30, 12h30, 13h30, 16h30 (sf dim.) et 17h30 (sf dim.) - 4 € (-16 ans, 2,50 €), gratuit -4 ans et mar. Les fouilles archéologiques débutées en 1990 sur la commune de Castro ont permis de découvrir un village habité il y a plus de 2000 ans, et dont la fondation, plus ancienne encore, remonterait à l'âge du bronze. La richesse énorme de ce gisement, enfoui et protégé suite à un tremblement de terre, a donné lieu à l'ouverture d'un musée tout neuf, sur le site même. Quelque 35 000 pièces admirablement conservées et mises en scène y sont exposées : céramiques, orfèvrerie, bijoux, clés, serrures, matériel chirurgical, jeux de dames, outils en bronze…

Revenez à Grandas de Salime et prenez la direction Cangas del Narcea par l'AS 14.

Barrage de Salime

Des belvédères surplombent la crête du barrage et sa centrale. De là, la route qui part vers Pola de Allende (57 km) et Cangas del Narcea *(voir p. 243)* est sublime.

Revenez sur l'AS 12, direction Navia, par Sanzo, et à Pesoz, tournez à gauche pour prendre l'AS 13, vers San Martín de Oscos.

Los Oscos★

Entre Grandas de Salime à l'est, la province de Lugo au sud et le village de Taramundi au nord, le massif montagneux de Los Oscos offre de merveilleux points de vue et autant d'excursions. Pour le découvrir, trois villages de montagne balisent la vallée et sont le point de départ des randonnées : **San Martín de Los Oscos**, **Villanueva de Los Oscos** et **Santa Eulalia de Los Oscos.**

Vallée de la Navia pratique

Adresse utile

Office de tourisme – *Plazina de Armas, s/n - ✆ 985 473 795 - juil.-sept. : tlj mat. et apr.-midi ; reste de l'année : tlj sf lun. mat. et apr.-midi, dim. matin.*

Se loger

Hotel Casa Pedro – *Sta Eulalia de Oscos - ✆ 985 626 097- 8 ch. 25/35 €.* Face au massif de Los Oscos, cet hôtel en pierre du pays, rural mais cossu, dispose de chambres tout confort. Ambiance familiale, bonne cuisine régionale, très généreuse. Bon plan week-end : 85 €/pers. pour deux nuits en pension complète.

Hórreo à Santa Eulalia de Bóveda près de Lugo.

M. C. Martinez Castellano/MICHELIN

Rías Altas★

CARTE GÉNÉRALE A2 – CARTE MICHELIN N° 571 A-B 4-8 – LUGO ET LA COROGNE

De Ribadeo à Ferrol, la côte nord de la Galice est découpée par des rías entourées de forêts denses de pins et d'eucalyptus. Moins profondes mais plus hautes que les Rías Bajas, les Rías Altas offrent un paysage somptueux de falaises qui se jettent dans la mer. Les roches nues, usées, les maisons de granit au toit d'ardoise donnent l'impression d'un climat rude. Pourtant les estivants ne dédaignent pas les plages de sable fin qui tapissent les criques et les petits ports de pêche, transformés en stations balnéaires l'été venu.

- **Se repérer** – Les Rías Altas succèdent à la Costa Verde asturienne. Ribadeo, point de départ du circuit, se trouve sur la frontière provinciale, presque à mi-chemin entre Oviedo (143 km à l'est) et La Corogne à l'ouest.
- **À ne pas manquer** – San Andrés de Teixido et le cap Ortegal.
- **Organiser son temps** – Comptez 2 jours pour aller de Ribadeo à Ferrol.
- **Pour poursuivre le voyage** – La Costa Verde, La Corogne, la côte de la Mort, St-Jacques-de-Compostelle.

Circuit de découverte

De Ribadeo à Ferrol

175 km – 2 jours. Départ de Ribadeo, à la frontière avec les Asturies.

Ría de Ribadeo

Elle correspond à l'estuaire de l'Eo, dont les derniers kilomètres forment la frontière entre Galice et Asturies. Après un parcours tumultueux, le fleuve s'assagit et sinue dans sa basse vallée aux versants évasés et verdoyants. Une belle **vue★** d'ensemble s'offre du pont qui enjambe la ría à son embouchure. **Ribadeo**, port de cabotage très actif au 19e s., est aujourd'hui un centre d'importance régionale très animé pendant l'été.

Pour la partie asturienne de la ría, reportez-vous à la Costa Verde.
Depuis Ribadeo, prenez la N 634, direction Viveiro à l'ouest, pendant 10 km. La plage des Cathédrales est indiquée sur votre droite.

Plage des Cathédrales★ (Praia das Catedrais)

Cette plage doit son nom aux falaises sculptées en arcs-boutants par la mer. Des formes qui ne sont pas sans rappeler la structure des cathédrales gothiques. Le spectacle est impressionnant. N'hésitez pas à descendre sur la plage pour passer sous ces arcs et découvrir de magnifiques grottes naturelles.

Renseignez-vous sur les horaires des marées à l'office de tourisme, car la plage n'est accessible qu'à marée basse. Une fois sur place, ne vous laissez pas surprendre par la montée des eaux !

Rejoignez de nouveau la N 634 puis la N 642 jusqu'à Foz.

Ría de Foz

Cette ría, toute petite, se présente sous forme d'estuaire. **Foz**, situé à l'embouchure, est un petit port tourné surtout vers la pêche côtière. Si la ville manque singulièrement de charme, les longues **plages** de sable fin à deux pas du centre valent le détour.

À la sortie de la ville, suivez la direction de San Martín de Mondoñedo par la LU 2001 pendant 5 km.

Église de San Martín de Mondoñedo

982 140 675 - 11h-14h, 16h-20h.

L'église apparaît, quasi solitaire, sur une hauteur. Ce monastère de fondation très ancienne fut, jusqu'en 1112, le siège de l'épiscopat transporté ensuite à Mondoñedo. L'église est d'un type archaïque et, fait rarissime dans la région, totalement étrangère aux influences compostellanes. Le chevet, ourlé de bandes lombardes, est soutenu par de puissants contreforts ; à l'intérieur, on remarquera les **chapiteaux★** du transept, naïvement sculptés et riches en détails savoureux : dans celui illustrant la parabole du mauvais riche laissant mourir de faim Lazare, la table déborde de mets et, dessous, un chien lèche les pieds de Lazare étendu. Ces chapiteaux dateraient du 10e s. et l'on y note une influence wisigothique dans les motifs végétaux.

Viveiro

Mer, campagne et montagne se mêlent dans les paysages de la ría de Viveiro. Paysages qui furent chantés par l'écrivain **Nicomedes Pastor Díaz** (1811-1863). Si l'été transforme le port de **Viveiro** en station balnéaire, la ville conserve aussi de son passé un agréable petit centre historique aux rues pavées et bordées de maisons à galeries.

Depuis la praza Maior, descendez la rúa María Sarmiento.

Porte de Charles Quint (Porta de Carlos V) – Vestige de l'ancienne muraille, elle fut édifiée en 1548 en tant qu'entrée principale de la ville fortifiée. Sur la partie supérieure, on notera le blason de l'empereur.

Toujours depuis la praza Maior, remontez la rúa Teodoro de Quíros. L'église de Santa María do Campo se dresse sur votre droite.

Église de Santa María do Campo – Cette église romane date de la seconde moitié du 12e s. Sur la façade principale s'élèvent la tour des Cloches (Torre de las Campanas), de style baroque (18e s.) et la tour de l'Horloge (Torre del Reloj) datant du 19e s. À l'intérieur, remarquez la chapelle de San Gregorio (15e s.) et celle del Rosario (18e s.). L'église conserve également une croix de procession en argent du 16e s., visible uniquement lors de la Semaine sainte.

Reprenez la N 642 en direction du joli petit port de pêche de Porto do Barqueiro. De là, suivez la ría jusqu'au phare de l'Estaca de Bares.

J. Bravo / Photononstop

Vue sur le village de Bares.

Pointe de l'Estaca de Bares
(Punta da Estaca de Bares)

La route serpente entre les forêts denses et offre de magnifiques **points de vue** sur la ría. À l'extrémité de la pointe, le **phare** s'élève fièrement à 91 m au-dessus du niveau de la mer. C'est le point le plus septentrional de la péninsule Ibérique.

Revenez sur la N 642.

Ortigueira

Ce port, dont les quais sont bordés de jardins soignés, offre une jolie vue sur la ría verdoyante qui l'entoure. Le centre, minuscule, se concentre autour de l'église et de l'hôtel de ville. La ville est réputée pour accueillir le **Festival du monde celte** depuis bientôt 30 ans. Ce rendez-vous annuel se déroule durant la deuxième quinzaine de juillet *(voir le carnet pratique).*

Reprenez la AC 862 vers Cedeira et à Mera tourner à droite vers Pedra. Suivez la route de l a côte.

Sanctuaire de San Andrés de Teixido★★

Sur le versant occidental et montagneux du cap Ortegal, dans un décor magique et rempli de légendes, se dresse le **sanctuaire de San Andrés de Teixido**. Au centre du petit village, cette chapelle en granit (16e s.-18e s.) domine la mer et fait l'objet d'un important pèlerinage chaque 8 septembre. Un proverbe affirme que « celui qui ne s'est pas rendu de son vivant à San Andrés de Teixido s'y rendra après sa mort, sous la forme d'un insecte ». Une autre croyance populaire, plus joyeuse, raconte que l'on récolte dans les environs une herbe qui rend amoureux. Avant de repartir, vous pouvez acheter la curiosité locale : une amulette en pâte à sel. Si vous avez la chance de venir hors saison, vous apprécierez encore plus la magie de ce paysage de bout du monde car en période estivale, les magasins de souvenirs sont assez nombreux.

Continuez par la même route jusqu'à Cedeira.

La route qui va de San Andrés de Teixido à Cedeira offre un **panorama** magnifiquement sauvage de falaises qui tombent dans la mer. Mais elle est étroite et sinueuse. Veillez donc à vous arrêter dans les aires prévues à cet effet si vous souhaitez prendre d'inoubliables clichés ou tout simplement admirer la beauté du paysage.

Cedeira

La ville est traversée par le fleuve Condomiñas qui sépare les nouveaux quartiers du petit centre historique. Ce dernier s'étale autour de la bibliothèque peinte de jaune et blanc et de l'élégante église de Santa María del Mar, qui éblouit par la blancheur de ses murs. La longue plage du centre offre, une fois encore, une belle vue sur la ría.

L'AC 566 puis l'AC 116 vous permettent de rejoindre Ferrol en longeant de plus ou moins près la côte. Celle-ci compte de très belles plages.

Ferrol

La ría du même nom forme une magnifique rade dans laquelle on pénètre par un étroit chenal, long de 6 km et gardé par deux forts. Ce site exceptionnel et sa situation, qui en faisait un excellent point de départ pour les Amériques, ont décidé les rois Ferdinand VI et Charles III à faire de **Ferrol** un port militaire au 18e s. C'est à cette époque que fut dessiné le plan logique et symétrique qui caractérise le quartier ancien. Aujourd'hui, Ferrol est l'un des ports militaires les plus importants d'Espagne, comprenant un arsenal et des chantiers navals. Et si la ville peut paraître assez austère de prime abord, le quartier commercial de la Magdalena, autour de la praza das Armas, peut cependant faire l'objet d'une halte agréable. Avant de quitter la ville, vous pouvez également profiter des magnifiques plages de la côte au nord : **plage de Doniños, plage de San Xurxo**.

Château fort de San Felipe (Castelo de San Felipe) – *À 6 km à l'ouest de Ferrol. Accès par le chemin de Canido, en direction d'A Malata et d'A Graña.* Faisant face au château fort de La Palma, celui de San Felipe est le plus important de Galice. Il permettait jadis de contôler tout le trafic de la ría. Pendant la nuit, une chaîne était même tendue entre les 2 forts pour bloquer le passage des bâteaux. Si les premières pierres furent posées vers le milieu du 16e s., l'édifice actuel, signé par l'ingénieur Montaigú, date du 18e s.

Rejoignez La Corogne (voir p. 261) par l'autoroute E 1-AP 9.

Rías Altas pratique

Offices de tourisme

Ribadeo – *Pr. de España - ✆ 982 128 689.*

Viveiro – *Av. de Ramón Canosa - ✆ 982 560 879.*

Ferrol – *Pr. C. José Cela - ✆ 981 311 179.*

Se loger

À GALDO/VIVEIRO

⊖⊖ **Pazo da Trave** – *Galdo - 3,5 km au S de Viveiro par la C 640 - ✆ 982 598 163 - www.pazodatrave.com - P - 18 ch. 60/145 € - ☕ 8 € - rest. 22 €.* Cet hôtel décoré avec style et bon goût occupe une ancienne bâtisse en pierre du 15e s. Le parquet, les poutres et les meubles anciens rendent les chambres confortables. La cuisine, locale, est servie dans une salle au décor rustique.

À FERROL

⊖ **Hôtel Real** – *Rúa Dolores, 11-13 - ✆ 981 369 255 - 40 ch. 36/45 € - ☕ 3 €.* Idéalement situé au cœur du centre ancien, cet hôtel propose de grandes chambres modernes et lumineuses à prix très raisonnable. Parking de la praza das Armas à 2mn.

⊖⊖ **Hôtel Barceló Almirante** – *Rúa María, 2 - ✆ 981 333 073 - 98 ch. 50/120 € - ☕ 10 € - rest. 28/45 €.* Cet hôtel récent dresse ses 8 étages à l'entrée du quartier de la Magdalena. Grandes chambres, bien équipées et décorées de façon sobre et moderne. Carte à la fois fine et traditionnelle au restaurant.

Se restaurer

À VIVEIRO

⊖ **Mesón Imperial** – *Rúa Pastor Diaz, 66 - ✆ 982 560 117 - menu à 8 € le midi uniquement - tapas et raciones 10 €.* En plein centre, cet établissement vous accueillera dans un décor chaleureux fait de murs en pierre et de tables en bois. Très bonnes *raciones* et carte des vins intéressante.

À CEDEIRA

⊖⊖ **Restaurante Badulaque** - *Area Longa, 1 - ✆ 981 492 265 - 30 € - uniquement déjeuner hors période estivale.* Situé à côté du port, ce restaurant se compose d'un bar rustique à l'entrée et d'une salle à manger aux couleurs vives. Avec plus de 50 ans d'expérience, il sert une cuisine traditionnelle spécialisée en poissons et fruits de mer.

À FERROL

⊖⊖ **O Café da Vaca** - *Rúa Dolores, 34 - ✆ 981 357 505 - 25 €.* Dans un décor élégant et sur fond de musique celtique, ce restaurant propose une carte de qualité avec un bon rapport qualité-prix. Le service est aimable. Laissez-vous tenter par la *tarta de queso* aux fruits rouges, vous ne le regretterez pas !

Événement

Festival du monde celte à Ortigueira – deuxième quinzaine de juillet - *www.festivaldeortigueira.com.*

Mondoñedo

4 863 HABITANTS
CARTE GÉNÉRALE A2 – CARTE MICHELIN N° 571 B 7 – RÍAS ALTAS P. 256-257 – LUGO

Située au creux d'une vallée verdoyante, Mondoñedo est une petite ville paisible et agréable. Les rues pavées du centre rayonnent autour de l'imposante cathédrale, mélange réussi de plusieurs styles architecturaux. Sur la place qui la précède, des maisons à galeries surmontent de belles arcades en granit.

- **Se repérer** – 79 km au nord de Lugo et 38 km au sud-ouest de Ribadeo.
- **À ne pas manquer** – Les fresques à l'intérieur de la cathédrale.
- **Organiser son temps** – Une demi-journée suffit pour visiter la ville.
- **Pour poursuivre le voyage** – Lugo, les Rías Altas et la Costa Verde.

Comprendre

Des mégalithes aux églises – La vallée de Mondoñedo abrite de nombreux dolmens et castros qui témoignent d'une ancienne présence préromaine. En 1156, **Alfonso VII** élève l'ancienne municipalité de Villa Maior au rang de ville. Au 16e s. et jusqu'en 1834, la cité fut l'une des 7 capitales provinciales du royaume de Galice. Le 18e s. sonna le début de son développement urbain. C'est aussi de cette époque que datent la majorité des monuments religieux encore visibles aujourd'hui.

Visiter

Cathédrale★

9h-13h, 16h-19h, dim. 9h-11h.

Sa construction commença en 1219. L'immense façade est composée d'un portail roman, surplombé par une immense rosace et entouré de trois grands arcs gothiques, du 13e s. Les deux grandes tours baroques furent ajoutées au 18e s.

À l'**intérieur**, sous le beau buffet d'orgues muni de trompettes (1710), on découvre des **fresques** de la fin du 14e s. qui racontent naïvement le Massacre des Innocents et la vie de saint Pierre. L'immense retable baroque s'intègre au chœur roman dont la voûte est ornée de polychromies médiévales. Dans le bas-côté droit, à l'intérieur de la chapelle del Santísimo Sacramento, Vierge en bois polychrome qui fut apportée de Londres au 16e s. Du même côté, enfeu de l'évêque Jean Muñoz. **Cloître** du 17e s.

Musée diocesain (Museo Diocesano) – *✆ 982 521 948 - mar. - dim - 2 €.* Installé dans plusieurs salles de la cathédrale et du palais épiscopal, c'est l'un des musées d'art sacré les plus importants de Galice. il abrite une collection variée de peintures, sculptures en bois, pièces d'orfèvrerie du trésor de la cathédrale et objets liturgiques.

Le vieux centre (el casco antiguo)

En longeant le **palais épiscopal** (17e s.) attenant à la cathédrale, vous découvrirez la **Fonte vella**, fontaine du 16e s., aussi appellée *Fonte de Alvaro Cunqueiro*, du nom de l'écrivain originaire de Modoñedo. De l'autre côté du centre, en montant la rue où se trouve l'office de tourisme, **l'hôtel de ville** est aménagé dans un *pazo* du 18e s.

Sanctuaire de Nuestra señora de los Remedios

En haut du village, au bout de l'Alameda (située sur la droite en montant).

L'édifice actuel, construit en 1738 sous la direction de l'évêque Sarmento, a remplacé l'ermitage du 16e s. Il conserve une collection de 7 retables baroques. Au centre du retable majeur apparaît la patronne de la ville, **Nuestra señora de los remedios**.

Mondoñedo pratique

Informations utiles

Office de tourisme – *Praza da Catedral, 34 - ✆ 982 507 177 - tlj mat. et apr.-midi.*

Se loger

⊖⊖ **A Finca Galea** - *O Castro de Ouro - 27773 Alfoz (18 km au nord de Mondoñedo) - ✆ 982 558 323 - 5 ch. 52/68 € -* ☕. Ce charmant gîte rural est aménagé dans un ancien *pazo* (manoir) galicien, au décor et à l'accueil chaleureux. Dans le terrain qui l'entoure, des espaces consacrés à l'eau ont été aménagés (moulin à eau, étang etc.). *Visite du terrain 2 €.*

Faire une pause

O Rei das tartas - *Rua de Guevara, 26. Depuis la plaza da Catedral, montez la rua do Progreso.* Vous pourrez goûter à la spécialité de Mondoñedo : un gâteau (très) sucré à base de cheveux d'ange et de fruits confits.

La Corogne★

A Coruña

243 349 HABITANTS
CARTE GÉNÉRALE A2 – CARTE MICHELIN N° 571 B 4 – CARTE DES RÍAS ALTAS P. 256-257
LA COROGNE

Un îlot rocheux relié à la terre par un isthme étroit, tel est le site de cette agréable ville côtière. Au nord, face à la mer, se dressent le phare de la Tour d'Hercule (Torre de Hércules), devenu l'emblème de la ville, et la Cité (Ciudad), vieux quartier au charme d'antan avec ses petites places tranquilles et ses églises romanes. Sur l'isthme, le centre (centro), aux larges avenues et aux rues commerçantes, côtoie les longues plages de Riazor et d'Orzán. Au-delà de tous ces attraits touristiques, La Corogne est aussi un port de commerce important (le sixième d'Espagne), centre d'industries de pêche.

Coruña

Vue d'ensemble de La Corogne.

- **Se repérer** – La capitale économique de la Galice est reliée à sa capitale culturelle, St-Jacques-de-Compostelle, par l'autoroute AP 9 (73 km au sud). Au sud-est, la A 6 passe par Lugo (97 km) et mène à Madrid.
- **Se garer** – La mission se révèle très difficile. Il vous faudra choisir entre les zones bleues du centre (maximum 2h) ou les zones gratuites situées dans la partie sud de la ville (l'Ensanche) et rejoindre le centre en bus.
- **À ne pas manquer** – La tour d'Hercule (Torre de Hércules).
- **Organiser son temps** – Le centre et la cité peuvent se parcourir à pied, mais pour rejoindre la partie ouest, il est préférable de prendre le bus ou le tramway qui longent la côte. Prenez en compte le temps de transport.
- **Avec les enfants** – L'aquarium Finisterrae.
- **Pour poursuivre le voyage** – Betanzos, Les Rías Altas, la côte de la Mort, St-Jacques-de-Compostelle.

Comprendre

L'Invincible Armada – En 1588, La Corogne fut le point de départ de la plus grande flotte du monde : l'Invincible Armada. Avec ses 130 vaisseaux de guerre, son équipage de 10 000 matelots et ses 19 000 soldats, elle se dirigea vers l'Angleterre sous prétexte de venger la mort de la catholique Marie Stuart, reine d'Écosse. Mais la véritable raison de ce départ était en réalité double : mettre fin aux attaques des corsaires anglais contre les navires espagnols et stopper l'aide qu'Élisabeth d'Angleterre apportait aux rebelles hollandais. L'expédition joua de malheur. Le mauvais temps la retarda et les Anglais, prévenus, s'étaient préparés au combat. Leurs voiliers rapides harcelèrent la flotte espagnole lourdement chargée. Au retour, la grande flotte avait perdu 63 navires et plus de 15 000 hommes. Ce fut la fin de l'hégémonie espagnole sur les

SE LOGER
Hostal Mar del Plata....... 1
Hotel Plaza.................... 4

SE RESTAURER
Domus........................... 1

mers. À titre de représailles, le corsaire Drake attaqua à son tour La Corogne en 1589 ; l'ennemi escaladait ses murs, mais **María Pita** veillait. Elle renversa le porte-étendard anglais qui pénétrait dans la ville, lui arracha son drapeau et donna l'alerte : la ville était sauvée.

Se promener

LE CENTRE (EL CENTRO) plan II

Départ face au port, depuis les jardins de Méndez Núñez.

Situé entre les plages de Riazor et d'Orzán à l'ouest et le port à l'est, il constitue une zone commerciale animée. C'est ici que se concentrent la plupart des magasins (rúa Real et rúa Riego de Agua) et restaurants (rúa da Franja).

Avenida da Marina★

Ses hautes galeries forment l'image la plus caractéristique de La Corogne, « la ville de verre » (« *la ciudad de cristal* »). Par sa beauté et ses dimensions, cet ensemble de galeries est unique en son genre. L'avenue commence au niveau des agréables **jardins de Méndez Núñez** et débouche sur le paseo de la Dársena.

Praza de María Pita B1

Juste derrière la avenida da Marina, la **praza de María Pita**, vaste place piétonne aux nombreuses terrasses de café, porte le nom de l'héroïne du 16e s. qui sauva la ville de l'envahisseur anglais. Au centre, une statue a été érigée en son honneur. La place est entourée sur trois côtés d'édifices à galeries vitrées sur arcades et sur le quatrième par l'**hôtel de ville**. Ce dernier, dessiné par l'architecte Pedro Mariño, fut construit entre 1904 et 1917.

Partez en direction de la praza de España et là, prenez la calle Orzán.

Musée des Beaux-Arts (Museo de Bellas Artes) A1

Rúa de Zalaeta, non loin de la plage de l'Orzan, de l'autre côté de l'isthme. ☎ 981 223 723 - tlj sf lun. 10h-20h, sam. 10h-14h, 16h-20h, dim. 10h-14h - fermé j. fériés - 2,40 €, gratuit sam. apr.-midi et dim.

La principale caractéristique de ce musée moderne est sa luminosité et l'ampleur de ses salles. Elles sont principalement consacrées à la peinture espagnole et européenne du 16e au 20e s. et à la peinture galicienne des 19e et 20e s.

On remarquera les gravures de **Goya** et des pièces de céramique de Sargadelos.

LA CITÉ (LA CIUDAD VIEJA) plan II

Sur le rocher qui englobe le port au nord, la **Ciudad** constitue la petite mais néanmoins charmante ville ancienne. Elle vous séduira par ses étroites ruelles dallées et ses places calmes.

Église de Santiago B1

Elle est considérée comme la plus ancienne de la ville. Ses trois absides, qui donnent sur la place de Azcárraga, et le portail nord sont romans (12e s.). À l'époque gothique, on érigea le portail occidental, où, au-dessous du tympan, caracole saint Jacques Matamore et, aux piédroits, s'adossent saint Jean et saint Marc. De la même époque datent aussi les grands arcs qui soutiennent la charpente au-dessus de la nef. À l'intérieur, la chaire de pierre est joliment sculptée.

En vous dirigeant vers le Castillo de San Antón, en bout de rocher, vous pouvez faire une halte dans les jardins de San Carlos (Jardínes de San Carlos), où repose le général John Moore, mort à la bataille d'Elviña le 16 janvier 1809.

Château fort de San Antón - Musée archéologique et historique (Castelo de San Antón - Museo Arqueológico e Histórico) B2

Paseo Alcalde Francisco Vázquez, 2 - ☏ 981 189 850 - www.sananton.org - tlj sf lun. 10h-19h, dim. et j. fériés 10h-14h30 - fermé 1er janv., lun.-mer. du carnaval, 24-25 et 31 déc. - dernière entrée 30mn avant la fermeture - 2 € (-14 ans 1 €).

Cette forteresse, qui date de l'époque de Philippe II, faisait partie du système défensif de La Corogne. Ses casemates ont servi de prison à d'illustres personnages, tels que Malaspina. Aujourd´hui, il abrite le **Musée archéologique et historique**, doté d'une salle remarquable consacrée à l'orfèvrerie préhistorique. La terrasse offre une jolie vue sur le port.

Repartez vers la vieille ville et le jardin de San Carlos puis prenez la calle Santa María.

SE LOGER		SE RESTAURER	
Hotel NH Atlántico	1	Adega o Bebedeiro	1
Hotel Nido	4	A la Brasa	4
		Coral	7

Coruña

Une mouette sur un bateau de pêche de La Corogne.

Prazuela de Santa Bárbara B1

Cette place paisible, cadre de récitals et de concerts de musique de chambre au mois d'août (fêtes de María Pita), semble protégée du monde extérieur par le sobre couvent Santa Bárbara, dont la porte est surmontée d'un linteau roman représentant la pesée des âmes en présence du Christ.

À quelques pas de là se trouve la collégiale.

Collégiale de Santa María del Campo B1

Église romane à trois vaisseaux coiffés de voûtes en plein cintre soutenues par des arcs doubleaux. À l'extérieur, citons le portail (13e-14e s.), la rosace gothique et le clocher. Sur le tympan est représentée l'Adoration des Rois Mages. Le **musée d'Art sacré** a été installé dans un bas-côté. Sur la place, entre Santa María et une jolie résidence baroque, beau calvaire du 15e s.

LA PARTIE NORD

Domus-Maison de l'être humain (Domus-Casa del Hombre) plan I

Santa Teresa, 1 - ✆ 981 189 840 - www.casaciencias.org - ♿ - tlj tte la journée - fermé 1er et 6 janv., 25 déc. - 2 € (-14 ans 1 €).

Situé sur la baie de Riazor, cet **édifice★** surprenant conçu par l'architecte japonais **Arata Isozaki** est déjà devenu l'un des symboles architecturaux de la ville. La façade tournée vers la baie présente une double courbe qui adopte la forme d'une grande voile recouverte d'écailles d'ardoise. L'autre mur de l'édifice s'appuie sur une ancienne carrière pour créer un espace de grands blocs de pierre formant un paravent. Le musée est entièrement consacré à l'être humain et examine de façon interactive (textes, photographies, écrans informatiques…) différentes facettes de la condition humaine comme la génétique, la reproduction ou les sens.

Aquarium Finisterrae plan I

Paseo Alcalde Francisco Vázquez, 34 - ✆ 981 189 842 - www.casaciencias.org/aquarium - tlj tte la journée - 10 € (-14 ans 4 €).

Situé à côté de la tour d'Hercule, il est aussi connu sous le nom de Maison des poissons (Casa de los Peces). Principalement consacré à l'écosystème marin des côtes galiciennes, il dévoile aussi, de façon interactive et didactique, les secrets des mers et des océans du monde. Au sous-sol, ne manquez pas le *Nautilus*, très réussi. Le décor et la musique donnent le sentiment d'être dans le sous-marin du capitaine Nemo. *Les explications sont exclusivement données en espagnol et en galicien.*

Tour d'Hercule (Torre de Hércules) plan I

Av. de Navarra, s/n - ✆ 981 223 730 - tlj tte la journée - fermé 1er et 6 janv., 25 déc. - 2 € (-14 ans 1 €).

Construit au 2e s., c'est le plus ancien phare au monde toujours en service. Il était ceint d'une rampe extérieure que Charles III transforma en en 1790 en escalier intérieur, lorsqu'il donna à l'édifice sa forme carrée actuelle. Le sommet (104 m) offre une belle **vue★** sur la côte et la ville.

Aux alentours

Cambre

11 km au sud en prenant l'AP 9, sortie 7, puis l'AC-1706.

Dans ce village rustique, l'église romane **Santa María★**, du 12e s., présente une jolie façade composée de trois corps qui correspondent aux trois vaisseaux intérieurs. De chaque côté, une fenêtre est soulignée d'un arc polylobé d'influence arabe. On retrouve cette influence dans les chapiteaux des contreforts. Au tympan figure l'Agneau, dans un médaillon tenu par des anges. L'intérieur est d'une grande pureté ; comme dans maintes églises du chemin de St-Jacques, l'abside est entourée d'un déambulatoire à cinq chapelles rayonnantes. *981 675 157 - mai-oct. : 9h30-21h30 ; nov.-avr. : 9h30-19h30.*

La Corogne pratique

Informations utiles

Office du tourisme de La Corogne - *Praza de María Pita - 981 221 822 - www.turismocoruna.com.*

Office régional de tourisme – *Dársena de la Marina - 981 221 822.*

Se loger

Hôtel Mar del Plata – **Plan I**. *Paseo de Ronda, 58 - 981 257 962 - 27 ch. 38/46 € - 3 €.* Un hôtel simple et fonctionnel, situé à côté du stade de football de Riazor, en dehors du centre-ville. L'accueil est chaleureux et les chambres sont correctes. Certaines offrent une jolie vue sur la mer.

Hôtel Nido – **Plan II**. *Rúa San Andrés, 146 - 981 213 201 - 40 ch. 42/57 € - 3 €.* Un bon rapport qualité-prix pour cet hôtel situé en plein centre et à deux pas de la plage. Les chambres sont propres et bien équipées. Essayez de préférence d'en demander une qui donne sur l'arrière pour éviter le bruit de l'avenue.

Hôtel Plaza – **Plan I**. *Av. Fernández Latorre, 45 - 981 290 111 - 84 ch. 54/100 € - 8,50 € - rest. 12 €.* Hôtel à l'esthétique minimaliste reposant sur des lignes pures et une décoration soignée. Malgré la petitesse des espaces communs, l'établissement dispose de chambres modernes dotées de salles de bains stylées. Certaines chambres offrent de belles vues.

Hôtel NH Atlántico – **Plan II**. *Jardines de Méndez Núñez - 981 226 500 - 194 ch. 124/175 €.* Cet hôtel, à la clientèle plutôt professionnelle, offre le confort habituel de sa chaîne. Les chambres sont entièrement équipées et le service est complet et cordial. Agréables salon et salle pour le petit-déjeuner.

Se restaurer

Adega o Bebedeiro – **Plan II**. *Ángel Rebollo, 34 - 981 210 609 - 25 €.* Cet établissement est renommé pour sa carte variée et ses prix accessibles. Le décor, rustique, met la pierre et le bois à l'honneur et le service est très aimable. Il est conseillé de réserver.

Coral – **Plan II**. *Callejón de la Estacada, 9 - 981 200 569 - fermé dim. - 25/44 €.* Un restaurant familial qui s'est fait une réputation. Bien situé dans le centre-ville, il offre une excellente cuisine typique dans un joli cadre en pierre et en bois. Sérieux et qualité garantis.

A la Brasa – **Plan II**. *Juan Florez, 38 - 981 270 727 - 26 €.* Situé en plein centre, cet établissement comprend un bar à l'entrée et deux agréables salles de restaurant. Il propose une carte complète de cuisine traditionnelle, spécialisée en viandes et en poissons grillés.

Domus – **Plan I**. *Ángel Rebollo (Domus-Casa del Hombre) - 981 201 136 - fermé lun. et fév. - 27/35 €.* Au sein même du musée Domus, bien que bénéficiant de sa propre entrée, ce restaurant à l'aménagement moderne se distingue par sa belle salle à manger entièrement vitrée. Le chef vous proposera une cuisine à la fois traditionnelle et créative.

Faire une pause

Veracruz - *Rúa Riego de Agua, 22 - 981 200 111.* Spécialisé en cafés, thés et chocolats en tous genres, cet endroit, bien que petit, est idéal pour le petit-déjeuner (plusieurs formules sont proposées) ou le goûter. Décor jeune et coloré.

En soirée

Dublin 50 - *Rúa Panaderas, 50.* Vous y retrouverez tout le charme des pubs irlandais, tant au niveau de la décoration que de la musique ou du large choix des bières. C'est aussi le rendez-vous régulier de groupes de musique celtique.

Événements

Feux de la St-Jean – 23 juin.

Fêtes de María Pita – Du 1er au 31 août.

Fêtes patronales de Nuestra Señora del Rosario – 7 octobre.

Betanzos★

13 059 HABITANTS
CARTE GÉNÉRALE A2 – CARTE MICHELIN N° 571 B 5 – CARTE DES RÍAS ALTAS P. 256-257
LA COROGNE

Construit sur une colline au fond de sa ría, Betanzos est un ancien port, aujourd'hui ensablé. Il fait bon se promener dans cette charmante petite ville chargée d'histoire. Dans le vieux centre, les rues déclives bordées de maisons à galeries et trois belles églises gothiques témoignent en effet de son riche passé.

Se repérer – À 27 km au sud-est de La Corogne.
Se garer – Il est difficile de se garer dans les rues de la ville. Mieux vaut opter pour le parking souterrain situé sous la praza de García Irmáns.
À ne pas manquer – Le sépulcre de Fernán Pérez de Andradeo.
Organiser son temps – Une demi- journée suffit pour visiter la ville.
Pour poursuivre le voyage – La Corogne, les Rías Altas, Lugo, St-Jacques.

M. C. Martinez Castellano / MICHELIN

Tombeau du fondateur de l'église de San Francisco à Betanzos.

Comprendre

Des origines celtiques – Betanzos est l'une des plus anciennes villes de Galice, fondée par le chef celte Breogán. Sous l'Empire romain, elle était connue sous le nom de Flavium Brigantium. En 1219, sous le règne du Roi Alfonso IV, elle fut transférée de San Martiño de Tiobre (également appelée Betanzos O Vello) à son emplacement actuel sur l'ancien *castro* de Untia, au sommet d'une butte entre les fleuves Mendo et Mandeo. Le commerce commença alors à se développer, notamment grâce au port.
Un florissement moderne – En 1465, Enrique IV lui concéda le titre de ville et les Rois Catholiques la désignèrent comme l'une des 7 capitales provinciales du royaume de Galice en 1490, distinction qu'elle conserva jusqu'en 1834, quand elle fut intégrée à la province de La Corogne. La bourgeoisie locale exprima curieusement un vif intérêt pour la France qui se traduisit par une montgolfière, devenue le symbole de la ville, et par la **fontaine de Diane** (fuente de Diana), copie de la Diane chasseresse du Louvre. Depuis 1970, la ville est classée site historique.

Se promener

La **praza de García Irmáns** est le centre névralgique de la ville. Elle abrite plusieurs édifices remarquables comme **le couvent de Santo Domingo**, de style baroque (16e s. - 18e s.), **les Archives du Royaume de Galice** (Arquivo do Reino do Galicia), de style néoclassique (18e s.) et la bibliothèque municipale (18e s.) qui fut autrefois le collège des Orphelines. Au centre, **la fontaine de Diane** qui date de 1866.
En entrant dans l'ancienne partie fortifiée de la ville par la Porta da Vila (3 portes témoignent encore aujourd'hui de **l'ancienne muraille**), on tombe sur la praza da

Constitución. L'**église de Santiago** *(voir plus bas)* y côtoie l'**hôtel de ville** (16e s.), orné d'arcades et d'un beau blason sculpté, et la **Casa Nuñez** (19e s.), devenue aujourd'hui le Centre international de gravure contemporaine.
Au hasard des rues, vous noterez également les maisons anciennes et leurs galeries en bois. Jadis, les habitants y faisaient sécher du maïs et des oignons.

Visiter

Église de Santiago

Construite entre le 14e et le 15e s. sous l'égide de la famille des Andrade, dans le style gothique galicien, elle présente des murs et des contreforts très épais. À l'intérieur, la chapelle de l'archidiacre Pedro de Ben héberge un retable (1525) d'une qualité impressionnante, œuvre du sculpteur Cornelius de Hollande. Sur le portail principal apparaît un Maure qui prie devant saint Jacques « Matamoros ».

Église de Santa María de Azougue

Son nom vient de *souk*, le marché en arabe. Elle date des 14e et 15e s. La façade, gracieusement asymétrique, présente un portail aux voussures dentelées, surmonté d'une belle rosace. De part et d'autre de la porte, deux niches abritent les statues archaïsantes de la Vierge et de l'archange Gabriel, symbolisant l'Annonciation. Sur le portail nord, on distingue saint Michel pesant les âmes. Trois vaisseaux d'égale hauteur sous une seule charpente rendent l'intérieur spacieux. La chapelle à droite du chœur abrite une colonne où est gravé un calendrier médiéval : chaque personnage représente un mois de l'année. Notez la Vierge vêtue de blanc au milieu du retable.

Église de San Francisco★

✆ 981 770 110 - 10h-13h, 16h30-20h. Le comte Fernán Pérez de Andrade, seigneur de Betanzos et de la ville voisine de Puentedeume, fit construire en 1397, près de Santa María, un couvent de franciscains dont subsiste cette église. En forme de croix latine, elle est parée d'un chevet gothique élancé. Remarquez les nombreux tombeaux alignés le long de ses murs et la décoration sculptée des ogives et des arcs du chœur. Sous la tribune à gauche de l'entrée se trouve le **sépulcre★** monumental du fondateur, supporté par un sanglier et un ours, ses emblèmes. Sur les côtés courent des scènes de chasse. Des chiens, symboles de fidélité, sont couchés aux pieds du défunt tandis qu'à sa tête, quatre anges recueillent son âme.

Museo das Mariñas

Rúa de Emilio Romay, 1. ✆ 981 773 693 - 1,20 €.
Installé dans l'ancien couvent de Santo Domingo, ce musée résume l'histoire de la ville et de ses alentours depuis leurs origines. Il porte d'ailleurs le nom de la communauté de communes dont Betanzos est la capitale : As Mariñas. Au-rez-de-chaussée, une partie est consacrée à l'époque médiévale et présente de nombreux sépulcres, blasons et sculptures. Une autre partie est consacrée à l'archéologie romaine. À l'étage, on notera surtout la magnifique collection de costumes galiciens anciens et la salle dédiée à l'art populaire. Le musée comprend également une pièce d'exception : une peinture de l'*Apostolado* de Rubens (17e s.).

Parc Pasatiempo (Parque Pasatiempo)

À env. 1 km du centre. Depuis la praza de García Irmáns, prenez l'avenida do Carregal. Le parc est alors indiqué sur la gauche. Ce parc fut conçu en 1893 par les frères García Naveira. À leur retour d'Argentine, ces émigrants fortunés souhaitèrent enseigner le monde aux habitants de la ville. Cela explique qu'une partie du parc est à vocation pédagogique (volières d'oiseaux exotiques, jardin botanique, etc.).

Betanzos pratique

Information utile

Office de tourisme - *Praza de Galicia, 1 - ✆ 981 776 666 - juil.-août : tlj mat. et apr.-midi ; reste de l'année : tlj sf dim. mat. et apr.-midi, sam. mat.*

Événement

Fiestas de San Roque – Tous les ans, du 14 au 25 août, la ville fête son patron : San Roque. Le 16 août, on assiste au lâcher de montgolfière (el globo de San Roque), rendez-vous annuel remontant à 1875. Avec ses 25 m de hauteur, elle est considérée comme la montgolfière en papier la plus grande du monde. Le 18 et le 25 août sont dédiés à la fête populaire de Os Caneiros. Depuis 1880, les habitants (à l'origine les plus aisés) se dirigent en barque ou à pied au Campo dos Caneiros, (à 30mn de Betanzos) où la danse et la gastronomie sont à l'honneur.

Côte de la Mort★

Costa da Muerte

CARTE GÉNÉRALE A2 – CARTE MICHELIN N° 571 B 4-D 2 – LA COROGNE

Entre Malpica de Bergantiños et Muros s'étend une côte sauvage aux paysages austères et grandioses : la côte de la Mort. Son nom, peu hospitalier, a pour origine les centaines de naufrages qui ont eu lieu sur cette côte battue par les tempêtes. Mais au-delà de ce triste souvenir, la côte de la Mort présente un paysage de contrastes où se succèdent falaises abruptes et longues étendues de sable fin. Son attrait vient également des nombreux villages de pêcheurs qui ont su garder leur charme d'antan.

- **Se repérer** – La côte s'étend de La Corogne, à l'est, jusqu'au nord des Rías Bajas, à moins de 70 km à l'ouest de St-Jacques-de-Compostelle.
- **À ne pas manquer** – Le Cabo Fisterra, au coucher du soleil.
- **Organiser son temps** – Comptez 2 jours minimum car si le kilométrage n'est pas très élevé, les petites routes sinueuses (qui offrent un panorama magnifique) ne permettent pas une allure rapide.
- **Pour poursuivre le voyage** – La Corogne, St-Jaques-de-Compostelle et les Rías Bajas.

Circuit de découverte

DE MALPICA DE BERGANTIÑOS À MUROS

270 km – Comptez 2 jours.

Pour rejoindre Malpica de Bergantiños depuis La Corogne, prenez la AG 55 jusqu'à Carballo, puis la AC 414.

Malpica de Bergantiños

Ce village de pêcheurs, protégé par le cap San Adrián, fait face aux îles Sisargas (réserve d'oiseaux). La ville présente peu d'intérêt d'un point de vue touristique, sauf peut-être le petit port de pêche, entouré par deux énormes digues. À la sortie du village en direction de Corme, s'étend une belle plage de sable fin.

En sortant de Malpica, prenez la direction de Corme.

Corme

Petit port de pêche aux rues étroites et pentues, Corme possède aussi de jolies plages.

Après Corme, prenez la direction de Ponteceso et rejoignez Laxe par la côte.

Laxe

Cette station balnéaire est réputée pour sa longue plage de sable fin. L'**église de Santa Maria da Atalaia** (14e s.), de style gothique, mérite également un arrêt.

Poursuivez sur l'AC 433 puis, après Ponto do Porto, sur l'AC 432 jusqu'à Camariñas.

Camariñas

Petit port de pêche animé et agréable, Camariñas est sans aucun doute la capitale régionale de la dentelle. Le long du port, plusieurs boutiques proposent des modèles de cet artisanat local.

Musée de la Dentelle (Museo do Encaixe) – *Praza Insula. ☏ 981 736 340 - mar.-dim. - 1,20 €.* Exposition de dentelles de Camariñas, bien sûr, et d'ailleurs,broderies et matériel utilisé par les *palilleiras* (dentellières), comme les fuseaux. Les pièces les plus anciennes datent du 17e s.

Église de San Xurxo – Dans la partie supérieure du village, cette église du 18e s. contient des retables baroques du sculpteur José Antonio Suarez Ferreiro.

Avant de poursuivre votre route, ne manquez pas le **cap Vilán★** *(à 5 km du village, indiqué depuis le port).* Il offre un panorama magnifique sur la côte sauvage.

À la sortie de Camariñas, prenez la direction de Muxía. De là, dirigez-vous vers le Santuario da Virxe da Barca (indiqué depuis le centre).

Sanctuaire da Virxe da Barca★

Ce sanctuaire du 18e s. à l'apparence autère se dresse devant d'énormes rochers. De style baroque, il contient un magnifique retable, encadré par les peintures des douze apôtres. Chaque année, mi-septembre, la tradition réunit les pèlerins qui doivent passer sous la Pedra dos Cadris (pierre dos Cadris) et essayer de faire bouger la Pedra

de Abalar (pierre de Abalar), désormais brisée. Le site offre un très beau point de vue sur la ría de Camariñas. On aperçoit en face le phare du **Cap Vilán** *(voir ci-dessus).*
À la sortie de Muxía, prenez la direction de Berdoias et rejoignez Corcubión par l'AC 552.

Corcubión

Corcubión a gardé tout le charme d'un port ancien, avec ses maisons à blasons et à galeries qui longent la mer.
La **route**★ en corniche qui mène au cap Fisterra *(voir ci-dessous)* offre de très belles vues sur la baie.
Prenez la direction de Fisterra et arrêtez-vous à la sortie de la ville, en direction du cap.
Là vous pourrez admirer **l'église de Santa María das Areas** (12e s.). D'architecture romane, elle conserve précieusement une statue du Christ à la barbe dorée du 14e s.

Cap Fisterra★ (Cabo Fisterra)

La légende raconte que ce sont les légions romaines qui, en arrivant, baptisèrent l'endroit *Finis Terrae* (la fin de la terre). Ce cap se revendique comme le point le plus occidental de l'Espagne continentale, distinction qu'il se dispute avec le Cabo Touriñan (à 29 km au nord). Quoi qu'il en soit, le cabo Fisterra a des airs de bout du monde et le phare offre un **panorama**★ magnifique sur l'océan et la baie.
Redescendez jusqu'à Corcubión et rejoignez le village d'O Pindo par la côte.
Avec ses 627 m de hauteur, le **Monte do Pindo** est surnommé « l'Olympe celte ». La nature y a sculpté de curieuses formes de pierre qui laissent libre cours à l'imagination. Depuis Moa, au sommet, la vue est impressionnante. On aperçoit au loin le Cabo Fisterra.
Rejoignez l'AC 550 et continuez à descendre vers le sud.
La côte est une suite de criques, de ports et de plages de sable sur fond de collines granitiques où tournent quelques éoliennes.

Carnota

Ce village abrite le plus long **hórreo**★ de Galice. Construit en 1760, il mesure 34,76 m de long. Au « palmarès » de Carnota s'ajoute également la plus longue **plage**★ de la région (6 km de long sur 1 km de large), le long de la lagune de Caldebarcos. *Pour y parvenir, descendez la petite route qui passe devant l'église et continuez toujours tout droit jusqu'au parking.*
Reprenez la route jusqu'à Lira, à 4,5 km de là.

Lira

Sur la gauche de la route on peut accéder à d'autres horreos remarquables par leur longueur.

Continuez à longer la côte en direction de Muros.

Muros

Du fait de sa position géographique, Muros est tantôt reliée à la côte de la Mort, tantôt aux Rías Bajas. En fait, cette petite ville donnant sur la ría, qui porte son nom et celui de Noia, présente déjà les caractéristiques de la côte sud de la Galice, avec ses plateformes mytilicoles (culture des moules) et une ría aux versants couverts de forêts.

Sur le port, les maisons à galeries surmontant des arcades en granit longent la mer. L'été, on peut s'installer aux terrasses de café pour suivre l'activité portuaire.

Le quartier ancien – Derrière l'hôtel de ville, les ruelles escarpées et les escaliers mènent à l'**église paroissiale** (15e s.). De style roman, elle fut jadis la collégiale de Santa María do Campo.

B. Brillion / MICHELIN

Église de Muros.

En quittant la ville en direction de Noia *(voir p. 287)*, on voit, au travers de la ría, un **moulin à eau de mer** (molino de marea) qui était activé par le flux et reflux de l'eau lors des marées. Aujourd'hui, ce beau bâtiment en granit sert de cadre à des expositions estivales sur l'artisanat.

La côte de la Mort pratique

Offices de tourisme

Camariñas – *Praza da Insuela - ✆ 981 737 234.*

Fisterra – *Rua Real, 2 - ✆ 981 740 781.*

Muros – *Curro da Praza, 1 - ✆ 981 826 050.*

Se loger

MALPICA DE BERGANTIÑOS

⊖ **Hôtel Panchito** – *Praza Villar Amigo, 5 - ✆ 981 720 307 - 32, 10/53,50 € - ☕ 3,50 €.* Ce petit hôtel est situé dans le centre de Malpica, à deux pas du port. Rien de luxueux mais les chambres sont lumineuses et bien équipées et l'accueil cordial. Il possède également un agréable salon au 1er étage.

CAMARIÑAS

⊖ **Hôtel Rústico** - *Praza do Carmen, 20 - ✆ 981 737 240 - 45 € - ☕.* Cet hôtel offre un très bon rapport qualité-prix. Le décor soigné, en bois et pierres apparentes, en fait un endroit à la fois élégant et chaleureux. Certaines chambres ont vue sur le port. Mais il n'y en a que 6 au total, donc pensez à réserver avant de venir.

Se restaurer

MALPICA DE BERGANTIÑOS

⊖⊖ **Restaurante As Garzas** – *Porto Barizo, 40 - 7 km au sud-ouest de Malpica, direction Barizo - ✆ 981 721 765 - fermé lun., mar.-jeu. soir (sf j. fériés et en été) - ▤ - 28/37 €.* La salle à manger aux grandes baies vitrées offre une belle vue sur la mer. Le chef vous proposera une carte traditionnelle galicienne, majoritairement à base de poisson.

FISTERRA

⊖⊖ **O'Centolo** – *Bajada del Puerto - ✆ 981 740 452 - fermé 23 déc.-15 fév. - 24/36 €.* Ce restaurant familial est réputé pour la qualité de ses poissons et de ses fruits de mer. Remarquez le vivier à l'entrée ! À l'étage, la salle à manger offre une jolie vue sur le port.

Saint-Jacques-de-Compostelle★★★

Santiago de Compostela

92 919 HABITANTS
CARTE GÉNÉRALE A2 – CARTE MICHELIN N° 571 C4
CARTE DE LA CÔTE DE LA MORT P. 269 – PROVINCE DE LA COROGNE

Capitale politique et administrative de la Galice, St-Jacques-de-Compostelle est aussi la troisième plus grande ville de pèlerinage au monde après Jérusalem et Rome. Son quartier ancien, aux rues pavées et bordées d'arcades, forme un incroyable labyrinthe en pierre auquel seuls les piétons ont accès. Elle est animée par les étudiants qui fréquentent son université et les nombreux touristes et pèlerins qui déambulent sur ses agréables places. Étonnamment, ce n'est pas l'art roman qui prédomine à St-Jacques mais les monuments des époques baroque et néoclassique, qui lui donnent un air un peu solennel. Mais l'utilisation du granit à toutes les époques donne à la ville une unité assez remarquable. En 1985, l'Unesco déclara la ville Patrimoine de l'humanité.

- **Se repérer** – La ville se trouve à 72 km au sud de La Corogne, 84 km au nord de Vigo et 107 km à l'ouest de Lugo.
- **Se garer** – Le centre historique est interdit à la circulation. Optez pour le parking souterrain de la praza de Galicia (10,20 €/24h) ou l'un de ceux situés dans la ville nouvelle (à l'ouest de cette même place).
- **À ne pas manquer** – Le botafumeiro, le marché de la praza da Abastos le matin et une promenade dans le parc de la Alameda pour les vues sur la cathédrale et la ville.
- **Organiser son temps** – Comptez deux jours entiers pour visiter le centre historique.
- **Pour poursuivre le voyage** – La Corogne, Pontevedra, les Rías Altas et les Rías Bajas.

Comprendre

La légende et l'histoire – L'apôtre **Jacques**, surnommé « le fils du tonnerre » à cause de son tempérament fougueux, traverse – dit-on – l'océan afin d'évangéliser l'Espagne ; son esquif s'échoue à l'embouchure de l'Ulla. Pendant sept ans, il sillonne le pays avant de retourner en Terre sainte où il est l'une des premières victimes d'Hérode Agrippa. Ses disciples, contraints de quitter la Palestine, emmènent en Espagne son corps, qu'ils ensevelissent près de la côte où les conduit leur barque, à l'endroit même où il avait accosté quelques années plus tôt. Les Barbares et plus tard les Arabes déferlent sur l'Espagne, faisant oublier jusqu'au lieu même de son tombeau.

La cathédrale.

Au début du 9e s., rapporte la légende, une étoile révèle à des bergers l'endroit où repose saint Jacques. Cette légende confortait la thèse selon laquelle l'origine de Compostelle vient de *campus stellae* (champ de l'étoile). Une thèse plus récente, liée aux découvertes concernant la nécropole sous la cathédrale, soutient que ce nom provient du bas latin *compostela* (cimetière).

Selon la légende, en 844, Ramire Ier, à la tête d'une poignée d'Espagnols, livre aux Maures à **Clavijo**, près de Logroño, un combat acharné. Soudain apparaît un cavalier monté sur un cheval blanc, un étendard blanc frappé de la croix rouge à la main, se mêlant aux combattants et frappant ardemment l'ennemi ; les chrétiens reconnaissent en lui Jacques le Matamore (le tueur de Maures). La Reconquête a trouvé son saint patron. Un autre épisode de la légende concerne la coquille Saint-Jacques. Il raconte que durant la lutte contre les infidèles, le seigneur de Pimentel, contraint de traverser à la nage un bras de mer, aurait été sauvé par saint Jacques et serait sorti de l'eau couvert de coquilles. La coquille devint alors le symbole de Saint-Jacques, l'emblème du pèlerinage et le signe de reconnaissance tangible que tout pèlerin doit rapporter.

La ville et le pèlerinage – C'est à partir du 11e s. que Compostelle connaît son essor. Au moment où l'invasion turque rend périlleux le voyage en Terre sainte, son pèlerinage est aussi méritoire que ceux de Jérusalem et de Rome. Le sanctuaire exerce un attrait particulier sur les Français que la lutte contre l'infidèle a rapprochés de leurs frères Espagnols. Les abbés de Cluny, appelés naguère par le roi de Navarre pour réformer les monastères, puis ceux de Cîteaux prennent en charge l'organisation et le développement du pèlerinage.

En 1175, le pape Alexandre III confirme les statuts de l'ordre militaire de Santiago, destiné à assurer la protection des pèlerins et confirme son statut de ville sainte. Cet ordre de Santiago jouera un rôle capital pour la Reconquête ainsi que les ordres de chevalerie de Calatrava et d'Alcántara.

Ville sainte et années saintes – Depuis le 12e s. St-Jacques-de-Compostelle a le statut de ville sainte au même titre que Rome et Jérusalem. Les années saintes reviennent tous les 5, 6 et 11 ans, quand la Saint-Jacques (25 juillet) coincide avec un dimanche. Ces années-là, des grâces spéciales (Jubilé) sont accordées aux pèlerins et les cérémonies revêtent alors un caractère particulièrement solennel. La dernière année sainte était en 2004.

St-Jacques-de-Compostelle aujourd'hui – La ville est toujours indissociable du pèlerinage qui porte son nom. Mais, fait important, depuis une décennie, le caractère religieux du pélerinage fait place pour certains à une découverte culturelle ou à une prouesse sportive. D'où l'augmentation notable du nombre de marcheurs sur les chemins de Saint-Jacques. Une évolution à laquelle la ville s'est parfaitement adaptée en développant notamment une programation culturelle riche et variée en toute saison. Ville de caractère qui revendique son appartenance toute entière à la culture galicienne, St-Jacques-de-Compostelle est une ville animée et festive. L'effervescence qui s'empare des rues le soir venu est facilement palpable dans une localité qui compte près de 40 000 étudiants.

Se promener dans la Vieille Ville★★

Le visage de St-Jacques-de-Compostelle aujourd'hui est le fruit de la combinaison, sur un fond architectural médiéval, de la rationalité de la Renaissance et de la théâtralité du baroque. Le vieux quartier de Santiago, toutefois, a gardé son complexe écheveau de ruelles s'ouvrant soudain sur de petites places comme celles de Fonseca, Platerías, Feijóo, San Martín ou San Roque.

PRAZA DO OBRADOIRO★★★ plan II

Son nom vient de la façade de la cathédrale que l'on appelait « l'œuvre d'or ». Cette place est le centre monumental de St-Jacques et résume l'histoire de la ville. Sur les quatre côtés, on trouve d'imposants monuments édifiés tout au long de 7 siècles, aux styles différents : baroque à l'est, avec la façade de la cathédrale (qui cache une cathédrale romane), Renaissance au nord, avec la façade plateresque de l'Hôtel des Rois Catholiques, néo-classique à l'ouest, avec celle du palais de Raxoi, et enfin gothique au sud, avec le portail du collège de San Jerónimo. Malgré ces différences de style, l'ensemble reste harmonieux grâce à l'unité du granit utilisé pour tous les bâtiments. Au centre de la place, une plaque indique le kilomètre 0 du chemin de Saint-Jacques.

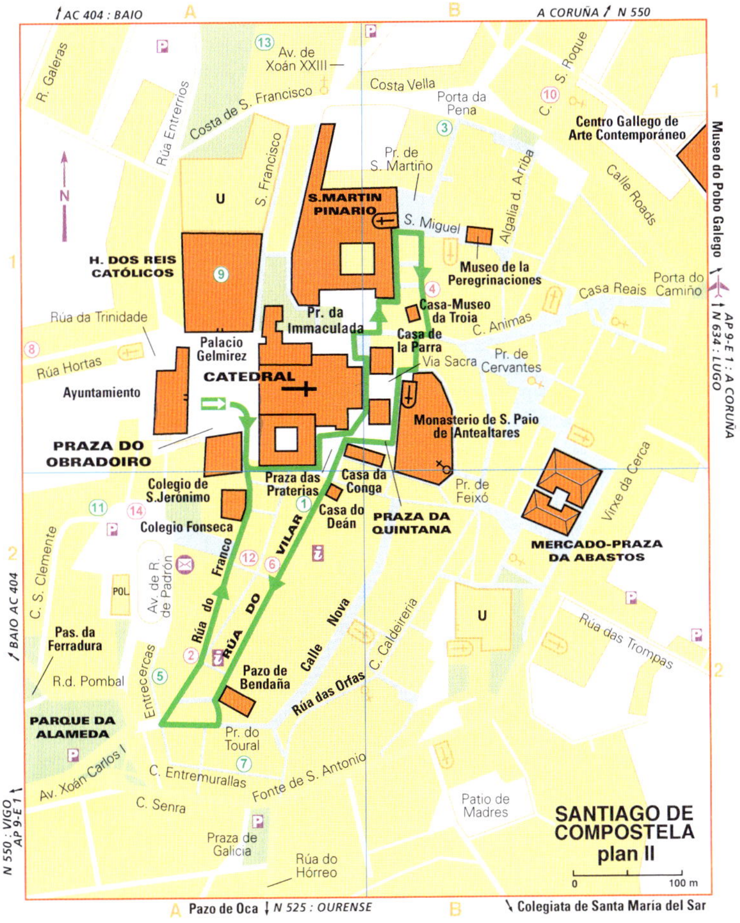

SE LOGER

- Airas Nunes 1
- Costa Vella 3
- Entrecercas 5
- Mapoula 7
- Parador Hotel dos Reis Católicos 9
- San Clemente 11
- San Francisco 13

SE RESTAURER

- A Taberna do Bispo 2
- Bierzo Enxebre 4
- Café Casino 6
- Casa Marcelo 8
- La Bodeguilla de San Roque 10
- Los Caracoles 12
- San Clemente 14

Cathédrale★★★ A1

981 581 155 - www.catedraldesantiago.es - tlj tte la journée - gratuit.

Succédant à la première basilique, bâtie sur la tombe de l'apôtre peu après sa découverte, et à celle d'Alphonse III détruite par le raid d'Al-Mansour en 997, la **cathédrale** actuelle date presque entièrement d'une période allant du 11e s. au début du 13e s., bien que, de l'extérieur, elle ait toute l'apparence d'un édifice baroque.

Facade de l'Obradoiro (Fachada de l'Obradoiro)★★★ – Ce chef-d'œuvre baroque de **Fernando Casas y Novoa** déploie sa magnificence à l'entrée de la cathédrale depuis 1750 (son nom signifie l'« œuvre d'or »). Le corps central, richement sculpté et animé par un jeu savant de droites et de courbes, s'achève en triangle élancé où apparaît saint Jacques en pèlerin. Légèrement en retrait, deux hautes tours, elles aussi somptueuses, encadrent cette flèche et prolongent ses lignes ascendantes.

Portail de la Gloire (Pórtico de la Gloria)★★★ – Le portique de la Gloire se trouve dans le narthex au-delà de la façade baroque. La statuaire de ce triple portail est d'une beauté exceptionnelle, offrant à la fois le spectacle d'un ensemble très harmonieux et celui des ressources d'un art varié dans son expression, ses détails, sa facture et sa polychromie.

D'une époque plus tardive que le reste de la cathédrale romane, ce chef-d'œuvre fut réalisé par le **Maître Mateo** à la fin du 12e s. et présente déjà quelques caractéristiques de l'art gothique. Le Maître Mateo, qui était constructeur de ponts, renforça la crypte au-dessous pour soutenir le poids du portique. Le portail central est dédié à l'Église chrétienne : sur le tympan, le Sauveur est entouré des quatre Évangélistes tandis qu'à l'archivolte siègent les 24 vieillards de l'Apocalypse. Sur les piédroits, couverts de statues d'apôtres et de prophètes, on remarquera Daniel au sourire voilé annonçant le célèbre ange de Reims. Sur le meneau, au-dessous de la statue assise de saint Jacques, est creusée l'empreinte des doigts d'une main. La tradition veut en effet que les pèlerins harassés posaient la main là pour signifier qu'ils touchent au but. Derrière se trouve la statue du « saint aux bosses », qui aurait la vertu de donner mémoire et intelligence à quiconque vient s'y cogner la tête. L'arc de gauche est dédié à l'Ancien Testament. Il raconte l'histoire du monde juif avant la venue de Jésus-Christ. Celui de droite est dédié au Nouveau Testament, c'est le Jugement dernier qui est montré avec les apôtres Pierre, Paul, Jacques et Jean.

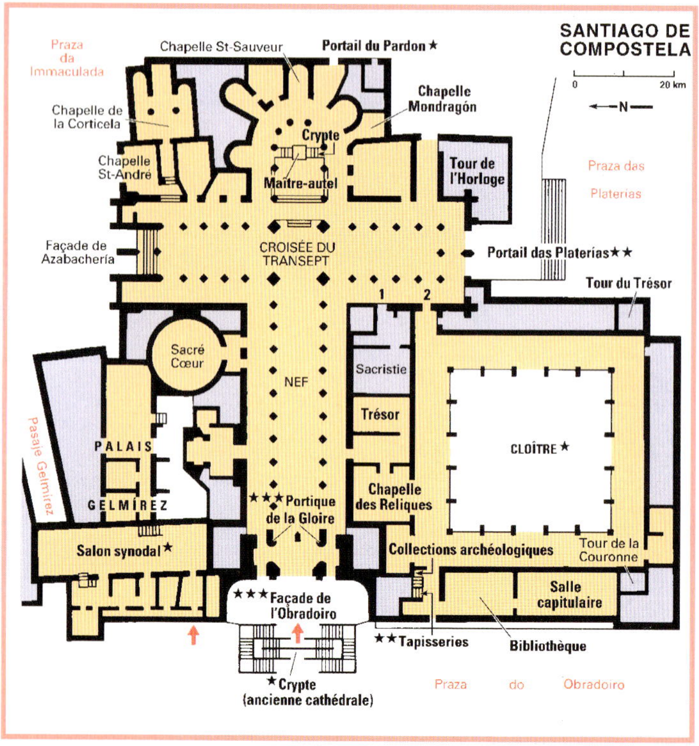

Intérieur – L'immense cathédrale romane où se pressaient les pèlerins est restée intacte. On y retrouve les caractéristiques des églises de pèlerinage : plan en croix latine, vastes proportions, déambulatoire pour la circulation des pèlerins, triforium. La nef principale et le vaste transept, lui aussi pourvu de bas-côtés, sont d'une admirable sobriété alliée à une majesté incomparable. Les tribunes ouvrent sur ces nefs par des baies géminées que surmonte un arc de décharge. Des voûtes d'ogives couvrent les collatéraux. Le sanctuaire est d'une exubérance surprenante dans ce cadre roman. Le **maître-autel** que surmonte une statue de Saint Jacques (13e s.), somptueusement parée, est dominé par un énorme dais sculpté. Les pèlerins peuvent aller baiser le manteau du saint par un escalier situé derrière l'autel.

Sous le maître-autel, une **crypte**, constituée par les soubassements de l'église du 9e s. qui abritait le tombeau de l'apôtre, renferme les restes de saint Jacques et de ses disciples, saint Théodore et saint Athanase.

On remarquera, dans le déambulatoire, la voûte gothique de la **chapelle Mondragón** (1521) et **la chapelle de la Corticela**, qui, à sa construction au 9e s., était séparée de la cathédrale. Il en est de même dans le croisillon sud pour les portes Renaissance de la **sacristie** et le cloître.

Enfin, immanquable, le **botafumeiro** trône dans la nef. Grâce à un système de poulies placé sous la voûte à la croisée du transept, cet encensoir géant (1,50 m de haut et 53 kg) est balancé dans les airs par huit *tiraboleiros* (les hommes qui tirent les cordes). Le spectacle est impressionnant. *Renseignez-vous auprès de l'office de tourisme car il ne fonctionne que 8 à 10 fois par an, au cours des cérémonies importantes.*

C. Labonne / Michelin

Le botafumeiro.

Musée de la Cathédrale★★ (Museo da catedral) A1

✆ 981 560 527 - www.catedraldesantiago.es - tlj mat. et apr.-midi - fermé 1er et 6 janv., 25 juil., 15 août, 25 déc. - 5 € (-12 ans 3 €).

Le billet d'entrée donne accès à trois sites :

La crypte du porche de la Gloire ★ (Cripta del portico de la Gloria) – *Accès par la praza da Obradoiro, à l'entrée des escaliers principaux de la cathédrale.* Elle fut construite au 11e s. pour compenser le dénivelé et soutenir le porche de la Gloire. Y sont exposées les reproductions des instruments de musique visibles sur le porche.

Le palais de Gelmirez A1 – *Accès par la praza da l'Obradoiro également, à gauche de la Cathédrale. ✆ 981 552 985 - juin-sept. : tlj sf sam. ap.-midi et dim. 10h-13h30, 16h-18h30 ; oct.-mai : tlj sf sam. ap.-midi et dim. 10h-14, 16h-20h.*

Premier archevêque de la ville, Diego Gelmirez fit construire ce monument en 1120. Situé à gauche de la cathédrale, il abrite aujourd'hui l'archevêché et contient une pièce d'exception : le salon synodal. Long de plus de 30 m, ses voûtes sont sculptées en ogives et il ne comporte qu'un seul arc central : l'arc du Palais. Sur les culs-de-lampe se déroule, en haut relief, le banquet nuptial d'Alphonse IX de León.

Le trésor et les espaces du cloître★ – *Entrée praza da Obradoiro, à droite de la cathédrale. Le trésor est aussi accessible à l'intérieur de la cathédrale par le bas-côté droit.*
Quand on rentre par la Praza da Obradoiro, on visite d'abord un musée lapidaire où l'on peut voir la reconstitution du *coro* qui avait été construit, en pierre, par Maître Mateo. Ce chef-d'œuvre de l'art roman représentait la Nouvelle Jérusalem. Il a été reconstitué à partir de quelques éléments trouvés lors des fouilles, dont les chevaux des Rois mages.

On monte ensuite jusqu'au vaste cloître conçu par **Juan de Álava**, qui, suivant la mode du début du 16e s., combina une structure gothique avec une décoration plateresque. Il fut terminé par Rodrigo Gil de Hontañón et Gaspar de Arce. La salle capitulaire et sa voûte de granit ainsi que la chapelle gothique abritant le trésor donnent sur le cloître. La principale pièce exposée du trésor est un ostensoir doré d'**Antonio de Arfe** (1539-1566).

Un escalier mène ensuite à la bibliothèque, où sont conservés de vieux manuscrits et les encensoirs, et enfin aux salles où sont exposées une remarquable collection de **tapisseries★★** conçues par Goya, Bayeu, Rubens et Teniers.

Hôtel des Rois Catholiques★ (Hostal dos Reis Catolicos) A1

En 1486, les Rois Catholiques Isabelle de Castille et Ferdinand d'Aragon visitent la ville et fondent un hôpital royal pour les pèlerins. Le plan est donc celui de tous les hôpitaux de l'époque : une croix inscrite dans un carré qui délimite quatre élégants patios plateresques. L'imposante **façade plateresque★**, œuvre des maîtres français Martin de Blas et Guillén de Colas, est ornée d'un riche portail. Sur la partie gauche, on remarquera les statues d'Adam, de sainte Catherine et de saint Jean-Baptiste et sur celle de droite, celles d'Ève, de sainte Lucie et de Marie-Madeleine. De chaque côté, se trouve l'écusson avec les armes de Castille.

Les balcons, quant à eux, apparurent au 17e s. En 1954, l'hôpital se transforme en parador. Aujourd'hui, les 10 premiers pèlerins qui arrivent chaque jour à Saint-Jacques ont droit à trois repas gratuits dans cet hôtel, le plus luxueux de la ville.

Hôtel de ville (Ayuntamiento) A1

Installé dans l'ancien palais de Raxoi, il est le siège des gouvernements de la ville et de la communauté autonome (la Xunta de Galicia). Sa façade néo-classique fut confiée en 1764 au français Charles Lemaur. Sur le tympan, on distingue clairement un bas-relief représentant la bataille de Clavijo où l'apôtre figure en *matamoros* (celui qui tue les Maures).

Collège de San Jerónimo (Colegio de San Jerónimo) A1

Le collège de San Jerónimo, de style gothique, est aujourd'hui le siège du Rectorat. L'édifice a été fondé au 16e s. mais son portail roman date du 15e s. Au centre du tympan apparaît la Vierge à l'Enfant, entourée de nombreux saints.

LE TOUR DE LA VIEILLE VILLE★★★

Partez de la Praza da Obradoiro, face à la cathédrale, puis prenez à droite, à gauche et montez la rúa Fonseca qui donne sur la praza das Praterías

Praza das Praterías A1

Elle doit son nom à l'unique portail roman que conserve la cathédrale : la **porte des Orfèvres★★** (Porta das Praterías), dont la richesse et la finesse des sculptures évoquent l'orfèvrerie. La figure la plus notable en est, sans doute, David jouant de la harpe, sur la gauche. À remarquer aussi Adam et Ève expulsés du paradis, et, dans l'angle droit du tympan gauche, la femme adultère. S'élèvent, à droite, la **tour de l'Horloge** (torre del Reloj) et ses 70 m de haut, de la fin du 17e s. et, à gauche, sur une trompe, la **tour du Trésor**. De l'autre côté de la place, derrière la fontaine aux chevaux, la façade de la **Casa del Cabildo** est un décor baroque construit au 18e s.

Montez les marches et contournez la cathédrale par la droite

Praza da Quintana★★ B1

Cette place qui prolonge la Praza das Praterias servait autrefois de cimetière.

À gauche, au chevet de la cathédrale, se dresse la **porte du Pardon★** ou porte Sainte, qui n'est ouverte que pendant les années saintes. Elle fut construite en 1611 par Fernandez Lechuga. Ce dernier réutilisa les statues de prophètes et de patriarches qui ornaient l'ancien *coro* roman sculpté par Maître Mateo. Sur la partie supérieure apparaît la statue baroque de saint Jacques, entouré de ses disciples saint Athanase et saint Théodore.

Pour la petite anecdote, si vous passez le soir, vous pourrez voir sur le mur près de la porte du Pardon, l'ombre du pèlerin, qui est en fait celle d'un lampadaire !

En haut des escaliers se trouve **la Maison de la Treille** (Casa da Parra - B1), belle construction baroque de la fin du 17e s. Au sud de la place, la **Maison du Chapitre** (Casa da Conga) présente des arcades sobres et bien rythmées datant de 1758.

B. Brillion / MICHELIN

L'ombre du pèlerin.

En face de la cathédrale se dresse l'imposant monastère de San Payo de Antealtares (9ᵉ s.). Du parvis de l'église s'offre une vue imprenable sur la tour de l'Horloge.

Monastère et église de San Payo de Antealtares B1

La façade de l'austère monastère est habillée de 48 fenêtres aux grilles anciennes. Fondé au 9ᵉ s. pour abriter les reliques de saint Jacques (désormais conservées dans la cathédrale), il est aujourd'hui occupé par des sœurs bénédictines. Ces dernières sont réputées dans la ville pour leurs pâtisseries et les vêpres chantées tous les jours à 19h30. L'église, en plan de croix grecque, fut dessinée par Gabriel de Casas et abrite aujourd'hui le **musée d'Art sacré** (Museo de Arte Sacro).

Montez les marches et prenez le petit passage sur la gauche qui donne sur la praza da Immaculada.

Praza da Immaculada A1

De cette place, on aperçoit la façade nord de la cathédrale : la fachada de Azabachería, du nom des ateliers où l'on travaillait le jais (azabache en espagnol). Aujourd'hui encore, à gauche du parvis, des boutiques proposent des bijoux issus de cette pierre d'un noir brillant.

Monastère et église de San Martín Pinario★ AB1

L'ensemble de la fin du 16ᵉ s., formé par le monastère et l'église, constitue le deuxième monument le plus important de St-Jacques après la cathédrale. Il faut dire que le monastère occupe à lui seul 20 000 m² de surface !

La façade baroque du monastère donne sur la praza da Immaculada. Elle est dotée de grandes colonnes doriques qui s'élèvent par paire, avec, au centre, saint Benoît. Le monastère est occupé aujourd'hui par le séminaire et ne se visite pas.

Pour vous rendre à l'église, qui se trouve praza de San Martiño, prenez la petite rue da Moeda Vella à droite du monastère.

Église de San Martín Pinario – *Praza de San Martiño Pinario, s/n - ✆ 891 583 008 - www.museosanmartinpinario.com - juil.-sept. : tlj tte la journée ; reste de l'année : tlj sf lun. mat. et apr.-midi - fermé 1ᵉʳ et 6 janv., 25 et 31 déc. - 2,50 € (-12 ans gratuit).* La façade baroque de l'église, qui date de 1652, est précédée d'un escalier à double volée. Sur la partie supérieure, saint Martin est représenté, partageant sa cape avec un pauvre. L'intérieur frappe par l'ampleur de sa nef unique, voûtée d'un berceau à caissons et éclairée par une lanterne sans tambour, à la mode byzantine. Le retable du chœur, dessiné par l'architecte **Casas y Novoa** (1730), est impressionnant, tout comme les stalles du *coro* en noyer, situées derrière le grand autel. Elles ont été réalisées par Mateo do Prado en 1639. Ce sont les plus importantes de Galice. Les escaliers au fond de la sacristie conduisent au *coro alto*.

Non loin de la praza de San Martiño Pinario, en montant sur la gauche, se trouve le **musée des Pèlerinages** (museo das Peregrinacions - *voir partie « visiter »*).

Empruntez ensuite la rúa de la Fonte de San Miguel sur la droite, qui conduit à la rúa da Troia.

Maison de la Troia (Casa da Troia) B1

Rúa da Troia, 5. ✆ 981 585 159 - tlj sf dim. apr.-midi et lun. : 11h-14h, 16h-20h - 2 €.

Cette maison reproduit l'ambiance de la pension pour étudiants de la fin du 19ᵉ s, immortalisée dans le roman *La Casa de la Troia*, de Perez Lugin.

En sortant de cette rue, un peu plus haut sur la gauche, on trouve la praza de Cervantès, du nom du célèbre auteur de Don Quichotte.

Redescendez la rue et tournez à gauche dans la rúa da Acibecheria qui conduit à la Via Sacra. Après avoir traversé à nouveau les places da Quintana et das Praterías, vous arrivez à la rúa do Vilar.

Rua do Vilar★ A2

Sur la gauche, on trouve la **Maison du doyen** (Casa de Deán), aujourd'hui l'office d'accueil des pèlerins. C'est ici que les pèlerins viennent faire tamponner pour la dernière étape leur « credencia » (leur passeport de pèlerin) après avoir parcouru au moins les 100 derniers kilomètres à pied.

La rúa do Vilar, bordée d'arcades, comporte des maisons nobles, ornées d'écussons. Les demeures de styles Renaissance, baroque et néo-classique se côtoient : la **fondation Torrente Ballester** au nº 7, la **fondation Caixa Galicia** au nº 19 et le **Casino,** devenu un café-restaurant, au nº 35 en sont de beaux exemples.

En arrivant sur la praza do Toural, tournez à droite et prenez la rúa do Franco.

Quelques traditions estudiantines

Les chansons de la Tuna – « Fonseca » est également célèbre dans les chansons de la Tuna. Ces groupes de musiciens et chanteurs (*los tunos*), qui étaient à l'origine des étudiants, arpentent encore aujourd'hui les rues de St-Jacques, vêtus de grandes capes noires aux rubans de couleur. La tradition remonte au 11e s., à l'époque où les les étudiants peu fortunés chantaient et récitaient des poèmes au pied des maisons pour payer leurs études et gagner de quoi manger.

L'arbre de la Connaissance – On peut le voir sur un mur à droite du collège de Fonseca. Les étudiants y choisissaient autrefois leur avenir académique, de dos et les yeux fermés, en pointant au hasard une des filières représentées.

B. Brillon / MICHELIN

Le patio du collège de Fonseca.

Rua do Franco A2

Son nom vient des Francs (los Francos). Elle concentre l'offre gastronomique de la ville. Les magasins de souvenirs y sont également légion. Les façades de ses maisons sont ornées de symboles : la coquille, l'arbre et les étoiles de l'écusson de l'université.

La rúa do Franco est aussi connue pour son Paris-Dakar, une tradition estudiantine qui consiste à rejoindre les deux bars situés aux extrémités de la rúa do Franco : le bar « Paris » et le bar « Dakar ». Pour ce faire, les participants doivent boire un verre de vin dans chacun des bars qui composent ladite rue et raconter une blague. Mais vu le nombre impressionnant d'établissements, ça tient de l'exploit !

Collège de Fonseca (Colegio de Fonseca) A2

Fondé en 1522, c'est une construction de style Renaissance avec une façade conçue comme un retable. Au centre, on distingue un blason, symbole de l'Université avec ses cinq étoiles. Sur la gauche en entrant, avant d'arriver sur le magnifique cloître, on notera un plafond *artesonado* (plafond en marqueterie, de l'époque des Almohades, très développé dans l'Espagne des 15e et 16e s.), assez rare en Galice. Le collège comprend le siège de la bibliothèque universitaire et une salle d'expositions.

Visiter

Musée du Peuple galicien (Museo do Pobo Galego) plan I

San Domingos de Bonaval - ✆ 981 583 620 - www.museudopobo.es - tlj mat. et apr.-midi, dim. et j. fériés mat. - fermé lun., 1er janv., 25 déc. - gratuit.

Il est installé dans l'ancien couvent Santo Domingo de Bonaval, fondé au 13e s. De l'édifice original, il ne reste que l'église gothique, qui abrite le panthéon de Galiciens illustres (Castelao, Rosalia de Castro, etc.). Le couvent connut ensuite de nombreuses modifications aux 17e et 18e s., sous la direction de Domingo de Andrade. Aujourd'hui, le musée vise à donner une vision globale de la culture galicienne en mettant l'accent sur sa diversité. Ses salles sont consacrées à la mer, aux métiers, aux instruments musicaux ou à l'habitat. Au cours de la visite, il faut absolument voir le remarquable **escalier hélicoïdal★★**, véritable prouesse technique, qui fait communiquer les différentes salles.

Centre galicien d'Art contemporain (Centro Galego de Arte Contemporaneo) plan I

Rúa de Ramon del Valle-Inclan. Face au musée du Peuple galicien. ✆ 981 546 619 - tlj sf lun. 11h-20h - gratuit.

Situé en face du musée du Peuple galicien, l'édifice, dessiné par le célèbre architecte portugais Alvaro Siza, a ouvert ses portes en 1993. À l'intérieur, les vastes espaces répartis sur trois niveaux servent de cadre essentiellement à des expositions temporaires d'artistes contemporains locaux et internationaux.

Musée des Pèlerinages (Museo das Peregrinacions) plan II B1

San Miguel, 4 - ☏ 981 581 558 - www.mdperegrinacions.com - tlj tte la journée, sam. mat. et apr.-midi, dim. et j. fériés mat. - fermé lun., 1er et 6 janv., 1er Mai, 25 juil., 24-25 et 31 déc. - 2,40 € (-18 ans gratuit).

Le musée est installé dans la « Maison gothique » (« Casa Gotica »), construction du 15e s. qui connut de nombreuses modifications à partir du 17e s.

Huit salles traitant de différents thèmes rappellent l'importance du culte de l'Apôtre et du pèlerinage à Compostelle, depuis leur origine jusqu'à nos jours. Des objets de culte et des documents expliquant les rituels et les chemins du pèlerinage y sont exposés. La première salle traite du pèlerinage en tant que phénomène religieux commun à différents pays et cultures. Les salles suivantes sont centrées sur St-Jacques et montrent l'évolution du pèlerinage et de la ville. Belle maquette de la cathédrale.

Parc de la Alameda★ (Parque da Alameda) plan II A2

C'est le lieu de promenade par excellence des habitants de la ville. De ses allées, en particulier du paseo da Ferradura, s'offrent de très belles vues sur la cathédrale et la vieille ville.

À l'entrée, on trouve la sculpture mythique des « deux Maries », de César Lombera. Dans les années 1950, ces deux femmes, vêtues de façon excentrique et outrageusement maquillées, attiraient l'attention des passants lors de leur promenade. Elles devinrent des célébrités de St-Jacques et la ville a décidé de les immortaliser.

Marché (Mercado) - Praza da Abastos★ plan II B2

Tlj sf dim.

Les halles en granit furent construites à la fin des années 1930 et forment un ensemble assez remarquable. Aujourd'hui, c'est un marché très animé et très coloré où il fait bon flâner entre les étals de produits frais installés par les producteurs venus de toute la région. Le jour le plus important est le jeudi. Les paysannes s'installent avec leurs légumes le long de l'église voisine. La halle aux poissons est la plus spectaculaire et on peut y constater la richesse en ressources diverses de la côte Atlantique.

Collégiale de Santa Maria del Sar★ plan I

Rúa de Sar, à l'extérieur du centre ville. Depuis la praza de Galicia, remontez la Fonte de Santo Antonio puis prenez le Patio de Madres à droite. Continuez toujours tout droit par la rúa do Castrón Louro (environ 15 mn à pied, très pentu au retour). ☏ 981 562 891 - visite sur rendez-vous : tlj sf dim. et j. fériés 10h-13h, 16h-19h - Entrée par l'abside - 1 €.

Cette collégiale romane fut fondée au 12e s. par l'évêque de Mondoñedo et terminée par le premier archevêque de St-Jacques, Diego Gelmirez. Au 18e s. furent ajoutés les contreforts et la façade, qui a cependant conservé son beau portail roman.

À l'intérieur, on remarquera les piliers inclinés sous l'action des poussées de la voûte. Du cloître, attribué au Maître Mateo ou à son école, il ne reste que l'aile adossée à l'église, dont les **arcs**★ géminés, décorés de fleurs et de feuillage, sont d'une grande élégance.

Un petit **musée** conserve quelques objets sacrés et des documents historiques.

B. Brillon / MICHELIN

Les statues de César Lombera représentant les Marías du parc de la Alameda.

Aux alentours

Monastère de Sobrado dos Monxes

56 km à l'est. Sortez de St-Jacques en suivant la direction de l'aéroport puis empruntez la N 547 jusqu'à Melide. De là, prenez la direction de Toques, à gauche, et continuez tout droit (sans tourner vers Toques) pendant 15 km. Au carrefour, tournez à droite. ✆ 981 787 509 - tlj mat. et apr.-midi - 0,60 €.

L'origine de ce monastère cistercien remonte au 12e s. Il fut ensuite agrandi et transformé aux 17e et 18e s., avant d'être abandonné en 1834. Il faudra attendre 1954 pour voir le début de sa restauration. Il est encore aujourd'hui habité par une petite communauté cistercienne. À l'intérieur, les **coupoles** du transept, de la sacristie et de la chapelle du Rosaire sont d'un dessin remarquable, ainsi que le cloître des Médaillons. Des bâtiments médiévaux, il subsiste une cuisine à cheminée monumentale et une salle capitulaire.

B. Brillon / MICHELIN

Pazo de Oca.

Pazo de Oca★

25 km au sud-est par N 525. ✆ 986 587 435 - tlj tte la journée - 4 € (-9 ans gratuit).

Derrière la tour crénelée de cet austère **manoir** galicien ou *pazo* (18 e - 19 e s.), encadrant sur deux côtés une vaste place ornée d'un calvaire, on découvre un splendide exemple de jardin de l'Espagne humide.

Il surprend par son intégration parfaite dans son environnement : l'humidité fait croître plantes aquatiques et mousses sur la pierre, créant ainsi une relation intime entre éléments architecturaux et végétaux. L'eau joue un rôle décisif, retenue dans des fontaines ou en mouvement. Après une zone de parterres, on découvre deux étangs entourés d'arbres et séparés par un petit pont en granit. L'élément le plus représentatif et le plus connu du *pazo* se trouve dans l'étang inférieur : la barque de pierre, plantée d'hortensias, avec ses deux rameurs pétrifiés.

Monastère de Carboeiro

40 km au sud-est par l'autoroute AP 53 en direction de Lallin. Sortez à Silleda. Indiqué depuis le village.

La route sinueuse qui mène au monastère offre un magnifique décor naturel entre les bois de chênes. Ce monastère bénédictin fut fondé au 10e s. et achevé à la fin du 12e s. Il a fortement subi les dégâts du temps mais des travaux de restauration sont actuellement en cours. Sur le tympan du portail occidental, on retrouve l'influence du célèbre porche de la Gloire de la cathédrale de St-Jacques-de-Compostelle, avec, entre autres, les vieillards de l'Apocalypse et leurs instruments de musique.

Saint-Jacques-de-Compostelle pratique

Informations utiles

OFFICES DE TOURISME

Rúa do Vilar, 63 - ℘ 981 555 129 - juin-sept. et Semaine Sainte : tte la journée ; reste de l'année : mat. et apr.-midi.

Praza de Galicia - ℘ 981 573 990.

Transports

L'aéroport se trouve au km 11 de la route Santiago-Lugo. Possibilité de rejoindre le centre-ville en taxi (tarif unique de 16,50 €) ou en bus (environ un bus par heure, 30mn de trajet, 1,75 €) - *℘ 981 547 500.*

La gare ferroviaire (RENFE) se trouve dans la ville nouvelle : *avenida de Lugo - ℘ 902 240 202.*

La gare routière (estación de autobuses) se trouve à l'extérieur de la ville, à environ 1 km à l'est - *praza Camilo Díaz Baliño - ℘ 981 542 416.*

Visites

L'office de tourisme propose 4 visites :

- la **visite guidée** du centre historique en espagnol *(2h ; 8 €)*,

- l'**audioguide MP3**, qui permet de découvrir les monuments importants de la ville selon un itinéraire prédéfini et en toute autonomie *(12 € ; caution 50 €)*,

- la **visite des toits de la cathédrale** qui offre de magnifiques points de vue sur la vieille ville *(10 €)*,

- « **Les secrets de l'Université** ». Cette visite propose un itinéraire reliant les plus beaux édifices universitaires du centre *(1h30 ; 7 €)*.

Se loger

Bon à savoir – Les hôtels sont concentrés dans les rues de la vieille ville. En période estivale, le prix des chambres augmente de façon notable et il est préférable de réserver. Cependant, le rapport qualité-prix de l'hébergement reste très raisonnable pour une ville aussi touristique.

Hôtel Mapoula – *Entremurallas, 10, 3º - ℘ 981 580 124 - 12 ch. 34/40 €. Sans* ☕. Ce petit hôtel familial est situé dans une venelle de la vieille ville, à côté de la praza do Toural. Rien de luxueux mais un bon service et des chambres propres avec salles de bain. Il est recommandable pour sa situation et son bon rapport qualité-prix.

Hôtel Entrecercas – *Entrecercas, 11 - ℘ 981 571 151 - 7 ch. 61/69,55 € -* ☕. Les murs en pierre, les tapis et les couleurs chaudes de cette ancienne demeure forment un élégant décor. Située à deux pas de l'Alameda, elle possède de belles chambres au mobilier soigné.

Hôtel Costa Vella – *Porta da Pena, 17 - ℘ 981 569 530 - 14 ch. 64,20/72,76 € - ☕ 5,35 €.* A la fois élégant et confortable, ce petit hôtel est situé à deux pas du centre historique. Les chambres sont lumineuses et quatre d'entre elles disposent de galeries et d'une vue sur la terrasse et le magnifique jardin. Vous pouvez aussi venir boire un verre à l'ombre des arbres sans y dormir.

Hôtel Airas Nunes - *Rúa do Vilar, 17 - ℘ 902 405 858 - 10 ch. 60/85 €.* En plein cœur de la vieille ville, il propose des chambres soignées au décor chaleureux. Certaines d'entre elles disposent d'un balcon. Demandez de préférence une chambre sur l'arrière (même tarif) car la rue peut s'avérer passagère.

Hôtel San Clemente – *San Clemente, 28 - ℘ 902 405 858 - 10 ch. 64,20/85,60 € - ☕ 5,35 €.* Cet hôtel bénéficie d'un bel emplacement à deux minutes de la praza do Obradoiro. Les chambres sont bien décorées, en bois et pierres apparentes. Les prix sont modérés.

Hôtel San Francisco – *Campillo San Francisco, 3 - ℘ 981 581 634 -* P - 76 ch. 96,30/139,10 € - *☕ 12,80 €.* Cet édifice chargé d'histoire propose des chambres spacieuses au décor plutôt sobre. Le service est complet et très aimable. Jouxtant l'un des deux cloîtres de l'établissement, la piscine couverte et son jacuzzi permettent un bon moment de détente.

Parador Hotel dos Reyes Católicos – *Praza do Obradoiro, 1 - ℘ 981 582 200 - 131 ch. : à partir de 214 € - ☕ 12,80 €.* L'ancien hôpital royal fondé en 1499 par les Rois Catholiques est devenu un parador luxueux. Ses agréables patios rappellent l'architecture des hôpitaux du 16e s. Les chambres sont très élégantes, certaines possèdent des lits à baldaquin.

Se restaurer

Bon à savoir – Comme les hôtels, la majorité des restaurants sont concentrés dans la vieille ville. Vous n'aurez que l'embarras du choix dans la rua do Franco et les rues avoisinantes.

B. Brillon / MICHELIN

Le marché de Abastos.

A Taberna do Bispo – *Bar à tapas - rua do Franco, 37B - ☎ 981 586 045* . Cet établissement est situé dans la rue la plus commerçante du centre. Sur le bar à l'entrée, les tapas et montaditos colorés n'offrent que l'embarras du choix. Arrivez tôt si vous souhaitez une place assise.

La Bodeguilla de San Roque – *Bar à tapas - San Roque, 13 - ☎ 981 564 379 - 4/7,50 €.* Cette maison, spécialisée en charcuterie et omelettes, s'est fait une réputation grâce à la qualité de ses tapas et de ses raciones. Bonne carte des vins aussi. Le restaurant est situé à l'étage.

Bierzo Enxebre - *Rúa da Troia, 10 - ☎ 981 581 909* - *6/10 €* - Niché dans une ruelle du centre historique, cet établissement se compose d'un bar et de 3 salles au décor rustique et élégant. Il propose des raciones de qualité.

Café Casino - *Rua do Vilar, 35 - ☎ 981 577 503 - Menu à 10 €.* L'ancien casino de St-Jacques a gardé tout son charme 19e s. Le menu du jour, servi uniquement le midi, se compose de plats fins et copieux. L'endroit est également idéal pour une pause café à toute heure de la journée.

Los Caracoles – *Rua da Raina, 14 - ☎ 981 561 498 - 10/15 €.* Un bon rapport qualité-prix fait de ce petit restaurant une halte agréable. Il dispose de deux salles au décor simple mais chaleureux : murs en pierre et tables en bois. Spécialité de la maison : les escargots.

San Clemente – *San Clemente, 6 - ☎ 981 565 426 - fermé lun. - 27/44 €.* Proche de la cathédrale, dans une zone plus tranquille, ce restaurant propose une cuisine fine et variée pour un prix raisonnable. Préférez une des deux salles du fond, plus calmes que celle située à l'entrée.

Casa Marcelo – *Rúa Hortas, 1 - ☎ 981 558 580 - fermé lun.-mar. et dim., de déb. fév. à mi-fév. et de déb. oct. à mi-oct. - ▤ - 46 €.* À deux pas de la praza do Obradoiro, ce restaurant sert une cuisine novatrice, dans un cadre parfait. Le menu dégustation est bien équilibré et varié. La carte des vins l'est tout autant.

Faire une pause

Café Derby Bar – *Rúa das Orfas, 29 - ☎ 981 586 417.* Un café ancien que fréquentait, paraît-il, l'écrivain Valle Inclán. Proche de la praza de Galicia, il puise son charme dans son décor rétro.

Café Literario – *Praza da Quintana.* Situé en haut des marches, cet établissement bien décoré offre une belle vue sur la cathédrale et sur l'une des plus belles places de la ville.

En soirée

Casa das Creichas - *Via sacra, 3.* Tous les mercredis soirs, concert gratuit de musique celtique et/ou folk au sous-sol. Ambiance assurée. Essayez d'arriver tôt car l'endroit est petit et réputé.

Modus Vivendi – *Praza de Feixó.* Ce petit bar installé dans une cave propose régulièrement de la musique jazz ou du blues.

Achats

Les petites sorcières porte-bonheur, la tarta de Santiago (à base d'amandes) et la liqueur de café sont les spécialités de St-Jacques. Vous en trouverez très facilement dans les rues du vieux centre et principalement dans la rúa do Franco.

C'est dans la ville nouvelle que vous trouverez tous les services : supermarchés, cybercafés, lavomatiques et autres commerces.

B. Brillon / MICHELIN

Les sorcières.

Les petites sorcières porte-bonheur – Pourquoi toutes ces petites sorcières dans les boutiques souvenirs de St-Jacques ? Dans les légendes galiciennes, elles sont omniprésentes, concoctant des potions magiques en vue de guérir les uns ou de jeter un mauvais sort aux autres. Pour conjurer leurs maléfices, on procède depuis des siècles à la « *queimada* », cérémonie au cours de laquelle l'eau-de-vie locale « *aguardiente* » est brûlée avec du sucre et de l'écorce d'orange.

Les bijoux en jais – Depuis le Moyen Âge, St-Jacques-de-Compostelle est célèbre pour ses bijoux en jais (azabaches en espagnol) souvent travaillés avec de l'argent, qui se vendent dans les boutiques autour de la cathédrale et plus particulièrement près de la façade de la Azabacheria, qui doit son nom à cette spécialité.

Événements

Fête de Saint-Jacques (fiestas del Apostol) – 2e quinzaine de juillet, avec un temps fort dans la nuit du 24 au 25.

Lugo★

92 271 HABITANTS
CARTE GÉNÉRALE A2 – CARTE MICHELIN N° 571 C 7 – LUGO

Lugo fut la capitale de la Gallaecia (Galice) sous l'occupation romaine, époque dont elle conserve de remarquables murailles. Aujourd'hui chef-lieu de la province du même nom, Lugo est un passage obligé pour qui vient du nord. Intra-muros, le quartier historique aux rues pavées et majoritairement piétonnes s'étale autour de l'imposante cathédrale. Ses nombreuses places sont animées par les terrasses de cafés et restaurants.

- **Se repérer** – Lugo est située à 485 m d'altitude sur la rive gauche du Miño. La Corogne se trouve à 97 km par la A 6, Ourense à 96 km par la N 540 et St-Jacques-de-Compostelle à 135 km par la A 6 et la E1/AP 9.
- **Se garer** – Vous pouvez opter pour l'un des 3 parkings souterrains intra-muros.
- **À ne pas manquer** – Le chemin de ronde de la muraille.
- **Organiser son temps** – Comptez une journée pour visiter la ville et une pour les 3 sites indiqués dans la partie « Aux alentours ».
- **Pour poursuivre le voyage** – Les Rías Altas, La Corogne et St-Jacques-de-Compostelle.

Comprendre

Une cité antique – En -14 av. J.-C., Lugo fut fondée sur un *castro* par Paulo Fabio Máximo, administrateur de province sous l'Empire romain. Deux thèses expliquent l'origine de son nom. Certains affirment que son fondateur lui donna le nom de *Lucus Augusti* (*Lucus* signifie bois sacré en latin), en hommage à l'empereur César Auguste. Pour d'autres, l'origine du terme ferait référence à *Lugh*, dieu celte de la lumière. Quoiqu'il en soit, on sait qu'en 460, les Suèves prirent le pouvoir de la ville en tuant son gouverneur, domination qui fit place en 585 à celle des Wisigoths.

Entre conquista et autonomie – En 714, Lugo fut assaillie et détruite par des troupes musulmanes dirigées par Muza et en 740, le roi asturien Alfonso Ier entreprit de reconquérir et de rebâtir la ville. Mais en 997, elle fut à nouveau la cible d'attaques arabes, avant d'entreprendre elle-même des tentatives indépendantistes contre la monarchie

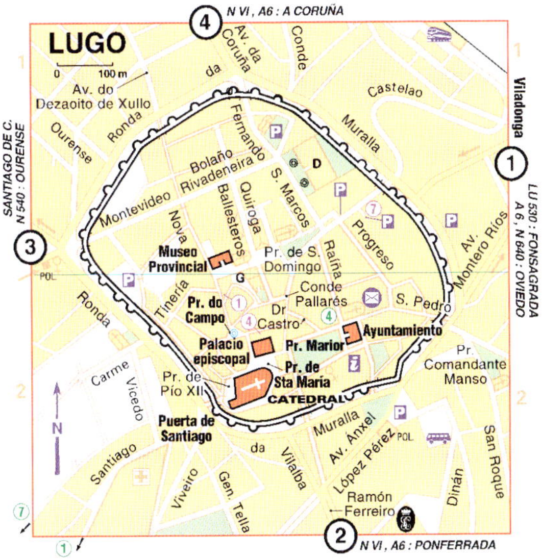

SE LOGER		SE RESTAURER	
Balneario	1	A Nosa terra	1
Méndez Núñez	4	Mesón de Alberto	4
Pousada de Portomarín	7	Restaurante España	7

Détail de la cathédrale de Lugo : le Christ en majesté du portail nord.

asturienne et de se révolter contre le pouvoir ecclésiastique (révolte de María Castaña au début du 15e s.). La ville connut enfin une époque de calme sous le règne des Rois Catholiques. Calme qui fut interrompu au 19e s. par les attaques françaises (campagne d'Espagne sous Napoléon, de 1808 à 1814) et les guerres carlistes.

Se promener

Le centre historique (El casco histórico)

Muraille★★ (Muralla)

Édifiées par les Romains au 3e s., les murailles furent modifiées au Moyen Âge. Faites de dalles de schiste, elles entourent la ville sur plus de 2 km et 11 m de hauteur et s'ouvrent par dix portes sur le quartier ancien. Admirablement bien conservées, elles furent déclarées Patrimoine de l'humanité en l'an 2000. N'oubliez pas de monter sur le chemin de ronde. Vous pouvez le faire à partir de l'un ou l'autre des escaliers placés aux portes, ou de la rampe située à la **porte de Santiago**, face à la cathédrale. De ces hauteurs, vous obtiendrez de belles vues de la ville et des environs.

Cathédrale★

La construction de l'édifice roman commença en 1129 mais de nombreux ajouts gothiques et baroques le modifièrent par la suite. Au chevet, la chapelle de Nuestra Señora de los Ojos Grandes (la Vierge aux grands yeux) en est un bel exemple. Œuvre de **Fernando de Casas y Novoa**, qui « signa » la façade de l'Obradoiro à St-Jacques-de-Compostelle, elle présente une heureuse rotonde baroque soulignée par une balustrade de pierre. La façade principale, de style néo-classique, a été dessinée par Julián Sánchez Bort et date de la fin du 17e s.
Le portail nord, abrité sous un porche construit au 15e s., comprend lui un très beau **Christ en majesté★** roman, sculpté dans une sorte de médaillon, au-dessus de la Cène. À l'intérieur, la nef romane voûtée en berceau est bordée de tribunes. Au fond des bras du transept, on remarque deux immenses retables Renaissance, en bois sculpté. Celui de droite (1531) est signé Cornelius de Hollande. Le chœur expose de façon permanente un ostensoir en argent. Une porte dans le mur occidental du croisillon sud donne accès au **cloître**, petit mais élégant.

Prazas

Sur la **praza de Santa María,** face au portail nord de la cathédrale, s'élève le **palais épiscopal** (18e s.), qui est un *pazo* typique avec ses murs lisses en pierre, son étage unique, ses deux ailes cubiques et un décor réduit au blason des Gil Taboada sur le portail. En été, cette place sert de cadre à des spectacles en plein air. Derrière le palais épiscopal se trouve la **praza do Campo**, ornée d'une fontaine et entourée de maisons anciennes. La rúa da Cruz avec ses nombreux bars et restaurants et la **Praza Maior,** ou **praza da España**, avec ses jardins et son esplanade, qui relient la place de la cathédrale à l'hôtel de ville, sont les lieux de rencontre et de promenade des habitants de Lugo.

Visiter

Musée provincial (Museo Provincial)

Praza da Soidade, s/n - ✆ 982 242 112 - www.museolugo.org - juil.-août : tlj sf dim. et j. fériés 11h-14h, 17h-20h, sam. 10h-14h ; sept.-juin : tlj sf j. fériés 10h30-14h, 16h30-20h30, sam. 10h30-14h, 16h30-20h, dim. (sf juin) 11h-14h - gratuit.

Il est aménagé dans l'ancien couvent de San Francisco, très bien conservé et attenant à l'église de San Pedro (13e s.). De l'édifice originel, le musée conserve la cuisine, le réfectoire (18e s.) et le cloître (15e s.). Installé sur deux étages, il est dédié aux divers aspects de l'art régional et principalement axé sur l'archéologie et la peinture. On remarquera la collection de cadrans solaires (dans l'ancien cloître), la salle consacrée à la céramique de Sagardelos et la collection de torques (colliers celtes) en or. Les dernières salles sont consacrées à la peinture espagnole des 19e et 20e s., de la collection **Nelson Zúmel**.

Aux alentours

Castro et musée de Viladonga

Castro de Rei (Lugo). À 23 km au nord-est de Lugo, par la N 640. ✆ 982 314 255 - entrée libre au Castro - musée 2,40 €.

En 1971, des fouilles archéologiques ont mis au jour ce camp fortifié préromain, installé dans une sorte de « cratère ». Le musée attenant, aménagé au pied de l'ancienne muraille, expose les objets de la vie quotidienne trouvés sur le site : outils, céramiques, bijoux etc. Plusieurs maquettes permettent également d'imaginer comment étaient les lieux il y a plus de vingt siècles.

Circuit de découverte

110 km. Suivez la route d'Ourense pendant 4 km puis prenez à droite vers Friol ; 2 km plus loin, tournez à gauche vers Burgo, et 7 km plus loin à droite, à Poutomillos.

Santa Eulalia de Bóveda

✆ 609 237 779 - juin-sept. : tlj sf lun. 11h-14h, 16h30-20h30, dim. et j. fériés 11h-14h ; oct.-mai : tlj sf lun. 11h-14h, 15h30-19h30.

Ce beau village galicien a conservé ses fermes en granit à toit de lauzes et ses *hórreos*. En 1926, y a été découvert un **monument paléochrétien** (daté du 4e s.). On suppose qu'il eut à l'origine un rapport avec le culte des eaux, avant de devenir une **église** chrétienne au cours des siècles suivants. Il se compose d'un vestibule aujourd'hui à ciel ouvert et d'une salle rectangulaire comportant un bassin, une niche en plein cintre au fond et des fresques murales peuplées d'oiseaux et de feuillages.

M. C. Martinez Castellano / MICHELIN

Église de Santa Eulalia de Bóveda.

Revenez à Poutomillos et prenez la direction de Retorta. Dépassez le village, traversez celui de Vilamaior de Negral et à l'intersection avec la LU 231, tournez à gauche, direction Palas de Rei. Parvenu au bourg, prenez à gauche sur la N 547 et suivez le fléchage «Vilar de Donas».

Vilar de Donas

Légèrement à l'écart de la route, l'**église** s'ouvre par un beau portail roman. À l'**intérieur** sont alignées le long des murs les tombes des chevaliers de Saint-Jacques morts au combat contre les infidèles. Dans l'abside subsistent des **fresques★** du 15e s. On voit au centre le Christ en majesté, à gauche saint Paul et saint Luc, à droite saint Pierre et saint Marc et, sur les murs du chœur, des figures de jeunes femmes élégantes (*donas* en galicien), qui ont donné leur nom au lieu.

Reprenez la N 547 et continuez-la jusqu'à croiser la N 540. Prenez la direction Ourense, et à Ligonde, tournez à gauche sur la LU 633.

Portomarín

La ville fut reconstruite sur la rive droite du Miño au cours de la seconde moitié du 20e s. La majeure partie du village d'origine fut engloutie lors de la construction du barrage de Belesar.

L'église de San Xoán★ (12e s.) est l'un des rares monuments à avoir été sauvé des eaux. Avec un peu d'attention, on notera le numéro que porte chaque pierre de l'église : elles furent en effet remontées une à une à leur emplacement actuel. Sa tour crénelée lui donne des allures de forteresse. De forme rectangulaire, elle est ornée de grands arcs de décharge et de portails romans aux voussures finement sculptées. Au portail occidental figure un Christ en majesté entouré des vingt-quatre vieillards musiciens de l'Apocalypse.

Revenez à Lugo par la LU 612.

Lugo pratique

Information utile

Office de tourisme – *Praza da Constitución, s/n - ✆ 982 297 347 - tlj mat. et apr.-midi.*

Se loger

⊜⊜ **Hotel Méndez Núñez** - *Rúa da Raíña, 1 - ✆ 982 230 711 - www.hotelmendeznunez.com - 70 ch. 60/70 € - ☕ 6,50 €.* Au-delà de son apparence extérieure quelque peu austère, cet hôtel fondé en 1861 propose de grandes chambres soignées au mobilier ancien. La situation est idéale : à une minute de la Praza Maior.

⊜⊜ **Hotel Balneario** - *Barrio da Ponte - ✆ 982 221 228 - www.balneariodelugo.com - 64 ch. 66 € - ☕ 4,50 €.* Situé un peu à l'extérieur de la ville, cet établissement, aux grandes chambres bien équipées et très calmes, est également un centre de soins thermaux. Vestiges de thermes romains au sous-sol.

⊜⊜ **Pousada de Portomarín** – *Avenida de Sarria - Portomarín - ✆ 982 545 200 - P - 32 ch. 70/90 € - ☕ 7,60 € - rest. 12,50 €.* Cette auberge est installée dans un bâtiment moderne en pierre offrant de jolies vues sur le Miño. Les grandes chambres, avec parquet, sont bien décorées. Certaines disposent d'une terrasse. Cuisine traditionnelle à des prix raisonnables.

Se restaurer

⊜ **A Nosa terra** - *Rúa Nova, 8 - ✆ 982 229 235 - 25 € - Menu du jour 8 € le midi uniquement.* Ce restaurant est situé au cœur d'une des rues les plus animées du centre historique. Dans un décor rustique et chaleureux, il propose de bonnes tapas et des plats locaux.

⊜⊜ **Restaurante España** – *Rúa do Teatro, 10 - ✆ 982 242 717 - 25/30 €* - Cet établissement à la décoration moderne se compose d'un bar au rez-de-chaussée et d'une élégante salle à manger au 1er étage. Vous pourrez y déguster une cuisine fine et traditionelle.

⊜⊜ **Mesón de Alberto** – *Rúa da Cruz, 4 - ✆ 982 228 310 - 25 € - Fermé le dim.* Situé dans une des étroites rues du centre, ce restaurant s'est fait une bonne réputation grâce à sa carte variée et à l'originalité de ses tapas.

Événement

Fêtes patronales de San Froilán – Du 5 au 12 octobre. Concerts, expositions et jeux jalonnent la ville. La gastronomie, et en particulier le poulpe, est également à l'honneur.

PONTEVEDRA ET LES RÍAS BAJAS

Rías Bajas★★

CARTE GÉNÉRALE A2 – CARTE MICHELIN N° 571 D-E-F 2-3-4 – PONTEVEDRA

Les Rías Bajas sont formées par quatre rías : celle de Muros et Noia, la plus petite, où débouche le Tambre ; la ría d'Arousa, estuaire de l'Ulla, séparée de la précédente par la péninsule de Barbanza ; la ría de Pontevedra, entourée de belles plages, et enfin, la ría de Vigo, protégée par les îles Cíes. C'est une région privilégiée à laquelle la mer offre ses ressources et où les profondes échancrures de la côte procurent aux navires maints abris sûrs. En saison, les estivants, espagnols pour la plupart, affluent sur ses plages et dans ses stations typiques et luxueuses.

B. Brillion / MICHELIN

Le Castro Barona.

- **Se repérer** – On compte 234 km de Muros, au nord des Rías Bajas, à Hio, au sud. Ce kilométrage correspond à l'ensemble de l'itinéraire qui longe la côte. Si vous choisissez de visiter uniquement certaines villes, vous pouvez emprunter l'autoroute E 1-AP 9 qui relie St-Jacques à Pontevedra et Vigo (88 km au sud).
- **À ne pas manquer** – Castro de Baroña.
- **Organiser son temps** – Comptez 2 jours pour aller de Noia à Hio (sans la visite de Pontevedra).
- **Avec les enfants** – Aquarium Galicia, à Reboredo.
- **Pour poursuivre le voyage** – La côte de la Mort, St-Jacques-de-Compostelle, Pontevedra, Vigo et Ourense.

Circuits de découverte

RÍA DE MUROS Y NOIA★★ 1

71 km de Muros à Ribeira – environ 1h30.

Muros *(voir p. 270)*

Cette ría séduit surtout par la beauté sauvage de ses paysages. La côte parsemée de rochers est plus basse que celle des autres rías. La rive nord, couverte de forêts, est la plus intéressante.

Longez la rive de la ría vers l'est en suivant l'AC 550. Passez le Tambre.

Noia

Pour accéder au vieux centre de Noia, descendez l'Alameda en laissant l'hôtel de ville sur votre gauche, puis continuez tout droit au carrefour. Le vieux centre est alors indiqué sur la droite.

Noia est une petite ville tranquille et agréable qui possède un quartier ancien aux rues pavées et bordées d'arcades. Certaines maisons sont ornées d'un blason. Après quelques minutes de marche, on découvre la praza do Tapal, qui abrite un calvaire et l'église de San Martiño.

Église de San Martiño★ – *Vous pouvez également trouver l'église en longeant le front de mer. Parking avant le pont sur la gauche. De là, montez la rua Xan das estivadas, qui donne directement sur la praza do Tapal.* Cette église gothique du 15e s. se compose d'une nef unique. La façade principale est ornée d'une rosace et d'un portail magnifiquement sculpté, influencé par l'œuvre de Maître Mateo. Au centre, un Christ en majesté est entouré des douze vieillards de l'Apocalypse avec leurs instruments de musique. Sur l'archivolte, on distingue les seize anges, tandis que les statues des douze apôtres apparaissent sur les colonnes latérales.

Longez la côte par l'AC 550 sur 18 km. Castro de Baroña est indiqué sur la droite.

Castro de Baroña★

Le sentier de gauche mène à une magnifique plage (en partie nudiste). Celui de droite vous conduira au *castro*. Cette fortification, installée sur une pointe rocheuse qui s'avance dans la mer, est le vestige des civilisations celtes à l'origine du peuplement de la Galice. Il fut habité jusqu'à l'arrivée des Suèves, au début du 5e s.

Continuez votre route vers Ribeira. Ce village marque le début de la ría suivante, mais avant d'arriver au bourg, prenez la direction de Olveira sur la droite.

Dune de Corrubedo★ (Duna de Corrubedo)

Cette dune mobile impressionne par ses dimensions : 1 km de long et environ 15 m de haut. Elle se situe au cœur du Parc naturel de Corrubedo, qui comprend également les lagunes de Carregal et de Vixán.

RÍA DE AROUSA★ 2

115 km de Ribeira à A Toxa – environ 3h.

À l'embouchure du río Ulla, c'est la plus grande et la plus découpée des rías.

Remontez la ría en direction de A Pobra do Caramiñal, puis suivez les indications.

Mirador de la Curota★★

Il culmine à 512 m d'altitude et offre un magnifique **panorama★★** sur la ría de Arousa, le cap de Corrubedo et la sierra de Barbanza. Par temps clair, la vue s'étend du cap Fisterra, extrémité de la côte de la Mort, au nord, à A Guarda, à la frontière hispano-portugaise.

Suivez l'AC 305 et longez la côte jusqu'à Padrón.

Padrón

La ville est réputée dans toute l'Espagne pour ses piments verts, petits et très doux, qui se dégustent entre fin juin et mi-septembre. C'est aussi à Padrón, dit-on, qu'aborda la barque de **saint Jacques**. Dans l'**église de Santiago** (14e s.), on peut voir sous le maître-autel la pierre *(pedrón)* où elle fut amarrée et qui donna son nom à la ville. La célèbre poétesse **Rosalía de Castro** (1837-1885) y habita également une maison, désormais aménagée en **musée**. *✆ 981 811 204 - www.fundacionrosaliadecastro.es - tlj mat. et apr.-midi, dim. et j. fériés matin - fermé lun., 1er et 6 janv., 25 déc. - 1,40 €.*

À la sortie de la ville en direction de Santiago de Compostela, entrez dans Iria Flavia.

Iria Flavia

Fondation Camillo José Cela (Fundación Camilo José Cela) – *Rúa Santa María, 22 - ✆ 981 812 424 - www.fundacioncela.com - été : mar.-sam. 10h-14h, 16h-20h., dim. et j. fériés 10h-14h, fermé lun. ; hiver : lun.-vend. 9h-14h, 16h-19h, fermé sam., dim. et j. fériés - 8 €.* La fondation est installée dans une ancienne demeure en granit du 18e s. et rend hommage à l'écrivain **Camilo José Cela,** décédé en 2002. Auteur de *La familia de Pascual Duarte*, il se vit décerner le prix Nobel de littérature en 1989 pour l'ensemble de son œuvre. La fondation expose de façon chronologique ses nombreux ouvrages mais aussi des objets personnels. De l'autre côté de la route, admirez la collégiale du 13e s.

Revenez à Padrón et empruntez la N 550 vers le sud. Très vite, après avoir franchi l'Ulla et dépassé Enfesta, prenez à droite la PO 548 qui mène par la côte à Vilagarcía de Arousa.

Vilagarcía de Arousa

Le long de la mer, une promenade aux jardins soignés fait de ce bourg côtier une véritable station balnéaire. C'est aussi un important port de commerce et de pêche. La ville conserve aujourd'hui peu de beaux édifices, cependant, à la sortie de la ville en direction de Cambados, remarquez le **couvent de Vista Alegre**. Fondé en 1648, cet édifice baroque est un ancien *pazo* aux tours carrées, décorées de blasons et de merlons pointus.

Sortez de Vilagarcía en direction de Cornazo. De là, prenez un chemin forestier signalé.

Mirador de Lobeira★

Au sommet du mont Lobeira (alt. 290 m), le mirador offre une vue sur toute la ría d'Arousa et les collines de l'intérieur.

Revenez sur la côte et longez-la. Dépassez Vilanova de Arousa et prenez la direction de l'île d'Arousa.

L'île d'Arousa (Illa de Arousa)

On y accède par un récent pont long de 2 km. L'île est restée vierge de toute construction jusqu'au milieu du 19e s. Aujourd'hui encore, la partie située à gauche de l'île en arrivant a été préservée et classée zone protégée. Le site offre de belles promenades au milieu des forêts de pins, ponctuées par de magnifiques criques à l'eau translucide.

Revenez sur la côte et continuez à la longer jusqu'à Cambados.

Cambados★

Cambados est considérée comme la capitale de l'*albariño*, un vin blanc de pays au goût légèrement fruité. À l'entrée nord de la ville, qui a conservé un quartier ancien aux ruelles bordées de belles maisons, la magnifique **praza de Fefiñans★**, carrée, est encadrée sur deux côtés par le *pazo* de Fefiñanes (16e s.), à la façade blasonnée. Sur le troisième côté se dresse l'**église San Benito** (16e s.) et, sur le dernier, de jolies maisons à arcades sous lesquelles se nichent des bodegas. À l'autre extrémité du village s'élèvent les ruines romantiques de **Santa Mariña de Dozo**, église paroissiale du 12e s. qui sert de cimetière.

Longez toujours la côte en direction de O Grove, port de pêche réputé pour la qualité de ses fruits de mer. Avant de rentrer dans la ville, tournez à droite vers A Toxa.

Île d'A Toxa (Illa de A Toxa)

Un âne malade, abandonné sur l'île par son propriétaire et retrouvé guéri, fut le premier curiste de A Toxa. La source bienfaisante est aujourd'hui tarie, mais l'île, couverte d'une belle pinède est devenue une station balnéaire prisée. Elle sert de cadre à des villas, des hôtels luxueux et à un palace du début du 20e s. Une des curiosités de l'île est la petite église couverte de coquilles Saint-Jacques.

Revenez vers O Grove puis prenez la direction de San Vicente.

Rebordero

Aquarium Galicia – *Dans Rebordero, suivez les indications. ✆ 986 73 15 15 - www.acquariumgalicia.com - juin-oct : 10h-21h ; nov.-mai : vend.-dim. et j. fériés 10h-20h - 9 € (7-12 ans 6 €).* Cet aquarium compte plus de 150 espèces et 15 000 animaux répartis dans 18 bassins où sont reconstitués différents écosystèmes. Il dispose d'un vivier où sont élevées des espèces commercialement intéressantes, telles que le turbot ou la dorade. L'étage abrite des expositions temporaires.

Revenez vers O Grove et longez la côte en direction de Sanxenxo.

La **route★** de A Toxa à la plage de Canelas offre une succession de dunes sauvages et de plages encadrées de rochers.

Plage de la Lanzada (Praia da Lanzada)

Cette longue plage sauvage s'étale sur 4 km et fait le bonheur des surfeurs expérimentés. Elle fait aussi l'objet d'une légende : celle du bain des « nove olas » (neuf vagues). Les femmes désireuses de devenir mères devaient se baigner sur cette plage la veille de la Saint-Jean. Au centre, sur une pointe rocheuse s'avançant dans la mer, se dresse le sanctuaire de Santa María da Lanzada.

RÍA DE PONTEVEDRA★ 3

50 km de Sanxenxo à Hío – environ 2h.

Sanxenxo

Très animée en été, cette station peut faire l'objet d'une halte pour sa longue plage longée par le Paseo Marítimo. Remarquez la sculpture posée sur une roche au milieu de la mer : c'est la « Madama de Silgar », devenue l'emblème de la ville. De l'autre côté de la baie, le port de plaisance abrite de luxueux bateaux.

Continuez à longer la côte vers Pontevedra et, à Samieria, prenez à gauche vers Armenteira.

Monastère de Armenteira

Visite sur rendez-vous, ✆ 986 718 300.

Ce monastère cistercien fut fondé par le chevalier Ero de Armenteira en 1168. On peut aujourd'hui visiter l'église du 12e s à la façade ornée d'une rosace et le cloître classique du 17e s.

Revenez sur la ría.

Combarro★

Ce petit port de pêcheurs typique, aux ruelles irrégulières, conserve de nombreux calvaires et surtout des **hórreos★** alignés le long de la mer. On regrettera cependant les nombreux magasins de souvenirs qui ont fleuri ces dernières années.

Pontevedra★ *(voir p. 291)*

Après Pontevedra, prenez la N 558, direction Marín. Traversez la cité et poursuivez le long de la côte sur la PO 551, via Bueu et Aldán.

Hío

À la pointe de la presqu'île du Morrazo, ce village possède un célèbre **calvaire★**, sculpté par José Cerviño en 1872. Il représente la descente de Croix; dessous aparaissent l'expulsion d'Adam et Ève du Paradis et les âmes du purgatoire.

RÍA DE VIGO★★ 4

Voir p. 295.

ROUTE DE BAIONA À A GARDA★ 5

Voir p. 299.

Rías Bajas pratique

Offices de tourisme

Padrón – *Av. Compostela.*

Vilagarcía de Arousa – *Av. Juan Carlos I, 37 - ☎ 986 510 144.*

Cambados – *Praza do Consello - ☎ 986 520 786.*

Sanxenxo – *Pto deportivo JC I - ☎ 986 720 285.*

Se loger

À NOIA

Casa do Torno – *Lugar do Torno, 1 - 1,1 km au sud de Noia, dir. Boiro - ☎ 981 842 074 - 8 ch. 41/52 € - 4 €.* Cet hôtel de campagne est installé dans une maison de village toute simple avec un jardinet sur l'arrière. Les chambres sont accueillantes, avec parquet et meubles anciens, les salles de bains assez petites mais soignées.

À PADRÓN

Pazo de Hermida – *Trasmuro, 21 - Lestrove - Lestrove - 1 km au sud-ouest de Padrón par la PO 552 - ☎ 981 81 71 10 - fermé de fin déc. à déb. janv. - P - 6 ch. 53/81 € - 6 €.* Dans ce manoir, construit au 17e s. sur deux anciennes tours de défense, séjourna Rosalía de Castro, attirée sans doute par le calme toujours prégnant. Chambres très confortables, certaines mansardées.

Se restaurer

À NOIA

Tasca Típica – *Cantón, 15 - ☎ 981 821 270 - 12/21 €.* Située dans le centre de Noia, dans une vieille maison en pierre, cette taverne accueille une clientèle variée qui vient pour ses *tapas* et son menu du jour. Vous pouvez aussi manger sur la terrasse.

À CAMBADOS

Posta do Sol – *Ribeira de Fefiñans, 22 - Cambados - ☎ 986 542 285 - fermé de mi-janv. à fin janv., de mi-fév. à fin fév. et mer. (sf juin-déc.) - 29/41 €.* Installé dans un ancien bar, ce joli restaurant dispose d'une cheminée et d'un intérieur très rustique. À la carte : poissons et fruits de mer.

À PADRÓN

Casa Ramallo – *Castro, 5 - Rois - 4 km au N de Padrón par la AC 301 - ☎ 981 804 180 - fermé lun. et Noël - ▤ - réserv. conseillée - 25 €.* Ce petit restaurant familial propose une cuisine délicieuse avec des spécialités comme le pot-au-feu et le ragoût. Viandes et fruits de mer.

Événements

Fêtes de la Virxe do Carmen à O Grove – *mi-juillet.*

Fête de San Roque à Vilagarcía de Arousa - *mi-août.*

Fête du vin d'Albariño à Cambados – *1er w.-end d'août.*

Pontevedra★

79 372 HABITANTS
CARTE GÉNÉRALE A2 – CARTE MICHELIN N° 571 E 4 – CARTE DES RÍAS BAJAS P. 289
PONTEVEDRA

Pontevedra est une ville de province tranquille où le temps s'écoule sans précipitation ni bouleversement. Bien que restreint, son centre historique recèle de beaux édifices, témoins de sa puissance passée. On se perd facilement dans son dédale de petites rues pavées et de places. La cité possède également d'agréables parcs et jardins, des cafés accueillants en hiver et de fraîches terrasses en été.

Se repérer – Présidant la ría de Pontevedra, la ville est reliée par l'E 1-AP 9 à Vigo (27 km au sud) et à St-Jacques de Compostelle (57 km au nord) et à Ourense par la N 541 (100 km au sud-est).

À ne pas manquer – La praza da Ferraría, bordée par les arcades de la rúa dos Soportais et d'agréables terrasses de café.

Organiser son temps – Une journée suffit pour visiter le centre historique.

Pour poursuivre le voyage – Les Rías Bajas, Vigo, Ourense et St-Jacques de Compostelle.

Comprendre

Une fondation antique – Si la légende attribue à Teucros, héros de la guerre de Troie, la fondation de Pontevedra, on pense plutôt que la ville fut construite à l'époque romaine. Son nom provient en effet de *Pontis Veteris* (vieux pont), en référence au pont situé sur la voie romaine XIX et aujourd'hui appelé « Pont du bourg » (Ponte do Burgo).

Un port important – Bien abrité au fond de sa ría, Pontevedra a été un port actif, peuplé de pêcheurs et de commerçants qui allaient vendre à l'étranger le produit des conserveries. Grâce à cette activité, la ville a connu une période de gloire entre les 15e et 16e s. Elle a aussi vu naître de grands marins comme **Pedro Sarmiento**, savant cosmographe du 16e s. et auteur d'un précieux *Voyage au détroit de Magellan*. L'ensablement de son port provoqua, à partir du 18e s., son déclin économique au profit de Vigo. Cela ne l'empêcha cependant pas de devenir, en 1833, la capitale de la province, qui porte aussi son nom.

Se promener

LA VIEILLE VILLE★

Malgré le développement important de la ville nouvelle, le noyau ancien a été préservé. Il est compris entre le fleuve Lérez et les rues Michelena, Arcebispo Malvar et Cobián Roffignac.

Vous pouvez commencer l'itinéraire depuis la praza de España, située au bout de l'Alameda. Sur votre droite se dressent les ruines de Santo Domingo.

Ruines de Santo Domingo (Ruinas de Santo Domingo)

✆ 986 851 455 - juin.-sept. : tlj sf w.-end et j. fériés 10h15-13h30, 17h-20h30 ; oct.-mai : visite sur rendez-vous - gratuit. Elles restent visibles de l'extérieur toute l'année.

De l'église édifiée au 14e s. par les franciscains, il ne subsiste que le chevet gothique aux baies élancées et envahies par le lierre : une véritable image du médiéval romantique... L'ancienne salle capitulaire renferme désormais un **Musée lapidaire** *(ses collections appartiennent au Musée provincial - voir plus bas)* : stèles romaines, blasons galiciens et surtout tombeaux d'artisans (dont les outils sont représentés) et de nobles. On notera celui de Payo Gómez de Sotomayor, qui fut l'ambassadeur du roi de Castille Henri III à la cour de Perse.

Longez ensuite la rúa Michelena jusqu'a la praza da Peregrina.

Sanctuaire de la Peregrina

Il s'agit d'une petite église baroque de la fin du 18e s., en forme de coquille Saint-Jacques et à la façade convexe. À l'intérieur, la statue de la Vierge pèlerine, patronne de la ville, rayonne au centre du retable.

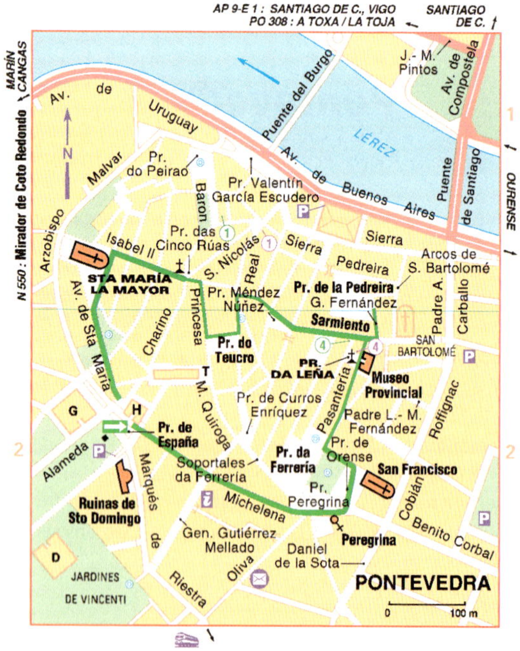

SE LOGER		SE RESTAURER	
Parador de Pontevedra	1	Casa Verdun	1
Rúas	4	Rianxo	4

Office Espagnol du tourisme / Paris

La praza da Leña à Pontevedra.

Sur votre gauche, la **praza da Ferraría**. Pleine de vie, elle est le rendez-vous des habitants de la ville, toutes générations confondues.

Église de San Francisco

Construite entre les 14e et 15e s., elle présente une façade gothique, très simple, selon la coutume des ordres mendiants. Son plafond est recouvert de bois. Le bâtiment adjacent accueille aujourd'hui l'administration fiscale de la province.

Empruntez la rúa Pasantería au pied du couvent jusqu'à la charmante praza da Leña.

Praza da Leña★

C'est l'une des places les plus pittoresques de la ville avec sa forme irrégulière et son calvaire du 16e s. Les façades des maisons qui l'entourent sont composées de galeries et de balcons colorés. À l'est de la place, les deux demeures du 18e s. abritent le musée provincial.

Musée provincial (Museo Provincial)

Pasantería, 2 - ✆ 986 851 455 - www.museo.depontevedra.es - tlj mat. et apr.-midi, dim. et j. fériés matin - fermé lun., 1er janv., 25 déc. - gratuit (citoyens UE).

Ce musée se distingue par la diversité de ses collections exposées dans 5 bâtiments différents, répartis dans la ville.

On entre par la **Casa Castro Monteagudo**. Cette partie est essentiellement consacrée à l'archéologie et à la peinture. Au rez-de-chaussée, on peut admirer les **trésors★** celtiques de A Golada, Caldas de Reis et Foxados (2e s. av. J.-C.-1er s. apr. J.-C.) et la collection d'argenterie de Fernández de Mora y Mon, qui comporte plus de 600 pièces ouvrées à la main, antérieures à 1900 et provenant de différents pays. Au premier étage, consacré à la peinture, remarquez les œuvres des Primitifs aragonais (15e s.).

À côté, le **Palacio García Flórez** présente l'histoire maritime de la Galice. On a reconstitué une cabine de la frégate *Numancia* qui était commandée par l'amiral Méndez Núñez lors de la bataille désastreuse de Callao (port de Lima) en 1866. À ceux qui pensait que c'était de la folie d'attaquer un port aussi bien défendu, Méndez Núñez rétorqua : « L'Espagne préfère l'honneur sans bateaux à des bateaux sans honneur. » Au deuxième étage, on verra une cuisine ancienne et des céramiques de Sargadelos (19e s.).

La **Casa Fernández López** est consacrée à la peinture des 19e et 20e s. On remarquera la salle consacrée aux gravures de Goya. Enfin, la **Casa Sarmiento**, située à l'angle de la rúa Padre Amoedo, abrite les œuvres d'artistes galiciens contemporains et des expositions temporaires. Le **Musée lapidaire** est quant à lui installé dans les ruines de l'église Santo Domingo *(voir ce nom en début de promenade)*.

Du Musée provincial à la basilique de Santa María la Maior

En face de la **praza da Leña,** descendez la **rúa G. Fernández** qui conduit à la **praza da Pedreira**. Sur cette dernière s'élève le **pazo de Mugártegui**, bel édifice de style baroque datant du 18e s. Remontez ensuite la **rúa Padre Sarmiento** en laissant sur votre gauche la **praza da Verdura.** En été, les terrasses des cafés et des restaurants s'étalent autour de sa jolie fontaine. Vous arrivez ensuite sur la **praza Méndez Núñez** où vous accueille un étonnant personnage en bronze avec sa canne et ses lunettes. Continuez tout droit jusquà la **rúa Real**. À cette intersection, remontez sur votre gauche pour admirer la **praza de Teucro.** Les façades des maisons qui l'entourent sont ornées de blasons. Traversez la place et redescendez la **rúa Princesa** jusqu'à la **rúa de Isabel II**. À l'extrémité se dresse la basilique de Santa María la Maior.

Basilique de Santa María la Maior★

✆ 986 866 185 - 11h-13h, 18h-20h. S'abstenir de visiter pendant les offices.

Elle fut construite au 16e s près du quartier des pêcheurs, par leur puissante confrérie. Sa **façade occidentale★**, sculptée comme un retable, est un joyau du style plateresque. Œuvre du maître Corneluis de Hollande, elle se divise en registres où prennent place la Dormition et l'Assomption de la Vierge, la Trinité et, au sommet, la Crucifixion. Cette dernière est représentée au milieu d'un fin couronnement sculpté à claire-voie où l'on distingue des pêcheurs ramenant leurs filets. Remarquez sur un côté saint Jérôme et ses lunettes. L'**intérieur** présente un mélange assez réussi de styles gothique (arcs dentelés), isabélin (colonnettes torsadées) et Renaissance (voûtes à nervures). Le revers de la façade occidentale est couvert de bas-reliefs naïvement sculptés où l'on reconnaît des scènes de la Genèse (Adam et Ève, l'Arche de Noé) et du Nouveau Testament.

Pour rejoindre la praza de España, empruntez la avenida de Santa María.

Aux alentours

Mirador de Coto Redondo★★

14 km au sud.

La montée sur la colline est très agréable, parmi les bois de pins et d'eucalyptus, à travers lesquels s'offrent de belles vues. À mi-chemin, un agréable lac où se prélassent des canards côtoie une aire de pique-nique. Du **belvédère**, le **panorama★★** s'étend sur les rías de Pontevedra et de Vigo.

Pontevedra pratique

Offices de tourisme

Offices municipaux –*General Gutiérrez Mellado, 1 - ✆ 986 850 814 - juil.-août : tlj mat. et apr.-midi, dim. et j. fériés mat. ; reste de l'année : tlj sf dim. et j. fériés mat. et apr.-midi, sam. mat.*

Office régional – *Gutiérrez Mellado, 1 bajo - ✆ 986 85 08 14.*

Se loger

⊖ **Hôtel Rúas** – *Rúa Padre Sarmiento, 20 - ✆ 986 846 416 - 22 ch. 45/60 € - ☕ 5 €* - Cet hôtel est installé dans une demeure en pierre du centre historique, à côté de l'une des plus agréables places de la ville. Il propose de grandes chambres fonctionnelles avec parquet. L'accueil est aimable et l'ambiance familiale.

⊖⊖⊖ **Parador de Pontevedra** – *Barón, 19 - ✆ 986 855 800 - 45 ch. 115/145 € - ☕ 13 € - rest. 28 €.* Il conserve l'architecture et l'élégance de l'ancien *pazo* du 18e s. dans lequel il est installé. Les meubles anciens, les épais tapis et les tableaux au mur constituent les éléments d'une décoration luxueuse. La carte du restaurant est composée de plats gastronomiques régionaux.

Se restaurer

⊖ **Rianxo** – *Praza da Leña, 6 - ✆ 986 855 211 - 16/24 € - Menu du jour à 8 €.* Cet établissement dispose d'un bar à tapas à l'entrée et d'une salle à manger au décor rustique au 1er étage. La cuisine est traditionnelle et assez copieuse.

⊖⊖ **Casa Verdun** – *Real, 46 - ✆ 986 842 289 - 10/20 €.* Ce restaurant ne propose pas de menu mais la carte des raciones est fine et originale. Grand choix de vins également. Le décor est élégant et chaleureux. Préférez la petite véranda au fond à droite, pour plus de calme.

Faire une pause

Cafetería Carabela – Depuis sa large terrasse installée sur la praza da Ferrería, vous pourrez contempler l'église et le couvent de San Francisco et le sanctuaire de la Peregrina.

Événements

Fête de San Sebastián – 20 janv. Elle célèbre le patron de la ville.

Fêtes de la Peregrina – 15 août.

Vigo et sa ría★★

293 725 HABITANTS
CARTE GÉNÉRALE A2 – CARTE MICHELIN N° 571 F 3 – CARTE DES RÍAS BAJAS P. 289
PONTEVEDRA

Première ville de Galice en terme de population, premier port de pêche et principal port transatlantique au niveau national, Vigo est l'un des centres industriels et commerciaux les plus importants du pays. Résolument moderne, la cité se distingue des autres villes régionales par ses grandes avenues et son tout petit centre historique. Mais si son premier abord manque quelque peu de charme, elle mérite cependant d'être découverte petit à petit. Elle bénéficie d'autre part de la proximité de sa ría. Moins vaste que celle d'Arousa, mais plus profonde et abritée, cette dernière est remarquablement protégée et fermée par les îles Cíes. C'est à la hauteur de Domaio qu'elle est la plus belle, là où les versants boisés en pente raide se rapprochent et où l'étroit chenal se couvre de moulières.

World Pictures / SUNSET

Une plage de Vigo.

Se repérer – Située sur la rive sud de la ría du même nom, Vigo est reliée à Pontevedra (29 km au nord) et St-Jacques de Compostelle (86 km au nord) par l'autoroute E 1-AP 9. Ourense se trouve à 101 km plus à l'est par l'autoroute A52.

Se garer – Il est aussi difficile de se repérer que de se garer dans cette grande ville. Vous pouvez opter pour l'un des parkings souterrains situés dans les rues adjacentes à l'avenida García Barbon.

À ne pas manquer – La dégustation d'huîtres dans le quartier d'A Pedra ; le panorama depuis le parc du Castro.

Organiser son temps – Comptez une journée et demie. Si le centre-ville peut se parcourir à pieds, vous devrez cependant prendre votre voiture ou emprunter les transports en commun pour rejoindre le musée Quiñones de León, la plage de Samil et le musée de la Mer.

Pour poursuivre le voyage – Baiona, Tui, les Rías bajas, Pontevedra.

Comprendre

Des batailles historiques – En 1702, des galions espagnols et français rentrèrent d'Amérique chargés de richesses, de pièces d'or et d'argent. Alors qu'ils tentaient de se réfugier dans le port de Vigo, ils furent coulés par une flotte anglo-hollandaise. Ce fut la **bataille de Rande**. Depuis, une croyance populaire affirme qu'une multitude de trésors gisent encore au fond de la ría.

Un siècle plus tard, en 1809, un autre événement marqua l'histoire de la ville : les habitants chassèrent les troupes françaises qui occupaient les lieux. Événement qui valut à Vigo le titre de ville fidèle, loyale et valeureuse.

SE LOGER		SE RESTAURER	
Aguila	1	El Mosquito	1
Lino	4	La Cerilla	4
NH Palacio de Vigo	7	La Oca	7

Visiter

Le centre historique (El Casco Histórico) A1

Le quartier de pêcheurs de **O Berbés** est la partie la plus ancienne de la ville et certainement une des plus pittoresques. À côté se trouve **A Pedra**, un curieux marché où les poissonnières vendent les huîtres qui se dégustent dans les innombrables bars. Non loin de là, ne manquez pas la **rúa dos Cesteiros** (rue des Paniers), où des boutiques proposent des modèles de cet artisanat local.

Cathédrale de Santa María A1

Également appelée collégiale de Santa María, elle est enclavée dans les ruelles du centre historique. Construite en 1816 dans un style néoclassique plutôt sobre, elle abrite le *Cristo da Victoria* (18e s.), vénéré pour être à l'origine de la victoire des habitants de la ville contre les troupes napoléoniennes en 1809.

El Sireno - Porta do Sol A1

Œuvre de Francisco Leiro, cette sculpture mi-homme mi-poisson est devenue l'emblème de Vigo. Elle domine fièrement la Porta do Sol, considéré comme le kilomètre 0 de la ville.

Parc du Castro (Parque do Castro) A2

C'est dans la partie inférieure de ce parc que l'on trouve les ruines du *castro* à l'origine de la ville (2e s. av. J.-C).

Au sommet (149 m), la forteresse entourée de murailles du 17e s. offre un magnifique **panorama★** sur la ville et sa baie.

Musée d'Art contemporain - MARCO (Museo de Arte Contemporánea) B2

Rúa do Príncipe, 54 - ✆ 986 113 901 - www.marcovigo.com - mar.- dim. 11h-21h - 3 €. Réputé au niveau régional, ce musée expose les œuvres d'artistes avant-gardistes dans de multiples domaines : peinture, sculpture, dessin, architecture ou encore vidéo ou web art.

Musée Quiñones de León (Museo Quiñones de León) B2

Hors centre-ville. Empruntez la Gran Vía jusqu'à la praza de America puis tournez à gauche avenida de Castrelos. Le musée sera indiqué sur votre gauche. Parque de Castrelos - ✆ 986 295 070 - mar.- vend. 10h-13h30, 17h-20h., merc. 10h-20h, sam. 17h-20h, dim et j. fériés 10h-13h30 - entrée libre. Ce musée est installé au cœur d'un parc de 20 ha, dans un *pazo* du 17e s. qui fut rénové à la fin du 19e s. et offert à la ville par son propriétaire, don Fernando Quiñones de León. Le décor luxueux et le mobilier de l'ancienne demeure seigneuriale ont été conservés. La collection s'articule principalement autour de la peinture galicienne des 19e et 20e s. On notera également une intéressante collection archéologique au rez-de-chaussée.

Plage de Samil (Praia de Samil) A1

Hors centre-ville. Empruntez la Gran Vía en direction de la praza America puis continuez toujours tout droit (avenida de Castelao et avenida de Europa).

Cette plage de sable fin, longée par une digue piétonnière, s'étale sur presque 2 km. Très fréquentée en été, elle offre une jolie vue sur les îles Cíes.

Musée de la Mer (Museo do Mar) A1

Longez la praia de Samil par la droite. Le musée sera indiqué sur votre gauche. Avenida Atlántida - ✆ 986 247 691 - été : mar.-jeu. 10h-14h, 17h-22h, vend.-sam. 10h-14h, 17h-23h30, dim. 10h-22h ; reste de l'année : mar.-jeu. 11h-20h, vend.-sam. 11h-23h30, dim. 10h-21h - 6 €. Il est situé sur la pointe de Muiño, qui offre de splendides vues sur la ría. Créé par l'architecte italien Aldo Rossi et le galicien César Portela, il se consacre aux interactions entre la Galice et la mer. On y découvrira, entre autres, les différents écosystèmes marins de la région et l'histoire de la pêche galicienne depuis le 16e s. Une partie est également consacrée à la bataille de Rande *(voir p. 295)*.

Aux alentours

Iles Cíes★ (Illas Cíes)

Traversée en bateau depuis le port de Vigo. Rens. : Estación marítima de Ría - ✆ 986 225 272 - www.mardeons.com.

Ces îles forment un bel archipel aux eaux cristallines et au sable d'une blancheur immaculée qui monte la garde à l'entrée de la ría de Vigo. Il compte trois îles : celle de Monteagudo, celle del Faro et celle de San Martiño. Les deux premières sont reliées entre elles par la plage naturelle de Rodas. Au-delà de leur grand intérêt naturel, elles protègent aussi la ría des fortes tempêtes. Peuplées d'oiseaux, elles ont été déclarées Parc naturel en 1980 et font aujourd'hui partie intégrante du **Parc national des îles Atlantiques de Galice**, créé en 2002. Consacré à la protection des milieux marins, ce dernier comprend également l'île d'Ons (ría de Pontevedra), l'île de Sálvora et l'île de Cortegada (ría d'Arousa).

Circuit de découverte

LA RÍA DE VIGO *Schéma p. 289* 4

130 km – Une demi-journée. Sortez de Vigo par la E1 – AP 9 puis prenez la sortie n° 146.

Cangas et Moaña

Face à Vigo, sur la rive nord de la ría, ces deux petites stations balnéaires sont notamment réputées pour leurs belles plages.

Revenez vers Vigo. Suivez la signalisation pour l'aéroport puis pour le parc zoologique.

Mirador de la Madroa★★

De l'esplanade, très belle **vue★★** sur Vigo et la ría.

Suivez la côte par la PO 552, direction Baiona.

Playa América

Cette grande plage de sable fin, très fréquentée en l'été, offre une **vue** magnifique sur les îles Cíes et le fort de Baiona.

Retournez à Vigo par l'AG 57.

Vigo pratique

Information utile

Office du tourisme de Vigo – *.Teófilo Llorente, 5 - ✆ 986 224 757 - lun.-sam. 10h-14h, 16h-19h30, dim. et j. fériés 10h-14h.*

Transports

De juin à septembre, des bateaux partant de Cangas et de Vigo mènent quotidiennement aux îles Cíes. La traversée dure environ 30mn. *Rens. : ✆ 986 225 272.*

Se loger

Hôtel Aguila – *Rúa Victoria, 6 - ✆ 986 431 398 - 22 ch. 40/50 €.* Cet hôtel propose de jolies chambres colorées, dotées de plafonds à moulures. Les salles de bain sont quelque peu exiguës, mais l'accueil est aimable et la situation idéale : à la frontière du centre historique, devant les jardins de la praza de Compostela.

Hôtel Lino – *Rúa Lepanto, 26-28 - ✆ 986 224 271 - 45 ch. 60/84 €.* Sa situation (face à la gare et à l'entrée du centre en venant de Pontevedra) peut être une bonne alternative puisqu'elle évite de s'aventurer dans le centre-ville en voiture. Il dispose de chambres élégantes (mobilier en bois, moquette) et entièrement équipées. Le petit-déjeuner (non compris) est servi dans la cafétéria du rez-de-chaussée.

Hôtel NH Palacio de Vigo – *Av. de García Barbón, 17 - ✆ 986 433 643 - 107 ch. 50/186 € - ☕ 14 € - rest. 22 €.* Situé le long de l'une des principales artères du centre-ville, dans un beau bâtiment à la façade classique. Les chambres sont aussi élégantes que confortables et le service est complet, comme dans l'ensemble de la chaîne.

Se restaurer

La Oca – *Purificación Saavedra, 8 (en face du marché de Teis) - ✆ 986 371 255 - fermé sam.-mar. soir, Sem. sainte et 20 j. en août - 25/33 €.* Son emplacement un peu excentré et sa façade vieillissante ne doivent pas vous empêcher d'essayer ce petit restaurant familial qui offre une cuisine galicienne novatrice. Carte créative, avec une petite touche française.

La Cerilla – *Rúa Martín Códax, 10 - ✆ 986 433 907 - 15/20 €.* Situé dans la partie moderne de la ville, cet établissement séduit avant tout par la décoration de sa salle à manger (à l'étage) : les lumières douces éclairent les murs en pierre dans un décor feutré. Il propose des tapas et raciones originales. La spécialité de la maison : la *cerilla* (allumette), sorte de pomme frite très fine.

El Mosquito – *Praza da Pedra, 4 - t 986 224 441 - 49/68 €.* Ce restaurant spécialisé en poissons et fruits de mer est réputé pour la qualité de ses plats. Service aimable. Au cœur du quartier historique.

Baiona★

Bayona

11 521 HABITANTS
CARTE GÉNÉRALE A2 – CARTE MICHELIN N° 571 F 3 – CARTE DES RÍAS BAJAS P. 289
PONTEVEDRA

Baiona est une station balnéaire animée et touristique en été, qui a su conserver un charmant quartier ancien, aux maisons blasonnées et aux galeries vitrées. Le port de pêche et de plaisance est bordé par une promenade aux nombreuses terrasses de cafés, d'où l'on peut admirer l'imposante forteresse de Monterreal.

- **Se repérer** – Baiona se trouve à 40 km au sud de Vigo par l'autoroute AG 57.
- **À ne pas manquer** – Le chemin de ronde de Monterreal qui offre de jolies vues sur la baie et la ville.
- **Organiser son temps** – Le centre historique. Nul besoin de vous en éloigner, la ville moderne n'offre que peu d'intérêt.
- **Pour poursuivre le voyage** – Vigo, Tui, les Rías Bajas, Pontevedra.

Comprendre

Baiona et l'Amérique – C'est à Baiona que, le 10 mars 1493, accosta la caravelle *La Pinta* – l'un des trois navires de la flotte de Christophe Colomb. Elle était commandée par Martín Alonso Pinzón, qui fut le premier à annoncer la découverte du Nouveau Monde. Aujourd'hui, une réplique de la caravelle a été installée dans le port. L'intérieur reconstitue la vie à bord, lors de son retour en terre ibérique.

Visiter

Collégiale de Santa María

10h-14h30, 17h-20h (21h été).

Elle fut construite entre les 12e et 14e s., dans un style de transition romano-gothique. Remarquez les symboles à l'intérieur des arcs : ciseaux, haches, couteaux, évoquant les différentes corporations qui contribuèrent à son édification, ainsi que la chaire en pierre du 14e s.

Fort de Monterreal (Castelo de Monterreal)

☎ 986 355 000 - tlj tte la journée - 1 €.

Les Rois Catholiques firent ceindre de murailles la presqu'île de Monterreal au début du 16e s. Au milieu d'une agréable pinède, le fort où résidait le gouverneur de la ville a été converti en parador. Ne manquez pas d'emprunter la **promenade sur les remparts★** *(environ 30 mn)* au pied desquels les vagues viennent se briser et d'où vous aurez une splendide **vue★★** sur la baie, le mont Ferro, les îles Estelas et la côte sud jusqu'au cap de Silleiro. Le long de la côte, de petites plages s'abritent entre les rochers.

Office Espagnol du tourisme / Paris

Le port et la forteresse de Monterreal.

Circuit de découverte

De Baiona à A Guarda *Schéma p. 289* 5.

30 km – 2h. Sortez de Baiona, direction Oia, puis tournez tout de suite à gauche.

Vierge de la Roca (Virgen da Roca)

Été : 10h-21h ; hiver : 10h-14h, 16h-20h - 1 €. Cette immense statue en granit (15 m de hauteur) fut construite par l'architecte Antonio Palacios en 1930. Elle représente la Vierge soutenant dans sa main droite un bateau. On y accède par un escalier intérieur en colimaçon. De là-haut, la vue sur la baie et l'océan est impressionnante.

Reprenez la PO 552, direction Ola.

Entre Baiona et A Guarda, la côte, plate mais découpée, est quasi déserte.

Oia

Ce village de pêcheurs groupe ses maisons autour de l'ancienne abbaye cistercienne de **Santa María la Real**, à la façade baroque. De l'autre côté de la route viennent mourir en pente douce les collines à l'herbe drue où paissent les chevaux sauvages. C'est là, sur les hauteurs, que certains dimanches de mai et juin se déroulent les *curros* (marquage des poulains sauvages).

A Guarda

Ce petit port de pêche est situé à l'extrême pointe méridionale de la côte galicienne.

Continuez vers le sud en suivant la signalisation pour la «Citania de Sta Tegra».

Mont Santa Tegra★ (Santa Tecla en castillan) (341 m) – Il domine l'embouchure du Miño en offrant de très belles **vues★★** depuis le sommet. Pendant la montée *(il faut*

payer un péage et un droit d'entrée), on peut voir les ruines d'une **cité celte** (*castro*) appelée la **Citania de Santa Tegra**, témoignant d'un peuplement continu de l'âge du bronze au 3e s. de notre ère. On y a dénombré environ un millier de maisons circulaires.
Au bord de la route ont été reconstituées deux huttes rondes à mur de pierre et toit de chaume qui sont censées reproduire l'habitat de cette époque.

Baiona pratique

Information utile

Office du tourisme de Baiona – *Paseo de Ribera, s/n - ✆ 986 687 067 - tlj mat. et apr.-midi.*

Se loger

BAIONA

⊖⊖ Hôtel Pazo de Mendoza – *Elduayen, 1 - ✆ 986 385 014 - 11 ch. 70/123 € - ☕ 4,50 € - rest. 30 €.* Il est installé dans un *pazo* du 18e s. à l'entrée du centre historique, face au port. Les chambres sont élégantes et confortables, toutes parquetées et bien meublées. Le restaurant propose une carte créative avec de bons produits.

⊖⊖⊖ Parador de Bayona – *✆ 986 355 000 - baiona@parador.es - 117 ch. 180 € - ☕ 16 € - rest. 35 €.* Situé au bord de la mer, dans l'enceinte d'un château féodal, le bâtiment est inspiré de l'architecture typique d'un *pazo* galicien. À l'intérieur, on trouve tout le confort des paradors et un restaurant très agréable.

A GUARDA

⊖⊖ Hôtel Convento de San Benito – *Praza de San Benito - ✆ 986 611 166 - fermé en janv. - 23 ch. 57/77 € - ☕ 6 €.* Ses pierres séculaires vous offrent un havre de paix et de tranquillité dans les environs du port de pêche d'A Guarda. L'hôtel est installé dans un ancien monastère de bénédictines fondé au 16e s., qui conserve un joli cloître. Les chambres sont sobres et élégantes.

Se restaurer

BAIONA

⊖⊖ Mesón Fonte de Zeta – *Praza Fonte de Zeta, 5 - ✆ 986 358 214 - fermé en nov. - 20 €.* Cet établissement occupe un édifice de caractère en granit. Situé sur une petite place tranquille de la vieille ville. Dans un décor chaleureux, vous pourrez y déguster une cuisine traditionnelle de qualité, essentiellement à base de poissons et fruits de mer. Agréable terrasse en été.

A GUARDA

⊖⊖ Anduriña – *Calvo Sotelo, 58 - ✆ 986 611 108 - fermé en nov. - ▤ - 30/35 €.* L'aspect quelque peu modeste de ce restaurant, situé dans la zone touristique de la ville, ne doit pas vous arrêter. Il est en effet réputé dans la région pour la qualité de ses produits. Il dispose également d'une terrasse semi-couverte.

Événement

Festa da Arribada - Chaque premier week-end de mars, les habitants mettent en scène l'abordage de la *Pinta*. Ambiance garantie dans toute la ville.

Tui★

Tuy

16 680 HABITANTS
CARTE GÉNÉRALE A2 – CARTE MICHELIN N° 571 F 3-4 – CARTE DES RÍAS BAJAS P. 289
PONTEVEDRA

Ville frontalière avec le Portugal, Tui frappe d'abord par le site de son quartier ancien escaladant une colline rocheuse sur la rive droite du Miño, face à la forteresse portugaise de Valença. Chargée d'histoire, la cité est l'une des villes les plus anciennes de Galice avec ses maisons blasonnées et ses ruelles entrecoupées d'escaliers montant vers la cathédrale.

- **Se repérer** – Tui se trouve à 30 km au sud de Vigo par l'AP 9. Depuis la construction du pont international du Miño (1886) par Gustave Eiffel, la ville est devenue un nœud de communication entre le Portugal et la Galice.
- **À ne pas manquer** – La vue sur la vieille ville depuis le parc de Santo Domingo, au chevet de l'église gothique du même nom.
- **Organiser son temps** – Comptez une matinée pour visiter le vieux centre.
- **Pour poursuivre le voyage** – Baiona, Vigo, les Rías Bajas et Pontevedra.

Comprendre

Un rôle de capitale et de ville frontalière – Capitale du royaume de Galice au temps des Suèves et des Wisigoths, Tui fut par la suite la cible des attaques arabes et normandes, jusqu'à ce que les rois de Galice la restaurent en 1071 et lui redonnent son statut de capitale. Au cours de la première moitié du 12e s., le Portugal devint un royaume indépendant et le río Miño acquit son rôle de frontière naturelle entre les deux pays. À la fin du siècle, Fernando II fit construire des murailles autour de la ville, construction qui fut agrandie en 1640 à l'occasion des guerres contre le Portugal. Tui conserva son statut de capitale jusqu'en 1833, époque à laquelle elle dut également faire face aux invasions françaises. En 1886, le pont international du Miño fut construit. Depuis cette date, Tui est un passage obligé pour qui va vers le sud.

Visiter

Cathédrale★

✆ 986 600 511 - avr.-oct. : 9h30-14h, 16h-21h ; nov.-mars : 9h30-13h30, 16h-20h - 2 € en hiver, 2,50 € en été.

Trapue, frangée de créneaux et flanquée de tours puissantes, elle a l'allure d'une forteresse et en eut longtemps le rôle. D'un style romano-gothique, elle fut consacrée en 1232. Le portail nord, roman, souligné d'arcades maçonnées dans le mur, est presque sévère. La façade occidentale, en revanche, s'orne d'un porche ajouté au 14e s. qui, s'il répond toujours au rôle défensif, tire un grand parti décoratif de ses arcs en tiers-point et abrite un **portail★** abondamment sculpté. Sous les voussures ciselées, le tympan glorifie la Mère de Dieu. Au-dessus de l'Adoration des Mages et des Bergers se profilent les tours de la Jérusalem céleste que l'artiste a su rendre aériennes par le jeu de la matière et du vide.

À l'**intérieur**, on est frappé par les poutres de consolidation ajoutées entre le 15e s. et le 18e s. pour pallier l'inclinaison des piliers. Dans le plan du transept, à trois vaisseaux, se lit l'influence de Compostelle ; les deux églises sont les seules d'Espagne à posséder cette caractéristique. Du 16e au 18e s., des modifications ont été apportées dans les différentes chapelles. Les stalles du chœur racontent la vie et les miracles de saint Telmo, patron de Tui.

Au-dessus des galeries du **cloître**, larges et sobrement décorées à la manière cistercienne, le chemin de ronde réserve de jolies vues sur le fleuve et sa vallée.

Le Musée diocésain (Museo diocesano) abrite des collections archéologiques et d'art religieux ainsi que de nombreuses pièces d'orfèvrerie.

Chapelle de San Telmo

Ouverte lors des fêtes religieuses.

Le dominicain **saint Pedro González Telmo** vécut à Tui, où il mourut vers 1240. À l'emplacement de la maison du saint, en contrebas de la cathédrale, une chapelle de style baroque portugais construite au 18e s. conserve ses reliques. Dans la crypte *(accès rúa do Corpo Santo)*, les pèlerins se recueillent devant l'alcôve où il s'éteignit.

Tui pratique

Information utile

Office du tourisme de Tui – *Colón, s/n - ✆ 986 601 789 - août.-sept. : tlj mat. et apr.-midi ; reste de l'année : tlj sf dim. et j. fériés mat. et apr.-midi.*

Se loger

⊜ O Novo Cabalo Furado – *Rúa Seijas, 3 - 2° Izqda - ✆ 986 604 445 - 40/60 €. 70/80 € pour les appart. Pas de petit-déjeuner.* En plein cœur du centre historique, cette résidence toute récente propose des chambres et des appartements à la décoration moderne et élégante. Un charmant petit patio vous accueille à l'entrée. Le rapport qualité-prix est excellent. Réservation conseillée.

⊜⊜⊜ Parador de Tui – *Av. de Portugal - ✆ 986 600 300 - 31 ch. 115/145 € - ☕ 13 € - rest. 28 €.* Installé dans un ancien *pazo* en granit, il offre une vue imprenable sur le Miño. Son intérieur, récemment refait, propose de grandes chambres élégantes et tout confort. Piscine. Côté table, plats typiques du sud de la Galice.

Se restaurer

⊜ Jaqueyvi – *Praza do Consello, 4 - ✆ 986 601 716 - 10 €.* Au cœur du quartier historique, dans une décor chaleureux de pierre et de bois, vous dégusterez de bonnes tapas et raciones. Pas de menu.

⊜⊜ O Novo Cabalo Furado – *Praza do Consello, 3 - ✆ 986 602 263 - 20/40 €.* Ce restaurant réputé, au décor modeste, offre un bon rapport qualité-prix. Cuisine, traditionnelle, élaborée devant les clients.

PROVINCE D'OURENSE

Ourense

Orense

108 358 HABITANTS
CARTE GÉNÉRALE A2 – CARTE MICHELIN N° 571 E-F 6 – OURENSE

Ville dynamique dotée d'un centre commercial important, Ourense conserve aussi et surtout un beau quartier ancien, qui s'étale autour de sa cathédrale. Connu de tout temps pour ses sources thermales, le vieux centre recèle des rues pavées et des édifices bien conservés qui en font un lieu agréable et historiquement riche.

Office Espagnol du tourisme/Paris

Cathédrale d'Ourense.

- **Se repérer** – Ourense est la capitale de la seule province galicienne sans accès à la mer. Elle se trouve sur les rives du Miño, à 101 km à l'est de Vigo par l'autoroute A 52, à 100 km à l'est de Pontevedra par la N 541 et à 111 km au sud-est de St-Jacques-de-Compostelle par l'A 53 et la N 525.
- **Se garer** – Vous pouvez opter pour le parking souterrain situé près de l'Alameda et du marché (praza de Abastos).
- **À ne pas manquer** – Les sources As Burgas et le portail du Paradis à l'intérieur de la cathédrale.
- **Organiser son temps** – Prenez une journée pour visiter le centre historique et comptez aussi une demi-journée pour découvrir les gorges du Sil.
- **Pour poursuivre le voyage** – Allariz, Ribadavia, St-Jacques-de-Compostelle et les Rías Bajas.

Comprendre

Des thermes au chemin de fer – Le nom d'Ourense viendrait des sables aurifères du Miño dont parlent les auteurs anciens. Dès l'Antiquité, la ville se distingua par ses eaux thermales qui jaillissent à une température de 65 °C en trois abondantes sources : **As Burgas**. Après l'occupation romaine, la ville fut l'objet de convoitises de la part de tous les envahisseurs du moment : elle fut attaquée par les Wisigoths puis par les Maures et les Normands (10e s. et 11e s.). Au Moyen Âge, elle devint enfin une cité prospère, grâce notamment à sa situation au cœur de la région viticole du Ribeiro. À la fin du 19e s. la construction de la route nationale Villacastín-Vigo et l'arrivée du chemin de fer provoquèrent un essor sans précédent et Ourense devint un important centre commercial et administratif.

Visiter

Cathédrale★ plan II A1

☏ 988 266 438 - 11h-13h30, 16h-20h30 - chapelle del Santísimo Cristo (en travaux) ; musée : 1,50 €.

Construite entre le 12e s. et le 13e s., elle fut par la suite sans cesse remaniée. Le **portail sud**, sans tympan, à la manière compostellane, est sculpté sur les voussures et les chapiteaux, avec profusion. Le **portail nord** possède en outre deux statues-colonnes. Sous le grand arc ornemental où il s'inscrit fut ajoutée au 15e s. une Pietà sous la Croix, entourée de la Fuite en Égypte et des saintes Femmes.

Dans le bras gauche du transept s'ouvre la **chapelle del Santísimo Cristo**, des 16e et 17e s., représentative du style baroque galicien par l'exubérance des sculptures qui la décorent. À l'extrémité ouest, le **portail du Paradis★★** (pórtico del Paraíso) reprend le schéma du portail de la Gloire à Compostelle avec ses trois arcs merveilleusement sculptés et sa polychromie primitive. L'arc central porte les 24 vieillards de l'Apocalypse. On reconnaîtra à droite la représentation du Jugement dernier. Le tympan ajouré et les voûtes du narthex furent réalisés au 16e s.

Dans le collatéral droit s'ouvre la porte du **musée**. L'ancienne salle capitulaire (13e s.) abrite divers objets de valeur : pièces d'orfèvrerie, statues, chasubles et un autel portatif du 12e s.

Cloître de San Francisco★ (Claustro de San Francisco) plan II A1

Emilia Pardo Bazán, s/n - ☏ 988 366 064 - fermé pour travaux.

Gracieux et élégant, ce cloître du 14e s. se compose d'arcades gothiques, légèrement outrepassées, reposant sur de fines colonnes jumelées. Le décor de pointes de diamant et de feuillages est simple et raffiné. Certains chapiteaux s'ornent de scènes de chasse ou de personnages.

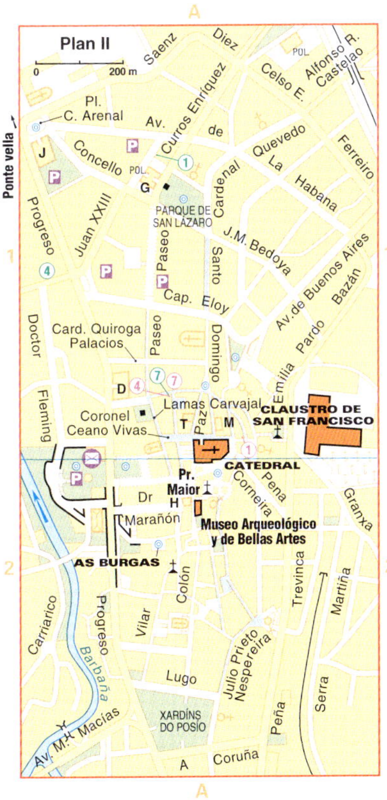

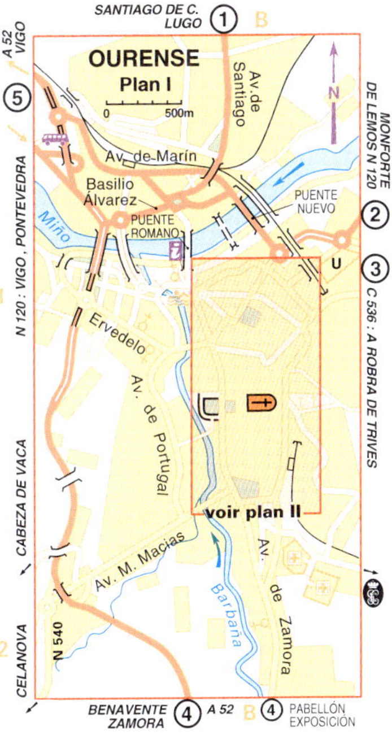

SE LOGER
- G.H. San Martín 1
- Hotel Altiana 4
- Hotel Zarampallo 7

SE RESTAURER
- Porta da Aira 1
- Restaurante Zarampallo 4
- San Miguel 7

Praza Maior plan II A2

Cette élégante place déclive est bordée d'arcades datant des 17e et 18e s. L'hôtel de ville et sa façade classique (fin 19e s.) dominent l'ensemble. Elle fut pendant longtemps le théâtre de corridas.

Musée archéologique et des Beaux-Arts (Museo Arqueológico y de Bellas Artes) plan II A2

Praza Maior, s/n - ✆ 988 223 884 - fermé pour travaux, se renseigner.

L'ancien palais épiscopal présente sur la Praza Maior une belle façade blasonnée. Le musée expose des collections préhistoriques, de la culture des *castros* (statues de guerriers) et une section des Beaux-Arts où l'on remarquera un **chemin de Croix★** en bois du début du 17e s.

Sources thermales As Burgas★ (Termas das Burgas) plan II A2

Ces trois sources d'eau chaude (65 °C) sont devenues l'emblème de la ville. Les habitants défient quiconque de réciter un demi Notre Père avec la main sous l'eau. Et pour cause, ce sont les eaux les plus chaudes de Galice.

Pont romain (Ponte vella) plan II A1

Au nord de la ville, le pont romain, également appelé « vieux pont », enjambe le Miño. Si son origine remonte à l'époque romaine, il fut reconstruit au 13es. pour faciliter le passage des pèlerins de St-Jacques. Juste avant d'arriver sur le pont, sur votre gauche, remarquez la chapelle de Los Remedios (16e s.).

Office Espagnol du tourisme/Paris

Les gorges du Sil.

Circuit de découverte

Gorges et monastères

130 km – Une demi-journée. Sortez d'Ourense par la N 120 en direction de Monforte de Lemos/Ponferrada. Après 20 km tournez à droite, en direction de Luíntra. Traversez le village et suivez les panneaux de signalisation pour le parador.

Monastère de San Estevo de Ribas de Sil

Accès libre aux cloîtres et à l'église (le matin) - visite guidée à 10h et à 19h30 (réservation obligatoire) - 4 €.

Après plusieurs années de travaux, ce monastère bénédictin fondé au 10e s. est aujourd'hui transformé en un luxueux parador. On le découvre soudain, étendu sur un vaste éperon avec au second plan les monts granitiques que le Sil a profondément entaillés. Le **site★** est très majestueux. Outre le chevet roman de l'église, on remarquera les trois cloîtres aux proportions grandioses, bâtis presque entièrement au 16e s. L'un d'eux conserve ses galeries romanes, surmontées d'élégantes arcades surbaissées.

Poursuivez sur la même route pour rejoindre les gorges du Sil. Après environ 1 km, prenez à gauche la CV 323.

Gorges du Sil★★ (Gargantas del Sil)

Les eaux bleues du Sil serpentent entre les rives pentues où la culture de la vigne en terrasse est de mise. Le tout compose un décor naturel majestueux qui fait le bonheur des randonneurs. On recense dans cette région un nombre important de monastères, d'églises et d'ermitages, ce qui lui a valu le nom de «Ribeira Sacra «(rive sacrée). Elle est également réputée depuis des siècles pour la qualité de ses vins.

Excursion en bateau sur le Sil

Voilà une autre option pour apprécier la beauté du paysage. Pour arriver à l'embarcadère prenez la direction du monastère de San Estevo de Ribas de Sil puis suivez les indications jusqu'à l'embarcadère de San Estevo. Le voyage dure 1h30. Rens. à l'office de tourisme provincial *(voir carnet pratique).*

Descendez les gorges vers l'ouest, en direction du río Miño. Après le barrage, franchissez le Sil, direction Peares, à gauche. N'allez pas jusqu'au village et continuez votre route tout droit, direction Vilaquinte, puis Castro Carballedo et La Barella. De là, roulez vers la sierra del Faro, vers Furco. Après le bourg, poursuivez votre route vers Cotelas. Le monastère se trouve à mi-chemin.

Monastère de Santa María la Real de Oseira★

✆ 988 282 004 - visite guidée uniquement, se renseigner - 2 € (-9 ans gratuit).

Isolé dans la vallée du Arenteiro, ce grandiose **monastère** cistercien, fondé au milieu du 12e s. par Alphonse VII et entièrement restauré en 1960, évoque par son nom la présence des ours *(osos)* qui abondaient dans cette région. Il est aussi appelé « l'Escurial de Galice ».

La **façade** du monastère (1708) se divise en trois registres. Sous la statue de l'Espérance qui couronne le portail apparaissent dans une niche la Vierge et saint Bernard à ses pieds. À l'intérieur, on remarquera le grand **escalier d'honneur** (17e s.) et le **cloître des Médaillons** (16e s.), décoré de quarante bustes de personnages historiques.

L'**église** (12e et 13e s.) conserve derrière sa façade baroque de 1637 la simplicité cistercienne habituelle, seulement altérée par les fresques du transept (1694).

La **salle capitulaire**★ (fin du 15e - début du 16e s.) étonne par ses très belles voûtes, dont les nervures entrecroisées retombent en palmier sur quatre colonnes torses.

Revenez à Ourense par Cotelas puis la N 525.

Ourense pratique

Informations utiles

Office du tourisme d'Ourense – *As Burgas, 12 - ✆ 988 366 064 - tlj mat. et apr.-midi, w.-end et j. fériés matin.*

Office du tourisme provincial – *Rúa do Progreso, 28 - ✆ 988 391 085.*

Se loger

⊖ **Hôtel Altiana** – *Ervedelo, 14 - ✆ 988 370 952 - 32 ch. 42 € - ☕ 4 €.* Situé à 10mn à pied du centre historique, c'est un hôtel fonctionnel et plutôt familial. Les chambres sont simples mais bien équipées. On appréciera particulièrement ses prix compétitifs et le parking à 30 m.

⊖ **Hôtel Zarampallo** – *Hermanos Villar, 19 - ✆ 988 230 008 - 14 ch. 50 € - ☕ 2,50 € - Voir dans Se restaurer.*

⊖⊖⊖ **G.H. San Martín** – *Curros Enríquez, 1 - ✆ 988 371 811 - 89 ch. 126 € - ☕ 11 €.* Cet hôtel à la clientèle plutôt d'affaires, est installé dans un bâtiment moderne de la ville nouvelle. Les chambres sont grandes, élégantes et entièrement équipées. En semaine, le restaurant propose un menu dégustation composé de plats traditionnels galiciens.

Se restaurer

⊖ **Porta da Aira** - *Fornos, 2 - ✆ 988 250 749 - fermé lun. et 15-30 sept. - 10 €.* Ce bar à tapas a su se faire une réputation grâce à la qualité de ses produits et à la spécialité de la maison : les œufs frits. Bonne carte des vins également.

⊖⊖ **Restaurante Zarampallo** – *Hermanos Villar, 19 - ✆ 988 230 008 - fermé dim. soir - ▤ - 30 € - menu du jour à 10 € le midi uniquement.* Cet établissement est à recommander non seulement pour son emplacement dans le centre historique de la ville, mais aussi et surtout pour sa carte de qualité. Cuisine internationale. Il dispose également de chambres fonctionnelles et colorées.

⊖⊖ **San Miguel** – *San Miguel, 12 - ✆ 988 221 245 - 32 €.* Très réputé dans la ville, cet élégant restaurant au décor classique sert une cuisine fine et originale pour un très bon rapport qualité-prix. Le service est discret et aimable.

Ribadavia

5 494 HABITANTS
CARTE GÉNÉRALE A2 – CARTE MICHELIN N° 571 F 5 – OURENSE

Construite sur la rive droite du fleuve Avia, à 1 km du confluent avec le Miño, Ribadavia est la capitale de la région du Ribeiro, du nom du célèbre vin blanc galicien. En se promenant dans les rues escarpées du centre médiéval, on ressent facilement sa grandeur passée. Bien que restreint, il possède une grande valeur architecturale. Il fut également le berceau d'une importante communauté juive jusqu'au milieu du 15e s. Cette richesse patrimoniale lui a valu d'être classée «site historique» en 1947.

- **Se repérer** – Ribadavia se situe à 31 km à l'ouest d'Ourense par l'autoroute A52.
- **À ne pas manquer** – L'église de Santo Domingo et la vue sur le château des comtes de Ribadavia depuis son chevet.
- **Organiser son temps** – Comptez une demi-journée pour découvrir le centre historique.
- **Pour poursuivre le voyage** – Ourense, Allariz, Vigo et les Rías Bajas.

Comprendre

La communauté juive de Ribadavia – Capitale du royaume de Galice entre 1065 et 1071 sous le règne de Don García Ier, Ribadavia commença son développement économique et démographique au 12e s. C'est aussi à cette époque qu'une importante communauté juive s'installa dans le quartier qui va de la Praza Maior à l'église de la Magdalena. Bien que parfaitement intégrée à la population locale, cette communauté fut expulsée en 1492, selon le décret des Rois Catholiques. Certains se sont convertis pour pouvoir rester.

La tradition viticole – Les 15e, 16e et 17e s. furent synonymes de prospérité économique pour la ville avec l'exportation du vin de Ribeiro en Europe et en Amérique. Ce commerce déclina au 18e s., notamment à cause de la concurrence nouvelle des vins de La Rioja et de Castille. De nos jours, le ribeiro a retrouvé sa place. Avec plus de 3 000 ha, il constitue la zone viticole la plus importante de Galice.

Visiter

Château des comtes de Ribadavia (Castelo dos Condes de Ribadavia)

Visite guidée : se renseigner à l'office de tourisme.

Situé un peu à l'extérieur du centre historique, dans la partie haute de la ville, ce château est la propriété de la famille Sarmiento. Il fut construit en différentes étapes entre le 9e et le 15e s. et fut abandonné au 17e s. Les ruines apparentes donnent une bonne idée de ce qu'il fut à l'époque. Après d'importants travaux de restauration, le château a rouvert ses portes récemment. À l'intérieur, on trouve les restes d'une nécropole datant du 9e s. Sur la porte principale, remarquez le blason de la noble famille. Spectacles en période estivale.

Église de Santo Domingo ★

En face du château, de l'autre côté de la route.

De style gothique, elle date du 13e s. Au-dessus du portail principal, remarquez les 3 blasons : celui de Castille-et-León au centre, celui de la famille Sarmiento à gauche (formé par 13 pièces d'or) et celui du moine Alonso de Cusanca à droite. À l'intérieur, le retable (1712) est une œuvre du sculpteur Castro Canseco.

Mitoyen, l'ancien couvent abrite désormais une maison de retraite. En contrebas, se dresse la petite église de Nuestra Señora del Portal (17e-18e s.), où est vénérée la patronne de la ville.

Église de Santiago

Datant du 12e s. et composée d'une nef unique, c'est l'église la plus ancienne de la ville. Sa façade romane est ornée d'une belle rosace. La tour adjacente, de style baroque, fut ajoutée postérieurement. À l'intérieur, remarquez la statue en pierre de saint Jacques (14e s.). Issue de l'école du Maître Mateo, elle figurait jadis au centre de la rosace.

Ribadavia pratique

Information utile

Office de tourisme – *Praza Maior, 7 - ✆ 988 471 275 - www.ribadavia.com - tlj mat. et apr.-midi, dim. et j. fériés mat.*

Il occupe le *pazo* des comtes de Ribadavia, édifice qu'il partage avec le centre d'information sur l'histoire de la présence juive en Galice.

Achats

Ne manquez pas les pâtisseries locales traditionnelles : les *rosquillas*, à base de sucre et de jaune d'œuf.

Événements

Fête du vin de Ribeiro (Feria del vino del Ribeiro) – Fin avril-début mai.

Fête de l'Histoire (Festa da Istoria) – Cette manifestation médiévale a lieu le dernier samedi d'août.

Fête internationale du théâtre (Mostra internacional de Teatro) – Mi-juillet.

Allariz

5 351 HABITANTS
CARTE GÉNÉRALE A2 – CARTE MICHELIN N° 571 F 6 – OURENSE

Juchée sur sa colline et bordée par le fleuve Arnoia, Allariz est une petite ville de province qui a su tirer parti de ses atouts et se dynamiser après des années de déclin. Elle abrite un superbe quartier ancien aux rues déclives et de beaux édifices bien conservés. Déjà classée « site historique » en 1971, elle s'est vue décerner par l'Union européenne un prix pour la restauration de son patrimoine en 1994. Elle est aussi réputée dans la région pour son artisanat du cuir.

- **Se repérer** – Allariz se situe à 23 km au sud-est d'Ourense par l'A 52.
- **À ne pas manquer** – Le musée du Cuir.
- **Organiser son temps** – Visiter le centre prend une journée.
- **Avec les enfants** – Les différentes étapes de tannage au musée du Cuir.
- **Pour poursuivre le voyage** – Ourense, Verín.

Comprendre

Sous la protection royale – En 1075, Alphonse VI fit édifier des murailles et une forteresse pour protéger la ville. Quelques années plus tard, son successeur Alphonse VII, devenu roi de Castille et León, accorda à Allariz le titre de ville royale. Il y fit également élever son fils, Alphonse X, dit le Sage. Ces privilèges royaux permirent à Allariz de devenir une cité médiévale prospère. Aux 16e et 17e s., des maisons de nobles fleurirent dans toute la ville. Parallèlement commença une série de guerres contre le Portugal qui se prolongea jusqu'au 18e s.

La splendeur retrouvée – Après l'occupation des troupes napoléoniennes puis la destruction du château et d'une grande partie des murailles au 19e s., Allariz dut attendre le 20e s. pour retrouver une certaine prospérité. Le lin devint la principale activité de la ville, activité qui diminua au profit du cuir, et ce jusque dans les années 1960. À partir de cette date, la ville subit un véritable déclin économique et démographique. En 1990, la municipalité décida de mettre en place un projet de récupération et de mise en valeur du patrimoine historique et environnemental. Et vous le constaterez par vous-même, aujourd'hui le résulat est bel et bien là.

Visiter

Église de Santiago

Elle est située sur la praza Maior, face à l'hôtel de ville. De style roman, elle date de 1119 et se compose d'une nef unique et d'une abside semi-circulaire magnifiquement conservée.

Couvent de Santa Clara

Fondé en 1268 par la reine Violante, épouse d'Alphonse X le Sage, il fut en partie ravagé par un incendie en janvier 1757. L'édifice actuel date donc de la fin du 18e s. L'austérité de sa façade n'est brisée que par son porche d'entrée. Il abrite un impressionnant **cloître** de 3 600 m^2, œuvre de l'architecte frère Domingo Antonio de Puga. L'église, construite au 13e s. dans le style gothique, a été modifiée au 18e s., d'où les touches baroques. Le couvent abrite également le **musée d'Art sacré** (Museo de Arte sacro).

On y trouve deux pièces de grandes valeurs : la *Vierge Abrideira* en ivoire et ébène (fin 13e s.) et une croix en cristal de roche (13e s.), qui combine à la perfection les techniques de l'orfèvrerie médiévale. *Musée : lun.-vend. 10h30-12h30, 17h30-19h30, dim. 12h-14h, 17h-19h30 - fermé mar. - entrée libre.*

Musée du cuir (Museo do Coiro)

℘ 658 28 15 31 - été : mar., mer., dim. 12h-14h, jeu., vend., sam. 12h-14h, 19h-21h, fermé lun. ; reste de l'année : w.-end et j. fériés 12h-14h, 17h-19h - 1 € pour un musée, ou billet combiné de 3,50 € pour les 6 musées.

Le musée est installé sur les bords du fleuve Arnoia, dans un beau bâtiment du 18e s. qui n'est autre que l'ancienne tannerie. On y apprend les différentes phases du processus de tannage des peaux. Au premier étage, une partie est consacrée au travail des cordonniers. Ce musée fait partie intégrante du **Parc ethnographique du fleuve Arnoia** (Parque Etnográfico del río Arnoia), qui comprend 6 musées visant à donner une vision complète de la vie économique et culturelle d'Allariz, de tout temps liée à son fleuve.

Office Espagnol du tourisme / Paris

Église de Santa Marina de Aguas Santas.

Aux alentours

Santa Mariña de Augas Santas

A 12 km au nord d'Allariz.

Ce petit village tient son nom galicien de la belle église romane dédiée à la sainte galicienne Mariña et aux bains (deux vasques creusées dans le granit) dont l'eau est censée guérir les rhumatismes. En castillan on l'appelle Mariña de Aguas Santas. Tous les ans, le 18 juillet a lieu une *romería* à laquelle participent des malades.

Église Santa Mariña de Aguas Santas – Construite à la fin du 12e s. cette église romane présente une façade intéressante; à l'intérieur on voit un retable représentant la vie et la passion de sainte Mariña, fille d'un procureur romain, gouverneur de cette région, qui voulut se convertir au christianisme.

Verín

57 km au sud-est d'Allariz par la A 52.

Dans la large vallée du Támega couverte de vignobles, **Verín** possède un petit centre historique avec des rues étroites et dallées et des maisons à galeries vitrées. Ses sources thermales, déjà fameuses au Moyen Âge, jaillissent alentour; leurs eaux sont recommandées dans le traitement des affections rhumatismales et rénales. Mais la ville est surtout connue pour abriter le château de Monterrei.

Château de Monterrei (Castillo de Monterrei) – *6 km à l'ouest.* On y monte (ainsi qu'au parador situé juste à côté sur la droite) par une jolie route bordée de tilleuls d'où se découvre un beau **panorama★** sur toute la vallée. Sa position dominante et la proximité du Portugal lui conférèrent un rôle important. Véritable forteresse, il abrita des couvents, un hôpital et tout un bourg, qui fut abandonné au 19e s.

Il faut franchir trois enceintes successives : la première, à la Vauban, fut construite au 17e s., lors de la guerre hispano-portugaise. Au centre se dressent le donjon carré du 15e s. et la tour des Dames du14e s. La cour du palais à trois étages de galeries est moins austère. L'église du 13e s. s'orne d'un **portail★** finement dentelé portant au tympan le Christ en majesté entre les symboles des Évangélistes.

Circuit de découverte

D'église en église

90 km AR – 3h. Quittez Allariz à l'ouest et suivez la C 300 sur 11 km puis tournez à droite. Attention, la route offre de beaux panoramas mais elle est aussi étroite et sinueuse.

Celanova

Sur la praza Maior, Celanova conserve un célèbre monastère aux vastes proportions. Il fut fondé en 936 par saint Rosendo, évêque de San Martín de Mondoñedo, et bénéficia durant plusieurs siècles d'une importante renommée. L'**église** (fin du 17e s.), monumentale, présente une **façade** baroque encore teintée de classicisme. Les voûtes sont décorées de caissons et de lignes géométriques, la coupole de volutes. Un immense retable (1697) occupe le fond de l'abside. Remarquez les stalles, dont la partie inférieure est de style baroque et la partie supérieure de style gothique, ainsi que le bel orgue. *✆ 988 432 201 - visite guidée (50mn) 11h, 12h, 13h, 16h, 17h (et 18h d'avr. à fin oct.), dim. 11h30, 13h, 16h, 17h, 18h - 2 €.*

Bien que commencé en 1550, le **cloître★★** ne fut pas achevé avant le 18e s. Il possède de majestueux escaliers. À droite de l'église, la **chapelle de San Miguel** (937) est l'un des rares monuments mozarabes à nous être parvenu en bon état.

Vilanova dos Infantes – *En direction d'Ourense, sur la gauche.* Ce charmant petit village, dominé par une tour médiévale de 19 m de haut, est admirablement bien conservé.

Prenez plein sud la C 540. 10 km après Bande, prenez à droite un chemin de terre et parcourez 400 m.

Santa Comba de Bande

À 150 m après la première église située à l'entrée du village.

La petite **église★** wisigothique (7e s.) domine le lac de Las Conchas, à quelques kilomètres seulement du Portugal. Elle a la forme d'une croix grecque éclairée par une tour-lanterne. Précédant l'abside carrée, un arc de triomphe outrepassé repose sur quatre colonnes à chapiteaux corinthiens. Ses lignes pures et la parfaite maçonnerie des murs ajoutent la qualité à la rareté de cet édifice. À l'intérieur, de somptueuses fresques, datant du 16e s. et restaurées en 2003, ornent le plafond du chœur.

Revenez à Allariz par la même route, après avoir fait le tour du lac (36 km – 45mn).

Allariz pratique

Information utile

Office de tourisme – *Alameda, s/n - ✆ 988 442 008 - www.allariz.com/turismo - tlj mat. et apr.-midi - fermé lun. (sf juil.-août).*

Se loger

⊖ **O Portelo** – *Rúa do Portelo, 20 - ✆ 988 440 740 - 14 ch. 48/57 € - ☕ 4 €.* Cet hôtel occupe une belle demeure en pierre située en plein cœur du centre historique. Les chambres, élégantes, sont dotées de parquet, de poutres apparentes et de mobilier en bois. Excellent rapport qualité-prix.

Se restaurer

⊖⊖ **Casa Tino Fandiño** – *Carcere, 7 - ✆ 988 442 216 - 30 €.* À deux pas de la praza Maior, cet établissement familial fondé en 1917 est installé dans un ancien fournil restauré. Il sert une cuisine traditionnelle et des vins régionaux de qualité à des prix doux. Bar à l'entrée.

Achats

Los almendrados – Biscuits à base de d'amandes et de sucre.

Événement

Festa do Boi (Fête du bœuf) – Fin mai-début juin.

Sur le chemin de Saint-Jacques en Castille.

C. Labonne/MICHELIN

CASTILLE-ET-LEÓN

Burgos★★

172 421 HABITANTS
CARTE GÉNÉRALE B2 – CARTE MICHELIN N° 575 E 18-19 – BURGOS

Si la cathédrale est le joyau incontestable de Burgos, la rivière Arlanzón parvient à séduire de nombreux visiteurs : du pont de Santa María à la passerelle de l'Institut, ses rives aménagées en promenades offrent de beaux accès au centre historique, à ses monuments et à ses places colorées couvertes de terrasses de cafés.

- **Se repérer** – La ville se trouve à 88 km à l'est de Palencia, à 120 km au nord-est de Valladolid et à 117 km au sud-ouest de Vitoria-Gasteiz.
- **Se garer** – Parking souterrain de la plaza de la Vega, rive gauche. Parking souterrain de la plaza de Santo Domingo de Guzmán, rive droite.
- **À ne pas manquer** – Chartreuse de Miraflores.
- **Organiser son temps** – 2 jours.
- **Avec les enfants** – Le train touristique.
- **Pour poursuivre le voyage** – Aguilar de Campóo, Covarrubias, La Rioja (Santo Domingo de la Calzada) et Palencia.

Comprendre

Un peu d'histoire – Fondée en 884 par le comte de Castille Diego Rodríguez, Burgos est choisie comme capitale du royaume unifié de Castille et León en 1037, titre qu'elle cède à Valladolid en 1492 au moment de la chute de Grenade. À l'oubli politique répond un dynamisme économique et artistique. Des architectes et des sculpteurs, venus en majorité du nord, modifient la physionomie de la cité. Burgos devient alors la capitale gothique de l'Espagne, avec des réalisations remarquables comme la cathédrale, le monastère royal de las Huelgas et la chartreuse de Miraflores. À la fin du 16e s., le déclin de la Mesta (un puissante organisation d'éleveurs) met un terme à la prospérité burgalaise.

De 1936 à 1939, **Franco** établit à Burgos son gouvernement.

Terre du Cid (1043-1099) – Les exploits de Rodrigo Díaz, natif de Vivar *(9 km de Burgos)*, ont marqué l'histoire de la Castille à la fin du 11e s. Ce brillant capitaine sert tout d'abord les ambitieux desseins du roi de Castille, Sanche II, puis ceux d'Alphonse VI qui succède à son frère dans des circonstances suspectes. Mécontent des soupçons que le Cid a émis à son égard, Alphonse VI le bannit de Castille en 1081, après lui avoir donné toutefois sa cousine Chimène en mariage. Rodrigue entre alors au service du souverain maure de Saragosse et livre de prestigieux combats contre les armées chrétiennes. Puis, réconcilié avec son ancien suzerain, il s'empare de Valence en 1094. Riche et craint de ses ennemis, il meurt en 1099. La courageuse Chimène résiste encore trois ans dans Valence assiégée par les Maures, mais doit s'enfuir en Castille après l'incendie de la ville. Les deux époux sont inhumés au monastère de **San Pedro de Cardeña** *(10 km à l'est de Burgos)*. En 1921, leurs cendres sont transportées dans la cathédrale de Burgos.

Patronato de Turismo de Burgos

La cathédrale.

La légende n'a pas retenu le caractère obscur du *condottiere*, ou de l'opportuniste. Au contraire, l'épopée a exalté la bravoure du héros, son rôle de « champion » *(campeador)* de l'hégémonie castillane. Un premier poème, **El Cantár del Mío Cid**, est écrit dès 1180 ; d'autres poèmes reprennent le thème.

En 1618, **Guillén de Castro** donne une version romancée de l'histoire dans **Las Mocedades del Cid** *(Les Enfances du Cid)* dont **Corneille** s'est inspiré pour sa tragédie du Cid (1637).

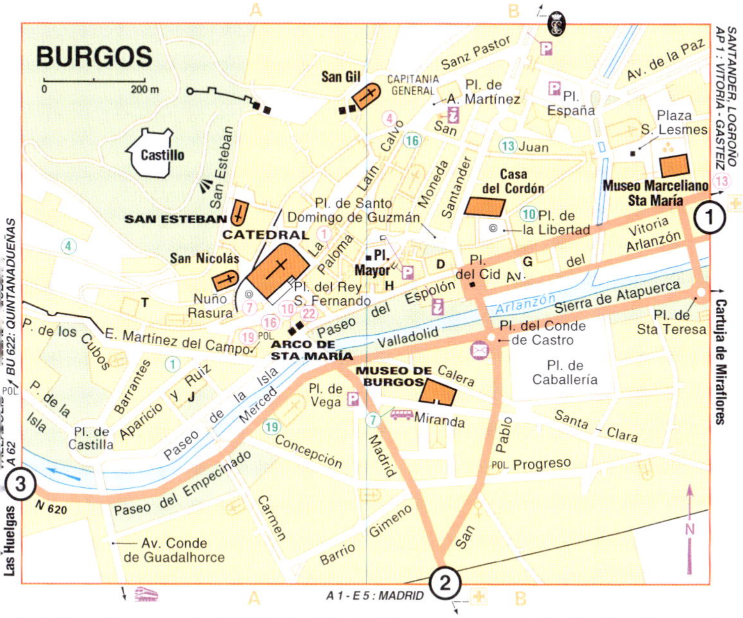

SE LOGER	
AC Hotel Burgos	1
Hotel Abba Burgos	4
Hotel Conde de Miranda	7
Hotel Cordón	10
Hotel Jacobeo	13
Hotel Norte y Londres	16
NH Palacio de la Merced	19

SE RESTAURER	
El Angel	1
La Favorita	4
Mesón del Cid	7
Meson de los Infantes	10
Ponte Vecchio	13
Puerta Real	16
Rincón de España	19
Tapelia	22

Découvrir

Burgos compte trois ensembles religieux exceptionnels. Nous vous proposons de les découvrir et de les visiter avant de parcourir la cité.

CATHÉDRALE★★★

947 204 712 - www.catedraldeburgos.es - ♿ - juil.-sept. : tlj tte la journée ; reste de l'année : tlj mat. et apr.-midi - fermé 1er janv., Vend. saint, 25 déc. - 4 € (-14 ans 1 €).

Troisième d'Espagne par ses dimensions, après Séville et Tolède, la cathédrale de Burgos a su adapter le style flamboyant venu de France et d'Allemagne à l'exubérance du style décoratif espagnol. Les nombreuses œuvres d'art qui se trouvent à l'intérieur en font un musée inestimable de la sculpture gothique européenne.

Après la pose de la première pierre par Ferdinand III en 1221, la construction de la cathédrale s'effectue en deux grandes étapes correspondant à deux styles de gothique : au 13e s., les vaisseaux et les portails sont édifiés par des architectes locaux d'après les plans rapportés par l'évêque don Mauricio d'un voyage en France, alors en pleine « fièvre » gothique ; au 15e s., une nouvelle tranche de travaux élève les flèches de la façade, la chapelle du Connétable et la décoration des chapelles des bas-côtés. C'est alors le style nordique qui s'implante car Alonso de Carthagène, un autre grand prélat de Burgos, a ramené avec lui à son retour du concile de Bâle plusieurs architectes et sculpteurs venus des Flandres, de Rhénanie et de Bourgogne. Ces artistes trouvent dans l'art local, imprégné d'arabesques mudéjares, une source de renouvellement du gothique flamboyant, qui décline alors dans le reste de l'Europe. Le Bourguignon **Felipe Bigarny**, le Flamand **Gil de Siloé** et le Rhénan **Jean de Cologne** se distinguent tout particulièrement. S'intégrant rapidement, ils créeront de véritables lignées de sculpteurs burgalais : Gil avec son fils Diego ; Jean avec son fils Simon et son petit-fils François.

La construction du **cloître** a lieu entre-temps au 14e s. Quant à la magnifique tour-lanterne de la croisée du transept, effondrée après les travaux audacieux de Simon de Cologne, elle est réédifiée par Juan de Vallejo au milieu du 16e s.

Extérieur

En faisant le tour de la cathédrale, apparaît clairement la manière dont les architectes ont su utiliser l'irrégularité du terrain (le 1er étage du cloître est de plain-pied avec l'église) en formant de charmantes places coupées d'escaliers.

Façade principale – On admirera le décor fleuri de la partie haute avec la frise des Rois et ses deux flèches ajourées, chef-d'œuvre de Jean de Cologne.

Portail de la Coronería (1) – Les statues des piédroits ont la grâce de leurs modèles d'Île-de-France, mais les plis de leurs vêtements sont plus mouvementés. Sur l'autre face du transept nord, le **portail de la Pellejería** (peausserie – **2**) a été conçu par François de Cologne au début du 16e s. dans le style plateresque.

En longeant le chevet, on s'aperçoit que la chapelle du Connétable avec son décor isabélin et sa lanterne à pinacles est un ajout au plan initial.

Porte du Sarmental (3) – Les voussures illustrent la Cour céleste et le tympan est de fort belle venue. On notera la variété des attitudes des quatre évangélistes écrivant sur leurs tréteaux.

Intérieur

Croisée du transept, stalles du coro et chœur – La splendide lanterne étoilée de la croisée du transept s'élève à 54 m au-dessus du sol. Au-dessous se trouvent les dalles funéraires du Cid et de Chimène.

L'imposant ensemble des 103 stalles en noyer a été sculpté de 1507 à 1512 par Felipe **Bigarny**. Les scènes de l'Ancien et du Nouveau Testament occupent les dossiers hauts, les sujets mythologiques ou burlesques dominent dans la partie inférieure des stalles. Au centre se trouve le beau gisant de l'évêque fondateur Mauricio. Sculpté dans le bois, il est recouvert d'une plaque de cuivre émaillée (13e s.).

Le retable du maître-autel **(4)** est une œuvre Renaissance du 16e s. traitée en haut relief sur fond de niches et de frontons classiques.

Cloître – Ses galeries gothiques du 14e s. exposent de nombreuses sculptures de l'école de Burgos, en bois polychrome, en pierre et en terre cuite. La **chapelle de Santiago (5)** renferme le trésor, riche de pièces d'orfèvrerie et d'ornements liturgiques. La **chapelle de Santa Catalina** abrite des manuscrits anciens (acte de mariage du Cid). On remarquera les consoles sculptées et peintes (15e s.) où sont représentés les rois maures venus rendre hommage au roi de Castille.

Dans la **sacristie (6)**, *Le Christ à la colonne* de Diego de Siloé est un parfait exemple de l'expressionnisme de la statuaire espagnole à partir du 16e s.

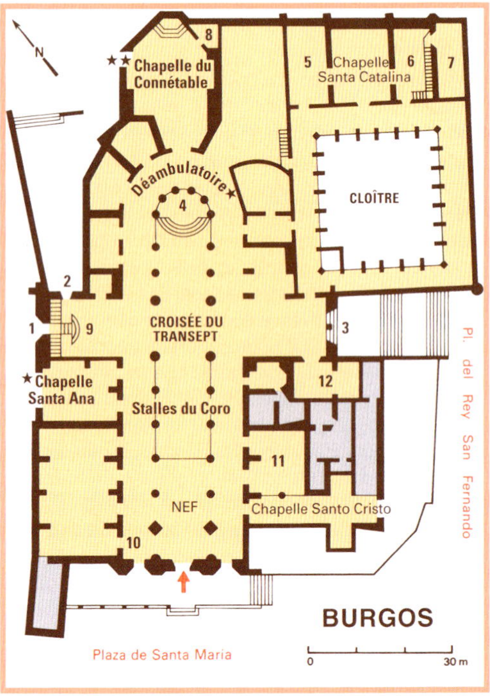

La **salle capitulaire (7)** est recouverte d'un plafond à caissons mudéjar en bois peint (16e s.). Elle réunit des tapisseries de Bruxelles des 15e et 16e s. représentant les vertus théologales et cardinales, ainsi qu'un diptyque hispano-flamand.

Déambulatoire – À l'exception des deux scènes latérales, l'arrière du maître-autel est de Felipe Bigarny. En arrière-plan du chemin de Croix, étonnant d'expressivité, l'artiste a introduit un fond architectural Renaissance.

Chapelle du Connétable★★ – La porte d'accès, flanquée par les groupes de la Naissance du Christ et de la Purification de la Vierge, est fermée par une magnifique grille réalisée en 1523 par Cristóbal de Andino. Somptueuse fondation du connétable de Castille Hernández de Velasco, cette chapelle isabéline, élevée par **Simon de Cologne**, est éclairée par une lanterne coiffée d'une élégante coupole étoilée. Tous les grands sculpteurs burgalais du début de la Renaissance ont collaboré à l'exubérante décoration des murs et des retables. Le **retable principal** est exécuté en 1523 par Felipe Bigarny et le jeune Diego de Siloé. Il s'éloigne de l'ordonnance stricte traditionnelle pour privilégier la mise en scène générale. La marque des deux maîtres est facilement identifiable : le thème de la Purification de la Vierge trahit la minutie du premier et le groupe de la Vierge à l'Enfant accompagné de Saint Joseph découvre la béauté classique du second. Le connétable et son épouse gisent dans leur mausolée en marbre de Carrare, à côté d'une immense dalle de jaspe grenat qu'ils destinaient à leurs enfants. Sur le côté droit de la chapelle s'ouvre la porte plateresque de la sacristie (1512 – **8**), où l'on admire une Marie-Madeleine de l'école de Léonard de Vinci. Sur le côté gauche est exposée une Vierge à l'Enfant attribuée à Memling.

Escalier de la Coronería (9) – Du plus pur style Renaissance, ce majestueux escalier à double volée a été conçu par **Diego de Siloé** au début du 16e s. il est fort probable que Siloé se soit inspiré du projet de Bramante pour le Belvédère, alors qu'il fréquentait son atelier à Rome. Cet escalier servit à son tour de modèle à Michel-Ange pour l'aménagement de la Bibliothèque laurentine à Florence. Le maître ferronnier français Hilaire participa à l'exécution de l'élégante rampe dorée. Les motifs ornant les arcs en pierre et la précieuse balustrade imitent les grotesques italiennes et montrent l'influence des gravures de Nicoletto Rosex de Modène, Agostini de Musi, Antonio de Monza, Giovanni de Brescia et Agostino Veneziano.

Chapelles latérales – Chacune de ces chapelles est un véritable musée d'art gothique et plateresque. Gil de Siloé et le peintre Diego de la Cruz ont travaillé ensemble, de 1486 à 1492, au grand retable gothique de la **chapelle de Santa Ana★** qui retrace la vie de la mère de la Vierge. Organisé à la manière d'un triptyque, dont la verticalité est accentuée par la superposition de dais et pinacles, il donne l'impression d'une tenture monumentale. En son centre s'épanouit l'Arbre de Jessé au sommet duquel trônent la Vierge et l'Enfant. De chaque côté figurent l'allégorie de l'Ancien Testament et de la Synagogue (femme aux yeux bandés tenant les tables de la Loi) et l'allégorie du Nouveau Testament et de l'Église (femme tenant le calice). Au cœur de l'Arbre figure la rencontre d'Anne et de son futur époux Joachim. La chapelle abrite le sépulcre de l'évêque Don Luis de Acuña, œuvre Renaissance en marbre blanc de Diego de Siloé. Le prélat repose sur un lit dont les flancs sont investis par des reliefs des Vertus.

Au bout de la nef, tout près des voûtes, **Papamoscas** (Gobemouches) **(10)** est un automate qui rythme les heures en ouvrant la bouche.

Au centre du retable de la **chapelle du Santo Cristo** figure un Christ fait de peau de buffle, de cheveux et de sourcils humains. Dans la **chapelle de la Présentation (11)** se trouve le tombeau de l'évêque de Lerma par Felipe Bigarny, et dans la **chapelle de la Visitation (12)**, celui du chanoine Alonso de Cartagena par Gil de Siloé.

MONASTÈRE ROYAL DE LAS HUELGAS★★ (REAL MONASTERIO DE LAS HUELGAS)

1,5 km à l'ouest de la ville par l' avenida del Monasterio de las Huelgas. Los Compases, s/n - ✆ 947 201 630 - www.patrimonionacional.es/huelgas/huelgas.htm - tlj mat. et apr.-midi, dim. et j. fériés matin - fermé lun., 1er et 6 janv., Vend. saint, 1er Mai, 15 et 29 juin, 25 déc. - 5 € (-16 ans 2,50 €).

Fondé en 1180 par Alphonse VIII et sa femme Éléonore d'Angleterre, ce couvent « doré », construit à l'emplacement d'une demeure destinée aux loisirs *(las huelgas)* du roi, était réservé à des religieuses cisterciennes de haute lignée. Au 13e s., son pouvoir spirituel et temporel s'étend sur plus de cinquante localités. La famille royale de Castille en fait un lieu de retraite pour ses membres ainsi que son panthéon.

Divers travaux d'aménagement en ont fait un ensemble hétérogène et cloisonné. Si l'architecture cistercienne domine (12e et 13e s.), il s'y mêle des éléments romans et mudéjars (13e-15e s.), ainsi que du mobilier plateresque.

Église

L'extérieur revêt les lignes pures de l'art cistercien. L'intérieur est séparé en deux parties par la clôture, afin de respecter l'isolement des moniales. Dans le transept, ouvert aux fidèles, on remarquera la chaire tournante (1560), en fer repoussé et doré, qui permettait au prédicateur de dire la messe des deux côtés. De nombreuses sépultures royales et nobles, ornées de motifs héraldiques ou de sujets historiés, originellement polychromes, occupent la nef, dont celle du couple royal fondateur située dans le *coro* des religieuses au milieu du vaisseau central. Le retable du chœur est de style baroque, exécuté en 1655. Il épouse d'un seul tenant tout le volume de l'abside. Le **retable** qui ferme la clôture, orné de délicates ciselures Renaissance et entièrement peint, est surmonté d'une belle Descente de croix du 13e s. De part et d'autre de l'autel se trouvent deux beaux tombeaux des 13e et 14e s.

Cloître gothique (Claustro gótico)

13e-15e s. Il subsiste des fragments des stucs mudéjars des voûtes, dont les entrelacs et motifs sont inspirés de tissus et d'ivoires persans.

Salle capitulaire (Sala capitular)

Elle abrite le **pendón**, un trophée conquis sur le calife Miramamolín à la bataille de Las Navas de Tolosa et réalisé avec des petits bouts de soie.

Cloître roman (Claustro románico)

Il date de la fin 12e s. De fines colonnes géminées aux chapiteaux stylisés scandent le cloître.

On traverse ensuite plusieurs salles de l'ancien palais d'Alphonse VIII, de décoration mauresque.

La **chapelle de l'Assomption** arbore une belle architecture almohade rythmée par des arcs polylobés. Edifiée dans le jardin, la **chapelle de Santiago** a conservé un plafond à caissons avec sa polychromie d'origine et une belle frise de stucs. D'après la tradition, la statue de saint Jacques, aux bras articulés, armait chevalier les princes de sang royal.

S. Sergent / MICHELIN

Le cloître du monastère de Las Huelgas.

Musée des Tissus médiévaux (Museo de Telas medievales)

L'ensemble d'étoffes et de parures exposé dans l'ancien grenier à grain est un témoignage exceptionnel sur l'habit royal castillan du 13e s. Les vêtements (tunique, pelisse, cape), qui y sont exposés,ont été retrouvés dans les tombeaux. Les plus précieux proviennent de la tombe de l'infant Ferdinand de la Cerda (mort en 1275), fils d'Alphonse X le Sage, qui par chance, n'avait pas été profanée par les soldats de Napoléon en 1809. Ils comprennent une longue tunique, le *pellote* (pantalon très large à bretelles) et une immense cape à porter par-dessus, tous réalisés dans une même étoffe brodée de soie et de fils d'argent. Sur la tête se portait le *birrete*, sorte de couronne en soie ornée de perles et de pierres précieuses.

CHARTREUSE DE MIRAFLORES★★ (CARTUJA DE MIRAFLORES)

4 km à l'est. ☏ 947 288 874 - carretera de la Cartuja, km 3,5 - tlj 10h15-15h, 16h-18h, dim. et j. fériés 11h-15h, 16h-18h - gratuit.

La **chartreuse de Miraflores** occupe l'emplacement de l'ancien palais de Henri III, détruit par un incendie. En 1454, Jean II et son épouse, Isabelle de Portugal, ordonnent la construction de l'église, destinée à recevoir leurs dépouilles. Les travaux, dirigés par Jean puis **Simon de Cologne**, ne s'achevent qu'en 1498, à l'apogée du style isabélin.

Patronato de Turismo de Burgos

Chartreuse de Miraflores, détail du retable : la reine Isabelle du Portugal en orante.

Église

La sobriété de la façade, modestement animée par les pinacles des contreforts, ne laisse aucunement présager de la richesse intérieure de l'édifice. L'accès se fait par le **portail ogival** nord de la Pietà, orné à gauche du blason royal de Castille et León et à droite, des armes personnelles de Jean II. L'atrium, voûté en étoiles, précède un nouvelle entrée surmontée d'une pietà, allusion à la Vierge de Miraflores. L'église est constituée d'une seule nef. Les chapelles latérales adossées au mur nord sont des adjonctions des 16e et 17e s. Dans l'antichambre des fidèles (la Estancia de los Fieles) se trouve un magnifique tableau du gothique tardif : l'*Annonciation* de Pedro **Berruguete**. L'esprit de la Renaissance y est déjà présent avec une nouvelle conception de l'espace. Au Coro de los Hermanos, succède le **Coro de los Padres**. Les 40 stalles gothiques en noyer ont été sculptées par Martín Sanchez en 1486.

Ensemble sculpté du chœur – Exécuté à la fin du 15e s. par **Gil de Siloé**, il comprend le retable, le mausolée royal et un enfeu.

Le **retable**, en bois polychrome, sculpté par **Gil de Siloé** et peint par Diego de la Cruz, est formé par deux registres. Des cercles, dans lesquels s'inscrivent les scènes, ont remplacé les habituels compartiments rectangulaires. L'espace principal est occupé par le Christ en croix, entouré d'une **couronne d'anges**. Les bras de la croix sont soutenus par le père à droite et le Saint-Esprit à gauche (incarné ici exceptionnellement dans une figure humaine). Au pied de la croix se dressent les statues de la Vierge Marie et de saint Jean. L'ensemble est flanqué aux quatre angles des reliefs des quatre évangélistes, des quatre pères de l'église, de saint Pierre et de saint Paul. Dans le registre inférieur s'élèvent quatre effigies de saints pour lesquels les rois avaient une dévotion particulière : saint Jean-Baptiste (saint patron de Jean II et saint préféré d'Isabelle), sainte Madeleine (sainte vénérée par les Chartreux), sainte Catherine (nom de la mère de Jean II) et saint Jacques (saint tutélaire des Rois Catholiques). Aux extrémités, les hauts-reliefs de Jean II en orant guidé par saint Jacques et d'Isabelle du Portugal en orante accompagnée par sainte Isabelle sont surmontés d'un dais.

Le **mausolée royal** (1489), en albâtre, adopte la forme inédite d'une étoile à huit branches. Il supporte les gisants des rois fondateurs, Jean II et son épouse, parents d'Isabelle la Catholique. Le traitement de ces gisants est moins figé qu'à l'habitude : la reine tourne la tête, tenant un livre ouvert, et le roi rabat son manteau d'apparat, tenant son sceptre de l'autre main. La précision et la finesse avec lesquels est abordé le rendu des vêtements ajoutent au réalisme de l'ouvrage. Les quatre évangélistes dominent ce mausolée à l'exubérante décoration flamboyante de rinceaux, de dais, de pinacles, d'amours et de blasons. Sur les côtés du lit mortuaire figurent des prophètes et des scènes de l'Ancien Testament (Sacrifice d'Abraham), des vertus théologales et cardinales, des chartreux ainsi que les armoiries royales tenues par des lions.

Dans le mur nord, un **enfeu** abrite le tombeau de l'infant Alphonse, dont la mort prématurée fit d'Isabelle la Catholique, sa sœur, l'héritière du trône de Castille. Le jeune prince, sculpté par **Gil de Siloé**, est représenté en orant devant un prie-Dieu. À droite de l'autel se trouve un triptyque hispano-flamand du 15e s.

Visiter

Musée de Burgos★ (Museo de Burgos)

Miranda, 13 - 947 265 875 - tlj sf lun. mat. et apr.-midi, dim. et j. fériés matin - fermé 1er et 6 janv., 25 déc. - 1,20 € (-18 ans gratuit).

Il comprend deux sections, installées chacune dans une demeure différente.

Section de préhistoire et d'archéologie – Aménagée dans la **Casa de Miranda**, belle demeure Renaissance du chanoine Miranda à l'agréable patio, elle réunit le produit des fouilles effectuées dans la province de Burgos, couvrant la période préhistorique à l'époque wisigothique. L'âge du fer compte de beaux bijoux en or, dont le **torque de Castroieriz** et une paire de boucles d'oreille en forme de bovidé. La civilisation romaine est abordée sous l'angle du site de **Clunia**. La statuette en marbre de Espejuelo de la déesse **Isis★** (2e s.) montre un beau drapé plissé. Les **sarcophages★** paléochrétiens de la Bureba sont ornés de bas-reliefs d'influence gréco-syrienne. Astres, végétation (arbres stylisés et ceps de vignes), dieux et animaux persistent dans un décor païen. Un **autel★** wisigothique porte une gravure anthropomorphe profonde et contrainte par le cadre de la stèle, imposant ainsi le placement des bras disproportionnés autour de la tête.

Section des beaux-arts – La production artistique de la région de Burgos du 9e au 20e s. est présentée dans la **Casa de Angulo**. Deux pièces exceptionnelles proviennent du monastère de Santo Domingo de Silos : un **coffret hispano-arabe★★** en ivoire taillé à Cuenca au 11e s. et orné de plaques émaillées ; et un parement d'autel, dit **Urne de saint Dominique★★**, en cuivre repoussé et émaillé du 12e s. Un **diptyque et une châsse en ivoire** du 11e s. ont été exécutés par des artisans arabes. La sculpture funéraire des 14e et 15e s. est notamment représentée par le **tombeau de Juan de Padilla★★**. La similarité avec celui de l'infant Alphonse de la Charteuse de Miraflores est frappante. Le type du **gisant** est également présent avec un ensemble de quatre gisants en bois polychrome du 14e s. et le gisant en marbre de **doña Maria Manuel★★** réalisé au 15e s. par **Simon de Cologne**. Le hieratisme ascétique des premiers s'oppose au naturalisme précieux du second.

Dans la collection de peinture, le *Christ aux larmes★*, du 15e s., est attribué à Jan Mostaert, peintre flamand. La *Déploration★* (1515), signée Adrian Isenbrandt, suit une composition Renaissance pyramidale : le Christ témoigne d'une certaine maîtrise du « raccourci ». À ses pieds figurent la couronne d'épines et le calice destiné à récolter son sang. La *Vierge à l'Enfant★★* du maître de Las Medias Figuras est une splendide Madone à l'italienne, où la tendresse du Christ est accentuée par l'emploi de couleurs chaudes. L'art moderne nous gratifie de deux superbes pièces : *El Molino★★* (1902) de Manero Miguel Luis, tableau impressionniste où apparaît une très belle technique d'empâtements, et la *Dama con abanico★★* (1929) de Muñoz Melgoza où le portrait semble être supris par le diaphragme d'un photographe. Les rouges confèrent à la jeune femme une sensualité particulière.

Arc de Santa Maria★ (Arco de Santa María)

Paseo del Espolón, s/n - 947 288 874 - tlj sf lun. et j. fériés mat. et apr.-midi, dim. mat. - gratuit.

Parure très populaire de la cité, cette porte crénelée du 14e s. a été modifiée au 16e s. à l'occasion d'une visite de Charles Quint. Elle montre en façade les grands personnages de Burgos : en bas, Diego Porcelos Rodríguez est encadré par les deux juges mi-légendaires qui auraient dirigé les affaires de Castille au 10e s. ; en haut, le comte Fernán González et le Cid *(à droite)* tiennent compagnie à Charles Quint.

Église de San Nicolás★

Son **retable**, de taille imposante, est exécuté en 1505 par **Simon de Cologne**. Sa décoration extrêmement abondante ne compte pas moins de 465 figures. Dans la partie haute, la Vierge couronnée apparaît encerclée d'une légion d'anges. Autour de la statue centrale de saint Nicolas, le sculpteur a retracé la vie du saint – son voyage en caravelle à Alexandrie – et, en bas, la Cène, avec les apôtres de dos.

Église de San Esteban★

Fermée pour travaux.

Cette ravissante **église** construite au 14e s. dans le style gothique burgalais sert aujourd'hui d'écrin au **musée du Retable** (Museo del Retablo). L'intérieur constitue un cadre magnifique pour les 18 retables répartis en fonction de leur signification religieuse dans les trois vaisseaux de l'église. Dans la partie supérieure du *coro* est présentée une petite exposition d'orfèvrerie.

Église de San Gil★

L'église de San Gil est une des plus belles églises de Burgos. Sa façade sobre cache un temple de la fin du gothique, où la chapelle de la Nativité et celle du Bon-Matin, avec un retable de Gil de Siloé, rivalisent de beauté.

Plaza Mayor

Cette charmante grand-place circulaire, typiquement ourlée d'une galerie couverte, sert de cadre aux réjouissances populaires.

Maison del Cordón (Casa del Cordón)

Récemment restaurée, elle est occupée par la Caisse d'épargne (Caja de Ahorros). Édifiée au 15e s. pour les connétables de Castille, cette demeure arbore toujours, sur sa façade, le grand cordon franciscain qui lui a donné son nom. Les Rois Catholiques y reçurent Christophe Colomb au retour de son second voyage ; Philippe le Beau y mourut subitement d'un refroidissement attrapé lors d'une partie de pelote, ce qui plongea définitivement son épouse Jeanne dans la folie ; François Ier, libéré de la captivité que lui valut sa défaite de Pavie en 1525, y logea avant de retourner en France.

Musée Marceliano Santa María (Museo Marceliano Santa María)

✆ 947 205 687 - tlj sf lun. et j. fériés 11h-14h, 17h-21h, dim. 11h-14h - gratuit.

Installé dans l'ancien monastère bénédictin de San Juan, ce musée expose les œuvres d'un enfant de Burgos (1866-1952) dont la peinture impressionniste est proche de Zuloaga et de Sorolla.

Hôpital du Roi (Hospital del Rey)

Cette fondation d'Alphonse VIII était à l'origine destinée aux pèlerins. Il en subsiste l'entrée, le Patio de Romeros (patio des Pèlerins), avec une belle façade plateresque du 16e s. Il est désormais le siège de l'université de Burgos.

Aux alentours

Gisements archéologiques de la sierra de Atapuerca

13 km à l'est. Prenez la N 120 vers Logroño jusqu'à Ibeas de Juarros. Là, rendez-vous à la salle Emiliano Aguirre (au bord de la route). ✆ 947 421 462 - Visite guidée (2h) des grottes : 9h-14h, 16h-19h - fermé lun. (sf en juin et sept.) et mi-déc. à février. 3 €. Visite du musée Emiliano Aguirre sur rendez-vous.

La construction d'une tranchée pour le chemin de fer, à la fin du 19e s., a révélé la présence de l'un des gisements archéologiques les plus importants au monde, déclaré récemment Patrimoine de l'humanité. Les fouilles de **La Dolina** ont mis au jour des restes d'hominidés présents sur les lieux il y a 800 000 ans environ. De son côté, le relevé de fossiles de la **Sima de los Huesos** est le plus riche d'Europe pour le pléistocène moyen (entre 400 000 et 200 000 ans avant notre ère). On peut parcourir la tranchée et visiter un petit musée.

Burgos pratique

Information utile

Office de tourisme – *Paseo del Espolón, s/n - ✆ 947 288 874 - tlj mat. et apr.-midi, dim. matin.*

Transports

Gare ferroviaire – *Avenida Conde de Guadalorce - ✆ 947 203 560.* Agence RENFE - *Calle Moneda, 19-21.* On trouve 5 trains par jour pour Avila (durée 2h30), 5/j pour León (1h30), 5/j pour Madrid (3h), 5/j pour Palencia (1h), 1/j pour Salamanque (2h30) et 8/j pour Valladolid (1h-1h30).

Gare routière – *Miranda, 4 - ✆ 947 288 855.* Il y a de nombreuses liaisons pour Madrid, 5 bus/j pour León et Valladolid, et 2/j pour Salamanque.

Visite

Tren turistico – 👪 - Départ quotidien du train touristique à 12h pour 40mn depuis l'office de tourisme. Découverte aussi bien des hauteurs que de l'est de la cité. Commentaires en espagnol.

Se loger

⊖ **Hôtel Jacobeo** – *San Juan, 24 - ✆ 947 260 102 - 13 ch. 40/60 € - ☕ 5 €.* La situation en plein cœur de la vieille ville est l'atout principal de ce petit hôtel. Les chambres sont petites, bien aménagées.

⊖⊖ **Hôtel Conde de Miranda** – *Calle Miranda, 4 - ✆ 947 265 267 - www.abc-hoteles.com - 14 ch. 55/80 €.* Situé à quelques pas du parking de la Plaza de la Vega, cet hôtel est moderne, fonctionnel et lumineux. Service de restauration.

Hôtel Norte y Londres – *Plaza Alonso Martinez, 10 - 947 264 125 - www.hotelnorteylondres.com - 50 ch. 55/100 € -* *7 €.* À 100 m de la cathédrale, l'hôtel propose des chambres classiques et spacieuses. La touche british est sensible dans les tissus fleuris et les cuirs vieillis.

AC Hotel Burgos – *Avenida de la Isla, 7 - 902 292 293 - www.ac-hotels.com -* P *- 70 ch. 70/110 € -* *7 €.* L'hôtel jouit d'une Jolie vue sur la promenade au bord de l'Arlanzón. L'Intérieur est design, noir et argent. Excellent restaurant.

Hôtel Cordón – *La puebla, 6 - 947 265 000 - www.hotelcordon.com - 35 ch. 90/120 € -* *9 €.* Cet hôtel coquet et stylé est doté de parties communes originales : rampes d'escalier au design végétal, carrelage noir et blanc, murs bleus et colonnes campaniformes.

Hôtel Abba Burgos – *Fernán Gonzalez, 72 - 947 001 101 - abba burgos@abbahotels.com -* P *- 99 ch. 60/160 € -* *12 €.* Installé sur les hauteurs de la ville, cet hôtel moderne possède des chambres particulièrement vastes et équipées high-tech.

NH Palacio de la Merced – *La Merced, 13 - 947 479 900 - www.nh-hotels.com -* P *- 107 ch. 80/180 € -* *13 €.* Cet hôtel contemporain, aménagé autour du magnifique patio de l'ancien palais de la Merced, avance des prestations haut de gamme. Salon de lecture avec bar design.

Landa Palace – *3,5 km au sud de Burgos par la A 1 - 947 257 777 -* P *- 39 ch. à partir de 160 € -* *16 €.* Cet hôtel est installé dans un ancien château médiéval. Les pièces sont vastes et les chambres toutes différentes. Très belle piscine couverte.

Se restaurer

La Favorita – *Avelanos, 8 - 947 205 949.* Bar à tapas néorustique aux murs de pierres apparentes. Produits fins.

Rincón de España – *Nuño Rasura, 11 - 947 205 955.* En contrebas de la cathédrale, cet établissement offre deux belles terrasses en été. Plats castillans et spécialités cuites au four à bois.

Ponte Vecchio – *Vitoria, 111 (Passage) - 947 225 650.* Ce restaurant italien, avec ses fresques murales sur la Rome antique, est situé dans un superbe cadre. Idéal pour un dîner romantique.

Mesón de los Infantes – *Avenida Generalisimo, 2 - 947 205 982.* Restaurant touristique qui propose toutefois une bonne cuisine traditionnelle, en particulier le cochon rôti et les lentilles médiévales.

Tapelia – *Plaza Rey San Fernando - 947 278 000.* Cadre blanc et olive très agréable. Crêpes salées fourrées, spaghettis aux fruits de mer, brochettes de viande et morue gratinée à la mousseline d'ail. Un délice !

Mesón del Cid – *Plaza de Santa María, 8 - 947 208 715 - www.mesondelcid.es.* Environnement rustique et traditionnel du 15e s. (brique, bois et azulejos) pour une excellente cuisine régionale et internationale.

El Ángel – *La Paloma, 24 - 947 208 608.* Un des meilleurs restaurants de Burgos, où se mélangent subtilement les traditions culinaires et la patte innovante du chef. Bar à tapas au rez-de-chaussée.

Puerta Real – *Plaza Rey San Fernando, 9 - 947 265 200 - www.puertareal*.com. Derrière la cafétéria en devanture, belle salle de restaurant au fond. Nappes blanches, beau service et menu gourmet.

Faire une pause

Café de Las Artes – *Calle Lain Calvo, 31.* En journée ou en soirée, ce café atypique est le lieu idéal pour marquer une jolie pause au milieu de livres, de magazines et de jeux de sociétés.

Achats

Pastelería Alonso de Linaje – *Plaza Mayor, 34 et Paseo del Espolon, 20 - 947 201 065.* Salon de thé un tantinet démodé où l'on trouve les meilleurs « Yemas de Burgos » et « Camelitos del Cid ».

Événements

Fiesta de Curpillo – Début juin (le ven. après la Fête-Dieu). Processions et défilés jusqu'au parc de Parral.

Fiesta de San Pedro y San pablo – Fin juin. Corridas et festival folklorique de danse et de musique.

Aguilar de Campóo

7 308 HABITANTS
CARTE GÉNÉRALE B2 – CARTE MICHELIN NO 575 D 17 – PALENCIA

Sur l'une des buttes désertiques qui caractérisent le paysage de cette zone de la Meseta, le château d'Aguilar résiste au temps. Dessous, le village conserve sa muraille du 12e s., ses demeures nobiliaires aux murs blasonnés et ses églises. Aguilar de Campóo est une étape plaisante sur l'itinéraire touristique baptisé « Route de l'art roman ».

Se repérer – Le village se trouve à 97 km au nord de Palencia, à 104 km au sud-ouest de Santander et à 79 km au nord-ouest de Burgos.

Se garer – Plaza de España.

Organiser son temps – Une demi-journée.

Pour poursuivre le voyage – Burgos, Palencia et Reinosa.

Visiter et se promener

Collégiale de San Miguel (Colegiata de San Miguel)

979 123 641 - 6h-19h, w.-end et j. fériés 10h30-14h, 16h30-19h30 (été : 10h30-14h, 16h-20h) - musée 1,80 €. L'église de San Miguel se dresse à l'extrémité nord de la longue plaza de España. Élevée au rang de collégiale en 1541 à la demande du 3e marquis de Aguilar, elle porte sur sa tour le blason de ce dernier. Construite au 11e s. à l'emplacement d'un temple wisigothique, elle conserve de cette époque son portail principal, de style roman tardif. Le reste de l'édifice reste majoritairement gothique, excepté la tour de style herrérien, et le retable baroque. À l'intérieur, ses vastes vaisseaux gothiques abritent de beaux **mausolées** : celui des marquis d'Aguilar (statues orantes du 16e s.) et celui de l'archiprêtre García González, situé dans l'absidiole gauche, sculpté avec un réalisme surprenant.

Monastère de Santa Maria la Real

À la sortie du village vers Cervera de Pisuerga. 979 123 053 - www.santamarialareal.org - juil.-août : tlj mat. et apr.-midi ; reste de l'année : tlj sf lun. apr.-midi, w.-end et j. fériés mat. et apr.-midi - gratuit.

En 1169, le roi Alphonse VIII remet le monastère à l'ordre des prémontrés. En 1222, l'église est consacrée par Mauricio, évêque de Burgos. En 1871, dans le cadre d'une restauration, sont découverts 23 chapiteaux romans historiés, provenant de l'église, du cloître et d'autres complexes monastiques. L'un deux partira en 1932 rejoindre les collections du Fogg Art Museum de l'université de Harvard. Le monastère abrite dorénavant un petit musée d'art roman, où sont exposés maquettes et chapiteaux.

Autour de la plaza de España

La **plaza de España★** montre du côté ouest un portique de tradition castillane, et du côté est une architecture proche de celle des villages de pêcheurs de Cantabrie. Derrière la collégiale San Miguel se trouve la **porte de la Torrejona**, fastueuse entrée Renaissance d'un palais du 16e s. aujourd'hui disparu. En vous dirigeant à l'est, la porte del Portazgo s'ouvre sur le **pont médiéval**, où s'effectuaient les échanges commerciaux à l'époque où le quartier appartenait aux Juifs.

Aguilar pratique

Information utile

Office de tourisme – *Plaza de España, 30 - 979 123 641 - tlj sf lun. mat. et apr.-midi, dim. matin.*

Se loger et se restaurer

Posada Santa Maria la Real – *Avenida Cervera - 979 122 000 - www.posadasantamarialareal.com - P - 22 ch. 60/80 € - 7 €.* Logé dans les anciennes dépendances du monastère, cet hôtel de charme dépayse assurément. 18 chambres en duplex, dont 4 de plain-pied, donnant sur un magnifique jardin. Restaurant.

Cortés – *Puente, 39 - 979 125 080.* Ce restaurant familial propose une cuisine castillanne traditionnelle.

Événement

Le **carnaval de la Galleta** a lieu la deuxième quinzaine de février.

Covarrubias★

632 HABITANTS
CARTE GÉNÉRALE B3 – CARTE MICHELIN N° 575 F 19 – BURGOS

Les remparts de Covarrubias sont défendus par la tour Doña Urraca et le fleuve Arlanza. Un palais Renaissance faisant arche sur la rue donne accès au quartier historique, caractérisé par ses maisons à colombages. La cité abrite la tombe d'un des grands personnages de l'histoire castillane, Ferdinand González, artisan de l'autonomie castillane au 10e s.

- **Se repérer** – Covarrubias est située à 40 km au sud-est de Burgos.
- **Se garer** – Devant l'arche monumental de la ville, au commencement de la rue Monseñor Vargas.
- **Organiser son temps** – Une demi-journée.
- **Pour poursuivre le voyage** – Burgos, Palencia et La Rioja (Santo Domingo de la Calzada).

Visiter

Collégiale★ (Colegiata)

✆ 947 406 611 - visite guidée (30mn) - tlj sf mar. 10h30-14h, 16h-19h, dim. et j. fériés 10h30-12h, 16h-19h - 2 €.

L'église, construite au 15e s., possède trois nefs et quatre chapelles latérales. Le cloître attenant est du 16e s. Le tout forme un bel ensemble gothique. Son orgue du 17e s. est le plus vieux des orgues de Castille à fonctionner encore actuellement.

Véritable panthéon, la **collégiale** abrite une trentaine de tombeaux médiévaux, dont ceux de Ferdinand González et de son épouse Doña Sancha (inhumés dans des sarcophages de réemploi, d'époque romaine) et celui de la princesse norvégienne Christine qui épousa en 1258 l'infant Philippe de Castille, frère de Alphonse X.

Musée-Trésor★ – Parmi une riche collection de sculptures, d'orfèvrerie, de vêtements ecclésiastiques et de peintures primitives, on distinguera : un **triptyque** du 15e s. dont les hauts-reliefs du panneau central représentant l'Adoration des Mages sont attribués à Gil de Siloé ; une scène de genre de **Pedro Berruguete**, montrant des médecins affairés autour d'un malade ; et une Vierge de **Van Eyck**. Une très belle croix processionnelle ouvragée témoigne de la virtuosité des orfèvres de Calahorra au 16e s.

Aux alentours

Quintanilla de las Viñas★

24 km au nord en direction de Burgos par la N 234.

À la sortie de Covarrubias, la route suit la vallée de l'Arlanzón, qui s'encaisse dans de belles gorges boisées. Sur la droite apparaissent en contrebas les vestiges de l'**ancien monastère de San Pedro de Arlanza** (noter les belles absides romanes).

G. Alameda / Ecovarrubias.com

La frise de l'église de Quintanilla de las Viñas.

Église de Quintanilla de las Viñas★ – *Oct.-mars 10h-17h, reste de l'année 9h30-14h, 16h-19h - fermé lun. et dernier w.-end du mois.*

Le grand âge de cet ermitage – dans lequel la plupart des archéologues reconnaissent un édifice wisigothique du 7e s. – lui confère une valeur archéologique considérable. Il ne reste que l'abside et le transept, édifiés avec de grandes pierres régulièrement appareillées. Les murs extérieurs sont décorés d'une frise de rinceaux (grappes de raisin, feuilles, oiseaux) et de médaillons et motifs stylisés. Ces mêmes motifs se retrouvent à l'intérieur sur les claveaux de l'arc triomphal. De chaque côté, les deux impostes sont ornées de figures symboliques représentant le soleil et la lune.

Lerma

47 km à l'ouest par la BU 905.

Lerma doit sa splendeur à Francisco de Sandoval, duc de Lerma (1553-1625) et ambitieux favori de Philippe III, qui dirigea les destinées du pays de 1598 à 1618, date à laquelle il fut évincé par son propre fils, le duc de Uceda. Confortablement enrichi, celui-ci s'attacha à embellir sa ville de Lerma, qui devint un des rares exemples d'urbanisme classique en Espagne.

Dans la partie haute de la ville se trouve le quartier historique aménagé par le duc au 17e s. Il conserve ses rues étroites, en forte montée, tapissées de pavés pointus et bordées de maisons anciennes sur portiques de bois ou de pierre. Sur la **Plaza Mayor★** s'élève l'élégante façade du palais ducal. La **collégiale** conserve la statue agenouillée en bronze doré de l'archevêque Cristóbal de Rojas, neveu du duc, œuvre de Juan de Arfe (17e s.). *☎ 947 177 002 - uniquement visite guidée avec office de tourisme - 3 €.*

Covarrubias pratique

Informations utiles

Office du tourisme de Covarrubias – *C. Monseñor Vargas - 09346 Covarrubias - ☎ 947 403 032.*

Office du tourisme de Lerma – *Audiencia, 6 - 09340 Lerma - ☎ 947 177 002.*

Visites

À COVARRUBIAS

Visites guidées du village organisées chaque jour à 11h au départ de l'office de tourisme. Plus d'informations au *☎ 947 406 461.*

À LERMA

Visite guidée de la ville organisée par l'office de tourisme. Durée 1h15. 3 € en groupe et 5 € en individuel. Plus de renseignements au *☎ 947 177 002.*

Se loger

À COVARRUBIAS

Pension Casa Galín – *Plaza Doña Urraca, 4 - ☎ 947 406 552 - www.casagalin.com - 8 ch. 40/50 €.* Dans une ancienne maison à colombages, petites chambres avec poutres apparentes, parquet et boiseries. Bar-restaurant économique.

Hôtel Doña Sancha – *Avenida Victor Barbadillo, 31 - ☎ 947 406 400 - www.hoteldonasancha.com - P - 14 ch. 45/55 € - 5 €.* Situé à 300 m du cœur historique, le Doña Sancha est un hôtel confortable entouré d'un joli verger de cerisiers et bordé de vignes.

Hôtel del Rey Chindasvinto – *Plaza del Rey Chindasvinto, 5 - ☎ 947 406 550 - hotelchindas@wanadoo.es - 14 ch. 50/60 €.* Cet établissement de charme, admirablement situé à côté de la collégiale, arbore un décor soigné de pierre, de brique et de stuc, ainsi qu'un mobilier castillan. Agréable terrasse.

À LERMA

Hôtel Villa de Lerma – *Calle Mayor, 52 - ☎ 947 177 070 - www.villadelerma.com - P - 18 ch. 50/60 €.* Un 2 étoiles sans charme mais confortable, à 50 m de la Plaza Mayor. Cafétéria.

Parador de Lerma – *Plaza Mayor, 1 - ☎ 947 177 110 - lerma@parador.es - P - 70 ch. 145/160 € - 14 €.* L'hôtel palatial s'articule autour d'un magnifique patio. Les chambres sont hautes et spacieuses, avec boiseries, et salles de bains parées d'azulejos. Excellent restaurant gastronomique : réservation conseillée.

Se restaurer

À COVARRUBIAS

De Galo – *Monseñor Vargas, 10 - ☎ 947 406 393.* Dans un cadre rustique et intimiste, on sert des plats régionaux.

À LERMA

Mesón del Duque – *Calle Audiencia, 2- ☎ 947 172 122.* Spécialités de viandes cuites au four à bois.

Bodega San Blas – *Plaza San Blas - ☎ 947 171 181.* Restaurant sous la cafétéria. Menu copieux. Viandes et poissons (turbot, bar, lotte et saint-pierre).

Casa Brigante – *Plaza Mayor, 5 - ☎ 947 170 594.* Une adresse plébiscitée des habitants pour sa viande.

Santo Domingo de Silos★★

CARTE GÉNÉRALE B3 – CARTE MICHELIN Nº 575 F 19 – BURGOS

Au 11e s., le moine Dominique, devenu évêque de Silos, fait reconstruire les bâtiments d'une ancienne abbaye wisigothique et donne son nom au nouveau monastère. En 1512, la communauté adhère à la congrégation bénédictine de Valladolid. Les lieux sont abandonnés en 1835, suite au décret gouvernemental sur la sécularisation. Mais Santo Domingo est choisi comme refuge par des bénédictins français, conduits par un moine de l'abbaye de Solesmes, en 1880. À leur arrivée, il plantent un cyprès au centre du cloître, aujourd'hui emblème du monastère. Situé à l'entrée d'un village de 300 âmes, Santo Domingo accueille d'innombrables visiteurs, attirés par sa beauté et ses chants grégoriens.

- **Se repérer** – Santo Domingo de Silos se trouve à 18 km au sud de Covarrubias et à 69 km au sud-est de Burgos.
- **Organiser son temps** – Une demi-journée.
- **Pour poursuivre le voyage** – Burgos, Covarrubias et La Rioja (Santo Domingo de la Calzada).

Découvrir

Monastère de Santo Domingo de Silos★★

947 390 049 - www.abadiadesilos.es - tlj sf lun. 10h-13h, 16h30-18h, j. fériés 16h30-18h - fermé 1er et 6 janv., Jeu. et Vend. saints, 12 oct., 1er nov., 20 et 25 déc. - 3 €.

Cloître (Claustro) – C'est l'un des plus beaux cloîtres d'Espagne. Particulièrement vaste pour un édifice roman, il comprend deux étages d'une parfaite homogénéité. Les galeries du rez-de-chaussée se composent d'une soixantaine d'arcs en plein cintre soutenus par des colonnes géminées, et, au centre de chaque galerie, par un ensemble de cinq colonnes. Les huit bas-reliefs qui se trouvent aux angles comptent parmi les chefs-d'œuvre de la sculpture romane. Plusieurs artistes se sont succédés. Le premier maître (2e moitié du 11e s.), le plus original, utilise le dessin linéaire, les attitudes hiératiques, et donne la prépondérance au symbole sur le réalisme. On lui doit les galeries est, nord et en partie ouest, ainsi que les bas-reliefs des piliers sud-est, nord-est et nord-ouest. Le second artiste (début du 12e s.) joue du volume et individualise ses personnages. Les bas-reliefs du pilier sud-ouest (12e s.) sont d'une troisième main, et d'une facture très différente.

Les **chapiteaux**, dans leur ensemble, constituent un bestiaire fantastique à partir de thèmes animaliers et végétaux d'influence mudéjare. *Les plus intéressants sont cités dans la description des galeries ci-dessous.*

Pilier sud-est : on identifie à gauche l'Ascension et à droite la Pentecôte. Leur composition s'apparente à celle d'un diptyque d'ivoire.

Galerie est : vannerie **(1)**, entrelacs végétaux **(2)**, harpies défendues par des chiens **(3)**.

Pilier nord-est : il évoque la Descente de croix avec, au registre supérieur, la terre et la lune dont les faces vont se couvrir d'un voile ; de l'autre côté sont synthétisées

en une seule scène, très originale, la Mise au tombeau et la Résurrection.
En face de ce pilier se trouve la porte de l'ancienne abbatiale romane, ou **porte des Vierges (4)**, dont l'arc outrepassé est encadré de colonnes supportant d'intéressants chapiteaux.
Galerie nord : entrelacs végétaux **(5)**, les vieillards de l'Apocalypse **(6)**, harpies attaquées par des aigles **(7)**, couples d'oiseaux **(8)**. Dans cette galerie se trouve le tombeau de saint Dominique de Silos (13e s.) : trois lions romans portant le gisant du saint **(9)**.
Pilier nord-ouest : il se rapporte aux doutes que sema la Résurrection de Jésus dans l'esprit de certains disciples : l'Apparition aux disciples d'Emmaüs, l'Incrédulité de saint Thomas.

S. Sergent / MICHELIN

Saint Thomas touchant les plaies du Christ.

Galerie ouest : vannerie de pierre **(10)**, oiseaux affrontés avec les cous entrecroisés **(11)**, flamants au galbe parfait **(12)**, entrelacs végétaux emprisonnant des oiseaux et des lions **(13)**. Les chapiteaux suivants du deuxième artiste représentent la naissance de Jésus **(14)** et des scènes de la Passion **(15)**. Remarquer le plafond *artesonado* du 14e s., bien conservé dans cette galerie.
Pilier sud-ouest (A) : œuvre du troisième maître, il est consacré à la Vierge, avec, à gauche, une admirable Annonciation, où la Vierge est couronnée par deux anges, et, à droite, un Arbre de Jessé.
Galerie sud : entrelacs emprisonnant des oiseaux dans l'un et des cerfs dans l'autre **(16** et **17)**, aigles enserrant des lièvres **(18)**, têtes de monstres grimaçants **(19)**.
Musée – Il présente quelques pièces fort anciennes : le calice de saint Dominique décoré de filigranes (11e s.), un reliquaire plaqués d'émaux, un manuscrit de rite mozarabe (10e-11e s.) et le tympan du portail de l'église primitive.
Ancienne pharmacie – L'Antigua Farmacia conserve une belle collection de pots de Talavera aux armoiries du monastère.
Église – Le bâtiment actuel (1756-1816), de proportions harmonieuses, allie la science baroque des lignes courbes à la simple grandeur herrérienne.

Aux alentours

Gorge de la Yecla (Garganta de la Yecla)

3 km au sud-ouest par la BU 911.
20mn. Une passerelle permet de suivre le parcours d'un profond et étroit canyon taillé dans une épaisse couche de calcaire gris.

Sto D. de Silos pratique

Information utile

Office de tourisme – *Cuatro Cantones, 10 - 947 390 119 - avr.-sept. : tlj sf lun. mat. et apr.-midi, dim. matin ; reste de l'année : sam. mat. et apr.-midi, dim. matin.*

Se loger et se restaurer

Posada Villa de Silos – *Calle Plaza Mayor, 10 - 39 00 17 - www. posadadesilos.com - 7 ch. 40/50 € - 3,50 €.* Maison coquette en pierre du début du 20e s., joliment restaurée et ouverte en 2002. Bon rapport qualité-prix.

Hôtel Santo Domingo de Silos – *Calle Santo Domingo de Silos, 14-20 - 947 390 053 - www. hotelsantodomingodesilos.com - 40 ch. 50/60 € - 7 €.* Situé face au monastère, cet hôtel au charme rustique dispose de chambres sobres, avec parquet et tête de lit en fer forgé.

Hôtel Tres Coronas de Silos – *Plaza Mayor, 6 - Monasterio de Santo Domingo de Silos - 947 390 047 - 16 ch. 75/80 € - 7 €.* Une bâtisse seigneuriale du 17e s. héberge cet agréable hôtel central. Décoration de style castillan, pierre murale apparente. Excellent restaurant.

Événements

La **fête de la Sainte-croix** a lieu le 2 mai, la **fête de Santa Isabel** le 2 juillet.

Palencia

81 439 HABITANTS
CARTE GÉNÉRALE B3 – CARTE MICHELIN N° 575 F 16 – PALENCIA

Palencia s'étire du nord au sud, contrainte dans les limites étroites que lui imposent la rivière Carrión à l'ouest et la voie ferrée à l'est. À la différence de ses consœurs, cette capitale de province castillane possède un patrimoine assez modeste, exception faite de son admirable cathédrale. Il est toutefois agréable de s'y promener entre la calle Mayor et le puente Mayor, pour découvrir au détour d'une rue un portail baroque, une façade Art nouveau ou une place pittoresque. Autour de la ville, les terres irriguées par le canal de Castille et les canaux afférents alimentent une industrie horticole.

- **Se repérer** – Palencia se trouve à 70 km à l'ouest de Burgos, à 50 km au nord-est de Valladolid et à 125 km au sud-est de León.
- **Se garer** – Parking souterrain de la calle Felipe Prieto, facilement accessible par l'avenida Casado del Alisal qui traverse la ville du nord au sud, aux portes du centre historique.
- **À ne pas manquer** – Le musée de la cathédrale.
- **Organiser son temps** – 2 jours avec les alentours.
- **Pour poursuivre le voyage** – Burgos et Covarrubias.

Visiter

Cathédrale★★ A1

979 701 347 - mi-mai-sept. : tlj mat. et apr.-midi ; reste de l'année : tlj mat. et apr.-midi, dim. et j. fériés matin - 3 € (-12 ans gratuit).

La « belle méconnue » – les habitants de Palencia considèrent en effet qu'il n'est pas rendu justice à la beauté de leur cathédrale – est un édifice gothique édifié entre le 14e et le 16e s.

Au 7e s., le site possède une chapelle, élevée pour abriter les reliques du saint wisigoth Antolín. Tombée dans l'oubli après le sac de la ville par les Maures, elle est d'après la tradition miraculeusement redécouverte par le roi de Navarre, Sanche le Grand, alors qu'il chasse le sanglier. Aussitôt, le souverain bâtit en 1034 une nouvelle chapelle, qui sert de crypte à la cathédrale actuelle.

Intérieur★★ – La cathédrale est caractérisée par une multiplicité de courants stylistiques architecturaux et sculpturaux du 16e s. : du gothique flamboyant, en passant par les styles isabélin et plateresque, à la typologie Renaissance. Elle concentre également de très belles œuvres d'art. Cette richesse est due à l'évêque Fonseca, qui sut s'entourer d'artistes de renommée.

Le monumental **retable** du maître-autel, daté du début du 16e s., est composé d'une multitude de niches alternant les sculptures de **Felipe Bigarny** et les tableaux de **Jean de Flandre.** Il est surmonté d'un calvaire de Juan de Valmaseda. Sur les côtés se trouvent des tapisseries du 16e s., commandées par l'évêque Fonseca. La grille du *coro*, au couronnement délicatement ouvragé, est l'œuvre de Gaspar Rodríguez (1563). Au-dessus des stalles gothiques s'élève la **tribune d'orgues** (1716) en bois polychrome. Derrière le maître-autel, fermée par une jolie grille romane, la **chapelle del Sagrario**, d'un gothique exubérant, conserve un riche retable de Valmaseda (1529) et, à gauche en hauteur, le sarcophage de doña Urraca de Navarre, morte en 1189. Les sculptures du *trascoro* sont signées Gil de Siloé et Simon de Cologne. Le **triptyque★** central est un chef-d'œuvre de l'art flamand, peint par **Jan Joest de Calcar** en 1505. L'évêque de Fonseca y apparaît au centre, en donateur.

À côté du *trascoro*, un escalier plateresque mène à la **crypte**, construction romane conservant quelques vestiges (arcs, chapiteaux) de la première chapelle wisigothique.

Musée – *Installé dans la salle capitulaire. Mayor Antigua, 34 - 979 701 347 - www.mundofree.com/museodpalencia/index2.htm - tlj mat. et apr.-midi - 1,50 € (1er et 3e lun. du mois gratuit).* Cet extraordinaire petit musée d'art sacré conserve, entre autres, un Saint Sébastien du **Greco**, un étonnant portrait anamorphique de Charles Quint peint par **Lucas Cranach**, un diptyque (Crucifixion et Pietà) de **Pedro Berruguete**, une Vierge à l'Enfant de **Paul Coeck** (16e s.) fortement inspirée du style de Jan Gossaert, une Sainte Catherine de **Zurbarán**, deux statuettes romanes polychromes de saint Pierre et saint Paul, un pixide-ostensoir en cuivre argenté du 12e s. incrusté d'émaux

SE LOGER		SE RESTAURER	
Diana Palace	1	Asador La Encina	1
Don Rodrigo	4	Casa Damian	4
Hotel Colón	7	Casa Matias-Bar Ecuador	7
Hotel SUCO Castilla Vieja	10	La Fragata	10

figurant des dragons et des fleurs de lys, et quatre **tapisseries** flamandes du 15e s. représentant l'Adoration, l'Ascension, le Péché originel et la Résurrection de Lazare. Après avoir achetées ces tapisseries, l'évêque de Fonseca fit tisser son blason dans les coins.

Aux alentours

Baños de Cerrato

14 km au sud-est par l'A 67, sortie Venta de Baños. Là, traversez la voie ferrée et tournez à droite vers Cevico de la Torre, puis tournez à gauche au premier croisement.

Basilique de San Juan Bautista★ – *✆ 988 770 812 (mairie). Visite guidée (20mn). Été : tlj sf lun. 10h30-13h30, 17h-20h30 ; le reste de l'année : tlj sf lun. 10h30-13h30, 16h-19h.* La plus ancienne église d'Espagne qui soit parvenue en bon état de conservation est un exemple d'architecture wisigothique. Elle fut édifiée par le roi Receswinthe en 661 (date gravée sous l'arc de l'abside). Elle comprend une nef et deux bas-côtés couverts d'une charpente de bois, un transept et trois absides. Les arcs en fer à cheval séparant les vaisseaux reposent sur des colonnes antiques au fût de marbre et des chapiteaux sculptés de motifs floraux stylisés, où apparaît déjà la longue feuille à nervures, très répandue dans l'art asturien. Une élégante frise court le long de l'abside centrale. À l'extérieur, belles petites fenêtres en pierre ouvragées sculptées d'entrelacs.

Circuit de découverte

LES ÉGLISES DU CHEMIN DE SAINT-JACQUES

100 km – une demi-journée. Quittez Palencia au nord-est par la l'A 67 qui devient N 611.

Église de Frómista★★

✆ 979 810 144 - été : 10h-14h, 16h30-20h ; le reste de l'année : 10h-14h, 15h-18h30 - 1 €. Du célèbre **monastère** bénédictin de **San-Martín**, seule subsiste l'église qui se dresse au centre de la place. Édifiée en **1066**, avec de grandes pierres de taille minutieusement appareillées, cette église marque une étape très importante dans l'histoire de l'architecture romane en Castille. À la suite des expériences faites à Palencia, Jaca et San Isidoro de León, elle a atteint la perfection dans l'ordonnancement architectural.

Extérieurement, on reconnaît le classique étagement du chevet avec, de bas en haut, la série d'absides, le mur du transept, le léger ressaut des trompes de la **coupole** et la tour-lanterne. La décoration n'omet ni les frises de billettes soulignant les fenêtres, ni les colonnettes engagées, ni même les corniches aux corbeaux sculptés.

Office Espagnol du tourisme/Paris

Eglise Saint Martin de Fromista.

L'église suit un plan strictement **basilical**. Elle comprend trois vaisseaux, croisés par un transept non saillant à l'extérieur. La pureté des lignes romanes apparaît dans le dessin des voûtes en berceau, des **absides en cul-de-four**, de la coupole sur trompes et des arcades à double rouleau. Les **chapiteaux** puisent leur répertoire dans l'iconographie biblique (le Pêché originel, Adam et Ève chassés du Paradis, l'Adoration des Mages, etc...) et mythologique (Oreste poursuivi par les Érinyes après le meurtre de Clytemnestre et d'Egisthe). La mythologie est particulièrement rare dans la sculpture romane. Concernant le haut-relief de l'histoire d'Oreste cité ci-dessus, les historiens d'art ont découvert que l'artiste avait reproduit la scène d'un sarcophage romain du 2e s. retrouvé dans l'abbaye de Santa Maria de Husillos, à 25 km de Frómista. Le style général des chapiteaux historiés est d'ailleurs résolument antiquisant. De beaux chapiteaux végétaux, géométriques (tressage) et animaliers (bestiaire fantastique, lions assis) complètent harmonieusement l'ensemble.

Parcourez 13 km vers le nord-ouest par la P 980.

Villalcázar de Sirga★

L'**église** gothique de **Santa María la Blanca** possède un beau **portail** méridional sculpté, protégé par un porche. Dans le croisillon sud se trouvent les **tombeaux** gothiques d'un frère d'Alphonse X, exécuté par ce dernier en 1271, et de sa femme Léonore. Sur le tombeau du prince, le sculpteur a détaillé les funérailles avec un grand sens de la narration. *✆ 979 888 076 - mai à oct. : 10h-14h, 17h-20h, dim. et j. fériés 18h-20h ; nov.-avr. w.-end et j. fériés 12h-14h, 17h-19h - visite possible les autres jours sur demande.*

Poursuivez sur la même route.

Carrión de los Condes

Les comtes de Carrión, attirés par la belle dot promise aux filles du Cid, les épousèrent, les maltraitèrent et eurent à s'en repentir, car leur beau-père les fit condamner à mort par le roi. Le **monastère de San Zoilo**, reconstruit à la Renaissance, renferme un **cloître★**, édifié d'après les plans de Juan de Badajoz, qui présente des voûtes remarquables, ornées sur les clés et les culs-de-lampe de médaillons et de bustes. L'**église de Santiago** possède de belles sculptures du 12e s. Sur la voussure centrale du portail, on reconnaît l'architecte avec son compas, le coiffeur avec ses ciseaux, le potier et son tour, le savetier... Les hauts-reliefs ont déjà une allure gothique.

Revenez à Palencia, au sud, par la CL-615.

Palencia pratique

Information utile

Office de tourisme – *Mayor, 105 - ✆ 979 740 068 - tlj tte la journée.*

Transports

Gare ferroviaire RENFE – *Plaza de los Jardinillos - ✆ 902 240 202.*

Gare routière – *✆ 979 723 399.*

Se loger

À PALENCIA

⊖ **Hôtel Colón** – *Calle Colón, 27 - ✆ 979 740 737 - www.hotelcolon27.com - 22 ch. 40/50 €.* Un premier prix très correct pour cet hôtel sans prétention esthétique au cœur de la ville historique. Accueil chaleureux.

⊖ **Don Rodrigo** – *Los Gatos, 1 - ✆ 979 706 280 - donrogrigo@mundivia.es - 20 ch. 40/50 €.* Récemment rénové, cet hôtel possède des chambres simples et bien tenues. Cafétéria.

⊖⊖ **Hôtel SUCO Castilla Vieja** – *Avenida Casado del Alisal, 26 - ✆ 979 749 044 - h_castillavieja@mundivia.es - P - 69 ch. 50/90 € - ☕ 5 €.* Établissement moderne proposant des chambres tout confort à 5mn à pied de la cathédrale. Évitez celles donnant sur le boulevard. Cafétéria.

⊖⊖⊖ **Diana Palace** – *Avenida de Santander, 12 - ✆ 979 018 050 - info@eurostardianapalace.com - 65 ch. 60/120 € - ☕ 10 €.* LIgne urbaine, mobilier design, ambiance glamour pour ce digne représentant de la chaîne Eurostars. Situation centrale et restaurant gourmet.

À FROMISTA

⊖ **Hôtel San Martín** – *Plaza San Martín, 7 - Frómista - ✆ 81 00 00 - P - 12 ch. 35/45 € - ☕ 4 €.* Situé près de l'église romane de San Martín. Chambres toutes équipées. Restaurant avec un four à bois.

À CARRION DE LOS CONDES

⊖⊖ **Hôtel Real Monasterio San Zoilo** – *Obispo Souto - Carrión de los Condes - ✆ 979 880 050 - P - 35 ch. 50/70 € - ☕ 5,50 €.* Cet ancien monastère bénédictin a perdu son austérité d'antan pour se transformer en un hôtel de charme. La brique, le bois et la pierre se combinent avec élégance. Excellent rapport qualité-prix.

VILLLALCÁZAR DE SIRGA

⊖ **Hôtel Infanta Doña Leonor** – *Condes de Toreno, 1 - Villalcázar de Sirga - ✆ 979 888 015 - P - 9 ch. 35/45 € - ☕ 3,50 €.* Dans un bâtiment moderne, cet hôtel calme propose des chambres accueillantes. Trois sont mansardées. Parquet et meubles en bois.

Se restaurer

À PALENCIA

⊖ **Casa Matias-Bar Ecuador** – *Los Soldados, 19 - ✆ 979 744 118.* Bar à tapas historique et populaire.

⊖⊖ **La Fragata** – *Calle Pedro Fdez. de Pulgar, 6 - ✆ 979 749 591.* Cadre contemporain, nappes blanches et jolis verres. Menu touristique. Service souriant.

⊖⊖⊖ **Asador La Encina** – *Casañe, 2 - ✆ 979 710 936.* Ce restaurant est spécialiste de la cuisine au feu de bois. Viandes et poissons de qualité.

⊖⊖⊖ **Casa Damian** – *Calle Ignacio Martinez de Azcoitia, 9 - ✆ 979 744 628.* Véritable institution culinaire de la ville, un rendez-vous traditionnel incontournable.

Faire une pause

Debla Cafe – *Plaza Mayor, 16 - ✆ 979 742 927.* Un agréable café branché au cadre clair et contemporain.

Sports et loisirs

Le **canal de Castille**, ouvrage d'ingénierie hydraulique du 18e s., mesure 207 km de long et se divise en trois tronçons : nord (d'Alar del Rey à Ribas de Campos, 24 écluses), sud (de El Serron à Valladolid, 18 écluses) et l'embranchement de Campos (de Ribas de Campos à Medina de Rioseco, 7 écluses). En barque, en péniche, en vélo ou à cheval, ses rives sont l'occasion de belles promenades à la découverte des villages, de la flore et de la faune locale. Renseignez-vous auprès du **Patronato de Turismo** – *Plaza Abilio Calderon à Palencia- ✆ 979 715 130 - www.dip-palencia.es.*

León★★

136 414 HABITANTS
CARTE GÉNÉRALE B2 – CARTE MICHELIN Nº 575 E 13 – LEÓN

Située sur le versant sud de la cordillère cantabrique, l'ancienne capitale du royaume de León se dresse au cœur de la Meseta, sur la rive droite du Bernesga. Depuis l'imposante plaza de Toros et l'esplanade de San Marcos partent les élégantes avenues d'Ordono II et de San Marcos, qui convergent vers le centre historique, où les tours de la cathédrale et de l'église de San Isidoro semblent saluer les pèlerins. Dédale homogène et animé, León séduit non seulement par la beauté de son patrimoine, mais aussi par l'authenticité de ses quartiers, en particulier le Barrio Húmedo.

- **Se repérer** – León se trouve à 121 km au sud d'Oviedo, à 128 km au nord-ouest de Palencia et à 139 km au nord de Valladolid.
- **Se garer** – Parking souterrain de la plaza Santo Domingo.
- **À ne pas manquer** – Musée de León.
- **Organiser son temps** – 2 jours.
- **Avec les enfants** – Musée de León, grotte de Valoporquero.
- **Pour poursuivre le voyage** – Astorga et Palencia.

Comprendre

Une ville capitale – Fondée en 68 apr. J.-C., León, alias **Legio Septime**, du nom de la 7e légion romaine, installée sur le site pour assurer la sécurité du transport de l'or extrait de la province et en particulier à Las Medulas, est une cité de 20 ha, ceinte de fortifications. Conquise en 712 par les Arabes, elle est délivrée en 856 par le roi Ordoño Ier puis faite **capitale du royaume asturléonien** par son successeur en **914**. Mais les armées d'al-Mansour envahissent le nord de l'Espagne en 987.

León connaît un nouvel essor sous le règne d'Alphonse V, qui la dote en 1017 du «Fuero de León», un ensemble de lois lui permettant d'établir son administration et de développer son économie. Le royaume, puissant et prospère, est bientôt élevé au rang d'Empire de León, par le pape Grégoire VII. En 1188, le roi Alphonse IX crée la première assemblée médiévale européenne réunissant tous les représentants des États du royaume : les **Cortes de León**.

Le chemin de Saint-Jacques joue un rôle important dans le rayonnement de la cité. Les pèlerins qui affluent dans la région stimulent le commerce et l'échange des idées. De nouveaux quartiers d'artisans apparaissent et la ville s'étend au-delà des murs. Foyer culturel reconnu, on y publie les premiers ouvrages en langue romane. L'année **1230** consacre définitivement l'**union des royaumes de León et de Castille**.

Au Moyen-Âge, León tire ses richesses de l'élevage. Mais le déclin s'amorce au 16e s. alors que d'autres villes accueillent le trône royal. León se contente du titre de **capitale** de la province éponyme, statut confirmé lors de la division territoriale de 1833.

À la fin du 19e s., l'exploitation des mines de **charbon** donne un nouvel élan à l'économie locale. Devenue au 20e s. un carrefour routier et commercial essentiel du nord-est de l'Espagne, León multiplie les infrastructures. Son réseau ferroviaire est particulièrement dense et performant.

Se promener

Porte du château★ (Puerta del castillo)

La découverte de León commence par l'unique porte de la cité conservée de la muraille antique et médiévale. Construite au 1er s. puis au 3e s., et remaniée du 12e s. au 15e s., celle-ci formait à l'origine un quadrilatère, scandé par 72 tours semi-circulaires en plus des 8 tours qui flanquaient les portes d'accès. Il en reste aujourd'hui 36, allant de la tour de Los Ponces située derrière la Plaza Mayor jusqu'à la tour de San Isidoro. L'appareillage romain, dit « en bandelette », fait de petits moellons rectangulaires en pierre disposés en assises régulières, a été consolidé par une structure de blocs de pierre plus importants joints au mortier.

Dirigez-vous plaza Santo Martino, puis plaza San Isidoro via la calle Sacramento.

Église collégiale de San Isidoro★

La basilique, dédiée en 1063 à Isidore, archevêque de Séville, accueille les cendres du saint rapatriées avec l'accord du prince musulman de Séville, afin que le plus illustre docteur de l'Église wisigothique repose en terre chrétienne. De l'église de cette époque ne subsiste que le panthéon royal. La construction de la basilique commence à la fin du 11e s. L'abside et le transept sont transformés à l'époque gothique. À la Renaissance, sont ajoutés la balustrade et le fronton de la façade sud. Les portails romans montrent des sculptures contemporaines à celles de Frómista et de la première époque de Compostelle, représentant le sacrifice d'Abraham et la Descente de Croix. Sur le parvis, sont incrustées des coquilles en métal doré pour guider les pèlerins.

Panthéon royal★★★ (Panteón Real) – *Plaza de San Isidoro, 4 - ✆ 987 876 161 - www. sanisidorodeleon.com - juil.-août : 9h-20h, dim. et j. fériés 9h-14h ; reste de l'année : 10h-13h30, 16h-18h30, dim. et j. fériés matin 10h-13h30 - fermé 1er janv., 25 déc. - 4 € (-12 ans gratuit).*

Connu aussi sous le nom de chapelle de Santa Catalina, le panthéon royal est l'une des premières manifestations de l'art roman en Castille. Il s'ouvre sur un espace de 64 m² divisé en 3 travées par des colonnes massives. Vingt et un **chapiteaux** témoignent à la fois de réminiscences wisigothiques et d'innovations en matière iconographique. Les uns s'inspirent du style « asturien » privilégiant le décor végétal, les autres supportent de véritables scènes historiées. Deux d'entre eux, de chaque côté de la porte d'entrée murée de la première église fernandine, retiennent particulièrement l'attention : à droite, la résurrection de Lazare met en scène un groupe d'hommes, dont le Christ auréolé, devant la représentation du tombeau d'où sort le miraculé ; à gauche, la guérison du lépreux, agenouillé, recevant l'imposition d'une main de Jésus. Ce sont les premiers chapiteaux romans de la péninsule Ibérique à illustrer des passages des Évangiles. En plus des reliefs floraux et des épisodes de la vie du Christ, sont représentées des scènes mythologiques montrant des animaux fantastiques affrontés autour d'un arbre ou d'un vase (thème oriental) et des scènes de chasse. En dépit d'une expression sculpturale hiératique, contraintes par le cadre du chapiteau,

SE LOGER		SE RESTAURER	
El Rincón del Conde	1	Casa Pozo	1
Hostal Albany	4	La Posada	4
Hostal Boccalino	7	Palacio Jabalquinto	7
Hotel Paris	10	Rancho Chico	10
La Posada Regia	13	Vivaldi	13
NH Plaza Mayor	16		
Parador H. San Marcos	19		

toutes ces images n'en sont pas moins vivantes et remplissent avec succès leur objectif didactique auprès des catéchumènes et d'un petit peuple illettré.
Les **peintures murales**, antérieures à 1150, magnifiquement conservées, composent un ensemble exceptionnel appelé communément « la chapelle Sixtine de l'art roman ».

Office Espagnol du tourisme/Paris

Les voûtes du Panthéon royal de San Isidro.

Elles abordent les thèmes de prédilection de la messe mozarabe, c'est à dire : l'Annonciation, la Nativité, l'Annonce aux bergers, la Circoncision, l'Épiphanie, le Massacre des Innocents, la Cène, l'Arrestation au jardin des oliviers, la Crucifixion, la Glorification et le Christ en majesté. Ces fresques à dominante rouge et bleu accaparent le ciel des voûtes. Les arcs en plein cintre se contentent de frises végétales (entrelacs et pampres de vignes). Les écoinçons reçoivent des personnages ou des architectures, comme les églises de l'Apocalypse de Saint Jean. Des scènes païennes, liées au quotidien, accompagnent les tableaux religieux : le Christ pantocrator jouxte un calendrier agricole. Le style, proche de l'art byzantin, s'essaie timidement à la troisième dimension, harmonise les perspectives et tente un dessin réaliste de la figure humaine. En l'occurrence, le regard est signifié par des yeux ronds, le corps est souligné par des cercles au niveau des articulations et le mouvement est suggéré par les stries des drapés.
Sous cette tenture picturale eschatologique reposent onze rois et quatorze reines du León, ainsi que de nombreux infants.
Trésor★★★ – *À l'étage*. Ce musée ecclésiastique réunit des œuvres d'une grande valeur historique et artistique. Pour n'en citer que quelques-unes : la **châsse de saint Isidore** (11e s.) est un coffre en bois plaqué d'or et d'argent travaillé au repoussé. La scène figurant Adam et Ève au paradis est des plus savoureuses. Les deux protagonistes, aux corps graciles, campent de part et d'autre d'un arbre stylisé à l'image d'un candélabre, laissant découvrir la tête du serpent. La côte d'Adam est vigoureusement marquée. L'effort de représentation anatomique, bien que maladroit (mains et pieds disproportionnés), confère à l'ouvrage fraîcheur et authenticité. Le couvercle est tapissé d'une superbe broderie cordouane aux couleurs vives, étageant des registres d'animaux fantastiques. Le **calice de Doña Urraca** est fait de deux coupes romano-orientales en onyx, réunies au 11e s. dans une monture en or, sertie de pierres précieuses et dotée d'un camée. Un **livre de chant** *(cantoral)* du 15e s. révèle une magnifique Nativité, enluminure du peintre Nicolas Francès. Logée dans une architecture médiévale, une Vierge d'une grâce éblouissante est saluée par un berger. La **bibliothèque** du trésor compte 800 documents sur parchemin (le plus ancien datant de 1043), 400 incunables dont une bible mozarabe de 960 et certains exemplaires uniques, et 1055 volumes de livres anciens et rares du 16e s. au 18e s. La **châsse des ivoires** (arqueta de los marfiles -11e s.) contenait les reliques de saint Jean-Baptiste et saint-Pelayo. Sa structure en bois, recouverte autrefois d'or (les clous sont encore visibles), intègre 25 plaques d'ivoire finement sculptées, 12 représentant les apôtres, sur les parois verticales, et 12 autres, placées sur les chanfreins du couvercle troncopyramidal, alliant anges, archanges, séraphins et symboles des quatre fleuves du paradis. Une plaque décorée de l'Agneau mystique entouré des symboles des quatre évangélistes

trône au sommet. Le **coffret aux émaux** (12e s.) épouse la forme d'une église. Son armature en bois de chêne est plaquée de 17 panneaux de cuivre, habillés d'émaux de Limoges. On peut y voir un Christ en majesté, Marie et Jean, le Tétramorphe, des anges et des apôtres.

Longez le jardin du Cid, côté Ruiz de Salazar, pour rejoindre la calle Ancha

Palais des Guzman★ (Palacio de los Guzmanes)

Construit au 16e s. pour la famille Guzman, ce palais Renaissance est l'œuvre des deux grands architectes travaillant dans toute la Castille : Rodrigo Gil de Hontañon et Juan del Ribero. Flanqué de deux tours, élevé sur trois niveaux, le palais supporte un décor héraldique et oppose deux guerriers en façade, de chaque côté du balcon situé au-dessus du portail principal. Le **patio**, de style plateresque, comprend deux étages de galerie – arcs en plein cintre au rez-de-chaussée et arcs en anse de panier au premier – ornée de blasons et d'éléments végétaux. Sous un magnifique **escalier**, est exposé un **bouclier** d'apparat, travaillé au repoussé. Une frise d'anges et de fruits entoure une scène de bataille, où, à la manière de Paolo Ucello, les lances se croisent pour dynamiser la composition. Traité comme un tableau, la représentation d'un village fortifié autour d'un château et d'un paysage de roches rappelle les « lointains » de la peinture italienne et flamande contemporaine.

Maison Botinàs★ (Casa Botinàs)

Actuellement siège d'une banque espagnole, cette maison aux allures de palais fut commandée à l'artiste moderniste **Gaudí** par la société Fernandez y Andres, successeur de l'entreprise textile fondée par **Joan Homs i Botinàs**. Commencé en 1891 et terminé à la fin de l'année suivante, l'édifice, de plan rectangulaire, affiche un style néogothique. Les structures métalliques allégeant la construction permirent de réaliser des espaces amples et lumineux, adaptés aux besoins des bureaux et ateliers qui allaient l'intégrer. Le toit en ardoise grise s'harmonise avec la couleur de la pierre du bâtiment. Au-dessus de l'entrée, la statue de **saint Georges terrassant le dragon** est signée Antoni Cantó et Vicenç Matamala.

Traversez et prenez la rue jusquà la plaza de las Concepciones.

Couvent de las Concepciónistas★

Avec sa galerie en bois, son portail gothique et son décor de blasons et de médaillons agrémenté de motifs picturaux mudéjars, ce lieu ne manque pas de charme. Dans le jardin du couvent, on faisait pousser l'herbe de « rompepiedra », remède contre les maladies du rein. Les pèlerins avaient l'habitude de venir prier devant la Vierge, en façade, et les moines sortaient ensuite pour demander l'aumône.

Dirigez-vous vers la plaza Santa María del Camino

Église de Santa María del Camino★

Ouvrant sur la très jolie place du marché, vestige médiéval de León avec ses portiques en bois caractéristiques, l'église des pèlerins du 12e s. a subi quelques remaniements. Des trois absides primitives demeurent deux absides latérales ayant conservé leurs voûtes en cul de four et leurs chapiteaux romans. L'abside centrale fut démolie et reconstruite au 18e s. par Manuel de Lastra, l'architecte de la cathédrale d'Astorga, pour aménager une niche destinée à recevoir la très vénérée Vierge du Chemin, œuvre du 15e s.

Rendez-vous plaza San Martín

Plaza San Martin★

Cette place est le cœur du *Barrio Húmedo* ou quartier humide, baptisé ainsi du fait de la grande concentration de bars que l'on y trouve. Ce quartier populaire, partiellement cerné par les fortifications de l'ancienne muraille, date du Moyen Âge. En témoignent encore les noms de ses rues, chacune correspondant à une ancienne corporation artisanale. Vous pourrez en effet arpenter la rue des forgerons *(herreros)*, la rue des cordonniers *(zapaterías)*, la rue des boucheries *(carnicerías)* ou encore la rue des orfèvres *(platerías)*. On y vient aujourd'hui pour ses bars à tapas, goûter ses spécialités culinaires, comme la soupe à l'ail, le chorizo et le boudin leonais, accompagnées de bière et de vin, et apprécier son ambiance nocturne.

Empruntez la Plegaria pour gagner la Plaza Mayor.

Plaza Mayor★★

Construite en 1665, la Plaza Mayor est un manifeste d'élégance architecturale. Ses arcades et ses balcons s'ouvrent sur de gracieuses perspectives et de beaux édifices, comme celui qu'occupe la police municipale, de style baroque, surligné d'une balustrade. Cette place fut témoin de la bataille opposant les habitants de León aux Français durant la guerre d'Indépendance. Aujourd'hui, la Plaza Mayor est le théâtre des célébrations de la Semaine sainte.

De la Plaza Mayor part la calle de Serradores qui mène plaza Regla où s'élève la cathédrale.

Cathédrale★★★

✆ 987 875 770 - www.catedraldeleon.org - tlj mat. et apr.-midi - gratuit.

Érigée pour le gros œuvre entre le milieu du 13ᵉ s. et la fin du 14ᵉ s., cette cathédrale est la seule d'Espagne à avoir adopté le gothique français, aussi bien dans son plan (proche de celui de la cathédrale de Reims), son élévation (équivalente à celle des cathédrales de Chartres et d'Amiens) et sa lumière que dans la conception de ses vitraux.

Façade principale – Entre trois portails d'une grande profondeur et d'une grande richesse statuaire s'intercalent deux arcades aiguës. Au portail central trône sainte Marie la Blanche au doux sourire (c'est une copie : l'original se trouve dans la chapelle absidiale) ; le linteau, sur le thème du Jugement dernier, oppose de façon expressive le sort des bienheureux et celui des damnés. Le tympan du portail gauche retrace divers épisodes de la vie du Christ. À droite, le portail de San Francisco présente la Dormition et le couronnement de la Vierge.

Façade sud – La porte centrale figure saint Froilán, patron de León, deux images de la Vierge, Samuel et les Rois Mages sur les piédroits, ainsi qu'un Christ en Majesté accompagné des quatre évangélistes sur le tympan. Sur les archivoltes, des vieillards jouent de la musique et des anges portent des cierges. Le style général est vivement marqué par l'esthétique créée par le maître du Sarmental de Burgos.

Intérieur – L'exceptionnel ensemble de **vitraux** qui éclaire le vaisseau – 1 700 m^2, en 125 panneaux et 57 médaillons – est unique en Espagne et a fortement compromis la solidité de l'ensemble (la dernière restauration date de la fin du 19ᵉ s.). Les plus anciens vitraux (du 13ᵉ au 15ᵉ s.) habillent la rosace de la façade principale et les trois chapelles centrales de l'abside ; ceux de la chapelle Saint-Jacques ont déjà une allure Renaissance ; ceux de la nef, plus tardive, voire contemporains, illustrent trois grands thèmes : en bas, le règne végétal et minéral ; derrière le triforium, des personnages civils et des blasons ; sur les fenêtres hautes, la théorie des bienheureux. Le **trascoro** Renaissance a été réalisé d'après les plans de Juan de Badajoz. L'arc triomphal, encadré de magnifiques bas-reliefs en albâtre, œuvre d'Esteban Jordán, libère la perspective sur la nef. Le **retable** du maître-autel, par Nicolás Francés, est un bel exemple du style international du 15ᵉ s. À sa gauche, une remarquable **Mise au tombeau** d'influence flamande est attribuée au Maître de Palanquinos. Au pied de l'autel, une châsse en argent abrite les reliques de saint Froilán. Dans le déambulatoire et le transept se trouvent de nombreux tombeaux gothiques. À noter, celui de l'évêque don Rodrigo, surmonté d'un arc polylobé, dans la chapelle de la Vierge del Carmen *(à droite du maître-autel)*.

Cloître – Avant d'y pénétrer, observez le portail nord du transept, abrité des intempéries, qui a conservé sa polychromie. Il est dédié à la Vierge de l'Offrande.

Les arcades datent de la construction de la nef, mais les voûtes avec leurs clés ouvragées ont été ajoutées au début du 16ᵉ s. Les murs des galeries s'ornent des fresques murales de Nicolás Francés et de tombeaux romans et gothiques.

Musée de la cathédrale (Museo de la catedral) – *✆ 987 875 770 - www.catedraldeleon.org - mi-juin-sept : tlj sf dim. mat. et apr.-midi ; reste de l'année : tlj sf dim. mat. et apr.-midi, sam. matin - fermé 1ᵉʳ et 6 janv., 24 juin, 5 oct., 8 et 25 déc. - 4 € (-12 ans gratuit).* La zone 1 dévoile une splendide **Déploration** de Nicolas Francès (15ᵉ s.) Au rez-de-chaussée, la statuaire médiévale révèle de belles pièces, telles que la **santa Catalina** (15ᵉ s.) en bois polychrome et l'**archange Gabriel** de l'École de Reims, dans lequel on retrouve les traits de l'*Ange au sourire* de la cathédrale française. Un superbe **escalier** plateresque dû à Juan de Badajoz le Jeune donne accès à la salle capitulaire, consacrée au gothique international et à la peinture flamande. Le chef d'œuvre de la collection est l'ensemble des dix-huit panneaux en bois provenant de l'ancien retable gothique, peints par Nicolas Francès, et qui formaient le trône de l'évêque jusqu'à la fin du 20ᵉ s. La préciosité des fonds d'or, la pureté des lignes et le sentiment d'intériorité qui s'en dégage rivalisent avec l'art des icônes. Le **triptyque de l'Adoration des Mages** (16ᵉ s.) figure le donateur, commanditaire du tableau, au centre, remettant un cadeau à l'Enfant. Enfin, le **coffret d'Enrique d'Arfe**, en argent, du 16ᵉ s., offre en partie supérieure des motifs plateresques.

La zone 2 montre, entre autres, un Christ en croix de **Juan de Juni** (1576), jadis accroché en hauteur, ce qui explique l'impression première de disproportion ; une bible mozarabe enluminée (920), un **antiphonaire** de la même époque, ainsi que le *Livre des estampes* du 13e s.

Visiter

Musée de León★★ (Museo de León)

Plaza de Santo Domingo, 8 - ☏ 987 236 405 - ♿ - tlj sf lun. mat. et apr.-midi, dim. et j. fériés matin - 1,20 € (-18 ans et w.-end gratuit).

Organisé sur trois niveaux, le musée de León articule ainsi différentes époques : l'Antiquité, le Moyen Âge et les Temps modernes. Grâce à une toute nouvelle muséographie, soignée, attractive et interactive, les événements, les courants historiques et artistiques trouvent des supports clairs et forment un parcours passionnant. Parmi les œuvres majeures du musée, citons la **croix votive de Santiago de Peñalba** (10e s.), réalisée en remerciement de la protection accordée par saint Jacques au roi Ramiro II pendant la bataille de Simancas contre l'armée arabe d'Abderraman III ; le **Christ de Carrizo** (11e s.), statuette en ivoire dont le regard pénétrant, les cheveux finement nattés et le drapé de la tunique trahissent l'influence byzantine ; le portrait idéalisé de **Santa Barbara**, délicate peinture sur cuivre ; le **triptyque de la Crucifixion** (1535), attribué à Jan et Cornelis Metsys, ascétique et mystique, où l'influence de Patinir est sensible dans le paysage ; un curieux **autel portatif** monumental datant de 1671, en bois polychrome et doré, surmonté de la statue de Fernand II ; des **costumes traditionnels** des Magaratos.

S. Sergent / MICHELIN/Museo de León

Cristo de Carrizo, 11e s., musée de León.

Profitez de la vue splendide sur le jardin du Cid.

Musée d'Art contemporain de Castille et de León (MUSAC)

Avenida de los Reyes Leoneses, 24 - ☏ 987 090 000. Tlj sf lun. 10h-15h, 16h-21h - Fermé lun., 1er janv., 25 déc. - gratuit.

Érigé par les architectes Mansilla et Muñon, l'édifice présente une façade vitrée multicolore. Ce musée a pour vocation de soutenir l'avant-garde contemporaine en organisant des expositions temporaires.

Ancien couvent de San Marcos★★

Le parador en occupe une partie. Au 12e s. s'élevait ici la maison mère des chevaliers de l'ordre de Saint-Jacques, moines-soldats protecteurs des pèlerins sur la route de Compostelle. Trois siècles plus tard, quand les Rois Catholiques suppriment les prérogatives des ordres militaires et en deviennent les grands maîtres, Ferdinand ordonne de réédifier un monastère digne de la puissance et de la richesse acquises par les chevaliers lors de la Reconquête. Le somptueux monument fut construit en pleine Renaissance. L'église fut terminée en 1541, mais les travaux continuèrent jusqu'au 18e s.

La **façade** déploie sur une centaine de mètres, avec une remarquable unité de style malgré l'ajout d'un fronton baroque au 18e s., deux étages de niches et de fenêtres, disposées dans un quadrillage de frises et de corniches, de colonnes engagées et de pilastres. Les médaillons en haut-relief reproduisent les traits de quelques grands personnages de la Bible, de Rome ou d'Espagne : Lucrèce et Judith encadrent Isabelle la Catholique, Trajan et Auguste tiennent compagnie à Charles Quint. Au-dessus du portail central, saint Jacques terrasse les Maures et, juchée au sommet du fronton, se trouve la Renommée. À l'extrémité droite, la façade de l'**église** parsemée de coquilles, symboles du pèlerinage, reste inachevée. On retrouve les mêmes coquilles à l'intérieur, sur le mur derrière le maître-autel.

B. Brillion / MICHELIN

Ancien couvent de San Marcos à León.

Aux alentours

San Miguel de Escalada★

28 km à l'est par la N 601 puis la N 625.

Au 11e s., Alphonse III fit don d'un monastère détruit à une communauté de moines expulsés de Cordoue avec mission de le reconstruire. De leur œuvre subsiste l'église isolée sur la terrasse, un des rares monuments mozarabes et le mieux conservé. La **galerie extérieure**, datée de 1050, dessine des arcs outrepassés, soutenus par des colonnes polies coiffées de chapiteaux sculptés. L'**église**, plus ancienne (913), comprend trois nefs couvertes d'une charpente de bois séparées des absides voûtées par un portique de trois arcades et une balustrade faite de plaques sculptées en méplat, illustrant des motifs wisigothiques (oiseau picorant et grappes de raisin) et mauresques (feuillages stylisés). *✆ 987 237 082 - mai-sept. : tlj sf lun. 10h-14h, 17h-20h, dim. et j. fériés 10h-14h ; oct.-avr. : tlj sf lun. 10h-14h, 16h-18h, dim. et j. fériés 10h-14h - gratuit.*

Grottes de Valporquero★★ (Cuevas de Valporquero)

47 km au nord par la route LE 311. ✆ 987 576 408 - visite guidée (1h15) - mi-mars-sept. : tlj 10h-14h, 15h30-19h ; d'oct. à mi-déc. : jeu.-dim. et j. fériés 10h-17h - fermé janv.-fév. - 6,45 €.

Ce qui n'est en réalité qu'une seule et même grotte, pourvue de trois entrées différentes, s'étend sous le village de Valporquero de Torío. Elle s'est formée à l'époque du Miocène, soit entre 23 et 5 millions d'années. Les eaux souterraines continuent de forer la cavité. La température y est constante, de l'ordre de 7 °C. Un éclairage neutre met en valeur la variété des concrétions (un bouquet de stalactites excentriques forme une vaste étoile au plafond de la grande galerie) et de leurs couleurs : on a compté 35 nuances de rouge, de gris et de noir dues aux oxydes de fer et de soufre. La hauteur du plafond sous roche atteint jusqu'à 20 m. La visite s'achève par un étroit couloir, long de 1 500 m, taillé en oblique sur une hauteur de 40 m et correspondant à une couche de roche tendre déblayée par un fort courant d'eau.

Prévoir des vêtements chauds et des chaussures adaptées au sol glissant.

León pratique

Informations utiles

Office de tourisme – *Plaza de Regla, 3 - ☏ 987 237 082 - tlj tte la journée.*

Transports

Aéroport régional de León – *Virgen del Camino (à 5 km à l'ouest de la ville) - ☏ 987 877 700.*

Gare ferroviaire RENFE – *Avenida de Astorga, 11 - ☏ 902 24 02 02.*

Gare ferroviaire de Vía Estrecha (FEVE) – *Avenida Padre Isla, 48 - ☏ 987 271 210.*

Gare routière – *Paseo Sáenz de Miera - ☏ 987 211 000.*

Taxis – *☏ 987 261 415.*

Visite

Un petit **train touristique** est mis en service de juin à septembre.

Se loger

⊖ **Hostal Albany** – *Calle La Paloma, 13 - ☏ 987 264 600 - www.albanyleon.com - 19 ch. 50/60 € - ☕ 3,20 €.* Un très bon rapport qualité/prix pour cet hôtel situé face à la cathédrale. Selon l'humeur et... selon l'étage, choisissez une chambre de couleur bleu, jaune ou vert. Design et fonctionnel.

⊖⊖ **El RIncón del Conde** – *Conde Rebodello, 11 - ☏ 987 849 021 - www.hotelrincondelconde.es - 16 ch. 50/80 € - ☕ à la carte.* Aménagé dans un édifice historique, à côté du futur musée du Palais des comtes de Luna, ce bel établissement possède de jolies chambres contemporaines.

⊖⊖ **Hostal Boccalino** – *Plaza de San Isidoro 1 et 9 - ☏ 987 223 060 et 987 220 017 - 45 ch. 63/75 € - ☕ 3,50 €.* Cet hôtel non fumeur, réparti sur deux bâtiments de chaque côté de la place, dispose de chambres confortables avec vue sur l'église de San Isidoro. Bar et coin Internet.

⊖⊖ **Hôtel Paris** – *Calle Ancha, 8 - ☏ 987 238 600 - www.hotelparisleon.com - 55 ch. 73/80 € - ☕ 3 €.* Cet hôtel au charme désuet est idéalement établi sur l'artère commerçante du centre historique.

⊖⊖ **La Posada Regia** – *Regidores, 11 - ☏ 987 213 173 - www.regialeon.com - 20 ch. 70/120 € ☕.* À deux pas de la cathédrale, cet hôtel de caractère, à dominante de boiseries, propose des chambres spacieuses. Certaines sont mansardées.

⊖⊖⊖ **NH Plaza Mayor** – *Plaza Mayor, 15 - ☏ 987 344 357 - www.nh-hotels.com - P - 51 ch. 75/140 € - ☕ 12 €.* Coup de cœur pour cet hôtel au design chaleureux, de plain-pied sur la splendide Plaza Mayor. Le bar, *El Nhube*, avec son salon de détente chocolat-orangé, est plein d'élégance.

⊖⊖⊖ **Parador H. San Marcos** – *Plaza San Marcos, 7 - ☏ 987 237 300 - P - 185 ch. 135/185 € - ☕ 17 €.* Installé dans un ancien couvent et hospice de pèlerins, ce parador est un des plus luxueux d'Espagne. À l'intérieur, on découvre une église majestueuse et un cloître Renaissance.

Se restaurer

⊖ **Rancho Chico** – *Plaza San Martín, 7 - ☏ 987 260 483.* Situé sur une place animée, ce restaurant bénéficie d'une excellente réputation. La cuisine simple et traditionnelle est aussi servie en terrasse.

⊖ **La Posada** – *Rua, 33 - ☏ 987 258 266.* Face au casino, ce bar-restaurant au cadre rustique, voire vieillot, propose un grand choix de tapas. Service souriant.

⊖⊖ **Casa Pozo** – *Plaza San Marcelo, 15 - ☏ 22 30 39*. Considéré comme le plus ancien établissement de la ville, il n'a cessé de fonctionner depuis son ouverture en 1936. C'est l'endroit idéal pour goûter aux plats régionaux.

⊖⊖ **Palacio Jabalquinto** – *Juan de Arfe, 2 - ☏ 987 215 322 - www.palaciojabalquinto.com.* Situé à l'étage d'un charmant patio, ce restaurant prépare une cuisine gourmet dans un cadre lumineux, bleu et blanc. Délicieux carpaccio de gambas et cochon de lait au miel.

⊖⊖⊖ **Vivaldi** – *Platerías, 4 - ☏ 987 260 760 - www.restaurantevivaldi.com.* Laissez-vous tenter par le menu dégustation de cette adresse gastronomique. Un grand moment ! Tenue vestimentaire adéquate recommandée.

Faire une pause

El Valenciano – *Plaza Santo Domingo - ☏ 987 237 139* - Ce salon de thé et glacier est une halte gourmande recommandée après la visite du musée de León.

Café Europa – *Plaza de la catedral - ☏ 987 256 117.* Pour ne rien manquer du spectacle de la cathédrale de León, en prenant un verre ou une savoureuse pâtisserie.

En soirée

El Gran Cafe – *Cervantes, 9 - ☏ 987 272 301.* Ce café musical produit des groupes en live. Ambiance garantie !

Achats

Galatea – *Sierra Pambley, 1 - ☏ 987 272 652.* Une librairie où l'on pourrait flâner pendant des heures. Beaux livres d'enfant.

Événements

Les **Cabezadas** se déroulent le dernier dimanche d'avril dans le cloître de San Isidoro. Les fêtes de Saint-Jean et Saint-Pierre (21 et 30 juin) donnent lieu à des réjouissances dans toute la ville.

La **semaine internationale de la truite** en mai et le **concours international de gastronomie** en juin sont très populaires.

Astorga

12 275 HABITANTS
CARTE GÉNÉRALE B2 – CARTE MICHELIN N° 575 E 11 – LEÓN

L'ancienne voie romaine qui reliait Astorga à Bordeaux n'est autre que celle empruntée ultérieurement par les pèlerins de Saint-Jacques et connue sous le nom de « Chemin de Compostelle ». Astorga accueille les fervents dans sa cathédrale et leur consacre un musée historique, logé dans le palais néogothique fantasmagorique de Gaudí.

- **Se repérer** – Astorga se trouve à 50 km à l'ouest de León et à 66 km à l'est de Ponferrada.
- **Se garer** – Parking de la plaza Marqueses.
- **Organiser son temps** – Une demi-journée.
- **Pour poursuivre le voyage** – León et Villafranca del Bierzo.

S. Sergent / MICHELIN

Le Palais épiscopal sorti de l'imagination d'Antonio Gaudí.

Visiter

Cathédrale★

987 615 820 - été : 9h-12h, 16h30-18h30 ; le reste de l'année : 9h30-12h, 16h30-18h.
Commencée en 1471 avec le chevet, dans le style gothique flamboyant, la cathédrale n'est achevée qu'au 18e s. La façade des Évêques date de la Renaissance et la façade principale déploie un style baroque. Cette dernière présente un **porche** dont les bas-reliefs illustrent certaines actions marquantes de la vie du Christ (Marchands chassés du Temple, La femme adultère). Au-dessus de la porte se trouve une belle Descente de croix.

Intérieur – Les multiples colonnettes des piliers jaillissant vers la voûte amplifient l'élévation de la nef. Derrière le maître-autel, le **retable** est l'œuvre conjointe de Gaspar de Hoyos et Gaspar de Palencia pour le décor peint et sculpté, et de **Gaspar Becerra** (1520-1570) pour les bas-reliefs. Le style de cet Andalou, formé à l'école italienne de la Renaissance, élève de Vasari et admirateur de Michel-Ange, introduit l'esthétique

Le pays des Maragatos

Les Maragatos, qui se seraient installés dans la région il y a bien longtemps, seraient un croisement de Maures et de Goths, d'où leur nom. Ils vivaient isolés et exerçaient traditionnellement le métier de muletier. On peut voir parfois, à l'occasion d'une fête, un Maragato vêtu de la culotte bouffante, du plastron et de la large ceinture brodée. Sur la **Plaza Mayor** d'Astorga, remarquez en haut de l'**hôtel de ville** le célèbre jacquemart, où deux Maragatos en costume frappent les heures.

romaniste dans l'art espagnol, caractérisée par des dimensions monumentales, des lignes de composition architecturales et un grand sens de l'anatomie.
Le **musée de la Cathédrale** possède une riche collection d'orfèvrerie, dont le reliquaire de la Vraie Croix (13e s.) en filigrane d'or et l'**Arqueta de San Genadio**, châsse d'Alphonse III le Grand (10e s.). Le magnifique **Arcón de Carrizo**, reliquaire en bois polychrome du 13e s. est de style gothique linéaire. Une tête romane du 12e s. montre une filiation certaine avec les portraits romano-byzantins. Un **calvaire** miniature du 16e s. atteste de la virtuosité des émailleurs de Limoges. *✆ 987 615 429 - tlj mat. et apr.-midi - 2,50 €, 4 € (visite combiné avec le Palais épiscopal).*

Palais épiscopal★ (Palacio Episcopal)

✆ 987 616 882 - tlj sf lun. mat. et apr.-midi, dim. et j. fériés matin - 2,50 €, 4 € (visite combiné avec la cathédrale et son musée).
Cette version moderniste du palais médiéval est née en 1889 de l'imagination d'Antonio **Gaudí**. Il est bâti à l'aide de matériaux régionaux : le **granit** du Monte Arenas, la brique de Jimenez de Jamuz et l'**ardoise** de Galice. L'architecte Ricardo Garciá termine la construction en 1913. La plus belle pièce de l'édifice est la **chapelle** (*capilla*). Enrique Marín y a réalisé les statues en marbre ; Juan Moya, l'autel et le retable ; Fernando de Villodas, les fresques des parois latérales ; Maumejean, les verrières de l'abside ; Zuloaga, les azulejos. Le palais abrite le **musée des Chemins** (museo de los Caminos), qui propose une exposition permanente sur le thème du pèlerinage de Saint-Jacques. À l'entrée, un intéressant document intitulé **« Le Chemin de Monsieur »**, imprimé à Paris en 1621, mentionne toutes les villes-étapes du pèlerinage en faisant le total des 359 lieues à parcourir. Parmi la collection des Vierges à l'Enfant, on notera celle, assise et de petite taille, baptisée **La Santina** (13e s.). La simulation d'une broderie incrustée de pierres précieuses rehausse son vêtement bleu nuit. Les **statues de pèlerins** offrent des contrastes d'exécution selon les périodes. Les 13e et 14e s, hiératiques, se contentent d'une expression identitaire à l'aide des attributs suivants : le bâton, la Bible, la cape et la coquille. Le 16e s. s'autorise un traitement expressif et artistique. Enfin, l'étonnant **buste-reliquaire** de l'une des onze mille vierges montre une grâce gothique sophistiquée.

Astorga pratique

Information utile

Office de tourisme – *Plaza Eduardo de Castro, 5 - ✆ 987 618 222 - tlj mat. et apr.-midi.*

Transports

RENFE – *Pl. de la Estacion - ✆ 987 615 163.*

Gare routière – *Avenida de las Murallas - ✆ 987 615 955.*

Se loger

⊖⊜ **Hôtel Gaudi** – *Eduardo de Castro, 6 - ✆ 987 615 654 - www.hotelgaudiastorga.com - P - 35 ch. 60/70 € - ☕ 7 €.* Situé face au palais Gaudí, à deux pas de la cathédrale, cet établissement occupe un cadre rustique et sombre mais confortable.

⊖⊜ **Astur Plaza** – *Plaza de España, 2 - ✆ 987 618 900 - www.asturplaza.com - P - 32 ch. 62/90 € - ☕ 6 €.* Situé sur la jolie place de l'Hôtel de Ville, cet hôtel possède des chambres spacieuses et élégantes avec salles de bain en marbre, ainsi qu'un agréable patio vitré.

Se restaurer

La spécialité locale est le **cocido Maragato**. Ce plat est composé de sept viandes différentes, de chou et de pois chiches, et est accompagné d'une soupe. Les restaurants servent aussi de la viande cuite sur la braise. Les bars-cafétérias proposent des tapas typiques au poulpe et aux gésiers.

⊖⊜ **La Peseta** – *Plaza San Bartolomé, 3 - ✆ 987 617 275.* Restaurant familial réputé. Décoration classique, un peu vieillotte. Plats traditionnels et prix modérés.

⊖⊜ **Las Termas** – *Santiago, 1 - ✆ 987 602 212.* Une adresse prisée des pèlerins pour sa cuisine familiale, ainsi qu'un bon rapport qualité/prix.

⊖⊜ **Ruta Romana** – *Plaza Santocildes, 9 - ✆ 987 603 020 - www.complejosantocildes.es.* Bonne cuisine de produits du terroir et menu touristique très correct.

Achats

Dans les épiceries fines sont vendus les **mantecadas**, biscuits au beurre traditionnels. Aux 18e et 19e s., la fabrication du **chocolat** était une des principales industries de la région. Un musée relate l'histoire de cette production autour de machines et de lithographies publicitaires.

Villafranca del Bierzo★

3 710HABITANTS
CARTE GÉNÉRALE A2 – CARTE MICHELIN N° 575 E 9 – LEÓN

El Bierzo est le nom d'une région qui s'étend au nord-ouest de la province de León dans le lit d'un ancien lac glaciaire. Les deux villes principales, Ponferrada et Villafranca, évoluent dans un paysage façonné par le relief, coloré par une terre riche en minerais, hérissé d'épineux. Vignobles et vergers témoignent d'une économie agricole dominante. Le chemin de Compostelle y circule à travers de superbes villages médiévaux. Villafranca, surnommée « la petite Compostelle », accueille en leur dernière étape officielle les pèlerins trop faibles pour achever leur voyage. Longeant les rives du río Burbia, elle offre un beau cadre naturel.

- **Se repérer** – Villafranca del Bierzo se trouve à 26 km de la frontière portugaise, à 21 km à l'ouest de Ponferrada.
- **Se garer** – Parking du jardin de la Alameda.
- **Organiser son temps** – Comptez trois jours pour visiter la région.
- **Pour poursuivre le voyage** – Astorga et León.

Visiter

Bordée de façades nobiliaires allant du Moyen Âge au 18e s., la **calle Agua** est un véritable musée d'architecture à ciel ouvert. Le **palais de Torquemada**, de style baroque, jouxte une belle maison mauresque de trois étages. En face se trouve l'ancienne demeure de la famille Alvarez de Toledo, ornée d'un immense blason aux armes des marquis de Villafranca. Plus loin, le **couvent de San José** arbore un portail à fronton du 17e s. Située en contrebas de la **cuesta Zamora**, calle Sucubo, se dresse la maison du sculpteur contemporain Arturo **Nogueira**. L'intégralité du mur latéral est prétexte à l'expression de l'artiste, alternant citations poétiques (« Que mes rêves, mes racines et ma liberté soient un mur de lumière et d'air pur, tel est mon souhait ») et bas-reliefs (une superbe Leda et le cygne et un portrait d'homme à la manière de Cocteau). Au bout de cette rue s'écoule la rivière, enjambée par le **pont médiéval**. Les édifices religieux sont particulièrement nombreux à Villafranca. Le plus emblématique d'entre eux est l'église romane des pèlerins, l'**église de Santiago**. Construite en 1186 par l'évêque d'Astorga Don Fernando, en schiste gris-vert, elle se compose d'une nef unique couverte d'un toit en bois et terminée par une abside semi-circulaire percée de trois fenêtres. Le **portail** nord, coiffé d'une belle archivolte historiée, est appelé **porte du Pardon** (Puerta del Perdón). Sur son seuil se présentaient les pèlerins fatigués et malades venus demander une dispense des 150 km qui les séparaient de Saint-Jacques-de-Compostelle et implorer à ce titre le pardon de Dieu. Absous, ils pouvaient ensuite se reposer à l'**auberge** voisine, dont les fenêtres ont conservé leur bel ouvrage en fer forgé dessinant les symboles du calice et de la coquille. À proximité, le **château** du 16e s. arbore quatre tours d'angle crénelées.

Aux alentours

Ponferrada

22 km au sud-est. Centre d'une région minière importante et capitale du Bierzo, bassin d'effondrement très fertile, Ponferrada doit son nom à un pont de fer lancé à la fin du 11e s. sur le Sil pour faciliter le passage des pèlerins vers St-Jacques de Compostelle. Elle est dominée par les ruines d'un **château** des Templiers.

Peñalba de Santiago★

43 km au sud-est. Isolée au cœur de la vallée du Silence, Peñalba a conservé intacte sa singulière architecture. Les maisons, aux murs de schiste et balcons de bois, sont couvertes de lauzes d'ardoise.

Las Médulas★

44 km au sud.

Sur le versant nord-ouest des monts Aquilianos, sur la rive gauche du Sil, apparaît un paysage insolite de pitons et de collines ocre et rose aux formes capricieuses. Ces reliefs sont en réalité le fait d'accumulation de déblais des mines d'or exploitées par les Romains. Avec le temps, ils se sont laissés recouvrir par une végétation de vieux châtaigniers aux silhouettes torturées. Le site est inscrit depuis 1997 sur la liste du Patrimoine mondial de l'Unesco.

Office Espagnol du tourisme/Paris

Las Médulas.

O Cebreiro★

26 km au nord-ouest par la N VI.

Non loin du col de Piedrafita, O Cebreiro culmine à 1 300 m d'altitude. Ses **Pallozas**, curieuses maisons elliptiques en pierres sèches couvertes d'un toit de chaume, sont une survivance des huttes celtiques. Encore habitées il y a peu, elles constituent un **musée ethnographique**. Dans la petite **église** préromane de **Santa María** (9e s.), les jacquets venaient vénérer les reliques du miracle des Saintes Espèces... Au 14e s., un habitant d'un village de la vallée vint assister à la messe de O Cebreiro en dépit du mauvais temps. L'officiant, de peu de foi, se moqua du zèle du fidèle et, alors qu'il donnait la communion, le pain se changea en chair et le vin en sang. L'épisode aurait inspiré Richard Wagner pour son opéra « *Perceval* ». Les reliques sont conservées dans des ampoules d'argent offertes par Isabelle la Catholique, exposées avec le calice et la patène du miracle.

El Bierzo pratique

Information utile

Office de tourisme – *Avenida B. Diez Ovelar, 10 - Villafranca - ✆ 987 540 047.*

Se loger

À VILLAFRANCA DEL BIERZO

⊖ **Casa Mendez** – *Plaza de la Concepcion, 5 - ✆ 987 542 408 - 12 ch. 40/50 € - ☕ 4 €.* Petite structure familiale au confort simple et mobilier traditionnel. Cafétériat.

⊖⊖⊖ **Parador** – *Avenida Calvo Sotel - ✆ 987 540 175 - villafranca@parador.es - P - 39 ch. 90/170 € - ☕ 10 €.* Préférez les chambres avec terrasses. Architecture galicienne et intérieur castillan. Lounge avec cheminée pour l'hiver et jardin enchanteur pour l'été.

À PONFERRADA

⊖ **Hotel Madrid** – *Avenida de La Puebla, 44 - ✆ 987 411 550 - 45 ch. 45/50 € - ☕ 5 €.* Situation centrale. Chambres propres et confortables au décor des années 1970.

⊖⊖ **AC Ponferrada** – *Avenida Astorga, 2 - ✆ 987 409 973 - acponferrada@ac-hotels.com - P - ♿ - 60 ch. 60/105 € - ☕ 7 €.* Établissement moderne, chambres contemporaines, ambiance cosy.

Se restaurer

Villafranca concentre ses bars-restaurants autour de la Plaza Mayor. Ils proposent une cuisine simple et familiale. Goûtez la **truite aux poivrons**, le **botillo** (charcuterie typique), le pâté en croûte et le veau à l'étouffée à la mode du Bierzo.

Achats

Les cerises à l'eau-de-vie sont la spécialité du Bierzo.

Événements

Villafranca del Bierzo organise chaque année au début du printemps la **Fiesta de la Poesía**, qui donne rendez-vous à tous les écrivains et intellectuels d'Espagne.

Les 8 et 9 septembre a lieu le pèlerinage de la Vierge de **Cebreiro**.

Saint-Jacques-de-Compostelle : villes, curiosités et régions touristiques.
Jacques, saint : noms historiques et termes faisant l'objet d'une explication.
Les sites isolés (châteaux, monastères, grottes) sont répertoriés à leur propre nom. Quand ce nom commence par La, L', El, Las ou Los, l'ordre alphabétique du nom qui suit a été adopté. Ainsi par exemple Las Arenas de Cabrales sera classé à A.

A

B

S

T

U

V

Y

Z

CARTES ET PLANS

CARTE GÉNÉRALE

CARTES THÉMATIQUES

PLANS DE VILLES ET DE QUARTIERS

PLANS DE MONUMENTS

CARTES DES CIRCUITS

Manufacture française des pneumatiques Michelin
Société en commandite par actions au capital de 304 000 000 EUR
Place des Carmes-Déchaux - 63000 Clermont-Ferrand (France)
R.C.S. Clermont-Fd B 855 200 507

Compogravure : Maury, Malesherbes
Impression et brochage : Book Partners China Ltd, Shenzen (Chine)
Dépôt légal : 01-2008
Imprimé en France : 04-2009.

QUESTIONNAIRE
LE GUIDE VERT

VOTRE AVIS NOUS INTÉRESSE...
TOUTES VOS REMARQUES NOUS AIDERONT À ENRICHIR NOS GUIDES.

Merci de renvoyer ce questionnaire à l'adresse suivante :
MICHELIN
Questionnaire Le Guide Vert
46, avenue de Breteuil
75324 PARIS CEDEX 07

En remerciement,
les 100 premières réponses recevront en cadeau
la carte Local Michelin de leur choix !

VOTRE GUIDE VERT

Titre acheté : ....

Date d'achat : ....

Lieu d'achat *(point de vente et ville)* : ....

VOS HABITUDES D'ACHAT DE GUIDES

1) Aviez-vous déjà acheté un Guide Vert Michelin ?

O oui O non

2) Achetez-vous régulièrement des Guides Verts Michelin ?

O tous les ans O tous les 2 ans

O tous les 3 ans O plus

3) Si oui, quel type de Guides Verts ?

– des Guides Verts sur les régions françaises : lesquelles ? ....

....

– des Guides Verts sur les pays étrangers : lesquels ? ....

....

– Guides Verts Thématiques : lesquels ? ....

....

4) Quelles autres collections de guides touristiques achetez-vous ?

....

5) Quelles autres sources d'information touristique utilisez-vous ?

O Internet : quels sites ? ....

....

O Presse : quels titres ? ....

....

O Brochures des offices de tourisme

Les informations recueillies font l'objet d'un traitement informatique destiné à actualiser notre base de données clients et permettre l'élaboration de statistiques.
Ces données personnelles sont réservées à un usage strictement interne au groupe Michelin et ne feront l'objet d'aucune exploitation commerciale ni de transmission ou cession à quiconque pour des fins commerciales ou de prospection. Elles ne seront pas conservées au-delà du temps nécessaire pour traiter ce questionnaire et au maximum 6 mois, mais seulement utilisées pour y répondre.
Conformément à la loi « Informatique et libertés » du 6 janvier 1978, applicable sur le territoire français, vous bénéficiez d'un droit d'accès, de modification, de rectification ou suppression des données vous concernant. Si vous souhaitez exercer ce droit, veuillez vous adresser à MICHELIN, Guide Vert, 46 avenue de Breteuil, 75324 Paris Cedex 07

VOTRE APPRÉCIATION DU GUIDE

1) Notez votre guide sur 20 : ....

2) Quelles parties avez-vous utilisées ? ....

....

3) Qu'avez-vous aimé dans ce guide ? ....

....

4) Qu'est-ce que vous n'avez pas aimé ? ....

....

5) Avez-vous apprécié ?

	Pas du tout	Peu	Beaucoup	Énormément	Sans réponse
a. La présentation du guide (maquette intérieure, couleurs, photos…)	O	O	O	O	O
b. Les conseils du guide (sites et itinéraires)	O	O	O	O	O
c. L'intérêt des explications sur les sites	O	O	O	O	O
d. Les adresses d'hôtels, de restaurants	O	O	O	O	O
e. Les plans, les cartes	O	O	O	O	O
f. Le détail des informations pratiques (transport, horaires, prix…)	O	O	O	O	O
g. La couverture	O	O	O	O	O

Vos commentaires ....

....

6) Rachèterez-vous un Guide Vert lors de votre prochain voyage ?

O oui O non

VOUS ÊTES

O Homme O Femme Âge :..................

Profession :

O Agriculteur, Exploitant O Artisan, commerçant, chef d'entreprise

O Cadre ou profession libérale O Employé O Enseignant

O Étudiant O Ouvrier O Retraité

O Sans activité professionnelle

Nom ....

Prénom ....

Adresse ....

....

....

....

Acceptez-vous d'être contacté dans le cadre d'études sur nos ouvrages ?

O oui O non

Quelle carte Local Michelin souhaitez-vous recevoir ?

Indiquez le département : ....

Offre proposée aux 100 premières personnes ayant renvoyé un questionnaire complet.
Une seule carte offerte par foyer, dans la limite des stocks disponibles.